# 죽음학과
# 임종의학개론

# 죽음학과
# 임종의학개론

김달수 지음/한국죽음준비교육학회

인간사랑

# 차례

[참고자료]



## 제12장 생명윤리 613

# 감수의 글

내가 전공하는 가정의학과에서는 탄생부터 무덤에 이르는 즉 "요람에서 무덤"까지의 인간의 모든 질병을 인간적으로, 인격적으로 진료한다. 특히 '가족'이라는 의미를 가슴 깊이 새기며 소위 가족생활환(Family Life Cycle)을 생각한다.

이러한 가족생활환은 몇 가지 단계로 나뉜다. 결혼하여 첫 아이가 태어나는 시기, 영유아기, 사춘기, 중년기, 첫 아이가 결혼해서 분가하며 막내까지 분가하는 시기, 노년기, 은퇴기, 사망으로 나뉜다. 여기서 주목할 점은 사망도 타 시기와 다를 바 없는 가족생활환의 한 단계라는 것이다. 따라서 제대로 된 진료를 하려면 '사망'이라는 단계에 대해서도 깊은 성찰과 연구, 교육이 필요하다.

나 자신 사망, 즉 주검에 대해 그리 큰 지식은 없지만 수십 년간의 의사 생활을 통해서 경험했던 많은 환자들의 죽음, 그 가족, 친지 등을 통해서 많은 것을 느꼈고 봐왔다.

그래서 의과대학생을 대상으로 소위 CARE OF DYING(주검의 관리)이라는 주제로 강의를 했던 경험이 있다. 그러나 소위 '주검' 임종 등에 대하여 의사로서, 교수로서 늘 아쉬움과 더 알고 싶은 욕망이 있었다.

저자인 김달수 원장은 산부인과 전문의다. 누구보다 생명의 잉태, 출산, 모성애, 가족애 등에 대해서 수많은 경험과 맞닥뜨림이 있었다. 생명의 탄생에서 의사로서 주검을 맞이하는 환자, 그 가족, 친지들의 모습을 생생하게 경험하면서 이 과정에서 '生과 死'에 대한 깊은 의문과 특히 '주검'에 대하여 왜? 어째서? 어떻게, 사후는? 등등에 대해 스스로에게서 많은 질문과 답을 찾았다. 저자인 김달수 원장이 의과대학을 다닐 때는 위와 같은 질문에 대해 체계화된 강의나, 실습뿐만 아니라 제대로 된 변변한 '책'도 없었고 있어도 접할 기회가 없었다.

개업을 하면서 점점 더 소위 '生과 死', '주검' 임종 등등을 연구하고 체계화 해보려는 의욕과 관심이 결국 Thanatology(임종학, 죽음학, 사망학, 생과 사) 등으로 번역되는 학문에 심취하게 했다.

김달수 원장은 Thanatology를 "죽음학"이라고 부른다. 물론 해석상, 의미의 차이는 타 분야 학자들과 다를 수 있으나 의사인 저자의 입장에서는 여기에 '임종의학'이라는 용어를 추가하는 것이 더 친밀하고 의미가 있다고 생각된다.

이 책을 읽을 독자들은 꼭 의사만이 아니라 신체적, 법의학적, 심리적, 사회적, 문화적, 인종적, 종교적 분야에서 연구하고, 교육하고, 관심을 갖는 학자, 교육자, 일반인일 것이다. 마치 Thanatology(죽음학)의 정의가 사망과 상실에 대한 과학적인 접근으로 신체적, 심리적, 사회적 학문과 의학이 같이 공유하고 연결되는 학문인 것처럼!

Thanatology는 역사적으로 선사시대부터 있었다고 하고, 인간 사생학의 개척자로 불리는 아리에스(Aries)는 "인류는 유일하게 사망자를 매장하는 동물이다."라고 썼다. 또한 허먼 파이펠이 편집한 『죽음의 의미*The Meaning of Death*』와 로베르트 카스텐바움과 루트 아이젠베르크가 쓴 『죽음의 심리학*The Psychology of Death*』 등 몇몇 저서가 출간되어 죽음학은 전문 분야로 자리 잡을 수 있었다. 1969년에 스위스 태생의 정신과 의사 엘리자베스 퀴블러 로스(Elisabeth Kübler-Ross)는 특히 인간이 죽음에 부딪혔을 때 나타내는 반응을 Denial(거부), Anger(분노), Bargain(흥정), Depression(우울), Acceptance(수용)의 5단계로 나누어 실제로 죽음에 대한 정신적, 심리적 변화의 단계를 가장 잘 정리했다.

최근 서구에서는 Thanatology 과정이 대학과 대학원에서 전문적으로 이루어지고 연구와 학문적 발전이 왕성히 진행되고 있다. 그러나 한국에서는 소수의 학회가 있고 또 의과대학에서는 미미하게 가끔 강의되기도 하고, 타 분야 신학, 사회적 심리학 등에서는 좀 더 가르쳐지고 연구되고 있다. 많은 이야기와 정의 등등이 있으나 아직도 한국에서는 Thanatology가 초기 단계라 말해도 괜찮을 것 같다.

Thanatology의 목표는 품위 있는 죽음을 생각하고, 실천하게 하는 방법을 제시하는 것이 아닐까? 따라서 죽음에 대해 수동적, 피동적으로 접근하지 않고 이른바 준비된 죽음, 능동적인 죽음을 통해 생의 마지막 단계를 평온하고 품위 있게 마무리하는 것이 아닐까?

저자는 세상에 나와 있는 기존의 어느 책보다 우리가 갖는 주검 그리고 그와 관련된 분야에 대한 이론, 연구 의문을 최고로 집대성하여 지침을 주는 『죽음학과 임종의학개론』이라는 제목의 이 책을 저술하였다.

총 13장의 내용은 말 그대로 전무후무한 Thanatology의 주옥같은 집대성이다. 나는 이 책을 감수하면서 학자로서, 교수로서, 의사로서 그동안 느껴보지 못했던 마음속의 희열과 저자에 대한 경외심마저 느꼈다.

아울러 이 책의 '감수자'가 된 것에 감사와 뿌듯함을 느낀다.

2020년 새해에

감수자 윤방부

## 추천사

저자와 나는 30년 전 하이텔이라는 문자기반의 정보통신망 안에 있는 의사협회 폐쇄사용자그룹을 통해서 만난 뒤 꾸준히 교분을 이어가고 있다. 당시 의공학에 관심이 많던 저자와 왜곡된 의료정보가 난무하던 의료환경의 문제를 해결해보고자 여러 가지 시도를 해왔었다. 처음에는 "요람에서 무덤까지" 필요한 의료 정보를 근간으로 각종 생활정보를 모아서 제공하는 Information Provider 사업을 한 적도 있었고 하이텔 뿐 아니라 천리안, 유니텔, 나우누리 등 국내 대부분의 문자기반 정보매체에 서비스를 했었는데 그래픽 위주의 멀티미디어로 확장된 World Wide Web으로 판도가 바뀌면서 서비스를 지속하지는 못했다. 우리가 감당할 수 없을 만큼 인터넷 환경은 변하였고 나는 지금 근무하는 대학에서 교수로 학생들을 가르치면서 전공인 해부학에 전념하였고, 저자도 산부인과 전문의로 개원을 하게 되면서 각별히 의학정보나 죽음학에 대해 신경을 쓸 수가 없었기 때문이었다.

하지만 의학적 경험이 쌓이면서 의학으로 해결하기 어려운 삶의 부분이 있다는 것을 느껴가던 차에 누가 먼저 이야기하지 않았지만 우리의 관심은 자연스럽게 죽음으로 모아졌다. 나는 의대생들에게 인문학적 소양을 북돋아 주려는 뜻에서 출발하였는데 우연히 동료 교수들과 교수 가족들을 상대로 죽음학 강의를 하게 되었고 예상보다 호응이 좋았다. 그 후 일반 시민들을 상대로 강의를 하고 교도소 재소자들을 상대로도 정기적으로 무료강의를 했다.

그러다가 죽음을 다루는 교육 프로그램들이 우리나라에도 적지 않게 있음을 알게 되었는데, 영성이나 종교적 관점으로 사람들을 끌어 들이고 있는 것이 다소 아쉬웠다. 이때 저자와 함께 "한국죽음준비교육학회"를 만들고 관련 서적을 출판하면서 나와 저자는 다시 열정적이던 젊은 시절처럼 뜻을 모으게 되었다. "죽음에 대한 교육이 필요하다. 그리고 진정한 죽음에 임하는 준비와 진솔한 실천을 위한 접근을..."

이제 죽음에 대해 더 자주 터놓고 이야기하는 시대를 열어야 한다. 우리가 죽음에 대해 이야기할수록 삶은 더 소중히 다가올 것이다. 언제일지는 모르지만 반드시 찾아올 죽음을 맞이하는 순간에 두려워하지 않고 더 담담하게 받아들일 수 있을 것이다. 저자의 첫 번째 죽음학 관련 저서인 『죽음학 스케치』에 이어 발표한 두 번째 저서는 일반인은 물론 의료인에게도 죽음에 대하여 더 객관적이고 전문적으로 이해하게 하면서 유한한 삶을 사는 사람의 운명을 자각하게 하고 꼭 한 번은 경험하는 가장 큰 사건인 죽음을 맞이하면서 후회 없는 삶에 대하여 실천하게 하는 필수 입문서라고 추천하고 싶다.

2020년 2월 봄을 맞이하면서

충북대학교 의과대학 교수 손현준

# 제1장

# 죽음에 대한 이해

# 01. 죽음학(Thanatology)

죽음학 또는 타나토로지(Thanatology)는 인류학, 종교학, 사회학, 의학, 철학, 심리학 등 다양한 관점에서 임종과 죽음을 연구하고, 어떻게 죽음을 맞이하고 받아들이는지를 제시해주는 학문이다.

죽음은 하나의 시점에서 일어나는 것이 아니고 죽어가는 과정의 생명현상이기에 사람이 더 이상 삶을 스스로 영위하기 어려운 시점부터 임종기간을 거치면서 마지막 운명하였다는 선고를 받았어도 완전한 죽음이라고 정의하기는 어렵다. 죽은 후에 장례를 치러주고 마지막 시신이나 유골들의 흔적을 어딘가에 안치시킨 후에도 해결해야 하는 문제들이 많이 있다. 또한 의학적 죽음 외에도 종교적, 심리적, 철학적, 사회적 관점에서 죽음이 정리되어야 비로소 완전한 죽음이 이루어진다. 그러므로 이런 일련의 과정을 모두 이해하고 죽음의 과정을 실천하는 것이 죽음학의 목표라고 할 수 있다.

죽음학은 죽음과 관련된 모든 문제를 다루며 모든 학문의 정점에서 그 가치를 보여주고 있다. 인간의 모든 역사적 활동과 기록은 문화와 문명으로 전해지는데 이 또한 앞서 산 사람들의 지나온 삶과 죽음을 통해서 경험된 것들이 전해져 내려온 결과물이다.

그래서 죽음학은 사람이 마지막까지 배우고 실천해야 하는 가장 존귀한 학문이라고 할 수 있다.

그리고 이를 연구하고 실천하는 사람을 임종의학전문가나 임종치유전문가(Thanatologist)라고 하는데, 이는 오늘 우리 사회에서 일어나고 있는 호스피스 환자 관리와 자살이나 비정상적인 죽음, 임종, 연명치료 중단 여부, 사전연명의료의향서 작성 안내, 죽음에 따른 상실과 슬픔 등으로 인한 여러 사회문화적 갈등과 모순을 조정하고 성숙한 이해로 이끄는 죽음교육전문가를 말한다.

## 02. 죽음학 개요

죽음학에 관한 이론과 실천을 위한 학문을 '죽음학'이라고 하는데 나라마다 조금씩 달리 표현하고 있다. 영미국가에서는 죽음의 Thanatos와 학문의 Logos가 합쳐진 Thanatology라고 하며 일본에서는 사생학(死生學)이라고 한다. 이를 연구하는 학자들을 Thanatologist라고 하며 죽음학자 또는 생사학자라고 부르는데 최근에는 임종치유전문가나 죽음교육전문가라는 표현을 사용하기도 한다.[1]

죽음학이란 죽음(Death)만이 아니라 죽음에 이르는 전 과정(Dying)을 의미한다. 사람은 죽음에 대하여 끊임없이 생각하고 고민해왔고 철학, 심리학, 신학 등에서 수없이 연구하고 발표하고 이론화하려고 했지만 아직도 죽음에 대한 실체에 접근하지 못하고 있다. 단지 죽음에 이르기 전에 삶의 과정에서 일어나는 의식행위나 종교적·문화적 측면에서 다루어지는 영성적이거나 의례적인 모습이 존재할 뿐이다.

그러나 점차 의식의 발달과 인문사회학, 자연과학, 의학의 발전으로 인해 인간의 원

1 김달수, 『죽음학 스케치』, 인간사랑, 2018.

초적 기원에서부터 새롭게 그 비밀을 풀어나가면서 죽음을 보는 관점이 변화되고 있는 것도 사실이다. 죽음을 신의 영역이라든가 생물학적인 면에서 끝이라는 결과론적 의미에서 좀 더 발전된 개념으로 그 의미를 찾고자 시도하면서 1956년 허먼 파이펠(Herman Feifel)은 『죽음의 의미*The Meaning of Death*』(1959)를 출간하는데 죽음의 기초적인 접근뿐만 아니라 "죽음이 닫힌 벽인가 또 다른 세계로 나가는 문인가"의 질문을 통해 죽음의 의미를 새롭게 확장시켰다.[2] 이를 계기로 죽음학은 1960년대 이후 여러 학자들이 연이어 고등교육기관에 '죽음과 죽어감'이라는 주제로 관련 교과목들을 개설하면서 정규과정으로 들어왔다.

1970년대에 스위스의 소아과의사인 엘리자베스 퀴블러 로스(Elisabeth Kübler-Ross, 1926-2004) 박사는 죽음과 죽어가는 과정(On Death and Dying)을 통해서 죽음 뒤의 또 다른 생에 대한 희망을 부여하면서 죽음에 대한 사람들의 반향을 크게 일으켰다.[3] 그 후 각국에서 많은 의사, 사회학자, 심리학자 들이 죽음에 대한 대중적인 관심을 이끄는 연구와 저서 그리고 새로운 이론을 통해 죽음준비교육에 대한 필요성을 강조하기 시작하였다.

우리나라도 1978년 서강대학교 교양학부에서 죽음 관련 강좌를 시작한 것을 비롯하여 '삶과 죽음을 생각하는 회'(1991), 한국호스피스협회(1991), 한국죽음학회(2005) 등의 단체가 생겨났고 최근에 노인분야에서는 노인관련기관을 비롯하여 일부 대학에서 죽음준비교육 등이 조금씩 이루어지고 있다.[4] 호스피스 완화의료도 초기에는 종교기관을 중심으로 발전하였지만 점차 죽음에 대한 관심과 의식이 발전하고 존엄사 또는 소극적 안락사에 대한 관심이 커지면서 연명의료에 대한 새로운 변화가 생기고 종교적 접근뿐만 아니라 사회복지 차원의 다양한 분야에서 점차 발전하고 있다.

---

2 Herman Feifel, Stephen N. Strack, *Death & the Quest for Meaning*, Rowman & Littlefield Pub Inc, 1997.

3 엘리자베스 퀴블러 로스, 최준식 역, 『사후생』, 대화문화아카데미, 2009.

4 서혜경, 『노인 죽음학개론』, 경춘사, 2009.

일본 조지대학 사생학 권위자인 알폰스 디켄(Alfons Deeken) 교수의 저서『죽음교육』을 통해 일반인들이 어떻게 죽음을 받아들여야 하는가에 대한 지침을 보여주면서 어린 초등학생부터 죽음학을 통해 죽음을 이해하고 어떻게 죽음을 받아들여야 하는가에 대한 죽음준비교육의 필요성을 강조하기에 이르렀다.[5]

하지만 죽음학을 무엇이라고 명확히 정의하기는 어려운 부분이고 죽음을 보는 관점이 사람마다 다르고 처한 입장 또한 달라서 한마디로 정의하기 어렵고 하나의 학문적 줄기로 이해하는 것은 더욱 어렵기에 학문으로서의 죽음학은 현재뿐만 아니라 미래에도 계속 진행 중인 미완의 학문으로 나아갈 것이라고 본다.

죽음학은 철학, 심리학, 윤리학, 사회학, 종교학과 같은 인문학뿐만 아니라 생명과학, 의학, 생리학 같은 자연과학 또는 응용과학과 문화, 예술까지 망라한 종합적인 학문이라고 할 수 있다. 그러므로 죽음학은 인간의 모든 삶이 포함된 것이고 이는 그 누구도 실제로 경험을 통해서 배울 수가 없기에 앞으로 어느 누구도 정의내리기 어려운 몇 안 되는 분야가 될 것이다.

## 03. 생명이란 무엇일까?

생명이란 것을 이해해야 죽음도 이해가 될 것이다.

죽음학에 들어가기 위해서 생명이란 무엇인가를 정의할 때 우선 로위(Glenn W. Rowe)의 생명이 가능하기 위한 3가지 조건[6]을 알아보면 다음과 같다.

5 알폰스 디켄, 전성곤 역,『인문학으로서의 죽음교육』, 인간사랑, 2008, pp. 37–43.

6 Glenn. W. Rowe, *Theoretical Models in Biology*(Oxford: Oxford University Press, 1994).

(1) 주변으로부터 에너지를 흡입하여 이를 자체 유지를 위해서 사용하는 대사 작용이 있어야 한다.
(2) 개체의 유한성을 극복하기 위해서 자기 자신에 대한 복제능력을 가지는 생식작용이 있어야 한다.
(3) 변화하는 환경에 맞서는 세대를 거쳐 가며 변이와 선택을 통한 진화라는 적응과정이 있어야 한다.

이는 각 개별 생명체에 대한 생명의 정의다 보니 생명 군이라는 집단에 대한 설명이 부족하여 물리학자 장회익 서울대 명예교수는 로위의 정의에 '관계성'을 추가하여 새로운 우주적 생명개념을 발표하였다.

생명이 가능하기 위해서는 대사, 생식, 진화 외에 개체 간의 협동이 있어야 한다. 이런 개별생명체의 개체들 간의 긴밀한 협동체계 속에서만 개별생명체들의 생존이 가능하다는 것이다.[7]

이런 협동체제는 군집 또는 콜로니(Colony)라는 일정한 방향성과 흐름을 가진 공유되는 동질성과 고유운동성을 가지며 생명집단의 특성이 존재하게 되어 집단을 보호하며 생존을 유지하기에, 이런 생명의 원리는 지구뿐만 아니라 전 우주에도 동일하게 작용할 것으로 보인다.

생명은 혼자 존재하지 못한다. 주위에 나 아닌 다른 누군가가 있어야 하고 나와 경쟁적이든 보완적이든 종의 다양성을 유지하면서 서로 충돌하고 협동하면서 보다 더 건강하게 생명유지를 이어나가는 것이므로 자연의 모든 것은 다 필요하기에 존재하는 이유가 된다.

---

7 장회익, 『삶과 온생명』, 솔출판사, 1998.

# 04. 세포의 죽음

모든 세포는 영원히 분열을 지속하지는 못한다.

몸을 이루는 각 세포들은 하나의 세포로부터 분화되어 자가복제가 이루어지지만 정해진 시간과 분열 횟수에 따라 사멸과정(Apoptosis)을 겪으면서 몸 안의 대식세포(Macrophage)에 의해 분해 흡수되어 사라지게 된다.

이런 일련의 세포 생성과 죽음은 일정 기간 반복되면서 늙은 세포는 제거되고 새로운 세포는 꾸준히 형성되어 균형을 이루어 몸 전체가 생존할 수 있게 한다. 하지만 사멸되는 세포수가 많아지면 그 한계치에서 각 장기나 부속물들의 기능은 저하되어 곧 죽음을 맞이하게 된다.

여기서 세포의 사멸이 모두 부정적인 것은 아니다. 몸에서 불필요한 세포들이 사라져야 그 자리에 새로운 세포가 형성되어 현재의 모습을 잘 유지하게 해주는 것이다. 이런 세포의 작은 죽음은 바로 인식되지 않지만 몸 안에서 생성과 죽음은 계속 반복되고 있고 이런 현상들은 함께 존재하고 동시에 진행되고 있는 것이다.

이런 현상을 세포의 예정사(Programmed Cell Death)라고 한다. 이는 내·외부적 요인에 의해 DNA 손상과 같은 치명적인 문제가 발생하면 더 이상의 생존 진행을 포기하고 스스로 사멸하는 과정을 선택하는 것이지만, 만약 이런 작용이 일어나지 않는다면 손상된 세포는 불필요하고 생존에 방해가 되는 종양과 같은 세포덩어리가 되어 생명을 위협하기도 한다. 반대로 너무 빨리 세포가 사멸되면 자가면역질환이나 신경, 근육의 퇴화가 가속화되어 다양한 질병이 생긴다.

세포의 예정사는 생물의 발생 프로그램의 일부분이며, 세포의 예정된 죽음이 개체를 죽이는 것이 아니라 세포의 죽음을 교란하는 것이 개체를 죽게 하는 것이라고 하는데[8] 이는 세포의 노화과정으로 볼 수 있다.

일부 사망의 정의 중에 생체를 구성하는 모든 세포의 기능이 상실되는 세포사(Cell

Death)를 주장하는[9] 경우처럼 세포 하나하나에도 생명이 존재하고 하나의 생명체를 구성하는 세포수만큼 생명의 혼이 존재하는 영혼의 집합체라고 할 수도 있다. 그러나 심장, 폐, 뇌의 기능이 정지되면 각 세포들은 통제받지 못하고 스스로 생명작용을 유지하지 못하므로 결국 세포 파괴와 괴사작용을 겪으면서 분자와 원자 단위의 자연계 기본 입자로 흩어지면서 새로운 생명으로 환원되어 가는 순환과정을 갖게 되는데, 바로 이것이 큰 틀에서의 반복적인 윤회일 수 있다. 그러므로 생명의 존재는 그만큼 존귀하고 가치 있는 것이므로 함부로 대하거나 억울한 죽음이 없도록 보호하고 잘 유지해야 한다.

## 05. 생물학적 죽음

앞서 죽음의 일반적인 정의에 대해 언급하였는데 좀 더 생물학적인 입장에서 죽음을 알아보려면 생명현상을 이해해야 구체적인 죽음을 설명할 수 있다. 생명체를 구성하고 있는 세포의 원형질 또는 세포막 내의 여러 소체들이 쉬지 않고 일으키는 화학변화를 생명현상이라고 할 수 있다. 죽음은 이런 연속적인 화학반응이 정지된 상태를 의미하며 이로 인해서 생명체의 활동이 멈춰져 물질의 이동과 생성 그리고 재생이 더 이상 안 되는 에너지와 대사물질의 변화가 없는 상태를 말한다. 이를 자연계에서는 자연도태라고 표현한다. 자연도태는 자연계에서는 매우 중요하고 필연적인 현상인데 생식능력이 멈춘 생명체는 스스로 붕괴되어 다른 생명체를 위해서 환원되는 과정을 거치면

8 T. S. Zheng, S. Hunot, K. Kuida, R. A. Flavell, *Caspase Knockouts: Matters of life and death, cell death and differentiation*, 1999. 6, pp. 1043–1053.

9 이상복, "죽음에 관한 의학적 정의와 뇌사설의 전개과정," 『대한의사협회지』 제42권 제4호, 1999.

서 자연계의 균형을 이루는 순환과정이다. 이는 사람에게도 예외 없이 일어나는 죽음의 과정이다.

물리학자 최무영 교수의 생명에 대한 정의에 따르면,[10] 첫째로 살아있는 것은 짜임새 있게 적절한 구조로 조직되어 있고 성장하고 죽는 일련의 발생(Development) 과정을 보이면서 시간에 따라 특징적으로 변화한다.

둘째로 물질대사(Metabolism)를 하여 외부로부터 물질과 에너지를 받아들이고 그것을 이용한 여러 가지 생화학 반응을 통해서 에너지를 이용하는 과정이다. 이때 중요한 점은 외부로부터 자유에너지가 들어오고, 이를 통해서 엔트로피가 낮은 상태를 유지하면서 정보를 늘리는 것이다. 이런 현상은 반드시 열려있는 자연계에서 일어나는 것으로 외부세계와 생명체는 계속 물질이나 에너지 등이 이동하기 때문에 자신의 엔트로피가 늘어나지 않을 수 있고 오히려 국소적으로 생명체 자신은 엔트로피를 줄일 수 있으나 주위 환경까지 모두 포함하는 엔트로피 전체는 일반적으로 늘어난다.

셋째로 생명의 중요한 특징은 번식(Reproduction)이다. 살아있는 것은 살아있는 것을 계속 만들어내고 이러한 번식은 유전(Heredity)이라는 현상을 보인다. 유전은 원래 가진 생명체의 형질을 보존하고 다음 세대로 전달하는 역할을 한다.

넷째로 생명을 유지하기 위해서는 환경의 변화에 응답(Response)하면서 적응(Adaptation)한다. 이는 이른바 되먹임(Feedback)으로 조절하게 되는데, 예를 들어 비를 맞아서 체온이 너무 떨어지면 안 되니까 이를 막아서 원래 상태를 유지하려 하는 것으로 이런 되먹임 조절이란 결국은 생명체를 일정한 상태로 유지하기 위해서인데 이를 항상성(Homeostasis)이라고 한다. 즉 생명을 유지하려면 여러 가지 상황이 일정하게 유지되어야 하는 생명의 특성을 의미한다.

다섯째로 생명체는 변화한다. 이를 진화라고 하는데 이를 통해 세균을 비롯한 미생

---

10 최무영, 『최무영 교수의 물리학 강의: 해학과 재치가 어우러진 과학이야기』, 책갈피, 2008.

물, 어룡, 공룡, 익룡 그리고 여러 종류의 풀과 나무, 벌레와 조개도 생겨나고, 물고기, 개구리, 개와 원숭이, 고릴라도 생겨나고 결국 사람도 생겨났다. 더욱 놀라운 점은 생명의 단일성으로부터 엄청난 다양성이 생겨났다는 사실이다. 생명의 단일성이란 세균으로부터 인간이나 닭이나 느티나무 등 모든 생명체를 통틀어서 본질적으로 놀라운 유전정보의 공통성을 갖고 있고 더욱이 모든 생명체의 유전정보는 똑같이 하나의 기전으로 이루어져 있는데 세포에 존재하는 DNA의 네 가지 염기 서열이 유전정보를 이루고 있다. 이는 모든 생명체에 공통적으로 존재하며 흰자질이 생명체를 이루는 핵심 요소로 모든 생명체가 같다. 이런 흰자질은 20가지의 아미노산으로 구성되며 모든 생명체가 동일하다. 이런 면에서 놀라운 단일성이 있다고 할 수 있다.

이와 같은 생명현상을 반대로 이해하면 그것이 곧 죽음이라는 것을 알 수 있다. 사람의 생물학적 죽음은 건강한 신체 상태로부터 세포 전체가 생명현상의 정지에 이르는 점차적인 이행 과정이라고 할 수 있다. 이에 따르는 의학적 죽음의 판정 기준은 죽음에 대한 개념의 중점을 어디에 두었느냐에 따라서 변화해 왔다.[11] 여기서 고려해야 할 문제는 생명과 죽음은 개념적으로 모순대립의 성격을 가지며 서로 배제하지만 사람의 죽음에는 뇌사와 같이 죽어가는 과정인 중간 영역이 존재하며, 따라서 인간의 죽음은 생물학적 죽음만을 의미하지 않으므로 죽음은 생물학적 사건인 동시에 규범적 사건이라고도 한다.[12]

얼마 전까지는 생물학적 죽음을 곧 의학적 죽음으로 동일시하였지만 최근 뇌사에 대한 관심과 사망에 대한 정의가 변하면서 생물학적 죽음에 대하여 많은 한계성을 가지게 되었다. 현재 국내에서도 법적으로 뇌사를 인정하고 있지만 뇌사설에 대한 다양

11 조현옥, "노인들의 죽음에 대한 태도 조사연구," 경희대학교 대학원 석사논문, 1999.

12 권수현, "생물학적 죽음에서 인간적 죽음으로-죽음의 자유와 도덕," 『사회와 철학』 제30호, 2015. 10, 199-224.

한 찬반논의는 계속되고 있다. 뇌사 상태의 환자에게 무의미한 연명치료를 계속해야 하는가에 대한 사회적인 공감이 점차 커지는 것도 사실이고 장기이식에 대한 윤리문제에도 관심이 많아지고 있다.

사람의 생물학적 죽음을 단순한 세포나 장기의 죽음이 아니라 생명체의 통합적 기능의 상실로 보고 이를 죽음으로 인정한다면 단지 움직이는 심장과 폐가 있다고 생명현상으로 인정하는 것이므로 적절하다 할 수 없다. 이에 대한 자세한 언급은 뇌사 편에서 논하기로 한다.

오늘날과 같은 현대의학이 발전하기 전인 1944년에 노벨물리학상을 수상한 양자역학의 거장 에르빈 슈뢰딩거(Erwin Schrödinger, 1887–1961)는 '생명이란 무엇인가'라는 책에서 생명의 핵심은 반복적인 재현이라고 하여 "생명체는 기억을 통해 본연의 삶을 획득하고, 살아 있는 한 기억하기를 멈추지 않는다. 반대로 생명체의 죽음은 기억의 끝이며 재현의 정지다. 최초의 심장박동이 더 이상 재현되지 않을 때, 삶의 가장 찬란한 순간을 영원히 기억할 수 없는 상태가 죽음이다. 그러나 생명체의 죽음 이후에도 기억을 매개로 생명은 이어진다. 파란 눈의 할아버지가 죽은 이후에도 손자의 눈은 여전히 파랗다. 닭이 더 이상 달걀을 낳을 수 없게 되는 날, 닭이 낳은 달걀이 닭이 되어 다시 달걀을 낳고 있다. 최초의 생명은 그 탄생 이후 단 한 순간도 재현을 멈추지 않았다. 38억 년 동안 지구 위에서 끊임없이 재현되는 기억, 생명은 바로 그 영속하는 기억이다."[13]라고 하며 양자역학이 바로 기억을 망각으로부터 보호할 비가역적인 토대를 제공할 수 있다고 말한다. 또한 그 토대란 우주의 불연속성을 의미한다고 했다. 그 시대에 이미 분자와 생명의 결합, 즉 분자생물학의 시대를 정확히 예언하였고 생명은 우주의 예외적 법칙으로서 존재하는 것이 아니라, 우주의 보편적 법칙의 산물이라는 것을 예언한 것이다.

13 Erwin Schrödinger, 서인석 역, *What Is Life*, 한울, 2014.

## 06. 의학적인 죽음

우리말사전에는 죽음이 사망, 끝장, 사(死), 죽는 일로 나와 있다.

의학적으로 심장 및 호흡기능과 뇌 반사의 비가역적 정지 또는 손실이라고 정의하며, 세계보건기구(WHO)의 정의는 "소생할 수 없는 삶의 영원한 종말"이라고 표현한다.

또한 죽음을 급격한 외력에 의한 사고사가 아닌 경우 '더 이상 자신이나 타인에 의해서 생명이 유지되기 어려운 상태에서 생명체의 세포나 장기의 연결을 구성하는 신경, 혈관, 림프관 등의 신호전달기관이나 순환기관이 선택하는 능동적인(자발적인) 발작에 의한 폭발적이고 불가역적인 급격한 소멸현상'이라고도 한다.[14]

일반적인 의학적 죽음은 신체적 죽음을 의미한다. 신체적 죽음이란 다시 임상적 죽음과 생물학적 죽음으로 구분되는데 임상적으로 심장과 폐장의 기능이 멈추고 곧이어 뇌의 뇌파가 활동을 정지한 상태를 의미하지만 현대의학에서는 심폐소생술이나 체외막산소공급(Extra-Corporeal Membrane Oxygenation, ECMO)에 의해 죽음에서 다시 소생시키는 경우가 점차 늘어나고 있다.

그 반면에 생물학적 죽음은 임상적인 죽음을 넘어 더 이상 생명현상은 없고 스스로 괴사를 하는 단계이다. 이런 현상을 세포와 조직의 붕괴과정 또는 변성이라고 한다. 결국 의학적 관점에서 죽음은 육체와 정신이 혼합된 생명체가 무생물로 변화하면서 곧 자신의 의지에 의하여 생명이 존속되거나 유지될 수 없는 것을 말한다.[15]

의학적으로 죽음의 판정기준은 시대에 따라 변화하지만 근본적으로 호흡정지와 심장박동정지를 먼저 생각하는데 이는 심폐기능설에 기본을 두고 있다. 심폐기능설에 의한 죽음은 다시 호흡이 먼저 멈추고 다음에 심장박동이 정지되는 폐장사(Lung

14 김달수, 『죽음학 스케치』, 인간사랑, 2018.

15 이부영, 『의학개론2-인간과 의학』, 서울대학교출판부, 1995.

Death)와 심장박동이 먼저 멈춘 후 호흡이 정지되는 심장사(Heart Death)로 구분한다.

일반적인 죽음은 시간적 간격을 가지고 장기의 기능이 정지되는 과정을 말하며 일순간에 종료되는 사건을 의미하지는 않는다.[16] 이러한 사망의 이행과정에서 사람의 사망이 어느 시점에서 발생하는지에 대해 아직 명확하게 그 답을 제시할 수는 없다. 이에 대하여 인간의 사망은 생체를 구성하고 있는 모든 세포의 기능이 상실되는 세포사(Cell Death)로 규정하는 경우도 있다.[17] 하지만 이는 현실적으로 규정하기가 어렵고 대부분 심폐 기능이 정지된 후 30분이 경과하거나 심폐소생술을 해도 회복되지 않으면 사망으로 인정한다.

뇌사설은 뇌의 기능이 상실되어 뇌간까지 모든 기능이 정지되는 것을 의미한다. 뇌 기능이 완전히 멈추면 신체 내의 모든 세포와 장기가 통제가 안 되어 더 이상 기능적으로 작용이 안 되고 스스로 붕괴되기 때문이다.

최근에 심장, 폐장, 뇌의 3가지 기관의 활동이 모두 정지된 경우 죽음으로 판정하는 것은 뇌의 활동이 모두 멈추었어도 외부의 도움으로 호흡과 심장의 박동이 유지되면 어느 정도 생명 현상이 유지된다고 보기 때문이다. 이런 상태를 뇌사(Brain Death)라고 한다.

우리나라도 뇌사를 죽음으로 인정하여 장기공여의 길이 열리게 되었는데, 이때 뇌사를 판정하는 기준이 엄격하여 그에 따른 국가의 감독을 받고 있다. 1968년 미국 하버드대학의 엄격한 뇌사 기준에 의하면.

(1) 혼수 및 뇌의 무반응성

(2) 무호흡

---

16 이인영, "뇌사설에 대한 논의와 수용태도 및 뇌사자로부터의 장기적출의 법률문제,"『한국의료법학회지』 제8권 제2호, 2000.

17 이상복, "죽음에 관한 의학적 정서와 뇌사설의 전개과정,"『대한의사협회지』 제42권 제4호, 1999.

(3) 산대된 동공

(4) 두뇌반사의 소실

(5) 뇌파의 소실

(6) 혼수와 무호흡이 6시간 지속

(7) 모든 진단법과 치료법이 완벽하게 시행되어도 반응이 없어야 함

이런 진단기준이 나오게 된 배경은 비록 죽었지만 건강한 신체의 장기를 이용하여 새로운 생명을 살리기 위한 정당성을 얻기 위한 것이다. 국내에서도 장기기증이 가능한 뇌사자 판정을 내리려면 주치의를 제외한 다른 신경과 전문의, 법률가, 종교인, 사회 명망가 등 4명 이상으로 이루어진 뇌사판정위원회에서 회의를 열어야 하고 참석위원 전원일치의 판정을 받아야 비로써 뇌사추정자가 되는 것이며 장기적출도 가능해진다.

일반적으로 뇌사추정자가 생기면 의료기관에서 장기기증을 전담하는 질병관리본부 장기이식관리센터(KONOS)에 연락을 하고 유가족에게도 이 사실을 알리고 집안의 선순위유가족이 장기기증에 동의함으로써 장기이식을 시행하게 된다. 이때 병원 또는 유가족의 연락을 받고 장기기증 코디네이터가 활동하는 장기이식 실무기관인 한국장기조직기증원(KODA)에서 출동하여 장기기증에 대한 여러 행정절차를 돕게 되고 비로써 장기적출이 가능한 병원에서 장기기증이 진행되는 것이다. 이때 질병관리본부 장기이식관리센터(KONOS)의 전산시스템에 의하여 수혜자가 결정되고 이식승인을 받고 나서야 장기이식 수술을 시작할 수 있게 된다.

앞에 언급된 죽음에 대한 정의 중에 신체적 죽음의 특징에 대해 더 생각해야 할 부분이 있다. 죽으면 신체의 기능이 정지되는 것이지만 모든 세포와 장기가 동시에 기능을 정지하는 것은 아니므로 명확한 죽음의 시점을 정하는 것이 결코 쉽지 않다. 심장과 폐장과 뇌기능이 멈추어도 특정 세포와 장기인 머리카락이나 손톱 같은 조직은 일정기간 자라므로 이를 무시하고 죽음을 선언하는 것은 또 다른 부담이 될 수 있으며, 혹시 모를 소생을 위해서 심폐기능이 정지된 시간대로부터 30분 동안 관찰 후 소생술을 시

행해도 회복이 되지 않을 때에 그 시간으로부터 30분을 역산하여 사망시간을 정하기도 한다.[18]

## 07. 살아있는 신체란?

살았다는 의미는 한 순간이라도 세포의 생성과 소멸이 멈추지 않아야 하고 자신이 인식하지 못하는 정도의 변화 즉 진화적인 과정이 존재해야 하며, 궁극적으로 생식능력이 존재해야 한다. 그래서 살아있는 사람의 신체도 지속적으로 살기 위한 과정에서 계속 죽어야 하고 이런 현상은 한 사람의 몸을 구성하는 세포수인 60조 개의 세포에서 다 함께 발생하지만 우주적으로 볼 때도 살아있는 생명체는 계속 죽고 사멸되어 흩어져야 이 또한 생명의 활동이 지속된다는 의미가 된다.

또한 생명체가 살아있다는 것은 내부나 외부의 자극으로부터 본능적이든 의식적이든 자신이 생존하려는 방향으로 반응한다는 것이다. 만약 반응이 없다면 이는 곧 생명활동이 없다는 의미이다. 물론 식물이나 하등한 생명에서 반응하지 않는 것처럼 보이는 것도 사람의 입장에서 보는 것이지 결코 반응하지 않고 그대로 위험에 노출되어 생명을 스스로 버린다는 것은 아니다. 만약 그런 생명체가 있다면 이는 곧 종이 멸종할 것이고 자연계에서 도태될 것이다. 단지 관찰자의 관점에서 미미한 반응을 감지 못하는 것이고 그 또한 그 생명체 나름의 적응 방법으로 이해해야 한다.

살아있다는 생물학적 의미도 중요하지만 사람에게서 더 중요한 것은 살아있는 신체에 대한 유한성을 인정하고 살아있는 동안 존엄성과 생명권을 스스로 지키며 보호하고 유지하면서, 보다 더 나은 환경에서 다음 세대로 나아가야 진정한 사람으로서의 보

18 건양대학교 웰다잉 융합연구회, 『지혜로운 삶을 위한 웰다잉』, 구름서재, 2016.

편적 가치를 지키는 것이다.

정신만으로는 소멸되는 한시적 존재가 되며 상상만으로는 이룰 수 있는 것이 아무것도 없기 때문에 사람으로서의 존재 의미가 없다. 하지만 건강한 신체가 있다면 정신이 원하는 것을 이루고 성취할 수 있으므로 신체에 대한 가치를 충분히 중요시해야 한다. 뇌나 정신이 없는 사람은 있어도 신체가 없는 사람은 존재하지 못한다는 것을 잊지 말아야 한다.

## 08. 죽음의 유형

죽음의 정의에 앞서 죽음의 유형을 먼저 이해하는 것이 필요하다. 일반적으로 죽음을 생물학적 죽음, 의학적 죽음, 사회적 죽음, 신학적 죽음, 법적 죽음 혹은 심리적 죽음으로 구분한다.[19]

생물학적 죽음은 호흡정지, 심장정지, 동공확대를 죽음의 판단기준으로 하는 심증후설에 근거하여 인간의 장기 기능이 정지된 상태를 말한다. 의학적 죽음은 모든 체세포의 기능 상실로 생체가 기능하는 데 필요한 화학적·물리적 또는 전기·생리학적 활동을 잃게 되어 인체의 세포가 불가역적인 상태로 변화하는 것을 의미하고 이는 심장과 호흡은 물론 뇌기능까지 완전히 정지한 상태이다.

사회적 죽음은 생명은 유지되나 인간으로서의 기능을 전혀 할 수 없는 상태, 즉 식물인간 상태에서 생명이 연장되고 있는 경우로 의학적 또는 법적 죽음에서 아직 살아있다고 전제되는 상태이다. 신학적 죽음은 생명체의 기능이 완전히 정지된 상태에서 인간의 생명이 신에게 귀의하는 것을 말하며, 철학적 죽음의 관점에서는 인간으로서 생

19 Zastrow Charles, *Introduction to social work and social welfare 10th edition*, Brooks Cole, 2007.

각을 더 이상 못하는 경우이다. 법적 죽음은 의사가 죽음을 판정한 이후 이를 기초로 하여 법률에 의하여 법원에서 사망을 인정하는 경우를 말한다. 장기간 행불자의 경우에도 법원 판결에 의해 법적인 사망판정이 내려지는 경우가 있다.

이외에도 현상학적 죽음(Phenomenological Death)이 있는데 사회적인 태도나 행동과는 상관없이, 개인의 내면에 초점을 맞추어 그 사람은 자기 자신에게 살아있는가 죽었는가를 기준으로 현상학적 죽음을 정의하기도 한다.[20] 현상학적 죽음은 크게 두 종류로 나눌 수 있는데, 첫째는 개인의 일부분이 객관적인 자아의 마음속에서 죽는 경우로 예를 들면 유능한 외과 의사가 손을 다쳐 더 이상 외과수술을 못하는 경우 의사로서의 자신이 존재하지 않는 상황의 경우처럼 의사로서의 죽음을 의미한다. 둘째는 전체 자아가 약하고 둔감한 상태로 되어 육체적 또는 정신적으로 극심한 허약한 상태나 약물이나 알코올 등에 의해 올바른 자아판단이 어려운 상태가 되는 경우이다.[21]

## 09. 죽음의 일반적 정의들

죽음을 한마디로 정의하는 것은 불가능하다. 그러다보니 죽음에 대한 정의가 수없이 만들어지고 지금도 연구되지만 모든 것을 하나로 통합하는 것은 여전히 불가능하다. 대한의학협회(1983)에서는 죽음을 '심장기능 및 호흡기능과 뇌 반사의 불가역적 정지 또는 소실'이라 정의했고, 표준국어대사전(2007)에서는 죽음을 '사, 끝장, 죽는 일, 생물의 생명이 없어지는 현상, 세포 내의 연속적인 생리변화가 불가역적으로 되어 정지하는 상태'로 정의하고 있다. 웹스터(Webster)사전에 정의된 죽음은 동식물 중 소생의

20 R. J. Kastenbaum, *Death, Society, and Human Experience (9th ed.)*, Allyn and Bacon, 2007.
21 이의정, 『죽음학 총론』, 학지사, 2011.

가망성이 없는 모든 생체기능의 영구적 정지, 생명의 종결, 죽는다는 사실이나 행동 및 과정이라 하였고 임종은 생명이 끝나는 것, 죽음에 임박하는 것, 점차 소멸하는 것이라 하였다. 또한 세계보건기구(WHO)의 정의를 보면 소생할 수 없는 삶의 영원한 종말이라고 한다.[22]

신부이면서 의사인 김중호(1939– )는 인간의 죽음을 임상적 죽음(Clinical Death), 뇌의 죽음(Brain Death), 사회적 죽음(Social Death), 신학적 죽음(Theological Death)으로 구분하기도 한다.[23]

- **임상적 죽음**

호흡과 심장이 멈추고 뇌의 모든 기능이 정지된 상태로 모두 불가역적으로 정지된 상태를 의미한다. 이러한 상태가 지속되면 완전한 생물학적 죽음이 되어 유기체의 와해가 발생한다.

- **뇌의 죽음**

뇌의 구성조직인 신피질, 소뇌, 중뇌, 뇌간의 모든 활동이 완전히 소실된 상태로 뇌사상태를 의미한다. 단 뇌간이 미세하게나마 반응을 하면 식물인간이라고 보아 살아있다고 인정한다. 뇌사를 지나 심장사에 이르러 완전한 죽음으로 인정하느냐, 혹은 뇌사부터 인정할 것이냐의 여부를 두고 명확히 규정을 못하고 있다.[24]

---

22 서혜경, 『노인죽음학개론』, 경춘사, 2009.
23 김중호, 『의학이란 무엇인가?』, 바오로딸, 2003.
24 조현, 『호스피스·완화의료』, 계축문화사, 2017.

• 사회적 죽음

사회적 죽음에는 의학적 법적 죽음이 전제되어야 하지만 실종자의 경우처럼 구체적인 죽음이 확인되지 않으면 일정시점을 정해 죽음을 인정하기도 한다. 이는 유언장 집행, 보험금 수령, 채무 문제 등 사망시점이 정해져야만 실행이 가능한 많은 일들이 있기 때문이다. 또한 뇌의 반응이 거의 없고 뇌간이 반응하는 기초적인 반사가 이루어지고 능동적인 뇌파가 나타나는 식물인간의 상태를 의미하기도 한다.

• 신학적 죽음

종교관에 따라 종교 내의 교리와 절차에 따라 죽음에 대한 다양한 의미를 가지게 된다.[25] 이는 각 종교가 추구하는 절대성이 있으므로 신도인 경우 이를 따르거나 이에 동의하는 입장에서 죽음을 이해하고 받아들여야 한다.

죽음에 대한 또 다른 일반적인 정의를 보면 예일대 교수인 로버트 비치(Robert M. Veatch)는 죽음의 정의를 크게 4가지로 구분하였다.[26]

(1) 생체액(Vital Fluid) 유동기능의 불가역적 정지는 곧 호흡과 혈액의 정지를 의미한다.
(2) 육체에서 영혼의 불가역적 이탈은 육체와 영혼이 완전히 분리되어야 죽은 것으로 간주한다.
(3) 육체적 통합능력의 불가역적 상실은 뇌의 기능이 완전히 상실된 상태를 의미한다.
(4) 사회적 상호작용 능력이나 의식적 능력의 불가역적 상실로 인해서 신체적 통합능력이 불가역적으로 상실되면 인간의 본질적 특성을 잃게 되어 죽은 것으로 간주

25 건양대학교 웰다잉 융합연구회, 『지혜로운 삶을 위한 웰다잉』, 구름서재, 2016.
26 Robert M. Veatch, *The Theory of Medical Ethics*, Basic Books Inc, 1981.

한다.

법률적으로 우리나라 민법 제3조(권리능력의 존속기간)에서는 "사람은 생존한 동안 권리와 의무의 주체가 된다."[27]라고 하여 한국인이라면 국내에 있던 외국에 있던 상관없이 한국 민법의 적용을 받지만 이는 살아있는 동안이고 사망으로 인해 권리능력을 상실하게 된다. 즉 사망은 자연인의 일반적 권리능력의 유일한 소멸원인이 된다.

이처럼 죽음의 정의는 매우 다양한데 그 누구도 명확히 정의하기는 어렵다. 모든 죽음은 직접 경험한 것이 아닌 제3자의 입장에서 정의한 것이므로 이를 언어나 글로 표현하는 것에 한계가 있기 때문이다.

## 10. 죽음의 의미

사람들은 자신이 겪는 일상의 사건들에 대해 의미를 두고 싶어 한다. 그중 죽음은 자신에게 가장 큰 사건이고 단 한 번의 경험이지만 직접 경험하지는 못하므로 죽음에 대한 의미를 정확히 표현하지 못한다. 간접경험을 통해 의미를 느끼는 것이기에 공유하는 부분도 많지만 조금 깊이 들어가면 각자 처한 입장에 따라 주관적으로 죽음을 달리 이해하기도 한다.

이는 사람마다 다른 성격, 환경, 교육 정도, 경험, 사회적 위치, 종교, 가족관계 등의 복잡한 관계 속에서 죽음에 대하는 공포, 회피, 준비, 적응 등 죽음을 받아들이는 방식에 큰 영향을 미친다.[28]

---

27 오세경, 『대법전』, 법전출판사, 2014.

28 (재인용) Cicirelli. v. g., "Personal Meaning of death in order adults and young in relation to

사람들은 죽음을 의미하는 상징으로 밤, 빛, 어두움, 차가움, 여행, 내세, 사후생, 영생, 천당, 지옥, 소멸, 끝, 외로움, 이별, 귀신, 영혼 등을 생각한다. 그러나 이런 상징으로만 죽음의 의미를 표현하는 것은 어렵고 죽음에 대해 나름 잘 합리화해서 의미를 부여하려고 한다. 그래서 죽음에는 다 이유가 있고 같은 죽음은 존재하지 않는다.[29]

로버트 칼리시(Robert Kalish)는 죽음의 의미를 크게 의미의 파괴자로서의 죽음, 아름답고 평온한 죽음, 소멸로서의 죽음, 벌로서의 죽음, 상실로서의 죽음, 시간 조직자로서의 죽음 등으로 구분하기도 하였다.[30]

사람의 삶은 유한성을 가지고 있기에 다양한 이유를 들어서 자신의 삶에 대하여 지속적으로 의무를 부여하기도 하지만 죽음 앞에서는 이런 의미도 한계를 맞이하게 된다. 즉 죽음은 한 개인의 가능성과 삶의 의미를 파괴한다. 이런 부정적인 면을 긍정적으로 바꾸어서 살아있는 유한한 시간 속에서 다양한 의미를 위한 노력과 행동을 하게 해서 자신의 유전적 유산을 지속적으로 전하려 한다. 이런 과정에서 어떤 생물체보다 지적이고 발전된 창의력이 생기고 다음 세대로 전해져 문화와 문명이 이루어지게 된다.

옛 사람들은 아름답고 평온한 가운데 자손들의 배웅 속에서 죽음을 맞이하기를 원했으며 고종명(考終命)을 좋은 죽음으로 인식하였다. 이는 서양도 마찬가지로 죽음을 삶의 완성으로 보아 죽은 사람에게 평소 입었던 옷 중 가장 좋은 옷을 입혀 침대에 안치하였다.[31] 우리나라도 조선시대 무덤에서 발견되는 장례풍속을 보면 시신에게 평소 가장 좋거나 좋아했던 옷을 수의로 입혔다. 이를 보면 동서양이 서로 유사하다고 할 수 있다.

죽음의 의미부여 중에 죽은 후 자신의 존재는 소멸되는가 아니면 다른 상태로 변화

---

their fears of death," *Death Studies* 25, pp. 663–683, 2001.

29 김달수, 『죽음학 스케치』, 인간사랑, 2018.

30 R. A. Kalish, *Death, Grief, and Caring Relationships (2nd ed.)*, Brooks/Cole Publishing Company, 1985.

31 P. Aries, *Images de l'homme devant la mort*, 『죽음 앞에 선 인간』, 동문선, 1983.

하는가는 그 누구도 단정하지 못하는 부분이지만, 이런 사후 문제는 종교적 관점뿐만 아니라 죽음학의 관점에서도 죽음을 이해하고 의미를 부여하는 데 서로 다른 입장을 보여주는 부분이므로 어느 하나 일방적이지 못하고 죽음에 임하는 가치관도 서로 상충하는 경우가 많다. 이런 부분은 죽음학 논의에 있어서 반복되는 질문이라고 할 수 있다.

기독교에서는 인간의 죽음을 원죄에서 비롯되었다고 하여 죽음을 자연스런 현상이 아닌 신의 심판의 결과로 보고 이를 회피하고 다시 구원 받기 위해서 다양한 종교적인 행위가 생겨나기도 하였다.

사람들은 자신이 죽으면 많은 변화가 있을 것이라고 생각하지만 대부분 죽은 후 세상이 달라지는 경우는 거의 없고 조만간 다시 일상의 안정을 찾아간다. 간혹 특별한 사람이 죽은 후에 일시적인 큰 사건이나 동요가 일어나기도 하지만 결국은 시간이 지나면서 그 파장은 가라 앉고 대부분 일부 사람들의 기억이나 기록에 의해서 전해지는 경우가 대부분이다. 이는 죽은 사람의 시간은 멈추지만 살아있는 사람들의 시간은 계속 흘러가므로 이 또한 과거의 일이 되기 때문이다.

누군가 죽었다는 것은 자신이 죽은 것을 인지하는 것이 아니고 살아있는 사람들이 죽었다고 인지하는 것이므로 죽음 앞에서 상실이 의미하는 것은 남은 사람들이 느끼는 슬픔과 아쉬움 또는 충격과 고통을 경험하게 되는 것이다. 물론 죽기 전에 당사자 또한 커다란 상실감을 느끼며 두렵고 슬퍼하면서 많은 걱정 속에서 지내는 경우가 많다. 이런 상실감은 나이에 따라 그 정도가 차이 나는데 젊고 내향적이고 지적인 사람이 전통적인 종교나 사회적 질서를 믿는 노인들보다 죽음에 대한 상실 중에서 경험능력의 상실에 더 높은 관심을 보인다.[32]

점차 지병이 깊어지고 쇠약해지면서 의식을 잃거나 희미해진 상태로 지내면서 죽음

---

32 R. A. Kalish & D. K. Reynolds, *Death and ethnicity: A psychocultural study (2nd ed.)*, Farmingdale, 1981.

을 맞이하면 사람들은 상실에 대한 의미가 크지 않을 수도 있다. 하지만 의식이 있는 사람들은 자신의 죽음이 가족이나 주위 친구들에게 슬픔을 줄 수 있기 때문에 상실을 느낀다고 하는 경우도 많았다.[33]

그 외에도 죽음은 많은 것을 상실케 한다. 욕망이나 의욕을 잃게 하고 자신의 지적 가능성을 잃게 한다. 죽음 직전에 일부 사람들은 자신의 재산이나 돈에 대한 애착과 아쉬움에 큰 상실감을 겪기도 하는데, 죽음은 그 어떤 재물도 가져갈 수 없다는 것에 큰 아쉬움이 있기 때문이다.

일부에서는 자신의 죽음 과정에서 생기는 변화와 사후 부패 과정 중에 생기는 모습에 대한 두려움으로 큰 신체적 상실을 겪기도 한다. 임종이 가까워져도 나름의 희망을 가지고 기적을 믿거나 신이나 믿음 속에서 흥정도 하고 기원도 한다. 이는 긍정적인 면도 있지만 더 안타까운 점은 이런 심리적 나약해짐을 이용하고자 하는 사람들의 유혹에 쉽게 넘어가거나 맹목적으로 의존한다는 사실이다.

이렇듯 죽음은 자신의 삶에 긍정적인 죽음의 확실성과 그 죽음이 오는 시간을 알 수 없는 불확실성을 제공한다.[34] 그래서 사람들은 그에 맞는 인생의 계획을 세우고 실천하려고 노력한다. 그러다보니 삶의 시간 또한 모든 사람이 다르게 이용하고 그 결과도 사람마다 다르게 나타나는 것이다.

따라서 죽음에 대한 의미는 죽음에 대해 다양성을 인정하고 개개인이 처한 입장에 따라 모두 존중되어야 하고 죽음의 의미를 부여하는 데 옳고 그름이 존재해서는 안 된다.

---

33 R. A. Kalish & D. K. Reynolds, *Death and ethnicity: A psychocultural study (2nd ed.)*, Farmingdale, 1981.

34 R. A. Kalish, *Death, Grief, and Caring Relationships (2nd ed.)*, Brooks/Cole Publishing Company, 1985.

# II. 죽음의 개념

죽음을 이해하는 과정들은 인지발달에 많은 영향을 받는다. 특히 나이에 따라 죽음을 이해하고 받아들이는 태도에 많은 차이가 있고 죽음에 대한 개념이 다를 수가 있다. 또한 사람들은 경험, 교육, 성격 등에 따라 죽음의 개념을 받아들이는 데 많은 차이가 있다. 이는 죽음을 맞이하기까지 전 생애에 걸쳐 경험하고 느낀 문화, 사회, 시대적인 상황이 총체적으로 형성되어 이루어지기 때문이다.[35]

생물학적 또는 의학적인 죽음에 대한 개념은 대부분 심장과 폐 그리고 뇌의 죽음을 통한 장기(臟器)사를 의미하지만 이를 이해하고 받아들이는 것은 사람, 연령, 주어진 환경에 따라 다양하게 이해되므로 죽음에 대한 개념은 매우 가변적일 것이다. 그래서 많은 하위개념에 대한 언급이 존재하기도 한다.

스피스와 브렌트(Speec & Brent, 1996)는 아동의 죽음에 대한 연구에서 죽음에 대한 개념을 보편성, 불가역성, 비가역성, 인과성, 내세관의 5가지 하위개념으로 표현하였다. 보편성은 생물체는 결국 죽는다는 것을 인식하는 것이고 불가역성은 생물체는 한 번 죽으면 다시 살아날 수 없다는 것이다. 비가역성은 죽음은 모든 기능적 능력의 완전하고 최종적인 정지를 의미한다. 인과성은 죽음은 왜 일어나고 무엇이 죽게 하는가에 대한 의미를 이해하는 것이다. 마지막으로 내세관은 죽은 후에 무엇이 있는가 또는 영혼은 어디로 가는가 등의 사후 생명의 영속성을 이해하는 것이다.[36]

하이데거의 실존주의적 죽음의 개념을 보면 "성실한 삶 속에서만 성실한 삶을 위해서 깨닫게 되는 각자의 가장 고유한 가능성"이라고 정의하고 죽음이라는 현상의 기본

35 이이정, 『죽음학 총론』, 학지사, 2011.

36 (재인용) M. W. Speec & S. B. Brent, "The development of children's understanding of death," In C. A. Corr & D. M. Corr, *Handbook of childhood death and bereavement*, 1996.

특징으로 다음과 같은 다섯 가지 가능성을 제시하고 있다.[37]

(1) 각자의 가장 고유한 존재 가능성으로 죽음을 다른 사람이 대신할 수 있는 길이 절대 없다.

(2) 다른 관계가 끊어지는 가능성으로 죽음은 현존하는 다른 사람들과 사물 등과 영원한 단절이 된다.

(3) 앞지를 수 없는 가능성으로 먼저 죽음을 경험할 수 없다.

(4) 어김없는 가능성으로 누구나 죽음을 반드시 경험한다는 것이다.

(5) 언제 올지 모르는 가능성으로 죽음의 시기를 미리 규정할 수 없고 회피할 수 없다는 것이다.[38]

카스텐바움(Kastenbaum)의 죽음 개념은 죽음을 크게 다른 사람의 죽음과 자아의 죽음으로 나누었다. 아이들은 '너는 죽었다.'라는 것을 통해 다른 사람의 죽음을 먼저 인지하고 '나는 죽을 것이다.'라는 표현으로 자신의 죽음을 알게 된다. 이때 자기 인식, 논리적 사고, 가능성과 필연성, 인과관계, 개인적이고 물리적인 시간, 최종성과 분리라는 개념이 포함된다.[39]

37 (재인용) 이호연, "하이데거 죽음에 관한 연구-인간의 존엄 전체를 자각하는 문제를 중심으로," 『철학연구』 17, pp. 92-115, 1994.

38 이이정, 『죽음학 총론』, 학지사, 2011.

39 이이정, 『죽음학 총론』, 학지사, 2011.

## 12. 피아제의 인지발달이론과 죽음 개념

스위스의 철학자이며 심리학자였던 피아제(J. Piaget, 1896−1980)가 주장한 인간의 인지발달 이론에 의하면, 피아제는 인간의 지적 행동을 환경에 대한 순응(順應)이라고 보았는데, 이 순응은 동화(同化, Assimilation)와 조절(調節, Accommodation)이라는 두 가지의 보충 과정을 통해서 이루어진다. 이러한 과정을 통해 체계화되어 인간의 행동에 의미를 주게 되는 지능의 여러 측면을 구조(構造, Structure)라고 부르는데 구조는 처음에 도식(圖式, Schema)으로 구성되어 있다가 나중에는 점점 더 복잡한 체제들로 체계화된 조직을 이루게 된다. 그는 이렇게 구조가 변화, 발달되어 가는 과정을 통해 지적 발달이 이루어진다고 주장했다.[40]

아이들의 지적 발달은 두 가지 성숙단계를 거쳐 발달되는데 첫째 단계는 출생해서 약 2세까지로 이때의 지능을 감각 운동적 지능이라 하고, 둘째 단계는 2세 이후의 지능으로 이를 개념적 지능이라고 하였다. 구체적인 죽음의 개념을 이해하기 위해서는 피아제의 인지발달 단계를 참고하면 도움이 된다.

피아제는 인지이론의 발달을 연구하면서 자신의 세 자녀들의 행동을 관찰한 결과 개념발달과 언어발달 이전에도 유아가 지적인 행동을 한다는 것을 발견하고 인간이 환경의 변화에 따라 자신의 인지구조를 변화시킴으로써 환경에 적응해가는 능력이 있다는 인지발달이론을 체계화하였다.

피아제의 인지발달이론의 기본 개념은 인간의 인지는 기억하고 생각하고 이해하는 정신적 활동이므로 유전과 환경의 상호작용으로 여러 단계를 거치는 가운데 형성된다는 것이다. 이때 인지발달이란 새로운 지식은 동화시키고 적절하지 않는 지식은 조절하면서 자신의 도식을 확장시켜 나가는 과정이다. 이런 과정 중에 새로운 정보를 접했을

40 서울대학교 교육연구소 편, 『교육학용어사전』, 하우동설, 1995.

때 기존 도식을 변경하는 조절과 자신의 심리적 구조를 일관성 있고 안정된 행동 양식으로 조직화하려는 평형이 있다고 한다.

피아제의 인지발달의 단계는, 감각운동기(感覺運動期, Sensori Motor Stage), 전조작기(前操作期, Preoperational Stage), 구체적 조작기(具體的操作期, Concrete Operational Stage), 형식적 조작기(形式的操作期, Formal Operational Stage)의 4가지 주요 단계로 나뉜다.[41]

## 1. 감각운동기

0~2세 아동으로 주로 사물을 만지고 조작하고 환경과 상호작용하여 세상을 이해하고 대상영속성이 생긴다. 점차 시각, 청각, 온도, 냄새, 맛 등의 내적 감각 등을 발달시키고 환경에 적응하면서 자신만의 도식을 구성해 간다.

(1) 1단계: 생후 1개월까지 신생아는 유전 및 몇 가지 능력을 지니고 태어나며 반사 행동을 하게 된다.

(2) 2단계: 1~4개월 영아는 새로운 습관을 습득해 가며 단순하고 신체에 관련된 반복 행동을 하게 된다.

(3) 3단계: 4~10개월 영아는 외적 사물을 만지게 된다.

(4) 4단계: 10~12개월 영아는 손과 눈의 협동력이 좋아져 능숙하게 대상을 탐구하고 대상에 대한 영속성의 개념을 획득하기 시작한다.

(5) 5단계: 12~18개월 영아는 외부세계에 대한 호기심으로 새로움에 관심을 보이며 시행착오와 행동 수정이 이뤄진다.

(6) 6단계: 18~24개월 영아는 언어 구사와 상징적 사고를 시작하고 창의력을 갖고 외부세계의 새로운 수단을 생각한다.

---

41 J. Piaget, *The construction of reality in the child*, Basic book, 1954.

## 2. 전조작기

2~7세 아동으로 언어를 습득하고 다른 상징을 사용하는 데 점차 익숙해지는 과정으로, 이 시기에는 타인의 입장에서 생각하지 못하고 유아 자신의 입장에서만 생각하는 자기중심적 사고방식을 가지고 있으며 비언어적 상징놀이가 증가하여 가상적인 사물이나 상황을 실제 사물과 상황으로 상징화하는 가상놀이를 즐긴다. 직관적 사고로 눈에 보이는 것만 보고 판단하며 양에 대한 보존 개념이 없다. 물환론적 사고를 하는데 모든 사물이 생명이 있다고 보는 것이다. 또한 세상의 모든 물건은 사람이 필요해서 사람을 위해 만들어졌다고 믿는 인공론적인 사고를 가지고 있다. 단 논리적인 조작은 불가능하기 때문에 전조작기라 부른다.

## 3. 구체적 조작기

7~12세 아동으로 일상적으로 유용한 전신 조작을 할 수 있고 수와 양의 보존 개념을 획득하고 논리적 사고가 가능해 대상을 일정한 특징에 따라 다양한 범주로 나누는 유목화(Categorization), 일정한 특성에 따라 사물을 순서대로 늘어놓는 서열화, 보존 개념을 획득하며 자아중심성이 사라진다. 조작적 사고와 관찰이 가능하며 타인을 이해할 수 있는 수용력이 생긴다.

## 4. 형식적 조작기

12세 이후 아동으로 인지발달이 체계적이고 높은 수준의 사고에 도달하여 인지구조가 완성되는 시기이므로 가설을 세우고 논리적으로 문제해결을 할 수 있는 능력이 있으며 추상적으로 사고하고 추론을 통해 가설을 세워 검증한다. 새로운 상황에 직면했을 때 현재의 경험뿐만 아니라 과거의 경험을 이용하고 미래를 예측할 수 있다. 시간을 초월하여 문제를 다루며 체계적인 과학적 사고가 가능해추상적 개념 이해와 이상적 사고가 가능하다.[42]

아동기를 연령별로 잘 세분화해서 설명한 피아제의 인지발달이론이지만 아쉬운 점은 일부 객관적이고 문화적, 사회경제적, 인종적 차이를 충분히 고려하지 않고 있고, 이 시기의 다양한 변수와 아이들의 차이점에 대해서 설명이 부족하며, 주로 아동의 발달단계만 언급하고 있어서 성인의 지속적인 발달단계를 설명하는 데 한계가 있다.

이와 같이 아동의 인지발달의 과정을 통해 아이들은 일반 성인과 같은 죽음의 개념을 가지지 못한다. 그렇다고 해서 아이들이 죽음을 모른다는 것은 아니며 나이에 따라 죽음의 개념이 다를 뿐이다.[42]

나기(Nagy, 1959)는 5세 이하의 아동은 죽음을 최종적으로 변할 수 없는 사건으로 이해하지 못하고 죽음이 마지막이 아닌 떠남이나 잠이므로 다시 돌아오거나 깨어난다고 인식한다. 특히 자기중심적으로 생각하여 무생물도 살아있는 것으로 상상하며 죽은 사람도 관이나 땅 속에서 살고 있다고 여긴다. 5~9세 정도의 아동은 죽음을 사람으로 의인화하여 상상한다. 죽음을 육체를 떠난 인간이나 죽은 사람과 동일시하는데 죽음에 대한 강한 혐오감을 가지고 있기에 죽음을 자신과는 관계없는 먼 현실로 생각한다. 사신이 데려가는 사람은 죽지만 이로부터 벗어나거나 도망친 사람은 살 수 있다고 생각하며, 자신은 죽지 않고 노인들만 죽는다고 생각한다. 10세가 되면 대부분 죽음이 우리 모두의 필연적인 과정이고 육체적으로 삶의 정지라는 것을 이해한다. 또한 죽음은 자연적이고 노화와 함께 온다는 것을 인식하는데 이때 죽음이 피할 수 없는 과정이라는 사실을 알게 된다고 한다.[43]

그렇다고 죽음의 개념이 인지발달에 의해서만 영향을 받는 것은 아니다. 다양한 변수들이 함께 작용하는데, 카스텐바움(Kastenbaum)은 성숙이라는 과정에서 신체적, 사회적, 영적 측면에 적용되는 다차원적인 출생 후 실제 나이인 역연령(Chronological Age)이 중요한 기준

---

42 강상경, 『인간행동과 사회환경』, 나남출판, 2018.

43 M. A. Nagy, "The child's view of death," In H. Feifel (Ed.), *The meaning of death*, McGraw-Hill, 1959.

이 될 수 있다고 주장했다.[44]

아동기 이후에는 대부분 부모의 죽음과 관련해서 죽음을 경험하게 된다. 이 시기 죽음과 연관된 다양한 경험은 각자의 환경에 따라 다르므로 죽음에 대한 견해가 같다고 보면 안 된다. 성인과 마찬가지로 아동기에도 개인차가 있고 각각의 성격에서 유사한 죽음이라도 죽음을 생각하고 해석하는 것은 다양할 수 있다. 특히 가족 간의 유대관계와 서로의 의사소통에 의해서 죽음에 대한 접근이나 위기대처 방식도 차이가 나므로 가족의 분위기도 중요한 변수가 된다. 이외에도 아동기에 속한 문화 사회 계층, 그 당시 그들이 경험하는 심리적, 사회적 자극과 가족 내에서 경험하는 특수한 환경이 아동의 죽음에 대한 지식과 감정을 형성하는 데 영향을 미칠 수 있다[45]고 한다.

## 13. 죽음의 몇 가지 특징

삶이 있어야 죽음이 있듯이 죽음도 양면성이 있다. 죽음의 기원은 죽음의 신인 타나토스(Thanatos)인데 그는 그리스의 신화에 나오는 힙노스(Hypnos)와 쌍둥이 형제이다. 죽음은 불행하고 파괴적이며 좌절을 가져다준다고 하지만 오래 사는 것보다는 생명체가 다시 태어나고 새로운 과정으로 연결되어 순환하는 필수 과정으로 보는 견해도 있다. 사람들은 현실적인 죽음이 두렵지만 또 다른 존재로서의 여정을 생각하면서 죽음을 긍정적으로 보기 때문이다. 하지만 아직도 많은 사람들은 죽음을 상실감으로 보고 있다. 죽음을 하나의 상실로서 경험의 상실, 가족과 친지 등 주위의 모든 이들의 상실, 자신의 통제력과

44 R. J. Kastenbaum, "Death and development through the lifespan," In H. Feifel, *New Meaning of death*, McGraw-Hill, 1977.

45 I. R. Aiken, *Dying, Death, and Bereavement 3rd ed.*, Allyn and Bacon, 1994.

계획을 완성할 수 있는 능력의 상실, 모든 물질의 상실, 육체의 상실, 꿈의 상실 등 사람들이 생각하는 죽으면 이룰 수 없는 상실감으로 생각한다.[46]

죽음은 누구나 마지막에 만나는 커다란 사건이며 피할 수 없는 결과이고 아직 아무도 죽었다가 살아온 사람은 없다. 사는 동안 불평등한 삶을 살았어도 죽음은 누구도 피할 수 없기에 평등함이 존재한다.

(1) 대상의 평등(누구나 죽는다.)

(2) 시간의 평등(언제든지 죽는다.)

(3) 장소의 평등(어디서든지 죽는다.)

(4) 예측불가능성의 평등(어떻게 죽을지 모른다.)

(5) 무경험의 평등(누구도 먼저 경험할 수 없다.)

이렇듯이 죽음이 공평하다고 하지만 이를 준비한 사람과 준비하지 않은 사람은 죽음 앞에서 결코 평등하지 않다. 자신의 죽음 결정권을 잘 이해하고 실천하는 사람들은 분명 고귀하게 생을 마감할 수 있다. 그래서 죽음에 대한 준비는 꼭 필요하고 죽음에 대해서 정부나 사회에서도 불행한 죽음이 없도록 정책적인 배려가 요구되는 것이다.[47]'

## 14. 죽음에 대한 태도

사람들의 죽음에 대한 인식도 사회의 변화와 시간에 따라 다르고 관습이나 문화에

46 조현, 『호스피스·완화의료』, 계축문화사, 2017.

47 김달수, 『죽음학 스케치』, 인간사랑, 2018.

따라 차이가 난다. 과거 조상들의 죽음에 대한 인식은 고대문학, 무덤 소장품, 묘비명, 전해지는 전설 등 고증학적인 증거를 통해 직간접적으로 연구할 수 있다. 이에 대해 필립 아리에스(P. Aries)는 역사적 고증을 통해 서구의 죽음에 대한 태도를 분석하여 5가지 패턴을 발표하였다.

아리에스는 죽음에 대한 태도와 자아인식과의 관계를 중세부터 현대까지 연구해서 길들여진 죽음, 자아의 죽음, 멀고도 가까운 죽음, 다른 사람의 죽음, 금지된 죽음으로 구분하였다.

길들여진 죽음(Tame Death)을 맞이한 중세 초기부터 중세 전성기까지 사람들은 죽음을 순종적인 것으로 인식하여 죽음을 익숙하고 단순하며 공공적인 사건으로 받아들여 비록 자신이 애석하게 죽어가는 것을 알면서도 대체적으로 조용하고 우아하게 받아들였다. 이 시기에는 죽음 앞에 회계하고 용서를 구하면서 공개된 침상에서 조용히 죽음을 기다렸다. 이때의 죽음은 공동체적인 사건으로 인식되어 모두가 지켜보는 가운데 죽기를 바랐다. 전에는 죽음을 두려워해서 멀리 떨어진 곳에 시신을 묻었지만 이때부터는 육체의 죽음보다 영혼을 구원받을 수 있는 교회나 성인의 유골이 있는 곳에 가까이 있고 싶어 해 교회 안이나 교회 지하에 시신이 묻히기를 원했다. 그러다 보니 교회는 사회적 모임의 장소뿐만 아니라 산자와 죽은 자가 공유하는 익숙한 공간이 되었다.

12세기경 중세 후기에 이르면 공동체적이고 순종적인 죽음에서 자신의 죽음을 생각하게 되는 자아의 죽음(Death of The Self) 시대를 맞이한다. 내세에 의한 구원의 시대에서 기독교인 모두가 구원을 받는다는 의식보다는 개개인에 따라서 선악의 심판을 받는다는 의미가 더 커졌다. 이 시기에는 단순한 믿음의 문제가 아닌 사후심판의 불안 속에 자아의식이 발달되자 오히려 악마와 천사의 대결 속에서 선과 악의 심판에 대한 마지막 순간에 의도하지 않는 결과가 발생하여 천당이 아닌 지옥에 가는 것에 대한 두려움이 더 깊어졌다.

이 시기부터 사후 자신의 육체에 대한 관심이 커지고 흉측한 죽은 모습을 보이지 않게 천으로 전신을 가리거나 관을 사용하여 포장하였고, 부와 권력이 있으면 주검은 호화롭고 자세한 기록이 새겨진 묘비명으로 만든 묘지를 세워 사후에도 누구인지 밝히려고 했다.

중세 말기 사람들의 감정 사이에는 대단히 흥미로운 차이점이 존재한다. 중세 말기 사람들은 집행유예 상태에 놓여 있는 죽음의 존재이며, 죽음이 자신들의 내부에 상존하면서 그들의 야망을 깨부수고 즐거움을 망가뜨린다는 대단히 날카로운 인식을 지니고 있었다. 하지만 오늘날의 사람들은 결정적인 좌절과 인간적인 품행을 연관시키지 않는다. 그러다 보니 죽음에 대한 확신과 죽음에 대한 불안정은 염세주의(厭世主義) 또는 비관주의적인 실존적 페시미즘과는 무관하다. 이런 원인은 아마도 오늘날 사람들의 수명이 중세시대 사람들의 수명에 비해 더 길어진 것과 연관이 있기 때문일 것이다.

16세기에 발생한 르네상스 시대에는 다양한 사회적 변화가 있었고 종교개혁은 가톨릭 신앙의 사고를 전환하는 계기가 되었다. 이전의 중세에는 성(Sex)과 죽음을 신앙으로 통제하였고 금기시했지만 신앙심 속에서 길들여지거나 자아의 죽음을 의식하던 것을 이 시기부터는 예술로 발전시키고 낭만적이거나 에로티시즘적이고 야성적인 모습으로 인식하기 시작하였다.

사람들은 자신의 취향에 따라 죽음을 조용히 받아들여 아름답고 품위 있는 죽음을 선호하거나 반대로 죽음은 놀랍고 두려운 사건이므로 일정한 거리를 두고 죽음의 모습 또한 일정하게 통제해야 한다고 생각했다. 필립 아리에스는 이런 모순적인 죽음에 대한 인식을 멀고도 가까운 죽음(Remote and Imminent Death)이라고 표현했다. 이 시기에 묘지는 교회로부터 멀리 떨어진 도시 외곽으로 밀려났고 생활의 중심이 아닌 단순한 매장을 목적으로 죽은 자를 더 빨리 격리하고자 하였다.

산업혁명 후 19세기 초부터 낭만주의가 유행하면서 죽음이란 말에서 두려운 지옥이나 무섭고 추한 이미지가 줄어들면서 죽음을 자기 자신의 죽음보다는 자신이 사랑하는 사람을 자신에게서 빼어가는 타인의 죽음(Death of The Other)으로 생각하였다. 이는 죽음이 사랑하는 사람과의 영원한 이별이기에 더 그리워하고 죽어서의 재결합에 대한 열망이 커지기도 했다.

그러다보니 죽음이나 시신을 추하거나 두려운 존재가 아닌 아름다움으로 여긴 낭만적인 시기가 도래했다. 이런 의식은 낭만주의 예술작품에서 흔히 표현되고 있으며 사랑하는 사람이 죽어도 항시 주위에 있거나 잘 아는 곳에 존재한다고 믿어 혼령과 소통하려고 했고 자주 무덤에 찾아가거나 마음속에 그리면서 훗날 죽음으로 천국에서의 재회를 기약하였다.

유럽에서는 19세기 초에 도시 확장으로 기존의 묘지가 도시 밖으로 밀려나가게 되었다. 그 과정에서 많은 묘지가 파괴되고 사라졌지만 19세기 말부터 공동묘지의 개념이 정비되었고 사람들이 정기적으로 찾아가는 문화가 생겼다. 자유스럽게 종교의 지배에서 벗어나게 된 사람들은 새로운 시민의식이 생겼고 위인에 대한 숭배와 새로운 애국심의 한 형태로 장례문화가 인식되었다. 잦은 국지전과 세계대전의 영향 등으로 국가를 위해 죽은 병사들을 위한 추모와 기념의 장소로 묘지를 인식하면서 도시 속에 이를 남겨두고 승리를 기념하는 기억의 장소로 추모의 장을 형성하게 된 것이다.

20세기에 들어서면서 현대 의학의 발달과 대가족제도의 붕괴를 통해 죽음은 거부되고 은폐되어 가고 있다 이런 현상을 비공식화 현상(Informalisierungssehub)이라고 한다. 현대인의 죽음은 전통사회에서의 죽음처럼 친숙하고 공식적인 사건이 아닌 가능한 사회로부터 최소한 관심과 표현을 줄여가고 있다. 의학의 발전으로 1930년과 1950년대부터는 죽음의 장소가 변화되기 시작하여 더 이상 가족들의 돌봄 속에 집에서 죽기보다는 병원에서 혼자 죽어가는 양상을 보이기 시작했다. 이제는 더 이상 집에서 가족들의 간호를 받으면서 죽는 것보다는 전문적인 치료를 통한 삶의 연장을 시도하고 있지만 아쉽게도 죽음에 대한 의학적인 한계에 이르러서 병원을 죽으러 가는 하나의 통로로 인식하기도 한다. 그러므로 죽어가는 사람들은 가정이나 사회가 아닌 병원이나 이에 준한 시설에서 격리되어 외롭고 조용히 죽어가고 있다. 특히 아이들이나 어린 자녀들에게도 죽음의 과정이 점차 배제되어 죽음이 남의 일이나 뉴스 정도로 인식되다 보니 죽음의 공유나 죽음을 통한 가족의 결속은 점차 희미해지고 수동적인 죽음이 늘어나고 있다.

이처럼 현대의 죽음이 금기시되고 은폐되는 이유는 사회공동체 의식의 변화와 더불어 개인주의적 사고의 증가 그리고 자신이 아닌 의료진이나 의료기관에 죽음을 맡기는 경향이 커지고 가족 또한 죽음을 받아들일 여력이 적어지는 사회현상과 고령화로 인해 점차 자식과 부부 간에도 노노현상이 커져 함께 늙어가는 고령사회에서 죽음을 감당할 여력이 점차 줄고있기 때문이다.

그러다보니 죽음 앞에서 당사자에게 정확한 죽음의 과정을 전달해주지도 않거니와 죽음을 신속하게 처리하려는 경우도 생기고 생업에 다시 복귀해야 하는 기간이 짧아져 애도나 비탄의 기간이 길지 못하고 죽은 사람을 위한 추모행위를 지속하기도 어려운 것이 사실이다.

또한 의료적으로도 죽음을 치료의 실패로 인식하는 경향이 크기에 마지막까지 살리기 위한 노력이 집중되어 마지막 순간까지 진정 죽음을 준비할 시간이 없기도 하다. 죽은 후에도 보여주기나 형식적인 장례행사를 하게 되고 고비용의 장례를 부추겨서 진정한 애도나 조문을 희석시킨다. 이런 희화화된 현대사회의 죽음에 대한 거부현상을 필립 아리에스는 죽음의 반전(Reversal of Death)이라고 불렀다.

다행히 죽음을 바라보는 인식의 새로운 변화가 일어나면서 죽음에 대한 자기 성찰과 앞으로 경험하게 될 자신의 죽음을 선택할 수 있는 결정권을 행사하려는 움직임이 커지고 있다. 죽음에 대한 준비는 물론 죽은 후 장례나 추모의 의례를 간소화하고 획일적이고 형식적이며 고비용의 장례절차를 간소화하거나 거부하고 형편에 맞는 진정한 애도나 조문을 받으려 하고 있다.

## 15. 죽음과 문명 그리고 문화

사람은 누구와 함께 있든 아니면 몰입하여 일을 하거나 생각을 하더라도 곧 혼자라는 외로움을 느끼며 이런 사실을 깨달을 때 무서움이 커진다. 이 무서움의 마지막 모습이 죽음이라는 것을 느끼면 삶의 의미를 다시 생각하게 된다. 자신이 경험하는 지금까지의 죽음은 모두 타자의 죽음일 것이다. 주위 가족이나 친지들의 죽음 경험과 소식은 아무리 슬프고 애틋해도 결코 나 자신의 죽음이 될 수는 없기 때문이다.

결코 사람은 죽음을 직접 경험하고 죽지는 못한다. 자신이 죽는 순간 더 이상의 죽음을 생각하거나 느끼는 것은 있을 수 없는 진리이기 때문이고 죽은 사람은 말이 없기 때문이다. 하지만 죽음이 끝이 아니길 바라다보니 서양에서는 영원성의 종교적 내세관, 동양에서는 자신의 영생성을 역사 기록으로 남기려는 노력을 통해 죽음을 이해하기도 한다.

죽음에 대한 사람들의 두려움과 저항은 많은 종교를 만들어냈고 각 종교마다 독자적인 내세관을 가지고 사후에 대한 다양한 해석을 통하여 죽음이 단순한 끝이 아니라 또 다른 생이 있거나 영생하거나 윤회한다는 믿음을 갖게 하였다. 그러다 보니 종교의 숫자만큼 사후에 대한 내세관도 다양하고 복잡하고 수시로 바뀌면서 계속 진화하고 있다.

오랜 세월 사람이 죽음을 극복한 것 중에 가장 성공한 것이 수명 연장만은 아니라고 본다. 물론 수명은 수십 년 늘어났지만 결국 노화는 해결하지 못한 미완성 상태이다. 그러나 그보다 더 중요한 것은 인류문명의 중심에 있는 예술성과 그에 대한 꾸준한 창작물의 결과인 현재 인류의 문명과 문화라고 본다.[48]

이는 죽음의 불안에 대한 완충작용으로 자신이 속한 사회에서 같은 가치관과 믿음

48 김달수, 『죽음학 스케치』, 인간사랑, 2018.

을 가진 집단이 만들어낸 공동체적인 문명을 누리면서 서로를 보호하고 그에 파생되는 문화를 함께 누리는 것을 말한다. 이런 과정에서 사람들의 역할이 분담되었고 효율성과 안전함을 공유한다는 의미와 집단 간의 공정한 관계와 신앙이라는 공동의 믿음을 만들어내어 상징적인 불멸을 부여해 줌으로써 후대에 계속 그 문화가 이어지게 되었다. 이렇게 문화적 가치기준을 지키는 것은 개인이 스스로 자신이 속한 세상의 가치 있는 구성원으로 인식하게 하고 이는 결국 죽음에 대한 불안에 대처할 수 있게 해준다는 것이다.[49] 죽음을 완전히 극복하지는 못했지만 문명과 문화의 발전은 죽음을 조금씩 이해하고 나아가 죽음이 무엇인가를 알아가게 하는 진정하고 고귀한 죽음에 대한 방향성을 보여준다. 즉 죽음의 두려움을 극복하기 위해서 문화와 예술 그리고 이를 망라한 문명이 발달한 것이기 때문이다.

## 16. 죽음과 시간

시간이라는 흐름 속에서 죽음은 계속 이어지는가 아니면 멈추어지는가에 대한 문제를 생각해보면 두 가지 양면성이 있다. 제3자가 사망시간을 선언하면 이때부터 죽은 사람의 시간은 멈추고 살아있는 사람들은 계속 시간의 흐름 속에서 사망시간으로부터 멀어져 간다.

즉 죽은 사람에게는 그 시간이 정해지고 살아있는 사람에게는 시간이 연속성이 있게 되어 이 두 사람 사이의 시간 차이는 점차 벌어져 살아있는 사람의 입장에서 죽음은 지나간 시간만큼 계속 길어지는 것이기에 진행형의 사건이 된다. 그러다보니 죽은 사람의 사망시간을 기준으로 100일, 1주기, 2주기 등으로 죽은 사람을 기억하고 추모하

49 김순자·김지아·김혜중, "죽음에 관련 연구의 현황," 고려대학교 의과대학 논문, 1999.

는 것은 살아있는 사람들의 몫이 된다. 사람들은 아프거나 노쇠하여 임종이 가까워지면 시간의 의미가 매우 불안정하고 흐려지기도 한다. 시간은 사람에 따라 상대적이고 특히 죽음이 가까운 임종환자의 경우 죽음과 사투하면서 힘겹게 버티는 과정에서 남은 시간은 더 아쉽지만 굳이 삶을 위한 시간이 길어진다고 해서 무엇이 더 나아질 것인지를 생각해봐야 한다. 이런 시간 또한 임종환자보다 주위 사람들이 느끼는 시간이 더 길고 힘들 수가 있기 때문이다.

그러다보니 무의미한 연명치료로 시간만 허비한다면 죽음에 임하는 임종환자 또한 점차 고귀함과 존엄함의 모습은 사라지고 단지 병든 육체와 의료기기와의 승패 없는 대결만 존재하게 된다. 이는 죽어가는 사람의 입장에서도 너무 힘들고 원하지 않는 상황이겠지만 살아있는 사람들에게도 큰 부담을 주고 결국은 스스로 포기하게 만드는 불행을 가져다주기도 한다. 그리고 그 불행은 사회공동체에까지 피해를 끼칠 수 있다.

## 17. 죽음의 분류

죽은 사람은 말이 없지만 그래도 죽은 이유를 보면 똑같은 죽음은 거의 없고 각기 다른 이유와 사연이 있다. 나이가 들어 쇠진해서 스스로 죽어가는 자연사가 가장 좋은 죽음이라는 것은 누구나 알지만 실제 자연사가 그리 쉬운 것이 아니고 대부분 질병과 사고 또는 변사에 의해서 죽음을 맞이하는 것이 현실이다. 국내의 사망원인 통계를 볼 때 5명 중 1명만이 순수한 자연사로 죽는다는 사실이 이를 잘 보여준다. 대부분의 사람들은 기획하고 준비할 수 있는 방식이 아니라 의도치 않은 질병이나 사고, 자살로 생을 마감한다. 이는 그동안의 죽음 논의가 그만큼 우리 사회의 죽음, 우리 자신의 죽음을 전체적으로 조명하지 못했다는 의미이기도 하다. 이를 좀 더 정리하기 위해서 크게 죽음의 유형을 구별해 보면 대략 7가지로 나눌 수 있다.[50]

## 1. 자연사

자신의 수명대로 살다 그 한계에서 맞이하는 죽음이지만 대부분 자거나 너무 쇠약하고 정신이 사라지는 상황에서 고통 없이 죽는 죽음(32%), 노화로 인한 자연사(18%)는 우리의 정서에 가장 좋은 죽음으로 인식되고 있다.[51]

노화로 인한 자연사는 대부분 사람들이 원하는 죽음이다. 그러나 이런 순수한 자연사는 점차 의학의 발전과 함께 어려워지며 노년의 삶은 질병과 함께 살면서 수명이 연장되는 매우 모순적인 모습으로 진행되고 있다. 최근에 세계 최고 의학지 중 하나인 『란셋*Lancet*』(2017, 389: 1323–35)은 대한민국이 2015년 이후 70세 이상 나이의 인구 중 가장 죽지 않고 오래 사는 나라 1위라고 발표했다. 그리고 부연 설명을 하면서 한국인들은 다양한 질병을 가지고 있지만 꽤 오래 사는 나라라고 언급했다.[52]

노년에 기저 질환이 있어 사망하더라도 이를 질병사로 이해하기보다는 암이나 만성질환으로 치료 중이더라도 죽음의 과정을 잘 관리하고 노력하면 결과적으로 자연사를 맞이할 수 있다. 이를 위해서 환자는 물론 가족 그리고 의료진 모두 죽음의 과정에 대한 인식을 바꾸고 실천한다면 이는 좋은 죽음이 될 것이다. 기저 질환이 있는 경우라도 평균수명을 넘긴 경우에 매우 급격한 병의 진행이 아닌 이상 완화의료를 통해 불필요한 연명치료를 자제하고 좀 더 자연스런 죽음을 맞이하는 것으로도 충분히 자연사를 한 것으로 볼 수 있다.

죽어가는 환자가 이런 노력을 한다고 자연사가 되지는 않고 성과도 적다. 이 문제는 주위의 도움이 있어야 가능한 것이기에 이를 위한 의식의 전환과 죽음준비교육 또는 사회적 분위기와 제도적 지원이 있다면 자연사의 비율은 자연스럽게 높아지고 존엄한 죽음이 되므로 결코 두렵거나 외롭지 않게 죽음에 이를 것이다.

---

50 이준일, 『13가지 죽음』, 지식프레임, 2015.

51 (재인용) 김명숙, "한국인의 죽음에 대한 인식태도에 관한 철학적 고찰," 『유학연구』 제22집, 2010.

52 김달수, 『죽음학 스케치』, 인간사랑, 2018.

## 2. 뇌사

전통적인 죽음의 진단은 심장사와 폐장사이지만 의학의 발전은 오히려 멈춰져야 하는 심장과 폐의 기능을 지속시킬 수 있는 상황에서 죽음의 판정이 더 복잡해지고 있다. 죽음을 판단하는 데 더 어려운 상황인 뇌의 모든 기능이 다 정지된 뇌사의 경우에는 심장과 폐의 기능이 살아있어도 죽음으로 정의해야 한다는 사회적 동의가 커지고 있다. 뇌사를 인정함으로써 불필요한 의료비와 의료자원의 낭비를 막고 장기이식을 통해 새로운 생명을 구하거나 무의미한 연명치료를 줄이고 죽음의 시점을 개인이 정할 수 있게 하여, 존엄하게 죽을 수 있는 권리를 누려야 한다는 것인데 이러한 이유로 사망 시점을 새롭게 앞당기고 있다.

## 3. 안락사

안락사는 죽음의 권리에 대한 접근으로 자신의 병이 회복되기 어렵거나 큰 고통을 줄 때 이를 벗어나서 무의미한 연명치료보다는 자기결정권에 의해 죽음의 시기를 앞당기는 것이다. 안락사 문제는 나중에 의료윤리 편에서 자세히 다루기로 한다. 최근 소극적 안락사와 존엄사 또는 의사조력자살에 대한 사회적 공감대가 점차 커지고 있으면서 이를 허용하는 나라가 늘고 있는데 이는 사회가 소극적인 안락사에 대해 그만큼 포용할 수 있다는 사실을 보여주고 있다.

## 4. 질병사

생로병사의 과정에서 질병은 언제나 찾아올 수 있고 젊었을 때는 질병이 대부분 잘 극복되고 회복되지만 노년에는 대부분의 질병이 만성질환이거나 암과 같이 생명에 치명적일 수 있다. 결과적으로 노환으로 죽음을 맞이하는 경우 비록 자연사라도 한두 가지 이상의 기저질환에 의한 죽음의 원인이 존재한다. 결국 질병사가 원인이 되는 것이다. 젊어서 질병으로 죽는 것은 매우 애석하고 불행한 일이지만 노년의 질병은 만성적인 과정을 보이면서 노인병증후군의 형태로 나타나서 노년의 투병기간을 더 힘들게 한다. 그러나 노년의 질병사는 조금만 노력하면 스스로 기력이 쇠진해서 죽음에 이르는 자연사가 될 수도 있다.

## 5. 자살

자살은 죽음의 결정에 관한 문제이다. 자살은 자신의 신체에 해악을 끼치는 폭력적 행위로 이루어지지만 음식을 거부하거나 치료를 거부하는 등의 비폭력적인 방법으로 이루어지는 '암묵적 자살'도 있다.[53] 2018년 OECD 발표 국가별 순위에 따르면 국내의 자살률은 인구 10만 명당 25.8명으로 자살률 1위였고, 10대부터 30대까지 사망 원인 1위가 자살이었다.[54] 자살은 중요한 문제이므로 자살 편에 따로 자세히 언급하겠다.

## 6. 사회적 타살

사람은 사회적 동물이므로 사회의 한 구성원으로 사회 속에서 존재하는데 사회가 이를 지켜주지 못할 때 사회적 타살이 발생하고 비록 자신이 죽음을 선택하였다고 해도 그 원인은 죽음을 선택할 수밖에 없는 다양한 부정적인 문제가 존재한다. 극심한 가난이나 학교와 소속집단에서의 왕따, 사회적 약자의 소외된 죽음이나 고독사도 이런 사회적 타살에 포함된다.

## 7. 변사

모든 변사는 일단은 사법적 판단의 대상이다. 이는 죽음을 규정해야 하는 자연스럽지 않은 죽음으로 천재지변, 교통사고, 안전사고, 익사, 화재사, 중독사, 사살, 범죄와 연루된 죽음, 의료사고 등 많은 종류의 죽음이 포함된다. 특히 범죄 사건과 연류된 사망의 경우 관할 검찰 검사의 지휘 하에 검시가 되어야 한다. 그러므로 모든 변사체는 검시

---

53 건양대학교 웰다잉 융합연구회, 『지혜로운 삶을 위한 웰다잉』, 구름서재, 2016.

54 OECD 최신건강보고서, Health at a Glance, 2018.

의 대상이라고 볼 수 있다. 이 중에 자살이 가장 많아 약 절반정도를 차지하지만 나 홀로 죽어서 발견되는 고독사도 점차 증가하는 추세이다. 변사에 대해 국가는 절대 억울한 죽음을 방치해서는 안 되므로 죽음의 원인과 과정을 밝히고 그 죽음에 대해 나름의 분석을 통해 재발을 방지하도록 노력해야 한다.

앞에서 크게 7가지의 죽음의 유형을 언급하였지만 이외에도 변사에 속하지만 따로 분류해야 하는 자발적 희생이나 원인불명의 의문사, 사법적 죽음 같은 다양한 죽음의 유형이 있으므로 점차 복잡해지는 오늘날에는 죽음의 원인을 찾는 것이 더 어려워졌고 앞으로 법의학적인 발전이 더 필요해졌다.

## 18. 비자발적 죽음과 자발적 죽음

죽음을 선택하는 방식에는 크게 비자발적 죽음과 자발적 죽음이 있다. 대부분의 사람들은 죽음을 맞이할 때 자신이 원해서 죽지 않고 내외부적 원인인 비자발적인 요인에 의해서 죽음을 맞이하지만 일부 자신이 원해서 죽음을 선택하는 경우가 있다. 비자발적 죽음에는 크게 사고사, 폭력에 의한 죽음, 질병과 환경에 의한 죽음, 재난으로 인한 죽음 등이 있다. 자발적 죽음은 대부분이 자살이다. 물론 자신의 정치 신념이나 종교적 표현 또는 사회적 갈등 등으로 발생되는 의거나 저항이나 투쟁 중에 사망하는 경우도 있고 비자발적 죽음과 자발적 죽음이 서로 상충하는 부분도 있다.

## ■ 비자발적 죽음

### 1. 사고사

언제나 사고는 일어날 수 있고 이는 어느 정도 예방이 가능한 것과 예방이 가능하지 않는 경우가 존재한다. 이런 사고사에는 불가항력의 우연만이 존재하는 것이 아니고 사소한 실수나 부주의가 사고사로 이어질 수도 있으므로 어느 정도 사고의 가능성과 위기 상황에 개인의 개입이 가능하므로 예방도 가능하다.[55] 같은 상황이라도 누구는 사고가 나고 누구는 안 나는 문제가 생기는 것은 각 개인의 성향과 성격, 교육 정도, 지능상태 또는 성별 등도 크게 작용하는데 이를 사고에 영향을 미치는 내적요인이라고 한다.

그러나 사회 환경이 복잡해지고 서로 이견이 많이 생겨 사고가 일어날 수밖에 없는 상황이 생기는 경우가 있다. 또한 같은 상황이라도 노출빈도가 높은 것도 외적요인이 된다. 이런 사회적 요인이나 제도적 요인으로 인해 발생되는 사고는 개인의 문제라기보다는 집단의 문제이고 책임일 수 있다. 이런 문제의 대부분은 환경적, 사회적, 제도적 미흡함과 사람들의 안전 불감증 의식이 결여될 때 잘 발생되므로 이는 법률적으로 강제가 필요하고 꾸준한 감시와 감독이 필요하며 사고 위험지역이나 잠재적 장소에 대한 환경개선과 안전장치의 설치 그리고 예방교육이 우선되어야 한다.

### 2. 폭력

사람이 모여 살면 갈등이 생기고 이를 폭력으로 해소하는 경향이 있는데 이때 폭력에 의한 사망이 발생한다. 과거에는 개인 간의 원한이나 치정, 금전문제에 의한 가해자와 피해자가 명확한 죽음이 많았지만 최근에는 불특정 다수를 대상으로 하거나 특별한 이유 없이 폭력을 휘두르거나 살인을 하는 경우가 많아지고 점차 지능화되고 저연

55 F. P. Perra, "Uncovering New clue to Cancer Risk," *Scientific American*, 274(5) pp. 54–62, 1996.

령화되는 특징을 보이고 있다. 특히 매스컴의 영향으로 모방범죄도 증가하고 있다. 또한 정신적인 문제로 살인도 증가하고 있고 평범한 사람 중에도 갑자기 폭력을 행사하거나 동조하는 경우도 있다. 전쟁도 크게 보면 국가적인 폭력인데 폭력의 범위가 크고 피해가 개인의 폭력과는 비교할 수 없고 집단 간 충돌이라는 점에서 폭력 후에 큰 후유증을 가져오기도 한다.

그러므로 폭력을 미리 예방하는 것이 중요하지만 이를 다 막을 수는 없으므로 사회안전망을 확대시키고 폭력이 발생하더라도 빨리 회피하고 신고하고 제압하는 방법을 교육시키고 폭력에 대한 처벌을 강화해서 재발을 막아야 한다. 특히 소아청소년과 여성이나 노약자에 행해지는 폭력과 살인은 그 죄를 더 엄하게 처벌해야 하지만 그보다 이런 폭력이 발생되지 않도록 각자가 주의하고 그런 환경을 미리 피하도록 대비해야 한다.

## 3. 질병과 환경

과거에 비해 질병에 의한 죽음은 많이 줄었지만 유소년이나 노약자 또는 사회적 환경이 열악한 소외계층의 경우 질병에 의한 사망은 꾸준히 존재하고 있다. 이를 위해 예방과 조기검진 그리고 적절한 의료서비스가 우선시되지만 그보다 환경이나 습성 또는 감염성 위험으로부터 노출을 차단하는 것이 더 중요하다. 환경 개선은 혼자의 힘만으로 가능한 것이 아니고 사회 국가의 지원과 정책이 요구되는 사안이고 많은 재원이 요구되는 문제이므로 쉽게 개선되기 어려울 수도 있지만 사회적 관심과 노력을 통해 질병과 환경에 의한 사망을 크게 줄여나가야 한다.

## 4. 재난

현대사회에서 대부분의 재난은 어느 정도 예측되고 예방이 가능하다. 하지만 조금만 방심하거나 주의를 기울이지 않으면 짧은 시간 급작스런 상황이 발생되면서 생명을 위협하고 큰 피해를 주기도 한다. 과거에는 천재지변이라고 하여 자연적 재난이 많았지만 현재는 사람들의 부주의로 인한 화재, 교통사고, 대형붕괴사고, 오염사고, 폭발사고,

독성가스누출사고 또는 테러 등의 재난이 발생한다.

재난에 의한 사망은 매우 억울하고 아쉬운 죽음이다. 자연재난이나 인공재난이든 사고 앞에서 절대 방심하거나 자만해서는 안 되며 위급 시 최대한 빨리 회피하고 사전에 안전관리를 철저히 하며 적절한 대응 매뉴얼을 잘 활용하는 교육이 필요하다. 가장 좋은 재난 대비책은 사전에 시행하는 현장체험형 예방교육이다.

그러나 아쉽게도 사람들은 재난 발생에 대한 적합한 경고체계와 믿을 만한 정보가 있어도 재난 위협에 현명하게 대처하지는 않는다.[56] 이는 "나는 괜찮을 거야"라는 생각과 매번 그런 것처럼 "이번에도 잘 넘어 갈 거야"라는 자만심과 방심이 존재하기 때문이다. 재난발생 시 가장 중요한 것은 생존자나 위험에 노출된 사람들을 우선 구하거나 안전한 장소로 옮기는 일이다. 이는 그 어떤 조치보다 구조 활동이 체계적으로 이루어져야 한다.

## ■ 자발적 죽음

자발적 죽음은 대부분 자살이 주를 이룬다. 자신이 죽음을 선택하는 문제이므로 비록 직접 죽음을 택하지 않더라도 자발적 죽음은 스스로 삶을 포기하는 방법이다. 이는 자신에게 가하는 물리적 또는 비물리적 폭력을 통해서 혹은 다른 사람이나 기구를 이용하여 스스로 자신의 죽음을 선택하는 행위이므로 이론물리학자인 존 콜린스(John Clements Collins, 1949–2018)는 "자살은 가장 나쁜 행위의 살인이다. 왜냐하면 그것은 후회할 수 있는 기회를 전혀 남기지 않기 때문이다(Suicide is the worst form of murder, because it leaves no opportunity for repentance.)"라고 하였다.[57]

---

56 P. Sarre, *National Hazards in Key ideas in Human Thought*, Kenneth McLeish(Ed), 1993.

57 John Clements Collins(1949–2018) is a North American academic and professor of Old Testament at Covenant Theological Seminary, where he has served since 1993.

우리나라는 최근 십여 년 이상 OECD 국가 중 자살률 1, 2위를 기록하고 있고 하루 평균 40명이 자살로 생을 마감하고 있다. 이로 인해 국내 사망 원인 4위가 자살이다. 이런 현상은 어느 정도 국민성도 작용하지만 사회의 급격한 변화와 가정의 해체 그리고 경제상황에 대한 불만도 크게 작용하고 있다. 정부에서도 나름 노력하지만 자살률을 크게 낮추지 못하고 있으며 자살을 시도하는 사람들의 사전 예방에도 한계성이 있는 것이 사실이다.

자살예방을 위해서는 정부 차원의 제도개선과 정책지원은 물론 죽음교육을 통해 자살예방에 대한 적극적인 의지를 보여주어야 한다. 개인의 의식전환을 위한 교육과 함께 물질이 아닌 다른 곳에서 삶의 의미를 찾고 행복하게 살아가는 사람들이 많아져야 한다.[58] 이를 위해서 죽음준비교육을 어린 시절부터 시작하고 생명이 무엇이고 왜 소중한지를 이해시키며, 물질적 삶보다 정신적 삶에 대한 가치를 높이고 가정과 사회 그리고 정부가 공동체적인 공감대를 형성하여 자살을 적극적으로 예방하는 시스템을 형성해야 한다.

## 19. 임종(臨終)과 죽음

임종의 의미 중에 과거 선조들의 상례(喪禮)에 의하면 부모님의 죽음을 지켜보는 것을 임종이라고 하였다. 임종을 맞이하면 남자는 정침(正寢), 여자는 내침(內寢)으로 시신을 옮겨 머리를 동쪽으로 두고 북쪽 창문 밑에 눕혔다가 완전한 죽음을 맞이했다고 판단되면 햇솜으로 코와 입에 대어 흔들림이 없으면 이를 완전한 죽음으로 여겼다.

특히 이런 부모님의 임종을 보지 못하는 것을 큰 불효로 생각하여 국가에서도 다른

58 건양대학교 웰다잉 융합연구회, 『지혜로운 삶을 위한 웰다잉』, 구름서재, 2016.

대소사가 있거나 죄인이라도 부모가 임종이 가까우면 가능하면 임종을 지키도록 하였다. 이렇듯이 선조들이 가장 원했던 죽음은 와석종신(臥席終身)이나 고종명(考終命)으로 운명 직전에 자신을 중심으로 가족들이 모여서 손발을 잡고 운명을 함께 맞이하면서 이때 유언을 하는 것이었다. 임종은 주체가 자신이고 그 자신이 자아 의지를 가지면서 능동적으로 죽음을 맞이한다는 의미가 있으며, 귀한 목숨이 끊어지려고 하는 죽어가는 과정으로 표현한다.

임종은 불가역적으로 죽음에 다가가는 일련의 과정이지만 임종기를 보내면서 스스로 살아왔던 의미와 현재 자신의 모습 그리고 곧 닥칠 죽음의 의미를 알거나 느끼면서 자신이 지내온 생에 대한 마지막 정리 시간을 가질 수도 있다.

선조들은 죽음을 살아있는 생명체의 생명현상이 없어지는 것이라 믿었다. 혼백(魂魄)이 분리되어 혼(魂)은 인간의 몸을 빠져나와 하늘로 올라가고 백(魄)은 죽은 몸과 함께 흙으로 돌아간다고 여겨 혼백이 다시 합쳐지지 못하는 완전한 별리를 죽음으로 보았다. 과거 죽음을 잘 표현한 예로 '죽음에는 명의인 편작(扁鵲)도 할 수 없다.'라는 말이 있듯이 춘추전국시대의 천하 명의도 죽는 사람은 어찌 할 수가 없다는 뜻으로 죽음 앞에서의 무력함을 잘 표현하고 있다.

일반적으로 완전한 죽음을 사망(死亡)으로 표현하는데 영어식 표현으로는 죽음과 사망을 같은 Death로 표현하지만 사망은 간곡한 죽음의 표현으로 의학적이거나 생물학적 죽음뿐만 아니라 사회적, 법률적인 죽음까지도 포함하는 의미이다.

현재 죽음에 대한 모습은 사고사나 급사가 아닌 이상 연명치료의 의학 제도권에서 죽음을 맞이하는 경우가 많아 오히려 죽음이 수동적이고 피동적인 모습으로 실행되고 있어 죽음에 대한 자기결정권이 행사되지 못하는 경우가 많다. 이런 현상은 불행한 죽음이 될 수 있고 고귀한 죽음에 대한 부정적인 모습으로 작용되기도 한다.

이에 대하여 죽음을 그저 어쩔 수 없는 운명이나 숙명으로 받아들이는 기존의 생각을 바꿀 수 있는 임종의학전문가와 임종치유전문가의 역할이 중요하고 이들의 활동으로 죽음을 새롭게 인식시키고 능동적이고 적극적인 죽음에 대한 준비를 위한 노력을 통해 죽음에 대한 자기결정권을 행사할 수 있게 하여 임종기간 동안 남은 삶을 정리하고 잘 마감하게 하는 기회를 제공해야 한다. 그러기 위해서 각 사람들이 맞이하는 죽음이 다 같을 수가 없다는 인식하에 다양한 지식과 경험이 필요하고 임종환자의 경제적인 문제와 심리적인 문제, 종교적인 문제까지 파악해야 하므로 폭넓은 지식은 물론 환자와 가족들 간의 협력과 조정이 필요하다. 이제는 고귀한 죽음을 맞이한다는 웰다잉(Well dying)을 넘어 다가올 죽음을 미리 준비하고 실천하는 의지적인 모습으로 나아가며 살아있는 동안에 가능한 미련 없이 삶을 정리하고 사후에 발생할 수 있는 문제까지 자신의 의지대로 준비하는 종합적인 준비된 죽음을 맞이하는 것이 좀 더 발전된 새로운 죽음에 대한 궁극적인 접근이라고 본다.

1949년 8월 『문예』 창간호에 발표된 염상섭 작가의 단편소설 「임종」의 발췌 부분을 읽어 보면 70여년이 지난 시대의 모습에서도 사람들의 죽음에 대한 의식이 크게 다르지 않다는 것을 잘 보여주는 대목이 있다.[59]

> 병자는 전과 같지 않게 생존의지가 강렬해졌는가 싶었다. 병원에 입원한 지 한 달이 지난 판에 새삼스럽게 한의사를 불러오거나 약이라도 지어오지 않는다고 화를 낸다. 병원에 있으면서 한의사를 데려오라는 건 여간 억지가 아니었다. 병자의 동생 명호는 그 심부름을 다녀와선 변명을 하느라 또 진땀 깨나 흘린다.
>
> 처음엔 한의를 불렀었다. 그런데 이 병은 한의에는 맞지 않는다고 물러났었다. 그래도 뇌일혈로 인사불성에 빠질 뻔한 것을 한약으로 머리의 피를 내려앉게 하여 위급함은 모면했더랬다. 그런 다음에 병원에 입원했을 때는 혈압이 2백 얼마였다. 그걸 두 번씩이나 피를 빼내고, 미국제 약을 비밀 가격으로 사들여 간신히 명을 부지해왔다.
>
> 병자는 강심제나 모르핀 진통제로 괴로움을 임시 잊는 나날을 보내는 중이었

59 권영민, 『한국현대문학대사전』, 서울대학교출판부, 2004.

다. 처음엔 네 시간만큼씩 주사하던 것이 세 시간, 두 시간으로 줄어들더니, 나중에는 가슴이 타고 빠개질 듯이 아파 오니 오밤중에라도 의사를 불러 주사를 놓게 했다. 지금의 그 처지를 당사자도 잘 알고 있는 터여서 어쨌거나 퇴원을 해서 한약으로 병을 다스려보고 싶은 마음인가 보았다.

병자의 아내나 가솔들은 돈 걱정이 여간 드는 게 아니다. '가장을 잃으면 어린 것들과 노두를 방황하겠거니 해서 애를 부덩부덩 쓰고 지성껏 병구완을 하던 것도 아직 든든한 생활력이 남아 있을' 동안이었지, 이제는 어서 퇴원을 시켜 집에서 임종을 맞도록 하자는 데에 의견이 모아졌다. 그럼에도 병자는 성의를 탓하고 역정을 내는 것이다.

사실 어제 퇴원을 서두르려 했었다. 그런데 C라는 젊은 위문객이 나타나 엉뚱한 말을 해댔다. 재단을 설립하려 하는데 선생(병자)을 주요 직책에 추대하려는 공론이 있다는 거였다. 병자는 그 말을 듣자 곧 쾌유나 할 듯이 밝은 낯을 지었더랬다. 청년이 차츰 병색을 눈치 채고는 서둘러 꽁무니를 뺀 뒤로도 병자는 아내에게 누구를 시켜서 전말을 자세히 알아오라고 분부를 내리기도 했다.

그날은 병자가 고통이 심한지, 저녁 무렵에 들른 K의사에게 얼른 주사를 놓아달라고 요청한다. 의사는 병자의 뜻대로 해준 뒤 병자의 동생을 불러내 빨리 퇴원시키는 게 좋겠다고 권유한다. 병자가 약을 빨아들일 힘조차 없으니 생명이 오늘내일이라는 뜻이다.

병자는 동생이 불려나가는 걸 눈여겨보고는 의심을 한다. 우선은 듣기 좋은 대답을 했더니 부쩍 희망을 품는 내색이지만…….

그러나 또 그쯤이라면 의사가 왜 직접 말하지 못할까 싶어 절망의 빛을 띤다. 갈팡질팡하는 사이에 눈꺼풀이 스르르 잠기며 잠에 빠져들었다. 명호는 퇴원 전에 환자를 안심시키려 한약을 지으려 뛰쳐나갔다. 형수 쪽으로 보면 퇴원 길의 자동차 삯이 걱정스런 판에 약값으로 돈이 드는 게 여간 안타까운 게 아니다.

병자의 아내 친구들이 병문안을 왔다가 위독한 것을 알고는 둘러서서 기도를 바친다. 병자는 원래 불교를 좋아했으나 천주교를 믿는 간호사의 권고로 어느새 종부성사를 받았던가 보았다. 탁자 위에는 성수병까지 받아놓고 있었다. 명호의 눈에는 병자가 승낙한 일이니 이의가 있을 리 없지만, 안손님들의 기도를 보고는 우습다는 생각이 든다.

자동차를 불러 병자를 태울 때, 간호사에게 부탁하여 주사 한 대를 놓게 했다. 죽은 송장을 집에 끌어들였다는 말을 듣지 않으려는 배려에서였지만 병자는 곧 운명을 맞았다. 그는 한때는 자기를 화장해도 좋다고 말했으나 나중에는 선산에 묻어줄 것을 고집했었다. 돈으로 치자면 화장하는 게 훨씬 절약될 일이었다.

말이 3일장이지 하루해는 다 가버린 참이다. 호상 차지는 '영구차에 버스 한 대는 따라야 할 테니 자동차 삯만 해도 두 대에 사만 환은 예산을 잡아야 할' 게 걱정이다. 어떻든 들볶아 쳐서 제시간에 성복제를 지냈을 때, 앓아누웠다던 재종형이 관에 덮을 명정까지 준비해 가지고 나타나 상주들보다 더 섧게 운다.

망자는 성수에 말끔히 씻겼다. 어쩌면 불타의 대자 대비한 공덕에 안겨 잠들지도 모른다. 그리고 산 사람들은 제 각각의 소임이나 향의를 다 기울인 데에 만족을 느낄 터였다.

## 20. 임종궤도의 유형과 죽음궤도

죽음(death)은 살아있는 영역이 아니지만 죽어감 즉 임종(Dying)은 살아있는 과정이기에 진행형의 연속성을 가지고 있다. 죽음의 과정은 크게 정상적인 삶에서 임종의 상태로 접어드는 과정을 표현한 임종궤도(Trajectory of Dying)와 죽어가는 시점에서 마지막 숨이 멈추는 시기까지의 지속기간과 그 진행 과정의 모습인 죽음궤도(Trajectory of Death)로 구분해 볼 수 있다.

## ■ 임종궤도(Trajectory of dying)

바니 글레이저(Barney Glaser)와 안셀름 스트라우스(Anselm Strauss)는 1960년부터 6년 동안 6개 병원에서 관찰과 면담을 결합하여 집중적인 현장 조사를 실시해서 임종궤도에 대한 이론을 발표하였다.[60] 그들의 연구 목적은 보다 합리적이고 동정적인 삶의 끝(End-of-Life Care)을 만드는 데 기여하는 것이었다. 이를 바탕으로 1965년 *Awareness of Dying*이란 책을 통해 임종궤도에 대한 몇 가지 특징을 발표하였다.[61]

임종궤도에서 중요한 요소로 지속기간(Duration)과 형태(Shape)라는 두 가지 특징이 있다. 지속기간은 임종탄도가 시간을 통해 발생되는 임종까지의 전체적인 시간이고, 형태는 임종시간 동안의 환자의 변화양상을 보여주는 것이다. 임종궤도는 사람에 따라서 가끔은 빠르거나 때로는 느리기도 하고, 가끔은 예상되기도 하고 때때로 예상치 못한 경우도 있고, 때로는 환자들이 예상하기도 하고 가끔은 예상치 못하는 경우도 있다.[62]

이런 임종궤도가 중요한 것은 언제 죽음이 일어날지에 대한 불확실성으로 인해 오히려 환자와 의료진 간에 의사소통을 더욱 복잡하게 만들기 때문이다. 글레이저와 스트라우스는(1965년) 사망 예상 유형을 다음과 같이 식별하고 요약했다.

- 특정 시간에 사망
- 미지의 시간에 특정 사망
- 사망은 확실치 않지만 문제가 해결되는 정확한 시점
- 언제 문제가 해결될지를 알 수 없는 사망과 알 수 없는 시간

---

60 http://groundedtheoryreview.com/2015/12/19/awareness-of-dying-remains-relevant-after-fifty-years/.

61 Barney G. Glaser, Anselm L. Strauss, Awareness of Dying, Aldine Publishing Company, 1965.

62 Glaser, B. G., & Strauss, A. L., Time for dying, IL: Aldine, 1968.

죽음에 대한 확실성의 수준은 환자와 그 가족과 의료진들이 어떻게 치료해야 하고 받아들일 것인가에 대해 깊은 영향을 미친다. 이를 잘 이용하면 환자의 예상되는 죽음과 그 시기가 불확실할 때 의사소통과 관련된 어려움을 설명할 수 있다. 이 궤적은 특히 만성질환이 있는 환자에게 적용되는데 그들이 언제 질병 말기 단계에 들어갈지 예측하는 것은 매우 어렵기 때문이다. 일부 위독한 환자와 중환자인 경우도 이 범주에 속한다.[63]

임종궤도는 환자의 질병이나 환자의 성격에 따라 결정되기도 하며 그 유형은 다음과 같다.[64]

**임종궤도의 유형**

| 유 형 | 내 용 |
|---|---|
| 질질 끄는 (lingering) 유형 | 실제로 죽는 것보다 훨씬 더 일찍 죽을 것으로 기대되는 환자들에게서 잘 나타나며 임종탄도가 완만한 하강추세를 보이는 유형 |
| 단기적 집행 (short-reprieve) 유형 | 환자가 기대하지 않던 죽음의 연기 현상을 보이는 유형 |
| 급작스런 놀라움 (abrupt surprise) 유형 | 회복되는 듯하다가 갑자기 죽는 환자의 유형 |
| 집행유예 판결(suspend-ed sentence) 유형 | 환자가 병원에서 집으로 보내지고 그 후 몇 해를 더 살게 되는 유형 |
| 입원-재입원(entry-reen-try) 유형 | 환자가 여러 차례 병원에서 집으로, 집에서 병원으로 옮겨 다니면서 서서히 침몰하는 유형 |

63 T. Andrews, "To cure sometimes, to relieve often and to comfort always: nurses' role in end-of-life decision-making," *Nursing In Critical Care*, 20(5), pp. 227–228, 2015.

64 허정무, 『노인교육이론과 실천방법론』, 양서원, 2002.

## ■ 죽음의 궤도(Trajectory Of Death)

죽음의 궤도란 죽어가기 시작하는 시점에서 마지막 숨이 멈추기까지의 지속기간과 그 진행과정을 의미한다. 어떤 죽음은 그 지속기간이 매우 짧고 예기치 못한 경우도 있고, 어떤 죽음은 지속기간이 매우 길고 예견된 것일 수도 있다.[65] 죽음 궤도에 대한 이론은 패티슨(E. Mansell Pattison, 1977)의 삶에서 죽음에 이르는 단계에서 잘 설명하고 있다(뒤에 언급). 인간은 자신의 생활을 설계하고 자신의 활동을 조절하기 위해서 자신의 수명을 예견한다고 한다.[66] 이런 과정에서 죽음을 인식하는 위기에 직면하면 그 궤도는 두 부분으로 나뉜다.

만족한 삶을 산 이후에 예상 가능한 잠재적인 죽음 궤도(Potential Death Trajectory)가 있고 임종이 가까워지면서 나타나는 실제 죽음의 궤도(Actual Death Trajectory) 또는 삶과 죽음 사이(Living-Dying Interval)의 시기인 급성 위기단계, 만성적인 생과 사의 단계, 최종단계로 나눈다.

급성단계에서는 최대한 공포와 불안함을 표현하며 이런 죽음이 더 충격적이다. 반면 임종 경로의 만성단계는 사람이 죽음의 현실과 직면하고 죽음의 과정과 미래에 대한 의문에 직면하고 준비함으로써 근심과 걱정, 불안 등이 줄어든다. 마지막 단계는 죽는 사람의 개인적 요인에 의해 특징 지워진다.[67]

죽음 앞에 다가선 사람들의 죽음에 이르는 단계를 이해한다는 것은 환자의 관리는 물론 그 가족까지도 일련의 과정에 대해 좀 더 쉽게 적응할 수 있도록 하고 대처할 수 있는 시간과 기회를 제공하며 죽음에 대한 계획을 세울 수 있기에 많은 도움이 된다. 특히 노인환자의 죽음 과정은 죽음의 곡선이 길고 질질 끄는 유형이거나 입원과 재입

65 Laser, B. G., & Strauss, A. L., Time for dying, IL: Aldine, 1968.

66 E. Mansell Pattison, *The Experience of Dying*, Prentice-Hall, 1977.

67 서혜경, 『노인죽음학개론』, 경춘사, 2009.

원을 반복하는 경우도 많아 가족들도 포기하거나 환자 자신이 외롭거나 불행한 죽음을 맞이할 수도 있기 때문이다.

**흔히 경험하는 죽음에 이르는 궤도 과정**[68]

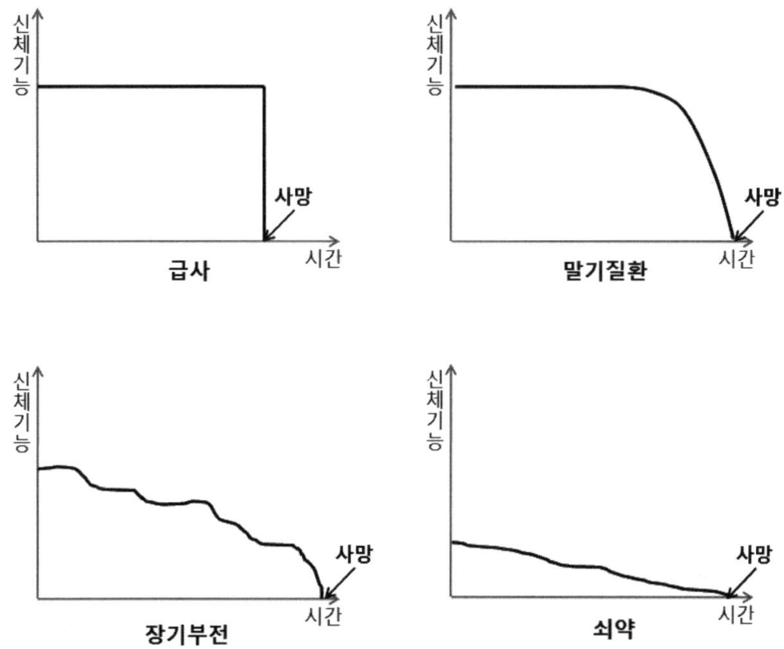


## 21. 죽음 직전에 무엇을 생각할까?

마지막 임종 순간 무엇을 생각할까에 대해 답을 찾기란 매우 어렵다. 죽어가는 것

68 C. A. Corr, C. M. Nabe, D. M. Corr, *Death & Dyining, Life and Living*, p. 39, 2000

만해도 아쉽고 슬픈데 무슨 생각을 하는지 알아본다는 것부터 거의 불가능하다. 그러다 보니 대부분 죽기 직전의 유언이나 마지막 말을 표본으로 조사하여 유추하는 것이 대부분이다. 이런 시도는 특히 사형수들에게 마지막 말을 하라고 하는 경우 좀 더 명확히 조사된 경우가 있지만 너무 급한 사망의 경우에는 말 한마디 못하고 죽은 경우도 많고 오랜 기간 병마와 함께하다 죽는 경우 이미 쇠진하거나 표현이 어려운 상태에서 죽음을 맞이하므로 죽음 직전에 무슨 생각을 하고 죽는지 알기는 어렵다고 본다.

간혹 유언을 하고 죽는 경우도 있는데 죽음 앞에서 하는 말이 자신이 전하고자 하는 말일 수는 있어도 그것이 꼭 진실은 아닐 수도 있다. 특히 죽어가는 사람일지라도 죽음 앞에서 해서는 안 될 말을 어느 정도는 알고 있다고 본다. 그래서 죽기 직전 무엇을 생각하는지에 대한 답을 찾는 것은 어려운 부분이다.

물론 임종의 과정에 대한 연구는 일부 이론화되어서 몇 가지 과정을 거치면서 죽음을 받아들인다고 한다. 그 중 널리 알려진 엘리자베스 퀴블러 로스(Elisabeth Kübler-Ross, 1926–2004)에 따르면 임종을 맞이한 사람들에게 공통적으로 나타나는 심리학적 반응을 ① 부정과 고립, ② 분노, ③ 타협, ④ 우울, ⑤ 수용 등의 5단계로 나누어 보기도 하지만 죽음을 어떻게 이해하고 받아들이는지에 대한 문제 또한 다양한 반론이 있는 것을 보면 죽음을 보는 시각은 사람에 따라서 많은 차이가 있음을 보여준다.

마이클 셔머(Michael Shermer)의 연구에 의하면 대부분의 사람들이 죽음 앞에서 가장 많이 선호하는 의미와 단어는 사랑이다. 이는 죽음에 직면하면 사람의 마음은 인생에서 가장 중요한 감정에 초점을 맞추게 되고, 십중팔구 그 중 가장 깊은 감정은 사랑이라 할 수 있을 것이다.[69] 마이클 셔머의 연구에 의하면 집행일을 기다리는 사형수에 대한 최후의 구두 진술 내용에 언급된 연관 단어 조사에서 사랑이 가장 많이 언급된 것으로 나타났다. 주요 순서는 사랑(68.2%), 종교(54.4%), 천국이나 사후세계(33.6%), 미안함이나 유감(29.2%), 무죄주장(14.8), 용서를 구함(14.1%), 사형에 대한 언급(12.2%), 지

69 마이클 셔머, 김성훈 역, 『천국의 발명*Heavens on earth*』, arte, 2019.

옥(8.5) 순으로 나타났다.

특히 사랑에 대한 강조는 가족에 대한 것이 많았고 그 외 주위 친인척이나 친지 등으로 이어졌다. 예를 들면 “사랑하는 아이들, 가족 그리고 친인척들에게 사랑한다고 전해주세요.”, “내 아내가 내게 얼마나 큰 희망인지, 그리고 내가 그녀를 얼마나 사랑하는지 아무리 표현해도 모자랍니다.” 등이다.[70]

사랑 다음으로 많이 언급되는 종교적인 표현은 자신들의 종교가 있다는 것을 보여주는 부분이면서 죽음 직전까지도 종교적인 구원이나 내세관 또는 사후세계에 대한 믿음 속에서 자신이 죽은 다음에 구원을 받게 되고 새로운 세계로의 여정에 대한 희망을 얻는다는 것이다. 이들 중에는 종교적 정서가 강한 경우 다가올 죽음에 대한 공포나 두려움이 적어지고 죽음에 대하여 담대해지기도 한다. 특히 지옥보다는 천국에 대한 언급이 압도적으로 많다는 사실을 통해 죽기 전에도 희망을 가지고 죽는다는 것을 알 수 있다.

이런 결과는 주위에서 경험적으로 느껴지는 경우에도 위의 연구와 유사한 사랑이나 화합, 화목을 강조하는 마지막 말들이 많아서 그 결과가 유사할 것으로 추정된다. 이는 죽음을 인지한 상태에서도 의식이 존재하는 한 그동안 살아온 과정에서 습득한 교육이나 경험을 표현하는 것이라고 본다. 또는 남아 있는 사람에 대한 죽어가는 사람의 배려 또는 염려를 반영한 결과일 수도 있다.

되돌아 생각해보면 죽기 전에 충분한 죽음준비교육이나 죽음에 대한 나름의 경험이나 체험을 통해서 죽음의 순간까지도 자신의 의지대로 죽음을 받아들이고 실천할 수가 있다는 것을 보여준다고 할 수 있다. 그래서 좀 더 일찍 죽음교육을 통한 인식의 변화와 마음의 준비는 보다 아름다운 죽음을 만드는 기본적인 시작이라고 할 수 있다.

---

70 (재인용) Maranda A. Upton, Tabitha M. Carwile, and Kristina S. Brown, “In Their Own Words: A Qualitative Exploration of Last Statements of Capital Punishment Inmates in the State of Missouri 1995–2011,” OMEGA–journao of Death and dying pp. 1–19, 2016.

## 22. 한국인의 죽음에 대한 태도

한국인들은 죽음에 대해 되도록 무관심과 외면을 하려고 하고, 죽음 앞에서도 부정하고 혐오하는 경향이 크며, 가능한 멀리 회피하고자 하면서도 잠재된 불안을 많이 가지고 있고, 평소에는 죽음 앞에 태연한 듯 말하지만 생에 대한 집착이 크다.

그러다 보니 주위의 체면 때문에 죽음을 격식과 외적인 허례로 포장하기도 한다. 이런 경향은 임종 전이나 죽은 다음에도 가족들에게 계속 이어지고 병실보다 장례식장이 더 호화롭고 장례비용에 많은 지출을 한다. 하지만 이런 장례 행사도 점차 핵가족화되거나 자손이 없는 경우가 많아지면서 남은 가족이 장례를 전부 관리하고 부담하는데 한계가 생기고 있다.

오늘날 젊은 세대는 더욱더 죽음을 가까이 접할 기회가 없어 임종과 죽음을 구분 못하고 전문상조서비스나 상조회사의 도움을 받아가면서 상주나 가족들이 주최자가 아닌 손님의 입장에서 죽음을 맞이하고 있다. 이는 평소 죽음에 대한 준비가 거의 없기에 생기는 문제로 갈수록 장례식장에서 죽은 당사자는 뒤로 물러나 있고 객들의 조문만 있지 추모가 없다는 말이 나오고 있다.

부모나 가족의 장례를 관리해야 할 중·장년층은 잠재적으로 죽음을 회피하고자 하는 마음이 더 크기에 자녀들에게 죽음 이야기를 못하게 하거나 자녀들이 죽음에 대한 질문을 해도 쓸데없는 것을 알려 한다고 핀잔을 주기도 한다. 이런 분위기 속에서 친척들이나 가족 간의 조문에 아이들과 같이 가는 것을 가능하면 피하고자 부모들은 자녀가 학원에 가야 한다는 핑계를 대지만 그 저변에는 죽음을 굳이 보이거나 알려주지 않는 것이 좋다는 생각이 있기 때문이다.

이렇게 성장한 아이들 또한 성인이 되어서도 죽음을 외면하고, 혐오하고, 회피하고, 죽는 것 자체를 두려워하며 살아있는 현세에 집착하기도 한다. 반면 일부에서는 죽은 후에는 또 다른 길이 있다는 막연한 내세관과 사후의 희망을 갖고 있기도 하다. 이런 이중성은 한국인들의 역사적 환경과도 연관이 있는데 잦은 전쟁과 변란에서 겪은 두려움의 상처와 어쩔 수 없었던 억울하고 분한 죽음에 대한 한을 위로하는 표현일 수도 있다.

하지만 죽음은 피할 수 없는 사실이기에 차라리 미리 죽음에 대한 이해와 죽음에 대한 두려움을 알고 이를 극복하는 지혜를 발견하면 현재보다 더 나은 삶을 살 수 있을 것이다. 아이들 또한 죽음에 대해 좀 더 일찍 안다면 올바른 생명존중의 마음과 자신의 앞날에 대한 설계를 일찍 하고, 항시 부모가 함께 하지 못한다는 것도 일깨워주고 가족의 소중함도 알게 하면서 막연한 공포나 두려움을 없애기에 성장하는 아이들에게도 많은 도움을 줄 것이라고 본다.

## 23. 한국사회의 부정적인 죽음관

가족과 가정의 형태가 급속히 변화하는 현대에는 과거 공동체 생활을 하면서 죽음을 배우고 익히던 자연스런 과정은 더 이상 존재하지 않고 죽음은 점차 멀어지고 있다. 젊은 세대는 물론 죽음을 앞둔 노인 세대도 죽음을 잘 모르거니와 막연히 알아도 사람들의 의식 속에서 죽음은 무섭고 더럽고 추한 것으로 인식된다. 그러다 보니 죽음을 생각하는 자체를 거부하는 경우가 많다.

간혹 미리 유언장을 쓰거나 사전연명의료의향서를 작성하고, 심폐소생술거부서(DNR)를 쓰는 것을 불경스럽다고 여기거나 재수 없는 일로 치부하기도 한다. 대부분은 부모님이나 가족의 죽음을 미리 언급하는 것 자체를 금기시하는 경우가 많아 자식의 입장에서 부모님의 죽음을 이야기하면 그렇게 되길 바라는 것이냐는 핀잔을 듣기도 한다. 이런 의식 속에서 죽음에 대한 이야기를 하는 순간 하지 말라는 소리를 듣게 되니 죽음에 대해주위 사람들과 공론이 이루어지지 못하고 있다.

그러면서도 공개적인 자리에서는 고귀한 죽음을 이야기하고 나름의 종교적인 죽음관을 멋있게 표현하기도 하지만 그 이상의 죽음에 대한 언급은 자제하고 있다. 일부 사람들이 죽음을 자기 나름대로 생각하고 고민하고 걱정도 하지만 단지 걱정으로 끝나는 경우가 많기에 죽음이 임박하면 당황하거나 오히려 더 불안해하기도 한다.

더 아쉬운 것은 본인이 죽은 후에 자신이 원하는 장례나 제례 방법이나 절차 등을 밝히지 않다 보니 남은 가족들은 주위의 시류에 따른 장례절차를 시행하거나 망자를 모시기에 망자의 의지와 다른 불필요한 비용과 노력을 쏟는다는 점이다. 또한 옳은지 아닌지 모를 행위를 하게 되며 가족들은 주위를 의식하거나 그렇게 하는 것이 좋을 것 같다는 막연함에 대리만족을 한다.

죽음을 맞이하는 것도 자신의 의지가 아닌 타인의 의지대로 움직이게 되고 죽음 또한 수동적인 상태에서 나의 삶이 아닌 타인의 삶처럼 떠밀려 죽게 되어 아쉬움이 들기도 한다.

## 24. 상례(喪禮)란 무엇인가?

사람들이 중요시하는 관혼상제(冠婚喪祭)의 사례(四禮) 중에 가장 우선시하는 예법이 상례이다. 이는 죽을 수밖에 없는 인간에 대해 산 자가 최후로 바치는 존경의 표시이기도 한데, 생물학적 죽음을 인간적 차원으로 고양시켜 주는 의례(儀禮)이기도 하다. 사람은 누구나 태어나서 마지막 관문인 죽음을 통과하고, 죽은 이후의 삶에 이르기까지 일종의 "통과의례"를 거쳐야만 한다.

오래전부터 사람은 죽음을 어떻게 맞이할 것인가에 대해 많은 고민을 하면서 같은 시대 같은 곳에 사는 사람들끼리 죽음에 대한 문화를 공유하기 시작하면서 독특한 상례 문화를 형성하여 후대에 전해 왔다. 그러므로 각 지역의 상례문화를 이해하면 죽음에 대한 그 집단의 본질과 개념을 이해할 수 있다.

사람들은 죽음을 단지 자연현상의 하나로만 보지 않고 문화현상으로 승화하면서 예(禮)를 만들었고 이런 의식을 통해서 공동체적인 교감을 이루어 나가고 있다. 우리 조상들은 다양한 문화가 섞이면서 현재 전해지는 상례에 대한 의례를 완성하였다. 시대의 흐름에 따라 점차 복잡해진 상례 절차는 임종에서 대상(大喪)을 치르고 탈상하기까지 거의 30여 단계의 의례를 거쳐야 하고, 햇수로는 3년 이상이 걸린다.

우리의 전통 상례를 보면 임종이 가까워지면 가족들이 모이고 죽음을 맞이하기 위한 준비를 한다. 먼저 "속광(屬纊)" 또는 "속굉(屬紘)"이라 불리는 절차에 따라 병자가 숨을 쉬지 않는 것을 확인함으로써 죽음을 현실적으로 받아들이는 최초의 단계가 시작된다. 죽음이 확인되면 망자에게 깨끗한 옷을 입히고 방안을 정결하고 조용히 하며, 좀 더 망자의 마음을 편안하게 하고, 코와 입 사이, 곧 인중 위에 새 솜을 놓아서 그 움직임을 보고 숨이 끊어졌는지를 확인한다. 이런 과정에서 사람들은 "숨지다", "숨이 끊어지다", "숨을 거두다", "숨이 넘어가다" 등의 말을 통해 숨과 연관해서 죽음을 표현한다.

이런 죽음의 인식은 일반적으로 생물학적 관점에서 본 것으로 호흡이라는 신체적 기능의 정지를 죽음 인식의 기준으로 삼는 것은 숨이 멈추면 곧 자연 속에서 부패가 시작되는 가장 보편적 시점이기 때문이다. 이로부터 생명을 "목숨"이라 부르고, 숨이 끊어지는 것을 죽음이라 부르면서 삶과 죽음을 구분하는 의식이 생겨났다.

숨이 넘어간 것을 확인한 후 곧이어 "고복(皐復)"을 시도한다. 고복이란 초혼(招魂)을 말하는데, 사자(死者)의 흐트러진 혼을 불러 돌아오게 한다는 뜻이다. 생시에 가까이 있던 사람이 사자가 평상시에 입던 옷으로 홑두루마기나 적삼의 옷깃을 왼손으로 잡고 오른손으로는 옷의 허리 부분을 잡고 마당에 나가서 마루를 향하여 사자의 생시 칭호로 '모복(某復)'을 세 번 부른 뒤에 그 옷(復衣)을 시체에 덮고 가족들이 곡을 한다. 이는 죽음이 아쉬워 한 번 더 간곡히 주검에서 떠나는 영혼을 불러와 죽은 사람이 다시 살아나도록 하려는 절차이다. 주검에서 떠난 혼을 부른다는 의미에서 "초혼

(招魂)"이라고도 한다. 초혼을 통해 진짜 영혼이 육체를 떠나가는 것으로 이해한다. 즉 죽음이란 혼(魂)과 백(魄)의 분리를 의미한다.

혼(魂)과 백(魄)의 분리는 상례에서 중요한 의미를 갖는다. 속광을 통해 죽음이 확인된 육체는 "칠성판(七星板)"에 눕혀지는 반면에, 초혼을 통해 육체로부터 이탈이 확인된 영혼은 따로 "영좌(靈座)"를 설치하여 모셔진다. 이처럼 따로 모셔진 육체와 영혼은 각기 "상여(喪輿)"와 "영여(靈輿)"를 타고 무덤까지 간다. 육체가 "하관(窆)"이란 절차를 거쳐 땅에 묻히는 반면에, 영혼은 "반혼(返魂)" 또는 "반곡(反哭)"이란 절차를 거쳐 다시 집으로 돌아와 모셔진다.

우리 조상들은 고복의 절차를 통해 "숨짐"이란 죽음에 "탈혼(脫魂)"이란 죽음의 의미를 더하는데, 숨짐과 탈혼 사이에는 불가역적 인과관계가 성립한다. 즉 숨짐이 있어 탈혼이 생기며 그 역(逆)은 성립하지 않는다. 다시 말하면 숨이 끊어지는 것이 원인이 되어 영혼이 육체를 떠나는 것이다. 숨이 끊어지지 않았는데 영혼과 육체가 분리됨으로써 죽음이 이루어지는 것이 아니라는 인과관계를 분명히 하고 있다.

예전에는 뇌사를 이해하지 못하였기에 현대의 의학적인 죽음에 속하는 뇌사보다는 전통적인 상례에서는 숨이 멈추는 것을 죽음으로 인정하였다. 우리의 옛 설화 중에 사람이 잠을 잘 때 '혼쥐'가 몸 밖으로 나와서 겪는 과정이 꿈이 된다는 내용의 이야기가 있다. 이는 사람의 육체와 혼이 분리될 수 있다는 사고를 보여 주는 것이다.

잠시 혼이 육체를 떠나는 경우가 있다고 보고 전통 상례에서도 죽음의 최종적인 결정은 죽은 지 사흘째 되는 날 행해진다. 이것을 "염(斂)"이라 하는데, 이것이 전통 상례에서 죽음을 확인하는 세 번째 단계이다. 염이 행해지면 비로소 죽음을 명확히 확인하는 것이다. 염에는 소렴(小殮)과 대렴(大斂)이 있는데 소렴이란 '거둔다'는 뜻으로 시신을 거두어 묶는 것을 의미한다. 소렴은 운명한 다음 날에 시신을 옷과 이불로 싸서 묶는 것인데, 망자가 다시 살아나기를 기다리고 때로 그 얼굴을 보고자 하는 효심 때문이라고 하지만 뼈가 굳어 입관이 어려워질 수 있는 것을 방지하기 위함이다. 대렴(大斂)은 장사(葬事)를 치르기 위한 준비단계로서 소렴(小殮 : 시체에 옷을 입혀 이불로 싸는 일)을 한 뒤 시신을 입관하는 절차이다. 소렴을 한 다음 날, 즉 죽은 지 사흘 만에 하는 것이 원칙이지만 현재는 생활양식의 변화에 따라 당일에 소렴과 대렴이 동시에 시행하는 경우가 많다. 또한 정체성이 모호한 고비용의 궁중대렴이라는 것도 시행하는데 이는 상조문화의 잘못된 이면이라고 할 수 있다.

예기(禮記)에 따르면 사망 후 3일이 지난 후에 염을 하는 것은 혹시라도 죽은 사람이 살아날 것을 기다리는 것이라고 한다. 이는 살아 돌아오기를 바라는 간절함을 표현하려는 모습일 수 있다. 이런 3중 확인절차인 속광, 탈혼, 염을 거쳐서 죽음을 최종적으로 확인하고 주검을 땅에 묻기까지 최소한 3일이 걸린다. 그밖에도 5일장, 7일장, 심지어 유월장(踰月葬)을 치르기도 하는데 그만큼 효의 크기를 보여주려는 모습과 예를 다했다는 것을 알리고 싶은 심정이 반영된 모습이기도 하다.

상례 과정을 보면 죽음을 맞이하는 과정으로 초혼–사자밥–수시–역복–상식–부고가 있고, 죽음을 처리하는 과정으로 염습(소렴, 대렴)–성복–조상–문상–치장–천구–발인–급묘–반곡이 있으며, 죽음을 새로운 삶으로 인정하는 과정으로 우제–졸곡–부제–소상, 대상–담제–길제 등이 있다.

절차를 기준으로 보면 영혼과 육체가 갈리는 절차로 속광 또는 속굉–고복 또는 초혼–사자상 차리기–수시 또는 천시–습–염(소렴, 대렴)–입관 절차가 있고, 영혼이 떠난 육체를 모시는 절차로 성복–발인–노제–산신제–개토제–하관–매장–평토제 등이 있으며, 육체를 떠난 영혼을 모시는 절차로 반혼–우제(초우, 재우, 삼우)–졸곡–부제–소상–대상–탈상으로 이어진다.

상례의 마지막은 탈상(脫喪)인데 이는 영혼과 육체의 완전한 분리를 뜻한다. 주검을 땅에 묻으면 상례가 끝나는 것이 아니라 영혼은 반혼(返魂)이라 하여 다시 집으로 모셔지므로 아침저녁으로 음식공양을 하는데, 죽은 지 3년 되는 해 대상을 마치고 탈상할 때까지 계속된다. 이런 의례 속에는 죽음과 더불어 영혼이 소멸되는 것이 아니라 일정기간 동안 주검이나 생활공간 주위를 맴돌다 저승으로 간다는 인식이 함축되어 있다. 대체로 그 기간은 3년(실제로는 2년)이다.

# 제2장

# 죽음학(임종학)이란?

## 01. 죽음학 교육의 의미

죽음학은 죽는 과정의 문제나 죽음과 연관된 임종환자와 가족과 사회적인 문제를 모두 거론하지만 죽음학을 배우는 이유는 죽음이 자신이 살아있는 현재의 문제에 대한 진솔한 삶의 일부이기 때문이다.

그래서 삶이 얼마나 소중하고 가치 있는가를 먼저 이해하고 실천하는 삶의 실천학문으로 죽음학에 접근해야 한다. 개개인이 살아온 과정과 가치관이 다르고 그 결과가 다르므로 죽음도 사람마다 같을 수가 없다.

죽음에 대한 생각은 사람들의 수만큼 다르기에 수많은 차이가 있음을 인정하고 이해해야 한다. 곧 죽음학이란 다양한 사상과 종교, 심리, 사회, 문화, 의학과 폭넓은 문화적 요소가 함께 어울리는 생명력이 있는 광장과 같은 커다란 유기체라고 할 수 있다.

죽음학을 이해하면 아는 만큼 죽음에 대한 두려움은 적어지고 그냥 죽는다는 막연함이 아닌 의미부여가 되는 구체화된 죽음으로 자신의 삶이 더 긍정적이고 진솔해지며, 자신의 죽음을 수동적으로 받아들이기보다 적극적으로 남은 삶을 정리하고 죽음 후에 대한 문제들도 준비하게 된다. 대부분의 사람들은 이런 문제들을 회피하거나 모른척하지만 일부는 정말 알지 못해서 그냥 죽는 경우도 있기에 죽음학 교육은 가능하면 이른 시기에 접하는 것이 삶에 좋은 계기가 될 것이다.

## 02. 죽음학이 학문적으로 필요한 이유

죽음에 대해서는 많든 적든 누구나 알고 있지만 죽음에 대하여 설명하라고 하면 '죽음'이라는 단어 이외에 달리 표현하기 쉽지 않는 것도 사실이다. 그만큼 죽음은 가깝고도 먼 주제라 할 수 있다. 하지만 일반적인 죽음 지식의 막연함을 구체화하고 연구하여 교육한다면 죽음을 맞이하는 순간이 와도 자기 주도적으로 의연하게 맞이하고 죽음을 맞이하는 주위 사람들도 도울 수 있다. 더 나아가 인문학과 자연과학이 조화를 이룬다면 죽음 이후에도 그 가치를 유지할 수 있을 것이다.

죽음은 사람이 태어나서 꼭 경험하는 가장 중요한 사건이기 때문에 죽음의 의미와 어떤 삶을 살아야 하는가에 대한 답을 찾기 위해서 어떤 윤리도덕보다 더 필요한 학문이다. 사람들은 태어남을 스스로 인지하지 못하지만 부모나 그 주위 가족들은 태어남을 보았기에 그 의미를 충분히 알 수 있다. 하지만 죽음은 자신의 마지막 경험이고 나 자신만의 경험이기에 스스로 죽음에 대해 알지 못한다면 이는 흔히 한 사람의 죽음이 될 뿐이다.

그래서 죽음에 대하여 가장 기초가 되는 삶의 가치에 대하여 소중함을 알게 할 필요가 있다. "이를 위해서 죽음에 대한 의미와 역할을 올바로 제시하고, 죽음을 직시하고 죽음을 자연스럽게 사유하는 삶의 태도를 지니도록 하는 것이다."[1]

동양과 마찬가지로 서양도 중세에는 사람이라는 공동체 속에서 죽음을 맞이했다. 그래서 이 시기의 죽음을 '우리의 죽음'이라고 했다.[2] 이 시절 한 사람의 죽음은 공동체 전체가 참여하는 사건이었고 이 공동체의 품속에서 개인은 외롭지 않게 죽을 수 있었다. 즉 죽음을 자신의 소멸이 아닌 신앙 공동체라는 틀 속에서 영생이나 사후를 생각

1 박종식·정경태, "死生學의 성립 근거에 관한 철학적 탐구," 『대동철학회 논문집』 제50집, 2010.

2 필립 아리에스, 고선일 역, 『죽음 앞의 인간』, 동문선, 2004.

하면서 더 좋은 세상으로의 떠남이라고 믿었기 때문이다. 그래서 죽음을 두려워하기보다는 자신이 사는 공동체를 떠나서 객사를 하는 것을 더 두려워하기도 했다.

현대의학과 생명공학, 생명물리, 뇌과학의 발전으로 생명의 근원과 신비를 분자와 원자와 그보다 더 작은 소립자의 세계까지 포함한 나노의 세계에서 분석하고 조작, 관리까지 할 수 있게 되었다. 이제는 생명의 실체를 대부분 규명하기에 이르면서 인간이 지구의 다양한 생명체와 큰 차이가 없으며 특별한 존재가 아님을 알게 되었다. 이로 인해 인간성의 상실과 생명의 가치관에 대한 새로운 도전을 맞이했고, 과거 삶 속의 인문학적 영역을 자연과학이 차지하게 되었다. 이는 생명 존재와 가치에 큰 위기가 되어가고 있다.

앞으로도 자연과학이 발전하면서 점차 생명의 신비를 더욱 철저하게 풀어나갈 것이기에 자연과학이 풀지 못하는 인간성의 회복과 인간의 가치관을 새롭게 정리하고 죽음에 대한 질적인 향상과 존귀한 삶의 마감을 위해 인문사회학적 탐구가 더 요구될 것이다.

죽음학은 인문학적인 학문의 바탕 위에 자연과학, 의학, 사회학, 철학, 심리학, 종교, 문화, 예술 등의 다양한 학문들이 복합적으로 융합하여 서로 연계하고 보완하여 누구나 쉽게 접하고 참여하도록 운영되어야 한다.

## 03. 죽음과의 관계성

사람과 사람의 관계에서 영원히 서로 함께 하는 것은 없지만 그렇다고 매번 죽음이나 이별을 생각하지는 않는다. 특히 나이를 먹어 주위 사람들이 하나 둘 죽음을 맞이해도 나 자신이 곧 죽게 된다는 생각보다는 죽음은 자신의 일이 아니라고 여긴다. 그러다보니 죽음을 미리 준비하는 것이 일반인들에게는 쉽지 않을 수 있다. 대부분 살면서 죽음을 멀리 생각하지만 매순간 마주치는 상실과 이별을 겪고 있으면서도 이것이 작은 죽음의 연속이라고는 생각하지 않고 그때그때 잘 극복하면서 살아가기도 한다.

하지만 일상 중에 키우던 애완동물의 죽음을 마주치기도 하고 친하던 사람들과 이별을 하면서 조금씩 변화되기도 한다. 결국은 살아가는 동안 이미 작은 죽음의 경험을 통해 자신도 모르게 죽음을 준비하기는 하지만 대부분 준비가 부족하여 자신의 죽음이라는 큰 사건은 그에 따른 많은 상처와 충격을 받을 수 있기에 나름의 죽음준비교육이 필요하다.

살아있는 동안 자신이 완전히 지배하거나 소유하는 것은 아무것도 없다는 사실을 인식한다면 모든 것을 잃거나 가장 사랑하는 사람을 떠나보낸다 해도 모든 것을 포기할 정도의 큰 문제는 아닐 수 있다. 미리 상실과 이별에 대한 준비를 해두면 대부분 이런 사건은 잘 극복할 수 있고 정작 자신에게 이 일이 닥친다 해도 어느 정도 마음의 여유를 가지고 대처할 수 있을 것이다. 이런 과정 자체가 바로 성장이라고 보아 성숙된 자기의 삶을 찾고 그에 따라 행동하게 되는 것이다.

동일 사회 내에서도 죽음에 대한 의미는 연령이나 건강, 개인의 가치관 및 철학, 개인의 성격과 상황, 종교 등 여러 가지 조건에 따라 달라진다. 특히 노인이 인식한 죽음의 의미는 '삶의 소멸', '삶으로부터의 해방', '삶의 연장'으로 구분하면서 노인의 특성에 따라 그 의미가 달라진다고 한다.[3] 주로 젊은 노인들은 죽음을 삶의 소멸로 보는데, 아직 죽음에 대해 내가 아닌 먼 곳의 이야기로 보려는 경향이 있고, 죽음을 삶으로부터의 해방으로 인식한 경우는 사회경제적 수준이 낮거나 독신으로서 현실부정과 죽음을 통한 다른 세상으로의 기대를 하는 경우이고, 죽음을 삶의 연장으로 인식한 대상은 종교적 성향이 강하거나, 긍정적 자아정체감을 가진 경우였다. 이 경우 죽음에 초월적 의미를 부여하거나 삶을 통해 형성된 긍정적 자아정체감으로 죽음을 긍정적으로 수용하고 있다.[4]

---

3 이지영·이가옥, "노인의 죽음에 대한 인식," 『한국노년학』 제24권 2호, pp. 193-215, 2004.

4 이예종, 「노인의 죽음 준비인식과 죽음불안에 관한 연구」, 가톨릭대학교 사회복지대학원 석사논문, 2005.

특히 나이가 들기 전에 죽음을 먼저 받아들인다면 오히려 죽음이 더 멀리 갈 것이고 죽음이 천천히 올 수도 있을 것이다. 준비된 사람에게는 어느 것도 크게 두려울 것이 없기 때문이며, 이는 욕심과 미련이라는 것으로부터 벗어나는 것이다. 이런 악착같은 삶에 대한 욕심을 잘 관리하는 것을 혼자 결심하고 실행하기는 쉽지 않다. 그래서 누군가의 도움이 필요한 것이고 이것이 임종의학전문가나 임종치유전문가의 역할이라고 할 수 있다.

## 04. 임종의학전문가나 임종치유전문가(Thanatologist)의 역할

임종의학전문가나 임종치유전문가는 죽어가는 사람들에게 여생의 기간을 효율적으로 활용하기 위한 방법을 알려주고 죽음에 대한 막연한 공포심이나 불안 등을 완화해주면서 남은 가족들과도 준비된 이별을 받아들일 수 있도록 하여 행복한 죽음을 맞이하게 준비해주고 위안을 해주는 것이 가장 큰 역할일 것이다.

죽음에는 불필요한 과정과 과도한 비용이 들어가므로 이에 대한 적절한 선택을 위한 정보를 제공하고 근거나 유래도 없는 장례문화를 개선시키고 임종하는 환자의 가족과 주위 사람들에게 죽어감의 과정을 알려주고 올바른 선택을 하도록 임종에 따른 지도를 해줘야 한다.

비록 임종이 가까운 환자가 있어도 가족 간에 갈등이나 오해가 얼마든지 일어날 수 있고 이로 인해서 반목이 생기는 경우도 많아 죽음이 너무 불편하고 힘든 경우도 있기에 죽음에 대한 후회가 없는 이별이 되도록 화해와 용서의 시간을 만들어주어야 하고 임종환자의 종교나 신념에 따른 종교관이나 내세관을 존중해주고 불필요한 행동이나 급격한 주위 변화를 막아주고 조정해주는 관리자의 역할이 요구되기도 한다.

임종의학전문가나 임종치유전문가가 임종환자를 직접 관리하는 현장에서 주의할 점은 다음과 같다.

(1) 환자에 대한 현재의 상황에 대하여 객관적이고 정확한 판단을 해야 하고 환자와 그 가족에게 정보 제공 시 의미전달이 명확해야 한다.
(2) 임종환자의 현재 질병만 보지 말고 환자가 겪어온 과거 병력까지 파악한다.
(3) 임종환자의 영적이거나 종교적인 생각이나 문세를 부정하지 않는다.
(4) 임종환자의 신체적인 아픔에 대한 돌봄과 함께 마음과 영혼의 아픔까지 동시에 보살펴준다.
(5) 임종환자와의 진정한 소통을 우선시하고 신뢰를 쌓아가는 시간을 가진다.
(6) 임종환자에 대한 불안과 고통에 대한 가시적이고 진정성이 있는 대응을 한다.
(7) 의료진 중심이 아닌 임종환자 중심의 접근을 한다.
(8) 임종환자는 물론 그 가족과의 의사소통이 원활해야 하고 믿음과 신뢰가 우선되어야 한다.
(9) 불필요한 낙관과 강한 희망을 자제해야 하지만 그렇다고 부정과 포기를 보여주어서도 안 된다.
(10) 환자의 자존심을 유지시키고 평소 가지고 있는 자아와 내적 요구를 파악하고 이해한다.

이런 모든 것의 기본은 역시 임종환자와의 신뢰 있는 인간관계 형성이다. 죽음은 아무리 치료(Cure)하고 잘 관리한다 해도 회복이 불가능한 과정이며 임종환자 자신이 스스로 받아들이고 준비하고 결정하고 실행해야 하므로 유능한 전문가라 해도 모든 문제를 해결할 수는 없다. 그러나 변화가 급격하고 남은 시간이 많지 않은 상황에서 올바른 방향성과 시행착오를 줄이는 것이 중요하므로 임종의학전문가나 임종치유전문가의 도움이 필요한 것이다.

## 05. 임종의학전문가나 임종치유전문가의 환자 접근 방법

임종을 앞둔 환자나 죽음과 관련된 가족 모두와의 관계에서 가장 중요한 것 가운데 하나는 이들을 교육하려 하거나 연관된 지식을 전달해주려는 생각이나 행동은 안 된다는 것이다. 조급함과 혼란 속에서 한시가 급한 환자는 새로운 지식이나 제안을 받아들이거나 이해하는 것도 힘들고 받아들이는 것도 한계가 있어 오히려 부정적인 결과를 가져올 수 있다. 어렵고 복잡한 문제를 전달하다 보면 생각하지 못한 오해와 신뢰가 깨지는 경우도 있기에 이 점을 잘 파악하여야 한다. 새로운 제안을 할 경우 명확하고 간결한 설명과 판단을 쉽게 하도록 선택의 폭을 줄여야 한다. 새로운 선택을 하더라도 일방적인 지시나 간섭을 최대한 자제하며 의료진의 개입을 최소화하고 서서히 변화를 유도하여 임종환자가 믿고 따르도록 해야 한다.

임종환자의 현재 상태를 파악하고 분석하고 계획하고 직접 실행하는 과정에서 주의해야 할 점은 환자에 대한 진정성과 함께 치료가 아닌 고귀한 죽음을 실천하도록 돌봄을 하는 것이다. 살아있는 동안 삶의 질을 잘 유지시키고 신체의 고통뿐만 아니라 정신적 영적 아픔과 고통도 함께 돌보아 주면서 같이 있다는 것을 느끼게 해주는 것이 필요하다.

특히 임종환자를 대하는 언어의 선택은 신중해야 하고 평소 환자가 싫어하는 말과 행동을 미리 파악하여 가족에게도 교육시키는 것이 필요하다. 주위 환경을 안정시키고 가족들도 환자와의 직접적인 스킨십을 하게 도와주며 돈독한 유대관계를 가지도록 하여 항시 누군가 임종환자 곁에 함께 할 것이라는 믿음을 주어야 한다.

이런 모든 일들은 일방적인 것이 아닌 의료진과 임종환자 간의 동등한 관계형성을 바탕으로 이루어져야 하고 환자의 살아온 과거를 이해하고 현재 가지고 있는 자존심과 가치관을 최대한 존중해줘야 한다. 특히 종교적인 믿음이나 사회적 이념의 가치기준을 바꾸려하거나 무시해서는 안 된다. 비록 생각과 행동이 비상식적이라도 일단은 수용해주고 당장의 불필요한 거부는 자제하고 스스로 느끼고 개선하도록 지원해줘야 한다. 바뀌지 않는 것을 굳이 바꾸려 하는 것은 또 다른 문제를 유발하고 그로 인해서 죽음이 편하지 못할 수도 있고 그렇게 살다 죽었다고 해서 크게 문제가 되지는 않을 것이다.

하루하루 아프고 죽음을 기다리는 입장이지만 임종환자는 개인마다 다 소중한 인격체이고 이를 존중한다는 마음만 있으면 크게 어려움이 없을 것이다. 이런 노력을 하면서 결과가 좋으려면 임종환자가 자신의 현재 상태와 예후에 대하여 정확히 인식하고 인정해야만 그 효과가 더 잘 나타난다. 무엇보다 환자에게 정확한 정보를 전달하는 시점을 선택하는 것이 중요하고, 누구와 함께 있을 때 전달해야 할지, 어떤 방법으로 선택하게 하는 것이 좋은지 관련 분야 주치의나 전문가들과 상의해서 결정해야 큰 무리가 없다.

의학적인 문제를 전달할 때는 쉬운 언어를 사용하고 요약을 잘해야 하며 환자의 상태를 잘 파악하여, 적절한 시간을 잘 선정하는 것이 무엇보다 중요한 전달 과정이라 할 수 있다.

## 06. 죽음학과 임종의학

사람들은 아프거나 죽음에 임박하면 나약해지고 누군가의 도움이나 신에 대한 구원 또는 기적 같은 추상적인 현상을 바라는 마음이 생긴다. 이런 현상은 사람이 모여 살던 원시시대부터 꾸준히 이어져 내려왔고 그로 인해 자신보다 나은 사람에게 나약한 자신을 맡기면서 도움을 받거나 믿음을 가지게 되었고 이를 주관하던 사람들이 점차 인정을 받고 힘을 얻어 제사장이나 사제 또는 권력자의 위치에서 집단을 이끌거나 종교적 또는 정치적으로 리더 역할을 수행하였다.

그리고 이런 역할이 분화되면서 사제와 통치자가 생겼고 이들 밑에서 직접 일을 수행하거나 전수되거나 경험적으로 의술 지식을 얻어서 환자를 돌보는 의원(醫院)들이 전통적인 의료행위를 시행하였다.

기독교에서는 질병을 하나님의 형벌로 인식하여 제사장이 곧 의원이 되었으며 '너희는 거짓말을 지어내는 자요 다 쓸모없는 의원이니라'(욥 13:4)라는 표현을 하였다. '슬프다 나의 근심이여 어떻게 위로를 받을 수 있을까 내 마음이 병들었도다. 내 딸 내 백성의 심히 먼 땅에서 부르짖는 소리로다. 여호와께서 시온에 계시지 아니한가, 그의 왕이 그 가운데 계시지 아니한가. 그들이 어찌하여 그 조각한 신상과 이방의 헛된 것들로 나를 격노하게 하였는고 하시니'(렘 8:18-19)라 하며 영적 측면에서 인간의 큰 죄악을 고쳐줄 의원은 하나님이라 표현하였다.

현대의학에서는 의료인의 말과 권위는 사라지고 치료의 개념이 행위적으로 인식되어 처치한다는 표현으로 행해지고 치료의 의미도 포괄적으로 변하여 관리해준다는 서비스의 대상으로 보기에 각종 검사와 의료장비가 의료행위의 대부분을 차지하고 있다. 이런 변화에 편승하여 의학적 발전은 생명 연장의 획기적인 업적을 이루었지만 노화에 따른 삶의 질 향상에는 많이 미흡한 것도 사실이다. 길어진 수명만큼 의료비의 상승 또한 매우 급격해져서 환자와 가족 모두에게 큰 부담이 되고 있다.

최근에는 환자의 인간적인 존엄성이 뒤로 밀리면서 담당의사보다 진단검사와 의료기기를 더 신뢰하게 되었다. 환자 한 명을 질병이나 장기별로 여러 분야에서 나누어 전문적인 접근을 시도하면서 개체의 일부로 인식된 사람들은 현대의료의 혜택을 받는 동안 자아를 상실하게 되고 더 고독한 투병을 해야 하는 처지가 되었다. 이로 인해 임종환자는 자기 죽음에 대한 결정권을 행사하기가 점차 어려워지고 있으며 이런 과정에서 존엄사에 대한 필요성이 대두되고 있다.

이를 보완하기 위해서 임종의학전문가와 임종치유전문가의 역할이 크게 요구되고 있고 임종환자에 대한 접근은 치료가 목적이 아닌 죽기 전까지 몸과 마음을 치유하고 정리하게 해주는 돌봄의 과정을 도와주는 것이라고 본다. 임종기간 동안 환자가 무엇을 원하는지 잘 파악하고 현재와 미래에 발생되는 문제를 해결해주고 남은 시간 우선순위를 정리해서 환자 스스로 실천하게 하는 것 또한 중요한 역할이라고 본다.

더 이상 임종환자에게 생명 연장을 위한 치료를 한다는 것은 그 의미가 크지 않다. 단 통증완화와 정신적인 고통 그리고 죽음 앞에서 발생되는 다양한 어려움들을 극복하는데 도움이 되어야 하고 늦었더라도 남은 시간 후회 없는 삶이 되도록 자아성찰의 기회를 만들어주는 것이 임종의학의 역할이라 할 수 있다.

## 07. 최빈사망연령(Mode of Age at Death)

사람들의 수명이 언제까지인가라는 물음은 단순히 몇 살까지 살다가 죽는가를 의미하지는 않는다. 일반적으로 삶의 의미가 있는 한국인의 행복수명은 74세 정도이다. 행복수명은 경제력과 건강이 뒷받침되어 노후를 편안하게 살 수 있는 나이를 말한다. 그 후에 덤으로 사는 인생은 질병과 생활고 또는 고통이 동반된 시기일 수 있는데 행복수명이 길수록 노후가 안정된 사회이다. 평균수명은 실제로 얼마까지 살다가 죽는가인데, 2016년 기준 우리나라의 기대수명은 82.4세로, OECD 평균보다 1.6세 긴 것으로 나타났다. 2016년 보건복지부가 공개한 'OECD 보건통계'에 따르면, 우리나라 여성의 기대수명은 85.4세, 남성은 79.3세로 평균 82.4세를 나타냈다.

이 통계가 실감나는 것은 주위에 돌아가신 분들의 문상을 가면 대부분이 80대 후반 혹은 90대 초반이다. 그래서 최빈사망연령이라는 개념이 등장한다. 우리나라 최빈사망연령은 86세인데, 이는 젊었을 때 질병 등으로 일찍 죽는 사람을 포함하여 어느 나이에 가장 많이 사망하는 가를 관측하는 수치이다. 최빈사망연령이 90살이 넘으면 백세사회라고 하는데, 우리나라는 올해 초고령사회에 진입한데 이어 몇 년 이내에 백세사회가 된다. 문제는 행복수명과 최빈사망연령 사이가 너무 길다는 것이다. 이는 경제력과 건강이 뒷받침이 안 되는 시간이 너무 길어지고 그만큼 오래 사는 사람뿐만 아니라 그 가족들도 짐이 된다는 것이다.

즉 최빈사망연령은 사람들이 어느 나이에 가장 많이 사망하는지를 알려주는 사망 연령의 최빈치(最頻値)를 말한다. 최빈치는 보통 도수가 최대인 계급의 계급치를 쓴다. 우리나라에서도 매년 이 수치가 상승하고 있는데 이와 대비되는 최고도달가능 연령은 하강하고 있다. 즉 집단으로서는 장수이나, 개인으로서의 최고연령은 내려온다는 현상이 나타나고 있다.[5]

앞으로 65세 이상이 노인 인구는 급속히 증가하는데 2060년경에는 전체 인구의 40% 이상이 60세가 넘는 인구 구성을 보여줄 것으로 예상하고 있다. 결국 생산가능인구 감소와 더불어 미래의 자원인 유소년들의 구성비가 급속히 줄어들어 사회의 원활한 발전과 운영에 큰 어려움이 예상되고 있다.

그 원인으로는 노인부양인구의 급격한 증가, 노동력 감소와 저축률 감소 그리고 재정수지 악화 등으로 인한 경제성장률과 잠재성장률의 저하, 가정의 붕괴와 독거노인의 증가와 더불어 황혼이혼, 황혼재혼의 증가, 고령인구의 의료, 복지, 연금 등의 재정지출 증가 등이 있으며, 결국 세대 간의 갈등이 커질 것이다.

이에 대한 대책으로 정부가 나서서 해결하기는 그 한계가 분명하므로 개인적으로도 노후 준비를 철저히 해야 한다. 앞으로 30년 이상 더 긴 세월 은퇴 후 생활자금이 필요하고, 생각보다 더 긴 세월 동안 지속적으로 비용이 들기 때문이다. 더욱이 자녀들이 은퇴할 시기에도 자신이 살아있으므로 자식이 부모를 부양하기 어렵고 노후부양에 대한 의식도 점차 사라지고 있다.[6]

---

5 한국사전연구사, 『간호학대사전』, 1996.

6 송양민·우재룡, 『100세 시대 은퇴 대사전』, 21세기북스, 2014.

**2015년 한국사회지표 연령계층별 인구 구성비**

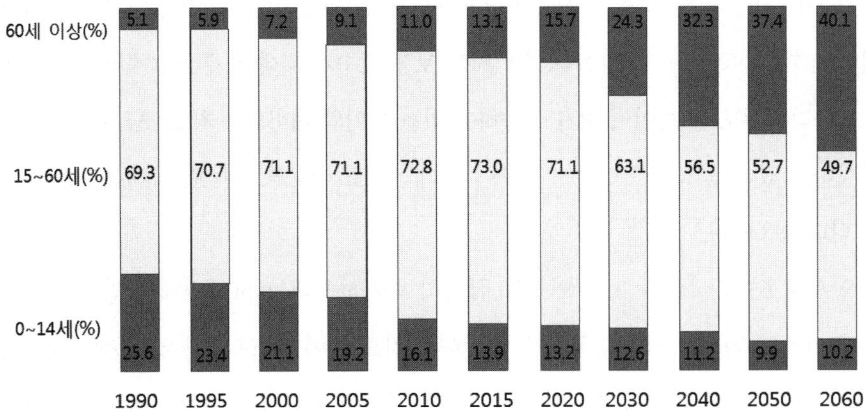


출처: 통계청

**최빈사망연령 분포도**

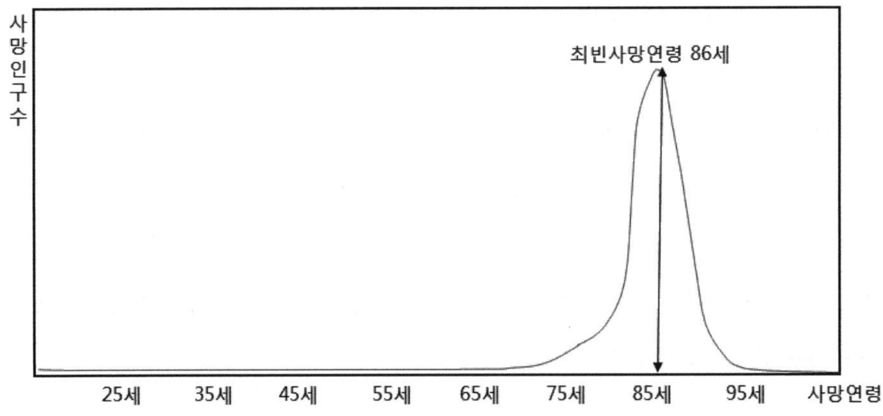


그러므로 노후대비를 위해 생활비 확보와 현재 가지고 있는 자산관리가 적극적으로 요구되는 부분인데, 은퇴 리스크에 대한 종류를 알아보면 생각보다 오래 사는 문제, 질병발생과 장기 간병의 문제, 소득 감소, 물가 상승, 자산 디플레이션, 금리 이상 변동, 정신적인 불안과 생활에 대한 가족 간의 고립, 배우자 사망, 길어진 교육기간으로 인한 자

녀교육비의 지속적인 지출, 만혼 자녀의 결혼비용의 부담 등 지출에 대한 압박이 커지므로 앞으로 다가올 문제를 해결하기 위한 교육과 준비를 죽음준비교육을 통해서 조기에 시도한다면 많은 도움이 될 것이다.

가장 많이 사망하는 연령

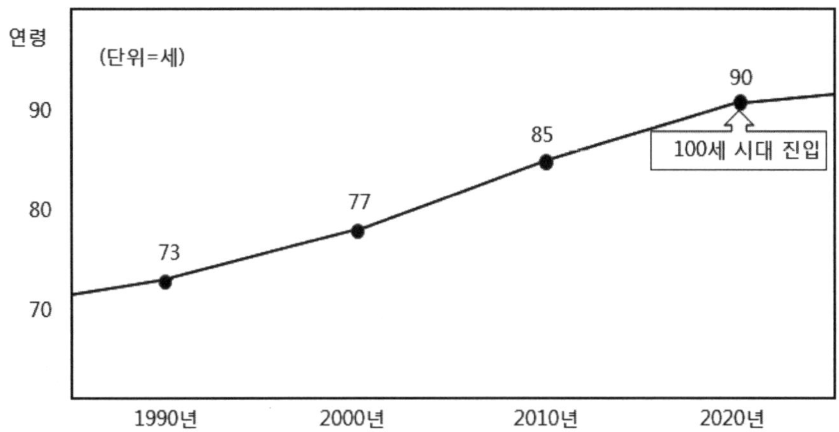


## 08. 초고령사회와 초다사사회(超多死社會)의 임종의학

2026년부터 우리나라도 초고령사회가 되면서 노인 인구의 급격한 증가와 더불어 임종을 맞이할 노인환자가 급증하는 초다사사회(超多死社會)가 된다. 이는 아무리 국가가 정책을 세우고 실천한다고 해도 출생인구의 증가는 더 이상 기대하기 어렵고 그렇다고 노인 인구의 감소를 이룰 수는 더더욱 불가능하기 때문이다.

통계청 자료에 의하면 노인 인구는 2018년에는 14.3%, 2020년에는 15.6%, 2026년에는 21.18%에 도달할 것으로 전망된다. UN 보고서는 65세 이상의 노인 인구가 7%

이상이면 고령화사회(Aging Society), 14% 이상이면 고령사회(Aged Society), 그리고 20% 이상이면 초고령사회(Super-Aged Society)로 구분한다. 현재 당면한 우리나라 노인 인구의 주요 특성 중 하나는 빠른 노인 인구 증가 속도와 노령화 속도에서 나타나는데 이는 곧 '압축적 고령화(The Compressed Aging)'가 일어난다는 것이다.

결과적으로 대부분 노환이나 신경인지장애(치매), 뇌혈관장애, 심혈관장애 등과 연관된 질환으로 인해 죽음을 맞이하게 된다. 이 과정에서 가정과 사회 그리고 국가 모두가 부담을 지게 되는데 문제는 임종기간이 길어지면서 발생되는 자원관리와 효율적인 인력관리가 이루어지지 못하고 있다는 점이다. 그중에서 가장 필요한 것이 이를 통합관리할 수 있으면서 임종과정의 종착지까지 환자와 그 가족을 도와 줄 임종의학전문가와 임종치유전문가(Thanatologist)의 역할이라고 본다.

임종기간 동안 임종의학전문가와 임종치유전문가(Thanatologist)는 호스피스 병동뿐만 아니라 가정과 사회에서도 그 역할이 중요하다. 임종을 앞둔 환자처럼 임종기에 도달하지 않은 노인이나 노인이 될 모든 사람들에게도 죽음준비교육이 필요하기 때문이다.

죽을 사람이 많아진다는 것은 그만큼 죽음에 대한 관리와 많은 인력이 필요하다는 의미이다. 환자와 가족 전체를 위한 올바른 교육과 방향을 제시하면서 불필요한 의료자원의 낭비와 비효율을 개선하고 불안을 줄이고 편안한 마음을 유지하게 하면서 통증을 관리하여 고귀한 죽음을 맞이하게 해야 한다.[7]

일반적인 치료의학보다는 임종의학이 필요한 가장 큰 이유는 한 번뿐인 죽음에 대해 본인도 아쉽고 원통하겠지만 남은 가족도 후회가 되는 일이 많기에 이를 위해 최대한 배려하고 마지막까지 잘 보내게 하는 것이 중요하기 때문이다. 그동안 치료의학의 발전으로 적극적인 의료개입이 크게 작용하여 자연스런 임종을 맞이하는 것이 사실

7 http://kosis.kr/search/search.do#.

어려웠다. 또한 이를 관리할 전문 의료진들도 없었고 교육을 받을 기회도 많지 않은 것이 현실이기에 종합적이고 체계적인 과정을 만들어 지속적으로 양질의 전문 인력을 배출해야 한다.

임종의학은 환자가 치료의 한계에 왔을 때나 적극적 치료를 포기한 경우에서부터 시작되고 의료서비스를 시행해야 하기에 죽음이 임박한 모든 환자가 대상이 된다. 죽음에 대하여 막연함보다는 현실적인 문제에 깊이 관여하면서 임종진단을 받는 순간, 임종기간, 임종 후의 모든 과정을 통합 관리해야 하기에 의료인으로서 의지와 신념도 중요하지만 환자의 몸과 마음의 고통을 나누고 마지막까지 지켜줄 수 있는 의료지식과 능력이 절대적으로 요구된다.[8]

## 09. 2030년에 세계 최고로 예상되는 우리나라의 기대수명

WHO의 발표에 의하면 2030년 우리나라 기대수명은 '女 90.8세·男 84.1세'로 남녀 모두 세계 최고의 장수국가가 될 것이라고 예상하고 있다. 이는 곧 초고령화사회 진입을 앞두고 노인문제가 크게 발생하면서 의료, 복지의 개선 필요와 이에 필요한 많은 비용을 감수해야 하므로 지금부터라도 철저한 준비가 요구되는 부분이다.

우리나라 국민들의 기대수명은 늘어나지만 건강수명은 기대수명과는 격차가 꽤 클 것으로 예상되고 있다. 한국의 건강수명은 기대수명보다 약 9년 적은 것으로 집계되고 있기 때문이다. 이처럼 기대수명이 늘어나는 대신 건강수명은 상대적으로 짧고, 급격히 늘어나는 노인을 돌볼 의료와 사회복지서비스는 여전히 부족하다는 지적이 나올 수밖에 없다. 하지만 정부로서는 이를 해결할 특별한 대책을 가지고 있는 것도 아니므

8 김달수, 『죽음학 스케치』, 인간사랑, 2018.

2030년 세계 기대수명 순위(단위: 세, 출처: WHO)

| 순위 | 여자 | 남자 |
|---|---|---|
| 1 | 한국(90.82) | 한국(84.07) |
| 2 | 프랑스(88.55) | 오스트리아(84.00) |
| 3 | 일본(88.41) | 스위스(83.95) |
| 4 | 스페인(88.07) | 캐나다(83.89) |
| 5 | 스위스(87.70) | 네덜란드(83.69) |
| 6 | 오스트리아(87.57) | 뉴질랜드(83.59) |
| 7 | 포르투갈(87.52) | 스페인(83.47) |
| 8 | 슬로베니아(87.42) | 아일랜드(83.22) |
| 9 | 이탈리아(87.28) | 노르웨이(83.16) |
| 10 | 캐나다(87.05) | 이탈리아(82.82) |

로 이런저런 미봉책들만 제시하고 있는 것도 사실이다.

출산율이 최하수준으로 떨어진 현재 부양해줄 생산인구의 감소는 더 심각한 문제를 가져오기에 결국 노인문제를 정부가 해결하기에는 한계가 있다. 좋은 제도가 나와도 소요되는 지출이 너무 커서 실효성이 의문시되므로 지금이라도 각 개인이 열심히 노후를 준비하는 것 외에 달리 대안이 있는 것도 아니라고 본다.

국내에서 시행한 노인 실태조사 결과 전체 노인의 89.5%가 만성질환을 앓고 있고 3개 이상의 만성질환을 지닌 노인이 절반을 넘어서는 등 노인건강 관리가 시급한 상황이지만 10명 중 9명의 만성질환자들 중에 주치의나 왕진 등 의료서비스 제도가 미흡한 것이 현실이다. 특히 최근 건강보험 보장성 강화 등으로 노인들의 병원 이용은 늘어나고 있지만 체계적이지 못한 점이 문제로 꼽힌다. 만성질환의 경우 외국과 달리 주치의 시스템이 없는데다 1~3차 병원이 의료전달체계를 무시하고 서로 경쟁하는 구조로 운영되다 보니 가장 가까이 있는 1차 병원 중심의 만성질환관리시스템이 취약한 것도 사실이다.

현재 의료제도 하에서는 거동이 힘든 허약한 노인들을 위한 방문관리 시스템도 제한적이다. 즉 왕진제도가 없기 때문에 의료서비스를 받지 못하는 경우가 대부분이다. 의료법에 따르면 의사는 일부 대상자에게 왕진서비스를 제공할 수 있지만 교통비 등을 환자가 지불해야 하고 수가에 산정되지 않는 항목이 많아 왕진제도가 활성화되지 못하고 있다. 이에 대한 대안으로 원격진료에 대한 논의가 있지만 원격진료 또한 국내 사정으로 보면 타당성이나 합리성이 결여되어 있고 오히려 환자관리의 혼선이 더 커질 수 있으므로 그 도입에는 특히 신중함이 요구된다.

주위에 노인케어, 노인복지센터 등의 노인요양센터가 많이 생겨 서비스를 하고 있지만 이런 시설의 증가보다 더 문제가 되는 것은 노인환자를 돌볼 주체인 간병인이나 요양보호사들의 인력자원 감소와 더불어 이들의 노령화도 현장에서 큰 어려움으로 작용하고 있다. 그러다보니 사적으로 간병인의 도움을 받는 경우 비용이 많이 들어 어려움은 더 커지고 있다. 과거 조선족 동포들의 인력으로 나름 운영이 되었지만 더 이상 조선족 동포의 유입이 있는 것도 아니고 또한 이들도 힘든 일을 기피하므로 모자라는 인력을 충당하기가 쉽지 않을 것이다. 물론 그 대안으로 외국인 노동자를 활용하는 방법도 있지만 현재 법적 문제와 문화 정서적인 문제 등 풀어야 할 과제가 무척 많다.

이런 공백을 해결하기 위한 서비스를 개발하고 시도하는 정부 입장에서도 그 효과를 크게 기대하는 것은 분명 아닐 것이다. 대부분 서비스가 노인환자들에 대한 단순 안부 확인에 그치는 경우도 있고 관리조직만 더 생겨 불필요한 운영비용만 증가하는 것도 사실이다.

앞으로 늘어나는 노인 인구를 보살필 돌봄서비스 공백이 크다는 문제를 해결해야 하는데 현재 노인돌봄종합, 노인돌봄기본, 재가노인지원서비스 등 노인을 대상으로 한 여러 돌봄서비스들이 제공되고 있지만 서비스 내용이 비슷하고 숙련되지 않아 미흡하다는 평가를 받고 있다. 그러므로 실제 노인환자를 직접 돌볼 인력은 없고 노인돌봄 기본서비스의 경우 단순한 행정인력만 늘어나고 있는 경우가 대부분이다.

또 다른 문제는 기존의 노인장기요양보험 시행과 민간 시장을 이용하려는 정책으로 영리기관들이 이미 돌봄 영역에 다수 진입해 있고 기존 제도를 잘 활용하지도 못하면서 정부에서 중복되고 추가되는 조직을 다시 만들다 보니 서로 경쟁적이 되거나 참여도가 현저히 떨어지는 결과가 나오고 있다. 예를 들면 기존의 인터넷 결제수단인 각종 인터넷 페이가 있는데 광역시나 정부에서 유사한 시스템을 만들어도 결과적으로 사용자가 없고 운영경비만 낭비하는 것처럼, 기존 제도를 무시하고 새 제도를 만드는 데 많은 비용과 인력낭비를 한다는 것이다.

현재 운영되고 있는 요양병원이나 요양원에 대한 평가 결과가 좋지 않고 환자관리에 크고 작은 문제들이 발생하고 있다. 실제 요양병원 가운데 30~40%가 5등급 중 4~5등급의 낮은 등급을 받고 있다. 이런 문제부터 개선하고 관리하는 것이 더 시급한 정책이라고 보지만 이에 대한 보완보다 새로운 시스템을 만드는 것에 더 관심 있어 보인다.

특히 2019년 말에 중국으로부터 들어와 대유행하는 코로나19로 인한 요양병원이나 요양원의 집단감염 사태를 통하여 내원환자의 수용과 관리에 대한 기존 시설기준이나 운영방식의 획기적 개선과 철저한 감염예방이 요구되기도 한다. 하지만 여기에 소요되는 재원이나 인력에 대한 부담은 매우 클 것으로 보인다.

노인을 대상으로 시행하는 방문간호서비스도 유명무실한 상황이다. 방문간호는 장기요양보험 중 유일한 보건의료서비스로 노인이 치매와 중풍 등 움직이기 힘든 질병을 앓고 있다는 점을 고려할 때 꼭 필요한 서비스로 꼽힌다. 재가노인의 병원 이용 횟수를 줄일 수 있고, 입원비용 등도 절약할 수 있는 긍정적인 효과가 있기 때문이다. 그러나 2018년 기준 간호사 인력은 전체 장기요양인력의 0.73%에 불과하다. 이는 이 제도가 그만큼 운영이 힘들고 관리하는 전문 의료인력 확보가 어렵다는 반증이기도 하다.

정부는 2018년 11월 '지역사회 통합 돌봄 기본계획(노인 커뮤니티케어)'을 발표하여 2019년 6월부터 대대적인 선도사업을 실시할 방침을 세웠다. 주 내용은 노인이 사는 집의 문턱을 제거하는 집수리와 왕진서비스 활성화 등이 핵심이고 재가서비스를 신설해 요양병원이 아닌 집에서 장기요양서비스를 이용할 수 있도록 하는 기반을 마련한다는 것이다.

문제는 정부가 바라는 대로 방문의료, 재가서비스 확대 등이 현실화되려면 해결해야 할 과제가 많은데, 현재 유사한 방문간호서비스가 이미 운영되는 곳에 유사한 커뮤니티케어를 활성화하려면 서로 충돌이 생길 것이다. 중앙정부와 지자체 간 협력, 의료와 복지체계 간 협력 등이 필요하지만 그보다 많은 비용 증가를 누가 감당할 것인지와 현재로서는 노인복지분야에 대부분 역할이 분리 중복되어 있으며, 이를 서로 연계할 시스템과 행정 인력이 아닌 현장에서의 실무 인력이 부족하기 때문이다.

또한 이미 공공의료분야보다 먼저 발전하고 확대된 장기요양기관에서 커뮤니티케어의 대대적 시행에 얼마나 참여할지도 과제이고, 공공을 기반으로 한 의료시스템이 취약한 상태에서 개인의료기관들이 서로 경쟁해 환자를 더 유치하려는 긴장과 대립의 관계로 지역사회 차원의 역할 분담과 시스템 구축이 어려울 것으로 예상된다. 이런 현실에서 관리자 수만 늘어나고 운영비용만 증가할 수 있는 지역사회 차원의 커뮤니티케어에 대하여 기대와 우려가 있기에 좀 더 깊은 논의가 요구된다.

## 10. 2029년부터 총인구 감소 전망 예상

국내 인구 변화에 대해 통계청이 2019년 3월에 공개한 '장래인구특별추계: 2017~2067년' 자료를 보면 출생, 사망, 국제이동 등의 양상에 따라 미래 인구 변화를 30가지 시나리오로 적용하여 인구 변화를 추정한 결과 중위 추계 예상의 경우 총인구(7월 1일 기준, 이하 동일)는 2028년 5천194만 명으로 정점을 찍고서 2029년부터 감소하기 시작한다고 하였다.

중위 추계라는 것은 인구 변화에 영향을 주는 출산율, 기대수명, 국제순이동이 중간 수준을 유지할 것이라는 가정을 토대로 작성됐으며 30가지 시나리오 중 인구 변화의 현 추세에 가장 적합하다고 보는 예측치이다.

〈총인구 및 인구성장률, 1960~2067년〉

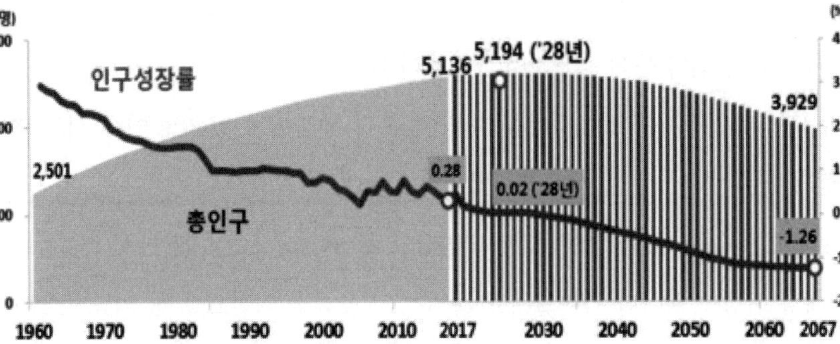


출처: 통계청 연령계층별 인구 구조, 1960년~2067년 중위 추계

이번에 발표된 중위 추계에 따르면 국내 총인구는 2017년 5천136만 명인데 2067년에는 3천929만 명으로 줄어든다. 즉 1982년 총인구 수준으로 축소되는 것이다. 이는 최근 출산율이 급격하게 떨어지면서 인구 전망이 3년 정도 앞당겨지면서 더 줄어든 것이다.

〈출생아수 및 사망자수, 1985~2067년〉

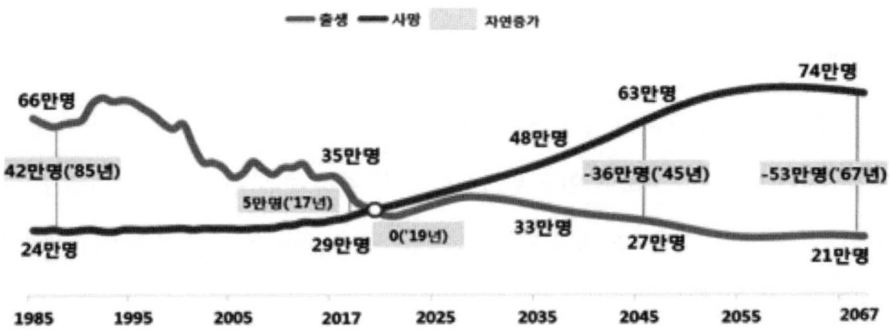


출처: 통계청 연령계층별 인구 구조, 1960년~2067년 중위 추계

즉 인구의 국제이동을 제외하고 사망자와 출생아 숫자만 보면 2019년부터 인구 자연감소가 시작된다. 매년 7월부터 다음 해 6월을 기준으로 조사된 인구 변동에서도

2017년 35만 명이던 출생아 수는 2019년에 31만 명, 2067년에는 21만 명 수준으로 감소할 것으로 예상된다.

또한 사망자도 꾸준히 늘어나 2017년 29만 명, 2019년 31만 명, 2067년에는 74만 명 정도로 전망된다. 이는 노인 인구의 절대수가 증가하기에 생기는 현상이기도 하다. 이대로 가면 2067년이면 사망자 수가 출생아의 약 3.5배가 된다.

이를 보완하기 위해 이민 유입 등으로 총인구 감소 속도를 늦출 수는 있지만 그에 따른 사회적인 부작용이 예상되고 효과는 제한적이다. 국제이동에 따른 인구증가 폭은 2017년에는 19만 명 수준인데 점차 줄어 2028년 이후는 4만 명 수준으로 예상된다. 경제활동인구의 추계를 보면 15~64세 '생산연령인구'는 2017년에 총인구의 73.2%인데 2067년에는 45.4%로 전체 인구의 절반에 못 미칠 전망이다. 이를 인구수로 보면 생산연령인구는 2017년 3천757만 명인데 10년간 250만 명이 줄고 2067년에는 1천784만 명 수준으로 축소될 것으로 예상된다.

이런 추세라면 기존 예상치를 다시 수정하여 65세 이상 고령 인구 비율은 13.8%에서 46.5%로 상승하고 14세 이하 유소년인구 비율은 13.1%에서 8.1%로 떨어지게 된다. 더욱 문제가 되는 것은 전체 인구를 연령순으로 나열할 때 한가운데 있는 사람의 나이인 중위 연령은 2017년 42.0세인데 2031년 50세를 넘기고, 2067년에는 62.2세까지 상승할 것이다.

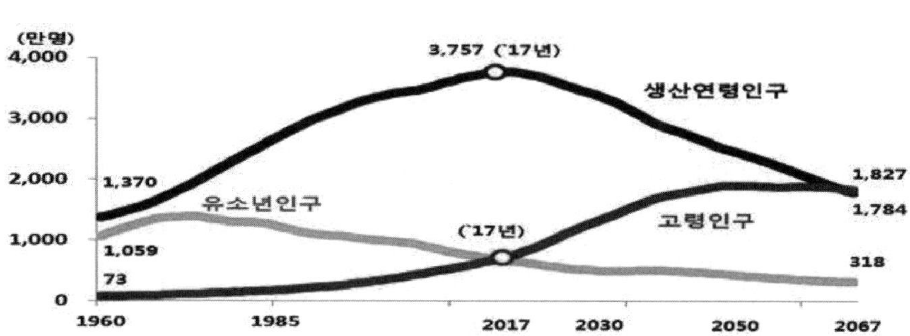


출처: 통계청 연령계층별 인구 구조, 1960년~2067년 중위 추계

이는 결국 생산연령인구의 부양 부담으로 작용하게 된다. 생산연령인구 100명이 부양할 인구인 총부양비는 2017년 36.7명에서 꾸준히 상승해 2067년 120.2명이 된다. 정책을 세우는 입장에서도 유소년 부양비는 유소년인구와 생산연령인구가 동시에 감소하므로 2017년(17.9명)과 2067년(17.8명)이 별 차이가 없으나 노년 부양비는 2067년(102.4명)에 2017년(18.8명)의 약 5.5배로 확대해야 한다는 것을 감안하여 정책을 세워야 한다. 비록 총부양비는 2017년 경제협력개발기구(OECD) 국가 중 최저 수준이지만 2065년에는 가장 높아지기 때문이다.

더욱 걱정되는 부분은 중위 추계 예상을 넘어서 출산율, 기대수명, 국제순이동 등 3요소가 낮은 수준이라고 가정한 저위 추계 예상의 경우 2019년(5천165만 명)에 총인구가 정점에 달하고 매년 감소해 2067년에는 3천365만 명(1972년 수준)까지 줄어들어 더 심각한 문제가 발생할 수도 있다.

## 11. 환자 간병관리보다 더 힘든 간병비용 문제

장기노인환자의 경우 간병에 필요한 요양보호사나 간병인의 도움이 필요한 경우가 많다. 이는 모든 돌봄을 병원에서 간호 인력이 해줄 수는 없기 때문이고, 포괄간호서비스를 일부 시행하기도 하지만 대부분 운영에 어려움이 커서 실효성에 의문이 많아지고 있다.

정부는 2015년 1월부터 포괄간호서비스에 대해 건강보험을 적용하는 시범사업이 시행되면서, 간호사가 간병을 맡는 '보호자 없는 병원' 포괄간호서비스 사업을 시작했지만 현장에서는 간호 인력 부족 탓에, 현재 가족 돌봄이 필요 없는 병상은 전체의 13%에 그치고 있다.

물론 통합 간호 간병통합서비스를 받으면 일반 간병비의 1/10정도인 하루 1만4천원 정도의 본인 부담 비용이 소요되므로 보호자의 입장에서는 경제적으로 부담이 줄고 외부인의 출입이 차단되어 감염예방에 도움이 되고 서비스 질이 평준화되어 관리가 용이하다.

그러나 문제는 간호업무의 부담 증가인데 환자뿐만 아니라 보호자와의 접촉이 많아져 시간 낭비가 크고 환자들이나 보호자의 규정 이외의 서비스 요구에 대해 불만과 갈등이 발생하여 실무에서 일하는 간호 인력들이 기피를 하는 경우가 많다. 최근 중소병원을 시작으로 포괄간호서비스 시행에 따라 필요한 인력을 확보하기 위해서 간호사와 간호조무사 채용에 나섰지만 구인난을 겪고 있는 것이 사실이다. 특히 3교대에 따른 야간근무의 회피는 더욱 전문 인력의 유입을 막고 있으며 환자와 보호자들의 잔심부름 요구가 많고 규정 외 요구가 커지므로 이들이 받는 정신적인 스트레스 또한 근무를 기피하게 하는 요인이 되기도 한다. 병원 관리 측면에서도 환자들의 높은 보상심리, 재원기간 중 낙상이나 부주의에 의한 사고 시 병원의 부담 증가 등 한계점도 존재한다.

그러다보니 아직도 개인 간병인의 도움을 많이 받는데 간병 인력을 구하는 것도 힘들지만 그에 따른 비용 또한 매우 많이 들어 보호자들을 더 힘들게 한다. 비용이 급증하면서 결국 가족들이 대신 간병을 하는 경우가 늘고 있고 이런저런 문제로 간병이 필요한 노인 중 90%는 가족이 돌보고 있다.

간병을 하는 가족은 직장이나 생계를 포기하고 간병에 몰두해야 하므로 생활이 더 어려워지고 심신이 지쳐 몸과 마음 모두가 황폐화될 수 있다. 특히 경제적인 압박은 빚으로 남겨지고 간병이 끝나도 그 후유증이 오래 가다보니 말기질환자나 암환자를 간병하는 가족들의 삶의 질 점수는 100점 만점 기준 41점에 그치기도 하였다.

이런 어려움으로 인해서 일부에서는 노인에 대한 정부의 복지 정책으로 지급하는 기초연금보다도 이런 간병비를 전액 지원해주는 것이 노인이나 그 가족에게 실질적으로 큰 도움이 될 것이라는 말도 설득력이 있는 것 같다. 장기간 노인 간병을 하다보면 가족들 간에 우호 관계도 무너지고 서로 단절하는 경우도 생기는 것을 보면 그 누구도 간병에는 대안이 없다고 본다.

그 대안으로 회복이 어려운 일부 뇌사자나 무의미한 생존 치료로 연명하는 사람들에 대한 안락사에 대한 공감이 점차 커지고 있는 것도 사실이고, 포괄간호서비스의 확대도 필요하다. 하지만 이런 일도 사람의 노동력이 필요한 것이고 일을 시키기 위해서는 비용이 들어가므로 포괄간호서비스로 모든 것을 해결하지는 못할 것이다. 그래서 필요인력을 외국 간병 인력으로 충원해야 할 것을 고려한다거나 불필요하고 실효성 떨어지는 생색내기 노인복지비의 지출을 정리하여 정말 필요한 부분에 사용해야 하는 정부의 노력이 더 요구되는 대목이기도 하다.

2019년도 평균 간병비가 월 250만 원이 넘고 중증환자의 경우 350만 원에서 450만 원이 넘어가는 현실에서 숙련된 간병인의 구인난과 간병비의 상승에 따른 악순환은 더 커질 것이고 열악한 간병환경으로 인해 개인은 물론 사회적인 부담이나 갈등을 잘 해결하기 위해 대안을 찾아야 할 것이다.

## 12. 국가장례보험의 필요성

대부분 상급병원에서 죽음을 맞이하는 현실에서 환자의 상태가 급격히 악화된 경우에는 중환자실에서 사망하지만 만성질환이나 중증 암환자의 경우에는 일반병실에서 죽음을 맞이하거나 간호사들의 처치실 같은 임시장소에서 죽음을 맞이하게 된다. 물론 1인실을 사용하거나 병원에서 1인실을 배려하는 경우에는 가족들이 임종을 함께 할 수는 있지만 이는 많은 비용을 감수해야 하는 어려움이 있다.

아직 종합병원 이상에서 임종실이나 임종 직전의 환자를 수용할 특별한 공간이 거의 없기에 죽음 앞에서도 환자와 가족 모두 매우 어려움을 겪으면서 이별을 하게 된다. 말기 암환자들만 머물 수 있는 호스피스 전문기관의 임종실(1인실)에 대해 4일 동안 건보료가 적용되므로 나름 큰 도움이 되지만 일반병원에서 죽음을 맞이하는 대부분의 임종환자는 이런 혜택을 받지 못하는 것도 현실이다.

임종환자들이 지내는 다인실(6인실) 같은 병실에서 맞이하는 임종의 마지막 과정에서 발생하는 가족들의 절규와 마지막 시술을 할 때의 급박한 상황들, 이 모든 상황들을 다인실 환자나 그 보호자도 함께 겪어야 하는 경우가 있으므로 이는 매우 큰 충격일 수도 있다. 또한 사망선고가 내려져도 경우에 따라 한동안 시신과 지내야 하는 경우 그 피해는 주위 환자와 가족들에게 돌아와 어려움이 될 수 있다. 또한 고인의 가족들도 마음껏 애도할 수도 없거니와 죽음을 편히 보내는 행동에 제한이 생겨 마음의 상처가 생길 수도 있다. 이런 상황이 기존 병실 내에서 언제든지 발생하는 현실에서 편히 죽음을 맞이할 수 있는 임종실(영면실)의 운영과 의료보험 혜택은 매우 절실한 문제이므로 정부나 병원이 조금만 신경을 쓰면 해결할 수 있는 문제라고 본다. 이런 임종실(영면실) 시설은 너무 클 필요도 없고, 치료시설이나 장비가 없어도 되며 단지 위생처리가 가능한 정도의 시설만 준비하고, 2인실 규모에 임종환자의 침대가 중심이 되고 의자 몇 개 그리고 간단한 종교행사를 위한 제단 정도가 준비되면 가능하므로 시설투자는 부담이 없다고 본다.

앞으로 이를 개선하려는 정부의 노력이 있기에 기대가 되지만 결국 이런 제도를 시행하는 것에도 비용이 많이 들어가므로 현재의 의료보험 체계에서 경증환자에 대해선 본인 부담금을 높이고, 중증질환에 대한 본인 부담금을 낮추는 방안이나 임종에 따르는 보험 적용 영역을 넓히는 것이 절실하다고 본다.

이런 제도개선과 더불어 사후에 발생하는 장례절차에 따른 부담을 줄여주는 국가장례보험제도가 도입되기를 바란다. 현재 기초수급자와 국가유공자는 화장장을 이용할 때 무료로 화장을 진행하게 하거나 거주지 지자체에서 봉안시설 이용료를 감면받을 수 있다. 또한 기초수급자, 무연고자 및 의사상자가 사망하면 장례조치를 위해 '장제급여'를 75만 원정도 지급한다. 하지만 모든 사람들이 혜택을 받는 것도 아니고 평소 건강보험에 가입을 한 경우 살아있는 동안만 의료혜택을 받는 것은 뭔가 부족한 면이 크며 죽음 또한 의료의 한 축으로 보아야 하고 의료의 마지막 범위를 장례까지로 확대해야 올바른 의료복지정책이라고 볼 수 있어 죽음의 마지막까지 국가가 책임을 지는 제도가 요구된다.

장례비용의 최소항목을 설정하고 의료보험에서 적절한 장례를 치를 수 있는 비용부담을 정해서 장례를 치르게 하고 자신의 소득수준에 맞는 장례행사를 원하면 그에 따른 일부 추가비용을 비급여 항목처럼 개인 부담으로 하면 재정적으로 크게 무리가 없을 것으로 보인다. 비록 살아서는 불평등한 생이었을지라도 죽어서는 장례 과정에서 최소한 국민으로서의 예우를 받게 하는 것은 죽음에 대한 존엄인식이라 할 수 있다.

# 제3장

# 죽음과 심리학적 관점

## 01. 연령에 따른 죽음심리

죽음을 의식하고 이해하는 데 연령에 따른 차이가 있어 이에 맞는 수준으로 죽음을 알리거나 죽음교육을 할 때 죽음을 받아들이는 태도도 중요한 지표가 된다. 헝가리의 나기(M. Nagy, 1948)는 어린이들이 3단계를 거쳐 죽음의 본질을 이해한다고 주장하였다.[1]

1단계는 3~4세로, 죽음은 누구에게나 다 있는 마지막 과정이라는 것에 대해 부정이 가장 강한 때이므로 죽음을 하나의 출발로 보고, 죽은 사람은 앞으로 계속해 다른 환경 속에서 더 생존하는 것으로 여긴다. 즉 죽은 사람은 산 사람처럼 어딘가에 생명력이 있을 거라 생각하는 것이다.

2단계는 5~9세로, 죽음을 사람으로 형상화하여 '죽음이라는 사람'이 데려가는 사람만 죽는다고 보고 죽음과 죽음의 사자(死者)를 동일시한다.

3단계는 9~10세로, 비로소 죽음을 성인처럼 이해하고 사람은 누구나 죽고 한 번 죽으면 돌아오지 않는다는 것을 알게 된다.

소년기에는 좌절과 피해의식이 강하고 청년기에는 자기애적 상실로 받아들여 자신의 미래에 대한 아쉬움이 크게 작용한다. 중년기에는 죽음 그 자체보다 가족이나 자녀들의 미래에 대한 걱정이 더 크게 작용한다.

노인이 되면 죽음을 보는 의미가 매우 다양해진다. 이는 살아온 환경과 교육수준 그리고 자신의 가치관에 영향을 받기 때문인데 주위에 죽어가는 사람들이 있어도 죽음

---

1 Maria Nagy, "The child's theories concerning death." *The Pedagogical Seminary and Journal of Genetic Psychology*, 73, 3–27, 1948.

을 자신의 일로 직접 받아들이는 것은 쉽지 않다. 하지만 죽음이 임박해지면 주로 죽음을 부정하거나 억울해하기도 하지만 결국 운명적으로 받아들인다. 많은 노인들은 죽음 앞에서 인생의 회고와 역사적 의미를 찾고자 하며 삶을 정리하려고 하지만 대부분은 그럴 기회를 놓치고 후회하면서 죽게 된다.

## 02. 연령에 따른 죽음에 대한 발달론

죽음에 대한 태도와 가치는 사람들의 연령에 따라 다양하게 나타나며 죽음을 맞이하는 태도나 경험 또한 연령에 따라 변화한다. 이런 죽음에 대한 태도는 문화, 가족 가치, 인지적 또는 정서적 성숙도와 관련이 있다.[2] 그러므로 아동기, 청년기, 성년기, 노년기로 구분해 심리사회적인 상황을 통해 발달단계를 알아보면 이들의 죽음에 대한 인식이나 대처의 차이를 쉽게 이해할 수 있다.

### 1. 아동기의 죽음에 대한 발달과제

아이들은 어른의 축소판이 결코 아니며 독립적인 인격체로 생애주기에 중요한 시기라고 본다. 아동기를 세분하면 영아기, 유아기, 유희기, 학동기로 구분하며, 대략 만 12세까지를 아동기라고 한다.[3]

3~5세 이하의 아동은 죽음을 잘 이해하지 못하며 죽음이 자신에게 어떤 영향을 주는지 모른다. 대부분 잠을 잔다고 하거나 어디 갔다가 곧 다시 돌아온다고 생각한다. 4

2 R. J. Kastenbaum, "Death and Dying: A Life-Span Approach," In J. E. Birren & K. W. Schaie, *Handbook of the Psychology of Aging (2nd edition)*, Van Nostrand Reinhold, 1985.

3 E. H. Erikson, *The life cycle completed*, W. W. Norton & Company, 1997.

세 이상의 아동 중에는 무덤을 죽은 사람들이 사는 곳으로 인식하기도 하는데 어느 정도 인지능력이 있는 아동의 경우에는 죽음의 의미를 설명해줘야 오해나 갈등, 잘못된 상상의 인식에서 벗어날 수가 있다. 이 시기에는 노인만 죽는다고 생각하기도 하고 죽으면 좋아하는 사람과 분리될 수 있다는 불안감이 커지며 특히 타인의 죽음이 자신의 잘못이나 책임이라고 믿을 수 있기 때문에 죄책감을 주면 안 된다.

5~9세 아동은 죽음을 나쁜 사람이나 도깨비 또는 귀신이 데리고 가는 것이라고 생각한다. 조금 성장하면 죽은 사람들은 다른 세상에 여행을 갔거나 어딘가 다른 곳에서 살아 있다고 여기기도 한다. 또한 죽음이 마지막이라는 것을 인식하면서 주위 친구 중에 부모가 죽은 경우 그 친구와 어울리지 않으려고 하며 자신은 죽지 않을 것이라고 생각한다.

9~12세 아동은 죽음에 대해 명확히 이해를 하며 성인과 동일하게 슬픔을 느끼기도 한다. 이 시기부터 가족이나 부모의 죽음을 결정적이고 어쩔 수 없는 과정이라고 의식한다. 하지만 이별에 대한 불안감과 격리에 대한 두려움이 커지기도 하고, 자신이 죄책감에 빠지기 쉬우므로 이를 잘 설명하고 죽은 사람 대신에 누군가 함께 있다는 확신을 주어야 한다. 이때부터 누구나 언젠가는 죽는다는 보편성을 알게 되고 죽음에 대한 호기심으로 공포영화나 책을 찾아보기도 한다. 이 시기 아동들에게는 죽음에 대하여 공개적으로 설명하여 이해를 시킬 필요가 있고 가까운 사람이 죽더라도 이러한 환경 변화와 관계없이 누군가로부터 사랑을 받고 돌봄을 받는다는 확신을 주어야 한다.[4]

## 2. 청소년기와 성년 초기의 죽음에 대한 발달과제

이 시기에 처음 죽음을 접하는 경우는 조부모의 죽음일 것이다. 10세 이상이 되면 죽음을 의미 있게 받아들이고 죽음은 피할 수 없고 육체적 삶의 마지막이라고 인식하며, 가족들이 죽음을 대처하는 것을 보고 위기대응 능력을 배우게 된다. 이때 이별이나

4 서혜경, 『노인 죽음학개론』, 경춘사, 2009.

상실을 통해 자아 성장의 가치가 주어지기도 한다. 일반적으로 청소년기와 성인 초기에는 죽음에 대하여 가장 두려워하는 시기이며 자신의 죽음에 대해서는 부정하고 죽음에 대한 문제를 회피하고자 희화화하고 무시하지만 그래도 죽음에 대한 걱정을 많이 하는 시기이다.

## 3. 장년기의 죽음에 대한 발달과제

이 시기에는 남녀 대부분이 자기의 인생을 되돌아보고 남은 인생이 얼마나 될까에 대해 생각해보고 노후 준비나 생존해 있는 노부모에 대한 간병이나 임종기에 대해 복잡한 문제에 직면하기도 한다. 이 시기에 다양한 죽음을 경험하는데 그에 따른 상실과 비탄을 경험하기도 하고 자신의 건강에도 걱정이 많아지는 시기이기도 하다. 즉 이 시기가 죽음에 따른 현실적인 문제해결이나 준비를 하는 시기이므로 더욱 절실하게 죽음의 문제를 받아들여야 하지만 오히려 죽음의 두려움을 벗어나기 위해서 잊으려 하거나 부정하고 회피하기도 한다. 죽음에 대한 두려움은 45~49세에 가장 강하며 70~74세에 가장 낮다고 한다.[5]

## 4. 노년기의 죽음에 대한 발달과제

다양한 죽음을 경험하고 참여하지만 간혹 죽음에 대해 심각한 두려움을 갖는 경우도 있다. 대부분 죽음에 대해 많이 생각하지만 더 두려워하지는 않는다. 이 시기에는 자신을 둘러싼 환경에 의해 죽게 될 구체적인 맥락과 상황에 대해 많은 관심을 가지며, 죽음의 과정에 대해 구체적인 관심을 가지는 경향이 있다.[6] 물론 지속적인 불안은 있지만 죽음에 대응하는 용기도 있으며 이런 과정에서 죽음의 불멸성과 사멸성에 대해 갈

5 Victor G. Cicirelli, "Fear of Death in Mid–Old Age," *The Journals of Gerontology*: Series B, Volume 61, Issue 2, 1 March 2006, pp. 75–81, https://doi.org/10.1093/geronb/61.2.P75.

6 R. J. Kastenbaum, "Death and Dying: A Life–Span Approach," In J. E. Birren & K. W. Schaie, *Handbook of the Psychology of Aging (2nd edition)*, Van Nostrand Reinhold, 1985.

등을 경험하기도 한다.[7]

불멸성(Immortality)은 죽어서도 영혼이 계속 존재한다는 생각으로 초월적이거나 종교적으로 또는 사후에 대한 믿음을 가지고 새로운 형태로 다시 태어나거나 연속성을 유지하려는 경우이다.

사멸성(Extinction)은 죽음 뒤에 아무것도 없다는 두려움으로 생기는데, 노년에는 짧은 시간 동안에도 가족, 친지 등의 죽음을 자주 경험하면서 죽음을 더 생각하지만 죽음이 끝이라는 사멸성에 대해 개인에 따라 긍정적으로 받아들이는 경우도 있다. 그러나 죽음 수용을 예측할 수 있는 더 좋은 변인으로 연령보다는 개인의 죽음에 대한 과거의 경험적 요인이 더 중요하다.[8]

## 03. 임종환자의 죽음에 대한 심리적 반응

사람들은 나이가 들고 자신의 여명이 얼마 남지 않았다고 해도 다가올 죽음을 미리 생각하지 않으려 한다. 그러다 갑자기 6개월 이내로 좁혀진 죽음의 선고를 받으면 매우 당황하고 절망을 느끼지만 이 또한 시간이 조금 지나면 다양한 심리적 변화를 겪으면서 새롭게 적응을 한다.

사람들이 어떻게 죽음에 대처하는지에 대한 이론으로 가장 널리 인용되는 것은 엘리자베스 퀴블로 로스의 심리적 죽음 5단계이다. 이는 독창적인 견해는 아니고 실업, 유산, 혹은 절도에 의한 상실 등 여러 가지 잃어버리는 경험을 응용한 것이지만 전문적인 죽음교육과 상담에 대해 관심을 집중시키는 역할을 하였다.

---

7 서혜경, 『노인 죽음학개론』, 경춘사, 2009.

8 R. J. Kastenbaum, *Encyclopedia of adult development*, Oryx Press, 1993.

### ◐ 엘리자베스 퀴블러 로스의 심리적 죽음 5단계

이런 일정한 심리적 과정을 연구한 엘리자베스 퀴블러 로스 박사는『죽음의 순간』(*On Death & Dying*, 1969)이라는 저서에서 임종을 맞이한 사람들에게 공통적으로 나타나는 심리학적 반응을 5가지로 열거하였다. 그녀는 ① 부정과 고립, ② 분노, ③ 타협, ④ 우울, ⑤ 수용 단계로 나누어 죽음을 어떻게 이해하고 받아들이는지를 기술하였는데, 이 단계는 순서대로 겪는 경우가 많지만 단계를 건너뛰거나 반복하기도 하여 죽음에 이르면서 인격적으로 성숙해가는 과정을 거친다.[9]

- 1단계는 부정(Denial)과 고립(Isolation)으로 자신이 죽어야만 한다는 사실을 부정하고 자신의 질환에 대해 의사의 오진이라고 생각하려 하며 자신만의 세계에 갇혀 버리는 경향이 있다. 부정은 충격과 같은 것이며 하나의 전환적 방어로서 이는 돌연사에 직면하게 된 경우에 생기는 일종의 방어 작용이다.

- 2단계는 분노(Anger) 상태로 '내가 왜 지금 죽어야만 하는가?'라는 물음이 분노와 함께 분출된다. 이 분노는 자주 환자들의 주변 가족이나 의사, 간호사에게 향한다. 이것은 '나는 살아 있다.'라는 마지막 자기주장이며, 의지할 곳 없는 불합리한 감정의 표현이기도 하다. 이 단계에서 이성적인 소통은 곤란하지만 주위 사람들은 환자를 피하거나 같이 화내지 말고 인내심을 갖고 대응해야 한다.

- 3단계는 타협(Bargaining) 상태로 가까이 있는 의료진이나 가족, 혹은 자신의 운명을 쥐고 있는 신과 대화를 통해 기간연장을 거래하는 것으로 가까이에 와 있는 죽음을 조금이라도 연장해 보려고 노력한다. 예를 들어 "딸 결혼식에 출석하

---

9 Elisabeth Kübler-Ross, *On Death & Dying*, Simon & Schuster, 1969.

고 싶으니 무사히 끝날 때까지 살게 해주십시오. 그 대신에 고통스러운 치료도 이겨내도록 하겠습니다. 매일 기도하겠습니다."라며 의사나 신에게 기원하기도 한다. 이 단계는 짧지만 환자가 타자에 대해 가장 개방적이고 협조적인 시기이며 이성적인 소통도 가능하다. 케어를 담당하는 사람은 이 기회에 환자 자신이 인생을 되돌아보고 '인생의 반성과 점검' 혹은 '인생의 마무리'를 할 수 있도록 도와주는 것이 바람직하다.

- 4단계는 우울상태(Depression)로 먼저 병 때문에 잃게 된 대상에 대해 탄식하는 '우울반응' 현상이 일어나고 마침내 모든 것이 사라진다는 것을 자각하면서 수용단계를 준비하는 '준비우울'로 이행된다. '우울반응' 시기에는 환자가 자존심을 회복할 수 있도록 격려하는 것이 중요하지만 '준비우울' 상태로 들어가면 슬픔에 빠지지 않도록 격려하는 것이 오히려 역효과를 낳는다. 이 시기의 환자에게는 묵묵히 옆에 앉아 손을 잡고 슬픔을 같이 나누는 돌봄(care)이 위안이 된다.

- 5단계는 수용(Acceptance) 과정으로 환자는 피할 수 없는 자신의 운명을 평온한 마음으로 받아들이게 되고, 주위 사람에 대해서도 점점 무관심하게 된다. 환자가 이 단계에 들어서면 오히려 가족들이 사랑하는 사람의 죽음을 받아들이지 못하고 불안해하거나 혼란 상태에 빠지는 경우가 있기 때문에 의료관계자는 환자 가족의 배려에도 신경을 쓸 필요가 있다. 엘리자베스 퀴블러 로스는 이 단계를 긴 여행을 떠나기 전 그리고 투쟁의 끝에 이르기 전까지의 마지막 단계로 묘사한다.

여기에 일본의 사생학자인 알폰스 디켄(Alfons Deeken, 1932– ) 교수는 엘리자베스 퀴블러 로스의 5단계 과정에 기대와 희망이라는 단계를 하나 더 추가해 발표하였다.[10]

10 알폰스 디켄, 전성곤 역, 『인문학으로서의 죽음교육』, 인간사랑. 2008, pp. 37–43.

- 6단계는 기대와 희망(Expectation and Hope)으로 기독교 신자처럼 사후의 영생을 믿는 사람의 경우에는 수용단계에 머물지 않고 천국에서 사랑하는 사람과 재회한다는 기대와 영원한 미래에 대해 밝은 희망의 모습을 보이는 경우가 많다. 과거 서구에서 이러한 사람들이 많이 있었지만 최근에는 점차 무신론적인 젊은 세대가 많아지고 있다. 그러나 사후 생명에 대한 희망은 생과 사의 의의를 해명하기 위해서라도 중요한 열쇠라고 생각한다. 주위 사람들도 말기 환자가 갖는 여러 가지 정신적인 요구(Spiritual Need)를 잘 이해하고 공감을 표시하면서 함께 호응해야 한다.

퀴블러 로스의 죽음 과정 5단계는 죽음을 맞이하는 사람들이 절망적인 경험을 하지만 많은 사람들의 경우에는 의외로 기대와 희망을 찾으면서 나름 죽음을 잘 극복한다는 주장이다. 정신분석학자 칼 융(Carl Gustav Jung, 1875–1961)은 '실제로 사후세계가 있는지 없는지 알 수 없지만 죽음에서 어떤 의미나 목적을 발견한다는 것은 노년기에 특히 중요한 과제이고 종교가 인간에게 내세에 대한 희망을 심어줌으로써 실제로는 사후보다 현세의 의미를 더욱 깊게 제공해주고 주어진 일에 더 열중하게 한다.'[11]고 하였다. 이는 자신의 삶에 대한 마지막 회고의 시기에 얼마나 열심히 그리고 성실히 살았느냐에 따라서 죽음에 대해 긍정적인 수용을 보여준다고 할 수 있다.

하지만 이 이론을 비판하는 사람들은 임상에서 위의 5단계를 모두 거친다는 독자적인 확신을 제공할 수 있는 사람은 아무도 없다고[12] 주장한다. 사실 이러한 단계들은 경험적으로 검증되고 있지 못하는 단점이 있다. 이런 단계가 모든 사람들에게 연속적으

11 신면경, "노인의 죽음에 대한 불안과 사회적 지지와의 관계," 부산대학교 사회복지학과 석사논문, 2001.

12 R. J. Kastenbaum, "Death and Dying: A Life–Span Approach," In J. E. Birren & K. W. Schaie (2nd edition), *Handbook of the Psychology of Aging*, Van Nostrand Reinhold, 1985.

로 일어나는지 아니면 개인적인 차이가 있는지에 대한 검증이 어렵다는 것이다. 즉 5가지 단계를 구분하기 어렵고 죽음에 임박한 사람들의 현실을 규정하는 경향이 크거나, 단 하나의 단계, 예를 들면 우울 혹은 부정의 단계가 죽음 경험의 전부를 지배하기도 하며, 반면에 일부 학자들은 죽어가는 환자들 사이에서 둘 혹은 세 가지 단계가 동시에 나타난다는 사실을 발견하기도 하였다.[13] 당시 퀴블러 로스는 통계적 평가 없이 인터뷰한 데이터를 주로 사용하였는데 젊은이나 중년의 대상자들은 분노 타협 그리고 우울의 경험이 다른 노인 대상자보다 더 빈번한 대처반응으로 나타났던 것이다.

죽음의 심리적 반응에 대해서 퀴블러 로스의 죽음의 5단계 이후 다양한 연구가 진행되었으며 이중 로버트 버크만(Robert Buckman, 1948–2011)의 이론과 패티슨(E. Mansell Pattison)의 이론이 많이 거론되고 있다.

### ◐ 로버트 버크만(Robert Buckman, 1993)의 이론

캐나다 토론토대학의 종양학 의사인 로버트 버크만은 퀴블러 로스의 죽음의 5단계 과정을 비판하면서 죽음의 3단계 가설을 제안하였다.[14] 앞에 언급한 퀴블러 로스는 개인의 특성을 고려하지 않고 정해진 규칙을 따라 심리 변화를 제안하였다는 것이 버크만의 비판이다. 죽음 앞에서 임종에 직면한다는 것은 또 다른 커다란 스트레스에 직면하는 것이며 지금껏 스트레스에 대응했던 방법으로 죽음이라는 스트레스를 환자에게 적용한다는 것이다.

이는 기존의 단계별로 나타나는 죽음에 대한 반응은 기계적인 현상이 아니며 다양한 심리적 반응의 총합으로 행동 양상이 나타난다는 것인데 특히 퀴블러 로스의 가설

13 R. Kalish, "The Social Cotext of Death and Dying," In R. H. Binstock & E. Shams (Eds.), *Handbook of Aging and the Social Sciences 2nd Ed.*, Van Nostrand Reinhold, 1985.

14 Robert Buckman, *I Don't Know What to Say...: How to Help and Support Someone Who Is Dying*, 1992. 로버트 버크만, 모현 호스피스 옮김, 『무슨 말을 하면 좋을까』, 성바오로출판사, 2003.

에는 임상 현장에서 흔히 관찰되는 불안, 좌절, 죄책감, 희망, 유머와 같은 정신적 방어 기제에 대한 설명이 누락되었음을 지적한 것이다.

사람은 죽음에 대한 위협을 느낄 때 다양한 감정적 반응이 뒤섞이는 혼란스러운 초기 단계를 극복해야만 두 번째 단계인 만성적 질환 상태로 접어들 수 있다고 한다. 따라서 개인의 성격 특성 등에 의해 두 번째 단계는 나타날 수도 나타나지 않을 수도 있다. 그리고 세 번째 단계에서는 죽음을 수용하고 심리적 동요가 적은 상태에 진입한다고 하였다.

<table>
<tr><td>초기 단계</td><td colspan="3">개인의 성격적 특성과 관련되는 심리적 특성의 조합이 표현됨<br>(예: 공포, 불안, 쇼크, 불신, 분노, 부인, 죄책감, 유머, 희망, 절망, 협상 등)</td></tr>
<tr><td rowspan="3">만성 단계</td><td rowspan="3">질병을 받아들이는 단계</td><td>첫째</td><td>초기 단계에서 나타났던 심리적 스트레스가 해결되면서 개인적 성격 특성과 관련된 심리적 특성의 표현이 감소됨</td></tr>
<tr><td>둘째</td><td>심리적 동요가 감소됨</td></tr>
<tr><td>셋째</td><td>우울증이 매우 흔하게 관찰됨</td></tr>
</table>

### ◐ 패티슨(E. Mansell Pattison 1977)의 이론

패티슨(E. Mansell Pattison, 1933–1989)은 삶에서 죽음에 이르는 단계는 기존의 삶의 궤적과는 다른 반응을 보인다고 주장한다. 자신이 죽을 수 있다는 사실을 알게 되는 순간부터(Crisis of The Knowledge of Death) 시작하여 마지막 죽음의 순간(Point of Death) 사이에 만성적인 삶과 죽음의 기간(Living–Dying Interval)이 있다고 그의 저서 *The Experience of Dying*에서 주장하였다.[15]

이때 의료진의 임무는 죽음에 대한 정보를 알게 된 환자가 통합되지 않은 혼돈(Chaos) 속에 빠져들지 않도록 도와주는 것이며, 환자의 불안을 감소시키고, 현실적 문제에

15 E. Mansell Pattison, *The Experience of Dying*, Prentice–Hall, 1977.

직면하도록 해주고, 감정적 지지를 통해 환자가 힘든 마음을 표현할 수 있도록 도와야 하고 삶과 죽음의 기간에 적응하도록 하여 힘들지 않게 마지막 순간을 맞을 수 있도록 지지해야 한다고 했다.

패티슨은 사람들의 생애궤도(Trajectory of Life)를 우리가 기대하는 생애주기 그리고 인생을 살아가는 방식에 대한 계획을 수립하는 것이라고 정의하였다.[16] 기존의 죽음에 이르는 심리이론이 다소 객관적 관찰을 통한 사실의 기술이라고 한다면 패티슨의 이론은 정신역동적 기법을 동원하여 임상에서 환자를 지지할 수 있는 방법을 모색했다는 점에서 차별점을 찾을 수 있다.

패티슨은 질병의 성격에 따라서 각 단계의 사람들은 다양한 경험을 하면서 시간을 보내게 되는데 어느 질병은 매우 짧은 시간 급격히 악화되는 변화가 있고 어떤 경우는 매우 느리게 변화가 생기면서 서서히 죽음을 맞이하기도 하므로 각 개인의 반응에 대처하는 방법도 각기 다르다고 보고 '죽음의 궤도 모델'[17]을 제시하였다.

**죽음의 궤도 모델(출처: Pattison 1977)**

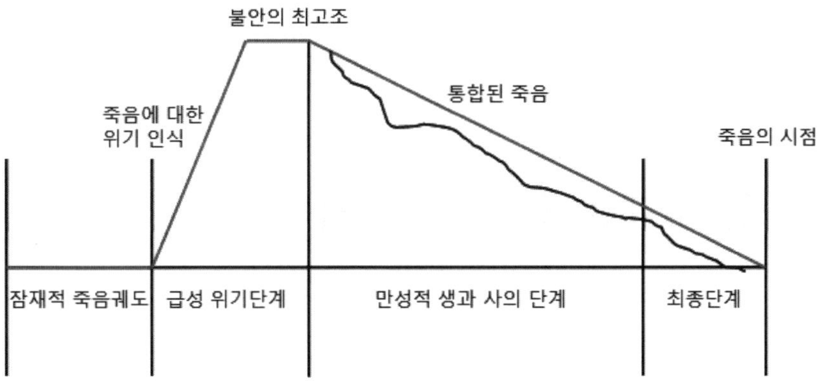


**죽음의 궤도 모델** (출처 : Pattison 1977)

16 서혜경, 『노인죽음학개론』, 경춘사, 2009.

17 (재인용) 이호선, 『노인상담』, 학지사, 2005.

급성위기 단계: 이 시기는 사람들이 가장 심각한 위기를 마주하는 시기이다. 이때 사람들은 자신이 생각한 것보다 빨리 죽게 된다는 것과 그들이 희망했던 것을 성취하거나 경험하지 못하게 될 것이라는 깨달음으로 그들이 직면하고 있는 과도한 두려움과 스트레스를 다루기 위해서 움직이지 않거나 높은 수준의 근심을 경험하거나, 몇 가지 방어기재를 행사하게 한다. 이 단계에서는 많은 정서적인 지지가 필요하고 그들이 죽게 될 것이라는 사실을 이성적으로 다루도록 도와주는 것이 필요하다.

만성적 생과 사의 단계: 사람들이 죽음의 두려움에 직접적으로 직면하게 되는 시기로 외로움, 고통, 사랑하는 사람과의 이별 그리고 미지에 대한 두려움이 표현된다. 이 시기에 의료인들은 죽음에 대한 시각과 이런 두려움을 떨치는 방어기제를 알려주고 죽음을 이해시키는 노력을 통해 이들을 도와줄 수 있다.

최종 단계: 더 이상 좋아질 것이라는 희망을 버리고 더 나빠질 것이라는 사실을 알게 되는 시기로 사람들은 더 내성적으로 변하거나 일상적인 경험으로부터 스스로 거리를 두기도 하지만 죽는다는 것을 점차 인정하는 시기이기도 하다.

## 04. 죽음에 대한 거부감과 미숙함

인간이 죽음을 생각한 순간부터 죽음은 매우 두렵고 무서운 존재로 남게 되었다. 그리고 죽음을 미리 예측하기도 하고 회피하려고 노력하기도 한다. 그러다보니 인간은 지구상의 모든 생명체 중에 유일하게 죽음을 준비할 수 있는 능력이 있다. 즉 준비한다는 것은 죽음에 대하여 능동적이고 무의미하게 보내지 않을 능력이 있다는 것이기에 죽는 순간까지 인간은 정신적으로 성장할 수 있다.

이런 죽음에 대한 생각은 시대적인 상황을 그대로 반영하므로 중세 유럽에서의 죽음은 평생을 통해서 배워야 하는 하나의 예술이었다. 당시 사람들은 죽음에 대하여 생각하라는 말을 하나의 소양으로 여기기도 하였다. 19세기에 섹스(Sex)는 터부시되었지만 죽음에 대해서는 비교적 자유롭게 논할 수 있었다. 그러나 20세기가 되면서 이 논리가 바뀌게 되었다. 이전에는 자택에서 가족이나 친구들이 지켜보는 가운데 죽음을 맞이하는 것이 당연했는데, 죽음을 병원의 밀실에서 맞이하기 시작한 20세기 후반부터 죽음의 터부화는 점점 강해졌다.[18]

현대의 죽음에 대한 터부는 오히려 죽음을 숨기고 남의 일로 방관하거나 회피하는 결과가 되어 가족 간에도 죽음에 대한 솔직한 이야기가 어렵고 미래에 있을 죽음을 준비하는 데 많은 제한이 생겼다. 이제 죽음은 현실의 세계가 아닌 영화나 TV 또는 게임에서 보는 가상의 체험이 되어 버렸다. 따라서 죽음을 가볍게 보거나 아주 두려운 공포로 느껴지기도 하고 애도나 슬픔에 대한 표현이 어색하고 미숙해서 직접 가족이나 친지의 죽음에서도 어떻게 해야 할지 잘 적응하지 못하는 모습을 보여주기도 한다. 이는 죽음에 대한 준비교육이 없었기 때문에 생긴 문제이다.

만약 죽음에 대하여 수용적인 태도를 갖게 되면 환경과의 상호작용에서 보다 높은 수준의 적합성을 유지하고 만족스러운 삶을 영위할 수 있게 된다. 그러나 이러한 죽음을 적절히 수용하지 못하고 부정적인 태도를 취하게 되면, 삶 자체가 불안해지고 불만족스러워질 가능성이 높다.[19]

---

18 알폰스 디켄, 전성곤 역, 『인문학으로서의 죽음교육』, 인간사랑. 2008, pp. 36-37.

19 전영기, "노년기 죽음불안 영향요인에 관한 연구," 목원대학교 대학원 석사논문, 2000.

# 05. 죽음의 불안과 공포

인간이 죽음에 대해 구체적인 공포를 가지게 된 것은 언어의 발달과 연관되어 있다. 원시시대의 단순한 사물언어에서 점차 발전하여 추상적 언어가 발달하면서 죽음이 더 구체화되었다고 본다. 이런 언어적 표현이 가능해지면서 경험적으로 겪은 위험한 자연현상과 연관되고 점차 인간의 인지능력이 높아지면서 언제고 닥칠 수 있는 급격한 사건에 대한 불안감과 공포를 최대한 회피하려 했지만, 점차 죽음은 피할 수 없다는 것을 인지한 사람들은 죽음을 받아들이는 대신 이 두려움을 극복하기 어렵다면 죽어서도 이 세상만 있는 것이 아니고 그 위의 또 다른 세상이 있다고 생각하면서 점차 영생이나 사후의 천국이나 윤회라는 종교관을 가지게 되었다.

불안과 공포는 나 자신보다 다른 사람의 반응을 보고 더 강한 반응을 하게 된다. 위급한 환자가 이송되어 병원에 왔을 때 의료진이 더 허둥대고 불안해한다면 치료나 처치에 대한 결과가 나쁘다는 것은 경험적으로 알 수 있다. 이는 임종환자를 대하는 의료인의 태도와도 관계가 깊다.

반면에 불안과 공포가 부정적인 것만은 아니다. 이런 불안과 공포심이 있어야 위급한 상황을 헤쳐 나가고 생명을 보존하는 데 도움을 준다. 그리고 이런 과정을 겪으면서 자신감이 쌓이고 위험한 상황을 미리 벗어나게 된다. 그러므로 죽음은 깨닫지 못한 사람들의 잠재력을 일깨워 주는 자극제가 되기도 하며, 사후에도 존재하는 영속성을 위해 무엇인가를 만들고 후세에 남기려고 한다.[20]

이런 죽음에 대한 공포는 배우지 않아도 이미 유전적으로 전해져 내려오며 아주 새로운 공포경험을 한다고 해도 과거의 경험을 바탕으로 적용시키거나 유사한 공포 경험을 적용하여 새로운 공포에도 잘 적응한다.

---

20 알폰스 디켄, 전성곤 역, 『인문학으로서의 죽음교육』, 인간사랑. 2008.

죽음불안(Death Anxiety)은 인간에게 있어서 보편적으로 나타나는 반응으로 넓은 의미에서는 죽음에 대한 공포, 혐오, 기피, 수용, 부정, 분노 등으로 정의하는데 이는 죽음이라는 사건과 죽어가는 과정에 대해 인간이 보이는 공포, 혐오감, 파멸감, 거부, 부정 등 부정적인 감정을 유발하는 심리적 과정이라 할 수 있다.[21]

이런 일련의 심리적 과정은 신체기능의 저하와 더불어 주위에 죽어가는 사람들을 보면서 투영되는 심리가 있다. 즉 기저질환 등으로 거동의 부자유와 기능상실, 신체적 고통 등은 가족 간의 의존도를 높이고, 이것이 높아질수록 비관, 우울 등의 정서장애 현상을 초래하여 결국 병적인 죽음불안을 갖게 되는 것이다. 또한 주위 사람들의 죽음을 접함으로써 비애, 긴장, 불안은 더 심화된다.[22]

그러나 국내의 죽음에 대한 인식 조사에 따르면 남녀 노인 중 45%가 죽음이 두렵지 않다고 하였고, 23%가 죽음을 수용한다고 하였으며, 21%만이 두렵다고 하였다.[23] 한편 노년층 대부분에서 느끼는 죽음의 의미는 부정적이다. 소멸불안, 과정불안, 사후불안 등의 죽음에 대한 불안 요인들은 대부분 자신의 질병, 임종과정의 고통, 경제적 부담, 가족이나 타인에 대한 부정적인 영향 등으로 발생하는 결과이므로 이를 감소시키기 위해서는 죽음준비교육을 통해 준비하는 시간이 필요하다. 아무리 노력해도 죽음에 대한 불안은 없애기 어렵다고 보면 다양한 프로그램을 통해서 죽음의 불안을 감소시키는 방법이 필요하다. 또한 죽음 앞에서 외롭고 소외되는 것은 더 큰 죽음의 불안이므로 이에 대한 가족과 사회의 관심이 요구된다. 특히 혼자 살고 있는 고령의 남자 노인들과 경제적으로 취약한 노인 계층의 경우에 더 많은 문제를 가지고 있어 이에 대한 대책이 요구된다.

21 서혜경, "한미노인의 죽음에 대한 태도," 『한국노년학』 7권, 1987, pp. 39–61.

22 최신덕, 『노년 사회학』, 하나의학사, 1998.

23 노현정·조은영·전경숙·천태연, "한국 노인의 죽음에 대한 인식," 한국 심리학회 포스터 발표논문, 2006, pp. 294–295.

## 06. 죽음불안의 개념

죽음에 대한 두려움이 죽음불안(Death Anxiety or Fear of Death)이다. 이는 모든 연령층이 직면하는 숙명인데 노인은 청장년들보다 죽음이 더 가까이 있어 죽음을 더 각별하게 생각하고 죽음불안도 더 많이 느낀다.[24] 죽음에 대한 불안은 어느 하나로 설명이 불가능한 다차원적인 개념인데 홀터(J. W. Hoelter) 등은 다음과 같이 8가지 다차원적인 개념으로 죽음불안을 구분했다.[25]

(1) 죽음 과정에 대한 두려움(Fear of The Dying Process)
(2) 조기 죽음에 대한 두려움(Fear of Premature Death)
(3) 중요한 사람을 잃을 것에 대한 두려움(Fear for Significant Others)
(4) 병적인 두려움(Phobic fear of death)
(5) 모든 것이 파괴되는 데 대한 두려움(Fear of Being Destroyed)
(6) 죽음 뒤의 사체에 대한 두려움(Fear of The Body after Death)
(7) 죽음 후 잊어지는 것에 대한 두려움(Fear of Death Being Unknown)
(8) 죽음 자체에 대한 두려움(Fear of Dead)

이는 죽은 상태를 예견함에 따라 발생되는 일상에서 경험하는 불안이며 죽음과 관계된 여러 가지 측면을 예견하거나 심사숙고하는 데 기반을 둔 불쾌함과 근심걱정의 주관적 느낌을 포함하는 정서적 반응이다.[26]

---

24 원석조, 『노인복지론』 제3판, 공동체, 2018.

25 https://www.ncbi.nlm.nih.gov/pubmed/671378.

26 J. W. Hoelter and J. A. Hoelter, "The relationship between fear and death and anxiety," *Journal Psychology* 99, 1978.

이런 죽음불안은 성별의 차이는 크지 않았지만 남성은 여성보다 죽음에 대한 불안이 적었고 특히 남성은 나이가 들수록 죽음불안이 더 적었다. 종교가 있거나 외향적 성격, 성실하고 자존감이 높은 경우 죽음에 대한 태도가 긍정적이었고 경제적인 수준도 중요한 역할로 작용하였다.[27]

또한 플로리안(V. Florian) 등은 1993년 3가지 죽음불안 구성요소를 발표하였다. 첫째, 개인 내적 요소(Intrapersonal Component)로 죽음이 마음과 몸에 주는 충격을 말하는데 목표달성 불가능에 대한 두려움과 신체소멸에 대한 두려움 등이다. 둘째, 개인 간 요소(Interpersonal Component)로 죽음이 개인 간 관계에 주는 영향을 의미한다. 셋째, 개인 초월적 요소(Transpersonal Component)로 초자연적인 어떤 존재에 대한 두려움이나 죽음 이후의 내세와 징벌에 대한 두려움이다.[28] 이런 불안 요소가 다양하게 작용하면서 죽음을 받아들이는 사람들의 죽음에 대한 의미를 확인할 수 있고 죽음불안에 대한 양적 척도를 측정할 수도 있다.

죽음에 대해 사람들이 보이는 불안이 선천적 또는 본능적인 것인지 아니면 사회문화적으로 얻은 후천적인 학습이나 경험인지에 대한 의문에 대하여 죽음이라는 테러에 맞서 생명을 지키려는 사람들의 자연스런 반응이라는 주장[29]과 죽음불안은 선천적인 본성이 아니고 사회적으로 학습된 것[30]이라는 주장이 많이 거론되었다.

죽음에 대한 공포가 자연스런 반응이라는 주장은 인간이 태어날 때부터 죽음에 대해 반응한다는 입장이다. 하지만 이를 부정하는 입장에서는 너무 어린아이는 미성숙하여 추상적인 죽음을 이해하지 못하고 성장하여 3–5세에 죽음을 처음 알기 시작하면서 죽음에 대한 학습과 경험을 통해 점차 죽음을 알아간다고 한다.

---

27 김지현·민경환, "노년기의 죽음에 대한 태도와 죽음에 대한 유능감에 영향을 주는 변인에 대한 연구," 『사회와 성격』 제24권 제1호, 2010, pp. 11–27.

28 (재인용) V. Florian, M. Mikulincer, "The Impact of Death–Risk Experience and Religiosity on the Fear of Personal Death: The Case of Israeli soldiers in Lebanon," *Omega* 26 , 1993.

29 K. Charmaz, *The Social Reality of Death*, Addison–Wesley, 1980.

30 G. M. Vernon, *The Sociology of Death: An Analysis of Death-Related Behavior*, Roland, 1970.

문화인류학자 베커(E. Becker)는 죽음불안을 스프링보드에 비유하면서 죽음불안에 대처하기 위해 인간이 여러 활동, 즉 생명을 위협하는 위험과 죽음으로 인한 불행을 극복하기 위한 활동을 만들어[31] 죽음불안은 사람들을 적절히 긴장시켜 행동을 조심하게 하고 잠재적 위험에 대해 미리 준비하게 하여 생명을 더 잘 유지시키는 일종의 엔진 역할을 한다고 하였다.

## 07. 죽음불안척도

사람들이 생각하는 죽음에 대한 불안이 정확히 무엇인지를 밝히기는 어렵다. 하지만 몇 가지 측정척도가 개발되어 이를 임상에서 사용하고 있다. 그중에서 가장 많이 사용되는 것은 Collert–Lester의 죽음불안척도(Collert–Lester, Fear of Death Scale, FODS)[32]인데, 이 척도는 자신의 죽음, 자신의 죽어감, 타인의 죽음, 타인의 죽어감 등 4개 부분으로 나누어져있고 부분별 7개 문항으로 총 28개의 문항으로 되어있으며 응답은 리커트(likert)식 5점 척도로 되어있는데, 1–2점은 낮은 죽음불안, 3–4점은 중간, 5점은 높은 죽음불안으로 해석한다.

이 FODS 척도는 1990년 처음 소개될 때에는 각 항목 당 8개의 질문이 있어 총 32개 항목에 4개의 척도였지만 2003년 3판부터 7개 질문으로 줄어들어 총 28개 항목에 5개의 척도로 조사한다. 측정방법은 각 부분 7개 질문의 평균을 이용하여 측정한다.[33]

---

31 E. Becker, *The Denial of Death*, Free Press, 1973.

32 (재인용) D. Lester, "Collert–Lester Fear of Death Scale," in R. A. Neimeyer ed. *Death Anxiety Hand book: Research Instrumentation and Application*, Taylor and Francis, 1994.

33 서혜경, 『노인죽음학개론』, 경춘사, 2009.

**죽음불안에 관한 질문입니다. 생각과 일치하는 곳에 ✓표를 해주시기 바랍니다.**

| 구분 | 번호 | 설문문항 | 매우 그렇다 | 대체로 그렇다 | 보통이다 | 대체로 그렇지 않다 | 매우 그렇지 않다 |
|---|---|---|---|---|---|---|---|
| 자신의 죽음에 대한 불안 | 1 | 죽으면 모든 것이 끝일 것이다. | | | | | |
| | 2 | 인생이 너무 짧다. | | | | | |
| | 3 | 내가 죽은 후에 너무 많은 것을 놓칠 것 같다. | | | | | |
| | 4 | 내가 너무 일찍 죽을 것 같다. | | | | | |
| | 5 | 죽을 때의 느낌에 대해 생각해 봤다. | | | | | |
| | 6 | 죽으면 어떤 것도 다시는 생각할 수도 경험할 수도 없다. | | | | | |
| | 7 | 내가 죽은 후에는 내 몸이 분해될 것 같다. | | | | | |
| 자신이 죽어가는 과정에 대한 불안 | 1 | 신체적 능력이 퇴화될 것이다. | | | | | |
| | 2 | 죽는 것은 고통스러울 것 같다. | | | | | |
| | 3 | 노화로 인하여 지적인 능력이 퇴보될 것 같다. | | | | | |
| | 4 | 당신이 죽어가는 과정 중에 여러 가지 능력이나 기능에 제약이 생길 것이다. | | | | | |
| | 5 | 죽어가는 과정에서 내가 얼마나 용감하게 대처해 나갈지 잘 모르겠다. | | | | | |
| | 6 | 죽음의 과정에서 내 자신을 통제할 수 없을 것이다. | | | | | |
| | 7 | 가족과 친구들과 떨어져 병원에서 죽을 가능성이 있다. | | | | | |
| 타인의 죽음에 대한 불안 | 1 | 나의 가까운 지인을 잃을 수도 있다. | | | | | |
| | 2 | 죽은 사람들의 시신을 봐야 할 일이 있다. | | | | | |
| | 3 | 죽은 그 사람과 다시는 얘기 할 수 없다는 것을 안다. | | | | | |
| | 4 | 죽은 사람이 살았을 때 더 잘해주지 못한 것에 대한 후회를 한다. | | | | | |
| | 5 | 다른 사람들과 함께가 아닌 혼자 늙어간다는 생각을 갖게 된다. | | | | | |
| | 6 | 그 사람이 죽어서 다행이라고 생각하면서 죄책감을 느껴 본 적이 있다. | | | | | |
| | 7 | 주변에 아무도 없어서 외롭다. | | | | | |

| | | | | | | | |
|---|---|---|---|---|---|---|---|
| 타인이 죽어가는 과정에 대한 불안 | 1 | 죽어가는 사람이 있다면 함께 있어주어야 한다고 생각한다. | | | | | |
| | 2 | 나와 함께 죽음에 대한 이야기를 하고 싶어 하는 사람이 있다. | | | | | |
| | 3 | 어떤 사람이 고통스러워하는 것을 그냥 봐야만 할 때가 있다. | | | | | |
| | 4 | 다른 사람이 육체적으로 노화해 가는 것을 지켜 볼 때가 있다 | | | | | |
| | 5 | 함께 했던 사람이 죽었을 때 그 슬픔을 어떻게 주체해야 할지 모른다. | | | | | |
| | 6 | 나는 어떤 사람의 정신적인 능력이 퇴보해 가는 것을 봐야만 할 때가 있다. | | | | | |
| | 7 | 나도 언젠가 이런 경험을 하게 될 것을 생각하게 한다. | | | | | |

출처: 이상빈 sbin21@hanmail.net

죽음불안에 대한 Collert–Lester의 죽음불안척도(Collert–Lester Fear of Death Scale, FODS) 외에도 Templer(1983)의 DAS(Death Anxiety Scale)와 Thorson & Powell(1994)의 RDAS(Revised Death Anxiety Scale)가 있고 국내에는 박은경(1995)이 개발한 척도가 있다.[34]

## 1. 다음은 죽음준비교육 프로그램 내용 중에서 얼마나 알고 계시는지 해당되는 항목에 ✓표 해주시기 바랍니다.

**"죽음준비교육(웰다잉)을 위한 죽음에 대한 인식 태도와 죽음 불안과의 관계연구를위한 설문지 예"**

| 설문문항 | | 전혀 모른다 | 모른다 | 들어 보았다 | 알고 있다 | 매우 잘안다 |
|---|---|---|---|---|---|---|
| 1 | 죽음준비교육에 대하여 알고 계십니까? | | | | | |
| 2 | 죽음이해(한국인의 죽음, 종교의 죽음이해, 현대인의 죽음)에 대하여 알고 계십니까? | | | | | |
| 3 | 죽음의 과정을 알고 계십니까? | | | | | |

34 서혜경, 『노인죽음학개론』, 경춘사, 2009.

| | | | | | | |
|---|---|---|---|---|---|---|
| 4 | 생명윤리(존엄사와 연명치료, 장기기증)에 대하여 알고 계십니까? | | | | | |
| 5 | 호스피스의 신체적·사회적(신체수발, 통증조절)돌봄에 대하여 알고 계십니까? | | | | | |
| 6 | 호스피스의 정서적·영적 돌봄(화해와 용서)에 대하여 알고 계십니까? | | | | | |
| 7 | 임종환우에 대한 자원봉사자의 역할과 자세를 알고 계십니까? | | | | | |
| 8 | 가족상실과 사별의 슬픔에 대하여 알고 계십니까? | | | | | |
| 9 | 장례문화·장묘문화에 대하여 알고 계십니까? | | | | | |
| 10 | 임종체험·유언장쓰기에 대하여 알고 계십니까? | | | | | |

**2 다음은 죽음에 대한 태도와 인식을 알아보기 위한 내용입니다. 각 문항마다 귀하의 생각과 일치하는 곳에 ✓표를 해주시기 바랍니다.**

| 번호 | | 설문문항 | 매우 그렇다 | 대체로 그렇다 | 보통이다 | 대체로 그렇지 않다 | 매우 그렇지 않다 |
|---|---|---|---|---|---|---|---|
| 죽음의 태도와 인식 | 1 | 삶의 소명 | | | | | |
| | 2 | 삶으로부터 해방 | | | | | |
| | 3 | 삶의 연장 | | | | | |
| 삶의 소멸 | 1 | 죽음은 허무다. | | | | | |
| | 2 | 죽음은 끝이다. | | | | | |
| | 3 | 죽음은 실패다. | | | | | |
| 삶으로부터 해방 | 1 | 죽음은 삶의 고통으로부터 해방이다. | | | | | |
| | 2 | 죽음은 힘든 삶에서의 쉼이다. | | | | | |
| | 3 | 죽음은 허무한 삶으로부터 해방이다. | | | | | |
| 삶의 연장 | 1 | 죽음은 이승과 저승을 연결하는 과정이다. | | | | | |
| | 2 | 죽음은 영원한 삶이다. | | | | | |
| | 3 | 죽음은 재생하는 삶의 시작이다. | | | | | |

## 3. 다음은 귀하의 죽음불안에 관한 질문입니다. 생각과 일치하는 곳에 ✓표를 해주시기 바랍니다.

| 구분 | 번호 | 설문문항 | 매우 그렇다 | 대체로 그렇다 | 보통이다 | 대체로 그렇지 않다 | 매우 그렇지 않다 |
|---|---|---|---|---|---|---|---|
| 자신의 죽음에 대한 불안 | 1 | 죽으면 모든 것이 끝일 것이다. | | | | | |
| | 2 | 인생이 너무 짧다. | | | | | |
| | 3 | 내가 죽은 후에 너무 많은 것을 놓칠 것 같다. | | | | | |
| | 4 | 내가 너무 일찍 죽을 것 같다. | | | | | |
| | 5 | 죽을 때의 느낌에 대해 생각해 봤다. | | | | | |
| | 6 | 죽으면 어떤 것도 다시는 생각할 수도, 경험할 수도 없다. | | | | | |
| | 7 | 내가 죽은 후에는 내 몸이 분해될 것 같다. | | | | | |
| 자신이 죽어가는 과정에 대한 불안 | 1 | 신체적 능력이 퇴화될 것이다. | | | | | |
| | 2 | 죽는 것은 고통스러울 것 같다. | | | | | |
| | 3 | 노화로 인하여 지적인 능력이 퇴보될 것 같다. | | | | | |
| | 4 | 당신이 죽어가는 과정 중에 여러 가지 능력이나 기능에 제약이 생길 것이다. | | | | | |
| | 5 | 죽어가는 과정에서 내가 얼마나 용감하게 대처해 나갈지 잘 모르겠다. | | | | | |
| | 6 | 죽음의 과정에서 내 자신을 통제할 수 없을 것이다. | | | | | |
| | 7 | 가족과 친구들과 떨어져 병원에서 죽을 가능성이 있다. | | | | | |
| 타인의 죽음에 대한 불안 | 1 | 나의 가까운 지인을 잃을 수도 있다. | | | | | |
| | 2 | 죽은 사람들의 시신을 봐야 할 일이 있다. | | | | | |
| | 3 | 죽은 그 사람과 다시는 얘기 할 수 없다는 것을 안다. | | | | | |
| | 4 | 죽은 사람이 살았을 때 더 잘해주지 못한 것에 대한 후회를 한다. | | | | | |
| | 5 | 다른 사람들과 함께가 아닌 혼자 늙어간다는 생각을 갖게 된다. | | | | | |
| | 6 | 그 사람이 죽어서 다행이라고 생각하면서 죄책감을 느껴 본 적이 있다. | | | | | |
| | 7 | 주변에 아무도 없어서 외롭다. | | | | | |

| | | | | | | | |
|---|---|---|---|---|---|---|---|
| 타인이 죽어 가는 과정에 대한 불안 | 1 | 죽어가는 사람이 있다면 함께 있어주어야 한다고 생각한다. | | | | | |
| | 2 | 나와 함께 죽음에 대한 이야기를 하고 싶어 하는 사람이 있다. | | | | | |
| | 3 | 어떤 사람이 고통스러워하는 것을 그냥 봐야만 할 때가 있다. | | | | | |
| | 4 | 다른 사람이 육체적으로 노화해 가는 것을 지켜 볼 때가 있다 | | | | | |
| | 5 | 함께 했던 사람이 죽었을 때 그 슬픔을 어떻게 주체해야 할지 모른다. | | | | | |
| | 6 | 나는 어떤 사람의 정신적인 능력이 퇴보해 가는 것을 봐야만 할 때가 있다. | | | | | |
| | 7 | 나도 언젠가 이런 경험을 하게 될 것을 생각하게 한다. | | | | | |

**4. 죽음 준비에 관한 일반적 질문입니다. 생각과 일치하는 한 곳에 ✓표를 해주시기 바랍니다. (각 항목 중 꼭 한 가지만 선택해주십시오)**

(1) 귀하는 현재 죽음에 대해 어느 정도 준비를 하고 계십니까?

① 준비하고 있지 않다　② 약간 준비하고 있다

③ 매우 잘 준비하고 있다

(2) 만일 귀하께서 죽음에 대해 준비하지 못하고 계신다면, 가장 중요한 이유는 무엇입니까?

① 죽음은 아직 나와는 거리가 멀다고 생각해서

② 죽음을 준비하는 것이 두려워서

③ 현실 생활이 바빠서

④ 특별히 준비를 하지 않아도 된다고 생각해서

⑤ 준비를 잘 하고 있어서

(3) 귀하께서는 죽음을 받아들이기가 가장 어려운 점이 무엇이라 생각하십니까?

① 임종의 고통에 대한 두려움　② 죽음으로 인한 종교적 심판

③ 남아 있는 가족에 대한 염려　④ 사랑하는 사람과의 이별

⑤ 삶의 과업을 마무리 하지 못함　⑥ 나의 존재가 영원히 사라진다는 사실

⑦ 한 평생 일군 재산, 명예, 권력, 관계를 버리고 떠나야 함

(4) 귀하께서 준비해 둔 것이 있다면 무엇인지 해당되는 모든 항목에 ✓표시를 해주세요.

① 유언장( ) ② 상속에 관한 사항( ) ③ 수의( ) ④ 영전사진( )

⑤ 장례비용( ) ⑥ 상조회가입( ) ⑦사망보험( ) ⑧ 시신· 장기기증( )

⑨ 자서전( ) ⑪ 존엄사선언문

(5) 귀하께서 원하는 장례방법?

① 화장 ② 매장

(6) 귀하께서 원하는 안장처는?

① 가족묘지 ② 공동묘지 ③ 납골당 ④ 수목장

⑤ 자연장 ⑥ 봉안평장(화장 후 매장)

(7) 귀하가 죽음을 맞이한 후 영혼은 어디로 간다고 생각하십니까?

① 극낙 ② 윤회 ③ 귀신 ④ 천국(하나님의 나라)

⑤ 지옥 ⑥ 흙으로 ⑦ 갈 곳 없다

(8) 귀하가 죽음을 맞이하고 싶은 장소는 어디입니까?

① 자신의 집 ② 호스피스(임종의 집)시설 ③ 아무도 모르는 곳

④ 병원 ⑤ 요양원 ⑥ 자녀 가족의 집 ⑦ 기타( )

(9) 귀하의 임종을 지켜주길 원하는 분의 모든 항목에 ✓표시를 해주세요.

① 부모님( ) ② 배우자( ) ③ 자녀( ) ④ 성직자( )

⑤ 의사( ) ⑥ 간호사( ) ⑦ 간병인( ) ⑦ 친구( )

⑧ 직장동료( ) ⑨ 이웃( ) ⑩ 교우, 신자( )

(10) 죽음준비교육에 참여한 적이 있습니까?

① 없다( ) ② 있다( )

(11)죽음준비교육에 참여하셨다면 어떤 교육이었습니까?

① 호스피스교육 ( ) ② 죽음준비(웰-다잉)교육( )

**6. 일반적인 사항에 관한 문항입니다. 해당되는 곳에 ✓표를 해주시기 바랍니다.**

| | |
|---|---|
| 1. 성별 | ① 남 ② 여 |
| 2. 연령 | ( 세) |
| 3. 학력 | ①무학 ② 서당 ③초등졸 ④중졸 ⑤고졸 ⑥ 대졸 ⑦ 대학원생 |
| 4. 종교 | ① 불교 ② 기독교 ③ 천주교 ④ 유교 ⑤ 없다 ⑥ 기타( ) |
| 5. 직업 | ( ) 예) 공무원 |
| 6. 퇴직 전 직업 | ( ) 예) 노동 |
| 7. 월 소득 | ( 만 원) |
| 8. 결혼상태 | ① 배우자와 동거 ② 이혼 또는 별거 ③ 사별<br>④ 결혼한적 없음 ⑤기타 |
| 9. 동거여부 | ① 혼자 ② 혼자+미혼자녀 ③ 혼자+결혼자녀부부<br>④ 혼자+자녀/손자녀 ⑤ 혼자+손자녀 ⑥ 부부<br>⑦ 부부+미혼자녀 ⑧ 부부+결혼부부 ⑨ 부부+자녀+손자녀<br>⑩ 부부+손자녀 ⑪ 기타( ) |
| 10. 건강상태 | ① 매우 좋음 ② 좋음 ③ 보통 ④ 나쁨 ⑤ 매우 나쁨 |
| 11. 질병 | ( ) 예) 당뇨병 |
| 12. 주거형태 | ① 자가 ② 전세 ③ 월세 ④ 무상 |

자료 출처: 이상빈(sbin21@hanmail.net) 석사논문 설문지

## 08. 죽음을 떠올릴 때 나타나는 심리적 반응

나이가 들면 죽음 자체가 두렵거나 무서운 것이 아니라 죽음과 관련된 다양한 과정,

사회에서 해결하지 못한 문제들에 대한 두려움이 커지는 경우가 많다. 이는 죽음을 더 많이 걱정하고 알아가기에 생기는 두려움일 수 있다. 일반적으로 죽음을 경험하는 방법에는 타인의 죽음과 나 자신의 죽음이 있는데, 타인의 죽음은 살면서 겪는 부모, 가족, 친척, 친지 등의 죽음으로 일상 속에서 꾸준히 경험하면서 간접적으로 체험하는 과정이다. 하지만 자신의 죽음은 나 자신이 경험하는 순간 이미 죽어 있는 경우가 되므로 실제로는 직접 경험할 수 없는 죽음이다.

그러다보니 죽음은 주체가 없는 소멸된 상태의 문제가 된다. 나 자신 또한 죽음을 직접 경험했다고 할 수는 없고 단지 나의 죽음 뒤에 무엇이 존재하고 나는 어떻게 될까에 대한 의문만 남게 될 수도 있다. 즉 나의 죽음은 현실의 문제가 아닌 미래에 꼭 마주칠 경험일 것이고 미래에 대한 진행형이 될 것이다.

그래서 사람들은 죽음은 끝이 아니고 계속되는 과정으로 보는 것일 수 있다. 이런 죽음의 관점은 나 자신 또한 미래에 일어날 사건으로 죽음을 바라볼 수밖에 없어 더 두려워질 수도 있다. 이런 미래의 사건에 대한 준비는 사람마다 다양한데 신앙이나 영생 또는 사후세계에 대한 기대나 바람이 간절할 수도 있고, 죽음은 끝이므로 현재 삶에 충실하자는 경우와 체념으로 죽음을 무의미하게 기다리는 경우가 생긴다.

학자들은 이런 죽음에 대한 두려움을 극복하는 심리적 대처 방식으로 몇 가지 이론을 제시하고 있다. 프로이트의 사망공포이론(Theory of Thanatophobia)과 죽음에 대한 두려움을 극복하기 위해서 사회적 승인에 대한 욕구가 더 강해진다고 하는 공포관리이론(Terror Management Theory), 사람은 사회적 존재이므로 자존감(Self–esteem)이 항시 작동하여 자신이 사회적 관계를 잘 맺고 있는지 아니면 배척되고 있는지를 감시한다는 사회계기판이론(Sociometer Theory), 그 외에도 비탄이론(Theory of Regret)과 카스텐바움이론(Theory of Kastenbaum) 등이 있다.

사람들은 사는 동안 죽음에 대한 두려움이 항시 존재하기에 앞에 언급한 이론들처럼 사회적 단절에서 벗어나기 위해 소속감을 강화하는 공포관리이론이나 자신의 자존감을 높임으로서 공포를 줄이는 방법 등을 찾는다.

그 외에도 많은 사람들은 종교에 몰입하거나 그 종교가 주장하는 사후의 또 다른 세상에 대한 기대를 통해서 현세에 긍정적인 삶을 살아가지만 일부는 세속적인 쾌락주의적 삶을 살거나 혹은 염세적인 삶 속에 간혹 극단적인 자살을 선택하기도 한다. 하지만 많은 사람들은 이런 다양한 죽음에 대한 생각 속에서 나름 걱정만 할뿐 미래에 닥칠 죽음을 그저 아무런 준비 없이 받아들이고 있다.

## 1. 프로이트(Freud)의 사망공포이론

지그문트 프로이트(Sigmund Freud)는 사람들이 죽음을 두려워하는 것은 죽음 자체가 아니라 실제로는 유년기의 소망, 환상, 초자아의 금지와 이상(Ideal), 방어기전, 현실 그리고 이를 중재하고자 하는 자아 현실기능 등이 일으키는 갈등이며, 사망공포(Thanatophobia)는 단순히 더 심오한 염려의 원천을 가장한 것으로 죽음에 대한 염려를 신경증적 현상으로 보았다.[35]

또한 죽음의 본능(Death Instincts)을 가정하여 '공격적 동기(Aggressive)'를 설정하였다. 사람들이 자신이나 남을 해치거나 죽이고 싶은 무의식적 소망을 행동으로 나타낸다고 주장하였으며 성적 동기와 공격적 동기는 사람들로 하여금 그렇게 하지 않을 수 없게 하는 강력한 결정요소라고 보았다.[36]

## 2. 공포관리이론(Terror Management Theory)

공포관리이론(TMT)은 애리조나대학교의 제프 그린버그(J. Greenberg) 교수 등이 주창한 것으로 인간이 죽음의 공포를 느낄 때 표출되는 정서적 반응이론으로 인간은 죽음에 대한 불안감을 가지고 있기 때문에 자신의 죽음을 수용하면서 살아갈 수 없다는 것이다. 그러다보니 죽음을 부정해야 하고 문화를 통한 세계관으로 죽은 후의 영원성

35 서혜경, 『노인 죽음학개론』, 경춘사, 2009.

36 원호택, 『이상심리학』, 법문사, 1997.

을 추구한다. 그래서 죽음을 초월한 상징적 세계에 살아남기 위해 문화를 만들었다고 한다.

죽음을 떠올릴 때 사람들은 생명체가 유해한 자극을 회피하거나 최소화하는 반응인 대처반응(Coping Response)을 작용시킨다고 한다.[37] 사람이 스트레스 상황에 처하면 그 스트레스에서 벗어나려고 나름대로 대처 방안을 찾게 되는데, 개인이 받을 피해를 최소화하려고 행하는 일련의 노력을 대처(Coping)라 할 수 있다. 이에 대한 예시로 공포관리이론은 사회심리학자들인 그린버그(Greenberg), 솔로몬(Solomon), 피진스키(Pyszczynski)의 동료들이 제시한 이론으로서, 죽음에 대한 공포에 대처하기 위한 심리적인 기제들을 설명한다. 이 이론은 자존감, 집단 간 편견, 건강 관련 행동 등의 심리적 현상을 설명하는 데 사용되고 있다.[38]

사람들은 자기 보존을 위협하는 죽음의 불가피성에 대해 생각할 때 공포를 경험하고 이로부터 스스로를 보호하기 위하여 사회적 승인에 대한 욕구가 더 강해진다. 즉 자신이 속한 사회와 문화에서 인정을 받을 때 비록 죽음에 대한 불안으로부터 완전하지는 않지만 어느 정도 자유로움을 경험하게 된다.[39]

사람들이 물질주의에 빠지는 이유 가운데 하나는 돈이나 물질로 안전의 욕구(Self Sufficiency)를 통해서 보상받으려는 것인데, 소비에서 죽음을 상기시키므로 고가의 충동구매나 소비를 부추기는 경우를 보여주기도 한다. 그 예로 미국에서 9·11테러 이후 고가의 물건에 대한 소비가 급등하였다는 통계가 나오기도 했는데 이런 현상을 죽음공포의 물질주의라고 표현하기도 한다.

또한 죽음 앞에서 많은 사람들은 기존에 익숙한 것을 고수하려는 보수성을 가지며 무엇인가 기존의 익숙한 안정적인 것을 선택한다. 그러다보니 가족, 단체, 종교, 국가 등

37 서혜경, 『노인 죽음학개론』, 경춘사, 2009.
38 원호택, 『이상심리학』, 법문사, 1997.
39 원호택, 『이상심리학』, 법문사, 1997.

출처: 외신 자료화면

의 연대감이 커지고 편을 가르는 현상이 생긴다. 이런 이유로 자국민을 상대로 죽음에 호소하는 정책을 사용하면 기부나 헌납 등이 많아진다.[40]

사람들은 자존감(Self-esteem)이 높으면 죽음을 두려워하지 않는다고 하는데 자존감이란 자신을 얼마나 가치 있게 생각하는가의 개념으로 자존감이 크면 행복감과 인간관계에 긍정적이고 죽음을 두려워하거나 동요하지 않고 주위 사람들과 좋은 관계를 맺으면서 환경에 적응하게 된다.[41]

공포관리이론은 죽음에 대한 공포와 그에 대한 대처가 개인과 사회 수준에서의 인간 행동을 설명할 수 있다고 주장한다. 이 이론의 기반은 어네스트 베커(Ernest Becker)가 1973년 출판한 『죽음의 부정*The Denial of Death*』에 기초를 두고 있다. 인간 행위

40 J. Greenberg, T. Pyszczynski, S. Solomon, A. Rosenblatt, M. Veeder, S. Kirkland & D. Lyon, "Evidence for terror management theory II: The effects of mortality salience on reactions to those who threaten or bolster the cultural worldview," *Journal of Personality and Social Psychology*, 1990.

41 어네스트 베커, 『죽음의 부정』, 김재영, 인간사랑, 2008.

대부분이 죽음의 불가피성을 무시하거나 회피하려는 의도로 행해지므로 완전한 소멸의 공포는 무의식적으로 심오한 불안을 야기하기 때문에 사람들은 일생 동안 이해하기 위해 노력한다는 것이다. 대다수 사람들은 자신의 연약함과 죽음의 공포에 대하여 알게 되면서 엄청난 불안을 느낀다. 이런 행동은 사회적으로는 법률, 종교적인 의미 체계, 문화, 신념 체계 등의 상징들이 고안되어 나름대로 삶의 의미를 설명하고, 특정 특성과 기술, 재능이 왜 특출한 것인지를 정의하고, 남다른 특성을 나타내는 사람들에게 보상을 주고, 자신의 문화적인 세계관을 따르지 않는 사람들을 처벌하기도 하는데, 이때 개인적인 수준에서는 자존감이 죽음과 관련한 불안에 대한 완충재 역할을 한다는 것이다.[42]

하지만 공포관리이론(TMT)을 부정하는 사람들의 비판 중에는 죽음을 상기시킬 때 나타나는 다양한 효과가 죽음 때문이 아니라 불안, 공포, 고통 등 부정적인 자극들 때문에 일어난다는 주장이 있다. 몇몇 연구에서 밝혀진 것으로 어려운 개인적 선택을 해야 하는 것이나 불확실성에 대한 주관식 질문에 답하는 것 또는 강도를 당하는 것, 사회적으로 소외되는 것, 자신의 삶에 의미가 없다는 말을 듣는 것 등에 의해서도 죽음의 공포 조작에 의한 효과와 비슷한 효과가 나타난다는 것이다. 또 다른 반대 견해로는 사람에게 불안을 주는 것은 죽음이나 존재의 상실이 아니라 불확실성이라고 주장한다.

공포관리이론의 비판자들은 죽음을 생각할 때 사람들이 공포를 경험하고, 자기문화의 세계관을 방어하려는 태도를 보이고, 자존감을 고양할 필요를 느끼게 되는지 분명하지 않으므로 죽음에 대한 생각은 사람들로 하여금 결국 자신과 같은 실존적 배에 몸을 싣고 있는 타인을 향해 더욱 연민을 느끼게 만들 수도 있으며, 또한 이런 절망으로 인해 사람들로 하여금 건물을 쌓아올리거나 예술을 창작하는 등의 활동을 포기하

---

42 어네스트 베커, 『죽음의 부정』, 김재영, 인간사랑, 2008.

게 만들기도 한다는 것이다.[43]

공포관리이론의 대안으로 감정우선이론(Emotional Priority Theory)이 있다. 죽을 운명과 마주치면 그 사람의 감정을 가장 우선시한다는 이론이다. 죽음에 직면하면 사람의 마음은 인생에서 가장 중요한 감정에 초점을 맞추게 된다. 그중 가장 깊은 감정은 사랑이라 할 수 있다. 사실 사랑은 너무도 강력한 감정이어서 초콜릿이나 코카인처럼 중독성이 있고 그와 관련된 신경화학적인 추적이 가능하다고 한다.[44]

이때 작용하는 호르몬이 테스토스테론과 옥시토신 등인데 급속히 분비가 증가하면 이들은 사람들에게 강한 유대감과 사랑을 느끼게 하여 기꺼이 죽을 수도 있게 한다는 것이다. 이 이론의 배경이 된 미국에서 사형집행 직전의 사형수를 대상으로 한 최후 진술 조사에 의하면 사랑(68.2%)이라는 의미가 가장 많이 언급되었다고 한다. 그 외에 종교(54.4%), 천국이나 사후세계(33.6%), 미안함이나 유감(29.2%), 무죄주장(14.8), 용서를 구함(14.1%), 사형에 대한 언급(12.2%), 지옥(8.5) 순으로 나타났다.[45] 이 조사를 통해 인간에게 가장 중요한 것은 사랑이라는 것을 알 수 있다.

## 3. 사회계기판이론(Sociometer Theory)

사회계기판이론에 의하면 죽음에 대한 불안은 사람들의 자존감(Self-esteem)에 의해서 완화된다고 한다. 이는 마치 자동차의 연료 계기판을 보고 연료량을 알 수 있듯이 자존감을 통하여 사회적 관계에서 성공 여부를 감지할 수 있다는 주장이다. 사람들은 보통 사회적 관계가 성공적일 때 자존감이 높아지고, 그렇지 않을 때는 자존감이 낮아진다. 따라서 자신이 경험하는 자기 존중의 정도를 통해서 자신이 사회적 관계에

43 마이클 셔머, 『천국의 발명*Heavens on earth*』, 김성훈 역, arte, 2019.

44 (재인용) Helen Fisher, *Why We love: The Nature and Chemistry of Romantic Love*, Henry Holt, 2004.

45 (재인용) Maranda A. Upton, Tabitha M. Carwile and Kristina S. Brown, "In Their Own Words: A Qualitative Exploration of Last Statements of Capital Punishment Inmates in the State of Missouri 1995–2011," *OMEGA-journal of Death and Dying* , 2016, pp. 1–19.

출처: 저자 승용차의 계기판

서 성공했는지를 확인할 수 있다.[46]

원시시대부터 사람들의 사회적 수용이 생존에 매우 중요했을 거라는 점을 감안하면, 자연적 선택은 개인에게 자신이 다른 사람들에게 수용되는 정도를 추적하게 해주는 기제를 선호했을 것이다. 사회계기판이론에 따르면 그 기제가 바로 자존감이다. 자존감에 타격을 입은 개인은 집단 내의 구성원들에게 인정을 받고, 기존의 사교 관계를 개선하고, 새로운 사교 관계를 추구하도록 애써야겠다는 자극을 받을 것이다.[47]

심리학자 마크 리어리(Mark Leary et al.)는 1995년 '사회계기판이론'을 형식화했다. 이 이론의 기본 전제는 자존감이 다른 사람들의 평가를 알려주는 주관적인 표시기 또는 계기판 기능을 한다는 것이다. 자존감 증가는 자신이 사회에 포함되고 다른 사람들에게 수용되는 정도가 높아졌다는 것을 알려준다. 자신이 사회에 포함되고 다른 사람들에게 수용되는 정도가 하락하면 자존감 상실로 이어진다.

리어리는 사회계기판이론의 근거를 진화의 논리에서 찾는다. 사람은 집단을 이루면서 진화했고, 생존과 번식을 위해 집단 내에서 다른 사람들과 사귀고, 사회적 유대감을

---

46 리처드 윌킨슨, 김홍수 역, 『평등해야 건강하다: 불평등은 어떻게 사회를 병들게 하는가』, 후마니타스, 2008, p. 118.

47 데이비드 버스, 이충호 역, 『진화심리학: 마음과 행동을 탐구하는 새로운 과학』, 웅진지식하우스, 2012. p. 592.

맺고, 다른 사람들의 비위를 맞추려는 동기의 진화를 자극했다. 다른 사람들에게 받아들여지는데 실패하면 고립되었을 것이고, 집단의 보호막 없이 살아야 할 상황에 놓인다면 이른 죽음을 맞이하기 쉬웠을 것이다.[48]

결국 죽음이라는 것은 사람들이 맺고 있는 사회적 관계에서 영원한 단절을 의미하기 때문에 죽음에 대한 생각이 사람들의 자존감을 떨어뜨린다는 것이 공포관리이론의 가정이다. 그러므로 훼손된 자존감을 다시 복구하기 위해서 역으로 사회 정체성을 강하게 추구하여 자신의 사회적 관계를 강화해야 한다는 주장이다.[49]

죽음에 대한 불안은 시대와 특정 문화를 불문하고 누구나 가지고 있는 보편적이며, 부정적인 삶의 단면이다. 이러한 죽음에 대한 불안을 완화시키기 위해 사람들은 저마다 나름대로 노력을 할 것이다. 가령 죽음은 사람들의 사회적 관계를 완전히 단절시키는 역할을 하기 때문에 사람들은 사회적 단절에서 벗어나기 위해 자신이 속한 사회에 더욱 소속감을 강화하게 된다는 공포관리이론의 예언처럼 사회적 소속감을 강화하여 정의롭게 살려고 노력하거나, 자존감을 높임으로써 공포를 완화하는 것이다.[50]

죽음에 대한 불안은 시대와 문화를 불문하고 누구나 가지고 있고 보편적으로 부정적인 것이 사실이고 죽음의 공포에서 벗어나기 위해 나름의 노력을 하는 것도 사실이다. 특히 죽음은 자신만의 생물학적 죽음을 떠나 사회라는 강력한 관계망을 단절시키는 것이므로 죽음 이후의 불안이 더 커질 수밖에 없다. 그래서 좀 더 사회적 관계를 단단히 하려고 노력하는 것이고 죽은 후 지속적으로 자신의 가치를 사회에서 남기려는 행동을 하는 것이다. 훌륭한 업적으로 이름을 남긴다든지 자신의 생각을 저서로 기록한다든지 창조적 행위로 예술적 흔적을 남기려는 행위가 결국 문화를 만드는 기본이 된다.

---

48 데이비드 버스, 이충호 역, 『진화심리학: 마음과 행동을 탐구하는 새로운 과학』, 웅진지식하우스, 2012. p. 592.

49 김광기, "종교인과 비종교인의 죽음에 대한 태도 및 정의감 지각차이," 경남대학교 석사논문, 2002.

50 David Buss, *Evolutionary Psychology: The New Science of the Mind-4th Ed.*, Pearson Education, 2011.

또는 종교적인 신앙심으로 죽음에 대한 불안을 줄이고 종교에 몰입하면서 사후에 대한 믿음으로 죽음이 끝이 아니라는 믿음을 갖게 되어 좀 더 착하고 정의롭게 살려는 마음가짐 속에 사회적 정체성을 강하게 추구하고 사회적 관계를 강화시키고 자존감을 높여주기도 한다.[51]

## 4. 비탄이론(Theory of Regret)

비탄이론은 1996년 미국 심리학자인 에드리언 토머(Adrian Tomer)와 그래프톤 엘리어슨(Grafton Eliason)이 처음 제기했다.[52] 비탄이론은 사람들이 그들 삶의 질이나 가치를 평가하는 방식에 초점을 맞추는데, 죽을지도 모른다는 생각은 삶에서 좋은 어떤 것을 성취하지도 못했고 성취할 수도 없다고 느끼는 경우 사람들을 더욱 불안하게 만든다고 하였다.[53]

즉 지나간 과거 삶의 실패와 놓쳐버린 기회로 인한 비탄은 앞으로도 더 이상 어떤 성취나 경험이 불가능할 거라는 생각으로 스스로를 괴롭히게 되는데, 비탄이론에 의하면 사람들은 자신의 과거 기억들과 기대들을 재고하여 현재 순간에 풍성하게 살 수 있는 방법을 발견함으로써 불안을 감소시킨다는 것이다.

사람들의 행동이나 행동과 관련된 후회는 죽음에 대한 불안과 관련이 있는데 더 강렬한 후회는 더 높은 죽음의 불안으로 해석된다. 또한 미래와 관련된 후회로 인해 악화된다. 이는 현재 자신이 삶의 목표를 달성할 수 없는 상황에 있을 때 느끼는 후회인데, 죽음에 대한 두려움과 회피는 경험에 의해 일어났고 다른 한편으로 죽음을 받아들이는 것은 주로 본질적인 종교와 관련이 있는 것 같다고 한다.[54]

---

51 김광기, "종교인과 비종교인의 죽음에 대한 태도 및 정의감 지각차이," 경남대학교 석사논문, 2002.

52 Adrian Tomer, Grafton Eliason, *Existential and Spiritual Issues in Death Attitudes*, Lawrence Erlbaum Assoc Inc, 2007.

53 서혜경, 『노인 죽음학개론』, 경춘사, 2009.

54 Adrian Tomer, Grafton Eliason, *Existential and Spiritual Issues in Death Attitudes*, Lawrence Er-

이는 젊은 대학생을 상대로 연구한 결과에도 같은 경향이 있었고 죽음과 비탄 사이에 후회는 과거와 관련된 후회와 미래에 관련될 후회가 서로 독립적으로 작용하면서 죽음을 예측하고 회피하고자 하였다. 반면에, 죽음을 받아들이는 것은 본질적인 종교적 동기에서 직접적으로 영향을 받고 다른 배경과 자기변수에 의해 간접적으로 영향을 받는 것으로 밝혀졌다.[55]

## 5. 카스텐바움이론(Theory of Kastenbaum)

'죽음 공부는 죽음을 다루는 것이 아니라, 삶을 다루는 것'이라고 주장한 로버트 카스텐바움(Rrobert Kastenbaum) 심리학 교수는 1975년도에 개인마다 다른 반응과 형태를 나타내면서 죽어가기 때문에 죽어가는 과정에 대해서 일반적이고 보편적인 양식을 제시하는 것은 타당하지 못하다고 주장하였다.[56] 이는 죽음불안과 두려움에 대하여 특별한 이론이 필요하지 않고 생애 발달 분야의 과정으로 본 것이다. 당시 퀴블러 로스의 심리적 죽음 5단계의 이론을 반박하여 퀴블러 로스도 이를 인정하고 '단계'를 '반응'으로 정정하기도 했다.

죽음에 대한 불안의 근원은 사람들의 육체적인 면(Physical Being)에 있을지 모르지만 무엇이 그들에게 해가 되고 두려워하는지를 사람들이 인식하는 것은 개인적인 경험과 사회적 경험을 통해서 얻는 것으로 사회나 역사적인 흔적을 반영하는 것이라고 한다. 그러므로 죽음에 대한 무서움도 시대적으로 다양한 변화가 있고 계속 변화한다고 본다.[57]

죽음은 생물학적인 유기체(심장, 폐, 동공 등의 세포사)가 생존능력을 상실해 다시는 소생할 수 없는 상태를 말하고, 죽어감 또는 임종과정은 생물학적 죽음뿐만 아니라 의학

---

lbaum Assoc Inc, 2007.

55 http://journals.sagepub.com/doi/abs/10.2190/B22C-CFFA-216G-R2PN.

56 (재인용) 김경희, 『발달심리학-생애 발달』, 학문출판사, 1999.

57 서혜경, 『노인 죽음학개론』, 경춘사, 2009.

적, 법적, 사회적 죽음을 경험하는 과정으로 정의하였다.[58]

또한 죽음은 그 사람의 죽음체계(Death System)를 통하여 보다 잘 이해할 수 있다고 기술하고 있다. 환자의 죽음체계는 죽음과 관련된 제반 요소와 기능을 가지고 있다. 죽음체계는 죽음과 관련된 사람들(의사, 성직자, 검시관, 장의사, 변호사, 보험인 등), 죽음의 장소(묘지, 장례식장, 병원, 사고지역 등), 시간(현충일, 추모일 등), 물품(사망진단서, 교수대, 묘비석 등), 상징물(상복, 장송곡, 영정사진, 죽음을 나타내는 문구 등)을 모두 포함한다.[59]

죽음체계의 기능면에서는 재난예방을 위한 기상예보나 지진속보, 인명보호를 위한 경찰, 소방서, 인명구조대, 죽어가는 환자를 돌보는 호스피스나 화장장 직원, 장례지도사, 장례식장의 자원봉사자, 고인의 죽음을 기리고 의미를 부여하기 위한 종교적 행사 그리고 사형집행인이나 안락사와 같은 행위를 포함하고 있다. 이러한 죽음체계는 삶의 마지막 단계를 살아가는 노인들의 삶과 죽음에 커다란 영향을 주고 있다고 한다.

## 09. 죽음에 대한 세 가지 심리학적 수용 유형

우리는 죽을 수도 있는 존재가 아니라 결국은 죽어야 하는 존재이므로 죽음에 대한 수용적인 태도는 인간이 마땅히 해야 하는 인지적 노력이라고 본다. 하지만 노력이 모든 것을 해결하지는 못하기에 사람이라면 죽음의 불안과 공포는 당연한 감정이고 죽음을 회피하지 못하기에 두려워하는 것은 보편적인 심리적 수용의 정서일 것이다.

캐나다 트렌트대학교 심리학자 웡(Paul T. P. Wong) 교수는 죽음에 대한 수용을 세 가

58 Robert J. Kastenbaum, *Psychology of Death 3rd Ed.*, Springer, 1996.
59 Robert J. Kastenbaum, *Psychology of Death 3rd Ed.*, Springer, 1996.

지 유형으로 정리하였다.[60]

첫 번째는 '중립적 수용(Neutral Acceptance)'으로 죽음을 삶의 자연스러운 끝으로 생각하여 큰 두려움 없이 수용하는 것을 말한다. 죽음을 삶의 끝에서 만나는 하나의 변할 수 없는 부분으로 인식하는 것이다. 인본주의 심리학에서는 개인의 유한성에 대한 자각을 통해 자아실현이 가능해진다는 관점을 제시하는데, 성공적으로 자아를 실현한 사람들은 자신의 죽음에 위협을 느끼지 않는다고 한다.

두 번째는 '접근적 수용(Approach Acceptance)'이다. 접근적 수용은 사후세계의 존재를 확신하고 행복한 사후세계와 관련된 신념을 바탕으로 죽음을 받아들이는 것을 의미한다. 죽음이라는 관념이 가져오는 불확실한 미래에 긍정적 생각을 부여하는 것이다.

세 번째 유형은 '탈출적 수용(Escape Acceptance)'이다. 고통과 불행으로 가득한 현재의 삶에서 벗어나고 싶은 마음이 큰 상태의 죽음 수용 형태라고 보면 된다. 삶이 갖는 필연적인 죽음을 고통스러운 현재의 도피처로 기대하고 수용하는 것으로 불행한 삶에 대한 하나의 대안으로 죽음을 수용하는 태도이다.

이런 수용을 바탕으로 죽음을 잘 대처할 수 있다는 자기 자신에 대한 신념이 임종환자는 물론 임종환자를 돌보는 의료진이나 주위 가족들에게도 그 역할이 유익하다는 것이다. 죽음을 잘 대처할 수 있다는 자기 자신에 대한 신념이 곧 죽음 대처 유능감(Death Competency)이 되는 것으로, 자기 자신뿐 아니라 주변사람의 죽음에 대처할 수 있다고 믿는 긍정적인 기대감이라 할 수 있다.[61]

---

60 P. T. Wong, G. T. Reker & G. Gesser, "Death Attitude Profile–Revised: A multidimensional measure of attitudes toward death," *Death anxiety handbook: Research, instrumentation, and application*, 1994, pp. 121–148.

61 R. A. Robbins, "Death competency: Bugen's coping with death scale and death self–efficacy," *Death anxiety handbook: Research, instrumentation, and application*, 1994. pp. 149–165,

죽음을 담담하게 받아들일 수 있는 마음, 그리고 이를 낙관적으로 생각할 수 있는 믿음은 죽음에 대한 추상적인 생각에 머물러 있는 것이 아니라 행동으로도 나타난다는 것을 알 수 있다. 예컨대 죽음 대처 유능감이 높은 사람들일수록 사후에 장기를 기증하기로 서약하는 실천에 훨씬 더 적극적인 것으로 나타났다.[62]

죽음 대처 유능감에 가장 큰 영향을 미치는 변인은 '사회적 책임감'인 것으로 나타났다. 성숙한 노화와 성공적인 인생에서 제안하는 최고 수준은 바로 이 사회적 책무를 실행하는 것이다. 내 주변 사람들을 보살피고 배려하는 것을 넘어 내가 속한 사회 전체에 책임을 느끼고 이 사회에서 함께 살고 있는 많은 사람들에게 도움이 되도록 책임을 지는 삶의 태도인 것이다. 이는 생물학적 유전자를 남기는 생존의 궁극적 목표를 넘어 문화적 유전자를 남기는 것에 기여하는 초월적 실천이, 곧 잘 죽는 길에 있다는 해석이다. 의미 있는 인생을 살았다는 자각은 죽음을 받아들이는 수용 태도에 영향을 준다. 우리에게는 그 의미 있는 인생에 대한 생각과 실천이 '웰 다잉'에 대한 해답을 제공하는 것으로 보인다.[63]

## 10. 정신건강의학과 입장에서 본 임종심리의 발전

죽음에 대한 서양의 연구는 20세기 전까지 종교인과 철학자의 몫이었다. 20세기 초 '생의 본능' Eros와 '죽음의 본능' Thanatos를 들고 나온 프로이트에서부터 인간의 의식 속에 존재하는 죽음에 대한 무의식의 세계를 주장하였다.

62 R. A. Robbins, "Death competency: Bugen's coping with death scale and death self-efficacy." *Death anxiety handbook: Research, instrumentation, and application*, 1994, pp. 149-165.

63 이고은, 『한겨레 과학웹진 사이언스온』, 2015.07.20.

1923년 프로이트는 「자아(ego)와 이드(id)」라는 논문에서 인간의 임종심리를 '죽게 된다는 엄청난 스트레스를 받는 상황에서 자아가 종전까지의 모든 자기 보위세력에게서 나와 혼자만 덩그러니 남아 죽게 되는 상황'이라고 하였다. 이때 느끼는 공포란 거세 공포에서 일부 나오고 사랑의 대상(love object)을 잃는다는 공포에서 다른 일부가 유래한다고 하였다. 또한 이와 반대되는 주장도 함께 했는데 '어린아이들은 죽음을 단지 출발이나 여행 정도로 여겨 이에 대한 두려움을 가지지 않으니 이로 미루어 볼 때 인간은 무의식에서 자기의 불멸을 믿는 것이다.'라고 하였다.

서로 상반된 두 가지 주장에 따라 인간이 갖는 그 어떤 두려움도 궁극에는 죽음에 대한 두려움으로 귀결된다는 것이고, 죽음에 대한 두려움이 모든 피해의식의 근본이 된다고 그는 보았다. 그 후 이에 대한 반론들이 있었지만 죽음에 대한 심리분석은 크게 발전되지 않았다가 Bromberg & Schilder(1933)에 의해 죽음이란 여러 가지 방법과 수단이 될 수 있다면서 다음과 같이 주장하였다.[64]

(1) 생전 내게 정을 주기 꺼리던 사람들을 이제는 정을 주지 않을 수 없게 만든다는 뜻에서 복수의 의미를 지닌다.
(2) 감당 못할 현세를 미련 없이 벗어나 내세로 떠나간다는 뜻에서 도피의 방법이다.
(3) 자기가 불멸의 중요한 존재임을 거듭 확인하는 최종적이며 완벽한 자기애의 구현이다.
(4) 응징과 속죄라는 뜻에서 피학적 성향을 만족시키는 방법이다.

UCLA 정신과 임상심리학자인 허먼 파이펠(Herman Feifel, 1915–2003) 교수는 『죽음의 의미』라는 저서에서 "비록 과학을 중시하는 시대지만 죽음에 관해서 우리는 객관적 연구가 거의 없는 무지의 상태에 있다."라고 하면서 죽음은 '벽인가' '문인가'라는

64 W. Bromberg, P. Schilder, "Death and Dying," *Psycho-analytic Review*, vol. xx, April, 1933.

질문으로 죽음에 대한 사람들의 생각과 의식을 밝혀내기도 하였다.[65]

하버드대학교의 Weisman(1961)은 수술 뒤 죽고 사는 것을 결정하는 심리적 요소가 있는데 이는 환자가 수술 전 죽지 않을까 해서 터놓고 두려워하는 경우 수술 후 합병증도 적고 경과가 좋은 반면 외견상 아무런 동요도 나타내지 않고 속으로 '나는 죽는 것이 났겠다.' '지금 죽지 않으면 살해당할 지도 모른다.'라고 믿는 사람이나 의사와 방문객 출입이 드문 외로운 병실생활을 하는 환자는 수술 후 잘 죽는다고 했다.

교육 정도와의 관계에서도 시카고대학의 Riley(1970)의 연구에 의하면 교육 정도가 높을수록 죽는다는 생각에 덜 위험을 느낀다고 한다. 그리고 당사자보다는 남의 죽음을 지켜보는 사람에게 죽음이 더 비극적이라 보는 견해가 있었다. 이후 죽음에 대한 연구가 급진전한 계기는 스위스 출신의 소아과의사 퀴블러 로스가 임종 직전 환자들의 반응을 연구하여 출판한 죽음 관련 책들이었으며, 이후 사후생과 죽음학에 대한 관심이 무척 활발해졌다.

## 11. 한국인의 주검에 대한 무속 심리학

전통적인 한국인의 상례 문화에서 주검을 다루는 모습을 보면 매우 강한 결박의식을 엿볼 수 있다. 임종이 의심되면 먼저 "속광"(屬纊) 또는 "속굉"(屬紘)의 절차를 거쳐서 죽음이 확인되면 주검을 가지런히 고정하는 "천시"(遷屍) 또는 "수시"(收屍)라 불리는 시신의 손발을 묶는 절차를 따른다.

이때 백지로 두 어깨 하절(下節) 윗부분과 두 정강이, 두 무릎 윗부분을 묶는데 남자는 긴 수건으로 두 어깨를 단단히 묶고, 여자는 두 다리를 단단히 묶은 뒤에 사방침

65 Herman Feifel ed. *The Meaning of Death*. New York: McGraw-Hill, 1959.

(四方枕)을 두 발바닥에 대어놓아 어그러지지 않게 하고 시신이 보이지 않게 병풍으로 가린다. 다음날 소렴을 하고 사흘째 대렴을 통해 두 번 더 완벽하게 주검을 감싸고 묶는다. 관 속에 입관을 하여 틈을 두지 않게 고이고 관 뚜껑을 덮고 고정한 후 다시 관을 천으로 싸고 조여 맨다. 전통 상례에서 주검에 대한 결박 의식은 매우 엄격하고 철저한데 이는 확실히 죽었다고 확인되는 순간부터는 죽음을 삶과 분리시키고, 주검을 산 사람들과 격리시키고자 하는 마음이 존재하기 때문이기도 하다.

하지만 효의 입장에서 살아계시기를 바라는 정신과는 상반되는 모습이기도 하지만 우리 조상들은 죽음이란 육체와 영혼의 분리를 의미하기에 육체에서 분리된 영혼은 마지막 안식처인 저승으로 가야 한다고 보았다. 하지만 육체에서 분리된 영혼은 곧장 저승으로 가는 것이 아니라 무덤이나 집안에서 육체가 완전히 삭아 없어질 때까지 배회한다고 생각했다.

결국 영혼은 "반혼(返魂) 또는 반곡(反哭)"이란 절차를 거쳐 다시 집으로 돌아와 일정기간 혼을 모셔두기는 하지만 저승으로 가지 못한 혼령은 무덤이나 빈소를 배회한다고 보았고 이를 곧 "귀신"이라 생각했다. 만약 귀신이 죽은 자의 육체 속으로 들어와 되살아난다면 이는 매우 공포스런 일이 될 수 있다고 여겼으며 주위에 배회하는 귀신이 우리가 알지 못하는 방식으로 산 사람에게 영향을 미친다고 생각해 왔다.

이런 귀신에 대한 우려는 오랜 기간 조상들의 의식 속에 큰 공포감을 만들어내었고, 이런 공포감으로 인해 더 정성껏 산 자가 죽은 자의 영혼을 잘 인도하여 저승에 들어가게 해야 할 필요성을 느끼게 되었다. 전통 상례에서 결박 의식은 이런 필요성에서 생겨난 심층의식의 결과이며, 이런 필요성을 구체적으로 표현한 원시적 형태의 종교의식이 바로 "굿"이다.

굿이란 심리적인 반응에 의해서 나타나는 의례로서 죽은 자의 영혼을 불러내어 원한을 풀어주고 극락으로 천도하기 위한 일종의 심리적 위안의 종교의식이다. 이는 또한 죽을 수밖에 없는 인간의 유한성에 맞서 영원한 존재의 세계로 나아가려는 새로운 출발점이다. 이런 의식의 원시적 형태를 "무속" 또는 "샤머니즘"(Shamanism)이라 한다. 엘리아데(M. Eliade)에 의하면 샤머니즘의 핵심은 "접신"(Trance)과 "탈령"(Ecstacy)이다. 따라서 무속은 죽음과 관련한 한국인의 "영혼"의 문제를 푸는 실마리가 될 수 있다.

무속 또는 샤머니즘은 우리의 죽음관을 이해하는 정신적 기틀이 될 수 있다. 무속이 유·불·도교가 한반도에 전해지기 전부터 고유의 신앙이자 토착신앙이란 사실은 명확하다. 무속에 따르면 삶과 죽음, 이승과 저승은 이질적인 공간 또는 이원적인 세계가 아니다. 단일 사건의 양면이며 죽음이 삶에서 분리된 것이 아니라 삶의 연장선상에 있는 일원적 세계에 속하는 하나의 과정인 것이다.

이와 같이 무속은 삶과 죽음을 동일선상이지만 다른 범주로 파악함으로써 삶과 죽음의 충돌을 일종의 범주적 갈등으로 이해하는데, 이런 범주적 갈등을 해소하려는 심리적 종교의례가 바로 굿이다. 가장 유명한 굿은 저승으로 가야할 죽은 영혼이 이승에 남아있지 않도록 천도하는 "오귀굿"이다. 무속에 의하면 죽은 영혼은 초상, 소상, 대상을 지내는 동안 이승에 머물다 3년 탈상과 함께 저승으로 간다. 이와 같이 저승으로 가야 할 죽은 영혼은 "조상혼"과 "원혼" 두 종류로 나뉜다. 조상혼이란 평온하게 살다 저승으로 들어간 영혼으로 이른바 "선령"(善靈)이고, 원혼은 생전의 원한이 남아 저승으로 들어가지 못한 영혼으로 이승에 남아 사람을 괴롭히는 "악령"(惡靈)이다. 선령으로서 조상혼에는 민간에 전승되어 온 조상신과 무속의 "대신"이 속하는 반면에, 악령인 원혼에는 왕신, 몽달귀신, 객혼, 영산, 수비, 수부 등이 속한다. 무속의 주요 임무는 이처럼 저승에 가지 못하고 떠도는 원혼을 달래어 저승으로 보내고 선령의 극락왕생을 축원하는 데 있다. 따라서 오귀굿은 우선 죽은 영혼의 억울함과 한을 풀어주는 "씻김굿"(초부정굿)에서 시작한다. 이런 오귀굿 또한 시대적 변화에 따라 다양한 종교가 접목되어 조금씩 변형되어 현재에 이르고 있다.

우리 조상의 심층 내면의 이면을 살펴보면 죽은 영혼의 억울함과 한을 풀어주어야 한다는 당위론과 함께 이 땅에서 뿌리내리고 살아가는 우리 조상들의 삶이 그만큼 고달팠다는 점을 역설적으로 말해준다. 그러다보니 현실에서 찾을 수 없는 진정한 위안과 휴식을 죽어서라도 풀길 바라는 염원에 대한 축원이라 할 수 있다. 이승이 산 영혼에게 “고통”과 “질곡”의 장소라면, 저승은 죽은 영혼에게 “위안”과 “휴식”의 장소인 것이다.

죽은 영혼이 이승에서 악령으로 떠돈다는 것은 산 자에게 두려움과 무서움의 대상일 수밖에 없고, 죽은 영혼을 천도하는 일은 일종의 효와 조상숭배 정신에서 볼 때 산 자의 당연한 의무로서 받아들여졌다. 자신도 언젠가 죽을 것이고 그래서 그 두려움에 대한 심리적 반응을 잘 표현한 것이 무속의 다양한 굿 행위라 할 수 있다.

# 제4장

# 죽음과 철학적 고찰

# 01. 서양철학으로 본 죽음

철학 또한 죽음에 대해 오랜 시간 고민해 왔지만 수많은 주장만 나열했지 결국 죽음이 무엇인지를 알아낸 것이 아니고 어떻게 살 것인가에 대한 문제에서 맴돌면서 죽음의 철학적 딜레마에서 벗어나지 못하는 것 같다.

그러다보니 죽음의 정의가 다양한 철학적 관점에서 여러 가지로 나열되고 있고 아직도 진행형의 이야기로 남아있는데 이는 아무도 죽었던 사람이 다시 살아서 돌아오지 않아서 명확한 죽음의 답을 찾지 못하기 때문일 것이다.

죽었다는 것은 두 번 다시 살아나지 않음을 의미하며, 만약 다시 살아났다면 그것은 죽음을 경험했던 것이 아니라 다만 사망진단에 오진이 있었을 따름이다.[1] 만일 인간이 혼수상태의 순간 육체와 정신의 이원론적인 존재가 아니라 육체와 정신과 영혼으로 구성된 삼원론적인 존재라면 죽음은 과연 무엇을 의미하는가?[2] 사후의 삶이 있다면 사후에 지속되는 삶의 주체와 죽기 전의 주체는 동일한 정체성을 갖는가? 이에 대한 철학적인 의문에 답을 찾아야 한다. 사후생을 믿는 것은 생명의 이원론을 믿기 때문일 수 있는데 이때 영혼은 육체의 도움이 필요하고 사후에도 계속 새로운 육체를 찾아야 한다. 이런 상황을 철학적으로 설명한다는 것은 결코 쉬운 일은 아니다.

서강대학교 철학과 구인회 교수는 "죽음을 경험하지 못한 나는 다른 사람들의 죽음을 단서로 삼아 죽음을 추측해볼 수 있을 뿐이다. 타인의 죽음조차 경험하지 못한다

1 구인회, 『죽음에 관한 철학적 고찰』, 한길사, 2015, p. 14.

2 황필호, 『죽음에 대한 현대서양철학의 네 가지 접근과 한국인의 접근』, 한국종교학회 엮음, 2009, pp. 257-292.

면, 나는 죽음이 어떤 것인지 전혀 짐작조차 못할 것이다."[3]라고 하였으며, 죽음에 대한 철학적 의문을 다음과 같이 열거하였다.

(1) 죽음의 문제에 대한 철학적 접근은 어떻게 이루어져왔는가?
(2) 우리의 삶에 집중하기 위해 근본적으로 죽음에 관한 의식을 배제하고 회피해야 하는가?
(3) 아니면 우리가 실현하는 의미란 모두 허망한 것이며, 우리가 체험하는 행복도 모두 허무하다는 사실을 항상 의식하고 깨어 있어야 하는가?
(4) 죽음의 경계선 저편에서 시작하는 진정한 인간 존재를 준비하기 위해 우리는 사멸성과 허무에 대해 초연해야 하는가?
(5) 아니면 반대로 우리에게 허락된 남은 시간을 의미 있게 보내기 위해 죽음을 끊임없이 자각하고 있어야 하는가?
(6) 죽음은 두렵고 불행한 사건인가?
(7) 또는 모든 속박으로부터 인간을 해방시켜주는 희망의 약속인가?
(8) 죽음은 삶의 종말이라는 극단적인 파국을 통해 우리 전 존재의 불합리성을 드러내는 것인가?
(9) 또는 본래의 자기존재에 도달하기 위해 진정으로 중요한 것이 무엇인지 일깨워주는 우리 삶 안의 외침인가?

이렇듯이 죽음의 의미에 대한 해답을 구하는 철학자들의 노력은 끊임없이 이어져왔다.[4] 하지만 이 의문들에 대한 답은 쉽게 나오기 어렵고 나온다고 해도 대부분 또 불안전한 의문만 만들 것이다. 만일 "사람의 삶이 언제 끝날까에 대한 두려움보다 끝없이

3 구인회, 『죽음에 관한 철학적 고찰』, 한길사, 2015, pp. 27–30.
4 구인회, 『죽음에 관한 철학적 고찰』, 한길사, 2015, pp. 27–30.

삶을 계속해야 한다면 그것이 오히려 우리를 두렵게 할 것이다."[5]라는 윌리엄스(B. Williams)의 말처럼 오래 사는 것보다 얼마나 스스로 생각하고 살아가는가라는 질적 문제에 접근해야 한다.

심리학자인 뉴욕대학교의 토마스 네이글(Thomas Nagel) 교수는 죽음에 대한 질문 중에 "죽음이 나쁜 것이라면 삶 자체는 좋은 것이다."[6]라는 표현으로 살아있다는 것이 합리적이고 가치 있는 것이므로 죽음을 앞둔 사람들이 어떤 의미를 가질 수 있는지와 그것이 무엇인지에 대한 철학적 질문을 하고 있다.

일부 사람들이 죽음을 두려워하지 않는 것은 죽음을 몰라서가 아니고 먼저 죽음의 두려움을 느꼈고 그 후에 죽음을 이해하고 죽음에 대한 불안, 걱정, 공포 등을 극복하였다는 것이다. 다양한 철학자들의 노력에도 불구하고 철학에서 보는 죽음은 되돌릴 수 없는 삶의 문제이고 아직도 죽음이 무엇인지 철학적으로 정의하지 못하고 있다. 단지 죽음은 다양한 철학적 사고와 의미로 죽음을 죽음으로 잘 표현할 뿐이다.

## 02. 시대에 따른 서양철학자들의 죽음관

그리스의 스토아학파(Stoicism)는 금욕과 평정을 추구하는 학파이고, 에피쿠로스학파(Epicurean)는 우연론을 주장하며 쾌락적 삶이 보장하는 자유를 추구하였다.

스토아학파의 삶과 죽음에 대한 접근은 삶에 애착이 있을 때 삶을 목 조르고 숙명으로 다가오는 죽음, 그래서 삶이 고통이라고 보면 죽음은 고통에서 벗어나게 하는 해

5 B. Williams, "The Macropoulos case: Reflections on the Tedium of Immortality," in *Problem of the self*, Cambridge, 1973. p. 82.

6 Thomas Nagel, *What Does It All Mean?: A Very Shot Introduction to Philosophy*, 조영기 역, 『이 모든 것은 무엇을 의미하는가?: 아주 짧은 철학입문강의』, 궁리, 2014.

방이라 보고 자살을 시도한 철학자들도 있었다. 소크라테스(Socrates, BC 470–BC 399)가 죽음을 육체의 족쇄로부터 영혼의 해방으로 표현하였듯이 이들은 죽음이란 삶의 격정적 올무로부터 벗어나는 것으로 인식하는 체념적이며 명상적인 죽음관을 가지고 있었다. 또한 스토아학파의 대표 철학자인 세네카(Lucius Annaeus Seneca, BC 4(?)–65)는 "죽음의 공포를 극복하기 위하여 항상 죽음을 생각해야 한다."고 하였다. 스토아학파의 죽음관은 나중에 기독교 사상으로 일부 들어와 죽음과 부활이라는 교리의 기초가 되기도 하였다.

에피쿠로스학파는 학문과 도덕이 인간의 쾌락에 이바지하지 못하는 한 아주 쓸모없는 것으로 여겼다. 이 세상에 존재하는 것은 오직 빈 공간(無)과 그 안에서 운동하는 원자라는 원자론에 입각하여 이 세상에 신이나 절대자, 불가사의한 것은 있을 수 없다고 보고 사후나 신들의 세계는 존재하지 않는다고 하였다.

만약 신이 있다면 신이라는 것이 이미 완전하기에 왜 이처럼 불안정한 세상을 만들어 죽음을 두려워하게 했겠는가 주장하면서 죽음은 단지 육체를 형성한 원자가 흩어지는 것에 불과하기에 죽음을 두려워할 필요가 없다고 했다. 죽으면 인간의 모든 감지능력도 소멸하기에 죽음 자체가 깊은 잠과 같이 고통이 없는 의식이 소멸된 상태라고 보았다. 이 학파의 루크레티우스(Titus Lucretius Carus, BC 94?–BC 55?)는 "우리는 죽음과 절대적으로 만날 수 없다. 우리가 살아 있는 동안에는 죽음이 없으며, 죽음이 다가왔을 때는 우리가 이미 살아있지 않기 때문이다."라고 하였다. 또한 사후세계를 부정하고 형이상학적인 생각을 거부하고 오직 현재의 삶에 충실하라고 강조하고 있다.

그리스의 고전형이상학 철학자인 소크라테스는 죽음이란 진짜 세계로 들어가는 문이기에 죽음으로부터 도피하지 않았다. 그리고 죽음에 대한 두려움은 죽음에 대한 지혜가 없기 때문이며 알지 못해서 생긴다고 하였다. 이는 물질이나 신체와 대비되는 영혼 또는 정신이라는 개념을 제시하여 죽은 후에도 다른 삶이 계속 이어진다는 불멸성의 개념을 주장한 것이다. 즉 소크라테스는 죽는다는 것을 육체의 속박과 고통으로부터 정신의 해방과 치유로 본 것이다.

플라톤(Plato, BC 428/427–BC 348/347)은 소크라테스의 죽음을 계기로 죽음을 신체에서 불사의 세계로 영혼을 옮기는 일이라고 보고 죽음의 심연 속에서 오히려 운명을 투시하려고 했다. 이런 상태를 이데아(Idea)의 세계로 간다고 보았다. 이 또한 죽음에 대해 영혼을 신체로부터 벗어나게 하여 영혼의 불멸성을 강조하는 것이었다.

아리스토텔레스(Aristoteles, BC 384–BC 322)는 인간의 삶은 목적이 있으며 이 목적을 행복에서 찾았다. 그는 소크라테스와 달리 신들을 모독했다는 죄명으로 처벌을 받기 직전 현실주의자답게 아테네를 탈출하였듯이 잘못된 판단은 무지에서 생긴 것이기에 악의 근원으로 보았다.

이후 헬레니즘 시대의 철학에서는 알렉산더(Alexandros, BC 356–BC 323) 대왕의 동서통합제국의 형성으로 그리스문명이 쇠퇴하고 동양과 서양의 교류가 활발해졌다. 그 후 로마제국이 형성되기까지 개인주의 철학을 바탕으로 현세에서는 몸 안에 영이 갇혀 있다고 보아 육체의 속박에서 벗어나야 한다고 생각했다.

로마시대로 들어오면서 정치적 지배나 로마의 혼란을 틈타 인간의 무력감을 느끼고 초인적인 신에게서 구원을 얻으려 했는데 이 시기에 여러 가지 종교적인 분화가 이루어졌다. 그 후 예수의 출현으로 기독교가 생겼고 기독교의 확산은 단일 종교로 정리되었다. 이 시기에 초기 기독교의 체계를 세운 사도 바울의 영향으로 그리스도교 교부철학(Patristic Philosophy)이 발전하였는데 박해받던 당시 교회의 정통 교리를 저술로 설명하고, 성스러운 생활을 하면서 신도의 모범이 된 사람들을 교부라는 이름으로 존중하는 데서 그 유래를 찾을 수 있다.

로마시대 말기에 플라톤의 이원론적 인식을 계승하여 더욱 세분화시킨 신플라톤주의의 출현은 이데아계를 만물의 궁극적 근원인 '일자(一者, Hen)'와 지성인 '누스(Nous)', 영혼인 '프시케(Psyche)'로 계층화하였다.

만물이 궁극적 근원인 일자(一者)에 기초한다는 이론은 유일신 사상을 특징으로 하는 기독교에도 큰 영향을 끼쳐 그리스 철학을 중세의 기독교 철학과 연결하는 매개 역할을 했다. 특히 초기 기독교 교리의 체계화에 큰 역할을 하였던 오리게네스(Origenes, 184?–253?)나 니사의 그레고리우스(Gregorius Nyssenus, 335?–395?) 등은 모두 신플라톤주의의 영향을 많이 받은 인물이다. 이에 영향을 받은 아우구스티누스(Aurelius Augustinus, 354–430)는 신플라톤주의와 원죄설과 성삼위일체론을 펼쳐 중세철학의 기초를 이루었다. 그의 체험을 통해 찾아낸 결론은 『고백록』의 유명한 구절 중에 "주여, 당신께서는 나를 당신에게로 향하도록 만드셨나이다. 내 영혼은 당신 품에서 휴식을 취할 때까지 편안하지 못할 것입니다."라는 말 속에 잘 나타나고 있다.

중세에는 기독교 사상 아래 교부철학 이후 스콜라철학이 중심이 되어 그리스도신학과 철학이 동시에 하나로 묶여 신의 존재를 증명하는 데 집중했다. 이 시기에 영혼은 신과 인간을 이어주는 중간 매체가 되고, 이 세상의 육체적 삶이 끝난 후에도 영혼은 지속적으로 구원을 얻어 영생을 누릴 것이라고 믿었다. 이와 같이 중세철학은 기독교신앙을 체계적으로 정리하고 이를 이성을 통하여 입증하고 이해하려 했지만 점차 절대적인 신앙 철학에서 신학을 뛰어넘어 중세 지식인들의 사유와 삶에 중요한 역할을 했으며 이후 근대 철학의 발달에 밑바탕이 되었다. 신앙과 철학을 포함하여 중세의 정치, 경제, 문화 등의 현실 문제에도 깊게 관여했기 때문에 '스콜라주의(Scholasticism)'라는 넓은 의미의 명칭으로 불리기도 한다.

이 시기의 죽음을 맞이하는 방식에 대해 중세 문헌에는 "모르스 세르타, 호라 인세르타(Mors certa, hora incerta)"라는 라틴어 구절이 등장한다. 이는 우리의 삶에서 가장 확실한 것은 인간은 죽는다는 것이며, 가장 불확실한 것은 죽음이 닥치는 시기라는 것이다. 이는 죽음에 대한 준비를 하라는 충고이기도 하다.

르네상스 시대를 맞이하여 교회 중심의 중세철학은 쇠퇴하고 휴머니즘(인문주의)의 형태로 과거의 기독교의 근본인 스콜라 철학에서 해방되기 위해 비종교적이고 세속적인 고전적(古典的) 그리스시대로의 복귀를 주장하여, 인간의 복권에 의한 새로운 세계인식으로의 길을 준비하였다.

그 이후 새로운 문화발전과 더불어 자본주의 시대를 맞이한 철학은 근대철학의 태동을 가져왔다. 이 시기부터 '사고와 존재의 관계'라는 문제가 철학의 중심에 자리 잡았고, 자본주의 태동기에서 자본주의의 발전 및 확립 시기를 거쳐 자본주의 소멸기에 이르는 모든 시대의 철학을 근대철학이라고 한다.

르네상스 시대를 거쳐 산업혁명이 일어나고 근대가 시작되면서 유신론적 세계관이 붕괴되고 감각적으로 확인되지 않거나 논리적이지도 이성적이지도 못한 것을 거부하는 경향이 커지면서 내세나 신앙적인 초월적 사고보다는 좀 더 현실적이며 내면적인 사고를 우선시하였다. 이때부터 죽음에 대한 문제를 종교와 분리하기 시작하면서 죽음을 사람이 실제 체험하지 못하는 형이상학적인 문제로 보고 철학적인 관심에서 다소 멀리 밀려나기 시작하였는데 이 시기에 급속히 발전한 생물학적 지식과 과학의 발전이 이를 더욱 심화시킨 면이 있다.

실존철학은 19세기 독일 철학의 정점을 이룬 헤겔(Georg Wilhelm Friedrich Hegel, 1770-1831) 철학에 대한 반발로부터 시작되었는데, 이러한 경향과 신(新)칸트주의 철학은 20세기의 철학으로 진행되는 과정 속에서 과도기적인 위치를 차지한다. 헤겔 철학은 붕괴 과정에서 마르크스(Karl Heinrich Marx, 1818-1883)의 변증법적 유물론을 탄생시켰고, 헤겔 철학에 대한 반발로 시작된 비합리주의 철학, 즉 키에르케고르(Søren Aabye Kierkegaard, 1813-1855)와 쇼펜하우어(Arthur Schopenhauer, 1788-1860)의 철학은 니체를 통해 생의 철학과 실존철학으로 발전하게 되었다. 이와 동시에 영국에서는 경험주의를 토대로 신실재론(新實在論)이 발달하였고, 분석철학에서는 빈 학파에 의해 논리실증주의가 발전해갔다. 이렇듯이 현대철학은 영국, 서유럽, 동유럽, 미국 등 다양한 지역과 문화가 반영되어 있고 모든 철학사상 간의 상호영향 관계가 밀접하게 이루어져 철학사상을 명확히 정의하기도 어려워졌다.

근대철학에서 잠시 멀어졌던 죽음에 대한 논의는 잦은 대규모 전쟁과 세계 경제의 어려움 속에서 삶의 의미가 부각되면서 죽음의 문제에도 함께 관심을 가지게 되었다.

실존주의 철학자들 사이에서도 죽음을 주체적이고 내면화된 체험으로 보기 시작하였다. 즉 자신과 죽음 사이의 관계에서 서로 미치는 영향을 이해하고 삶의 의미를 찾아가며 죽음을 마지막이 아닌 실존으로서의 자각으로 보았다.

죽음에 대한 철학적 견해를 밝힌 근대철학자들 중에 스피노자(Baruch de Spinoza, 1632–1677)는 유대인 상인의 아들로 태어났으나 그의 자유주의 사상 때문에 유대 교회에서 파문을 당했다. 그는 아우구스티누스(Aurelius Augustinus, 354–430)와 파스칼(Blaise Pascal, 1623–1662)을 중심으로 한 기독교 사상에 대치되는 견해를 가진 철학자였다. 개별 생명을 소중히 여긴 죽음에 대한 그의 철학적 주장은 "자유인은 이성의 보호 하에 산다. 그는 공포 따위에 지배당하지 않는다. 그는 곧바로 선을 지향하고 진실한 자기 이익을 추구하는 기본자세 위에서 자신을 유지하고, 행동하고, 생활하고자 노력한다. 그러한 사람은 죽음 따위는 생각하지 않는다. 그의 지혜는 삶의 성찰일 뿐이다."라고 말했다.

볼테르(Voltaire, 1694–1778)는 죽음에 대한 올바른 인식에 관해 최초로 언급했다. 그는 "인간은 자기가 죽으리라는 것을 아는 유일한 종(種)으로서 그들은 경험을 통하여 죽음을 인식한다."고 말하였다.

쇼펜하우어는 불교사상을 몰랐지만 "희로애락의 삶에 대한 고통을 깨닫고 살려고 하는 많은 욕망이 있기에 자신이 죽어도 단지 개체의 소실만 있지 그 안의 의지는 계속 투쟁하고 존재한다."라고 하며 그 투쟁 속에서 고통이 있다고 보았다. "이제는 소망할 것이 없는 열반(Nirvana)의 경지에서 우리 자신이 죽을 것과 세상 것들을 멀리하고 십자가를 질 것이다."라고 하였다.

이후 죽음이라는 사건이 우연이 아닌 필연으로 인지되면서 '인간은 죽는 동물이라거나 인간은 유한하다.'라는 명제 하에 죽음의 공포로부터 벗어나려고 실존주의 철학자들은 '인간의 죽음은 경험의 주석이다.'라고 하며 죽음의 문제에 진지하게 접근하였고, 인간은 구체적인 '삶'과 "지금 여기(Hear and Now) 이 사람"으로서의 '현 존재' 또는

'실존'에 매우 관심을 기울이게 되었다. 실존철학은 이러한 관심에서 죽음의 의미를 가장 절실하게 촉구하였다고 볼 수 있다.

키에르케고르는 당시 교회가 권력과 결탁하여 타락화한 것을 비판하였고 특히 실존철학에서 죽음의 문제는 그가 말하는 단독자로서의 실존이 죽음을 자각한 때부터라며 기존의 믿음 대신 자신의 독자적 신앙으로 대치하였으며 실존인 자기를 잃어버려 절망 속에 빠진 현대인의 증세는 속세의 군중 속에 몰락되어 보편적 존재로 해소되어버린 데에 있으며 그 병명은 "죽음에 이르는 병(Sygdodommen til Doeden)"이라고 하였다.

하이데거(Martin Heidegger, 1889–1976)는 대표적인 실존주의 철학자로서 비존재도 그의 존재론적 사상의 중심으로 삼았다. 그의 저서 『존재와 시간*Sein und Zeit*』에서 "우리가 죽음을 두려워하면서도 왜 그것을 두려워하는지, 두려움으로 인해 무슨 일이 일어나는지 말하지 않는 것이다. 단지 죽음을 두려워한다는 표현만을 선호할 뿐이다. 인간의 존재는 죽음을 향한 존재이다. 죽음은 무이며, 그것은 인간이 알 수도 없고, 피할 수도 없고, 극복할 수도 없는 필연적인 것이다."라고 했다. 죽음은 생의 연속이 중단된 것이 아니며 인간을 죽음에 이르는 존재라고 규정한 것이다. 이는 실존주의적 입장에서 인간의 주체적 선택과 결단을 강조한 것이고 인간을 죽음을 향한 존재로 보아 인간은 자기의 죽음을 인식하고 죽음에 대한 자각을 통해 삶을 더욱 의미 있고 가치 있게 살 수 있다고 역설했다.

사르트르(Jean-Paul Sartre, 1905–1980)는 실존주의 철학자 중 하이데거와 비교되는 대표적인 학자이지만 죽음에 대해서는 반대 입장을 취했다. 사르트르는 인간의 자유를 억압하는 모든 것에 대해서 끊임없이 투쟁하였기에 항상 인간의 자유를 위해 투쟁하던 '행동하는 지성'으로 알려졌다. 죽음에 대해서도 "죽음은 원칙적으로 내게서 도망치고 있는 것이다. 죽음은 출생과 똑같이 순전한 사실이다. 우리가 태어났다는 것이 부조리인 것처럼 죽는 것도 부조리이다. 그 위에 우리는 항상 죽으러 가고 있다."라고 말했다.

틸리히(Paul Tillich, 1886–1965)는 인간은 유한하며 비존재의 지배를 받을 수밖에 없는 존재론적 존재이며, 불안은 하나의 죽음의 상징이라고 했다. 불안이라는 것은 한 존재가 자기가 비존재가 될지 모른다는 가능성을 의식하고 있는 상태를 말하는 것이다. 이런 불안이 발생하는 비존재에는 죽음에 대한 불안, 공허와 의미의 상실에 대한 불안, 죄의식과 정죄에 대한 불안이 있다고 하였다.

칼 하임(Karl Heim, 1874–1958)은 "우리의 생은 밖을 볼 수 없는 성벽으로 둘러싸인 것처럼 사방이 죽음으로 둘러싸여있다."라고 하였다.

칼 야스퍼스(Karl Jaspers, 1883–1969)는 정신병리학자로서 '실존'에 덧붙여 '이성'을 중요시하였다. 실존을 '무제약적'인 존재라 하여 자기 이외의 다른 원인의 지배를 받지 않고 다른 누구에 의해서도 대체될 수 없는 절대적인 성격을 논하는 가운데 '정세에 있어서 무제약성'을 들었다. 그는 "모든 정세 중에서 가장 극단적인 한계정세(限界情勢)는 죽음이다."라고 하였다. 그는 죽음 후에는 어떤 징조도 없고 아무 것도 다시 돌아오지 않으므로, 죽음은 비존재(Non–Being)이며 무(無)라고 했고 그러므로 죽음에 대한 불안을 무(無)에 대한 불안으로 보았다. 그러나 죽은 후의 무는 사실 무가 아니고 죽어있는 상태가 나를 기다리고 있는 곳이다. 이와 같은 두 개의 불안 즉 무에 대한 불안과 미래에 죽어 있을 상태에 대한 불안은 정확히 알 수 없다. 이 무(無)라는 것은 단지 시간적, 공간적 개념일 뿐이므로 죽음에 대해서 무시할 수도 없고, 죽지 않는다는 의식에 어떤 근거를 제시할 수도 없다고 하여 죽음에 불확실한 태도를 보이기도 하였다.

위에 언급한 다양한 실존철학자들은 죽음이 불가피하게 오는 것이고 누구나 다 생리적인 죽음을 통하여 실재 느끼는 것이기에 죽음을 통해서 자신의 완성을 이룬다고 보았다.

20세기가 시작되면서 철학적인 사고만이 아닌 행동에 대한 객관적이고 실험적인 연구가 활발해지면서 죽음에 대한 사람들의 심리학적 견해에 대한 연구가 발달하기 시작하였다. 20세기 초 지그문트 프로이트(Sigmund Freud, 1856–1939)는 무의식이나 억압된 잠재의식 등의 중요성을 지적하고 그것에 대해 인간의 의식된 부분, 즉 이성이라든가 합리성이라고 불렸던 것이 얼마나 표층적인 것인가를 제시했다. 이러한 분석은 근현대사회의 사회과학적 발전으로 비로소 가능한 것이 되었다. 전통적인 사회에서는 공동체의 규범이나 종교적인 속박이 강하여 인간의 본능적인 욕구와 그것을 억제하는 것의 충돌이 회피되었다. 그것들의 속박이 없어진 대중사회에서 비로소 프로이트의 이론이 탄생하였다고 할 수 있다. 이후 심리학의 혁명으로 오랜 기간 금기시되었던 성에 대한 억압은 어느 정도 제거되었다. 프로이트는 인간은 원래의 상태를 파괴하거나 전복시키려는 생득적(生得的) 경향이 있으며 자기 자신을 파괴하려는 본능이 있다고 하였는데 이는 생의 본능에 대비되는 개념이었다.

칼 융(Carl Gustav Jung, 1875–1961)은 "죽음은 사라지는 것이 아니다. 알 수 없는 세계로 가는 것이다. 죽음의 저편에서 일어나는 일은 말할 수 없이 위대해서 우리의 상상이나 감정이 제대로 파악하기 어렵다."라고 하였다. 또한 저서 『심리학의 구조』에서 "죽음은 단순히 끝이 아니라 인생의 목표 중 하나이다."라고 하였는데 이는 죽음을 하나의 목적 있는 완전하고 영원한 휴식상태로 돌아가는 과정으로 본 것이다. 칼 융은 정신현상을 성욕에 귀착시켜 설명하는 프로이트에 반대하였고, 아들러(Alfred Adler, 1870–1937)의 사상을 받아들여 성격에는 내향형과 외향형이 있다고 주장하였다. 그는 노년에 미지의 여행을 통해 미개인들의 생활을 관찰하였고 그것을 바탕으로 심층 심리에는 단순히 개인적인 것뿐만 아니라, 오랜 집단생활에 의해 심리에 침전된 '집단무의식'이 있다는 사실을 밝혀내기도 하였다. 칼 융의 말 중에 의미 있는 것은 신을 믿느냐는 질문에 "나는 믿지 않는다. 알고 있을 뿐이다."라는 대목이다.

한동안 과학의 급속한 발달과 물질만능의 사회적 현상으로 관심이 적었던 정신적인 측면이 다시 등장하게 된 것은 출생과 성 그리고 죽음이 하나의 삶의 과정으로 밀접한 연관이 있다는 것을 인식하면서, 의식뿐만 아니라 무의식 속에 잠재된 임종과 죽음에 대한 새로운 변화를 맞이하였기 때문이다.

# 03. 동양철학으로 본 죽음

중국사상의 두 축이라면 유가(儒家)와 도가(道家) 철학을 들 수 있다. 이 두 사상은 서로 상반되면서도 보완작용을 해가며 중국인의 의식과 무의식을 지배해왔고 주변국들에게도 많은 영향을 미치고 있다.

## 1. 유교(儒教)

공자(公子)는 죽음보다 현실을 강조한다고 하지만 당시 공자는 사람들이 죽음의 문제를 생각하느라 마음을 분산시키지 말고 어수선한 당시 상황에 휩쓸리거나 흔들리지 말고 자신의 삶에 집중할 것을 원했던 것 같다. 공자의 생사관은 현대사회에서도 매우 현실적인 느낌을 받는다. 공자는 제자 안회가 죽었을 때 "아아! 하늘이 나를 죽이는구나! 하늘이 나를 죽이는구나."라며 통곡했으며, 제자인 계로가 공자에게 "죽음이 무엇입니까"라고 물으니 공자가 대답하기를 "태어나는 것도 모르는데 어찌 죽음을 알리오."라고 대답했다.

이는 공자의 내세관 부재로 인한 언급도 아니고 직접 귀신과 죽음의 문제를 회피하려는 것도 아니며, 사람과 귀신에 있어 사람이 더 중요하고, 삶과 죽음에 있어 삶의 문제가 더 중요하다는 것을 강조하는 것이다. 공자는 제자 번지가 '앎(知)'에 대해 묻자 "사람의 의리에 힘쓸 것이요, 귀신은 공경은 하되 멀리하면(敬而遠之) 가히 앎이라 이르니."라고 하였던 것도 귀신과 죽음에 대해 무시했거나 등한시한 것이 아님을 알 수 있다.

공자가 '죽음'보다 '삶'을 더 강조한 것은 동양인들의 생사여일(生死如一) 사상의 근원이 됐다고 볼 수 있다. 즉 삶을 지배하는 이치나 죽음 이후를 지배하는 이치를 하나로 생각하는 것이다. 삶의 의미를 모르고 죽는다면 죽음 이후가 보장될 수 없으며 삶의 의미를 잘 모르고 죽어도 죽음 이후의 삶이 잘 보장된다고 믿는 것은 미신일 뿐이라고 본 것이다. 오로지 그 하나의 이치가 무엇인지를 깨닫는 것이 각자 살아있는 동안의 도리라고 보았기 때문이다.

이는 공자도 경천사상(敬天思想)을 가지고 있었다는 것이고, 죽음 자체의 의미나 죽어서 시작하는 또 다른 세계에 대해서는 그 뒤로 미루고 삶과 죽음을 대자연의 법칙에 의한 신귀(神鬼) 과정으로 보고 이를 형이상학적 문제로 돌렸다는 것이다. 그러므로 삶과 죽음 때문에 앞뒤로 연장될 수 있는 상념을 처음부터 단절하고 거의 일회적인 인생 자체에 몰두하게 되었기에 귀신과 죽음에 관한 질문은 접어두고 사람과 삶의 도리에 관심과 초점을 맞추는 것이 유교의 근본개념이라고 본다.

유교에서는 죽음이란 인생을 시작해서 엮어가다가 마치는 엄숙한 과정이라 보는데 이것은 이미 생사에 대한 생물학적 또는 종교적 관심에서 벗어나 개인의 책임 아래 인생을 엮어간다는 자율의 도덕론적 관심으로 정착된 것이다. 그러다보니 공자는 곧은 정신력의 위인답게 죽음에 직면해서도 당당했다. 어느 날 아침 공자가 일찍 일어나 한쪽 손을 뒤로 하고, 한쪽 손으로는 지팡이를 짚고서 문 앞으로 이리저리 거닐면서 노래를 불렀다. "태산이 지금 무너지려고 한다. 대들보 나무가 지금 쓰러지려고 한다. 철인이 지금 시들려고 한다." 그는 자공에게 "나는 은나라 혈통이지만 어젯밤 꿈에 남의 집 두 기둥 중간에 앉아서 식사대접을 받고 있었다."는 이야기를 하면서 자신이 죽게 될 것을 예언한 뒤 7일 만에 담담히 세상을 하직했다.

유교는 효(孝)에서 출발하여 제(悌)로 마무리 된다고 하는데 가부장적(家父長的) 집단주의(集團主義) 문화, 서열을 중시하는 권위주의(權威主義) 문화이기도 하다. 오늘날 개인주의와 합리적인 생각을 가진 현대인들에겐 전통유교와의 충돌이 따르지만 오랜 기간 전해져 내려온 유교의 문화적 요인을 완전히 벗어나기는 어려워 보인다.

유교를 종교라고 주장하기도 하는데 그 이유 중에 중요한 것이 제사 제도로, 제사 행위가 이루어질 때 조령들은 이승에 남아 살아있는 후손들의 정성과 기도에 감응한다고 본다. 하지만 무교와 달리 내세(來世)를 명확히 인정하지 않기에 영혼을 긍정도 부정도 하지 않으면서 철저한 현세관(現世觀)을 보이는 것이다.

제사는 산 자와 죽은 자가 만나는 의례인데 조상신으로 제사를 모시지만 어떤 곳에서 머물다가 제삿날 오는 것이 아니라 자식의 가슴과 머리에 남아서 간접적으로 영향을 행사하고 있다고 볼 수 있다. 생자는 망자와 삶을 통해 공유조상은 죽지 않고 살아있는 것으로 자손들의 마음속에 기억된다는 간접적 영세관을 가지고 있다. 제사를 통해서 영혼이 집으로 찾아와 그들과 음식을 나눌 수 있고 음복의 중요성을 강조한다. 이는 음복은 조상에게 복을 받는 의례이기 때문이다.

유교의 장례 과정에서 사망에 이르게 되면 고복(皐復)이라고 무조건 이승으로 돌아오라는 의미로 복을 세 번 외친다. 이는 이승에 남아 있기를 바라는 간절한 마음의 표현이며, 이승이 저승보다 낫다는 것을 암시한다. 또 장례식이 시작되면 곧 사잣상(사잣밥)을 차린다. 밥상은 저승사자에게 마치 뇌물을 주듯이 지극히 현세적인 방법으로 밥, 술, 돈, 짚신, 간장을 놓는다. 간장을 놓는 이유는 짜게 먹어서 물을 찾는 시간만큼 저승 가는 길이 조금이라도 늦어지도록 하려는 애잔한 마음의 표현이기도 하다.

상여소리도 의미가 있는데 저승으로 보내기 싫어하는 구절들을 쉽게 찾을 수 있다. 저승사자를 잡듯 죽은 사람을 끌고 가는 것을 형상화하는 것은 이승은 좋고 저승은 좋지 않음을 나타내는 것이기도 하다. 또한 망자의 자식을 죄인으로 취급하는 것은 죽음을 부정적으로 보는 단편적인 증거이다. 그러다보니 이승에서 못다 한 효를 위해 반혼(返魂)을 3년 동안 살아있는 사람처럼 대우하여 아침마다 문안인사를 드리며 집안 일들을 고(告)하기도 한다. 대상(大祥)이 지나야 완연한 조상신이 된다. 그러나 귀신은 상제(上帝)로 바로 가지는 못한다. 그래서 임종 시에는 죽은 뒤 조령(祖靈)들을 뵐 면목을 갖추는 것이 중요하다. 자신의 혼백(魂魄)이 단순히 귀신(鬼神) 세계에 머무는 것이 아니라 조령들의 세계로 진입해 가기를 염원하고 그것을 중요하게 생각하기에 주의해야 할 부분이다.

공자 이후 성리학을 집대성한 주자(朱子)는 인간이 최초로 태어난 배경을 이렇게 설명하고 있다. "인간은 기(氣)의 변화를 통해 생겨났다. 음양과 오행의 본질이 결합됐을 때 인간의 육체적 형태가 확립됐다. 이것은 불교도들이 변화에 의해 생겼다는 것과 같다. 오늘날도 이(蝨)들과 같이 변화에 의해 생겨나는 것이 많다."라고 하여 음양오행의 결합으로 만물과 인간이 생겨났다고 보고 있다. 마치 화생(化生)에 의해 알 수 없는 음양이기(陰陽二氣)가 작용하여 이(蝨)가 저절로 생겨나는 것과 같이 인간도 인간 오행의 정(精)이 합해져 저절로 어느 단계에서 생겨났다는 것이다. 천지를 형성하고 온갖 만물과 인간을 형성하는 것은 하나의 거대한 힘인 기(氣)의 작용으로 이뤄졌다고 보고 있다.

주자는 대생명의 일부를 인간이 소유하고 있다가 그것이 소진되면 죽음이 오는 것으로 보고 있기에 인간이 살아있다는 것은 대생명의 일부를 분유(分有)하고 있다는 것을 의미한다. 그런데 그 대생명의 분유자인 인간은 죽을 때 완전히 소멸되는 것이 아니고 생명 자체가 영원히 남는다는 사실도 인식할 필요가 있다. 여기서 조상숭배와 제사의 논리가 나오는 것이다. 이는 죽은 조상과의 통교(通交)가 이(理)를 통해 가능하다고 보는 것이므로, 조상과의 통교는 개체로서의 조상보다는 이(理)에 뿌리를 둔 조상의 얼과의 통교라는 말이 더 적합할 것이다.

## 2. 도교

도교는 중국 고대의 민간 신앙을 바탕으로 삼는 신선설(神仙說)을 중심으로 불로장생을 주목적으로 하는 현세 이익적인 자연종교라고 할 수 있다. 여기에 노자철학과 유교의식, 불교교리 등이 결합되어 중국의 독특한 민간신앙으로 발전하여 행복, 재물재산과 더불어 오래 사는 것을 삶의 목표로 하며, 죽음을 문제시하지 않고 죽음을 단지 자연 변화의 일부로서 도(道)에 의하여 지배되는 것으로 이해했다.

오랜 중국적 사유의 중요 관심사는 '인간의 삶' 자체이다. 삶의 본질을 추구하고 올바른 삶의 방향을 모색하는 삶 자체가 그 주체로 중국인들의 생활 기저에 자리 잡고 있기 때문이다. 그러므로 현세 존중 사상이 강하고 현실의 삶을 긍정하면서 우주를 생명적 흐름으로 보고 그 생명적 흐름을 인간이 주체적으로 계승하는 것을 올바른 삶의 방향으로 제시한다.

장자(莊子)의 도교적 입장의 죽음관은 특이한데 그는 죽음에 대하여 다음과 같은 말을 남겼다. "삶은 죽음의 동반자요, 죽음은 삶의 시작이니, 어느 것이 근본임을 누가 알랴? 삶이란 기운(氣運)의 모임이고 기운이 모이면 태어나고 기운이 흩어지면 죽는 것인데 이같이 사(死)와 생(生)이 같은 짝을 만나면 무엇을 조심하랴. 내 생애를 잘 지냈으면 죽음 또한 의연하게 맞이해야 한다."고 하여 생과 사를 일체로 보아 고정되지 않는 자연의 끊임없는 변화와 순환의 과정으로 보았다.

중국 전한(前漢)의 회남왕(淮南王) 유안(劉安)이 저술한 책인 도가사상을 잘 표현한 『회남자(淮南子)』를 보면 "세계가 형성되기 이전에 원초적 존재인 기가 혼돈상태로 존재한다. 그것은 맑고 가벼운 청경(淸經)기와 무겁고 탁한 중촉(重燭)기로 나누어지는데 청경기는 떠올라 하늘이 되고, 중촉기는 가라 앉아 땅이 된다. 이 두 기가 상호작용을 하여 만물이 생성되며 이때 부여받은 기의 종류에 따라 천차만별의 다양한 생명체가 형성된다."라고 하였고, 인간은 가장 뛰어난 기 즉 수기(秀氣)를 받아 생성된다고 하고 이 경우 하늘의 기는 사람의 정신적 측면에 해당된다고 하였다. 이런 기의 바탕 위에 삶과 죽음에 대한 사상적 근거를 만들었다.

조문을 간 친구 혜시가 보니 장자는 아내가 죽은 후 다리를 뻗고 주저앉아 항아리를 두드리며 노래를 부르고 있었다. 당시 유가의 입장에서 본다면 장자는 전혀 인정머리 없는 사람으로 치부될 것이지만 장자는 "아내의 죽음에 어찌 애통하지 않겠는가." 라며 처음에 잠시 슬퍼하다가 이성을 회복한 뒤 "그 시작을 살펴보면 본래 생명은 없었네. 죽음은 사계절의 변화처럼 자연스러운 것인 만큼 내가 통곡한다면 이는 자연의 명을 따르지 않는 것이네."라고 언급했다.

공자가 극히 진중하게 여겨 받들었던 주역(周易)의 계사전(繫辭傳)에 보면, '정기(精氣)가 물이 되고 유혼(遊魂)이 변화한다. 이런 고로 귀신의 정상(실상)을 안다(精氣爲物, 遊魂爲變, 是故知鬼神之精狀).'는 말이 있다. 즉 기가 응취하면 정기로 되어 물을 이루고, 발산하면 유혼으로 되어 변화한다는 것인데 이 말 속에 유교의 죽음에 대한 사상이 집약되어있다고 볼 수 있다. 만물은 이 취산(聚散)에 의해 이뤄진다는 것으로 이런 면에서 노장사상(老莊思想)도 서로 비슷한 죽음관을 보여주고 있다. 장자도 "엉기면 삶이요 사라지면 죽음이다(聚則生散則死)."라고 말하고 있기 때문이다.

## 3. 무교(巫敎)

무교는 무당(Shaman)이 의식의 주재자가 되는 종교현상으로 그 원형은 시베리아 및 중앙아시아 일대의 알타이(Altai) 문화권에서 주로 발견된다. 일반적으로 샤머니즘이라고 하지만 우리나라에서는 무속신앙, 무속, 민간신앙 등과 함께 무교(巫敎)라는 용어가 쓰인다. 우리의 무교 역사는 고조선 시기에서부터 시작되는데 단군신화에는 천왕환웅이 신시를 베풀었다는 기록이 존재하고, 신시는 제왕이 하늘에 제사하는 장소이자 굿당으로, 천왕환웅과 단군왕검은 제천의식을 주관한 무당으로 해석할 수 있다. 상고시대의 무교는 권력과 밀접하게 연관되었기에, 강력한 힘을 가지고 있었고, 무당들은 당시 사람들에게 두려움과 존경의 대상이었다. 하지만 유교, 불교, 도교를 비롯한 외래 종교와 사상이 들어오면서 점차 쇠락하여, 다른 종교와 융합해 민간신앙으로서 명맥을 이어가고 있다.

무당의 특징은 자신의 몸에 신내림을 받은 접신탈아(接神脫我, Ecstasy)의 능력에 있으며, 탈아 상태에서 신령들이나 죽은 사람의 망령과 직접 교섭하거나 그것들을 자기 몸에 받아들여서 살아 있는 인간과의 문제를 해결하는 것이 주요한 역할이다.

무교가 지향하는 목표는 현세에서 액을 물리치고 가능한 한 많은 복을 받는 것이므로 무교의 주체자인 무당들이 가진 의식 속에는 철저하게 현세중심적인 원리에 입각한 내세관을 가지고 있다. 무당들은 자신의 능력을 통해서 일반인들에게 무병장수(無病長壽)하고 부귀영화(富貴榮華)를 누리도록 해준다. 또한 저승을 볼 수 있기에 산자와 죽은 자를 서로 연결해주는데, 무당들이 말하는 저승은 이승을 닮은 곳이기에 맑고 깨끗하고 편안한 세계이긴 하지만 여기서도 지옥은 무섭고 고통스런 곳이라고 한다. 이런 내용은 후대에 불교에서 차용한 것으로 보이며, 칼산지옥, 불산지옥 등이 그 증거이다. 하지만 저승에 대한 확실한 묘사가 없다.

현재 우리가 접하는 무교에도 유교와 비슷한 죽음관이 있지만 혼(魂)을 인정하는 부분이 다르다. 인간의 영혼을 생령과 사령으로 나누어 살아있는 몸속에 있는 영혼을 생령이라고 하고 조상, 원귀, 원령 등 죽은 후에 저승으로 가는 영혼을 사령이라고 한다. 무교에서는 불의의 사고를 두려워하기에 요사(夭死), 횡사(橫射), 원사(寃死), 병사(病死)를 하게 되면 반드시 사령제(死靈祭)를 지내게 된다. 망자가 살아 있을 때 갖게 된 한을 풀어줘 그 험한 저승길을 무사하게 통과시키기 위한 것으로 지역에 따라 새남굿, 씻김굿, (진)오구굿의 형식으로 지내게 된다. 이는 모든 죽은 혼령은 반드시 정화단계(종교 의례)를 거쳐 저승으로 가게 된다고 보는 것이다.

무당들이 말하는 혼령(魂靈)의 4단계 중 첫 번째는 복 받은 혼령으로, 저승세계로 직행하게 되고 복된 죽음이라고 한다. 두 번째는 예비 단계적 혼령인데, 저승에 들어가기 전에 저승의 부속 공간(지옥)에서 더렵혀진 혼령이 고통을 받음으로써 죗값을 치루는 기간을 거쳐서 혼령이 정화된 다음 저승으로 간다. 세 번째는 방황하는 혼령으로, 비명횡사(非命橫死)하거나 너무나 억울하게 죽은 한(恨) 맺힌 영혼이 이승을 떠나지 못하고 중간적 존재로서 방황하는 혼령이다. 이렇게 죽은 혼령은 당사자에게도 불행일 뿐만 아니라 가까운 가족과 지인에게도 부정적이고 파괴적인 액운이나 살기로 작용한다고 보아 무당굿은 이러한 원혼이나 한을 풀어 저승으로 편안하게 보내주려는 종교의례를 행한다. 마지막으로 극악무도(極惡無道)한 혼령을 일컫는데, 저승에 바로 들어갈 만한 깨끗한 혼령도 못되고 지옥에서 고통과 감내를 통해 정화 받은 후에도 지옥에서 저승세계로 들어가지 못하는 경우이다. 지옥에서 내쳐져서 이승의 우마축생(牛馬丑生), 버러지 등으로 환생하여 혼령의 정화단계를 거쳐야 하는 최악의 혼령이다. 그래서 무교에서는 운명하기 전에 마음에 품은 모든 원한, 여한, 복수심, 죄책감 등을 다 털어버리도록 돕는 것이 중요하다.

한국의 무속에서 접신, 탈령, 넋대잡이 초혼, 오구굿에서 보듯이 영혼은 육신이 죽은 후에도 불멸하는 존재로 저승 혹은 극락으로 천계상승하거나 이승으로 다시 태어나기도 한다. 그러다보니 영혼은 죽어서 육체와 분리된 후에도 다시 육체와 만날 수가 있고 살아 있을 때와 같이 기억과 욕망을 가진 존재로 여겨지기도 한다. 즉 죽음을 모든 것의 끝이 아닌 단지 육체만 이승에서 사라지는 것이고 영혼은 다른 세계로 이동한다고 본다.

무교는 우리 민족의 자생적 전통종교라고 말하지만 사람들은 무교를 무속으로 비하하고, 미신이라는 속성에 대해 오해하거나 편견을 가지고 있다. 그러므로 무교는 사람들 마음속에 꾸준히 전해 내려오면서 한과 설움 또는 하소연의 창구로서 겨우 명맥을 유지하고 있다. 하지만 무교의 고유한 종교적인 사상과 죽음에 대한 접근방법 그리고 굿판의 다양한 음악, 춤, 음식, 복식, 제례 형식 등 유형, 무형의 문화적 가치는 후대에도 보존되어 우리의 고유 종교로서의 가치를 유지해야 할 것이다.

## 04. 한국인의 철학으로 본 죽음

한국인의 철학적 배경은 동양철학의 일부분을 차지한다. 그러나 그 기본적인 바탕은 무속적인 민간신앙에서 기원하여 불교, 도교, 유교, 기독교와 이민자의 교류나 침략 등으로 들어온 토템사상, 힌두교, 배화교 등 다양한 사상이 섞여 혼재하므로 한국인의 의식사상 속에는 다양한 세계관의 철학적 사상이 묻어있다.

서양철학의 내세관과 죽음관 또는 종교관은 어느 정도 이원론적 사고에 의해 구체화되어 내려오지만 한국인의 내세관과 죽음관 또는 종교관은 뚜렷한 실체가 적으면서 서로 섞어있어 종합적으로 정리하기가 어렵다. 그러나 가장 기준이 되는 무속사상의 입장에서 먼저 접근해보면 한국인 사이에 공통되는 내재된 철학 사상을 엿볼 수가 있다.

오래전부터 사람은 육신과 영혼으로 되어 있는 존재로 육체는 형체가 있지만 사멸하는 존재이고, 영혼은 형체가 없지만 불멸한다고 보았다. 그리고 영혼도 죽음 후에 저승으로 가는 사령과 살아있는 몸속에 있는 생령으로 나누었다. 이때 죽음 후에 저승으로 가는 사령은 조상(祖上), 원귀(冤鬼), 원령(怨靈)으로 다시 나누어지는데 조상은 순조롭게 살다가 저승으로 들어가 영혼으로서 선령이 되며, 억울하게 죽거나 원한이 있어 이승에서 사람을 괴롭히는 원귀와 원령은 계속 떠돌아다닌다고 한다.

또한 살아있는 몸속의 생령도 화생(化生)과 회생(回生)으로 나누어지는데 화생은 또 다른 육신을 얻어서 태어나는 것이며, 회생은 동일한 육신이 넋을 받아 되살아나는 것이다. 그러므로 육신의 경우 생명의 중단 없는 영생과 중단이 있는 영생으로 나누어지기도 하지만 중단이 있는 영생도 다시 또 화생과 회생으로 나누어져 결국 영혼의 영생이라는 면에서는 계속 반복된다고 보았다. 이는 서양의 이원론적인 입장에서 분리된 영혼은 철저히 육체를 버리지만 한국인의 육신과 영혼은 죽음 후에도 서로 언제고 다시 만날 수도 있고 서로 연을 이어간다는 것이다. 이런 모습은 유교적인 영향도 있기에 제사를 통해 영혼이 음식도 먹고 자손들에게 찾아온다고 믿는 것이다.

그러다보니 현세의 삶이 중요하고 원만하지 못한 삶은 저승까지 이어져 반영되기에 무속적 관점에서는 원한이나 못 이룬 한이 있는 죽음에 더 많은 관심과 정성을 보여주었고 그 아쉬운 한을 달래는 데 인간적인 면을 잘 보여주었다. 유교적 관점에서는 현세의 중요성이 크다고 보고 잘 살다 죽는 것에 대한 관심이 더 커서 입신양명(立身揚名)과 자손들의 번성을 위해 죽은 후에도 제례를 통해 잘 받들어주기를 바랐다.

일부에서는 죽으면 영원히 영혼이 소멸된다는 생각도 하였다. 유교사상이 깊은 정도전은 기존의 입장에서 죽은 후 기가 흩어지고 나면 형체도 썩고 정신 또한 흩어져 버린다고 하였고, 성리학자 율곡 이이(栗谷 李珥)도 사람은 삼신, 영육, 신체와 정신, 혼백이 일체화된 존재로서 "혼(魂)은 기(氣)가 신령한 것이고, 백(魄)은 정(精)이 신령한 것이다. 그것이 살아있을 때는 펴져서 신(紳)이 되고, 죽었을 때는 굽혀져 귀(鬼)가 된다. 혼기가 하늘로 올라가고 정백(精魄)이 땅으로 돌아가면 그 기는 흩어지더라도 금방 흔적마저 버리지는 않는다. 그러나 그 기가 위로 발향한지 오래되면 또한 소멸된다."라고 하였다.

그러나 이런 주장보다 대부분의 옛 조상들은 현상계와 초월계, 이승과 저승, 삶과 죽음을 분리시키지 않고 하나로 보는 '한' 사상을 지속적으로 추구하였다. 즉 삶과 죽음을 이원론적으로 구분하지 않고 통일과 조화의 자연적인 이치로 받아들였다. 이런 삶과 죽음의 순환관계를 생사일여(生死一如)의 입장에서 유지했다.

사람의 몸은 그 자체가 소중한 가치를 가지고 있고 몸은 영혼을 위해 버릴 수 있는 것이 아니기에 몸이 활동하는 현세는 그 자체로 가치가 있다고 여겨 몸의 보호와 보존에 관심이 많고 현세의 즐거움이나 행복 추구에 대한 욕구도 컸다.

이런 정서는 죽은 후에도 시신을 소중히 하여 그 속에 영혼이 편히 머물 수 있도록 장례 풍습이 매우 정교하고 정성이 들어가게 하였다.

또한 죽음을 끝이 아닌 다른 차원으로의 이동으로 여겨 죽은 후에도 현실과 단절되지 않고 같은 차원의 현세에서 가족이나 자손들에게 지속적으로 교섭하고, 도와주려고 한다는 것이다. 후손들도 조상들에게 뭔가 필요해 빌거나 원하면 찾아오고 계속 현실의 시간에 함께 존재한다는 것이다.

서양철학이나 불교적 입장에서 보면 사후세상은 다른 세상 또는 차원이 다른 곳으로 인식하지만 한국인들은 이승과 저승은 서로 대칭되는 수평선상에 존재하며 조금 이질적인 공간이기에 저승이 깊은 땅 속이나 높은 하늘의 천상이 아닌 지상의 다른 곳으로 여겨 쉽게 다시 찾아오고 갈 수 있다고 여겼다. 단 살아있을 때의 업보에 따라 좋은 곳에 있거나 나쁜 곳에 있는 정도의 차이는 있다고 보았다.

죽은 후에는 혼이 떠난 죽은 사람은 저승사자의 배웅을 받아 걸어간다는 표현으로 이는 서양의 하늘로 떠올라가는 것과 대조적으로 언제인가 다시 올 수 있다는 여운이 있고 죽음이 결코 무섭지 않다고 여기게 하였다. 다른 곳으로 간다는 생각에서 생존시처럼 여행 경비에 쓰라고 노잣돈도 주고 끼니때마다 음식도 준비하는 것이다.

좀 더 좋은 곳으로 가길 원하는 가족이나 자손들의 염원은 다양한 제사나 굿 등을 통해 죽은 혼이 방황하지 않고 좋은 곳으로 잘 가도록 죽은 후에도 많은 배려를 한다. 그리고 후손들은 지속적으로 죽은 자와 정신적으로 교류와 소통을 한다.

특히 생전에 고생이 많았거나 오래 아프다 죽거나, 억울하게 죽거나 이런저런 이유로

객사를 당한 경우 더더욱 죽은 후의 한이 풀리도록 정성을 다해 축원하고 그것도 모자라면 다양한 이름을 붙인 굿을 하여 이승에서 못 푼 한을 위로하고 천도하길 바랐다. 이렇게 하는 이면에는 계속 떠도는 원귀가 가족이나 후손들에게 나쁜 해가 되지 않도록 해달라는 간절한 마음의 기원이 있다.

한국인의 죽음에 대한 철학적 입장을 한마디로 요약하면 삶과 죽음에 대한 연결성을 강조한 '한' 사상을 이해하면 쉽게 설명이 된다. '한'이란 대립이나 분열을 허용하지 않고 통일성과 조화성을 바탕으로 한없이 넓다는 의미를 가지고 있으므로 무와 유를 이원적으로 나누지 않는 사상이다.

그러므로 삶과 죽음을 나누지 않고 통합된 하나의 '한우리'라는 개념으로 보아 사후에도 제사를 통해 서로 소통한다고 믿는다. 후손들도 잘못하면 죽은 조상이 벌하기도 하고 잘하면 도와주기도 한다고 보아 후손들은 생시뿐만 아니라 사후에도 조상을 잘 모시고 잘 보이려고 노력한다.

이는 단군신화에도 잘 표현되는데 '환웅은 지상에 왔다가 육친의 정을 따라 아버지가 있는 하늘로 갔다. 또 단군은 아버지에게 받은 혈연의 인정을 조상에게 바쳐 '한얼'이 되었다.'라고 하여 고대부터 한민족이 이렇게 조상을 극진하게 숭배하는 것은 삶과 죽음을 둘로 보지 않고 전체적인 하나로 본다고 하였다.

그러나 이런 '한' 사상이 모두 긍정적인 것은 아니다. 사후에 대한 내세관이 일부 부족하여 현세에 더 치중하게 되고 내세의 삶에 대한 가치관이 부족하게 되어 세속적이고 물질적이며 일부 쾌락적인 경향도 있고 깊은 철학적인 사고가 부족할 수도 있다. 이를 통해 한국인의 죽음에 대한 철학적 고찰은 자연주의적이고 현실적인 인생관을 바탕으로 내세란 현세의 확대된 공간 개념으로 죽음을 삶의 연속으로 보는 것이다.

## 05. 한국인의 전통 사후관과 사후세계

사후에 대한 관심은 예나 현재나 같을 것이다. 아직도 사후에 대한 명확한 확신을 못하는 것도 사실이지만 우리 조상들의 의식 속에 사후세계의 존재여부를 떠나 어떻게 사후세계를 받아들였는가에 대해 문화적 관점에서 바라보면 좀 더 죽음에 대해 쉽게 접근할 수 있을 것이다.

과거 조상들이 생각한 사후세계란 서양의 종교나 내세관과 다르게 '현실세계를 어떻게 살아가야 하는가?'에 대한 기본적인 의식 속에서 사후의 세상이 영속적으로 이어진다고 보았다. 죽음 후 바로 이어지는 저승으로 묘사되고 있는 사후세계는 먼 하늘나라가 아닌 흔히 죽은 자들이 모여 사는 공동체적 공간인 동시에 죽은 부모나 조상이 꼭 가기를 바라는 긍정적인 장소이기도 하였다.

그러나 이런 저승도 누구나 죽으면 가는 곳이 아니라 이승에서 지은 모든 죄를 씻어야만 갈 수 있는 곳으로 생각했다. 즉 저승으로 들어가는 것은 이승에서 지은 죄나 과업의 중과에 따라 결정되므로 이는 곧 살아서 행한 이승의 도덕성을 강조하는 것이라 할 수 있다. 또한 생전에 행한 선과 악의 정도에 따라 사후세계는 다시 "극락"과 "지옥"으로 나누어졌다.

극락과 지옥을 물리적 공간 구별이 아니라 선과 악의 정도에 따른 가치론적 구별이라 보았는데 이는 불교의 영향이 크게 작용한 것으로 끔직한 삶의 모습을 보여주는 지옥과 대조적으로 극락은 평화롭고 안정적이며 영원한 모습으로 표현되어 교훈적인 면이 강조되고 있다. 사람의 삶이란 어떤 의미에서 가치의 향유를 의미하고, 이런 가치 향유는 이승에서 한 행동의 인과응보에 따라 결정된다고 보았다. 하지만 선과 악은 매우 상대적이고 시대적이기에 그 기준이 모호하고 자의적인 부분이 많지만 후대에 유교적인 사상을 기반으로 한 효와 신의가 주로 강조되었고 덕행을 실천하는 것을 선으로 본 경향이 많았다.

이런 내세관은 죽은 자에 대한 아쉬움이나 미련을 가져다주었고 이에 대한 해결방법을 찾아 무속과 연계되면서 죽은 자에 대한 입장에서 변명을 하게 하여 죽은 자는 "지은 죄 없고, 선한 일만 했음"을 강조한다. 즉 이승의 간섭을 통하여 저승에도 영향을 줄 수 있다고 믿은 것이다.

이런 믿음은 남은 가족이나 자식들에게 "효"의 차원에서 부모의 저승길 닦음을 시행해야 한다는 것으로 나타났고, 혹시라도 저승으로 가지 못한 원혼이 이승을 맴돌면서 자손에게 끼칠지도 모를 "부정"(不淨)을 막기 위한 것이기도 하였다. 조상들은 사람이 죽으면 하늘로 올라가는 것이 아니라 저승에서 사자(使者)가 데리러 온다고 믿었기에 죽음의 길을 인도하는 사자에게 죽은 자의 저승길을 부탁하며, 노자로 밥과 신, 동전을 주는 것을 당연시 하였는데 이를 '사자얼음 굿'이라 하였다. 사자얼음을 행하는 것은 저승에서 온 사자에 대한 풍성한 대접을 통해서 죽은 자의 생전 선행을 강조하여 염라대왕에게 잘 전달하길 바라는 것이며, 죽은 자가 못다 한 이야기, 즉 한을 풀고 떠날 수 있게 하며, 어질고 착한 사자가 죽은 자를 부디 좋은 곳으로 데려가 줄 것을 당부하는 것이다.

비록 주술적인 경향이 크지만 이를 통해서 사후세계나 내세에 대하여 살아있는 사람들의 간섭을 통한 작은 인연이라도 연결하려 함이고 죽어서도 사멸이 아닌 영혼불멸에 대한 확신을 심어주기 때문이기도 하다. 이는 죽음이란 곧 "탈혼"의 과정이므로 이승에서는 육체와 영혼이 함께 하지만, 저승으로 갈 때 육체는 이승에 남고 영혼만 가므로 이승에서의 영혼과 저승에서의 영혼이 다른 것이 아니고 같은 것으로 생각하였다. 즉 죽음이란 단순히 영혼이 이승에서 저승으로 장소 이동하는 것이므로 영혼은 "불멸"하다고 본 것이다.

불멸하는 영원을 모두 포괄하는 우주관을 "만물일여"(萬物一如)라 하는데 만물일여의 우주관에서 볼 때 삶과 죽음이란 존재의 서로 다른 측면에 지나지 않는다. 이를 통해서 우리 조상들의 사후세계, 즉 내세란 서양의 공간적인 개념보다는 시간적인 개념으로 이해하는 것이 더 바람직하다. 태어남과 죽음 그리고 사후 또한 한 공간에서 이어지는 변화되는 시간의 다른 모습인 것이다.

물론 죽음을 통해서 이승과 저승은 명확히 구별되지만 이는 물리적 공간 구별이 아니라 시간 구별이기에 진행형의 영속성을 유지하게 되고 산 사람과 죽은 사람이 함께 공존하는 세상을 의미하기도 한다. 그래서 제사와 조상숭배가 당연시되었고 이를 어기는 것은 조상들의 화를 불러오거나 매우 큰 불효라고 보았다.

이와 같이 순간과 영원을 모두 포괄하는 삶과 죽음이란 존재의 서로 다른 측면에 지나지 않는다. 이는 서양의 사후세계나 내세관에 대한 의미와 많은 차이를 보이는 부분이기도 하다.

# 제5장

# 죽음과 종교 그리고 영성

# 01. 불교의 죽음관

불교는 일반적인 종교가 추구하는 신앙이라기보다는 심리학에 더 가깝고 종교적인 입장에서도 죽음학과 아주 가까운 시발점을 가지고 있다. 죽음이라는 한계상황을 극복하기 위한 붓다의 인식이 늙음과 죽음에 대한 고뇌에서 출발하였기 때문이다.

불교에서 죽음이라는 의미는 생(生)과 명(命)을 구분하여 사용하거나 수명(壽命)이나 명근(命根)과 연관하여 사용하므로 죽음의 정의를 내리기가 어렵다. 그러나 불교에서 추구하는 죽음에 대한 근본 목적은 생사윤회(生死輪迴)를 벗어나 해탈(解脫)을 지향하는 것이다.

초기 불교에서는 생명과 죽음의 경계는 인간을 구성하는 물질적 요소인 색온(色蘊)과 정신요소인 4온을 합쳐 부르는 색(色)·수(受)·상(想)·행(行)·식(識)의 오온(五蘊)과 대상을 감각하거나 의식하는 안(眼)·이(耳)·비(鼻)·설(舌)·신(身)·의(意)의 육근(六根), 또는 그 작용을 의미하는 육입(六入)의 출현과 소멸(消滅)이라고 하였다. 이후 소승불교에서는 명근(命根)의 출현과 소멸을 삶과 죽음으로 구분하였고 여기에 수명(壽命)과 따뜻한 온기(溫氣)와 의식(意識)의 존재를 살아 있는 것으로 정의하고 있다. 우리나라에 전해진 대승불교에서는 업(業)과 식(識), 그리고 명근(命根)을 생사의 경계를 나누는 기준으로 삼았다.

이렇듯이 불교의 생명관은 오온(五蘊)과 육입(六入)에서 명근(命根)과 식(識)으로 변하면서 연기설(緣起說)에 기초하여 삶과 죽음을 설명한다. 이는 자연생명학적인면과 윤회론적 관점을 포함한 생명의 의미를 잘 표현하고 있다. 이런 내세관을 바탕으로 불교에서는 생사를 하나로 보아 생사일여(生死一如)의 관점에서 삶을 이해하려고 한다. 이는 삶과 죽음이 별개가 아닌 삶 속에서 죽음의 의미를 찾고 그 의미를 실현하고자 함이다.

연기론을 바탕으로 생명관을 좀 더 알아보면 삼세, 즉 전생, 현생, 내생의 연속적인 인과관계에 의해 생명현상을 규정한다. 이러한 의미를 잘 보여주는 것이 12지연기인데 태어나서 죽을 때까지의 과정인 자연생명학적인면과 윤회론적 관점에서 생명의 의미가 함께 내재되어 있으므로 탄생에서 죽음까지의 과정과 윤회의 발생에서 소멸까지의 과정을 동시에 입체적으로 펼쳐 보인다. 즉 특정한 시간과 공간 속에서 생명현상을 설명하면서도 시간과 공간을 초월한 생명의 순환과정을 동시에 보여준다는 것이다. 이를 현생에 적용해도 전생과 내생을 포괄하는 현생 자체는 이미 전생과 내생을 초월하고 있으므로 과거와 미래의 업 또한 포함되어 규정한다는 것이다.

결국 죽음이란 이미 태어나면서부터 시작해 죽어가는 과정이므로 생명을 떠나서 죽음만 따로 있는 것이 아니기에, 불교에서의 죽음의 이해는 '죽음으로부터의 해탈이 아니라, 생과 사로부터의 해탈인 것이다.'라고 할 수 있다. 이는 곧 해탈은 죽음 이후의 영생불사가 아닌 생과 사의 이원성으로부터 초월하는 불생불명의 자유인 것이다.

붓다인 싯다르타의 출가 동기가 삶과 죽음의 고통에서 벗어나기 위한 것이었기에 일반적인 삶과 죽음을 거부하고 부처로서의 대자유를 얻기 위한 구도의 길에 들어선 것이고 이를 통해 깨달음을 얻어 모든 삶과 죽음을 초극화 하여 열반으로 들어선 것이다. 이는 생사윤회를 벗어나서 더 이상 윤회가 없는 해탈의 경지에 들어서는 것이기 때문이다.

붓다는 일찍이 생로병사(生老病死)의 고통이 자아의 무지에서 비롯된 것이기에 이런 근원적 무지는 연기법을 깨달아 극복할 수가 있다고 보고 스스로 이를 실천하였다. 그는 태어남에 대하여 "비구들이여 생이란 무엇인가? 이러저러한 중생들이 이러저러한 중생의 세계에 태어남, 출생, 입태(入胎), 나타남, 오온(五蘊)의 출현, 육입(六入)의 발생을 말한다. 비구들이여 이것을 태어남이라 한다."라고 하였다.

또한 붓다는 병사(病死)에 대한 언급에서 "비구들이여, 늙음과 죽음이란 무엇인가? 다양한 종류의 존재들에서 늙음이 있는데, 노쇠, 치아의 부실, 머리의 희어짐, 피부의 주름, 수명의 단축, 감각기관인 육입(六入)의 노쇠를 늙음이라 한다. 다양한 존재들에서 다양한 존재들이 있는데, 소멸하여 사라짐, 부서짐, 죽어감, 온(蘊)의 해체, 육신의 폐기를 죽음이라 한다."라고 하였다. 그 당시에 이처럼 현대에서도 그대로 적용되는 정확한 관찰과 분석을 통하여 삶과 죽음에 대하여 명확한 통찰을 하였다.

붓다는 입멸 직전 제자들에게 다음과 같은 최후의 가르침을 남겼다. "비구들이여 이제 나는 너희들에게 말한다, 제행은 소멸되기 마련이다. 방일하지 말고 정진하라." 여기서 방일이란 말은 어떤 자극에 정신이 마비되는 것을 말하는 것으로 게으름을 피우는 정도가 아닌 마음이 또렷하고 각성된 상태로 깨달음을 향해 나아가라는 의미이다. 또한 "제행은 무상하다. 이는 생멸하기 마련이다. 생명이 사라지는 것, 적멸을 즐거움으로 삼으라."고 하면서 "너희들은 마땅히 알아야 한다. 즉 일체의 만들어진 것은 모두 무상하다. 지금 비록 금강과 같은 나의 몸도 또한 무상하여 변화할 수밖에 없다. 생사 중에서 두려워하는 일이다. 너희들은 응당 근행하고 정진하라. 빨리 생사의 불구덩에서 벗어나도록 하라. 이것이 마지막 가르침이다. 나는 열반할 것이다. 그때가 이미 이르렀다." 하며 마지막 무상법의 가르침을 전했다.

## 02. 성경으로 본 죽음

기독교에서의 죽음에 대해 이해하기 위해서는 성경 말씀에서 그 답을 찾아야 할 것이다. 기독교의 철학과 신앙적 해석은 성경의 말씀을 벗어나서 임의로 해서도 안 되고 의문을 가져서도 안 되었기에 중세시대부터 기독교 철학은 일관성을 잘 유지하고 있다.

구약에서의 죽음은 아담과 이브의 원초적 범죄에서부터 시작된다.

'여호와 하나님이 그 사람에게 명하여 이르시되 동산 각종 나무의 열매는 네가 임의로 먹되 선악을 알게 하는 나무의 열매는 먹지 말라. 네가 먹는 날에는 반드시 죽으리라 하시니라, 네가 흙으로 돌아갈 때까지 얼굴에 땀을 흘려야 먹을 것을 먹으리니 네가 그것에서 취함을 입었음이라. 너는 흙이니 흙으로 돌아갈 것이니라 하시니라'(창 2:16, 2:17, 3:19) 하였다.

이렇듯이 죽음과 죄악의 관계에 대한 이해가 확실하였고 사람의 생명과 죽음이 하나님의 손에 달렸다는 것을 믿었다. 당시 이스라엘 사람들은 하나님을 언제나 당신 백성과 함께 구원과 심판을 통하여 행동하는 강력한 절대자로 믿었고, 생명이 없는 흙으로부터 생명이 입김을 불어넣어 하나님을 닮은 살아있는 사람을 만드신 하나님은 언제라도 생명의 입김을 거두어들일 수도 있다고 믿고 있었다.

죽음에 대한 기독교적인 입장은 죽음은 각 사람들에게 닥칠 어떤 것으로 모든 사람이 부딪히는 문제가 되며 이것은 또한 인류의 공통된 숙명인 동시에 온 세상이 가야할 길이므로, 그 길들을 따라 하나님을 믿음으로서 구원을 얻어야 한다고 믿었다.

당시 사람들은 죽음을 하나님도 찬양할 수 없는 곳으로 여겨 하나님의 영, 생명의 원천이 떠남을 의미하였다. '사망 중에서는 주를 기억하는 일이 없사오니 스올에서 주께 감사할 자 누구리이까. 내가 무덤에 내려갈 때에 나의 피가 무슨 유익이 있으리오. 진토가 어떻게 주를 찬송하며 주의 진리를 선포하리이까'(시 6:5, 30:9)라는 구절에서 이는 하나님의 영이 떠나면 몸은 생기를 잃고 지상에서 누리던 것을 모두 벗어나게 된다는 것이다.

또한 죽음을 아담과 이브가 저지른 원죄에 대한 죄와 벌로 보고 죄인인 사람은 결국 죽게 되므로 이런 원죄(Original Sin)로부터 벗어나기 위해서 인간은 하나님의 율법과 성경의 말씀에 따라 믿음으로써 죄를 사해 받아야 한다고 믿었다.

예수가 태어나서 순교하기 전 시기의 이스라엘 사람들은 숙명적인 죽음이 가장 큰 이슈였는데 예수 이후에는 믿음의 의미가 단지 원죄에 대한 하나님의 처벌이 아닌 예수와 같이 영원히 하나님의 품에서 영생을 얻기 위함으로 바뀌기 시작했다.

이 시기부터 신약은 죽음을 다양하게 표현하는데 '너희 자신을 종으로 내주어 누구에게 순종하든지 그 순종함을 받는 자의 종이 되는 줄을 너희가 알지 못하느냐 혹은 죄의 종으로 사망에 이르고 혹은 순종의 종으로 의에 이르느니라, 너희가 그때에 무슨 열매를 얻었느냐. 이제는 너희가 그 일을 부끄러워하나니 이는 그 마지막이 사망임이라, 죄의 삯은 사망이요 하나님의 은사는 그리스도 예수 우리 주 안에 있는 영생이니라'(롬6:16, 6:21, 6:23)고 하였다.

그러므로 죄 자체는 인간 속에 탐욕을 공범자로 가지고 있고 그 공범자는 육이요, 육의 욕망은 죽음이며, 죽음으로 결실을 맺는다고 하였다. '우리가 육신에 있을 때에는 율법으로 말미암는 죄의 정욕이 우리 지체 중에 역사하여 우리로 사망을 위하여 열매를 맺게 하였더니, 육신의 생각은 사망이요 영의 생각은 생명과 평안이니라'(롬 7:5, 8;6).

또한 하나님의 피조물인 우리의 몸은 죄에 의해 죽을 몸이 된다고 보았다. '오호라 나는 곤고한 사람이로다. 이 사망의 몸에서 누가 나를 건져내랴'(롬 7:24). 그러므로 우리는 이미 죽었고 우리의 생명은 예수와 함께 하나님이 안에 갖추어져 있다는 것이다. '우리가 너희를 위하여 기도할 때마다 하나님 곧 우리 주 예수 그리스도의 아버지께 감사하노라'(골 3:3). 이 또한 예수와 함께 함에 감사하는 것이기도 하다.

이런 모든 성경 말씀의 가장 기본적인 핵심은 '아담 안에서 모든 사람이 죽은 것 같이 그리스도 안에서 모든 사람이 삶을 얻으리라'(고전 15:22) 하여 죽음은 곧 '부활이요', '생명이 신'이라는 언급으로 죽음을 정리하였다. 또한 '그리스도께서 죽은 자 가운데서 다시 살아나셨다 전파되었거늘 너희 중에서 어떤 사람들은 어찌하여 죽은 자 가운데서 부활이 없다 하느냐'(고전 15:12) 하면서 부활을 다시 확인까지 하였다.

그 외에도 기독교의 죽음관을 잘 보여주는 몇 가지 말씀을 보면 다음과 같다.

> '몸은 죽여도 영혼은 능히 죽이지 못하는 자들을 두려워하지 말고 오직 몸과 영혼을 능히 지옥에 멸하실 수 있는 이를 두려워하라.'(마 10:28).
>
> '하나님은 죽은 자의 하나님이 아니요 산 자의 하나님이시라 너희가 크게 오해하였도다 하시니라.'(마가 12:27).
>
> '예수께서 이르시되 죽은 자들이 그들의 죽은 자들을 장사하게 하고 너는 나

를 따르라 하시니라.'(마8:22).

그리고 천국에 대한 언급으로 '내 아버지 집에 거할 곳이 많도다. 그렇지 않으면 너희에게 일렀으리라. 내가 너희를 위하여 거처를 예비하러 가노니.'(요14:2)라고 하였다.

'아들을 믿는 자에게는 영생이 있고 아들에게 순종하지 아니하는 자는 영생을 보지 못하고 오히려 하나님의 진노가 그 위에 머물러 있느니라.'(요:3:36)라는 말씀에는 죽음은 인간의 죄성에 대한 신적 심판으로 이해되고 있으며 죽음은 죄의 값이며, 죽음이 지르는 아픈 가시의 힘은 죄가 지닌 힘 때문이라고 했다. '사망아 너의 승리가 어디 있느냐 사망아 네가 쏘는 것이 어디 있느냐.'(고전 15:55). 따라서 '원죄'가 극복되어야 하듯이 '맨 나중에 멸망 받을 원수는 사망이니라' 하며 죽음 또한 마지막으로 멸망되어야 할 원수로 이해되었다.

## 03. 기독교의 죽음관

기독교의 죽음관을 알기 위해서는 그리스시대 이전으로 올라가서 지중해 지역의 다양한 문화 속에서 근원을 찾아봐야 할 것이다. 플라톤이 말하는 이데아(Idea)의 세계에서 점차 발전하여 절대 신인 하나님의 세계가 이루어졌다고 본다.

이데아(관념)는 감각 세계의 너머에 있는 실재이자 모든 사물의 원형이다. 이데아는 지각되거나 시간에 의해 변형되거나 사라지는 것이 아니라 경험의 세계를 넘어서서 이루어지는 인식의 최고 단계이다. 예수님의 탄생 이후 그리스도교는 로마제국의 박해 속에서 신적 원리에서 구원을 받는다는 교부철학이 발전하였다. 로마시대 말에는 신(新)플라톤파가 출현하면서 이데아를 우주적인 정신 속에 있는 모든 사물의 원형이라고 해석하여, 중세 기독교 철학에서 아우구스티누스, 토마스 아퀴나스 등은 신(神)은 그 정신 속에 있는 원형으로서의 이데아에 따라서 여러 가지 물(物)을 만들었다는 사상으로 발전시켰다.

아우구스티누스는 자기 자신을 돌아봄으로써 신의 존재를 찾았다. 신은 완전한 것이니 그 신을 향하여 정신을 집중하라는 플라톤의 지성의 중시와 의지의 중시가 중요한 역할을 했다. "신의 존재에 대한 의심이 가능한 것은 의심하지 못하는 진리(영구진리)가 있기 때문이다."라고 하였다.

종교의 죽음관을 이해하려면 먼저 그 종교의 역사성과 내세관을 알면 좀 더 쉽게 접근할 수 있다. 초기 이스라엘 사람들은 사람을 흙과 먼지로부터 만들어진 유한하고 사멸적인 존재로 보고 삶은 일상의 축복이지만 죽으면 열조에 돌아간다고 하며 죽은 사람들이 간다는 스올(Sheol)에 들어가 부활할 때까지 기다린다고 믿었다. 이 시기에는 가장 힘든 고난의 시련이 있었기에 바빌론으로 끌려가기도 하였고, 주변 강대국들의 침략에 시달리던 시기이므로 고대 중동지역에서 형성된 선악이원론과 종말사상이 발전하게 되어 부활론 사상이 죽음관에 큰 영향을 주었다.

종말론의 본질은 우주자연의 파국 자체가 아니고 올바르게 산 사람에게는 하나님의 구원이 따른다는 믿음이었다. 그 후 이를 직접 보여준 예수님의 십자가에서의 죽음은 커다란 충격이 되었지만 슬픔은 곧 부활에 대한 기적으로 바뀌었다. 이와 같은 창조주이며 절대자인 하나님이 유한한 생명에게 내려준 새로운 영적 체험은 죽음은 다시 부활하기 위해 있는 것이고 죽음이 있어야 부활이 있다는 것을 알게 하였다.

기독교의 성경에서는 죽음 이후에는 두 가지 세계가 있다고 계시하는데, 그 하나는 낙원(천국)이고 다른 하나는 음부(지옥)이다. 성경은 사람이 죽으면 그 육신은 흙에서 왔으므로 흙으로 돌아가고 영혼은 하나님에게서 왔으므로 하나님 앞으로 가서 살아 있을 때 이 세상에서의 행위에 따라 심판을 받고 천국과 지옥 둘 중에 하나로 간다고 말하고 있다(창 2:7, 창 3:19, 히 9:27, 요 5:24, 고후 5:10, 계 20:12-15).

그런데 가톨릭에서는 천국과 지옥 사이에 중간단계인 연옥이 있다고 한다. 먼저 연옥은 죽는 사람의 영혼이 정죄(淨罪)를 하기 위해서 머무는 곳으로 정죄계(淨罪界)라고 한다. 대죄를 지은 자들의 영혼은 지옥으로 바로 가지만 소죄를 지었거나 대죄를 저지르고 용서 받은 영원은 죄를 씻고 천국으로 옮겨진다고 한다. 그러나 개신교에서는 구원은 신앙과 믿음에 의해서만 이루어진다고 보고 연옥 자체를 부정한다.

성경에도 연옥에 대한 언급은 명확히 없지만 일부 비유 등에서 표현된 것을 아우구스티누스 등이 제안하고 가톨릭과 동방정교에서 받아들였다고 한다. 그 근거로 성경구절(마 3:11, 마 24–25, 누 16:19–31, 고전 3:15, 유다서 22–23, 베드로전서 3:18–20)을 제시하지만 연옥에 대한 명확한 언급은 확인이 어렵다. 그래서 개신교에서는 죽으면 바로 그 영혼이 하나님의 심판대 앞으로 가서 심판을 받고 천국으로 가거나 지옥으로 가는 둘 중 하나가 정해진다고 한다.

개신교도 중에도 천국과 낙원을 별개의 것으로 보면서 세상의 마지막에 예수님이 재림하셔서 죽은 자들을 심판하며 믿는 성도들을 천국으로, 불신자들을 지옥으로 보내기까지 그 영혼을 임시 거처인 낙원과 음부에 대기시킨다고 생각하는 사람들이 있는데 개신교에서는 이것도 성경적인 진리가 아니라고 하며, 성경에서의 천국과 낙원은 같은 곳의 다른 표현일 뿐이라고 한다.

사후에 대한 언급을 보면 천국에 거하게 되는 사람들의 부활한 몸은 세상에서와 같은 몸이 아니라고 하면서 예수님은 성도들의 천국의 삶에 대해서 말씀하실 때에 "천국에서는 시집가지도 아니하고 장가가지도 아니하고 천사들과 같으니라."(마가 12:25, 마태 22:30, 눅 20:35)"라고 말씀하고 있다. 또한 요한계시록 7장 15–17절에서도 성도들의 천국에서의 삶을 묘사하면서 "그러므로 그들이 하나님의 보좌 앞에 있고 또 그의 성전에서 밤낮 하나님을 섬기매 보좌에 앉으신 이가 그들 위에 장막을 치시리니 그들이 다시는 주리지도 아니하며 목마르지도 아니하고 해나 아무 뜨거운 기운에 상하지도 아니하리니, 이는 보좌 가운데에 계신 어린 양이 그들의 목자가 되사 생명수 샘으로 인도하시고 하나님께서 그들의 눈에서 모든 눈물을 씻어 주실 것임이라."라고 말씀하고 있다.

그러므로 죽은 후에 가는 천국은 육신의 정욕과 고통, 질병, 늙음과 죄에 얽매임이 없이 시간과 공간의 제약을 받지 않고 혼인하지 않고 자식도 낳지 아니하는 신령체의 삶으로서 거기에는 눈물이나 걱정·근심·슬픔도 없이 항상 기쁨과 사랑과 희락이 넘치는 영원한 세계에서의 삶이요 자유와 부요함이 넘치는 삶이라고 한다. 따라서 이런 천국에서의 삶은 세상의 부귀영화와 물질을 전혀 필요로 하지 않으며 또한 그런 차별도 없다는 것이다.

기독교인들은 구약시대부터 하늘이 3층 구조로 되어있다고 믿었다. 셋째 하늘을 천성의 영계 곧 천국으로 말씀하고 있는 가운데 당시 바울은 이 셋째 하늘로 올려진 것을 또한 낙원이라고 표현함으로써 낙원이 천국임을 증거하고 있다(고후 12장). 또한 요한계시록 2장 7절에 "귀 있는 자는 성령이 교회들에게 하시는 말씀을 들을 지어다. 이기는 그에게는 내가 하나님의 낙원에 있는 생명나무의 과실을 주어 먹게 하리라."라고 하였는데 여기서 생명나무의 과실을 주어 먹게 하리라는 말씀은 곧 쇠하지 않고 멸하지 아니하는 풍성한 생명을 주겠다는 말로 여기서도 천국을 낙원으로 표현하여 즉 천국에서 영원한 삶을 주는 것을 말하고 있다.

기독교인들의 내세관에서 지옥은 매우 큰 두려움이다. 기독교에서는 악한 자들에게 주어지는 지옥의 고통 형벌이 영원한 것임을 밝히고 있는데, 신약에서 쓰인 "aionion"은 영원한 분량의 시간을 의미한다. 요한계시록 20장 10절에는 사탄과 짐승 그리고 거짓 선지자들은 불 못에 던져져 낮과 밤으로 고문 받을 것이라고 쓰여 있다. 여기서 이 세 가지 존재는 불에 소멸되지 않는다는 것을 알 수 있기에 이런 강력한 믿음을 강조하는 것은 오히려 개신교 안에서도 이단이라는 다양한 종파를 만드는 이유가 되었다. 요한계시록 20장 14-15절의 말씀은 구원받지 못한 사람들의 지옥 불 못에서의 고통도 영원한 것임을 말씀하고 있고, 지옥이 영원히 존재한다는 것이 마태복음 25장 46절에 나와 있는 것을 보면 기독교에서 무엇을 원하는지 답을 찾을 수가 있다.

지옥의 영원한 형벌은 하나님이 예수 그리스도를 이 땅에 보내셔서 우리의 죄 값을 대신 치르게 하신 것에 대한 가장 우선적이고 중요한 이유가 되는 것이고, 만약 믿음이 약해서 죽은 후에 소멸되는 것으로 모든 것이 끝나고 그것이 필연적인 운명이라면 사람들은 죄와 죽음을 별로 두려워할 필요가 없다는 것이다. 그러므로 영원한 지옥에서의 고통이 있다는 것을 아는 것만으로도 믿음의 중요성을 보여준다. 이미 예수님의 죽음은 우리의 죗값을 대신 갚은 영원한 죽음이었기 때문이라는 것이다.

기독교에서 죽음의 의미는 끝이 아닌 부활과 영생을 뜻하는데 부활이란 죽은 자가 다시 살아나서 영원히 그 삶을 유지하는 것이므로 기독교인들은 몸의 죽음을 두려워하지 않는다. 비록 몸은 죽었을지라도 우리의 영혼은 안식처인 하나님의 품안에서 영원히 아픔과 고통, 슬픔 없이 살 수 있으므로 죽음을 두려워하지 않고 겸허히 받아들이게 된다는 것이다.

## 04. 유대교, 기독교, 이슬람교에서 보는 천국의 의미

천국이란 아주 오래 전부터 인간 세계에 존재해왔지만 그 누구도 완전한 묘사나 정의를 내리지 못하고 있다. 종교나 믿음에 따라 차이가 있으나 일반적으로 지옥과 비교해 천상에 있는 이상적인 세계를 가리키는 종교적인 관념으로 받아들여진다. 특히 죽음을 앞둔 사람들에게 천국은 어두운 지하세계가 아닌 선택받은 사람들만이 갈 수 있는 천상의 세계라 여겨지곤 한다.

이런 천국에 대해 과학적 회의주의자를 위한 잡지 *Skeptic*의 창립자이자 발행인인 마이클 셔머(Michael Shermer)는 그의 저서 『천국의 발명*Heavens on Earth*, 2019』에서 천국은 인간이 만든 가장 훌륭한 발명이라고 표현하기도 하였다.

천국과 지옥은 현존하는 일부 종교에서만 존재하는 개념은 아니다. 이미 각 지역에 존재하던 토착종교나 고대종교에서도 나타나며 기독교, 이슬람교, 유대교 또는 힌두교, 불교에서 낙원이나 정토신앙(淨土信仰)의 극락이란 표현으로 천국을 차용하여 언급하고 있다. 이들은 각각의 종교 이론을 기본 틀로 세우고 살아왔던 행위에 따라 죽은 후 심판이 내려져서 천국이나 지옥으로 가게 된다는 윤리적 측면을 첨가하였다.

일찍이 사람들은 열악한 삶에 대한 불만과 회의, 죽음에 대한 두려움을 덜고 위안을 받기 위한 구원의 수단으로 천국은 매우 확실한 대안이었다. 자신들이 처한 운명이 현세가 아닌 사후의 새로운 세계에서 그 보상을 받을 수 있다는 확신을 위해서 천국은 각 종교나 지역에 맞게 해석되면서 다양한 천국이 만들어졌고 현재도 만들어지고 있다.

죽은 자의 나라로서의 천국이라는 관념은 차갑고 어두운 지옥과 달라서 죽은 자가 신이 되든가, 아니면 신과 함께 사는 곳으로 인식되었다. 여러 가지 빛깔의 꽃이 피고, 맑고 깨끗한 물이 흐르며, 바람은 시원하게 불고, 황홀한 음악이 들려오며, 맛있는 음식이 풍성한 감각적인 낙원, 즉 이상향(理想鄕)으로서 묘사된다. 이는 매우 혹독한 자연에 대한 시련이 크기에 생긴 현상으로 보인다. 그러다보니 종교가 번창한 지역에 따라 천국의 모습은 차이가 나는데 아열대 지역에서는 '서늘한 바람', 건조지대에서는 '맑고 깨끗한 물' 등이 강조되었으며, 또 이슬람교에서는 미녀들이 시중을 든다는 등 그 지역의 풍토성이나 사회성이 많이 반영되고 있다. 천국은 이와 같이 신들이 살고 있는 곳, 사후의 생명이 가는 곳, 선택된 영웅이나 선인이나 신자의 세계라는 점에서 죽음의 문제 및 이 세상에서 살아가는 방법의 문제와 관련이 있다. 이는 현세에서 이룰 수 없는 자신들의 처지를 천국을 통해 실현이 될 수 있다고 보는 이상향의 세계를 의미하기 때문이다. 하지만 유대교는 현실의 세계가 천국임을 이야기하기도 하고 성공회(聖公會)에서는 천국이란 '신의 삶에 끝없이 동참하는 것'이라고 재정의하기도 한다.

기독교에서는 예수를 통해서 천국에 갈 수 있지만 유대교에서는 하나님을 향한 인생에서 행하는 대로 천국에 가는 길이 가까워진다고 한다. 유대교인들은 초기 성서 시대 내내 널리 사용되던 이름인 '야훼(YHWH)'에 대한 확고한 믿음 속에 인간의 삶을 규제하는 윤리 원칙과 긴밀한 관련이 있다. 윤리적 삶이란 신의 뜻에 대한 헌신이자 신에 대한 모방이다. 즉 신은 거룩하고 정의롭기 때문에, 유대인들은 신의 면모 전체를 닮고자 애써야 한다는 것이다.

유대교인들은 믿음보다는 행동을 통해 신을 믿고, 그 신과 이스라엘 백성이 맺은 영원한 계약을 지키며, 그들의 율법서인 토라(Torah)에 나온 지혜와 생활방식대로 산다는 것이 가장 중요한 종교적 믿음이다. 신의 가르침을 전하고 율법을 지키는 유대교 사제인 랍비(Rabbi)들이 강조하는 대목은 '실천적인 행동'이다. 이들은 기독교와 달리 '신을 믿기'보다 '신의 뜻대로 행동하는 것'을 보여주려고 한다.

유대교에선 세상을 사는 방법으로 토라를 공부하고 예배에 충실하며, 토라에 나와 있는 대로 선행과 자선 행위를 실천하는 것이기에 토라를 읽으며 신의 뜻을 새기는 중요한 행위이다. 인간이 갖고 있는 것은 인간의 것이 아니라 신의 것이고 짧은 생애 동안 인간의 손을 거쳐 가는 것이므로 자선이 중요하다는 생각 때문이다. 이들은 토라를 통해 지혜를 얻고 통찰력을 키우면 언젠가는 과거 이스라엘 백성을 이집트에서 구원해 준 것처럼 실제 인간사에 개입하고 있기에 결국 지상의 마지막 날에 이스라엘 백성을 모두 구원해 줄 것이라는 선민사상(選民思想)을 믿고 있다.

유대교에서는 기독교와 달리 원죄는 없다고 본다. 물론 사람들에게도 죄는 있기에 이에 따라 속죄와 용서를 중요하게 여기기도 한다. 단 원죄 의식 대신 인간 안에는 '좋은 성향'과 '나쁜 성향'이 함께 있는데 이 둘 가운데 하나를 선택할 수 있는 '자유의지'가 있다고 본다. 그러다보니 죄를 지었을 경우 기독교에서는 신에게 용서를 구할 수 있으나 유대교에서는 먼저 잘못한 사람을 찾아가서 직접 용서를 구해야 한다. 즉 용서의 방법도 신에 대한 '믿음'보다는 인간들 사이의 '행위'를 우선으로 한다.

이런 의식 속에서 유대교인들에게는 '사후'보다는 현세가 더 중요하다. 물론 이들도 천당과 지옥이 있다고 믿는다. 하지만 유대교를 설명한 책자 어디에도 단테의 『신곡』에 있는 "지옥편"과 같은 무섭고 두려운 지옥의 모습은 그려져 있지 않고 대부분 천국의 모습만을 그리고 있다. 이는 종교관 자체가 신의 구원을 확실히 믿는 낙관론이 주조를 이루는 탓이다. 실제 유대인들의 욕에는 다른 종교에서 많이 쓰이는 '저주(Damned)'나 '지옥(Hell)'이라는 단의가 거의 들어가지 않는다.

최근에는 개방된 의식의 랍비들이 천당이나 지옥 개념 대신 영혼의 불멸성에 대해 설명하는 경우가 많지만 일반적인 유대학자들은 대부분 죽어서 가는 내세보다는 현실세계에 더욱 관심을 둔다. 그러다보니 현실세계에서 이상적인 사회를 구축하려는 데 훨씬 더 많은 종교적 노력을 기울이기도 한다. 유대 회당들이 헌금이나 기부금이 많이 들어오면 기도를 위한 성전을 신축하기보다는 공동체 안에서 가난하거나 어려운 사람들을 돕는 데 우선 돈을 쓰는 것은 그러한 연유이다.

기독교에서의 천국(Heaven)에 대한 의미는 '하늘나라', '하늘의 왕국', 즉 하나님께서 다스리시는 나라 곧 '하나님의 나라'(Kingdom of God)를 가리키는 마태복음에서 사용한 명칭이다(마 3:2; 4:17). 성경이 쓰였던 당시 하나님의 거룩한 성호를 함부로 쓰기를 주저했던 유대인들을 대상으로 쓰였기에 마태복음에서는 '하나님의 나라' 대신 '하늘'이라는 용어를 사용했다고도 한다.

한편 천국은 예수께서 전하고자 하는 메시지의 핵심이면서 중요한 요약으로 천국은 메시야의 초림을 통해 부분적으로 실현되었지만(마 13:1−52), 재림을 통해서 궁극적으로 완성될 것이다(마 22:1−14, 마 25:1−46). 즉 천국은 이 세상에 이미(already) 왔지만 아직(not yet) 완성되지 않은 상태인 것이다.

예수의 선교활동 초기에 갈릴레아(갈릴리)의 작은 산 위에서 제자들과 군중에게 행한 설교인 산상수훈(Sermon on the Mount, 山上垂訓)에서 '천국'은 특정한 영토를 가리키는 말이 아니라 하나님의 주권적 통치가 미치는 모든 영역을 가리킨다고 하였다(마 5:3). 즉 천국은 공간적으로 어느 지점에 머물러 있는 정적인 장소가 아니라 하나님의 뜻이 실현되고 있는 역동적인 힘이 미치는 곳으로 언제라도 하나님이 그 권세와 능력으로 통치하면 그곳은 하늘나라가 되는 것이다. 그러므로 천국은 이 세상에 속한 나라가 아니며(요 18:36), 믿지 않는 자에게는 그 나라의 비밀이 허락되지 않았지만(눅 8:10), 그리스도를 믿는 자들 속에 내재하고(눅 17:21), 능력으로 역사하며(고전 4:20), 성령 안에 있는 의와 평강과 희락이라고 가르친다(롬 14:17). 또 천국은 영원하며(시 145:13, 벧후 1:11), 사망과 애통과 곡하는 것이 없는 곳이라고 설명한다(계 21:4). 이런 천국은 아무나

갈 수 없기에 회개한 자(마 3:2), 심령이 가난한 자(마 5:3), 거듭난 자(요 3:5), 하나님의 뜻을 좇아 의를 행하며 의를 위해 핍박받는 자(마 3:2; 5:3, 10, 20; 7:21), 하나님 나라를 최우선 순위에 두는 자(눅 18:29–30)에게만 허용되는 매우 제한된 장소이기도 하다. 여기서 가장 강조하는 것은 회개이다. 회개를 통해서만이 천국에 도달하기 때문이다.

이는 예수를 믿는 자의 영원한 고향이며, 예수는 거기에서 와서 거기로 돌아가며, 현재도 거기에서 구속주로서 그를 따르는 사람들을 위해서 일하고 있다(히브리서 9:24). 한편, 지상에 남겨진 기독교도에게 주어지는 천국의 예수의 영광은 어렴풋하게만 알 수 있다(요한1서 3:2). 따라서 신은 천국의 깊은 뜻을 지상의 사람들에게 전하기 위해서 천사들을 거느린 성령을 지상에 보낸다(고린도전서 2:10, 베드로전서 1:12). 그러므로 결국 신의 창조의 사역이 완성되는 날이 온다. 이 날에는 하늘과 땅은 하나가 되고, 모든 것은 새롭게 된다(베드로후서 3:12–13, 요한계시록 21:1)라고 천국을 언급하고 있다.

세계에서 둘째로 큰 종교이며 미래에 가장 신도수가 많은 종교가 될 이슬람교는 서기 610년 메카에서 무함마드가 마흔 살에 동굴에서 명상을 하던 중 "암송하라. 알라께서 사람들에게 계시한 것을!"이라고 외치는 대천사 가브리엘의 목소리를 듣고 전해진 알라의 말씀이 후에 모두 기록되어 '코란'이라는 경전이 되었다.

늦게 만들어진 이슬람교가 세계 제2의 종교로 빠르게 전파될 수 있었던 이유는 무엇보다 사람을 차별하지 않기 때문이었다. 이슬람교에서는 성직자가 따로 없으며 모든 신자는 설교자가 될 수 있다. 믿는 자는 모두 신 앞에 평등하며 누구나 똑같이 종교적 의무를 수행한다는 것이다. 둘째, 복잡한 이론이나 예식 같은 것이 없는 실천 중심의 종교이다. 셋째, 이슬람교가 성립되던 시기는 비잔틴 제국의 부패와 착취가 심해 이슬람 군대를 침략자보다는 해방자로 보는 경향이 강했다. 넷째, 정복민에게 개종을 강요하지 않는 관용적 태도를 가졌으며, 이슬람교로 개종한 이들에게는 세금 감면 혜택을 주어 자발적 개종자가 많았다.

이슬람교는 평화와 신에 대한 복종을 뜻한다. 이슬람교를 믿는 사람을 '무슬림'이라고 하는데 이는 '알라를 믿고 그의 뜻에 복종함'을 의미한다. 무슬림은 다섯 가지 의무를 실행해야 한다. 신앙 고백(샤하다), 하루 다섯 번의 예배(새벽, 정오, 오후, 저녁, 밤), 희사 즉 기부 행위(자카트), 메카 순례(하지), 금식(라마단) 등이다.

코란과 성경은 둘 다 아담과 이브를 인류의 첫 조상이자 첫 부부로 설명하고 있으며 사탄의 유혹으로 타락하여 하나님의 가르침을 어긴 뒤 수치심과 죄의식을 갖게 되었다고 한다. 다른 점이 있다면 성경에서는 신이 이브를 아담의 갈비뼈로 만들었다고 하고, 코란은 아담처럼 흙으로 만들었다고 한다는 정도이다. 또 성경은 여성이 겪는 출산의 고통이 타락에 대한 징벌이라고 보는데, 코란은 어머니의 은혜와 감사를 가르치기 위한 것이라고 말한다. "알라께서 명령하시기를 어머니는 그를 잉태하고 2년간 젖을 먹임으로써 허약해졌느니라. 그러므로 내게 감사하고 너의 부모에게 감사하라."라고 코란에 명시하였다.

그러다 보니 성경은 첫 인간들의 죄로 인간이 원죄를 지닌 채 태어난다고 하지만, 코란에서는 아담과 이브의 행위가 바로 용서되기 때문에 원죄가 없다. 인간에게 원죄가 없으므로 기독교에서 말하는 메시아에 의한 구원도 필요 없다. 이슬람교는 저마다 자신이 지은 죄를 알라에게 직접 고백하면 되고 누구도 다른 사람의 죄를 대신해서 용서받을 수 없다고 가르친다.

이슬람교에서 무함마드는 예수와 달리 신이 아닌 한 사람의 신도이자 예언자일 뿐이다. 아브라함에서 예수에 이르는 모든 예언자들을 알라의 예언자로 여기며 노아, 아브라함, 모세, 예수, 무함마드를 가장 중요한 예언자로 여긴다. 그중에서도 무함마드를 가장 포괄적이고 완전하며 최종적 계시를 전한 예언자로 여긴다. 무함마드가 마지막으로 완전한 계시를 전했기 때문에 아브라함과 모세와 예수의 종교를 올바르게 복원했다고 주장하는데, 바로 이 점 때문에 기독교에서는 이슬람교를 적대시하게 되었다.

천국은 이슬람교에서도 일반적으로 천상에 있다고 생각되는 신적 세계를 말한다. 비유적으로 지복의 이상향을 낙원의 뜻으로 혼용하며, 그 경우에는 가끔 지옥과 대비된다. 코란에서 천국은 일반적으로 잔나(Janna, 낙원)라고 불리는데, 이외에 아돈(에덴,

'adn), 아돈의 동산(Janna 'adu)이나 피르다우스(Firdaws), 마지막 주거의 동산(Jannaal-ma 'wā) 등으로 불린다. 이곳은 세상에서 신앙적이고 선행을 한 사람들이 그 보답으로서 사는 것이 허용된 낙원을 말한다.

이곳에 간 죽은 자들은 계속 솟아나는 샘 주위의 푸른 나무 그늘에서 후리(Houris)라는 아름다운 처녀들의 시중을 받으면서 황홀한 상태에서, 맛있는 많은 음식물과 술을 마음껏 마시며, 어떤 신경도 쓰지 않는 생활을 보낸다(코란 2:25, 3:15, 4:57). 그중에서도 최고의 기쁨은 신을 보는 것이라고 한다. 이처럼 코란은 지옥의 고통에 대비해서, 천국의 행복이나 기쁨을 감각적으로 묘사하고 있다. 그 외에 코란은 아담과 이브의 낙원추방이나 무함마드의 마지막 거주의 동산으로의 천상비행도 언급하고 있으며, 나중에 이들 이동의 문제를 논의하게 된다. 코란의 천국에 대한 묘사의 해석에 대해서, 그것을 문자 그대로 해석하는 사람들과 전혀 다른 비유적 표현으로 보는 사람들의 양 극단 사이에 다양한 입장이 있다.

이슬람의 천국 표현은 이상향인 천국이 죽은 자가 가는 초자연의 세계인지, 이 세상의 어딘가에 현존하는 세계인지를 명료하게 구별하지 않는다. 원래 자연과 초자연의 구별이 명료하지 않았던 것은 고대 그리스시대부터 있던 현상으로 현실에서는 황지 속의 오아시스 같은 곳으로 이 낙원 개념은 건조한 사막이나 황야의 주민들 마음속에 스스로 발생한 이상향이라 할 수 있다. 이런 낙원의 모습은 왕궁정원, 수도원의 회랑내정, 이슬람 문화권의 정원에 스며들어, 과수나 조수의 조합이 이루는 형상은 이슬람의 예배장소인 모스크가 식물의 형태에서 유래하는 문양의 모자이크나 타일로 일면이 장식된 것도 그곳에 낙원 표현의 의도가 작용하고 있다고 볼 수 있다.

코란에 의하면 "알라는 너희 가운데 누구에게라도 죽음에 이르게 할 수 있으되 좌절하지 아니하며 너희의 양상을 바꾸어 너희가 알지 못하는 양상으로 너희를 재창조하시니라."(코란 56:60-61)라고 하였는데, 이슬람교에서 말하는 재창조, 즉 다시 태어난다는 것은 새로운 것으로 윤회된다는 뜻이 아니라 천국에 있었을 때의 아담과 이브의 본래 모습으로 환원하여 영생의 생활을 계속 누린다는 의미이다. 아담과 이브는 이미 영생의 생명을 부여받고 창조되었기 때문이다. 따라서 인간이 땅에서의 임무를 마치고 다시 최초의 고향인 천국으로 돌아가기 위해서는 탈바꿈이 불가피할 수밖에 없다. 이와 같이 지구에서 천국으로 돌아가기 위한 탈바꿈을 부활이라고 말하는 것이다.

코란에 의하면 지옥을 '자한남'이라고 하는데 이것은 히브리어의 '게헨나(Gehenna)' 즉 예루살렘 근처의 서쪽에서 남쪽에 있는 힌놈의 골짜기에 어원을 두고 있다(수 15:8, 18:16; 느 11:30). 이곳은 자녀를 불에 태워 희생 제물로 드리는 인신 제사가 성행한 곳으로 항상 우상 숭배로 인한 역한 냄새가 나는 곳으로 구약 시대 이후 유대의 종말론적(終末論的) 색채가 짙은 묵시문학(默示文學)에서는 지옥의 입구, 혹은 지옥 자체로 불렸던 곳이다.

중동지역의 고대 바빌로니아에서는 세상을 천상계와 지상계와 명계로 된 3층의 건조물이라고 생각했으며, 인간이 사는 지상계의 훨씬 위쪽에는 지상을 아치형으로 덮은 성스러운 천개가 있다고 믿었다. 그리고 성스러운 천개로 덮인 천공에는 태양이나 달, 별이 박혀있고, 그 가장 위쪽 중앙에는 신들이 사는 성스러운 옥좌가 있다고 하였다.

이렇듯이 천상에 신들이 사는 나라가 있다는 고대의 우주론적 사고는 세계의 거의 모든 종교에서 볼 수 있는데, 그곳에는 천공이 영원한 빛으로 충만한 장소인 것에 대해서, 지상은 암흑의 영역이며, 인간이 살아 있으면서 어둠에서 탈출하여 빛의 공간에 들어가는 것은 절망적일 뿐만 아니라, 엄격하게 금지되어 있다는 견해가 퍼져 있었다. 그러다보니 천국은 신들만의 세계이며, 신이 정한 조건에 합치한 자만이 특별히 들어가는 것이 허용되었다. 그것이 어두움에 사는 인간에 대한 구원이며, 해탈이었다고 할 수 있다.

# 05. 종교적인 사후와 약물에 의한 경험적 사후

대부분의 신앙체계는 죽음이라는 것을 개체의 최종적인 소멸이 아니라 모습이 바뀌는 것, 혹은 과도기적 상태로 간주하고 있다. 이러한 신앙체계들은 확실히 죽음에 대한 두려움을 덜어주는 힘을 가지고 있다. 그리고 극단적인 경우에는 삶과 죽음에 상투적으로 부여된 가치들을 정반대로 만들어버리기도 한다. 힌두교나 불교 또는 밀교 등에서는 죽음을 맞이하는 것이 살아가는 것보다 더 중요시될 수도 있다.[1]

현대의학은 점점 세분화되고 전문화되어 환자를 부분별로 치료하다보니 사람으로 보지 않고 질병만을 보는 경향이 크다. 그러다보니 전인적인 치료나 통합적인 상황을 파악해서 삶의 질적 향상을 위한 치료는 점차 위축되어가고 있으며 단지 수명연장의 목표만이 있는 것 같아 환자의 남은 삶에 대한 질적인 향상이나 심리적 문제, 철학적 문제 그리고 정신적인 욕구에 대한 배려가 부족하다고 본다. 정부도 신경인지장애환자(치매) 등을 국가에서 관리한다는 생각으로 가족들이나 정상적인 생활을 하는 사람들과 거리를 두려는 정책을 펴며, 환자를 집단으로 수용하는 방법으로 나아가려는 경향이 보여 결국은 격리수용의 길로 가는 것 같아 아쉬움이 크다. 물론 관리가 쉽고 편리성을 강조하는 것이지만 죽음이 가까운 사람들에게는 정신적으로도 곤욕스러운 부분이 아닐 수 없다.

이런 경향은 종교와 철학 또는 사회학적으로 죽음을 회피하는 것이 되고 죽어가는 사람들에게도 두려움이 커지는 요인이 되기도 한다. 최근에 종교단체에서 호스피스 운동이 활발히 일어나고 있지만 이 또한 전도의 목적이 있는 경우가 있어 순수성에 대한 문제도 생기고, 우후죽순 생기는 노인수용 시설의 난립도 문제가 되고 있다. 이에 대한 투명하고 적절한 서비스를 하도록 기본적인 공감대가 우선되어야 할 것이다.

---

1 스타니슬라프 그로프, 장석만 역, 『Death 죽음이란』, 평단, 2013.

아이오와대학 정신과교수인 러셀 노이에스(R. Noyes, 1971)는 죽음에 직면했던 사람들의 수많은 체험담을 연구하여 반복되는 3가지의 연속적인 단계가 있음을 발견했다.

첫 번째는 저항(Resistance)의 단계로, 자신에게 위험이 닥쳐옴을 알아차리고 죽음의 공포에 떨며 생명을 구하려고 노력을 하지만 결국은 죽음을 받아들이는 시기라고 했다.

두 번째는 지나온 인생을 조감(Life–Review)하는 단계로, 그 기간 중에는 임종을 맞이하는 이의 지나간 기억 중 중요한 것들이 다시 되살아나거나, 그의 전 생애가 집약되어 주마등처럼 지나간다고 했다.

마지막은 초월(Transcendence)의 단계로, '우주적' 상태에 의식이 놓여 있는 경험을 하거나, 신비적이고 종교적인 경험을 하게 되는 단계라고 했다. 이는 『티베트 사자의 서』에 나오는 바르도(Bardo) 상태와 매우 유사하다. 이 시기는 죽음과 삶의 과정에서 깊이 있게 죽음과 대면하는 경험을 하고 있을 때인데, 이 시기는 마치 조현병 환자에게서 나타나는 무의식적 상태와도 유사하다고 한다. 이런 시기에 나타나는 다양한 현상들이 죽음 전 경험에도 반영되는 것으로 보인다.

사후에 어떤 삶이 있을지 비교해보면 서로 다른 인종집단이나 종교집단 사이에서도 사후세계에 관한 내용이 매우 유사하다는 사실을 알 수 있다. 이는 다양한 연구 결과에 의하면 천국과 지옥이라는 것은 인간 모두가 어떤 특정 상황에 처하게 되는 상태라고 이해되기에 천국과 지옥에 관한 견해의 수정이 불가피하게 요구되는 대목이기도 하다.

올더스 헉슬리(1894~1963)는 『지각의 문 천국과 지옥(The Doors of Perception and Heaven and Hell)』[2]에서 직접 약물을 먹고 경험하는 현상을 잘 표현하고 있다. "약을 삼키고 30분 후에 나는 금색 불빛들이 느리게 춤추고 있는 걸 깨닫게 되었다. 조금 후에

2 올더스 헉슬리, 권정기 역, 『지각의 문 천국과 지옥*The Doors of Perception and Heaven and Hell*』, 김영사, 2017.

는 줄곧 변화하며 일정한 패턴으로 진동하는 밝은 에너지의 마디로부터 화려한 붉은 표면들이 부풀어 오르며 확대되었다. 한번은 눈을 감으니 일군의 회색 구조물들이 보였는데, 그 안에서는 희미하게 푸르스름한 구(球)들이 연이어 나오더니 강고한 물체가 되었고, 일단 이렇게 나타난 다음에는 소리 없이 위로 미끄러지듯 올라 시야에서 사라졌다."라는 표현으로 천상의 행복감과 지옥의 공포란 환각상태에 빠져있는 사람들에게 흔히 나타나는 경험이라는 표현을 한다. 이러한 상태는 마치 급성정신질환자의 증상 중에도 급격히 발생할 수 있으며, 사람이 죽음을 맞이할 시기에 순간적으로 천국과 지옥에 대한 경험을 하게 된다는 것도 밝혀지고 있다.

이런 현상을 이용하여 말기암환자에게 LSD(Lesergic Acid Diethylamide)를 이용한 환각요법을 실시하는 경우 죽음과 환생 그리고 신비한 의식 상태를 경험하게 되는데, 죽음에 대한 생각이 바뀔 수도 있다는 것과 죽음의 공포도 경감된다는 것을 알게 되었다. 이런 환각요법은 정신적이고 신체적인 고통을 덜어주는 것에 그치지 않고 죽음을 이해시키는 데에도 많은 기여를 할 것으로 보인다.

또한 급성 정신질환자 중에 죽음이나 환생 또는 지구의 파멸이나 재창조 같은 현상을 경험한다는 것은 잘 알려진 사실이다. 간혹 이를 경험한 후 환자가 극적으로 회복되거나 증상이 좋아지고 사회적응력도 향상된다는 보고는 과거 심한 고통이나 원시사회의 통과의례처럼 가혹한 상황에서 벗어난 후 다른 삶을 느끼거나 산다는 제약적 변신(Ritual Transformation)과 깊은 유사성을 보이기도 한다.

정상인에게도 이런 LSD 계통의 환각제를 사용하면 새롭고 즐거운 느낌과 치유 받는 영적인 경험을 하는데 지각의 변화, 착각과 같은 양상이 더 흔히 나타난다. 시간이 극단적으로 느려지기도 하고, 자신의 신체가 극단적으로 커지기도 하고 작아지기도 하며, 주위의 경계가 무너지고 사물의 색체와 소리가 변형 강조되고 만족감과 편안함을 느끼지만 죽거나 새로 태어나는 경험을 할 수도 있어 영적경험으로 표현하기도 한다. 이는 사람의 의식 깊은 곳에 자리 잡고 있던 신비적이고 종교적인 상태를 끌어올려 내세에 대한 부분적인 모습을 나타내게 하는 것이 가능하다고 보는 것이다.

사람의 정신에 이런 환각제를 이용하여 의식의 표면적인 환각뿐만 아니라 살아왔던 경험이나 그 다음 단계의 존재의 무상함이나 고통, 번민 등 쌓여진 심층의식에 증폭과 촉매 역할을 시켜 위에 언급한 경험을 유발하게 한다는 것은 사람들의 무의식 속에 이미 죽음의 모습이 존재하고 있다는 것을 의미한다.

## 06. 아르스 모리엔디(Ars Moriendi)

이집트와 티베트의 『사자의 서』와 비슷한 내용의 책 중에는 서구의 문화적 전통에 맞는 '아르스 모리엔디' 즉 임종 방법(the Art of Dying)이라는 목판 인쇄 서적이 있다. 이 책은 서유럽에서 페스트가 창궐하여 많은 사람들이 죽어가던 시절 사제 없이 홀로 임종을 맞이하는 신자를 위해서 15세기에 '크라카우 마태 주교'가 저술했다고 알려져 있다.

24엽으로 구성되었는데, 앞의 2엽은 글로만 표현되었고 뒤의 22엽은 글과 그림이 마주 보이게 목판으로 인쇄되어있다. 죽음의 순간 사탄이 유혹하는 것들과 신자가 붙들

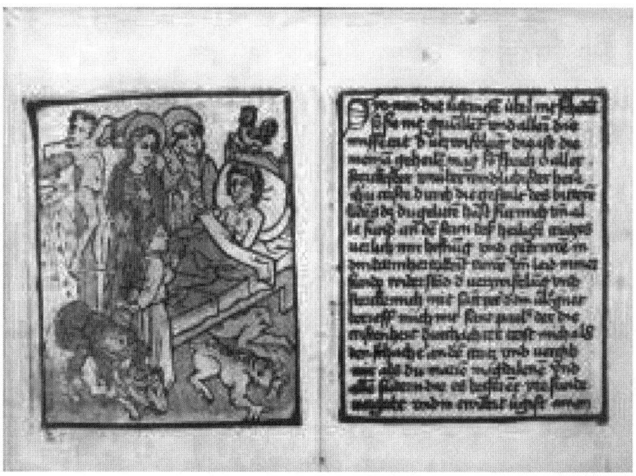

Ars Moriendi

어야 할 것들을 그림과 함께 소개하면서 믿음 안에서 편안한 임종을 맞이하도록 도와주고 죽음에 대한 두려움을 없애고 망념을 끊어주려는 목적으로 만든 것이다.

기독교에서는 임종 시에 사탄의 유혹으로 신앙심을 잃어버리는 경우 불행한 죽음을 맞이하게 된다. 죽음 앞에서는 신도들도 신앙에 대해 깊은 의문을 가지게 되고, 양심의 가책과 절망에 빠지거나 고통으로 인해 초조함과 짜증을 유발하게 되고, 헛된 욕심, 탐욕 외에도 세속적인 유혹을 받는다고 한다. 이는 죽음에 임박한 사람들의 심리 상태를 잘 묘사하고 있다. 이런 유혹을 막기 위해서 천국을 알리고 최후의 심판을 다시 상기시켜 주위에서 영적인 도움을 많이 받도록 도와주어야 한다는 의미를 가지고 있다.

신체의 죽음 과정에서 임종자와 그 주변사람들의 임종 준비에 대해서도 잘 알려주고 있는데 죽음 앞에서 올바른 마음가짐을 유지하고, 죽음을 기꺼이 받아들여 용감히 대면하면서 피하거나 굴복하지 않는 것이 행복한 죽음이라는 것을 보여준다.

아르스 모리엔디는 사람들이 죽음을 다 이해할 수는 없지만 올바른 인식을 가지고 올바른 삶을 위해 노력 한다는 그 자체로 가치 있다고 말한다. 즉 죽음은 어디서고 나타날 수 있기에 세속적인 욕구나 욕망은 큰 의미가 없다는 것이다.

## 07. 신앙심과 죽음

아는 것이 힘이 되기도 하지만 오히려 병이 되는 경우가 있는 것처럼 오늘날 정보의 홍수 속에서는 오히려 선택에 대한 결정장애를 일으킬 수 있다. 이는 이것저것 모두 생각해야 하고 무엇이 가장 좋은 선택인지 판단이 안 서기 때문인데 죽음 앞에서도 사람들은 결정을 못하는 경우가 많다.

평소에 죽음에 대해 나름 생각도 했고 준비를 한다고 해도 자신의 앞에서 일어난 큰 사건을 결정한다는 것은 생각처럼 그리 쉽지는 않다. 그러다보니 전문가라는 사람들의 도움을 청해야 할 경우가 많다. 하지만 죽음 같은 큰 사건에서 타인의 도움이 나의 생각과 일치하기 어렵고 무작정 따르는 것도 의심스러운 면이 많아 고심이 더 깊어지는 것이 사실이다.

고려대학교 정옥분 교수는 발달심리학 저서에서 신앙심이 깊은 사람과 신앙심이 약간 있는 사람, 신앙심이 전혀 없는 사람 중 누가 가장 죽음을 두려워할 것인가를 조사해보니 신앙심이 깊은 사람은 당연히 죽음을 덜 두려워하지만, 신앙심이 전혀 없는 사람보다 신앙심이 약간 있는 사람이 가장 죽음을 두려워한다는 결과가 나왔다.[3]

이는 어중간한 좋은 미래보다는 확실한 보장의 불행이 더 낫다는 것을 선택한다는 의미이고, 기독교적으로 보면 확실한 믿음이 있다면 구원을 받아 천국으로 가지만 믿음이 어설프거나 믿음 중에 죄를 짓는 경우가 많다면 어설픈 믿음이 오히려 불안해질 수 있다는 것이다. 차라리 믿음이 없다면 천국이나 지옥 또는 여러 내세관이나 사후에 대한 확신이 없기에 선택의 불안이 적다는 의미이기도 하다.

또한 고학력자일수록 현대의학의 한계를 잘 인정하지만 저학력자인 경우 현대의학을 맹신하는 경우도 많아 삶의 애착도 강하고 불필요한 의료행위를 원하는 경우가 많다.

일부 임종을 맞이한 사람 중에 살고 싶어 하는 의지가 실제로 죽음을 뒤로 미루는 효과가 있다고 한다. 그 예로 중국의 여성 노인들은 축제일 전후에 사망률이 감소하고, 유대인들은 유월절 전에 사망률이 감소하는데, 이는 특별한 날이나 자신이 소망한 일이 이루어지기 전까지 삶에 대한 의지를 놓지 않아서 생긴 현상으로 보인다. 죽음의 기전 중에 노쇠라는 과정은 결국 숨 쉬거나 심장을 뛰게 하는 힘이 없어서 생긴 현상이기도 하므로 이를 충분히 강화시켜준다면 얼마간 죽음도 뒤로 물릴 수가 있다.

특히 가족 간에 특별히 돌보아야 할 사람이 있거나 꼭 보고 싶은 사람이 있는 경우에도 임종 시간이 길어지는 경우를 관찰할 수 있다. 이는 죽음 또한 생물학적 운명이라기

3 정옥분, 『발달심리학(전생에 인간발달)』, 학지사, 2014.

보다는 긴 시간은 아니지만 충분히 조절하거나 일부 한정적인 범위에서 극복할 수 있다는 것을 보여주는 부분이기도 하다.

## 08. 임종환자와 종교

삶의 소중함을 알게 되면서 그동안 투병생활에서 쌓였던 가족과 주위 사람들 간의 갈등, 오해나 불만, 미움 등의 애증이 점차 해결될 수도 있고 새로운 관계도 만들어질 수 있는데 이런 문제에서 종교는 나름 긍정적인 역할을 해주기도 한다.

죽음이 느껴지는 경우 무신론자라도 일부 사람들은 신앙에 대한 관심을 보이고 영생에 대한 고민이나 확신을 가지거나 다양한 내세관을 알아보면서 사후생에 대한 의미를 찾고자 한다.

임종환자가 과도한 요구나 집착을 보이면 의료진이 해결하려고 하지 말고 그 분야를 잘 아는 성직자나 상담사를 찾아 연결시켜주는 것이 필요할 수도 있다. 종교적인 문제에서 믿음으로서의 접근은 정신적인 위안과 마음의 평온을 가져다주지만 과도한 사후생이나 내세관에 대한 집착 그리고 허황된 생각은 현실도피의 일시적인 수단으로 작용하기도 한다.

과도한 종교적 집착이나 영생 또는 사후생에 고민하는 임종환자의 경우에는 일단 포용은 하되 이를 부정하거나 임의로 제한하거나 불필요한 논쟁은 피한다. 너무 몰입하지 않도록 기존에 시행했던 프로그램을 바꾸고, 새로운 것에 관심을 갖도록 환경변화를 하며, 혹시 있을 수 있는 우울증을 잘 확인해서 치료를 권유하거나, 가족들의 접촉을 더 많이 시도하는 것이 도움이 된다.

일부 임종환자의 가족이나 지인들 중에 새로운 종교에 참여하도록 전도하거나 다른 종교로 개종시키려는 경우가 있는데 이는 바람직한 것이 아니므로 자제시켜야 한다. 스스로 원해서 믿는 것은 도와주어야 하지만 이런 경우 아픈 환자의 약해진 마음을 이용한 행위이기에 진정성도 없거니와 짧은 시간에 새로운 종교에 대해 교리나 내세관을 배우고 알아갈 시간도 없이 그냥 종교의 이름으로 믿음을 얻는 것이므로 올바른 종교 행위는 아니라고 본다.

이런 임종환자에 대한 프로그램은 환자의 입장에서 선택하고 결정하게 하는 것을 기본으로 하고 임종기 동안 많은 것을 시도하기보다 한두 가지만이라도 가능한 것을 이루게 하는 것이 더 바람직하다. 그리고 작은 일에 대한 격려와 칭찬은 그 무엇보다 임종환자에게 큰 힘이 된다. 이때 가벼운 터치나 스킨십을 통해 함께한다는 것을 느끼면서 스스로 위안을 얻게 한다.

## 09. 임종환자와 영적 지지

임종환자에게 가장 중요한 가족과 의료진의 역할은 함께 있어주는 것이다. 아무리 좋은 의료시설에서 죽음을 맞이한들 가족이나 의료진의 배웅을 받지 못하고 죽으면 그 자체가 고독사와 다를 바가 없으며, 죽음이란 가족 친지 모두가 함께 나누는 가장 중요하고 커다란 이별 행사이기 때문이다.[4]

이때 임종환자에게 종교가 있든 없든 영생을 믿든 말든 상관없이 영적 지지가 이루어지면 죽음이 결코 두렵거나 무섭지 않을 것이다. 자신의 생을 뒤돌아보고 삶의 의미를 재확인해보거나 사후에 대해 생각하고 새로운 희망을 가진다면 그 자체만으로도 큰 의미가 있고 비록 죽음을 맞이해도 나름의 위안을 받을 것이다.

믿음은 초월성을 추구하는 것이기에 지난 시절의 후회를 다 벗어던지고 새로운 삶

4 김달수, 『죽음학 스케치』, 인간사랑, 2018.

에 대한 희망을 가지면서 "억울하다."거나 "너 때문이다." 또는 "내 탓이야!" 등의 부정적인 생각에서 벗어나고, 자신의 현재 상황을 인식하며 남은 시간 보람 있는 일을 위해 좀 더 노력하는 모습에서 주위 가족들에게도 긍정적인 모습을 보여줄 수 있다. 그래서 기존의 종교를 가진 경우라면 좀 더 그 종교에 신앙과 믿음으로서 깊게 다가가면서 마음을 정리하고, 종교가 없어도 자신이 생각하는 영적 바람과 추구하는 사후에 몰입한다면 임종 과정의 고통을 많이 감소시키고 불필요한 감정변화도 줄여줄 것이다. 영적 치료와 믿음은 어떤 통증 치료보다 더 효과가 있을 수 있고 합병증으로 발생되는 여러 증상들도 조금은 덜한 생태로 그 고통이 줄어들 것이다.

그러나 이런 환자들에게 기존의 종교 대신 개종을 권유하거나 새로운 죽음관을 전도하는 것은 자제해야 한다. 환자가 스스로 새로운 종교를 받아들인다면 이는 얼마든지 권유할 수 있지만 거부하는 경우 심신이 지친 환자에게는 더 큰 가혹한 시련이 될 수도 있다. 환자가 새로운 종교를 가진다면 좋을 것이라는 막연한 생각을 할지 모르지만 이는 전도하거나 개종하려는 사람들의 생각이지 환자가 행복해지거나 감사하는 것은 결코 아니기 때문이다. 설령 개종하거나 받아들였어도 그 종교가 가진 진정한 의미를 깨우치기에는 시간이 너무 짧기에 진정한 신도가 될 수 없고 단지 사후세계나 내세관만을 따라서 죽는다면 설령 사후세계가 있다 한들 그곳에서도 진정한 신도로 받아들여 줄지 알 수 없다. 이런 신도가 들어와도 그 곳 또한 힘들 것이며 이로 인한 불안정한 혼란은 계속될 수 있을 것이다.[5]

신앙과 믿음은 그 자체로 가치 있는 것이므로 강요보다는 스스로의 참여와 실천 속에서 가족들에게도 커다란 위안이 될 수 있다. 그리고 가족들은 사망 후에도 환자가 원하는 종교나 죽음관에 대해 이해해주고 장례절차를 따라준다는 믿음을 확인시켜주며 그렇게 행하는 것이 환자를 위한 신뢰라고 본다. 산 사람 소원도 들어주는데 죽은 사람 소원을 들어주는 것이 남은 가족들의 당연한 도리일 것이다.

---

5 김달수, 『죽음학 스케치』, 인간사랑, 2018.

## 1. 영적 돌봄

죽음 앞에서 종교의 유무에 관계없이 영적인 욕구를 원하는 경우가 많고 환자들을 위한 영적 돌봄을 제공해야 하므로 이 분야는 죽음학에서 큰 부분을 차지하는 것이 사실이다. 영혼(Spirit)은 히브리어의 Ruah, 그리스의 Pneuma, 라틴어의 Anima라 하며 바람, 숨, 호흡 그리고 본질을 의미하고, 이를 생기, 에너지 빛을 주는 들숨으로 정의한다. 즉 비물질적 실재이면서 존재의 근원을 발전하게 하는 내적인 길로도 표현하며 생명의 원리라고 본다.

사람은 영혼이 있기에 영성(Spirituality)이 존재하는데 영성은 어떠한 정신을 가지고 살아간다든지 또는 누구의 정신을 가지고 살아간다는 것을 의미할 수 있다. 그래서 자신이 보기에 가장 이상적인 정신을 자신의 정신으로 받아들여 그 정신을 실천하기 위하여 자기의 생명까지도 걸 수 있는 가치를 의미한다고도 볼 수 있다. 그러므로 영성은 '인간의 최고 덕과 가치와 목표'가 될 수도 있다.

인간은 본질적으로 영성을 가지고 있으므로 나와 타인 그리고 신과의 연결이 가능하고 죽음을 맞이하는 사람의 영적 요구는 삶과 죽음에 대한 의미 추구, 사랑과 용서를 주고받고자 하는 요구, 현실적 희망과 초월적 희망을 갖고자 하는 요구, 삶의 통제력을 유지하고자 하는 요구, 자연을 경험하고자 하는 요구, 종교적 요구가 포함된다. 이러한 영적 요구를 충족시켜주는 것이 호스피스나 임종의학에서 영적 돌봄의 목적이라고 한다.

사람의 영적 욕구는 인간 본성의 일부이므로 당연한 것이고 이런 영적 욕구를 충분히 누리고 추구하도록 임종 과정에서 도와주어야 한다. 종교적 신념과 무관하게 사람들의 궁극적인 관심이기도 한 이러한 욕구는 죽음 후에 대한 희망의 의미와 죽음의 목적을 찾고자 하면서 사랑을 나누고 이웃과 신과의 영적인 관계를 맺고자 하며, 자신들과 이웃을 용서하는 것 등을 포함한다. 이러한 근본적인 영적 욕구가 충족되었을 때 사람들은 Well-Dying을 성취할 수 있으며 이중 어느 하나가 충족되지 못했을 때 영적 돌봄을 필요로 하게 된다. 많은 사람들은 죽음 앞에서 자신이 살아온 과거, 현재 그리고 다가올 미래에 대해 삶의 의미와 목적을 정리하고자 죽음에 순응하고 내세를 이해하며 죽음 뒤에 올 수 있는 허무나 좌절을 극복하면서 의미 부여를 통해서 명분 있는 죽음을 추구하려고 한다.

또한 죽음이 다가오면 대부분 지난 과거에 대해 회환과 후회가 느껴지고 그에 대한 해결을 하고자 한다. 용서하고, 용서받고 싶어 하며, 남아있는 문제들을 잘 마무리하여 편안한 죽음을 맞고자 한다.

사람들은 가까운 가족 친지들로부터 사는 동안 사랑을 요구하고 사랑 받기를 원하는데 죽음 앞에서 더욱 이런 마음이 간절해지므로 사람들을 더 그리워한다. 그러므로 가족들도 사랑을 더 표현하고 충만한 기쁨을 갖도록 해야 한다.

죽음의 순간까지도 죽은 후에 가족의 안녕과 안위를 걱정하고 잘되기를 바라며 자신 또한 기적적인 회복이 있을 거라든지 죽어서도 더 좋은 곳으로 갈 수 있다는 확신을 갖고 죽음을 맞이하는 경우가 많다. 하지만 죽음 뒤에 불멸이나 더 좋은 곳으로의 떠남을 확신하며 죽음을 맞이한다고 해도 고통이나 두려움 없는 죽음에 더 가까워질 수는 없다.

이런 다양한 영적인 욕구를 통해서 초월적인 마음으로 그동안의 잘못과 후회와 고통 그리고 두려움을 정리하고 영적 축복을 받아 충만한 죽음을 맞이한다면 고귀한 죽음이 될 것이다. 이때 의료진들은 환자의 영적활동에 필요한 자원을 잘 지원해주고 이를 통해 환자들이 조금이라도 위안을 받는다면 임종 돌봄을 매우 잘한 것이 될 것이다.

임상에서 시행하는 영적 돌봄 중에는 환자의 말을 경청하여 신뢰 관계를 형성하고 필요하면 영적 여행의 동반자가 되거나 성직자나 전문가를 소개해주는 것이 필요하다. 환자의 삶을 회상하도록 해주며, 영적의식 및 기도나 강독 또는 관련 서적이나 종교음악 등을 들려주는 것도 많은 도움이 된다. 소원했던 사람들과의 인간관계를 회복시켜주고 내적 성장이나 종교적 심화를 통해 믿음에 대한 지지를 해주면서 환자의 가족에 대해서도 함께 영적 공감을 가지도록 배려해줘야 한다. 평소 밝게 대하고 즐겁게 말하는 것만으로도 환자는 많은 위안을 받는다.

사후생에 대해서도 가능한 환자의 죽음관을 받아주고 원하는 자료를 제공해주며 종교행사나 자신이 원하는 의례에 대해 큰 무리가 없으면 참여하게 하거나 주선해주고, 자원봉사자나 같은 믿음을 가진 환자들끼리 만남을 통한 교류를 도와주고, 성직자나 전문가를 만나게 해주는 것도 큰 도움과 위안이 될 수 있다.

이런 영적 돌봄은 통증의 완치와 우울감, 심신피로감을 줄여주고 적극적인 활동을 통해 투병생활에 활력이 생기고 긍정적인 생각을 가지게 되므로 가족들도 함께 돌봄에 여유를 가질 수 있다. 단 맹목적인 믿음이나 맹신으로 인한 육체적, 정신적 그리고 금전적인 피해가 생기지 않도록 주의하고 심한 감성적이고 비도덕적인 영성 행위는 자제시켜야 한다. 잘못된 영성이나 믿음의 피해는 죽은 후에도 그 가족들에게 큰 상처와 피해를 주기 때문이다.

## 2. 임종과 영성

영성은 절대자와의 관계뿐만 아니라 사람들과의 관계라고 할 수 있다. 특히 의료진과 죽어가는 환자의 관계는 근본적으로 영적인 상호작용이라고 할 수 있다. 의료진이 제공하는 치료와 돌봄은 환자에게 공감과 희망이 될 수 있고 보다 나은 고귀한 죽음으로 이끌어줄 수 있다.

죽음을 앞둔 호스피스 환자들이 가장 많이 체험하는 것은 자신의 종교적인 믿음이나 살아온 가치관에 대한 회의나 불신 같은 영적 위기가 생긴다는 것이다. 이런 영적 위기는 환자 자신뿐만 아니라 그 가족과 의료진에게도 매우 힘든 영향을 미치게 하고 죽음에 대한 두려움으로 불행한 죽음을 맞이하게 한다.[6]

이를 극복하기 위해 중심에 있는 임종 전문 의료인의 역할은 매우 중요하다. 환자와 그 가족 모두에게 기도와 격려 그리고 영성을 통한 영적인 은혜를 받게 하는 것으로 이는 그 어떤 성직자들의 역할보다 중요하다. 환자와 가장 가깝고 그들의 상태와 상황을

6 김달수, 『죽음학 스케치』, 인간사랑, 2018.

가장 잘 알고 있고 직접 환자를 돌봐주는 관계이므로 믿음과 신뢰가 있으면 환자는 쉽게 영적 지지를 받아들일 수 있기 때문이다.

이때 가장 중요한 것은 신뢰감과 정직함이다. 환자와의 신뢰감은 당연한 것이고 정직함은 또한 환자 자신도 믿음을 가지고 순응하고 동조하게 하는 기본적인 영적관계를 형성하게 해주기 때문이다. 영적 관계를 이어주는 영성은 두렵고 불안한 영적 위기를 극복하고 고통 속에서 희망을 통한 평화로운 죽음을 받아들이게 하며 모든 사람들과의 관계 개선 및 평안을 가져다주고 그동안 가지고 있던 삶의 관계에서 생긴 오해와 갈등을 풀어 마음의 짐을 덜 수 있다.

대부분의 사람들은 치유될 수 없는 질병이 생긴 경우 그 질병과 끝까지 싸우기로 마음먹기도 하고 일부는 못다 한 일들을 해결하려 하거나 가족이나 남은 미련에 대한 애착으로 조급해하지만 결국은 죽음에 이르게 된다.

의미치료(Logotherapy)의 창시자이며 아우슈비츠 수용소에서 생존한 오스트리아 신경정신과 의사인 빅터 프랭클(Victor Frankl, 1905–1997)은 "사람은 고통으로 인해 파멸되지 않는다. 사람은 의미 없는 고통에 의해 파멸된다."[7]고 하였는데 고통이 있다는 것은 그 고통에 대항하려는 의미를 부여하기도 한다. 그래서 잠시 절망 속에 영적인 위기가 오더라도 새로운 충만한 삶의 의미를 깨닫게 된다. 이런 작용을 이끄는 것이 영성의 힘이기도 하다. 빅터 프랭클은 86세에 스스로 자신의 노년에 대하여 "늙어가는 것에 대하여 나는 발버둥 칠 일이 없습니다. 나는 어쩌면 지금도 성장하고 있다고 말할 수 있습니다. 나이가 들면 기억력도 떨어지고, 사물에 대해 생각하고 말하는 속도도 떨어지지만 그러한 것들은 어느 것이나 그동안 몇 십 년에 걸쳐서 얻은 인생의 경험으로 보충할 수 있습니다. 죽음이나 인생의 무상함은 내게는 아무런 장애가 되지 않습니다. 아무것도 잃을 것이 없으며, 무서운 것도 없다는 것이 나의 신념입니다. 우리가 해온 것,

7 Victor Frankl, 이시형 역, 『빅터 플랭클의 죽음의 수용소에서: 죽음조차 희망으로 승화시킨 인간 존엄성의 승리』, 청아출판사, 2005.

우리가 이룩한 것, 우리가 만들어 온 것, 우리가 경험한 것, 우리가 사랑한 사람, 우리가 받아온 고통조차도 이것을 제거할 수 없다는 것입니다."라는 그의 인터뷰에서 밝혔듯이 인생은 죽을 때까지도 성장할 수 있고 생의 의연함으로 생물학적, 심리학적, 사회학적 사실들에서 독립적으로 존재함을 보여주는 것이다. 인간이 피할 수 없는 운명에 마주쳤을 때 그 운명에 대하는 태도적 가치의 실현을 통해 역경을 헤쳐 나갈 수 있다고 본 것이다. 이때 필요한 것이 영적 지지이다.

가톨릭 신학자인 마이클 다우니(Michael J. Downey)는 영성을 "직접적으로 보이지 않는 여러 단계의 현실을 인식하는 것이며, 분열과 비인격화의 영향력에 직면하는 가운데 개인적인 통합을 위한 탐색에 대한 인식"이라고 정의했다.[8] 즉 영성은 치유 또는 온전을 추구하는 인간의 내적 본성으로 슬픔 속에서 희망을 가지게 하는 것이다. 마이클 다우니는 영성에 대한 혼란스런 모습들에 대하여 "신성한 것에 대한 사람들의 모든 진지한 추구들을 충분히 포용하면서 동시에 영성이라는 거대한 이름으로 행해지는 인간의 자기표현을 분별할 수 있는 잣대가 있어야 한다."라고 하였다. 또한 영성의 정의에 대해 부연하며 "눈에 보이지 않는 세계와 차원의 존재에 대한 인식과 분열과 비인간화하려는 세력 앞에서 개인의 온정성을 추구하려는 노력"이라고 하며, 영성이란 인간 경험 가운데 있는 요소, 정확히 말하면 인간으로서 경험되는 것을 묘사하는 것이라고 언급했다. 여기서 의미하는 영성은 궁극적인 가치를 향한 인간의 진실된 추구 또는 최고의 이상이나 목표를 달성하려는 인간의 노력을 말한다. 이런 광의적인 의미에서 볼 때 영성이 '자기 초월을 통한 점진적인 인간 통합'에 관심을 가진다고 본 것이다.

기독교에서 말하는 영성이란 하나님을 믿고 거듭난 모든 자들에게 주어진 영적 성품이며, 성령의 역사하심으로 예수를 통해 이루어진 하나님의 모든 은혜와 은총을 경험하는 자에게서 나타나는 자연스럽고 경건한 성품이다. 또한 하나님과의 바른 관계에서 이루어지는 것으로 이를 통해 하나님과 인간에 대한 온전한 사랑, 말씀에 기초한 도

8 Michael J. Downey, 안성근 역, 『오늘의 기독교 영성이해』, 은성, 2001.

덕적 통찰과 능력, 그리고 하나님의 깊은 신비에 대한 신령한 지식과 지혜를 겸비하게 된다[9]고 하였다.

영적 치유가 가장 절실한 사람들은 마지막 죽음을 기다리는 호스피스 병동의 환자들일 것이다. 호스피스 운동의 창시자인 시셀리 사운더스(Cicely Saunders, 1918−2005)는 호스피스의 목적 중 하나는 모든 육체적, 정서적, 정신적, 사회적, 영적 아픔을 완화하는 일이라고 하였다.[10] 의료인들은 최대한 환자의 고통을 덜어주고 받아주면서 그 고통을 함께 나누는 것이 의무이기에 환자가 영적 수단을 통해서 그들의 고통을 이겨내려고 할 때 이를 지지하고 호응할 수 있도록 충분한 준비와 노력이 필요하다.

이는 의료인도 영성을 보여주어야 하는 자세의 문제이기에 충분한 영적 체험과 영성에 대한 믿음이 있어야 환자에게 도움을 줄 수 있다. 진실된 영성이 없다면 단지 치료자로서의 역할 밖에 할 수 없다. 죽어가는 사람들에게 영성은 마지막 죽음의 공포와 고통에서 스스로 극복하게 하는 중요한 요소이며 영성을 통한 영적 안정을 찾는 환자의 경우 죽기 전까지 삶의 가치를 느끼고 어떤 통증치료보다 효과적인 고통의 완화를 가져온다는 연구조사를 보면 영적 지지는 죽어가는 환자들에게 매우 가치 있는 의료 행위라고 할 수 있다. 단 주의할 점은 임종의학 의료인이 영성과 종교를 구분하지 못하는 것과 영적인 활동이 환자의 인생에 긍정적인 영향을 주기보다는 근본적인 문제라고 생각하는 것이다.[11]

---

9 가스펠서브, 『교회용어사전』, 생명의 말씀사, 2013.

10 Clark David, *Cicely Saunders: Founder of the Hospice Movement: Selected Letters 1959-1999*, Oxford Univ. Press, 2005.

11 서혜경, 『노인죽음학개론』, 경춘사, 2009.

# 10. 죽음, 영혼, 영원

죽음과 영원 그리고 영혼에 대한 다양한 생각과 접근은 사람들의 종교관에 따라 차이는 있지만 그 바탕은 두렵지 않는 죽음을 맞이하는 것이다. 그러므로 믿음을 통해 마음의 안정을 찾으려하기에 죽음을 직접 거론하기보다는 교리에 언급된 작은 사후생의 증거라도 찾아 이를 자신에게 맞춰 해석하려고 한다. 그러다보니 사람들은 사후 영혼의 존재에 관심이 많고 아쉬운 현실의 삶을 벗어나 또 다른 새로운 기대를 하려고 한다.

이런 죽음의 과정 중에 사람들의 죽음은 획일적이지 못하고 다양한 다름이 존재하므로 이를 배타적으로 거부하지 않고 서로를 인정하고 이해하는 것이 죽음학을 시작하는 첫걸음이라고 할 수 있다. 이런 다양성의 이해를 돕기 위해 아래에 '죽음·영혼·영원'에 대해 종교학자이면서 서울대 통일평화연구원 HK연구교수인 이찬수 교수의 2016년 저술을 저자의 동의하에 발췌하여 '죽음·영혼·영원'에 대해 생각해보고자 한다.

## ■ 죽음, 영혼, 영원(이찬수 지음)

### 1. 죽음학에 대하여

사람은 누구나 죽는다. 신비롭게도 사람은 자신이 죽는다는 사실을 미리 안다. 그리고 그 앎이 삶을 변화시켜준다. 현재 삶의 질서를 바로잡아주기도 하고, 더 윤리적인 삶으로 이끌기도 한다. 그 변화를 긍정적으로 일으켜 풍요롭게 살다가 품위 있는 죽음을 맞이하도록 인도하는 학문이 넓은 의미에서 '죽음학'(Thanatology)이다.

죽음에 대한 성찰의 역사는 기원을 알 수 없을 정도로 오래되었지만 '죽음학'이라는 학문의 역사는 길지 않다. 서양에서는 파이펠(Herman Feifel)이 편집한 『죽음의 의미』(*The Meaning of Death*, 1959) 등이 출판되고, 스위스 출신의 정신과 의사 퀴블러 로스가 임종 직전 환자들의 반응을 연구한 죽음 관련 책들을 다수 출판하면서 20세기 중반 이후 '죽음학'이 주요 학문 분야로 자리잡아왔다. 이에 비해 한국의 경우는 상대적으로 늦은 1991년에서야 "삶과 죽음을 생각하는 회"가 창립되었고, 이어 "한국장묘문화개혁범국민협의회"(1998) 같은 시민단체와 죽음에 대한 학문적 접근을 시도한 "한국죽음학회"(2005)가 설립되었으며, 한림대학교에서 교내에 "생사학연구소"를 만들면서, 죽음에 관한 학문적 연구가 탄력을 받아가고 있는 정도이다.

'죽음학'에서는 죽음에 임박한 환자들의 생태와 반응을 연구하면서 인간이 죽음을 품위 있게 맞이할 수 있도록 하기 위한 각종 이론을 정립하고 그 이론을 사회화하는 데 연구의 초점을 두고 있다. 이런 분위기를 타고 국내 지방자치단체에서도 전문가의 도움을 받아 대중을 상대로 죽음교육을 실시하기도 하는 등 죽음에 관한 사회적 논의가 확대되고 있다. 다행스런 일이다. 2010년에는 한국죽음학회에서 『한국인의 웰다잉 가이드라인』(대화문화아카데미)을 펴냈다. 임종 직전 무슨 일이 일어나는지, 환자 당사자와 보호자는 자신과 가족의 죽음에 대해 어떤 자세를 취해야 하는지, 환자가 임종한 후에는 유족의 상실감을 어떻게 치유해야 하는지와 관련해, 얇은 책이지만 구체적이고 실질적인 가이드라인을 제시했다는 점에서 의미 있는 연구 결과이다.

2011년에는 세브란스병원에서 연명치료 중이던 세칭 '김 할머니'의 인공호흡기를 제거해야 하느냐 마느냐를 두고 사회적 논의가 생겨나기도 했다. 무의미한 연명치료를 중단하고 인공호흡기를 제거하는 것이 환자로 하여금 존엄한 죽음을 맞이할 수 있게 하는 것이라는 의견들이 많아지면서, 한국 사회에 이른바 '존엄사'(尊嚴死)라는 말이 회자되기도 했다. 많은 사람들에게 '죽음'을 성찰하게 했고, 존엄한 혹은 품위 있는 죽음에 대한 구체적인 자각의 계기가 되었다는 점에서 의미 있는 일이다. 한국에서도 이제 죽음이 삶의 일부로, 학문의 영역으로 받아들여지기 시작하고 있다는 객관적인 증거로 삼을만한 일들이라고 할 수 있다.

## 2. 죽음도 생명 현상이다–죽음과 온생명

그렇다면 죽음이란 무엇일까? 흔히 죽음을 의학적으로는 심장이 멈춰 호흡이 없고 외부 자극에 대한 반응도 없는 상태로 규정하곤 한다. 국어사전에서는 죽음을 생물의 생명이 없어지는 현상, 생물의 생명 과정이 정지된 상태 등으로 광범위하게 정의한다.

하지만, 진지하게 생각하면 알 수 있는 일이거니와, 개체생명의 모습과 형태는 달라지더라도, 생명 현상 자체는 정지되거나 없어지지 않는다. 작은 생명의 모양과 형태는 변하지만 사실상 그것은 더 큰 생명 속에 편입되어 지속된다. 죽음을 생물의 생명이 없어지는 현상으로 규정한다면, 그것은 기본적으로 개별 생명체만을 전제한 협의의 정의이다. 하지만 생명 자체는 눈에 보이거나 관찰 가능한 개별 생명체에 국한되지 않는다. 그만큼 넓고 깊다.

로위(G. W. Rowe)의 생물학적 정의는 생명을 개별 생명체 중심으로 규정해온 일반적인 견해를 잘 보여준다. 그에 의하면, 생명이 가능하기 위해서는 "첫째, 주변으로부터 에너지를 흡입하여 이를 자체 유지를 위해 사용하고(대사), 둘째, 개체의 유한성을 극복하기 위해 자기 자신에 대한 복제 능력을 가지며(생식), 셋째, 변화하는 환경에 맞서는 세대를 거쳐 가며 변이와 선택을 통한 적응을 해나가야 한다(진화)." 자기 유지, 자기 증식, 자기 변화의 능력이 생명의 조건이자 속성이라는 것이다.

물론 이것은 생명에 대한 유용한 정의이기도 하다. 그런데 개별 생명체를 중심으로 한 정의이다 보니 한계도 있다. 개별 생명 현상만으로는 전체 생명을 정의하기 곤란하기 때문이다. 가령 로위의 설명대로 "주변으로부터 에너지를 흡입하여 이를 자체 유지를 위해 사용"한다고 할 때, 그 '주변의 에너지'는 어디서 온 것일까 한 번 더 생각해볼 필요가 있다. 그러면 그 에너지라는 것 역시 넓은 의미의 생명 또는 생명 현상의 일부라는 사실을 알 수 있다. 한 그루의 나무가 토양에서 흡수하는 양분이라는 것도 일종의 미생물 차원의 생명 체계이다. 햇빛과 물은 물론 미생물 없이 나무라는 개별 생명체를 설명할 수 없다는 점에서, 즉 생명을 설명하기 위해 생명을 가져올 수밖에 없다는 점에서, 개별 생명체 중심의 해설에는 한계가 있게 마련이다.

물리학자 장회익은 이러한 문제의식을 가지고서 로위의 정의에다가 '관계성'을 보태 새로운 우주적 생명 개념을 만들어낸다. 즉, 생명이 가능하기 위해서는 '대사', '생식', '진화' 외에 개체 간의 '협동'이 있어야 한다는 것이다. 개체 간의 긴밀한 협동 체계 속에서만 개별 생명체들이 가능하다는 것이다. 이 협동 체계 자체가 개별 생명체들을 개별 생명체가 되게 해주는 하나의 "상위 개체"로 간주될 수 있다고 본다. 그러면서 그 상위 개체를 "온생명"(Global Life)으로, 단위 내 각 개체들을 "개체생명"(낱생명)으로 구분한다.[12]

온생명은 생명의 영역을 35억 년 전 지구 탄생 이래 현재까지 계속되고 있는 개별 생명체들의 존속 근거 내지 원리와도 같다. 개체생명(낱생명)과 온생명의 관계를 비유하면 "마치 책을 처음 접하는 사람이 책 속의 글자 한 자 한 자가 무엇을 말하는가만 생각해서는 그 뜻을 알 수 없고 이들이 서로 어떻게 연결되어 의미체계를 이루는가를 이해해야 비로소 그 뜻을 알 수 있는 것과 같다." "지구상에 나타나고 있는 생명현상들이 그 특성을 유지하면서 존속해나갈 최소의 여건이 무엇인지를 우리가 파악했다고 할 때, 이 여건을 구비한 전체 체계가 곧 온생명이 되는 것이다."

장회익은 이 온생명에서 개체생명(낱생명)을 제외한 나머지 부분을 개체생명의 "보생명"(Co-Life)이라고 부른다. 보생명은 넓은 의미에서 일종의 '환경'에 해당되는 개념이라고 할 수 있다. 그러면서 개체생명은 온생명적 구조 속에서 보생명과의 협동을 통해 성립된다고 정리한다. 온생명 안에서 개체생명들이 유지되어갈 뿐만 아니라 개체생명은 온생명적 구조를 반영해준다는 것이다.

온생명은 협동 체계이지만, 단순히 무미건조한 관계성 자체만을 의미하지 않는다. 미시적 차원에서 자세하게 보면, 그 협동 체계 자체가 생명 현상의 구조와 다르지 않다. 하나의 거대한 생명 체계인 것이다. 이러한 온생명의 차원에서 보면, 생명은 사라지

12 G. W. Rowe, *Theoretical Models in Biology*(Oxford: Oxford University Press, 1994), p. 103; 장회익, 『삶과 온생명』(서울: 솔출판사, 1998), 201, 174–175쪽에서 인용.

거나 없어지고 마는 것이 아니다. 총체적 관계성 속에서 모든 것이 서로 에너지를 주고 받으며 다양한 생명체들의 외적 형태가 변해갈 뿐이다. 그런 점에서 우리의 몸이 죽는다고 해서, 심장이 멈춘다고 해서, 그것으로 끝이 아니다. 무언가 다른 형태로 계속되는 것이다.

## 3. 더 묻고 답해야 한다-임사체험을 넘어

앞에서의 말과 차원은 다소 다르지만, 이런 입장은 이른바 임사체험(臨死體驗, Near Death Experience)자의 증언과도 통한다. 의학적으로 사망 진단을 받았다가 다시 살아난 이들의 증언과 이들의 증언을 종합한 연구 결과에 따르면, 임사체험자들은 몇 가지 공통적인 체험을 한다. 대표적인 죽음학자 퀴블러 로스에 의하면, 임사체험자들은 대체로 죽은 장소에서 자신의 몸을 보고, 거기서 일어난 일들을 기억하며, 장애인은 장애가 없어지는 등 죽음 이후 신체가 온전한 형태로 바뀐다고도 한다. 또 시공간 개념이 없어지고, 터널이나 산길 등을 통과하면서 환한 빛을 본다고도 한다. 그 빛과 함께 자신의 일생이 파노라마처럼 줄지어 나오면서 생전의 삶을 반성하게 된다고도 한다. 이때 그 환한 빛의 경험은 무조건적인 사랑으로 자신을 감싸는 느낌과 같아서, 다시 현실로 돌아오고 나서는 이타적인 사람으로 변모하는 경향이 있다고 한다. 임사체험자들은 대체로 모든 것이 허무 속으로 사라진다고 보지 않으며, 따라서 죽음도 두려워하지 않게 된다고 한다. 누에고치가 나비가 되듯이, 태아가 엄마의 자궁 밖으로 나오듯, 죽음은 새로운 세계로 입문하는 과정이라는 것이다.[13]

물론 임사체험 자체만으로 죽음이 끝이 아니라거나 사후에 또 다른 세계가 있다는 사실에 대한 결정적인 증거라 할 수는 없다. 임사체험자가 보여주는 사후에 대한 일정한 패턴은 사실상 죽음을 편안하게 맞이하도록 뇌신경이 벌이는 환각 작용일 뿐, 쉽사

13 장회익, 『온생명과 환경, 공동체적 삶』(서울: 생각의 나무, 2008), 17-18쪽. 장회익, 『삶과 온생명』, 177-78, 190, 195, 208쪽.

리 죽음 이후의 세계를 설명하는 증거로 삼을 수 없다는 뇌 과학자들의 연구 결과들도 있기 때문이다.

하지만 그렇다고 해서 그런 뇌 과학적 설명만으로 죽음과 죽음 이후의 문제가 간단하게 규정되고 더 이상 아무 것도 없는 듯 끝나버리고 마는 것은 아니다. 임사체험을 직접 해보지 못했다고 해도, 뇌 과학자가 아니라고 하더라도, 잘 생각해보면 죽음 전후에 무슨 일이 벌어지는지, 우리의 평상시 삶 안에서 어떤 일이 벌어지고 있는지, 태어나기 전에 어떤 일이 있었겠는지, 추측하지 못할 것도 없다. 뇌 과학자들이 오히려 생각해보지 못한 일일지 모르지만, 누구든지 어지간히 생각하면 알만한 일들이기도 하다.

가령 밥 한 공기가 내 밥상에 오르려면 쌀이 있어야 한다. 그 쌀은 애당초 쌀의 형태로 있었던 것이 아니다. 볍씨가 있어야 하고, 그 볍씨가 발아하기 위해서는 하늘의 태양, 내리는 빗물, 부는 바람, 대지의 양분, 농부의 수고 등이 필요하다. 이런 것들이 더해서 수백 배의 알곡이 맺히고, 다시 이루 다 헤아릴 수 없을 것들과의 관계성 속에서 내 밥상에까지 오르게 된다. 태양과 빗물과 땅속의 온갖 양분 없이 쌀 한 톨조차 생길 수 없으니, 쌀 한 톨에 전 우주가 들어있는 셈이다.

그리고 그 우주를 받아들여 인간의 생명도 자라나고 유지되고 변화한다. 그러다 사람은 늙고 병들고, 화장을 하든 매장을 하든, 결국 한 줌 흙이 되고 만다. 그러면 자연스럽게도 그 흙을 양분 삼아 들풀이 자라고 소가 풀을 뜯고 다른 사람들이 다시 그 소를 먹는다. 죽은 이의 몸에 있던 수분은 대기로 흩어졌다가 비가 되어 다시 땅으로 내린다. 그 수분과 양분을 토대로 볍씨가 자라고 다시 우리의 몸속으로 들어와 몸의 일부가 된다. 이렇게 생명은 순환한다. 그 모습과 형태가 바뀔 뿐이다.

인간의 생사는 결코 이러한 원리에서 자유로울 수 없다. 이 마당에 어찌 죽음을 그저 심장이나 뇌 기능의 정지 정도로 규정하고 끝내겠는가. 그러기에는 인간의 질문이 더 깊고 넓다. '나'란 존재는 무엇이고, 나는 어디서 왔고, 죽음이란 새삼 무엇이며, 죽음 직전에는 무슨 일이 일어나고, 죽고 나면 어떻게 될까. 진부할 정도로 흔하지만 그만큼 답하기 힘든 질문이기도 하다. 그럼에도 불구하고 바로 이러한 질문에 대해 다소 종교철학적인 입장을 견지하면서, 특히 기독교와 불교적 지혜의 깊이를 되짚어 보면서 죽음에 대해 차근차근 답을 찾아보고자 한다.[14]

## 4. 어디서 와서 어디로 가는가-개체생명을 넘어

앞 이야기에 함축되어 있기는 하지만, 한 번 더 곰곰이 생각해보자. '나'는 어디에서 왔으며, 또 어디로 가는 걸까? 죽음이란 무엇이며 죽고 나면 어떻게 될까?

잘 보면 '나'라는 존재는 어머니 뱃속에서 태어난 날부터 시작된 것만도 아니고, 내 육체적 죽음으로 끝나는 것만도 아니라는 사실을 알 수 있다. 그 생물학적 기원을 따져보면, 출생 전 태아 상태로 있을 때도 '나'이거나 적어도 나의 근원이고, 어머니의 난자와 아버지의 정자가 만나 이제 막 꿈틀대기 시작한 그 수정체도 '나'이거나 나의 근원이 아닐 수 없다. 어찌 그것만 나의 근원이겠는가? 난자와 정자를 만들어낸 어머니와 아버지가 없이 어찌 '나'가 있을 수 있겠는가? 그러니 어머니, 아버지 몸의 일부도 '나'이거나 나의 근원이다. 어머니, 아버지뿐이던가? 더 거슬러 올라가면 나의 기원은 조부모, 증조부모에게 연결되고, 더 올라가면 인류의 첫 조상에게까지 연결될는지 모른다. 나의 조상이 되는 수천만 명, 수억 명의 사람들이 오늘날 나를 나 되게 해준 근원이 되는 것이다. 그 중 하나만 없었어도 오늘날과 같은 나는 없었을 것이다.

나의 기원은 이렇게 시대적으로 소급해 올라가서만 찾아지는 것은 아니다. 현재 내가 처한 상황의 수평적 관계망 속에도 내 삶이 들어있다. 내가 아침에 먹은 밥 한 공기 없이 어찌 내가 살아갈 수 있겠는가. 밥 한 공기가 내 밥상 위에 오르기 위해서는, 이미 보았듯이, 하늘의 태양과 내리는 빗물, 땅 속의 양분도 있어야 하니, 내 생명의 기원은 자연 자체로 확장된다. 게다가 나의 어머니와 아버지가 처했던 환경, 취했던 양분과 지식 및 지혜가 어찌 오늘의 나와 무관할 수 있겠는가? 나의 먼 조상을 살게 했던 우주적

14 이 내용 및 퀴블러 로스의 내세관과 관련해서 *On Life After Death*(1991), 최준식 옮김, 『死後生』, 대화출판사, 2003(2판2쇄)을 읽어보면 좋겠다.

환경 없이 어찌 오늘의 내가 있을 수 있었겠는가? 수천 년을 도도히 흘러온 강물 없이 어찌 오늘의 내가 있을 수 있었겠는가?

따지고 보면 실상 나를 나 되게 해준 원인은 셀 수 없을 만큼 많다. 한 마디로 무한하다. 그 영역은 우주까지 확장된다. 우주의 모든 것들, 아니 우주 자체가 나를 나 되게 해준 근원이 되는 것이다. 전 우주가 오늘의 나를 나 되게 해주고 있다는 이러한 사실을 두고 기독교인은 그 근원이 '하느님'이라며 다소 인격적으로 표현하며 고백한다.

또, 나는 죽어서 어떻게 될까? 죽고 나서 화장을 하면, 한 시간도 못돼서 나는 한줌 흙이 되고 만다. 매장을 한다고 해도 몇 십 년 안에 그 흙 속으로 스며들어간다. 나의 세포를 이루고 있던 것들이 무덤가의 풀 한 포기로 흡수되어 풀잎이 되기도 하고, 어떤 것은 한 송이 민들레꽃으로 피어나기도 할 것이다. 들풀을 뜯는 소의 몸속으로 들어갈 수도 있을 것이다. 바람에 따라 떠도는 민들레 홀씨 속에 그 어떤 사람의 세포나 그 세포를 구성하던 소립자가 있을지도 모르고, 우리의 할아버지, 할머니의 세포가 소나무 잎의 모습으로 피어나고 있는 것인지도 모른다.

소 한 마리가 무덤가의 풀을 뜯고 통통하게 살이 오르면, 잔인한 노릇인지 모르겠지만, 사람은 또 그 소를 식량삼아 살아간다. 그러면 소의 몸이 사람의 몸속에서 새로운 생식세포들이 만들어내는 에너지원으로 작용한다. 이렇게 내 몸의 일부가 또 다른 몸의 일부가 될 수 있고, 다른 몸의 일부가 내 몸의 일부가 될 수도 있는 것이다.

그러니 어머니 뱃속에서부터 내가 시작되었다는 말도 불완전한 답이다. 그 이전부터 이미 나는 다른 모습으로도 있었다고 할 수 있다. 죽고 나서 무(無)로 돌아간다고 하는 말도 불완전하다. 이 세상에 사라지는 것은 없다. 어렸을 때 놀던 초등학교 운동장의 정글짐에 나의 손때가 묻은 채 남아있을 수도 있고, 운동장에서 흘렸던 땀방울이 대기와 섞였다가 다시 빗물이 되어 떨어졌을 수도 있다. 사라지는 것은 전혀 없다. 자연 법칙에 따라 그저 형태가 바뀌었을 뿐이다.

이를 두고 불교에서는 윤회적 사고를 키워왔고, 도가(道家) 또는 유교에서는 기(氣)의 모임과 흩어짐으로 생사를 설명해왔으며, 기독교에서는 생명의 근원을 신이라 부르며 모든 것은 신께 돌아간다 말하기도 한다. 이들은 한결 같이 죽음이 그저 끝이 아니라 말하고 있다는 점에서 상통한다. 이런 식으로 사람이든 동물이든 자연의 순환 법칙을 한 치도 벗어나지 못한다. 악인이든 의인이든, 종교인이든 비종교인이든, 어떤 종파에 속했든, 이러한 법칙에는 예외가 있을 수 없다.

## 5. 죽음은 새로운 시작이다–죽음의 종교성

이런 것들을 생각하며 죽음의 문제로 돌아가 보자. 죽음이란 무엇인가? 삼라만상에 적용되는 자연 법칙을 염두에 두면, 죽음을 그저 심장이나 뇌 기능의 정지 등의 의료적 정의만으로 끝낼 수는 없을 것이다. 그렇게만 정의하고 설명하기에는 인간의 질문이 더 깊고 넓다. 다소 종교적 정의를 내려 보면, 죽는다는 것은 '나'라는 것을 앞세우며 살아온 지난날의 모든 삶을 전적으로 대자연 앞에 내어맡기는 행위이다. 기독교적인 언어로 바꾸면, 죽음이란 인간 하나하나의 삶과 관계된 모든 것들을 생명의 근원이 되는 존재, 즉 신께로 온전히 되돌려드리는 행위이다.

이 근원을 자연법칙이나 우주적 원리라 해도 크게 달라질 것도 없다. 내 이름으로 행한 모든 생생한 실재들, 어렸을 때 운동장에서 넘어져 울며 흘렸던 무릎피의 흔적마저 나의 것이 아니라 온전히 대자연의 것이라며 되돌리는 행위, 아니 돌려놓을 수밖에 없는 행위가 죽음인 것이다. 어차피 내 삶의 어떤 것도 내 자신이 만들지 않았다는 점에서, 내가 먹는 음식이나 그 음식을 소화시키는 소화기관도 모두 내가 창조해낸 것이 아니라는 점에서, 신에게로 돌아간다는 말이나 대자연으로 돌아간다는 말이나, 궁극적인 의미는 다를 바 없다. 모든 것은 주어졌다는 점에서 이들은 공통적이다. 그래서 종교인은 모든 것이 선물, 즉 은총이라고 고백하는 것이다.

실제로 인간이 만들어낸 것은 하나도 없다. 내 몸도, 내 소유물로 여기는 모든 것들도 본래 주어져 있던 것들이다. 비행기도 컴퓨터도, 과자나 아이스크림도 전부 본래 있던 것들을 살짝 가공해 그런 모양이 되고 그런 기능으로 바꾼 것이다. 전부 주어져 있던 것들이거나 거기서 나온 것들이다. 어떤 것이든 당초부터 지금의 '나의 것'이었던 적이 없다. '나'를 앞세우며 나의 행위인 양 나의 것인 양 착각하고 오해하며 살 뿐이다. 그런 점에서 죽음은 잠시나마 내 물건이 본래부터 나에게 속해 있었던 것인 양, 마치 내가 내 인생의 주인인 양 착각하며 살아온 우리의 무지와 실상이 적나라하게 드러나는 사건이기도 하다. 적나라하게 드러난다는 점에서 죽음은 일종의 '심판'이기도 하다. 신약성서학자 로핑크도 기독교적인 언어이기는 하지만, 전체적으로 이와 비슷한 분석적 고백을 한다.

우리가 하느님을 궁극적으로 만날 때, 하느님이 우리를 일생동안 사랑하시던 그 선하심과 사랑의 척도를 체험하는 가운데, 우리 눈이 우리 자신에 대해 스스로 열리게 될 것이다. 우리는 무서운 어떤 놀라움으로 우리의 독선, 우리의 무정함, 우리의 냉혹함, 우리의 이기주의를 깨닫게 될 것이다. 우리가 한 평생 쌓아올린 모든 자기기만과 환상이 일순간에 붕괴될 것이다. 우리가 우리 자신을 숨겨두었던 가면들이 벗겨질 것이다. 우리 스스로에게 또는 다른 사람에게 연기해보이던 모든 것을 이제 중지해야 한다. 이는 끝없이 고통스러운 일이며 마치 불과 같이 우리를 스쳐 지나갈 것이다. 하느님이 우리 앞에서 찬란히 빛나실 때, 우리는 참으로 존재했어야 할 모습과 실제로 존재하던 모습을 동시에 깨닫게 될 것이다. 바로 이것이 심판이며 다른 아무 것도 아니다.

적절한 '종교적 해석'이라고 생각된다. 늘 신과 만나고 있었지만 잘 모르거나 의식하지 못하다가, 궁극적이고 결정적으로 몸을 벗으면서, 즉 신을 만나면서 내 이름으로 행한 무지, 욕심, 독선, 이기주의를 절절하게 깨닫게 되는 사건이 바로 죽음이다.

신을 만난다지만, 하늘 어딘가 특정 공간을 점유하고 있는 신령 같은 존재를 본다는 뜻은 아니다. 신을 만난다는 말은 당초 대자연 속에 있었지만, 그런 줄도 모르고 '나'라는 의식을 앞세우며 살던 지난날의 허상이 폭로되는 사건에 대한 은유적이고 인격적인 표현이다. 자신의 근원적 실상이 드러나는 사건에 대한 '신화적인' 표현이라고 할 수 있다.

그렇게 "우리가 참으로 존재했어야 할 모습과 실제로 존재하던 모습을 동시에 깨닫게" 된다는 점에서, 그런 식으로 나의 실상이 폭로된다는 점에서 그것은 '심판'인 것이다. 지나가버린 듯한 내 모든 것이 우주적 생명 안에서 온전히 살아있음을 절감하게 된다니 어찌 심판이 아니겠는가. 절감하는 주체가 무엇인지는 이후 다시 말하겠지만, 어떻든 심판의 정도는 결국 인간이 어떤 존재이어야 하는가와 인간이 어떻게 살아왔는가가 비교될 때 드러나는 그 차이라고 할 수 있다. 현재 나의 삶이 중요하다. 현재 내가 사는 일거수일투족이 이미 심판받고 있는 것이다.

## 6. 시간에서 영원으로 나아가다-영원의 철학

이때 죽음, 심판 등과 관련하여 염두에 두어야 할 것이 있는데 바로 '시간' 관념이다. 죽고 나면 분명히 우리의 몸은 사라진다. 몸이 없다는 것은 감각기관이 없다는 것이다. 감각기관이 없으면 우리의 온갖 체험이 사라진다. 체험이란 보고 듣고 만지고 맛보고 냄새 맡고 느끼는 우리의 감각 기관에 근거해 이루어지는 것이기 때문이다. 체험이 사라지면 결정적으로 시간이 사라진다. 시간이란 어떤 사실이 지속되고 있음을 감각 기관을 통해 체험하는 한 양식이기 때문이다. 살아생전 우리의 몸은 어떤 사실들에 대해 순간순간 반응하는데 그것이 연속적으로 이루어지는 것을 보고 흔히 '시간이 흐른다'는 식으로 말한다.

몸을 벗어버리고 나면 당연히 흐르는 시간도 사라진다. 보고 듣고 만지는 온갖 감각기관들이 정지하기 때문이다. 이때 비로소 시간을 넘어서게 된다. 결국 죽음은 시간을 넘어서는 순간, 나아가 영원에 참여하게 되는 순간이다. 인간은 "죽음으로의 존재"(Sein zum Tode)라는 하이데거(Martin Heidegger)의 말을 빌리지 않더라도, 살아있다는 것은 죽어가고 있는 것이기도 하다. 실제로 죽어가고 있는 세포가 있는가 하면 생겨나는 세포가 있기도 하다. 그래서 삶이자 동시에 죽음인 것이다. 죽어가면서 살고 있는 것이다. 죽어가고 있다는 점에서, 우리의 모든 존재와 행위가 온생명 안에서 이루어지고 있다는 점에서, 그리고 시간은 이미 영원에 감싸여서만 시간일 수밖에 없다는 점에서, 우리는 이미 영원의 세계에 참여하고 있는 것이기도 하다.

하지만 실제로 그 정도의 의식을 가지고 살아가기는 힘들다. 인간이 숨을 거두는 순간 결정적으로 영원의 세계에 참여한다는 앞의 말은 이런 제한적일 수밖에 없는 현실에서의 '경험'과 그 경험에 근거한 '희망'을 반영한 말이다. 그러나 영원의 세계에 참여하리라는 것은 일단 희망의 영역이긴 하지만, 잘 성찰해보면 충분히 상상 가능한 희망의 영역인 것이다.

숨을 거두고 모든 감각 기관이 정지되고 나면, 그때는 더 이상 시간 안이 아니라 시간의 저편에 실존하게 된다. 기독교인은 이것을 영원한 하느님 안에 머문다는 식으로 말한다. 하느님에게는 "하루가 천년 같고 천년이 하루 같다."(베드로후서 3:8)는 성서의 구절도 이런 식으로 풀 수 있을 것이다. 눈 깜짝할 사이에 미래에서 과거로 이동할 수 있을 것이다. 아니 이동할 시간이라는 것이 없을 것이다. 그것이 영원의 세계이기 때문이다.

따라서 모든 사람이 전혀 다른 시간에 죽었다고 해도 모든 이가 '영원'에 참여하기는 마찬가지일 것이다. 영원에는 과거, 현재, 미래라는 시간적 도식이 없다. 시간의 차원에서는 과거와 미래를 나누지만, 과거에 죽은 이나 미래에 죽을 이나 모두 영원에 참여하는 것이다. '영원'이라 말하면서도 그 영원조차 과거, 현재, 미래로 나누어 상상한다면 그것은 감각기관을 가지고 있는 존재의 제한된 상상에 지나지 않는다. 영원에는 시간적 단절과 차이가 없다. 그래서 내가 숨을 거두는 순간 시간을 넘어 전 인류와의 만남이 이루어질 수도 있는 것이다. 몸을 지니고 살면서 행한 모든 것이 영원의 세계에 합류한다고 할 때, 그렇게 합류된 세계를 영생(Eternal Life)이라고 한다. 영생은 한편으로 희망과 상상의 세계이지만 잘 성찰하면 이해하지 못할 것도 없는 세계이다.

## 7. 처음이자 끝이다–영혼의 철학

문제는 무엇이 영원에 합류하는가, 심판을 의식하는 주체는 무엇인가이다. 죽음 이후와 이전을 연결 짓는다고 간주되는 그 근거를 인류는 흔히 영혼(Soul)이라 불러왔다. 종교현상학자 반 델 레에우(G. Van der Leewu)는 영혼이라 불리는 동서고금의 다양한 개념들을 정리하면서 영혼을 이렇게 규정한다.

(영혼은) 자신으로부터 나온 것이며 자신 이상의 것이다. 그것은 영혼이다. 인간이 자신의 육체가 가지고 있는 힘을 표현하는 이름들은 여러 가지이고, 우리는 '영혼'이라는 말 외에 다른 좋은 말을 발견할 수 없으나, 그것들은 모두 동일한 방향을 가리키고 있다. 즉, 인간이 자신 속에서 발견하는 어떤 성스러운 것, 인간에게 있으며 인간으로부터 나오지만 인간을 넘어서고 벗어나는 어떤 것이다.

넓은 의미에서 영혼은 자신 안에 있지만 자신을 넘어서는 어떤 실재이다. 내세의 나를 현세의 나와 연결시켜주는 근거이며, 내세의 나가 현세의 나의 자기동일적 지속이라는 사실을 말하기 위한 육체적 존재 이상의 어떤 것이다. 현세 안에 머물다가 그것으로 끝난다고 간주되는 제한적 육체와 달리, 현재를 넘어 영원까지 지속될 가능성을 지닌 인간 존재의 근원적 주체가 영혼인 것이다. 이런 상상 속에서 플라톤(Platon) 같은 이는 자신의 영혼이 육체의 속박으로부터 벗어나 이데아의 영역에 존재하는 참다운 근원으로 돌아가기를 열망하였다.[15]

플라톤은 불멸의 영혼과 가사적(可死的) 영혼을 구분했다. 신체를 움직이게 하는 자연적 원리인 가사적 영혼은 신체가 소멸하면서 사라지는 데 비해, 데미우르고스(조물주)에 의해 인간에게 불어넣어진 불멸의 영혼은 궁극적으로 이데아의 세계에 합류할 인간의 참다운 근원이다(『티마이오스』 441). 물질적 존재로서의 인간이 영원을 인식할 수 있는 플라톤적 근거도 여기에 있다. 영혼이 육체적 현재와 영원한 이데아의 세계의 연결고리가 되는 것이다. 반 델 레에우는 이와 관련하여 "영혼은 일종의 자신 안의 신이요, 신은 일종의 외재적 영혼"이라고 규정한다.

그런데 이런 영혼 개념은 육체에 대한 이원론적인 어떤 실체라는 전제 하에 사용되는 경향이 있다. 실제로 영혼과 육체를 이원론적으로 이해하는 경향이 지배적이다. 하지만 영혼을 몸과 분리된 하나의 실체라고만 이해하기에는 현대 과학에서 밝혀내고 있는 몸의 구성원리가 그 정도로 단순하지 않다. 쌀 한 톨도 우주적 에너지의 합작품인

15 게라르두스 반 델 레에우, 『종교현상학입문』, 손봉호 외 옮김, 분도출판사, 왜관, 1995, p.173.

마당에, 개인의 육체도 단순히 개인의 것이 아니다. 육체도 물리적이고 미시적 차원에서 보면 그저 에너지일 뿐이고, 그 에너지가 우주적 상호작용 속에서 형태를 바꿔가며 끝없이 변하여 현재 육체의 형태로 나타난다. 몸 자체가 이른바 영혼의 원리를 반영하고 있다. 몸속에서 영혼을 발견할 별도의 공간은 없다. 몸을 인류가 찾아낸 최소 단위로까지 해체하고 나면 그 세계는 정신의 세계와도 통한다. 몸은 정신 혹은 영혼의 세계와 다르지 않다. 영혼은 몸과 별개의 실재가 아니라, 몸의 근원적인 작용과 관련되어 있는 몸의 현상이기도 하다.

그렇게 보면 영혼이란 내 몸 속에 씨눈처럼 들어있는 하나의 물질 같은 것이 아니다. 영혼은 내가 나의 이름으로 행한 모든 것의 핵심에 대해 인류가 오랫동안 붙여온 이름이라고도 할 수 있다. 나의 영혼이란 그 무언가를 받아들일 수 있도록 되어 있는 본래적인 능력 위에서 실제로 외부의 사물과 사건을 받아들이고 다시 외부에 영향을 끼치면서 행한 모든 흔적과 자취를 솜사탕 뭉치듯이 뭉치고 뭉칠 때 마지막으로 남는 물질 이상의 그 무엇이다. 나의 이름으로 나의 몸을 지니고서 행한 이루 다 알 수 없을 모든 것들의 집약체에 붙여진 이름이다.

영혼은 행위의 결과만도 아니다. 육체가 사물을 받아들이고 반응하고 영향을 끼친다고 할 때, 그렇게 하도록 하는 근원으로 간주된 곳에 붙여진 이름이다. 이름이라지만 추상적 개념이나 단순한 논리적 요청은 아니다. 그보다는 육체와 육체적 행위의 근원이 되는 어떤 힘(Power)에 가깝다. 우주의 바탕은 일종의 에너지이면서도 끝없는 운동력이기도 하다. 그 움직임이 개인에게는 개인적 영혼이 되고, 우주적 차원에서는 우주의식이 된다. 그런 의미에서의 모든 행위의 근원이기에, 영혼은 몸을 벗은 후에도, 아니 몸의 형태가 바뀐 뒤에도 지속된다. 그리고 그 지속적 상태가 '영원'의 세계이다. 그렇다면 영혼은 영원의 세계에 합류하는 개인의 에너지이자, 그 개인의 에너지와 관련되어 벌어진 온갖 영향력의 핵심에 붙여진 이름이다.[16]

---

16 반 델 레에루, 앞의 책, 같은 쪽.

## 8. 인간이 우주다–무아와 범아일여

여기서 좀 더 살펴보아야 할 것은 영혼과 영생의 논리적이고 존재론적인 관계이다. 즉, 영혼이 별도로 있다가 영원에 합류하는 것인가, 영혼은 그 자체로 영원성을 지니는가, 영혼은 영원에 대한 상상 속에서 요청된 어떤 것인가 하는 물음들이다. 일반적으로는 첫 번째 입장을 취하지만, 지금까지 본대로 영혼은 몸과 이분법적이지 않다. 영혼은 몸과 별개가 아니다. 영혼은 일종의 상태이기도 하지만 물질은 아닌 까닭에 영혼에 경계와 명확한 형태가 있지도 않다. 개체생명이 이미 온생명 안에 있으면서 온생명과의 관계 속에서 개체생명으로 존재하듯, 개인의 몸과 그 몸을 지니고 행하는 모든 일들도 근원적으로 이미 영원의 세계 안에 있으며 영원의 세계와 상통하고 있다. 영혼은 개인의 몸과 별개가 아니며, 영원의 세계와도 별개가 아니다. 이런 세계관을 잘 전승해온 인류의 오랜 지혜가 불교철학이다.

그런데 주지하다시피 불교는 어떤 영속적 실체를 부정한다. 그것을 영혼이라고 하든 자아라고 하든 무언가 지속적인 어떤 실체가 있다고 하는 생각을 근원적으로 거부한다. 물론 자아니 영혼이니 하는 말 자체를 부정하는 것은 아니다. 일상적인 의사소통의 차원에서, 더 나아가 근기가 약한 중생을 깨달음의 세계로 이끌기 위한 방편의 차원에서는 얼마든지 긍정하기도 한다. 그런 점에서 영혼이 인간 안에 있으면서도 인간을 넘어서는 어떤 것이라든지, 혹은 현생과 내생의 연결성을 논하는 자리에서 주로 언급되는 용어라고 하는 앞에서의 지적은 불교 안에도 적용된다. 종교현상학적으로 보면, 일반 불자들에게 다양한 불보살과 신령들, 지옥, 축생, 아수라, 귀신 등 초자연적 세계에 대한 신앙 및 세계관은 빈번하게 드러나는 현상이기도 하다. 여기서 불자들은 분명히 실체적이고 영속적인 영혼관에 따른 윤회적 세계관을 지니고 사는 것으로 보인다.

하지만 궁극적으로는 그 신들의 세계에 대한 집착으로부터 자유스러워지고 그 신들의 세계도 넘어서고자 하는 것이 불교의 핵심이다. 더욱이 무아(無我) 내지는 공(空)이라는, 불교의 핵심적 가르침에 비추어 보면, 내세에까지 이어지는 인간의 내적 자아 혹은 근원적 주체로서의 영혼이라는 말은 모순이 된다. 실체적, 영속적 영혼 개념은 무아내지는 공의 깨달음을 추구하는 불교철학과는 조화되기 힘든 측면을 지닌다. 그리고 "일체 중생이 모두 불성을 가지고 있다."(一切衆生悉有佛性)거나, "산천초목이 모두 불성을 이루고 있다."(山川草木悉皆成佛)는 식의 불성론 또는 선종 계열의 입장에서 보자면, 내세에 특별히 이루어질 일이 따로 있지도 않다. 신들의 세계가 인간들의 세계보다 우월하다는 식의 입장도 설 자리를 잃는다. 그보다는 지금 있는 그대로가 충분히 완성되어 있다고 하는, 현재 긍정적 자세가 훨씬 강력하다. 대중적 불교 전통 안에 각각의 업(業)에 따라 그 과(果)를 받아 성립되는 개별 영혼 개념이 없는 것은 아니지만, 그 개별 영혼조차 사실은 우주적 성품에 대한 불교적 표현, 즉 불성과 같다는 입장이 더 크다. 우주적 차원의 불성이 개별 영혼들 하나하나의 모습으로 드러나고 있다는 식의 관점이 더 강력하게 존재하고 있는 것이다.

개인의 내적 주체는 단순히 개인의 것이 아니라, 우주적 본성과 같다는 것은 불교만이 아니라 인도철학 전반의 오랜 지혜이기도 하다. 개인의 내면이 '아트만'이라면, 우주적 성품은 '브라흐만'이다. 아트만과 브라흐만이 동일하다는 것이다. 힌두교의 바이블이라고 할만한 『바가바드기타』에서는 이렇게 말한다: "(이제) 알아야 할 대상을 말해주겠노라. 그것을 알면 불사(不死)를 누리는 시초가 없는 지고의 브라흐만, 그것은 존재도 아니요 비존재도 아니라고 불린다··· 어두움 가운데 있는 빛이라 불리나니 앎이요, 앎의 대상이요, 앎의 목적이며 모두의 가슴에 자리 잡고 있도다."[17]

인도 최고의 고전인 『우파니샤드』에서는 우주적 브라흐만과 개별적 자아와의 관계를 거미와 거미줄, 불과 불꽃의 비유로 설명하곤 한다. 거미줄이 거미에서 나오듯, 여러 불꽃이 모두 불이듯, 다양한 현상 세계는 전부 브라흐만에서 나오거나 브라흐만과 같다는 것이다. 그래서 "브라흐만을 아는 것이 영원불멸의 길이자 모든 것이 되는 길"이며, "브라흐만을 아는 자 브라흐만이 된다."고 선언한다.

---

17 Bhagavad Gītā, 13.12·17(길희성 역주, 『바가바드기타』, 현음사, 1988, 109쪽 및 201쪽의 번역을 따랐음).

인도 사상에 따르면, 그렇게 아는 주체는 개인의 내적 자아, 즉 아트만이다. 아트만은 궁극적으로 브라흐만과 합일하도록 되어 있는 인간의 내적 주체인 것이다. '아트만과 브라흐만의 하나됨'(梵我一如)에 대한 깨달음이야말로 인간이 획득해야 할 최고의 지식이다. 진정한 자기 자신 외에 더 원할 것도, 두려워할 것도 없기 때문이다. 그것이 업으로부터의 자유, 즉 해탈(解脫)이다. 이런 관점은 중생을 그대로 부처로 보는 대승불교적 관점에도 고스란히 반영되어 있다. 중생이 본래 그대로 부처라는 원천적 차원에서 보면, 개인적이고 이기적인 자아란 본래부터 없는 것이기 때문이다. 그런 의미의 무아(無我)이다.

## 9. 영혼도 형성된다–정신작용과 영혼

이때 한 번 더 염두에 두어야 할 것은 깨달음의 주체이다. 무엇이 무엇을 깨닫는가? 깨달음의 주체를 다시 우리의 언어로 하면 영혼이 된다. 영혼이 영혼의 본질을 체득하는 것이다. 앞에서의 영혼이 인간 정신 작용의 주체이자 개별적 영혼이라면, 뒤의 영혼은 정신 작용의 대상이자 우주적 차원의 영혼이다. 영혼은 인간 정신 작용의 주객의 구조와 관계되어 있다.[18]

정신 작용은 사물은 물론 자기 자신마저 느끼고 인식하고 판단할 줄 아는 능력이다. 정신 작용은 자기 대상화 행위에서 가장 잘 나타난다. 사르트르(Jean-Paul Sartre)가 인간을 "대자존재"(對自存在)로 규정한 바 있듯이, 인간은 스스로를 대상화할 줄 안다. 자기를 대상화하는 행위는 인간 의식의 초월성을 잘 말해준다. 정신 작용을 통해 내가 나를 넘어서는 것이다. 나는 누구인가 하는 반성 속에서 '상상된 나', 즉 '대상화된 나'는 나의 몸 안에서 생겨나지만 나의 몸 안에 매이지 않는다. 그러면서도 인간은 그렇게 '대상화된 나'에게서 다시 영향을 받는다. 죽어보지 않았으면서도 죽음에 대한 상상이 현

---

18 The Bṛhadāraṇyaka Upaniṣd(Commentary of Sankaracarya) trans. by Swami Madhavanada, Advaita Ashrama, Calcutta, 2.1.20(p. 202).

재의 삶을 바꾸는 것과 같다. '대상화된 나'는 몸을 넘어서는 또 다른 나에 대한 상상으로 이어진다. 몸을 넘어서는 나가 일반화되면서 영, 혼, 영혼 등에 관한 사회적 담론도 형성되는 것이다. 그런 점에서 영혼은 인간 의식의 초월성, 자기 대상화의 상황을 집약적으로 보여주는 인간의 내적 능력이기도 하다.

스스로를 상상할 줄 아는 능력 속에서 실제로 자기 대상화가 이루어진다는 점에서 영혼은 상상하는 주체의 측면이기도 하다. 그 주체에 근거해 실제로 상상된 실재가 그저 상상으로 끝나지 않고 다시 주체에 영향을 주는 힘의 차원으로 전개되어간다. '반성된 나'는 몸을 지닌 실체는 아니지만, 몸을 지닌 나를 바꾸고도 남는다. '상상된 나'가 '상상하는 나' 내지 '몸으로서의 나'보다 강력한 실재인 셈이다.

이때 나를 '대상화하는 나'는 정신작용이면서 동시에 몸의 현상이라는 사실도 중요하다. 몸은 관계적이고 과정적이다. 다양한 음식을 먹고 숨을 쉬면서 몸이 성장하고 유지되고 변해간다는 점에서 몸은 끝없는 변화와 관계성 속에 있다. 그런데 정신 작용이 몸의 현상이라고 한다면, 몸이 변해갈 때 몸에 의해 생성되는 영혼도 변화 내지 생성되어간다고 보는 것이 자연스럽다. 오랫동안 갓난아이의 영혼과 성인의 영혼, 죽기 직전까지의 영혼이 동일한 실체라는 식으로 상상해왔다. 영혼은 몸과 분리되어 있는 불변의 실재라는 상상이 지배적이었다. 하지만 이제는 그러한 상상에서 한 걸음 더 나아갈 필요가 있다.

영혼도 몸의 성장과 함께 성장하고 변화한다. 내 몸이라는 것이 고전적인 언어로 하면 이른바 '사대(四大)' – 땅(양분), 물(수분), 불(태양), 바람(산소) –, 즉 여러 요소들의 상호 작용의 결과이듯이, 나의 영혼도 나에게만 속한 단일한 개체가 아니다. 나의 영혼도 관계적이고 과정적이다. 영혼이 거하는 장소는 단순히 나의 몸속이라기보다는, '상상하는 나'와 '상상되는 나'의 '사이'(Between)이다. 그 사이란 그저 공간을 의미하는 것이 아니라 관계성을 의미한다. 영혼은 '상상되는 나'의 차원이기도 하지만, 그 '상상되는 나'가 '상상하는 나'의 연장이기도 하다는 점에서 '상상하는 나'와 '상상되는 나'의 어느 한 쪽에 거주하지 않는다. 그 '사이'가 영혼의 집인 것이다. 영혼은 몸과 함께 성장하고 형성된다. 그리고 몸이 우주적 협동 작용이나 관계성의 산물이라는 점에서 영혼도 우주적 생성 변화와 함께 한다. 영혼을 개체적, 개별적으로만 간주하는 기존 견해를 수정할 때다.

## 10. 죽음이 마지막 말은 아니다–부활, 승천, 열반

근대 이후에는 인간 밖의 어떤 대상보다는 그 대상을 대하는 주체에 관심을 두어왔다. 초월 중심의 세계관이 약화되고 현실의 물질 중심적 세계관이 자리 잡았다. 이에 따라 서양에서는 Soul, Spirit 등의 개념은 약해지고 Mind, Conscience 같은 개념들이 부각되기에 이르렀다. 초월적 영혼이나 정신 등에 대한 형이상학적 논의보다는 내재적 마음, 의식 등 경험적 논의가 중시되고 있다. '영혼'보다는 현실에서 작동하고 있는 '마음'이 주로 논의되는 상황이다.

이런 상황에서 영원의 세계에 합류한다는 것은 무엇인가? 여기에는 하나의 가정적 설명이 필요하다. 우주는 의식이며, '나'라는 개인의식이 우주 의식에 합류하는 것이라고 해도 좋을 그런 가정이다. 강물이 바닷물이 되듯이, 그러나 그 강물도 본래 바닷물이었듯이, 본래 하나였던 것이 다른 양상 속에 있다가 다시 본격적으로 하나가 되는 것이다. 그리고 증발한 바닷물이 다시 비로 내리고 강물이 되듯이, 우주 의식이 개인의식으로 드러난다. 바꾸어 말하면, 개인의식이 우주 의식에 합류하는 것이다. 개인의 몸도 결국 대자연 안으로 형태를 바꾸어 돌아간다. 그것을 기독교적 언어로 하면 부활(復活)이고, 좀 더 신화적인 언어로 하면 승천(昇天)이다. 그리고 불교적 언어로 하면 열반(涅槃)이다.

기독교인조차 부활을 육체적 소생으로 간주하는 이들이 많지만, 부활의 영적인 의미는 영혼이라는 우리의 내밀한 삶의 총체를 신이 어떤 식으로든 영원의 세계에 어울리는 형상으로 바꾸어 줄 것이라는 희망에 붙여진 이름이다. 예수가 "다시 일으켜졌듯이", 부활은 모든 인간도 결국은 죽음으로 끝나지 않고 "다시 일으켜질 것"이라는 희망적 믿음의 표현이다. 단순히 육체의 생물학적 소생을 의미하는 것이 아니라, 몸을 가지고 행한 모든 행위가 결국은 신과 직접 대면하는 어떤 상황에 이르게 되는 사건이라고도 할 수 있다.

그런데 대자연을 의식하기 전에도 대자연 안에 있었듯이, 인간은 사실상 신을 늘 만나고 있다. 의식하지 못하고 살 뿐이다. 그러기에 몸이 죽은 후에 비로소 영혼이 불멸하는 것이라기보다는, 엄밀히 말하건대 살아온 삶 하나하나가 이미 영원의 세계에 합류하고 있으며 따라서 불멸한다. 불멸하기에 영원한 세계에 있는 것이다. 그 영원 안에 있는 개인 삶의 핵심을 영혼이라 부르는 것이다.

기독교에서는 예수가 부활 후에 승천(昇天)했다고도 말한다. 이것 역시 예수가 손오공처럼 구름을 타고 하늘로 날아 올라갔다는 뜻은 아니다. 단순하게 말하면 예수가 신이 있는 곳으로 갔다는 뜻이다. 그것 역시 하늘이라는 공간적 의미를 신화적 차원의 언어로 강조했을 뿐, 예수가 신적 생명 안으로 들어갔다는 강력한 신앙의 표현이다. 부활이나 승천이나 결국은 같은 말이 된다. 역사적으로 보면 이러한 부활과 승천 관념은 원칙적으로 예수에 대한 신앙적 조명 속에서 생겨난 것이다. 예수야말로 인생을 신의 뜻에 전적으로 의존해 그 뜻대로 산 자로서, 신의 존재 방식인 완전한 생명 안으로 온전하게 흡수된 존재라는 후학들의 평가가 반영되어 나온 말이다. 달리 말하면 부활은 비록 처참하고 억울했지만 역설적이게도 그렇기에 제대로 된 죽음(Well Dying)에 대한 종교적인 해석인 것이다. 물론 이런 식의 해석은 사후세계에 대한 신화적 표현을 벗겨낸, 즉 탈신화적 해석이다. 그런데 탈신화해서 해석하고 나면 불교적 세계관도 비슷하게 전개된다.

불교적 세계관에 따르면, 무수한 윤회의 연결 고리를 끊고 열반의 세계로 들어가는 것이 인류 최대의 과제, 인생의 궁극적 목적이다. 열반(涅槃, Nirvana)은 타오르던 번뇌의 불꽃(Vana)이 꺼져버린(Nir) 상태를 말한다. 인과 관계의 고통스런 순환 고리를 끊어버린 데서 오는 고요한 안식과 같다. 부활이 영원한 신적 세계와의 합류라면, 불교에서 열반은 모든 흔적과 자취에서 자유로운 고요한 안식의 세계와 같다. 개별적 자아와 우주적 자아가 합일된 범아일여(梵我一如)의 상태와도 다르지 않다. 부활 이후의 영생과 열반의 경험이 기독교와 불교에서 말하는 인생 최후의 소망이자 궁극적 경험이라는 점은 분명하다.

차이가 있다면 부활이 부활 이전의 기존 자아와의 무언가 보이지 않는 연결고리를 전제하는 경향이 있다면, 열반은 모든 자아의 해체를 의미하기에 연속적이랄 것이 없다는 점이다. 만물의 궁극적 원인(창조자)을 전제하느냐, 비인격적 원리를 있는 그대로 따르느냐 하는 차이도 있다. 인간 이전에 미리 존재하면서 세상의 원리를 주관하는 그 무엇을 한 번 더 전제하거나 긍정하느냐, 아니면 인간 이전에 존재하는 세상의 원리를 그 자체로 중시하느냐가 부활과 열반의 결정적인 갈림길인 셈이다. 기독교인이라면 하느님이 그 원리마저도 창조하고 자신의 섭리 하에 둔다고 강조할 테지만, 불자라면 인간이라면 따르게 되어 있는 원리 자체를 더 중시할 것이다.

그러나 근원적으로 보면 이들은 인간이 경험하고 지향해야 할 궁극적인 상태이자 세계라는 점에서는 동일하다. 인간 존재의 근원이나 궁극적 목적과 관련한 물음에 대한 저마다의 답이자 해석 체계들인 것이고, '정오'(正誤)나 '우열'(優劣)의 차원에서 보편적으로 판단되기 힘든 것들이다. 모두 유구한 세월 동안 무수한 사람들에 의해 받아들여져 온 일종의 세계 해석이다. 그렇게 해석된 궁극적 상태가 근본적으로 달라 보이지 않는다.

무엇보다 우리의 주제와 관련짓자면, 몸의 죽음으로 모든 것이 끝나지 않고, 제한적 몸의 상태로는 온전히 상상할 수 없을 새로운 세계가 펼쳐질 것이라고 보아왔다는 사실만이 분명하다. 그렇다면 그 새로운 세계에 어울리게 살 일만 남은 셈이다. 개인의 삶은 우주적 생명의 일부이며, 죽음은 그 생명의 원리에 온전히 흡수되어 들어가는 영원의 사건이다. 작은 영혼이 큰 영혼 속으로 들어가고, 우주 의식이 개인의식을 자신 안에 받아들이는 것이다. 인간은 애당초부터 대자연 속에 있었다는 사실이 온전히 확인되는 엄청난 경험을 남겨두고 있는 것이다. 그래서 "죽음이 마지막 말은 아니다."

# 제6장

# 사별과 비탄 그리고 애도

## 01. 비탄교육(Grief Education)

슬픔 중에서 가장 큰 슬픔은 사랑하는 사람과의 영원한 이별에 대한 상실감일 것이다. 함께 사는 사람이 갑자기 죽음을 맞이한다면 더 큰 충격으로 비탄과정(Grief Process)이라는 정서적 반응을 나타낼 것이다. 이런 비탄반응은 필요한 기전이고 슬픔을 잘 표현하면서 자연스럽게 발산을 하는 것이 스스로 영적인 성장을 하는 과정이기도 하다. 하지만 많은 사람들은 이를 잘 극복하지 못하고 죽은 사람과의 정리가 잘 안되어 고생하거나 심한 병적 상태로 이어져 죽음에까지 이르게 하는 부작용을 가져올 수가 있다.

호스피스 전문가인 콜린(Choline), 머레이(Murray), 팍스(Parkes) 등의 연구에 의하면 54세 이상으로 아내와 사별 후 6개월 이내에 사망할 비율은 같은 세대의 기혼 남자에 비해 40% 높게 나타났고 이들의 4분의 3은 심장질환이 원인이라고 했다. 이는 겉으로 슬픔을 표현하지 못하는 남성들은 마음속에 스트레스가 증폭되면서 더 심각한 비탄에 대한 후유증으로 힘들어 한다는 것이다.

미국 로체스터공대의 복지·노동경제학 하비에르 에스피노사(Javier Espinosa) 교수 연구팀은 1910~1930년에 출생해 결혼한 부부들을 연구한 결과 이들 가운데 아내를 잃은 남성의 사망률은 평소보다 30%나 증가했다는 발표를 하였고, 국내의 2017년 보험연구원 자료에 의하면 아내를 먼저 저세상으로 떠나보낸 남편의 사망률이 아내와 함께 사는 경우보다 4배가량 높은 것으로 나타났으며 아내와 이혼한 경우에도 사망률이 2.7배 높았다. 여성의 경우에도 이혼이나 사별한 경우의 사망률이 배우자가 있을 때의 사망률 1.2명보다 높았지만, 그 차이는 남자만큼 벌어지지 않았다.

이런 연구에서 유사한 결과가 나오는 것은 향후 비탄문제의 위험성에 대한 관심이 요구된다는 것과 2차적인 문제를 막기 위해서 예방이 필요하다는 것을 의미한다. 사람마다 슬픔을 느끼는 강도와 과정은 다르기 때문에 평소 주위에서 잘 관찰해야 하고 정신적인 안정이 안 되어 있거나 우울증상이나 신체적인 질병 등이 나타나면 발견 즉시 상담과 치료를 해줘야 한다.

비탄 감정은 점차 증폭되거나 억눌려 있으면 더 큰 문제로 표출되기에 주위 환경을 개선하고 새로운 변화를 만들어, 관심을 다른 곳으로 돌리는 프로그램과 전문가와의 상담과 치료를 통해서 미리 예방을 해야 한다.

## 02. 비탄과정의 12단계

비탄은 상실로 인해 수반되는 정서적 반응을 가리키는데 사랑하는 대상의 상실인 사별(Bereavement)에 따르는 애도(Mourning)과정이 성공적일 때 자아는 강화되지만 애도 과정이 방해 받을 때는 정신병리적 비탄(Grief)에 빠지게 된다. 이러한 병적인 비탄은 다양한 종류의 우울증에 대한 정신역동적 문제와 연관이 있다.[1]

사랑하는 사람의 죽음을 맞이하면서 생기는 충격과 공포는 다양한 형태로 표출된다. 이는 일종의 방어기전으로 이를 통해서 슬픔을 정리하는 시간을 가지게 해준다. 알폰스 디켄(Alfons Deeken) 교수는 12단계의 비탄과정을 통해 변화하는 모습을 잘 표현하고 있다.[2] 이런 과정을 다 거치는 경우도 있고 건너뛰는 경우도 있고 역으로 발생하는 경우도 있지만 이런 일련의 과정을 통해 서서히 극복하면서 최소한 1년의 시간을 거쳐 회복된다고 하였다.

1 미국정신분석학회, 이재훈 역, 『정신분석용어사전』, 한국심리치료연구소, 2002.

2 알폰스 디켄(Alfons Deeken), 전성곤 역, 『인문학으로서의 죽음교육』, 전성곤 역, 인간사랑, 2008.

### 1. 정신적 타격과 마비상태(Shock and Numbness)

사랑하는 사람이 죽음으로써 일시적인 충격을 받게 되고 현실 감각의 마비가 오는 상태로, 이는 강한 충격을 한 번 걸러주어 완화시키는 방어기전으로 긍정적 반응이지만 이런 상태가 지속되는 것은 좋지 않아 치료가 요구될 수도 있다.

### 2. 부정(Denial)

죽은 사실을 알지만 정신적으로 죽었다는 것을 인정하고 싶지 않은 상태이다.

### 3. 패닉상태(Panic)

죽어가는 모습을 보거나 함께 경험하는 중에 공포에 빠지게 되고 집중력이 떨어지고 일상생활에 적응이 안 되고 두려움이 지속되는 현상으로, 되도록 빨리 이런 현상에서 벗어나도록 주위 사람들의 도움이 필요하다. 평소 죽음준비교육으로 예방이 가능하다.

### 4. 분노와 부당함(Anger and Feeling Injustice)

이런 고통이 자신에게 오는 것에 대한 회의감과 이런 고통을 자신만이 감수해야 하는 것에 대한 분노를 느끼는 단계이다. 특히 사고사나 돌연사의 경우 이 감정이 더 커지는데 적당한 분노를 표출하는 것이 정신건강에 좋다. 너무 억압을 한다면 자신의 내부로 들어간 분노가 결국은 심신을 쇠약하게 하고 커다란 정신신체적인 증상을 가져오기도 한다.

### 5. 적의와 원망(Hostility and Resentment)

자신의 내적인 불안이나 원망이 타인에게 투사되는 경우로 '그렇게 하지 말라고 했는데 하더니 죽었다.'라든가 '내 그럴 줄 알았어!'라는 것처럼 죽은 사람에게 나타나기도 하고, '너희가 잘못해서 죽은 거야!'와 같이 타인에게 원인을 돌리기도 한다.

### 6. 죄의식(Guilt Feelings)

비탄을 느끼는 것 중에 과거의 일에 대한 후회와 그로 인한 자신의 책망이 많이 발생한다. '그때 그렇게 해줄 걸.' 또는 '그렇게 하지 말았어야 했는데.' 같은 후회의 감정으로 스스로 괴로워하며 이런 죄의식이 강하면 속죄를 한다고 생각할 수도 있다.

### 7. 공상 형성, 환영(Fantasy Formation, Hallucination)

스스로 상상 속에서 죽은 사람이 살아있다고 느끼거나 현재 함께 있다고 생각하기도 하는 착각 현상으로 죽은 자식이 곧 돌아온다고 여겨 주거하던 방을 그대로 두거나 매일 식사를 차려주는 등의 행동을 한다. 심한 경우 죽은 자와 대화도 한다.

### 8. 고독감과 우울(Loneliness and Depression)

죽은 사람의 자리가 허전하고 현재 다시 볼 수 없다는 그 자체로 우울해지는 현상이다. 건전한 비탄과정의 일부이지만 이를 극복하기 위한 노력이 필요하고 빨리 벗어나도록 해야 한다.

### 9. 정신적 혼란과 무관심(Disorientation and Apathy)

의지하였던 사람이 죽거나 자신이 돌보아 주었던 사람이 죽으면 일시적으로 삶의 목표를 잃어버리는 경우가 있다. 특히 함께 하던 일들이 더 이상 하기 싫어지고 인생의 모든 것이 허무해지고 무기력해진다.

### 10. 포기와 수용(Resignation and Acceptance)

어느 정도 비탄시기가 지나면 현실감을 찾고 포기할 것은 포기하고 받아들일 것은 받아들이는 시기가 온다. 죽었다는 사실을 인정하는 시기로 산 사람은 어떻든 다시 살아야 한다는 의미이기도 하며 다시 식사도 하고 잠도 자고 일상적인 일을 하기 시작한다.

### 11. 새로운 희망: 유머와 웃음의 재발견

우울하고 어두운 마음에서 벗어나면서 조금씩 웃음을 가지게 되고 주위 사람들과 유머를 서로 교환하기도 하면서 대화도 자연스럽게 이어지는 시기이다.

### 12. 회생단계: 새로운 아이덴티티의 탄생(Recovery: Gaining a New Identity)

비탄의 과정을 극복하고 죽음을 이해하고 성숙한 인간으로 성장하는 시기이다.

애도는 계획에 따라 작동하지 않고 체계화되기 어렵지만 적절한 슬픔의 감정을 표현하는 것은 영원한 작별인사와 애도의 적절한 표현이다. 알폰스 디켄 교수의 12단계의 비탄과정과 비교 참고할 만한 스위스 심리학자 베레나 카스트(Verena Kast, 1977)의 애도 단계 모델에는 애도 대처의 4단계가 있다.[3]

- 1단계: Nicht-Wahrhaben-Wollen

사랑하는 사람이 떠났지만 그 충격으로 죽었다는 것을 믿고 싶지 않다는 감정으로 그가 다시 돌아올 것이라는 생각과 현 상황을 거부하는 단계이다.

- 2단계: Aufbrechenden Emotionen

큰 충격이 있고 슬픔이 상승하는 단계이다. 애도자의 성격과 죽음의 유형에 따라 분노, 공포, 슬픔과 같은 감정이 생길 수 있는데, "왜 나를 혼자 내버려 두었을까?" 또는 죽음의 원인으로 "어떻게 그 사람이 그것을 얻었을까?"라는 질문을 하게 되면서 죽음을 막을 수 없다는 죄책감으로 힘들어하기도 하는데 이 단계는 우울증의 증상과 유사하게 나타나기도 한다.

3 주3) Anja Rohde, Der Umgang mit Verlust und Trauer–Eine Studie des Psychologischen Instituts der Universität Zürich.

- 3단계: Suchens und Sich-Trennens

시간이 지나면서 죽은 자와 다시 연결하려는 시도를 나타낸다. 예를 들어 슬픔에 잠긴 동안 지난 기억을 되살려주고 중요한 장소를 방문하거나 죽은 사람이 즐겨 입은 옷을 보면 더 생각이 나는 경우지만 닫혀있던 마음은 점차 밖으로 향하면서 슬픔도 서서히 줄어들고 정상적인 신체 리듬으로 돌아오는 시기이다.

- 4단계: Neuen Selbst-und Weltbezugs

일상생활로의 복귀인데 죽음에 대한 상실을 인정하고 삶과 죽음에 대하여 명확한 구분을 하며 죽은 자를 과거의 사람으로 이야기할 수 있다. 이 시기부터 새로운 일을 다시 시작하는 성숙의 시간이기도 한다.

이런 애도시기를 잘 극복하면 크게 문제가 없지만 간혹 이를 극복 못하는 경우 술이나 약물 또는 정신적인 장애로 발전하기도 한다. 애도의 강도 또한 개별적이고 반복적이기 때문에 도움이 필요한 경우와 아닌 경우를 구분하기 어려울 수도 있다.

비록 죽음 앞에서 많은 상실감과 비탄의 과정을 겪을 수가 있지만 이런 과정은 부정적인 면보다는 프로이트가 언급한 비탄과제 또는 애도작업(Trauerarbeit)에서처럼 삶에서 겪는 커다란 사건으로 처음에는 절망적이고 슬프지만 결국은 이런 체험을 통해서 새로운 삶을 맞이할 수도 있고, 예술이나 문학 같은 창조적인 모습으로 변할 수도 있으며 타인의 아픔과 고통에 대하여 이해하고 동참하는 성장의 모습을 보이기도 한다.

## 03. 사망자의 가족을 위로하는 애도 방법

자신의 직계가족이 아니지만 죽음을 맞이한 곳에서 망자의 가족들과의 만남에 적절한 애도 방법은 매우 중요하고 나름의 예의가 요구된다. 해외에서는 애도하는 방법을 도와주는 그리프 카운슬링(Grief Counseling)이라는 상담전문가들도 있다.

간혹 장례식장에서 조문을 하는데 어떤 말을 해야 할지 망설여지기도 하고 적절하지 못한 말을 해서 상주나 그 가족들을 매우 당황하게 만들기도 한다. 상주에게 '안녕하세요!'라든가 '그간 잘 계셨지요?'라는 말을 해서 난처한 경우도 있는데 이런 실수를 미리 막기 위해 할 말을 준비해두어야 실수가 없다. '삼가 고인의 명복을 빕니다.'라고 하거나 '위로의 말로 표현할 수가 없습니다.' 정도면 충분하다고 본다. 간혹 좀 더 좋은 말로 표현한다고 "좋은데 가셨으니 걱정 마세요."라는 말을 하는데 이런 말은 하면 안 된다. 좋은 장소는 당연히 가족과 함께 있는 곳이기 때문이다.

그 외에도 장례식장이나 상중에는 함께 있어주는 것이 좋고, 가족들이 너무 우울하지 않게 대화를 나누어주고, 가벼운 터치도 해준다. 또한 가족들의 말을 잘 들어주고 슬픔을 편하게 표시하도록 도와주는 것으로도 충분한 애도 표현이 된다. 이런 가족들의 슬픔은 대략 2~3주 정도 지속되기에 자주 연락하고 관심을 보이는 것이 중요하다.

슬픔이란 충분히 해소하지 못하면 오히려 후유증을 남기거나 심리적으로 더욱 복잡해지거나 위축될 수 있다. 간혹 정신적인 문제가 심해지면 신체적인 문제까지 이어질 수 있어 오랜 기간 또는 그 당사자가 죽는 날까지 고생하기도 한다. 특히 이 모든 상황이 자신으로 인해서 온 것으로 생각되면서 자신을 탓하는 죄책감을 가지게 될 수도 있다.

애도기간 중에도 죽은 자의 가족들이 상실감을 느끼지 않게 따뜻한 배려와 함께 있다는 유대감을 충분히 전해야 한다. 이때 만약 조금이라도 이상한 소견이 보이면 전문가와 상담하도록 배려를 해야 한다.

## 04. 정신의학으로 본 죽음

대부분 노인들은 의식적이거나 무의식적이거나 자신의 죽음을 부정하려고 한다. 소아정신분석가인 에릭슨(Erik Homberger Erikson, 1902–1994)은 죽음을 수용하고 대처하는 것이 인생의 최종단계를 위한 중요한 발달과제라고 보았고, 자신의 삶을 긍정적으로 수용하며 자아통합을 이루면 죽음에 대한 불안도 줄어든다고 하였다.[4] 퀴블러 로스 또한 죽음이 임박하면 충격과 부정, 분노, 타협, 우울, 수용의 단계를 거친다고 하였다.[5]

정신의학적으로 죽음에 대한 불안을 증가시키는 요인들로 낮은 자아 통합감, 우울감, 낮은 사회적 지지, 신체적 문제, 통제능력 상실에 대한 불안과 두려움 등이 있다. 결국 죽음은 자신의 문제이고 자신이 준비하며 자신의 몫이기에 스스로 죽음에 대하여 의미를 찾으려는 노력은 대부분 하고 있지만 행동과 실천에 많은 차이가 있는 것도 사실이고 점차 죽음의 준비를 미루다 보면 순간 죽음이 불현듯 다가오는 것이 대부분이다. 그래서 죽음에 대한 준비는 미리 해야 하고 다음이 없다는 것을 인식해야 한다.

또한 죽음을 맞이하기 위한 준비 작업으로 삶의 목표를 다시 돌아보고, 남은 일을 잘 받아들이고 삶의 기쁨과 슬픔을 인정하고, 이런 경험들을 글이나 행동으로 남기려고 한다.

죽음이란 때로는 고통으로부터의 해방일 수도 있다. 장기투병중인 환자의 경우에는 오랜 기간 사망 준비를 해오면서 정신적으로 더 힘들 수 있어 끝나는 것에 크게 미련이 없을 수가 있다. 최근에는 소극적 안락사(Passive Euthanasia)를 넘어 적극적 안락사(Voluntary Active Euthanasia)나 의사조력자살(Physician Assisted Suicide)까지 요구하게 되

---

4 에릭 에릭슨(Erik Homberger Erikson), 한성렬 역, 『노년기의 의미와 즐거움』, 학지사, 2000.

5 엘리자베스 퀴블러 로스(Elisabeth Kubler–Ross), 이진 역, 『죽음과 죽어감』, 이레, 2008.

었다.[6]

그러다보니 죽음이 예견된 사망의 경우에는 긍정적일 수 있는데 이러한 경우 애도의 감정은 있으나 그 기간은 매우 단축되기도 한다. 그러나 모든 가족이 다 같은 애도의 감정을 가지는 것은 아니기에 다양한 차이는 존재한다.

## 05. 정신의학으로 본 사별반응

정신의학적으로 사별은 죽음에 의해 어떤 사람이 박탈된 상태를 의미한다. 이때 생기는 애도는 상실을 겪고 있는 남아있는 사람의 주관적인 심리적 반응이다.

상실에 따른 반응으로 '항의'가 있고 그 후 긴 시간 동안 '탐색활동'이 나타난다. 죽은 사람이 돌아올지 모른다는 희망은 결국 죽은 사람은 돌아오지 않는다는 것을 인정하면서 헤어질 수밖에 없다는 '분리'로 이어지고 현실적인 '절망'을 느끼면서 현실의 삶으로 자신의 자리를 재조정한다.

이런 사별과정을 겪으면서 긍정적으로 죽음의 실체를 이해하고 받아들이지만 나름 죽은 사람을 기억하고 추모하는 마음을 계속 이어간다. 이때 정신의학적으로 장기적인 애도 증상이 지속되어 부정, 분노, 죄책감으로 주위 사람들을 힘들게도 한다. 이런 증상들은 의존적인 사람의 죽음, 남은 가족이 혼자이거나 슬픔을 공유할 곳이 없는 경우, 예상치 못한 급격한 죽음으로 아쉬움이 클 때 더 강하게 나타난다. 간혹 사별 후 강한 억제반응으로 지연된 애도가 나타나는 경우 사별에 따른 증상이 우울증상과 중복되어 나타나기도 하지만 정신의학적으로 구분을 해야 한다. 대부분의 사별은 강한 슬픔을 경험하지만 주요 우울장애의 진단기준과는 차이가 있다.

6 김달수, 『죽음학 스케치』, 인간사랑, 2018.

사별기간의 애도 증상은 긍정적인 감정이 부정적인 감정을 대치해 나가는 복잡한 경험임으로 시간이 지나면서 서서히 안정적이고 긍정적인 상태로 표면화된다. 하지만 우울증은 우울감이 지속되며 점차 사회적 기능이 떨어지고 자기비판적인 모습이 나타나므로 치료를 받아야만 한다.

사별 후 나타나는 외상 후 스트레스 장애 또한 큰 후유증인데 주위 사람들의 자살, 타살, 혹은 테러나 큰 사고와 같은 폭력적인 죽음에서 살아남은 경우에 잘 나타나며, 불신, 절망감, 불안증세, 죽음과 연관된 몰두, 불쾌감 등이 지속 반복된다. 이 또한 초기에 치료가 요구되는 긴급한 증상이다.

애도기간 중에 평소 가지고 있던 질환이 악화될 수 있는데 특히 심장질환에 의한 사망률이 증가된다. 여성보다 남성에게 더 높게 나타나고 의외로 65세 이하의 남성에서 더 큰 영향을 받는다. 그 외 술과 약물 의존이나 담배의 과다한 흡연으로 급속히 건강이 악화되거나 자살 위험도 증가하므로 이에 대한 주위 배려와 관심이 크게 요구된다.

## 06. 정신과적으로 본 사별에 따른 애도과정과 우울증

배우자와의 사별은 일생을 통해 경험하는 다양한 상실 경험 중 가장 큰 스트레스를 유발한다. 평소 사랑을 주고 아끼던 대상을 더 이상 볼 수도, 만질 수도 없게 된 것에 대한 스트레스가 그 어떤 것보다도 심하기 때문이지만 대부분은 시간이 지나면서 잘 극복하고 일부에서만 장기적인 증상으로 빠지는 경우도 있다.

애도와 우울증의 증상은 중복될 수 있지만 엄밀히 구분해야 한다. 정신과적으로 배우자를 잃은 후에 보이는 현상은 정신적인 문제(정신질환)로 분리하지 않고 '애도 반응(Grief Reaction)'으로 따로 구분한다. 그러나 그 기간에 나타나는 반응이 심해지면 우울증세로 구분되어 치료를 받아야 한다. 대부분은 사별한 경우 강한 슬픔을 경험하지만 주요 우울장애의 진단기준을 다 가지는 것은 아니기 때문이다. 하지만 그 경계선을 잘 알아차리는 것이 매우 중요하다.

애도는 긍정적인 감정이 부정적인 감정을 대치해나가는 복잡한 경험이고 시간적으로 변화하며 개인적으로 다양성이 나타나기 때문이다. 점차 좋은 기억으로 안정이 되면서 인지적이고 행동적인 적응이 이루어진다. 하지만 우울장애는 치료하지 않으면 인지기능이나 사회적 기능이 점차 떨어지고 다양한 신경생물학적 변화도 나타난다.

사별한 부부, 사이가 좋지 않던 부부라면 그만큼 비탄의 스트레스도 적을 것 같지만 꼭 그렇지는 않다. 오히려 서로 사랑하며 살았던 부부보다 그렇지 않은 부부가 죽음 후에 겪는 애도 반응이 더 심한 경우도 있다. 이런 경우는 죽음에 따르는 다섯 단계 반응인 '충격(정말 떠났구나)과 부정(그럴 리 없어)', '분노(나 때문이야)', '타협(어쩔 수 없었어)', '우울(모든 게 의미 없어)', '수용(죽은 사람은 죽은 것이고 산 사람은 살아가야 한다)' 중에서 '분노' 단계에서 '그때 내가 이렇게만 하지 않았어도 안 죽었을 거야'라는 심한 죄책감이 생긴다. 이는 부부 사이가 나쁠수록 더 심하게 찾아올 수 있다. 특히 사이가 안 좋은 상태에서 급히 사별을 맞이한 경우 후회가 더 크다.

일반적인 경우 애도의 반응은 위의 다섯 단계를 거치는 동안 일시적인 식욕이나 수면 장애(평소보다 적어지거나 반대로 많아진다)가 오고 자신감을 상실하며 모든 것에 의욕이 없어지는데 보통 수일에서 수주일(2~3개월) 정도 되면 어느 정도 안정을 찾는다. 그 후 점차 정상적인 생활을 이어간다. 위의 감정들이 마치 파도처럼 한꺼번에 다 밀려오기도 하고 다시 가라앉는 'Up & Down'이 반복되는 기간이 존재한다. 소수의 경우(10%)에는 일시적이지만 죽은 남편 혹은 아내에 대한 환청과 환시 증상이 있다. 간혹 자각몽을 꾸거나 사후에서 다양한 방법으로 연락이 왔다고 하는 사후교신을 경험하기도 한다.

정상적인 애도와 우울증세의 경계선은 당사자가 일상생활을 할 수 있느냐, 없느냐에 있다. 애도반응은 슬픔이 엄습했다고 해도 자녀를 돌봐야 한다면 그 일을 해낼 수 있다. 그러나 우울증은 뭔가를 하고 싶어도 몸과 마음의 모든 기능이 의지대로 되지 않는다. 직장에 다니는 사람은 출근을 할 수 없게 되고 또 일을 해도 집중력과 능률이 현저히 떨어진다. 이런 경우 주위에서 정신과적 치료를 권유하거나 의뢰해야 한다. 그냥 '슬퍼서 그런가 보다' 하면서 방치할 경우 상태가 더 악화되어 회복이 힘들어진다.

치료가 필요한 진단기준을 알아보면 사별한 지 2~3개월이 지난 다음에도 우울하고 의욕상실감이 매일 들고, 이것이 2주일 동안 지속되어 가사일, 자녀돌보기, 직장 업무 등이 안 되면 우울증 진단을 할 수 있다. 이외에 수면과 식욕에 큰 변화가 오거나 평소 좋아하던 것에 흥미가 완전히 없어지고 사람 만나기가 싫어지며 남성의 경우는 성욕이 떨어짐을 느끼고 여성은 외모 가꾸기에 대한 의미를 상실한다. 이유 없이 몸이 아프거나 피곤하고 기억력, 집중력, 결정력이 현저히 떨어지는 등 우울증의 전형적인 증세도 나타난다.

이 시기에 가장 조심해야 하는 것이 자살 시도이다. 일반적으로 애도반응 자체는 아무리 심해도 자살은 생각하지 않는다. 또 어느 정도 시간이 지나면 자신이 해야 할 기본적인 생활은 해나간다. 그러나 우울증으로 넘어오면 일상생활이 힘들 뿐 아니라 시간이 지날수록 점점 더 죽음 자체에 대해 기억하면서 '나도 따라서 죽고 싶다'는 생각이 든다. 이때 그대로 방치되거나 주위의 도움이 없으면 더 진전되어 행동으로 옮기려 한다. 즉 자살 시도를 하게 된다. 자살 시도는 여성이 남성보다 3배 더 많지만 실제로 이로 인한 사망률은 남성이 여성보다 3배 더 높게 나타난다. 남성은 그만큼 말없이 현실적으로 계획하고 준비를 잘 하기 때문이다. 그래서 옆에서 잘 지켜보는 것이 매우 중요하다. 일단 자살을 암시하거나 시도한다는 자체가 정신 상태가 정상이 아님을 알아야 한다.

이런 경우 일단 자주 찾아가서 대화를 하고 다른 곳에 신경을 쓰도록 주위 분위기를 바꾸어주어야 한다. 평소 친하던 사이도 배우자가 죽으면 서먹해지고 찾아가는 것이 좀 부담스러워지기도 하지만 이럴수록 자주 만나서 다양한 화제로 대화해야 한다. 그리고 상대가 적극적으로 노력해도 뭔가 반응이 없다면 이는 무기력해지는 위험 신호이므로 더 주의를 해서 관찰하고 주변에 알려주어야 한다. 그렇다고 빨리 회복되라고 부추길 필요는 없다. 특히 자녀들도 조금 여유를 가지고 혼자 남은 부모가 충분히 슬퍼할 수 있도록 시간을 주는 것이 중요하다. '그만 슬퍼하고 빨리 정신 차려요!'라는 말은 오히려 상처가 될 수 있다. 또 기억나는 물건, 사진을 없애려 하지 말고 되도록이면 함께 좋은 기억을 말로 표출할 수 있도록 해주는 것이 회복하는 데 큰 도움을 준다. 또 애도기간 중에는 중요한 결정은 내리지 않는 것이 좋다. 그러나 우울증상이 보이면 주의를 기울여서 관찰하고 즉시 대책을 세워야 한다. 이때 가장 좋은 대처는 많이 움직이게 하고 뭔가 해야 할 일을 주는 것이다. 삶의 목표가 있으면 긍정적인 사고로 우울증상은 완화된다. 부부 사이가 좋았든 아니든 그것은 큰 문제가 안 되고 죽은 사람을 위해서라도 내가 잘 견디고 살면서 떠난 사람이 못 다한 마지막 정리를 하겠다는 생각과 나 자신이 건강해야 남은 가족들도 편안해진다는 것을 상기해야 한다.

# 제7장

# 자살학 Suicidology

## 01. 자살의 개요

현대사회와 국가가 자살에 대해 관심을 갖는 것은 자살은 한 개인의 죽음이 아니기 때문이며, 인간 행위의 극한에 있는 행위이기 때문이다. 생명체라면 당연히 가지는 생의 의지, 혹은 자기보존본능은 매우 능동적이며 일상적인 현상이다. 이런 본능적인 삶에 대한 태도는 성장하면서 교육과 경험을 통해서 더욱 확고해진다.

그러나 자살은 이런 기본적이고 본능적인 행위를 뛰어넘는 극단적 선택이므로 개인적으로도 큰 문제이고 이로 인해서 사회적인 파장도 크게 발생하고 경제적으로도 많은 피해를 가져온다. 그러므로 자살을 완전히 막을 수는 없지만 좀 더 과학적으로 접근하면서 예방해야 한다. 인류 역사에서 자살은 오랜 시간 혐오와 경멸 그리고 금기의 대상이 되어 왔다. 특히 중세에는 큰 죄악으로 여겨 살인보다 오히려 자살을 더 죄악시하는 사례도 얼마든지 확인된다.[1]

자살학(自殺學, Suicidology)은 19세기 말에 자살학이라는 학문적 명칭이 사용되었고 "자살과 관련되거나 자살지향적인 일체의 생각과 행동"을 학술적으로 다루는 활동을 가리킨다.[2] 20세기에 들어오면서 더욱 복잡해지고 다양한 세계사적 변화에 따라 자살자가 늘고 자살에 대한 사회적인 관심이 증가하면서 정신의학과 심리학 그리고 사회학의 발전으로 학문으로서의 기틀이 만들어졌으며, 자살예방을 위해서 또는 과거 자살을 "종교적인 행위"로 간주하는 문화에서 과학적으로 연구하는 학문으로 바뀌게 되었

1 토마스 조이너, 지여울 역, 『자살에 대한 오해와 편견』, 베이직북스, 2011.

2 (재인용) Milton and Crompton, "Recent research onsuicide: Issues for British counseling Psychologists," *Counseling Psychology Review* 16,3, 2001, pp. 28–33.

다.[3]

인간이 겪는 개인적인 고통과 사회적인 모순이 커지면서 한계에 이르면 자살을 통해서 해결하려는 사람들을 막기는 어렵다. 비록 자살이 맞서기 힘든 강적이지만 예방하고 치료해야 할 '병'이라고 할 수 있다. 자살이 일반적인 질병은 아니더라도 자살자의 대부분은 우울·조울·분열증·인격장애와 같은 정신질환이나 만성질환으로 인한 육체적 고통에 시달린다. 이처럼 육체적·정신적 고통이 따른다면 이에 대한 과학적이고 심리적인 치료가 가능하다고 본다. 그래서 자살학을 통해 알려진 대안을 가지고 진정한 연민으로 자살자와 남겨진 사람들의 마음을 이해해야 할 것이다.

## 02. 자살의 개념

미국 질병통제예방센터(CDC: The US Centers for Disease Control and Prevention)에서는 자살을 아래와 같이 정의하고 있다.[4]

자살(Suicide)은 자살 의도를 가진 자해행위로 인한 사망이다.

자살 시도(Suicidal Attempt)는 자살의도를 가진, 치명적이진 않지만 해가 될 수 있거나 해가 없을 수도 있는 자해행위이다.

자살 생각(Suicidal Ideation)은 자살을 고려하거나 계획하는 것이다.

3 Berman Maris, Ronald Silverman, Mortan Alan, *Comprehensive Textbook of Suicidology*, The Guilford Press, 2000, pp. 3–144.

4 https://www.cdc.gov/nchs/data/hus/hus15.pdf.

여기서 자살의 정의는 자살 의도성을 강조하고 있다. 자살을 위해 자신이 지시한 폭력(Suicidal Self-Directed Violence)과 자살할 의도 없는 자신이 지시한 폭력을 엄격히 구분한다. 또한 자살 완수, 자살 실패, 비치명적 자살, 성공적 자살, 자살 제스처, 자살 위협 등의 용어는 경멸적인 의미가 있고 오해를 살 수 있는 용어라 받아들이지 않았다.[5]

세계보건기구(WHO)는 "자살이라는 것은 죽음에 대한 의지를 지니고 자신의 생명을 해쳐서 죽음이라는 결과에 이르는 자멸행위이다."라고 하였다. 즉, 자신의 죽음을 목적으로 행하는 경우가 자살인 것이다. 타인을 구하기 위해, 죽음이 예견되는 행위를 하는 희생과는 구분해야 한다. 세계보건기구는 자살미수에 대해서는 위장자살, 실험자살, 자살실패의 3가지로 분류하였다.[6]

또한 미국 정신의학협회의 자살 정의에 따르면 자살의도 없는 자해(Nonsuicidal Self-Injury)와 자살을 의도한 자해인 자살 시도(Suicidal Attempt)를 구분했는데, 이 둘은 발생률, 빈도, 방법, 심각성, 기능 면에서 차이가 있다. 자해는 자살 생각의 위험을 증가시키는 우울과 상관이 있고 자해적 폭력과 고통을 습관화하는 것을 조장한다. 이는 자살 시도 능력을 증가시킨다.

자살 생각(Suicidal Ideation)은 자살 행동으로 이어지는 연속과정의 하나로 볼 수 있으며, 자살 시도의 위험이 있는 사람은 자살 생각이 있는 것으로 가정할 수 있다. 또한 자살 생각은 절망과 관련이 있다. 절망은 우울의 주요 요인 중 하나인데 더 이상 자신의 처지가 개선되지 않는다는 생각은 결국 우울과 자살을 유발한다.

---

5 원석조, 『노인복지론』 3판, 공동체, 2018.

6 http://www.who.int/mental_health/suicide-prevention/en/.

# 03. 국내 자살의 현황

자살은 스스로 자신의 몸에 직간접적으로 폭력을 행사해서 생명을 정지하는 행위인데 이는 생물체 중 인간의 매우 특이한 행동으로 볼 수 있다. 일부 생물 중에는 집단행동을 통해서 집단자살과 유사한 행동을 하지만 이는 자연계와 생명체 간의 몇 가지 영향으로 보이므로 인간이 행하는 자살 행동과는 다르다.

세계보건기구(WHO)에 따르면 자살은 전 세계적으로 매년 약 80만 명 이상이 사망할 정도로 매우 흔하고 사회적으로 심각한 문제이다.[7] 특히, 국내 자살 사망률은 2017년 인구 10만 명당 24.3명으로 경제협력개발기구 평균인 12.0명의 약 2배 수준이며, 경제협력개발기구(OECD) 국가 중 최근 10년간 1-2위를 차지할 정도로 자살로 인한 사망이 매우 높은 수준이다.[8] 또한 2017년 통계청 발표에 따르면 자살은 한국의 전체 사망원인 순위 중 5위로 나타났으며, 10-30대에서는 1위, 40-50대에서는 2위로 보고될 정도로 매우 심각한 국가적인 문제라고 할 수 있다.[9]

이는 하루 평균 34명이 사망한다는 것으로 암, 심장질환, 뇌혈관 질환, 폐렴에 이어 5번째 흔한 사망원인으로 당뇨병이나 고혈압성 질환에 의한 사망보다 더 많고, 교통사고 사망보다 2.5배나 높다.[10]

---

7 World Health Organization. Suicide prevention [Internet]. Geneva: World Health Organization; [cited 2018 Dec 19]. Available from: https://www.who.int/mental_health/suicide-prevention/en/.

8 Organization for Economic Cooperation and Development. OECD data: suicide rates [Internet]. Paris: Organization for Economic Cooperation and Development; 2017 [cited 2018 Dec 19]. Available from: https://data.oecd.org/healthstat/suicide-rates.htm.

9 Statistics Korea. 2017 Cause-of-death statistics results [Internet]. Daejeon: Statistics Korea; [cited 2018 Oct 19]. Available from: http://kosis.kr/statisticsList/statisticsListIndex.do?menuId=M_01_01&vwcd=MT_ZTITLE&parmTabId=M_01_0.

10 Statistics Korea. 2017 Annual report on the cause of death statistics. Daejeon: Statistics Korea;

인구대비로 자살현황을 분석하면 70대 인구 10만 명당 자살률 48.8명으로 노년기에서 자살률이 가장 높고, 사망원인 중 자살이 차지하는 비중이 가장 높은 연령대는 10–30대이고 이들의 사망원인 또한 자살이 1위이다. 자살사망자 수가 가장 많은 연령대는 40–50대 청장년층으로 전체 자살사망자의 약 40%를 차지한다. 자살로 인한 연간 사회경제적 비용 또한 약 6.5조 원으로 심장질환이나 뇌혈관질환으로 인한 비용보다 높고, 당뇨병에 의한 사회경제적 비용의 2배가 넘는다.[11] 그러므로 자살예방에 조금 더 노력을 기울인다면 매우 효과적으로 사회적 비용과 불안을 줄일 수 있다.

## 04. 자살의 배경

다양한 형태로 나타나는 자살을 규정하는 데 명확한 구분은 어렵다. 명확한 자살 같아도 사회적 압박이나 스스로 처한 심리적 환경적 요인으로 죽게 되는 경우에는 사회적 타살인 경우도 있고, 사회적 도움이 절실히 요구되어도 이를 알리거나 도움을 받지 못하고 외로이 죽음을 선택하는 경우 이를 변사처리 하는 과정에서 명확하게 자살로 구분하기도 어렵다 보니 자살의 범위가 적용하는 기준에 따라 매우 넓기도 하고 좁아지기도 한다.

자살을 바라보는 사람들의 입장에서 자살을 반대하는 경우와 찬성하는 두 입장이 존재하는데 대부분은 자살을 반대하고 죄의식화 하는 경우가 많다. 자살을 반대하는 입장에서는 자살은 타인, 사회, 국가에 대한 의무를 이행하지 못하는 잘못을 범하는

2018.

11 Ministry of Health and Welfare. 2016 The Survey of Mental Disorders in Korea. Sejong: Ministry of Health and Welfare; 2017.

것이라고 주장한다. 하지만 자살을 찬성하는 입장에서는 개인의 생명을 자기 마음대로 이용하거나 처분할 권리가 있다고 말한다. 자살하는 사람들이 현명하다는 것은 아니지만 그렇다고 자살을 반대할 도덕적 명분은 없다고 본다. 그러면서 일부 사람들은 어리석은 자살을 하는데 이를 도덕적으로 어긋난 행위는 아니라고 보는 것이다.

하지만 자살은 우리 주위에 흔히 보고, 듣고, 경험하는 비극적인 문제이고 이로 인한 가정과 사회에서 많은 피해를 주고 있으므로 미리 예방하고 교육하는 사회 제도를 만들어 운영하는 것이 바람직하다.

2018년 발표된 OECD 국가별 통계에 의하면 우리나라는 인구 10만 명당 자살자가 25.8명으로 OECD 국가 평균 11.6명의 2배가 넘는 높은 수치를 보여주고 있다. 2위인 라트비아의 18.1명에 비해 매우 높다. 이는 하루에 40명씩 자살로 죽음을 택한다는 것이다.[12] 여기에는 경제적인 원인도 자살률에 크게 작용하는데 경제 규모가 전 세계 12위권에 드는 우리나라가 자살률이 높다는 것이다.[13] 그러다 보니 세계적인 관심도 커서 매년 9월 10일을 세계자살예방의 날로 정해서 자살 예방을 위한 홍보를 하기도 한다.

장년층에서 노년층으로 갈수록 점차 절대적 빈곤층이 증가하고 복지를 위한 사회 안정망이 아직 미흡하고 노인들의 돌봄 시스템이 잘 운영되지 못하는 측면도 있고 복지혜택에서 빠지는 차상위 계층이 증가하는 것도 자살의 한 요인이 될 것이다. 또한 가족의 해체로 인한 주거 및 일상생활의 불안정한 변화도 작용하고 있다. 청소년들의 자살은 학교의 학우들 간의 갈등이나 왕따 또는 성적으로 인한 스트레스가 크고 진학에 대한 경쟁적인 구조에서 낙오되는 경우나 부모의 이혼 등으로 인한 가정의 해체가 그 원인으로 작용하기도 한다. 문제는 청년층의 자살이 많아지는 것인데 이는 경쟁에서 처지거나 무능력하고 무기력한 생활에 빠져 사회적응에 실패한 경우나 물질주의에 대

---

12 OECD 최신건강보고서, Health at a Glance, 2018.

13 김기헌·오병돈·이경숙, 『청소년 자살예방 정책 연구』, 서울: 한국청소년정책연구원, 2013.

한 과도한 욕심으로 쉽게 좌절을 느끼기도 한다.[14]

특히 우리 국민들은 체면을 중시하고 남보다 못한 것에 대한 열등의식이 과하여 스트레스가 우울증이나 대인기피증으로 변하면서 자살이 많아지는 경우도 있다. 특히 청장년층에서 은둔형 생활을 하는 사람들이 많아지고 있고 인터넷이나 SNS에 깊이 빠져 현실감이 저하되거나 미숙한 가치관도 자살을 증가시키는 요인이 되며, 스스로 닫힌 마음을 열지 못하고 더 충동적이 되면서 자살을 시도한다.

계절에 따른 자살자의 변화도 눈에 띄는데 월별 자살자 변동을 보면 자살은 연중 3월(9.6%), 5월(9.4%)에 가장 많이 발생했고, 12월(6.8%)에 가장 적게 발생했다. 일반적으로 기온이 낮은 겨울에 자살률이 더 높을 것이라고 생각하지만 실제로 3월과 5월에 자살이 더 많이 발생한다. 이러한 현상은 겨울동안 쌓였던 복잡한 감정들이 풀어지는 과정에서 발생되는 상대적 우울감, 비참함, 박탈감 등이 심화되기 때문으로 보인다.

자살자의 성별 구성을 보면, 남성이 여성보다 많은데 자살로 사망한 건수에만 집중한다면 남성이 여성보다 2.3~2.4배로 남성 자살 사망자 수가 여성보다 월등히 높다. 단 자살 시도에서는 여성이 더 높게 나타난다. OECD 국가의 자살률에서도 남성은 여성보다 4배 정도 높다.[15]

자살의 원인 중에 가장 많은 정신 건강 문제의 실태를 파악하기 위해, 보건복지부와 질병관리본부는 2014년에 성별, 연령별, 소득수준별로 우울증 유병률에 대한 검사를 실시했는데 전 연령에 걸쳐 여성의 우울증 유병률이 높고, 특정 연령층(70대 이상)에서 우울증 유병률이 더 높았다. 특히 소외·취약 계층인 저소득층에서 우울증 유병률이 더 높고, 동일 집단의 자살률도 더 높았다. 65세 이상 노인 1490명을 대상으로 정신 건강 문제에 영향을 미치는 요인을 살펴본 연구에서도 삶의 질이 낮아짐에 따라 스트레

14 이현경·손민성·최만규, "우리나라 노인의 정신건강 관련 요인 분석," 『한국콘텐츠학회논문지』 12권 12호, 2012, pp. 672–682.

15 OECD 최신건강보고서, Health at a Glance, 2018.

스와 우울의 정도가 심화되고 이는 자살 생각을 증가시키는 데 유의미한 영향을 미쳤는데 이를 통해 경제적 이유로 노인자살이 늘어나고 있음을 알 수 있다.[16]

국내의 항우울제 사용량을 보면 OECD 국가 평균의 3분의 1 정도인데 이는 정신과 치료에 대한 편견이 강하다는 것을 보여주는 수치이다. 자살의 원인에 우울증이 많은 부분을 차지하므로 적절한 항우울제 치료를 통해서 자살률을 많이 낮출 수 있다.

통계청의 '사망원인통계' 자료에 따르면, 2016년 사망자 280,827명 가운데 13,092명(4.66%)이 자살한 것으로 집계되었다. 이는 하루 평균 36명이 자살로 사망하는 셈이다. 다행히도 2017년에는 자살로 사망한 사람은 12,463명으로 인구 10만 명당 24.3명, 하루 평균 34명이 사망하여 조금 줄어드는 추세이다.

자살이 가족과 사회에 미치는 악영향으로는 다른 사람의 자살을 그대로 따라하려는 전염성을 들 수 있다. 자살 사건이 한번 발생하면 이 죽음으로 자살자와 가깝게 지냈던 주변인 중 적어도 6~10명의 자살 생존자(Suicide Survivors) 혹은 자살 유가족이 발생하며 이들 모두는 직접적인 영향(예를 들어, 자살 생각과 자살 시도 증가)을 받는다.[17]

자살자나 그 가족들은 스스로를 타인들에 대한 짐으로 보며 부정적인 자아상을 지니고 삶에 대한 통제력을 상실한 느낌을 갖게 된다. 나아가 자신의 무능함이 타인들에게까지 영향을 미친다는 생각으로 온갖 부정적인 감정에 시달린다.[18] 이런 부정적인 감정이 쌓이면서 삶에 대한 존재로서의 극단적인 선택을 하는 것이다.[19]

영국 정신과 의사 포브스 윈슬로(Forbes Benignus Winslow, 1810–1874)는 "자살은 범죄가 아니다!"라고 하며 자살을 죄로 단정하는 것이 사회적으로 큰 오류를 범하는 것

16 Statistics Korea. 2017 Annual report on the cause of death statistics(Daejeon: Statistics Korea, 2018).

17 Forward E. Scheidman, *In A. C. Cain(Ed.), Survivors of Suicide*(Oxford, UK: Charles C Thomas, 1972).

18 Forward E. Scheidman, *In A. C. Cain(Ed.), Survivors of Suicide*(Oxford, UK: Charles C Thomas, 1972).

19 토마스 조이너, 『왜 사람들은 자살하는가』, 김재성 역, 황소자리, 2012.

이라고 역설하였다. 확고한 자아로 자살을 생각한 사람은 이미 마음속에서 생을 단념하고자 하는 의지가 강해진 탓에 주위의 어떤 방법이나 치료를 해도 효과가 없거나 적다. 그래서 사전에 미리 치료하고 충동을 예방해야 한다. 이에 어린 시절부터 죽음준비교육을 시행하여 삶과 죽음에 대한 가치와 존재의미를 알려주어야 한다.

또한 자살을 한 개인의 문제로만 보지 말고 가족, 사회 그리고 나 자신 또한 충분히 자살을 시도할 수 있다는 생각으로 접근해야 하고, 주위에서 누구든 자살에 대한 작은 반응을 보이면 적극적으로 대응해야 한다. 자살은 결코 남의 문제가 아닌 바로 나 자신의 문제가 될 수 있기 때문이다.

### ※ 자살에 대한 오해와 편견[20]

1. 자살자는 유서를 남긴다.
   - 유서를 남기는 경우는 12 – 20%에 불과하다.
2. 자살하는 사람은 다른 사람들에게 사전에 알리지 않는다.
   - 자살자 10명 중 8명은 자신들의 의도에 대해 사전에 뚜렷한 단서를 남겼다.
3. 자살을 자기 입으로 말하는 사람은 그저 관심을 끌려는 것뿐이다.
   - 실행에 앞서 남에게 이야기를 하는 것이 일반적이다.
4. 이미 자살을 결심한 사람은 말릴 방법이 없다.
   - 실제 자살 위기를 겪는 것은 상대적으로 짧은 기간일 수 있다. 제때에 감정적인 지원을 제공하는 것은 그래서 특히 중요하다.
5. 당사자의 상태가 개선되면 위험은 지나간 것이다.
   - 심각한 우울상태가 개선되기 시작한 지 몇 개월 내에 자살한다. 자살 충동을 실행에 옮길 에너지가 있는 시기이기 때문이다.
6. 자살을 한번 시도한 사람은 다시 시도할 가능성이 낮다.

20 (재인용) Providing Access to Help. PATH Training Manual. Bloomington: PATH. 2011.

- 자살자 중 80%는 자살 시도 전력이 있다.

7. 자살을 생각하고 있느냐고 묻지 말라. 그런 생각을 심어줄 우려가 있다.
   - 일단 이야기를 시작한 사람은 자살 이외의 대안을 발견할 가능성이 커진다. 자살 위험이 있는 당사자와 자살에 대해 터놓고 이야기하는 것은 주위에서 할 수 있는 가장 도움이 되는 행동이다.
8. 자살에 실패했다는 것은 정말로 죽고 싶지는 않았다는 뜻이다.
   - 자살 방법보다는 자살을 시도했다는 사실 자체가 중요하다.
9. 자살은 최부유층 또는 극빈곤층 등 양극단의 계층에서만 자주 일어난다.
   - 자살은 사회 모든 계층에서 골고루 일어난다.

## 05. 자살의 성립과 대안

자살은 누구나 할 수 있지만 그렇다고 누구나 자살을 하지는 않는다.

하지만 자살이 가능하려면 자살하려는 욕망이 있어야 하고 이를 실행할 수 있는 능력이 있어야 한다. 인간은 자신을 보호하려는 강한 내면의식이 존재하므로 자살을 하려는 결심을 하기 어렵다. 하지만 일부 고통, 상처, 죽음에 익숙해지는 일, 즉 이에 대한 두려움을 떨쳐내는 일은 심각한 자살 행동이 나타나는 데 꼭 필요한 전제이다. 자해를 하는 등 고통스런 일을 겪으면서 고통과 상처에 반복하여 노출된 이들은 고통과 상처에 익숙해지고 무감각해지기 마련이다.[21]

사람들에게 죽음에 대한 두려움은 곧 자살에 대한 두려움일 수 있다. 그래서 이 두려움을 유지하는 것으로도 자살예방에 도움이 된다. 이는 나 자신을 보존하고 유지하

21 토마스 조이너, 지여울 역, 『자살에 대한 오만과 편견』, 베이직북스, 2011.

려는 본성이기 때문이다. 대부분의 직접적인 자살 원인은 우울증, 절망감, 남에게 짐이 된다는 생각, 좌절된 관계 또는 소속감 상실이다.

이들은 모두 우리 마음속의 감정이나 정서 또는 생각과 의식을 가리킨다. 이런 감정이나 의식을 야기한 외부 사건이나 상황 자체가 아니라 그 사건의 결과나 그 상황에 대한 나의 태도나 반응으로서 생겨난 감정, 정서 생각, 판단 등을 자살의 직접적인 원인으로 지적한다. 또한 남에게 짐이 된다는 생각이 나를 우울하게 만들 수 있으며, 소속감 상실이나 좌절된 인간관계가 나를 절망으로 몰아갈 수도 있다.[22]

인간은 사회적 동물이라고 했듯이 사회라는 소속감은 매우 중요한 삶의 기본이 되지만 내가 어디에도 소속되지 않다거나 소속되고 싶지 않다고 소외된 생각이 들면 심리적 위축이 커지면서 자살을 할 수 있는 상황에 쉽게 빠지게 된다. 특히 자신과 긴밀하고 가까웠던 사람과의 단절이나 소외감은 더욱 심한 마음의 상처를 가져다주고 자신이 집단에서 필요 없는 존재로 인식되면서 우울증이 더 깊어진다.

그러므로 살아가려는 의지를 가지기 위해서는 나 자신이 무언가를 하고 있거나 필요한 사람이라는 것을 느껴야 한다.

이 과정에서 철학적인 사고와 행동이 요구되며 자살을 생각하거나 시도하려는 사람들의 내면에 있는 죽고 싶은 욕망을 살고 싶은 욕망으로 전환하도록 존재의 의미를 일깨워 주어야 한다. 그것이 잠재된 고통이라면 고통의 원인과 이유를 찾아야 하고 불안이 문제라면 불안의 원인을 찾아서 제거해야 하며, 슬픔이 문제라면 슬픔을 적절히 승화시켜 죽음에 대한 욕망을 제거해주어야 한다.

모든 형태의 고통 또한 자기 자신에게로 파고들고, 고통과 직간접으로 관계되지 않은 모든 것들로부터 자신을 격리시킨다. 이렇게 시야를 한정시키는 현상은 정서적인 면에서만 일어나는 것이 아니라 심지어 사고(思考)에서도 일어난다.[23]

---

22 김성진, 『자살위기 개입의 철학적 상담과 치료, 죽음 그리고 자살』, 한국철학상담치료학회, 2015.
23 (재인용) 손봉호, 『고통 받는 인간: 고통 문제에 대한 철학적 성찰』, 서울대학교 출판문화원, 1995, p. 70.

그러므로 모든 사람들은 자신이 가진 모든 능력을 총동원해서 고통 받는 사람들의 고통을 줄여주거나 제거해주어야 하는 윤리적 의무가 있다. 그것은 고통당하는 사람들에 대한 동정에서 뿐만 아니라 나 자신도 언젠가 그런 고통을 받을 수 있다는 점에서 자신을 위한 것이기도 하다.[24]

대부분의 자살은 삶의 고통으로부터 발생하지만 그 고통을 누군가 함께 나누고 해결하는 동안 스스로 자살이 어리석은 결정이라는 것을 알게 할 수 있다.

## 06. 국가적 차원에서의 자살자 관리가 필요한 이유

자살은 개인이나 가정의 노력으로는 예방에 한계가 있다. 그러다보니 자살률이 높았던 몇몇 국가들은 국가 주도의 종합대책을 광범위한 영역에서 시행하였으며,[25] 그 결과 자살률 감소에 효과를 보인 것으로 보고되고 있다.[26]

자살은 한 가지 특정한 요인이 아닌 신체적, 정신적, 사회환경적인 다양한 요인에 의해서 영향을 받는 것으로 알려져 있다.[27]

특히 의료분야에서의 접근은 자살예방에 가장 중요한 영역 중 하나로 고려되어야 하는데, 이는 정신질환은 물론 신체질환을 가진 환자에서도 자살률이 매우 높게 나타

24 (재인용) 손봉호, 『고통 받는 인간: 고통 문제에 대한 철학적 성찰』, 서울대학교 출판문화원, 1995, p. 70.

25 Takeshima T, Yamauchi T, Inagaki M, Kodaka M, Matsumoto T, Kawano K, Katsumata Y, Fujimori M, Hisanaga A, Takahashi Y. Suicide prevention strategies in Japan: a 15-year review (1998-2013). *J Public Health Policy* 2015;36:52-66.

26 Hakanen J, Upanne M. Evaluation strategy for Finland's suicide prevention project. *Crisis* 1996;17:167-174.

27 Hawton K, van Heeringen K. Suicide. *Lancet* 2009;373:1372-1381.

나는 결과들이 지속적으로 보고되고 있기 때문이다.[28] 특히 조현병 환자의 자살위험이 일반인에 비해서 12배 높다고 보고되는데 우울증 역시 자살 및 자살 시도와 밀접한 연관이 있으며 자살의 중요한 위험인자라고 보고되고 있다.[29] 특히 자살 사망에 대한 사후 부검연구에 따르면, 자살 사망자의 약 60% 정도는 주요 우울장애나 다른 기분장애를 겪었던 것으로 조사되기도 하였다.[30]

한편 정신질환이 아닌 만성 신체질환을 가진 경우에도 일반인보다 높은 자살률을 보이는데 신체적 장애 중 지체장애, 뇌병변장애, 신장장애 환자의 자살위험이 더 높다고 알려졌으며, 만성 신체질환을 앓을수록 자살위험이 높아지는 것으로 보고되었다.[31]

그러므로 자살은 예방이 중요한데 이때 사회적인 제도나 예방사업도 중요하지만 의료정책적 차원의 접근은 매우 중요한 요소라고 할 수 있다. 국가적인 노력으로 최근 몇 년간 자살률이 감소하고는 있지만 좀 더 효율적인 자살예방정책을 수행하기 위해서는 표준화된 치료와 정신건강의학과에서 효과적인 상담과 치료를 하고 신체질환자에 대한 적극적인 관리 등이 요구된다. 응급실에서부터 자살미수자에 대한 적극적인 치료를 시행하고 사후 관리를 더욱 철저히 하는 것으로도 충분히 효과적 예방이 가능하다. 일부 연구에 의하면 인지행동치료는 자살 행동을 억제하는 데 효과적이었고, 마음챙김 인지치료 역시 자살 행동의 재발을 예방하는 데 일부 역할을 했다는 결과가 보고되기

28 Hakanen J, Upanne M. Evaluation strategy for Finland's suicide prevention project. *Crisis* 1996;17:167–174.

29 Takeshima T, Yamauchi T, Inagaki M, Kodaka M, Matsumoto T, Kawano K, Katsumata Y, Fujimori M, Hisanaga A, Takahashi Y. Suicide prevention strategies in Japan: a 15-year review (1998–2013). J Public Health Policy 2015;36:52–66.

30 Hakanen J, Upanne M. Evaluation strategy for Finland's suicide prevention project. Crisis 1996;17:167–174.

31 Lee SU, Roh S, Kim YE, Park JI, Jeon B, Oh IH. Impact of disability status on suicide risks in South Korea: analysis of National Health Insurance cohort data from 2003 to 2013. Disabil Health J 2017;10:123–130.

도 하였다.[32]

향후 전문 인력의 양성과 교육 그리고 사회관계망이 더 요구되는데 이런 중요한 기반시설을 유지하기 위해서는 우선 응급실 기반 자살 시도자 관리 체계의 표준화, 둘째로 정신과 영역에서의 효과적 상담 치료 강화, 셋째로 신체질환자에 대한 정신과적 조기 개입 강화가 요구된다.[33]

## 07. 자살 이론과 원인들

자살은 한 사람의 단순한 죽음이 아닌 다양한 요인이 복합적으로 작용해 발생하는 사건으로, 오랜 기간 자살 행동에 영향을 미치는 요인을 밝히려는 연구가 활발히 진행되었다. 하지만 명확한 설명이 어려운 경우가 대부분이고 자살에 대한 이론적 배경에는 단지 자살 행동에 관한 이론을 제시하는 몇 가지 사회학적 모델과 정신·심리학적 모델 또는 질병으로 보는 견해 등이 있다.

이미 일부 국가에서는 자살의 원인을 체계적으로 규명하기 위해 자살자에 대한 심리적 부검(Psychological Autopsy)을 국가 차원에서 실시해 왔다. 심리적 부검이란 주변인들과의 심층 면접을 통해 자살의 원인을 추정하는 절차를 의미한다. 대표적인 예로, 핀란드는 1987년 1397건의 자살 사건에 대해 심리적 부검을 통해 자살 원인 및 특징 등을 규명하는 조사를 실시했고, 10년의 준비 과정을 거쳐 1992년 세계 최초로 국가 주

32 Williams JM, Duggan DS, Crane C, Fennell MJ. Mindfulness-based cognitive therapy for prevention of recurrence of suicidal behavior. J Clin Psychol 2006;62:201-210.

33 이상욱, 박종익, 자살에 대한 의료정책적 접근, J Korean Med Assoc. 2019 Feb;62(2):102-106. Korean.https://doi.org/10.5124/jkma.2019.62.2.102

도의 '자살예방 프로젝트'를 구축했다.[34] 초기에는 성과가 느리게 나타났지만 시행 20년 후 자살 사망률이 20%나 감소했다. 국내에서도 소수의 성인 사망자를 대상으로 심리적 부검 연구들을 점검했으나, 유가족 사례에 대한 체계적 접근과 유가족의 협조를 구하는 데 어려움이 있었다.[35]

죽음에 이르는 다양한 과정 다음으로 자살은 인간의 복잡성이 일으키는 가장 문제적인 행동인 탓에, 자살의 원인과 기제는 특정한 요인들로 환원되어 설명되지 못한다. 그러다보니 다양한 자살자들에 대해 행해지는 과학적인 '심리 부검'으로도 자살을 한 사람의 진정한 마음과 그의 삶을 다시 회복시키지는 못한다.

## 1. 자살의 생물학적 원인

신경전달물질 중에 세로토닌(Serotonin) 연관설이 언급되고 있다. 낮은 농도의 세로토닌 대사물질인 5−HIAA(5−hydroxyindoleacetic acid)의 저하가 뇌의 뇌간과 전두엽에 영향을 주어 충동조절이 미흡하여 충동적 행동이 나타난다는 주장이다.[36]

영국의 조너선 번스(Jonathan Buns)와 데이비드 너트(David John Nutt)[37] 박사는 자살을 기도하는 사람들의 혈액을 분석한 결과 이들의 뇌에는 5−HIAA라는 화학물질이 결핍되어 있으며 이 물질의 분비를 조절하는 효소를 생산하는 유전자가 있다는 사실을 밝혀냈다. 즉 자살위험성을 높이는 유전자의 발견인데 이를 잘 조절하면 자살의 예방 가능성을 높일 수 있다고 보지만 이 유전자를 가진 사람들이라 해서 모두 자살을

34 Upanne, M., Hakanen, J., & Rautava, M., Can suicide be prevented? The suicide project in Finland 1992~1996: Goals, implementation and evaluation. National Research and Development for Centre for Welfare and Health, 1999.

35 권호인·김란·방수영·홍현주·권용실(2014.). 청소년 자살자에 대한 심리적 부검 방법론에 대한 고찰. 『소아청소년정신의학』, 25권 3호, 121~127.

36 대한신경정신의학회 편, 『신경정신의학 (3판)』, 아이엠이즈컴퍼니, 2017.

37 David John Nutt,https://translate.google.co.kr/translate?hl=ko&sl=en&u=https://en.wikipedia.org/wiki/David_Nutt&prev=search.

기도하는 것은 아니다.

## 2. 자살의 유전적인 원인

자살이 흔히 수반되는 양극성장애, 조현병, 알코올성 의존성 환자들의 경우 유전과 관련된 것으로 보이며 자살 가족력은 증가한다. 자살자 집안의 가계연구와 쌍태아의 연구보고에 의하면 매우 연관성이 크게 나타나고 있다. 일반적으로 45%정도 관련이 있다고 하는데 특히 치명적인 자살 시도의 경우 쌍태아의 연관성은 55%까지 보고되고 있다.[38]

## 3. 자살유전자(Suicide Gene) 원인

이 이론은 많은 부분이 생물학적 원인과 생화학적 연구가 발전하면서 새롭게 밝혀지고 있는데 모든 사람은 1% 정도의 진화론적으로 획득된 '자살 유전자'가 있다는 주장이다. 이미 앞서 설명한 가족 중에 자살한 사람이 있으면 자살할 확률이 높게 나타난다는 점이 '자살 유전자론'을 뒷받침한다.

캐나다 웨스턴 온타리오 대학 생리학교수 마이클 풀터(Michael O. Poulter)[39] 박사는 자살한 사람의 뇌를 자연적 원인으로 숨진 사람의 뇌와 비교한 결과, 자살자의 뇌는 불안과 스트레스를 조절하는 특정 유전자에 영향을 미치는 단백질이 과도하게 만들어진다는 사실을 발견했다.

현재 밝혀진 '자살 유전자'들을 정리해 보면 불안·우울·충동성·공격성과 관련된 신경전달물질 세로토닌 대사에 관여하는 효소나 단백질 관련 유전자들이다. 이중 가장 관심이 많은 부분은 'TPH(Tryptophan Hydroxylase) 효소를 조절하는 유전자'이다.

---

38 https://www.ncbi.nlm.nih.gov/pmc/articles/PMC175106.

39 Michael O. Poulter, http://www.robarts.ca/michael-o-poulter. https://translate.google.co.kr/translate?hl=ko&sl=en&tl=ko&u=https%3A%2F%2Fscholar.google.com%2Fcitations%3Fuser%3DYkvOyBgAAAAJ%26hl%3Den&anno=2.

이 효소는 세로토닌을 합성하는 단계에서 중추적 역할을 하는데, TPH U형 대립 유전자를 가진 우울증 환자의 경우 자살 시도가 더 많은 것으로 보고되고 있다.

다음은 5-HT(5-hydroxytryptamine)와 같은 '세로토닌 전달자 유전자(Serotonin Transporter Gene)'로 세로토닌 재흡수를 감소시키므로 불안장애 성격과 관련이 있다. 2003년 영국 킹스칼리지의 테리 모피트(Terrie Edith Moffitt)[40] 박사팀이 뉴질랜드 청년 847명을 대상으로 스트레스와 우울증, 유전자와의 상관관계를 조사한 결과, 세로토닌 전달자 유전자인 5-HT 중에서 짧은 5-HT를 하나 이상 가지고 있는 경우 자살 가능성이 커진다는 연구결과를 발표하기도 했다.

다음으로 주목한 것은 '세로토닌 수용체 유전자'다. 이 유전자의 특이한 조합이 있는 사람은 스트레스를 많이 받을 때 그렇지 않은 사람에 비해 우울증에 걸릴 가능성이 높다는 것이다. 그밖에 도파민(Dopamine)계나 노르아드레날린(Noradrenaline)계와 관련된 유전자도 거론되고 있다. 앞으로 이런 유전자를 이용하면 새로운 자살치료방법이 나올 수 있다. 현재 쓰이고 있는 우울증 치료방법은 뇌에서 분비되는 신경전달물질의 불균형을 바로잡는 데 초점을 맞추고 있지만 신경전달물질의 불균형은 이 유전자의 기능손상으로 나타난 증상에 불과하므로 유전자의 기능을 손상시키는 단백질의 과잉활동을 억제하는 약을 개발하거나 유전자 조작으로 치료가 가능하다는 것이다.

또 다른 연구에서 미국 존스홉킨스대 의대 정신의학·행동과학 교수 버지니아 윌로우어(Virginia Willour) 박사[41]는 양극성장애가 있는 조울증 환자의 자살기도 위험을 높이는 변이유전자를 제2번 염색체에서 발견했다고 한다. 자살을 기도한 적이 있는 조울증 환자 1201명과 자살을 기도한 일이 없는 조울증 환자 1497명의 DNA를 분석한 결과, ACP1 유전자 두 쌍 가운데 하나가 변이된 사람이 자살을 기도할 위험이 1.4배, 두

40 Terrie Edith Moffitt, https://en.wikipedia.org/wiki/Terrie_Moffitt.

41 Virginia Willourhttps://translate.google.co.kr/translate?hl=ko&sl=en&u=https://medicine.uiowa.edu/psychiatry/profile/virginia-willour&prev=search.

쌍 모두 변이된 사람이 3배 정도 각각 높은 것으로 나타났다. 이 유전자는 ACP1 단백질을 만드는 역할을 하지만 유전자가 변이된 사람은 ACP1단백질이 정상수치보다 많은 것으로 밝혀졌다. 이 단백질은 자살 행동을 억제하는 것으로 알려진 약물인 리튬과 같은 생물학적 경로에 영향을 미치는 것으로 보여 자살충동 변이유전자의 발견이 자살 행동을 억제하는 방법을 개발하는 데 도움이 될 것이라고 한다.[42]

## 4. 스트레스 취약성 원인

스트레스에 취약한 경우 위험요인(Risk Factor)과 방어요인(Protective Factor)이 균형을 이루지 못하여 자살을 실행한다는 주장이다.[43] 위험요인은 자살을 이끄는 요인인데 자살성향, 스트레스, 급성방아쇠인자가 이에 속한다. 이중 급성방아쇠(Trigger)인자가 중요한데 이별, 상실, 갈등, 경제적 문제, 고민, 일상 중에 부정적이거나 충격적인 사건, 질병의 악화, 자기애적 상처 같은 것으로 이것이 강해지면 순간적으로 자살을 하게 된다고 한다. 이를 막아주는 방어요인으로는 긍정적인 삶, 안정적인 가정과 사회활동, 적극적인 사회참여, 확실한 직업, 몰두하는 취미, 의지하는 종교 등이 있다. 그 외에도 올바른 생활 태도와 양호한 건강상태 그리고 사회적 지지 등이 있다.

## 5. 사회학적 모델 원인

자살의 원인을 개인과 사회 사이의 관계에 두고 자살이 발생하게 된 사회적 맥락을 강조하고 있다. 이 이론은 에밀 뒤르켐(Emile Durkheim, 1858–1917)에 의해 '자살 가능성이 높은 사람이 누구인가'를 연구한 결과를 세 가지 유형으로 분류하여 발표한 것이

42 Willour, VL, Seifuddin, F., Mahon, PB, Jancic, D., Pirooznia, M., Steele, J., Schweizer, B., Goes, FS, Mondimore, FM, Mackinnon, DF, Perlis, RH, Lee, PH, Huang, J., Kelsoe, JR, Shilling, PD, Rietschel, M., Nothen, M., Cichon, S., Gurling, H., Purcell, S., Smoller, JW, Craddock, N., DePaulo JR, JR, Schulze, TG, McMahon, FJ, Zandi, PP & Potash, JB (2012). A genome–wide association study of attempted suicide. Mol psychiatry, 17(4), 433–444. PMID: 21423239.

43 대한신경정신의학회 편, 『신경정신의학 (3판)』, 아이엠이즈컴퍼니, 2017.

다.[44]

이 이론은 자살을 개인의 행동보다 사회적 현상으로 가치규범에서 벗어나 생긴 일탈의 결과로 본다. 첫 번째 유형은 자기 본위적 자살(Egoistic Suicide)로 사회적 자아보다 개인적 자아가 더 커서 사회규제를 일탈하여 발생하는 자살이다. 즉 사회 부적응자나 고립된 경우 자살이 더 많다는 것이다. 두 번째 유형은 무규제적 자살(Anomic Suicide)인데 에밀 뒤르켐이 처음 언급하였고 후에 로버트 머튼(Robert Merton, 1910–2003) 등이 1938년 발표한 사회학과 범죄이론에 적용되는 긴장이론(Strain Theory)[45]에서 나왔다. 한 사회를 지배하는 강력한 가치관이 세력이 약화되고 한 가지 이상의 서로 다른 가치관이 동등한 세력을 가지면서 한 사회 내에서 공존하는 현상인데, 아노미(Anomie) 상태가 되면 사람들은 어떤 가치관을 따라야 할지 혼란을 겪게 되고 이때 옳고 그름을 판단 못하고 상실감이 커지면서 자살을 선택하게 된다.

세 번째 유형은 이타적 자살(Altruistic Suicide)인데, 타인을 위한 자살로서 집단적 분위기에 빠져 자신의 자아가 작동되지 않고 사회적 자아나 분위기에 압도되어 집단 본위적 자살을 하는 것이다. 이는 자신이 속한 공동체의 가치에 종속되는 정도가 강한 단체 내에서 보이는 현상이다.

뒤르켐은 주체를 개인보다 사회적인 현상으로 파악하여 하나의 문화권에서 발생하는 집합적 증후로 간주하고 있다. 1897년 발표한 『자살론. 사회적 연구*Le Suicide. Etude sociologie*』에서 프로이트의 개인의 심리학적 병리현상과 다르게 죽음이론을 제시하였다.

그러므로 "자살률은 지역이나 사회에 따라 변화하고 전통적 사회보다 개방적이거나 개인주의적 사회에서 높고, 이혼율이 높거나 사회통합이 낮은 사회에서 더 불만이 많

---

44 E. Durkheim, 김충선 역, 『자살론*Le Suicide*』 1897, 청아출판사, 1993.

45 https://en.wikipedia.org/wiki/Strain_theory_(sociology).

고 갈등이 생겨 자살이 많아진다."[46]고 하였다. 즉 개인이 사회적응에 실패하면 자살을 한다는 것이다.

## 6. 자살의 질병론 원인

포브스 윈슬로(Forbes Benignus Winslow, 1810−1874)는 자살을 선택한 사람들의 자살 동기를 추적해 보면서 크게 내장 질환이 불러온 자살 충동과 외부의 변화가 불러온 자살 충동이 있다고 보았다. 육체적인 측면에서 뇌, 위, 장 같은 신경을 쓰이는 질환으로 고통 받는 사람의 경우에 잠재적으로 자살을 염두에 둔다는 점을 역설하였다.[47] 즉, 언제 끝날지 모르는 고통에서 해방되고자 자살을 선택한다는 것이다. 윈슬로는 특히 뇌 질환에 주목했는데, 뇌에 경미한 부상을 입은 사람이 상처의 흔적이 보이지 않아 그대로 살아가다가 결국 자살 충동에 휩싸여 자살하고 만 사례를 언급했다. 내장 질환의 경우에도 당시대의 여러 작가와 사상가가 내장 질환으로 고통 받다가 정신착란을 겪었던 사례를 소개했다.

정신적인 측면에서 자살 동기를 찾아보면, 먼저 자살은 결코 정신이상으로만 일어나지 않는다고 윈슬로는 주장하는데 이는 감정이 '배의 돛에 바람을 가득 실어주는 돌풍'과 같다고 표현했다. 즉, 흥분되는 감정이 자살 충동을 일으킨다는 것이다. 일반인들이 단순한 개인사로 여기는 실연, 좌절, 실망 같은 감정이 자살 충동에서 큰 역할을 한다고 본 것이다.

## 7. 정신심리학적 모델 원인

정신분석학이 발전하면서 개인의 의식과 무의식적 동기에 초점을 두고 자살의 발생을 의학적 혹은 심리적인 병리 현상과 관련된 증후로 본다. 대표적으로 지그문트 프로

---

46 E. Durkheim, 김충선 역, 『자살론*Le Suicide*』 1897, 청아출판사, 1993.

47 포브스 윈슬로, 유지훈 역, 『자살의 해부학: 누구도 말하지 못한 자살 유혹의 역사』, 유아이북스, 2016.

이트(Sigmund Freud, 1856−1939)는 자살의 원인을 자아방어의 붕괴와 무의식 속에서 항시 존재하는 본능으로 설명하였는데 여기에는 자살의 광기나 우울증, 신경쇠약, 자아분열 등의 의학적 혹은 심리학적인 병리현상이 관련된 증후가 작용한다는 것이다. 프로이트는 『쾌락의 원칙을 넘어서』에서 모든 인간은 자기를 파괴하려는 충동을 타고나기 때문에 자살을 하게 된다고 주장하였다.

알프레드 아들러(Alfred Adler, 1870−1937)는 인간의 행동과 발달을 결정하는 것은 인간존재에 보편적인 열등감과 무력감을 보상 극복하는 욕구에서 비롯된다고 보았으며 의존성, 자기중심성, 충동성, 공격성 등을 자살의 원인으로 제시하였다.[48] 아들러의 자살의 목적을 보면 자살은 언제나 복수이거나 앙갚음이다. 자살을 하는 사람들은 자신의 죽음에 대한 책임을 누군가에게 전가하려 한다. "나는 정말 여리고 예민한 사람인데 네가 나를 이렇게 잔인하게 대하다니!"라는 의미를 몸으로 표현하려는 것이다. 상황을 정면으로 개선하지 않고 타인이나 상황을 지배하여 우월감을 느끼려는 것에서 나타나는 현상이다.

이러한 자살에서 벗어나기 위한 아들러의 의미 있는 주장으로 "삶의 근본적인 법칙은 극복의 법칙이다. 이는 자기보존을 위한 투쟁과 육체적 및 정신적 균형을 위한 노력, 육체적 및 정신적 성장, 완성을 위한 노력 등에 의해 뒷받침되고 있다. 자기보존을 위한 투쟁에는 위험을 이해하고 피하는 것, 육체를 진화론적으로 개인의 죽음 그 너머로까지 지속시키는 생식, 인간의 발달 과정에 이뤄지는 협동, 이 목표들에 기여한 모든 사람의 공동 성취 등이 포함된다."[49] 이때 중요한 것이 공동체 정신이다. 사람들과 어울리고, 진화론적인 의미에서 늘 보다 높은 곳을 향하게 되어 있는 인류 공동체와 호흡을 같이 한다면 정신과 육체에 문제될 것이 전혀 없다는 것이 아들러의 인식이다. 이 공동체 정

48 알프레드 아들러, 『아들러의 실전 심리학: 심리학의 3대 거장, 개인심리학의 창시자』, 김문성 역, 스마트북, 2015.

49 알프레드 아들러, 변지영 편저, 『항상 나를 가로막는 나에게』, 카시오페아, 2014.

신을 사회적 감정이나 사회적 관심이라고 표현하기도 한다.

## 8. 어윈 링겔(Erwin Ringel, 1921–1994)의 자살 전 증후군 이론

어윈 링겔은 1960년 국제자살예방협회(IASP)를 설립하였고 자살과 관련해서 많은 활동을 한 학자이다. 그는 자살이란 타자에 대한 장기간에 걸쳐 억압된 공격성이 자기 공격으로 전환된 것이라고 설명하면서, 자살에 이르기까지의 심리과정을 3단계로 제시하는 자살 전 증후군(Presuicidal Syndrome)에 관한 이론을 주장했다.[50] 첫 단계는 자아의 협소화 단계인데 개인적 가능성의 협소화, 감정세계의 협소화, 대인관계의 협소화, 가치세계의 협소화를 경험하게 된다. 두 번째 단계는 자기에게 향한 공격성의 단계로 인간이 본래 지니고 있는 공격성이 자아의 협소로 인해 비정상적으로 강화되어 자신에게로 향하는 것을 경험하게 되는 단계이다. 세 번째 단계는 자살의 환상단계로 죽어있는 자기를 상상하고 이것이 강화되어 자살을 하는 것을 자주 생각하며, 결국 이러한 환상을 구체화시켜 자살 시기와 방법을 심각하게 생각한다.

자살 전 증후군으로 정신적 압박감과 죽음에 대한 환상은 선택의 폭을 좁힌다. 이는 결국 누군가에게 도움을 요청하는 외침(Cry for Help)이지만 누군가의 도움이 없으면 스스로 절망하고 갇힌 상태가 되어 자살을 선택하게 된다.

## 9. 자유죽음(Freitod)

자유죽음을 표현하는데, '에셰크(echéc)'라는 체스 용어처럼 외통수를 의미하는 돌이킬 수 없이 모든 삶의 실패한 순간 자기보존의 행동을 포기하고 죽음을 선택하는 경우라고 말한다.[51] 이는 자유를 가장 급진적으로 실천하는 행위이기도 하다. 처음 자유죽음을 주장한 장 아메리(Jean Améry, 1912–1978, 자살)는 "자살을 바라보는데 있어 역

---

50 알프레드 아들러, 김세영 역, 『삶의 의미*Der Sinn des Lebens*』, 부글북스, 2017.

51 Erwin Ringel, https://onlinelibrary.wiley.com/doi/pdf/10.1111/j.1943–278X.1976.tb00328.x.

사성의 관점은 피해야 한다. 살아가며 겪는 모든 시절의 실제에 있어 인생의 모든 순간은 저마다 나름대로의 논리를 가지고 있다. 그에 알맞은 대접을 받아야 마땅하다. 시간을 통해 성숙한다는 것은 동시에 죽어가는 과정이기도 한 것이다."[52]라고 한다.

장 아메리는 자살을 옹호하는 것이 아니고 삶의 가치와 인간적 존엄을 빼앗아가는 '강제상황'에서는 어떻게 살아야 한다는 논리가 오히려 자유스럽지 못하고 비인간적인 속박일 수 있다고 보고 자유를 찬미하고 있는데 그 자유가 바로 자유죽음이 된다.

죽는 것만 못한 삶을 사는 것보다 인생이 더 추해질 수 있기에 존엄성과 자유를 가지고 죽음을 선택할 수 있다고 본다. 오히려 맹목적인 삶의 논리가 더 폭력적이고 비인간적일 수 있기에 자유죽음이 오히려 자연적인 죽음이며 인간적이라는 주장이다.

## 10. 노먼 파베로(Norman Louis Farberow)와 에드윈 슈나이드만(Edwin S. Shneidman)의 이론

노먼 파베로(Norman Louis Farberow, 1918-2015)[53]와 에드윈 슈나이드만(Edwin S. Shneidman 1918-2009)[54]은 자살학(Suicidology)의 공동 창시자이다. 이들은 자살에 대한 종교, 사회, 문화적 보편인식인 자살자에 대한 비난이나 수치심 그리고 죄의식에 대해 자살자 이면의 고통에 관심을 두고 이들을 치유하려고 했다. 미국 최초의 자살예방센터를 설립 운영하였고, 특히 노먼 파베로는 어윈 링겔과 함께 국제자살예방협회(IASP)를 공동 설립하기도 했다.

그들은 당시 자살자들을 정신질환자로 치부하는 통념을 바꾸고 주요 정신질환이 원인이 되는 경우는 15%에 지나지 않고 자살의 주요 원인은 우울증(Depression)이며, 일부는 충동적이라는 것을 밝혔다. 또 그들은 자살자에게 사후에 하는 심리부검(Psycho-

52 Jean Améry, https://en.wikipedia.org/wiki/Jean_Am%C3%A9ry.

53 장 아메리, 김희상 역, 『자유죽음: 삶의 존엄과 자살의 선택에 대하여』, 산책자, 2010.

54 Norman Louis Farberow, https://en.wikipedia.org/wiki/Norman_Farberow. Norman Louis Farberow, https://www.youtube.com/watch?v=oZKip7P0iH0.

logical Autopsy)[55]의 개념을 처음 소개하고 임상에 적용하였다.

슈나이드만은 "자살자는 자신의 심리적 유해(Psychological Skeleton)를 생존자의 감정의 벽장(Emotional Closet) 속에 남겨둔다."고 했다. 이런 자살자들의 죽기 전 심리와 원인을 알아보기 위한 심리부검은 유가족의 면담 등을 통해 얻은 자료를 바탕으로 자살자의 심리적 행동양상 및 변화, 자살자의 상태를 재구성하여 자살의 원인을 추정하는 것이다. 이런 심리부검을 통해 자살자의 사망 전 상황뿐만 아니라 의학적 병력이나 성격 특성과 행동적 특성, 자살 전 경고 신호 등을 분석하여 원인과 재발방지에 이용할 수 있다.

노먼 파베로는 그 후에도 남은 가족들의 슬픔, 분노, 수치심, 죄의식 등 복잡한 심리현상을 치유하는 프로그램을 시작하였고 "전화 한 통 같은 아주 사소한 우정만으로도 자살을 막는데 큰 기여를 할 수 있다는 사실이 나에게는 늘 굉장한 일처럼 여겨졌다."[56]고 말하면서 자살자에 대한 사회적 관심을 강조하였다.

## 11. 다비드 마요(David J. Mayo)의 자살에 대한 4가지 요소

미국 미네소타 대학의 철학교수인 다비드 마요(David J. Mayo)[57]는 자살의 4가지 요소를 언급하였다.

(1) 자살은 오직 죽음이 일어났을 때에 일어난다.

(2) 죽음은 자신이 하는 것이다.

(3) 자살의 행위는 자발적일 수도 있고 수동적일 수도 있다

(4) 마지막에 의도적으로 자살을 끝내는 것을 자살이라고 한다.

---

55 Psychological autopsy, https://www.ncbi.nlm.nih.gov/pubmed/11728849.

56 Norman Louis Farberow, https://www.youtube.com/watch?v=oZKip7P0iH0.

57 David J. Mayo, "The concept of rational suicide," *Journal of Medicine and Philosophy* 11 (2):143–155 1986.

## 12. 장 바클러(Jean Baechler)의 자살이론

프랑스 사회학자 장 바클러(Jean Baechler, 1937– )는 1980년 발표한 『자살』이라는 책에서 "자살은 자살을 시도함으로써 존재의 문제에 대한 해결책을 찾는 모든 행동을 의미한다. 자살은 아프거나 상황에 의해 희생되는 것이 아니라 스스로 목숨을 끊는 선택의 자유, 즉 생각의 청렴을 주장하고 있다."[58]고 한다. 또한 자살률은 모든 사회에서 동일하지는 않고, 사회 내에서 계급, 인종, 종교단체 그리고 연령층 사이에 차이가 있고, 사람들이 자살 시 선호하는 방법에는 심지어 국가적, 성적 차이가 있는데 이는 사회적, 문화적, 역사적 상황을 어느 정도 반영하고 있음을 알 수 있다. 따라서 자살을 사회적인 원인과 결과가 있는 사회적 행위라고 본다.[59]

장 바클러는 자살에 대한 4가지 "전형적인 의미"를 파악하는데, 이것은 "자살적 해결책이 항상 합리적이지는 않더라도 논리적으로 보이는 행동 패턴이나 상황"이라고 정의한다.

첫 번째 집단인 '도피적' 자살(Escapist Suicide)은, 견딜 수 없는 상황에서 벗어나고자 하는 사람들이나 비통한 상실에 빠진 경우 또는 실제나 상상 속에서 속죄를 하려는 경우이다.

두 번째 집단인 공격적 자살(Aggressive Suicide)은 살인이나 살인 미수에 자극 받거나 친척과 친구들을 후회하게 만들거나 도움을 청하기 위한 것이다.

세 번째 집단인 헌신적 자살(Oblative Suicide)은 자신의 삶보다 우월한 가치를 추구하거나, 삶 자체보다 더 가치 있는 천국이나 구원과 같은 것을 이룰 수 있기 위한 것이다.

네 번째 집단인 유희적 자살(Ludic Suicide)은 자신을 증명하거나 다른 사람들에게 감동을 주고 싶은 욕망을 표현하거나, '자기 자신의 삶을 갖고 노는 게임' 같은 죽음이

---

58 (재인용) Ronald W. Maris, Alan L. Berman, Morton M. Silverman, *Comprehensive Textbook of suicidology*, The Guilford press, 2000.

59 Jean Baechler, https://onlinelibrary.wiley.com/doi/abs/10.1111/j.1943-278X.1980.tb00768.x.

다.

그는 이러한 "전형적인 의미들"이 특정한 시간에 사회적으로 결정된 "자살의 물결"을 반영하는 것이 아니라고 결론지었고 자살 충동 또는 특정 정신 질환과도 관련이 없다고 보았다. 즉 자살이 실제로 일탈적이거나 비정상적인 행동이라는 것을 부인한다. 그 대신에 "자살은 문제를 해결하기 위한 해결책"이라고 주장한다. 삶의 전략에 헌신하는 인간에 의해 수행되는 긍정적인 행동이라는 것이다. 즉 "삶의 투쟁에서 실패한 개인적인 행위"라고 본 것이다. 그러다보니 자살을 어디에나 있는 것이라고 여기고 자살 예방에 대해서도 회의적인 의문을 제기하였다. 그리고 삶의 문제에 대한 해결책으로 자살에 의지하는 것은 모든 사람의 권리라고 생각하였다.[60]

## 13. 조셉 데이비스(Joseph H. Davis)의 자살이론

법의학자 조셉 데이비스(Joseph H. Daivis, 1925-2013)는 자살을 삶에 대한 욕망이 없는 치명적인 자해로 목숨을 위협하는 행동이라고 하였다.[61] 그는 법의학자로서 "법의학의 병리학은 단순한 해부 병리학이 아니다. 오히려, 왜 죽었는지에 대한 결정은 죽음의 상황에 대한 훌륭한 조사라는 맥락에서 유능한 부검의 결과에 달려 있다. 부검의들이 무엇으로 죽는 것과 죽어 가는 것 사이의 결정적인 차이를 구별하는가는 중요한 문제이다. 그러나 근본적인 원인을 확인하는 과정에서 그 사람이 죽은 메커니즘을 설명하지 못할 수도 있다[62]고 신중하게 언급하고 있다.

60 A Very Personal Matter, The New York Times Archives, September 23, 1979, p. 4.

61 (재인용) Ronald W. Maris, Alan L. Berman, Morton M. Silverman, *Comprehensive Textbook of suicidology*, The Guilford press, 2000.

62 Joseph H. Davis, *Why Did He Die? He Wasn't Supposed To!, Academic Forensic Pathology*, First Published in December 1, 2011.

## 14. 토마스 조이너(Thomas E. Joiner)의 자살이론

미국 플로리다 주립대학의 토마스 조이너(Thomas E. Joiner) 교수는 2005년에 출간한 『왜 사람들은 자살하는가』(Why People Die by Suicide)에서 우울증을 앓고 절망에 빠진 사람 중에서 자살하는 사람들은 반드시 세 가지 조건을 충족시킨다고 주장했다.[63] 조이너는 자신의 경험담을 공유하며 자살의 요건을 정리했는데 그가 25세였을 때 친아버지가 돌연 자살하는 사건이 발생했다. 당시 조이너는 텍사스대학교 대학원생으로 임상심리학을 전공하고 있었고, 아버지의 죽음이 우울증(Depression)에서 시작된 것을 알고 연구를 시작했다.

첫째 조건은 죽음에 대한 확고한 의지를 갖고 있지 않고서는 자살할 수 없다는 것으로 사회적으로 고립되었다고 느끼는 '상실감'이다. 두 번째는 남에게 부담스런 존재가 되었다고 여길 때 '무능감'으로 죽고 싶다는 심정이 된다. 스스로를 타인들에 대한 짐으로 보는 사람들은 부정적인 자아상을 지니고 삶에 대한 통제력을 상실한 느낌을 갖게 된다. 나아가 자신의 무능함이 타인들에게까지 영향을 미친다는 생각이 유발하는 온갖 부정적인 감정에 시달린다. 세 번째는 죽음의 고통을 받아들일 만한 부상(육체적·심리적) 경험이다. 특히 오랜 시간 지속적으로 자신에게 치명적 자해를 가하는 연습을 하는 과정에서 부상과 고통에 익숙해진 사람들은 고통에 대한 내성을 키우게 된다. 이러한 사람들은 치명적인 자해 능력을 배양해 훨씬 높은 자살경향성을 보인다. 그리고 자살에 성공한 사람들은 스스로 목숨을 끊을 수 있는 능력을 갖고 있다. 아무리 자살을 하고 싶어도 행동에 옮기기는 쉽지 않기 때문이다.

---

63 토마스 조이너 Joiner, T.(2007.). Why People Die by Suicide. Cambridge, MA: Harvard University Press. O'Carroll, P. W., Berman, A. L., Maris, R. W., Moscicki, E. K, Tanney, B. L., & Silverman, M. M., et al.(1996.). Beyond the Tower of Babel: A nomenclature for suicidology. Suicide Life Threatening Behavior, 26(3), 237~252.https://books.google.co.kr/books?hl=ko&lr=&id=Y-qN-8XHDNX8C&oi=fnd&pg=PP8&dq=Thomas+Joiner+suicide&ots=QT4EZweg-Ny&sig=9Hugqf6uCC61GxDFocnQT0nhuv8#v=onepage&q=Thomas%20Joiner%20suicide&f=false.

조이너는 이 세 가지 심리 조건 중 단 하나라도 부족하면 자살하지 않는다고 주장한다. 사회적 고립에서 오는 상실감이 있으면서 좌절된 소속감과 짐이 된다는 느낌이 분리되어 있을 경우 죽음에까지 이르기는 충분하지 않지만, 동시에 일어나면 이 욕망을 촉발한다. 거기에 치명적인 자해를 가할 습득된 능력이 더해진다면 죽음에의 욕망은 심각한 자살기도 또는 자살사망을 초래할 수 있다.[64]

자살을 원하는 사람들이 자기보존 본능을 억누르는 힘을 키우는 방법 중에 하나는 자살의 뜻을 이룰 때까지 되풀이하는 것이다. 처음 자살을 기도하여 성공하는 경우는 드물고 평균적으로 20번은 행동에 옮겨야 뜻을 이루기 때문이다. 다른 하나는 고통스럽거나 섬뜩한 경험에 익숙해지는 것으로 총을 맞은 적이 있거나 동료가 살해되는 장면을 목격한 군인이나 경찰은 자신의 죽음을 자연스럽게 받아들인다는 것이다. 군인과 경찰은 보통 사람보다 자살 비율이 높게 나타났고, 의사들 역시 환자의 고통과 죽음을 지켜보면서 자신의 죽음을 떠올리게 되므로 자살 비율이 보통 사람보다 훨씬 높은 것으로 밝혀졌다. 조이너는 많은 사람들이 겁을 집어먹는 상황, 이를테면 사람이 죽어가는 장면 앞에서도 감정의 동요를 일으키지 않는 심리상태를 '무감각(Steeliness)'이라 명명하고, 이러한 무감각을 나타내는 사람들이 자살을 하게 된다고 설명했다.[65]

조이너의 이론에 의하면 사회적으로 소외감을 느끼면서 고통에 무감각한 사람일수록 자살 가능성이 높기 때문에 주변에서 자살할 만한 사람을 가려낼 수 있다고 한다. 이에 자살예방을 위해 인간관계망의 재정립과 개개인의 소속감을 부여하는 사회분위기가 절실히 요구된다고 할 수 있다.

---

64 토마스 조이너 Joiner, T.(2007.). Why People Die by Suicide. Cambridge, MA: Harvard University Press. O'Carroll, P. W., Berman, A. L., Maris, R. W., Moscicki, E. K, Tanney, B. L., & Silverman, M. M., et al.(1996.). Beyond the Tower of Babel: A nomenclature for suicidology. Suicide Life Threatening Behavior, 26(3), 237~252.

65 https://www.youtube.com/watch?v=DESRIZtUIT4.

## 15. 모방 자살 원인

괴테(1818−1885)의 연애소설 『젊은 베르테르의 슬픔』은 주인공이 첫 눈에 반한 유부녀인 로테와 이루지 못하는 사랑을 권총자살로 마감하는 소설이다. 이 책이 발표된 후 생겨난 베르테르 효과(Werther Effect)는 유명인이나 자신의 우상이 자살을 하면 유사한 방식으로 자살을 시도하는 사회적 현상을 일컫는 용어이다.

1974년 미국의 사회학자 필립스(David Phillips)가 20년 동안 자살을 연구하면서 유명인의 자살이 언론에 보도된 뒤, 자살률이 급증한다는 사실을 토대로 연구 결과를 발표하여[66] 베르테르 효과라는 용어를 처음으로 사용하였다.

최근에도 유명인들의 자살이 생기거나 주위에 누군가 자살을 하면 모방 자살에 대한 우려가 커지고 있다. 이는 자신의 대상과 자신과 동일시하여 자살을 따라하거나, 자신의 의존 대상이 자살하면 같은 방법으로 생을 마감하는 경우 등이 여기에 속한다.[67]

특히 미디어의 발달로 자살보도가 급속히 퍼지고 광범위하게 전파되므로 파급효과를 간과할 수 없고, 대중적 인기가 높은 유명인들이라는 점에서 불안정한 청소년 및 우울감, 불안을 가지고 있는 일반인들에게 영향을 미칠 가능성이 크다. 이들은 자신의 감정에 충실하다보니 위기 상황에서 이성적인 대처보다는 충동적으로 대처를 할 가능성이 높아 모방 자살을 할 위험이 높다.

이러한 베르테르 증후군을 막기 위해서는 자살 관련 보도 방식에 좀 더 신중해야 하고, 자살 보도를 줄이고 기사 제목에 자살을 언급하지 않으면 예방에 효과적이라는 점을 미국자살예방협회는 보고하고 있고 정부와 사회도 이에 맞추어 매스컴을 관리하고 있다. 매스컴은 자살 관련 사고를 보도함에 있어 자극적인 사건 위주의 보도보다는 일반인들이 사건을 이해하고 실제로 자살 위험이 높은 사람을 주변에서 어떻게 도와야

---

66 두산백과, 베르테르 효과Werther effect.

67 G. Sonneck, E. Etzersdorfer & S. Nagel−Kuess, "Imitative Suicide on the Viennese Subway," *Social Science & Medicine*, 38(3) pp. 453−457, 1994.

할지 같은 정보 위주의 보도에 주력해야 한다. 이 또한 죽음준비교육을 통해서 일찍 교육을 시킬 필요가 있는 부분이다.

베르테르 효과와 반대되는 파파게노 효과(Papageno Effect)는 자살에 대한 언론 보도를 자제함으로써 자살을 예방할 수 있는 효과이다. 모차르트의 오페라 〈마술피리〉의 등장인물인 파파게노가 요정의 도움을 받아 자살 충동을 극복한 일화에서 유래되었다.[68]

## 16. 데스펠더(DeSpelder)와 스트릭랜드(Strickland)의 4가지 자살 유형

데스펠더(L. A. DeSpelder)와 스트릭랜드(A. L. Strickland)는 자살을 4가지 유형으로 구분하였다.[69] 그 유형은 도피처로서의 자살, 우울과 정신장애에 의한 자살, 반의도적 또는 만성적 자살, 구원요청으로서의 자살이다.

### (1) 도피처로서의 자살

대부분의 사람들은 평소에도 몸과 마음이 아프면 죽고 싶다고 표현하지만 이 말은 진정 죽고 싶다는 의미는 아니다. 하지만 자살을 하는 사람들 중에는 자살을 자신의 육체적 고통 또는 전신적 고뇌에서 해방되기 위한 수단으로 생각하기도 한다.[70]

말기 암환자나 심한 장애를 가진 사람의 경우에 고통을 느낄 때 벗어나고 싶어 하는 경우 소극적 안락사나 의사조력자살을 원하는 경우가 있다. 이는 현대사회의 윤리적인 입장에서도 점차 허용을 해야 한다는 방향으로 나아가는 합리화된 자살이다. 그러나 삶이 힘들고 정신적으로 자존감을 잃거나 의욕을 잃고 실의에 빠진 경우 정체성을 잃

68 상식으로 보는 세상의 법칙: 심리편, 21세기북스, https://terms.naver.com/entry.nhn?docId=3380788&cid=58345&categoryId=58345.

69 L. A. DeSpelder & A. L. Strickland, *The Last Dance: Encountering Death and Dying 9th Ed.*, McGraw-Hill, 2010.

70 (재인용) P. M. Marxuk, "Suicide and Terminal Illness," *Death Studies*, 18(5), pp. 497-512, 1994.

고 매우 개인적인 판단으로 자살을 통해 현재의 삶에서 벗어나고 싶어 하는 합리화가 어려운 자살도 있다.

#### (2) 우울증과 정신장애에 의한 자살

우울증은 자살의 중요한 요인이 된다. 의학적 연구에서도 자살자의 90% 이상이 하나 이상의 정신장애 진단이 들어가는 병인을 가지고 있다. 특히 정신질환자의 자살위험률은 일반인들에 비해 3~12배 높다고 한다.[71] 우울증으로 진단을 받은 사람뿐만 아니라 우울한 마음이 있는 사람들 중에도 약물이나 알코올 중독증으로 충동적이고 심한 고립감과 무력감이 쌓여서 자살을 시도한다. 이는 우울이 매우 중요한 자살경고 행동임을 증명한다.

이들의 자살은 죽으려는 의식적인 의도보다는 자신을 해침으로서 자신의 정신 속에 존재하는 악을 없애거나 벌을 주려는 것이다.[72] 문제는 이를 가족이나 주위 사람들이 알지 못하고 방치하거나 무관심으로 인해 자살을 막을 수 있는 기회를 잃게 된다는 것이다.

#### (3) 반의도적·만성적 자살

평소 자살을 생각하고 행동하는 것은 아니지만 자신의 신체에 위해한 행동을 반복적으로 시도하는 경우이다. 조심성 없이 부주의한 행동을 하여 사고를 유발하는 경우로 습관성 약물의 오남용, 지속적인 음주, 장기간 흡연 등으로 자신을 학대하거나 일반인들은 회피하는 장소나 상황에 스스로를 노출하여 사고를 자초하는 경향이 있는 "성격학적 자살"의 경우이다.

---

71 민성길, 『최신정신의학 6판』, 일조각, 2015.

72 L. A. DeSpelder & A. L. Strickland, *The Last Dance: Encountering Death and Dying 9th Ed.*, McGraw-Hill, 2010.

이들은 의식적으로는 자살에 대하여 부정적이고 자살을 수용하지 않지만 그들의 생활 방식은 전형적으로 "죽음에 대한 동경"을 보인다.[73] 이런 성향의 사람들은 자신을 죽어가는 과정으로 서서히 몰고 가지만 그 자체가 작은 자살이라고 인식하지는 못한다.

#### (4) 구원 요청으로서의 자살

이들에게 자살은 목적이 아니고 자신의 문제를 해결에 초점이 맞혀진 수단이 된다. 자살을 통해 자신이 처한 상황을 바꾸고 그 목적을 달성하는 방법으로 자살을 이용하는 것이다.

자신이 처한 문제해결에서 주위의 관심과 새로운 변화를 통해주어진 환경을 바꾸고 상대에게도 일종의 복수를 하는 것인데, 주로 청소년기나 초기성년기에 인격이나 정체성이 부족한 경우 미숙한 시위용으로 행사하는 경우이다. 주로 손목에 자상을 입히거나 수면제 과다복용 등으로 완전한 자살보다 미수에 그치는 자살 시도가 많고 실제 사망하는 경우는 적다. 이런 자살은 메시지표현형 자살이라고 할 수 있다.

또한 데스펠더(DeSpelder)와 스트릭랜드(Strickland)는 자살에 영향을 미치는 위험요인으로서 문화, 인성, 개인적 상황, 생물학적 요인을 제시하였다.[74]

문화(Culture)는 현재 살아가는 곳의 사람들이 공유하는 생각이나 생활이 포함되어 있어서 자살자들도 그 문화 집단에 따라 자살의 형상이나 차이가 확연히 나타나고 있다. 한국 사람들은 성질이 급하고 충동적이어서 자살률이 높다고 하는데 이는 한국인의 민족적인 특성이나 유전적인 요인이 아니라 사회적인 현상 때문이다. 즉 한국에서 사는 외국이나 이주민 또는 북한에서 내려온 새터민의 경우를 보면 현재 처한 사회현상에 의한 자살이 중요한 문화적인 요인인 것을 알 수 있다. 앞서 설명한 모방자살인

---

73 (재인용) M. A. Fine & R. A. Sansone, "Dilemmas in the Management of suicidal Behavior in Individuals with Borderline Personality Disorder," *American Journal of Psychotherapy*, 44, pp. 160–171, 1990.

74 L. A. DeSpelder & A. L. Strickland, *The Last Dance: Encountering Death and Dying 9th Ed.*, Mc-

"베르테르 효과"도 이런 문화적인 요인으로 작용하는 것이다.[75]

인간의 타고난 인성(Personality)은 각기 다르고 삶에 있어서 개인의 특성을 잘 반영한다. 자살에 대한 반응도 개인의 성향에 따라 태도와 인식의 차이를 보이는데 그중 죽음에 대한 공포를 가진 사람보다 죽음을 동경하고 죽음 뒤에 무엇인가 다른 삶이 있다고 여기는 사람들의 자살률이 더 높게 나타난다.

사람들은 항시 다양한 외부 자극에 의해서 반응하고 살지만 이런 자극이 급격한 경우나 자신이 이겨내기 어려운 상황이 되면 무력감과 자존감의 상실 등 삶의 의지를 포기하거나 자살을 생각하게 된다. 이런 개인적인 상황(Individual Situation)은 문화와 인격의 영향을 받아 자신만의 상황을 만들고 이로 인해서 삶의 선택도 좌우하게 된다.

생화학이나 분자생물학의 발전으로 자살 행동이 신경전달대사 수치의 수준과 관계 있는 것으로 나타남으로써 유전적 요인도 자살 행동에 영향을 미치는 하나의 요인이 되었다.[76] 이런 생물학적 근거는 치료에 획기적인 발전을 가져왔고 항우울제와 같은 약물로 치료가 가능하고 어느 정도 예방효과가 있다는 것을 보여준다. 그러나 완전한 자살 치료와 예방법은 아직 없으므로 자살을 막는 것은 사회관계망을 통한 조기 죽음준비교육과 자살 취약층에 대한 꾸준한 관심이라 할 수 있다.

## 17. 자살의 인지행동이론 원인

미국 정신과의사였던 아론 템킨 벡(Aaron Temkin Beck, 1921– )[77] 등의 행동 및 인지이론가들은 자살 행동은 학습의 산물이며 어려운 환경, 정서적 붕괴, 혹은 관계에 대한

Graw–Hill, 2010.

75 G. Sonneck, E. Etzersdorfer & S. Nagel–Kuess, "Imitative Suicide on the Viennese Subway," *Social Science & Medicine*, 38(3) pp. 453–457, 1994.

76 D. A. Nielsen et. al., "Suicidality and 5–hydroxyindoleacetic Acid Concentration Associated with a Tryptophan Hydroxylase Polymorphism," *Archives of General Psychiatry*, 51, pp. 34–38, 1994.

77 Aaron Temkin Beck, https://en.wikipedia.org/wiki/Aaron_T._Beck.

문제가 아니라고 주장하면서 여러 자극과 반응의 연합이 자살 인지와 행동을 일으킨다고 보았다. 특히 미래에 대한 부정적 기대가 자아를 부정적으로 인식하게 만들고 부정적 자아인식은 미래에 대한 부정적 인식 즉 절망감을 갖게 만들며, 이러한 절망은 우울로 이어진다고 보았다. 즉 절망이 우울을 구성하는 주요한 인지적 요소일 뿐만 아니라 자살로 이어진다는 것이다.[78]

백(A. T. Beck) 등은 인지적 오류와 왜곡된 사고가 자살 행동의 원인이라고 보고 학습 원리를 적용함으로써 자살경향성을 가진 사람들을 효과적으로 치료할 수 있다고 주장했다. 특히 벡은 절망척도(The Beck Hopelessness Scale)를 만들어 절망과 자살의 관련성을 실증적으로 조사하여 단순 우울보다는 미래에 대한 절망과 비관주의와 같은 인지적 요인이 자살과 연관성이 더 크다는 사실과 절망이 우울과 자살 사이의 상관관계를 더 강화시킨다는 것을 확인하였다.[79]

벡 등은 우울증(Depression)이나 절망감(Hopelessness)을 자살의 핵심 원인으로 지적하며 환자의 마음속에 자리 잡고 있는 우울증과 절망감을 약화시키거나 환자로 하여금 자신의 감정 상태를 극복하도록 돕고 정서적 문제를 해결하도록 인도함을 치료 목표로 삼아야 한다고 주장했다.[80]

사회심리학자 로이 바우마이스터(Roy F. Baumeister, 1953– )[81]는 사람들은 자신의 고통으로부터 도피하는 수단으로 자살을 택한다고 했다. 그러한 도피과정으로 첫째, 개인의 기대수준은 높은데 현실적인 상태가 기대수준에 미치지 못할 때 기대와 현실 사이에 괴리가 발생한다. 둘째, 괴리가 생긴 이유를 자신의 탓으로 돌려서 자기를 비난하고 자기를 부정적으로 평가한다. 셋째, 주위의 초점을 자기에게 돌려서 고통스런 자기

78 A. T. Beck, M. Kovacs, A. Weissman, "Assessment of suicidal Ideation: The Scale for sucide Ideation," *Journal of Consulting and Clinical Psychology*, 47, 1979.

79 Beck, A. T., Weissman, A., Lester, D., & Trexler, L. (1974). "The measurement of pessimism: The Hopelessness Scale," *Journal of Consulting and Clinical Psychology*, 42(6), pp. 861–865.

80 아론 T. 벡, 원호택 역, 『우울증의 인지치료』, 학지사, 1996.

81 Roy F. Baumeister, https://en.wikipedia.org/wiki/Roy_Baumeister.

지각이 더욱 첨예화되고, 자신을 더욱 부정적으로 평가한다. 넷째, 자신에 대한 부정적인 정서 상태를 초래한다. 다섯째, 개인은 고통스런 생각과 감정을 없앨 수 있는 강력한 수단을 찾게 되는데, 이 과정에서 인지적 몰락(Cognitive Deconstruction)이 일어난다.[82]

인지적 몰락이란 정신기능의 협소화로 모든 사건에 대한 의미부여를 거부하고 모든 것을 피상적이고 무가치하게 지각하고 해석하는 것을 의미한다. 이런 상태는 자살을 저지하는 여러 가지 내적 억제력을 약화시켜 결국은 부정적으로 인식된 자신과 부정적인 감정으로부터 탈출하는 수단으로 자살과 같은 극단적이고 파괴적인 행동을 하는 것이다. 이것 또한 자살억제력이 약화되어서 생기는 현상이다.

앞에서 자살에 대한 다양한 이론과 원인들을 찾아보았는데 자살은 아직도 정의하기 어렵고 그 원인이 다양하고 복합적이고 상호간에 매우 연관성이 커서 미리 예방을 하거나 대응이 어렵다는 사실을 알 수 있다. 이는 모든 자살자에게는 이유 없는 자살이 없기 때문이고 자살에 대하여 풀어야 할 문제가 많다는 것을 보여주는 대목이기도 하다.

## 08. 새로운 자살의 신경생물학적·신경해부학적 모델 이론

자살의 신경생물학적 모델 이론은 다양한 자살 이론 중에 새롭게 주목받는 분야이다. 앞 장에서 언급한 자살유전자(Suicide Gene) 원인에 일부 소개한 내용으로 기존에 많이 알려진 자살위험 요인보다는 자살을 생물학적 및 환경적 요인의 결합에 의해서

82 Roy F. Baumeister, "Suicide as Escape From Self," *Psychological Review*, 97(1), 1990.

발생하는 복잡한 행동으로 설명한다.[83]

### (1) 자살의 신경생물학적 모델

자살의 신경생물학적 모델은 단가아민 시스템(Monoamine System), 특히, 우울증의 병태생리에 초점을 맞춘 세로토닌(5-hydroxytryptamine, 5-HT) 시스템의 관련성을 중심으로 발전하였는데, 그 외에도 스트레스 시스템, 신경가소성, 지질대사 및 세포신호전달 경로 이상 등 신경생화학적 모델이 제안되고 있다.[84]

분자, 원자 또는 나노 의학의 발전은 기존의 병리적인 접근을 넘어 보다 정교한 생화학적 연구와 실험을 통해 질병의 원인을 새롭게 이해할 수 있게 한다. 이를 임상에 적용하여 활용하면 자살예방법을 발견하거나 사전에 위험인자를 제거하여 자살을 방지하는 효과를 얻을 수 있을 것이다.

최근에 밝혀진 연구 결과에서 자살의 신경생화학적 요인 중에는 5-HT 시스템, 시상하부-뇌하수체-부신축(Hypothalamus-Pituitary-Adrenal Axis, HPA Axis) 이상, 신경영향인자, 지질대사의 이상 등이 있고, 자살의 신경해부학적 모델의 구조적·기능적 이상에 의한 연구가 많이 진행되고 있다.[85]

가장 많이 연구된 5-HT 시스템의 이상에 대해 먼저 알아보면, 5-HT는 5-HT 신경원인 배측 및 내측 솔기핵(Raphe Nucleus)에서 합성된다. 주요 대사산물인 5-Hydroxy Indole Acetic Acid(5-HIAA)로 대사되는데, 자살자의 사후 초기 연구에서 5-HT 및 5-HIAA가 뇌간에서는 감소되어 있으며, 전전두엽에서는 차이가 없다고 하

83 Fu Q, Heath AC, Bucholz KK, Nelson EC, Glowinski AL, Goldberg J, Lyons MJ, Tsuang MT, Jacob T, True MR, Eisen SA. "A twin study of genetic and environmental influences on suicidality in men," *Psychol Med* 2002;32:11-24.

84 김상하·이경욱, 『자살의 신경생물학적 이해』, J Korean Med Assoc. 2019 Feb;62(2):85-92. Korean. https://doi.org/10.5124/jkma.2019.62.2.85.

85 김상하·이경욱, 『자살의 신경생물학적 이해』, J Korean Med Assoc. 2019 Feb;62(2):85-92. Korean. https://doi.org/10.5124/jkma.2019.62.2.85.

여 뇌간에서 생성 장애가 있음을 보여준다.[86] 또한 5–HT 합성 대사산물인 뇌척수액(CerebroSpinal Fluid, CSF) 5–HIAA는 자살 시도자 및 사망자, 더 치명적인 방법으로 자살을 시도한 사람들에게서 낮게 나타났다.[87] 이는 우울증과 상관없이 낮은 CSF 내의 5–HIAA 농도가 자살 행동에 독립적인 요인으로 작용한다는 것을 보여주는 것이다. 혈소판의 5–HT 기능 또한 중추신경계의 5–HT 시스템과 유사하게 발현되므로 자살 시도자들의 낮은 혈소판 5–HT 농도 또한 우울증과 관련 없이 자살요인과 관련이 있다고 본다.[88]

세로토닌 수송체(Serotonin Transporter, SERT)는 항우울제의 주요 표적 단백질인데, 우울증 환자에서는 전전두엽에 넓게 SERT 결합이 감소되어 있는데 비해 자살사망자에서는 복측 전두엽에 국소적인 감소가 있어 자살과 복측 전전두엽의 관련성을 시사하고 있다.[89]

시상하부–뇌하수체–부신축(Hypothalamus–Pituitary–Adrenal axis, HPA axis) 이상은 우울증에서 이미 알려진 원인인데 자살자에서는 HPA axis의 과활성뿐만 아니라 기저 혈중 및 CSF 코티졸이 증가되어 있다. 자살자의 부검에서 부신 무게의 증가, 전두엽 및 뇌간에서 부신피질자극호르몬(Corticotrophin Releasing Hormone, CRH)의 증가 및 전두엽에서 CRH1 수용체의 mRNA 발현의 감소 등 HPA 활성화의 증거들이 발견되었다.[90]

86 Mann JJ, Arango V, Underwood MD. Serotonin and suicidal behavior. Ann N Y Acad Sci 1990;600:476–484.

87 Asberg M, Traskman L. Studies of CSF 5–HIAA in depression and suicidal behaviour. Adv Exp Med Biol 1981;133:739–752.

88 Alvarez JC, Cremniter D, Lesieur P, Gregoire A, Gilton A, Macquin–Mavier I, Jarreau C, Spreux–Varoquaux O. Low blood cholesterol and low platelet serotonin levels in violent suicide attempters. Biol Psychiatry 1999;45:1066–1069.

89 Miller JM, Hesselgrave N, Ogden RT, Sullivan GM, Oquendo MA, Mann JJ, Parsey RV. Positron emission tomography quantification of serotonin transporter in suicide attempters with major depressive disorder. Biol Psychiatry 2013;74:287–295.

90 Merali Z, Kent P, Du L, Hrdina P, Palkovits M, Faludi G, Poulter MO, Bedard T, Anisman H. Corticotropin–releasing hormone, arginine vasopressin, gastrin–releasing peptide, and neuro-

또한, 덱사메사존 검사(Dexamethasone Suppression Test, DST) 후 높은 코티졸이 자살 시도보다는 자살 성공과 관련 있을 뿐 아니라 자살 행동의 치명도와도 유의한 상관을 보였다.[91] 이러한 연구결과들은 우울증상과 무관하게 HPA 과활성이 자살에 특이한 역할을 한다는 것을 시사한다.[92]

신경영향인자는 신경원의 생존, 발달 및 기능적 분화를 촉진하는 일련의 단백질인데 다양한 신경영향인자 중 뇌유래 신경영향인자(Brain–Derived Neurotrophic Factor, BDNF)와 BDNF의 주요 수용체인 타이로신 수용체 키나아제 B(Tyrosine receptor kinase B, TrkB)가 다양한 정신장애의 병태생리 및 신경가소성에서의 역할로 주목받는다.[93] 자살사망자의 사후 뇌 부검에서 중추신경계의 낮은 BDNF 농도가 보고되었는데, 특히 전전두엽과 해마에서 BDNF 및 mRNA 농도가 낮았다.[94] 또한 후생유전학적 기전에 대한 연구도 활발한데, 자살사망자의 전전두엽 BDNF promoter/exon IV 부위에서 DNA 메틸화가 유의하게 증가하였으며, 증가된 메틸화는 BDNF mRNA 발현의 감소와 상관관계를 보였고,[95] 자살사망자에서 TrkB 촉진염기서열의 히스톤(Histone) 변형은 신경가소성의 후생유전학적 조절을 통하여 생애 초기 역경이나 정신사회적 스트레스가 자살

---

medin B alterations in stress–relevant brain regions of suicides and control subjects. Biol Psychiatry 2006;59:594–602.

91 Norman WH, Brown WA, Miller IW, Keitner GI, Overholser JC. The dexamethasone suppression test and completed suicide. Acta Psychiatr Scand 1990;81:120–125.

92 김상하·이경욱, 『자살의 신경생물학적 이해』, J Korean Med Assoc. 2019 Feb;62(2):85–92. Korean. https://doi.org/10.5124/jkma.2019.62.2.85.

93 김상하 이경욱, 『자살의 신경생물학적 이해』, J Korean Med Assoc. 2019 Feb;62(2):85–92. Korean. https://doi.org/10.5124/jkma.2019.62.2.85.

94 Karege F, Vaudan G, Schwald M, Perroud N, La Harpe R. Neurotrophin levels in postmortem brains of suicide victims and the effects of antemortem diagnosis and psychotropic drugs. Brain Res Mol Brain Res 2005;136:29–37.

95 Keller S, Sarchiapone M, Zarrilli F, Videtic A, Ferraro A, Carli V, Sacchetti S, Lembo F, Angiolillo A, Jovanovic N, Pisanti F, Tomaiuolo R, Monticelli A, Balazic J, Roy A, Marusic A, Cocozza S, Fusco A, Bruni CB, Castaldo G, Chiariotti L. Increased BDNF promoter methylation in the Wernicke area of suicide subjects. Arch Gen Psychiatry 2010;67:258–267.

행동에 영향을 미칠 수 있다는 생물학적 근거를 제공한다.[96]

체내 지질대사의 이상으로 인한 자살과의 관계에서는 신경세포막과 축삭을 둘러싸고 있는 콜레스테롤과 트리글리세이드가 중요한 역할을 한다. 역학 연구에서 자살과 낮은 혈중 콜레스테롤과 유의한 관련성이 발견되었으며 혈중 콜레스테롤이 낮은 사분위군은 높은 사분위군에 비하여 자살로 사망할 위험이 6배나 높았다.[97] 낮은 콜레스테롤은 우울증과도 연관이 있지만 더욱 낮은 콜레스테롤은 치명적인 방법으로 자살 시도를 한 군에서 그렇지 않은 군과 차이를 보였다.[98]

혈중 트리글리세리드(Triglyceride)도 자살 시도 기왕력이 없는 군에 비하여 자살 시도가 있는 기분장애 환자에서 낮다고 보고되었는데 최근 1달 이내 자살 시도를 한 군에서 더 낮았다고 한다.[99] 앞으로 이런 연구를 통해서 밝혀진 결과는 낮은 혈중 지질이 자살 행동의 급성기 및 치명적인 형태와 관련됨을 시사한다.[100]

### (2) 자살의 신경해부학적 모델

최근 뇌영상학이 발전하면서 자살 시도자 및 사망자의 사후 연구 등을 통해 뇌기능의 이상이 발견되고 있다. 뇌영상은 비침습적이면서 뇌의 구조적·기능적 변화를 측정할 수 있는 유용한 도구이다. 뇌영상 연구들은 자살과 전전두엽 특히 배외측 전두엽 및

---

96 김상하·이경욱, 『자살의 신경생물학적 이해』, J Korean Med Assoc. 2019 Feb;62(2):85–92. Korean. https://doi.org/10.5124/jkma.2019.62.2.85.

97 Ellison LF, Morrison HI. Low serum cholesterol concentration and risk of suicide. Epidemiology 2001;12:168–172.

98 Atmaca M, Kuloglu M, Tezcan E, Ustundag B. Serum leptin and cholesterol values in violent and non–violent suicide attempters. Psychiatry Res 2008;158:87–91.

99 Baek JH, Kang ES, Fava M, Mischoulon D, Nierenberg AA, Yu BH, Lee D, Jeon HJ. Serum lipids, recent suicide attempt and recent suicide status in patients with major depressive disorder. Prog Neuropsychopharmacol Biol Psychiatry 2014;51:113–118.

100 김상하·이경욱, 『자살의 신경생물학적 이해』, J Korean Med Assoc. 2019 Feb;62(2):85–92. Korean. https://doi.org/10.5124/jkma.2019.62.2.85.

안와전두엽, 대상회, 측두엽, 직회, 미상핵 등의 관련성을 보고하고 있다.[101]

뇌의 구조적 연구에 의하면 자살 시도 기왕력이 없는 우울증에 비하여 자살 시도 우울증 환자에서는 안와전두엽과 복외측전두엽의 용적이 감소하였다.[102] 그 외에도 전두엽과 측두엽의 용적 감소도 우울증이 있는 자살 시도자에서 관찰되었고, 자살 시도자에서 우측 소뇌와 좌측 각회 회백질 용적 감소가 있었는데, 흥미롭게도 각회의 용적 감소와 무망감 및 사회적 지지 추구와의 관련성이 보고되어 있다.[103] 일련의 연구 중에는 자살 행동의 치명도와 측좌핵의 작은 용적의 관련성이 보고되는데 자살 시도자에서 뇌량의 용적 감소도 있었다.[104] 이런 결과를 통해 뇌 구조의 변화가 자살 행동을 예측하는 임상적 지표가 될 수 있음을 예상할 수 있다.[105]

다양한 뇌의 영상 연구를 통해서 기능적 이상부위를 찾아보려는 시도가 있는데 휴지기 기능적 뇌영상 연구에서는 편도와 다른 뇌 부위의 연결성이 증가했다는 연구가 있다. 좌측 편도는 우측 섬엽 및 좌측 위 안와전두엽과, 우측 편도는 좌측 중간 측두영역과 연결성의 증가를 보였다.[106] 저주파진폭변동(Amplitude of Low–Frequency Fluctua-

101 김상하·이경욱, 『자살의 신경생물학적 이해』, J Korean Med Assoc. 2019 Feb;62(2):85–92. Korean. https://doi.org/10.5124/jkma.2019.62.2.85.

102 Monkul ES, Hatch JP, Nicoletti MA, Spence S, Brambilla P, Lacerda AL, Sassi RB, Mallinger AG, Keshavan MS, Soares JC. Fronto–limbic brain structures in suicidal and non–suicidal female patients with major depressive disorder. Mol Psychiatry 2007;12:360–366.

103 Lee YJ, Kim S, Gwak AR, Kim SJ, Kang SG, Na KS, Son YD, Park J. Decreased regional gray matter volume in suicide attempters compared to suicide non–attempters with major depressive disorders. Compr Psychiatry 2016;67:59–65.

104 Cyprien F, Courtet P, Malafosse A, Maller J, Meslin C, Bonafe A, Le Bars E, de Champfleur NM, Ritchie K, Artero S. Suicidal behavior is associated with reduced corpus callosum area. Biol Psychiatry 2011;70:320–326.

105 김상하·이경욱, 『자살의 신경생물학적 이해』, J Korean Med Assoc. 2019 Feb;62(2):85–92. Korean. https://doi.org/10.5124/jkma.2019.62.2.85.

106 Kang SG, Na KS, Choi JW, Kim JH, Son YD, Lee YJ. Resting–state functional connectivity of the amygdala in suicide attempters with major depressive disorder. Prog Neuropsychopharmacol Biol Psychiatry 2017;77:222–227.

tion, ALFF)을 이용한 연구에서 자살 시도자와 그렇지 않은 군 간에 차이가 있었는데, 비자살 시도자와 정상대조군에 비하여 자살 시도자에서 우측 상측두회, 좌측 중간측두회 및 좌측 중간후두회에서 증가된 ALFF를 보였다고 한다.[107] 이 연구는 계속 진행되고 있는데 다양한 결과가 발표되고 있으나 아직 자살과 연관된 뇌의 기능적인 이상부위에 대한 의미 있는 연구결과가 나오려면 좀 더 많은 시간이 필요한 부분이기도 하다.

그 이외에도 얼굴 표정을 이용한 감정처리 과제를 이용하여 자살 시도자에서 감정처리과정의 이상을 밝히고자 하는 뇌영상 연구나 사회적 소외에 반응하는 자살의 취약성에 대한 뇌의 변화 연구 등의 자살 행동에 대한 이해와 예방을 위한 다양한 연구가 시도되고 있다.

## 09. 심리부검(Psychological Autopsy)

심리부검(Psychological Autopsy)이란 자살한 사람이 남긴 흔적과 자료를 분석하고 남겨진 사람들과의 면담을 통해 사망자가 자살에 이르게 된 원인을 찾아내는 과학적 기법 도구이다. 즉, 자살자의 사망 전 심리 행동 양상과 변화를 검토하여 자살의 구체적 원인을 검증하는 방법을 말하는데 정말 자살이 맞는지, 무슨 생각으로 자살했는지를 확인한다.[108]

심리부검이란 용어를 처음 사용한 사람은 심리학자 에드윈 슈나이드만(Edwin S. Shneidman)이다. 국내에서는 법의학자 문국진 교수가 처음 소개했다. 세계적으로 1950

107 Fan T, Wu X, Yao L, Dong J. Abnormal baseline brain activity in suicidal and non-suicidal patients with major depressive disorder. Neurosci Lett 2013;534:35-40.

108 서종한, 『심리부검: 나는 자살한 것을 후회한다』, 학고재, 2015.

년대 후반부터 본격적으로 시행한 심리부검을 국내에서는 2009년경 처음 시도했다. 이후 2014년 4월 보건복지부 산하 '중앙심리부검센터'를 정식 개소하며 현재까지 관련 활동을 활발히 이어가는 중이다.[109]

중앙심리부검센터 설치목적: 2014년 4월 보건복지부의 자살자의 사망원인분석 및 유가족의 심리지원을 수행하기 위해 설립된 기관으로, 자살예방 수립을 위한 근거 마련에 그 목적을 두고 있다.

- **법적근거: [자살예방 및 생명존중문화 조성을 위한 법률][110]**

  제3장 제11조의 2(심리부검)

  국가와 지방자치단체는 효과적인 자살예방정책을 수립하고, 자살 시도자 및 그 가족 또는 자살자의 가족에 대한 심리적 지원을 제공하기 위하여 자살 행위 전후의 심리·행동변화 등을 바탕으로 자살원인을 분석하는 심리부검을 실시할 수 있다. 이 경우 미리 자살 시도자 및 그 가족 또는 자살자 가족의 동의를 받아야 한다.

  센터 소개: 자살유족과의 면담을 통해 고인의 사망에 영향을 끼쳤을 다양한 요인들과 삶의 전반적인 부분을 살펴보고 이를 통해 자살예방전략 수립 근거를 마련하고 자살예방정책 수립에 기여하고자 한다. 전문가(정신건강의학과 전문의, 정신건강사회복지사, 임상심리전문가)의 상담을 통해 사랑하는 가족을 잃어 고통 속에 있는 유족들에게 건강한 애도를 할 수 있도록 돕고 있다.

109 중앙심리부검센터 http://www.psyauto.or.kr/mobile/.

110 http://www.law.go.kr/lsInfoP.do?lsiSeq=191620&efYd=20170809#0000.

면담방법: 면담은 3시간 정도 소요되고, 정신건강전문가의 안내에 따라 고인의 삶에 대한 다양한 부분을 편안하게 이야기할 수 있다.

면담을 원하면 http://www.psyauto.or.kr/mobile/ 또는 직접 면담신청을 하려면 http://www.psyauto.or.kr/mobile/sub/autopsy_04_write.asp로 접속하면 된다. 가입 시 모든 내용은 비밀이 유지된다.

전화 문의: 02-555-1095~6

주소 : 서울특별시 강남구 선릉로 100길 32 삼송빌딩 2층

E-mail : psyauto@psyauto.co.kr

심리 부검은 크게 세 가지 목적으로 실시한다.[111] 첫째는 법의학적 목적에 따라 변사사건 발생 시 자살 혹은 타살 여부를 가려내기 위한 것이고, 둘째는 정신보건학적 목적으로 자살자들의 동기 파악뿐 아니라 경제 상황, 고용 및 혼인 상태, 질병 유무, 자살 방법, 장소·지역별 특성 등을 분석해 근거 기반 자살예방 정책을 만들기 위해서다. 마지막으로 심리 부검의 또 다른 목적은 살아 있는 가족과 주변사람들을 보호하기 위해서다. 자살로 인한 피해는 자살 당사자 한 명으로 끝나지 않는다. 자살자와 직간접적으로 유대 관계를 맺고 있던 가족과 친구, 지인들의 정신 건강에 심대한 영향을 미치기 때문이다.

자살과 심리 부검에 대한 연구 결과를 살펴보면 자살 시도를 예측하는 주요 변인 가운데 하나가 자살에 대한 간접경험이다. 가까운 관계 중에 자살(시도)자가 있거나 '자살 가족력'이 있다면 그렇지 않은 경우에 비해 향후 자살을 시도할 확률이 증가한다. 그러므로 이들에 대한 예방과 자살 방지를 위한 많은 자료와 정책제안으로 활용이 가능하다.

국내에는 한국형 심리 부검 체크리스트(Korea-Psychological Autopsy Checklist)가 있

111 서종한, 『심리부검: 나는 자살한 것을 후회한다』, 학고재, 2015.

다. 중앙심리부검센터가 한국 실정에 맞는 심리 부검을 진행하기 위해 개발한 항목이다. 비밀 보장의 원칙상 면담 항목을 자세히 공개하지 않았지만 자살 대상자에 대해 파악하는 대상자 영역(자살 행동과 사망 정보, 직업, 경제 상태, 군 생활, 가족 및 부부 관계, 연애 관계, 가족 외 대인관계, 가족력, 성격 및 스트레스 관리 등)과 유가족 영역(유가족의 반응과 대처, 유가족의 심리 정서 상태 등)으로 조사를 진행한다.

심리적 부검을 수행하기 위해서는 다소 많은 양의 정보를 수집해야 한다. 이 정보 중 일부는 개인 정보(음주여부, 마약/알코올 남용, 알려진 스트레스, 라이프 스타일, 관계 등), 신상 정보(생년월일, 직업, 결혼 또는 관계 상태), 부차적인 정보(범죄 기록, 가족 기록) 등인데 이런 자료를 얻기 위해서 고인의 가족 구성원을 인터뷰하고 기록하여 수집한 정보 등으로 일단의 정보가 수집되면 법의학자나 전문가들이 심리부검을 함께 시작할 수 있다.[112]

특히 자살노트, 유서, 생존 시 쓴 글, 읽던 서적, 언어 등에서 확보된 다양한 텍스트들 중 자살 전후로 의미, 중요성, 시사점, 예측성, 특이성이 있는 자료들이다. 또한 알코올 문제, 가족, 친구, 지인 등 주변사람들과의 대인관계 평가, 결혼 생활, 기분, 내적·외적 심리 스트레스, 자살 전 행동, 복용 약물, 병원기록, 사망 전 사망자의 정신 상태를 보여줄 수 있는 검사 결과 심리학적 평가, 현장 분석 결과, 검사 및 부검 보고서, 동기평가, 사망 전 일어난 사건, 행동들의 재구성, 열중해 있던 일, 환상, 죽음에 대해 가지고 있던 감정평가, 군 생활, 가족 사망력, 직업, 교육, 선택한 자살 방법 친숙성, 경찰 수사 보고서 등에 대한 변량적인 결과를 중심으로 우리나라 자살자들의 공통적인 원인을 찾아낼 수 있다.[113]

이때 절대적으로 필요한 것이 유가족 그리고 지인들의 자발적 도움이다. 아직은 유가족이 고인에 대해 이야기하기를 주저하거나 숨기기 급급한 경우가 적지 않은데 이는 자살자를 바라보는 사회의 부정적 인식 때문이다.

---

112 https://www.forensicpsychologyonline.com/what-is-a-psychological-autopsy/.

113 서종한, 『심리부검: 나는 자살한 것을 후회한다』, 학고재, 2015.

사람들은 범죄에는 매우 민감하지만 자살사건에 대해서는 그 죽음이 '떳떳하지 못한 것'이라고 여기고 있다. 하지만 자살자는 기본적으로 사회적 약자이고 보호받아야 할 나약한 사람이며, 힘든 상황을 극복하려는 노력이 부족할 수 있다. 이를 위한 사회적 유대관계와 관계망의 재정립 그리고 개개인의 소속감을 부여하는 사회분위기가 절실히 요구되는 부분이기도 하다.

문제는 자살의 배경에 실질적인 주 위험 요인이자 많은 사람들이 자살자에 대해 그럴 것이라 치부하는 정신장애문제가 있다. 정신장애는 심리학적으로 사람들이 자살자를 '그들'이라 치부하고 나머지를 '우리'라고 선 긋는 데 적절한 근거가 된다. 사회심리학자 헨리 타즈펠(Henry Tajfel, 1919–1982)[114]은 일찍이 사회 정체성 이론을 통해 사람들이 어떻게 내집단과 외집단을 구분하는지, 그리고 내집단과 외집단에 대해 어떤 태도를 형성하는지 설명했다. 사회 정체성 이론에 따르면 사람들은 본능적으로 내집단을 선호하고 외집단을 배척하는 경향을 보인다.[115] 같은 것을 좋아하거나 선호하는 집단끼리 우리와 그들의 편 가르기가 된다는 것이다. 여기에서 소외되면 "왕따"가 되는 경우가 있다.

사람들이 자살자를 정신장애자로 규정하는 순간 정상과 비정상이라는 마음속 경계가 만들어지고 자살자는 곧 외집단이 되어 자연스레 배척하게 된다. 사실상 자살 전에도 가족과 사회로부터 소외된 경우가 많은데 죽은 다음에도 다시 차별적 분리가 된다고 할 수 있다. 이는 결국 자살자 가족에게도 그 파장이 크게 미치고 아쉬운 미련 속에서 마음의 상처를 가지고 살아야 한다. 심리부검을 통해 무엇이 자살자의 마음을 아

114 Henri Tajfel, https://en.wikipedia.org/wiki/Henri_Tajfel.

115 사회 정체성 이론. https://m.blog.naver.com/PostView.nhn?blogId=kjyyhk&logNo=220738688091&proxyReferer=http%3A%2F%2Fwww.google.co.kr%2Furl%3Fsa%3Dt%26rct%3Dj%26q%3D%26esrc%3Ds%26source%3Dweb%26cd%3D4%26ved%3D0ahUKEwj4rajF6LTcAhXFULwKHapKD2cQFggzMAM%26url%3Dhttp%253A%252F%252Fm.blog.naver.com%252Fkjyyhk%252F220738688091%26usg%3DAOvVaw0oJyGx-Ykbj60hm_Hm_VPO.

프게 하였으며 자살자가 진정 무엇을 원했고 무엇을 전하려 했는지를 안다면 이것이 바로 심리부검의 가장 중요한 존재 이유이다.

이런 것들이 심리부검에서 사회심리학적 요구가 필요한 이유이다. 과거에는 개인적인 문제로만 치부될 수 있는 온갖 사회적 타살을 밝히고 사회적으로 공론화하는 것, 그리하여 그러한 형태의 비극이 재발하지 않도록 가해자를 엄벌하는 한편 자살예방 시스템이 제대로 구축될 수 있도록 기여하는 것이다.

이런 효과가 있다는 것을 인지한 정부가 2018년 자살예방 국가행동의 일환으로 지난 5년간 발생한 자살 사망자 7만 명을 전수 조사하려는 계획은 좋은 예라 할 수 있다. 복지부 관계자는 자살 사망자 전수 조사 계획을 알리며 "핀란드에서 심리 부검을 대대적으로 실시해 국가 자살예방 전략을 만들어 시행한 결과 14년 만에 자살률이 절반가량 낮아졌다."고 밝혔다.

심리부검을 통해서 단순한 자살이 아닌 그 이면에 존재하는 사회적 타살이나 미처 알지 못했던 자살자의 억울한 죽음에 대하여 과학적 판별 도구로 이용될 수가 있다. 이를 바탕으로 자살 사건 관련 민사 및 형사 소송에서 상대측의 법적 과실을 입증할 때 반영될 수 있는 것이 바로 심리부검의 소견이다. 만약 어느 직장인의 자살 원인을 추적해보니 직장 내 집단 괴롭힘이나 차별이 있었다면 이를 밝혀서 단순한 개인적인 이유로 자살한 것이 아니고 업무상 재해로 인정받게 될 수도 있고, 지병을 비관한 죽음이 아닌 과로에 의한 스트레스가 원인인 경우에는 사측에 근로기준법에 대한 위반여부를 확인할 수가 있다. 다양한 자살에 대하여서 보험 문제도 점차 복잡해져 심리부검을 실시해야 하는 이유가 된다. 이런 대부분의 자살에서는 개인의 문제만 있지 않고 보이지 않던 가해자와 사회구조의 문제 등 겉으로 나타나지 않는 많은 원인이 존재한다. 학교와 직장 내 괴롭힘이나 따돌림, 상사의 폭언, 폭력, 강요, 성범죄, 학대, 착취 빈곤 등의 문제를 파헤쳐야 자살에 대한 예방효과를 얻을 수가 있고 올바른 자살예방 정책을 세울 수가 있다.

자살을 단지 개인의 일탈적 행위이거나 정신이 나약한 개인의 병적증상으로 보고 자살의 이면을 들여다보는 행위를 멈춘다면 우리는 사회적 타살의 가해자들을 단죄할 기회를 잃게 되고 그 죽음은 영원히 억울하게 남게 된다. 누가 왜 그들을 죽음으로 내몬 것인가에 대한 문제는 심리 부검을 통해 얻을 수 있는 유일한 확인 방법이다.

심리부검은 자살자와 유가족 모두에게 중요한 사생활과 다른 사람들과의 연관된 문제들이 얽혀 있기에 절대 비밀보장이 이루어져야 하고 익명성이 확보되어야 한다. 특히 정보제공자의 신분노출은 매우 중요하므로 면담자 와의 신뢰가 중요하다. 이를 보장하기 위해서 개인정보 제공 동의서를 작성하고 서명을 받아 근거자료를 남겨두어야 한다. 개인정보 제공 동의서에는 연구 목적에서부터 비밀 보호와 관련된 모든 요소를 포함해야 할 것이고, 정보 제공자가 충분히 이해할 수 있도록 설명해야 한다. 특히 중요한 부분은 취약 대상자를 연구 대상으로 하고 있기 때문에 생명윤리위원회(IRB)의 심의를 받고 연구진행에 대한 허가를 필히 받아야 한다. 이 부분은 아무리 강조해도 지나침이 없다. 섣부른 연구를 통해 개인 정보가 노출되거나 사생활이 침해받는다면 목적이 아무리 정당해도 그 연구의 의미는 상실된다. 즉시 연구를 중지하고 자료를 폐기해야 한다.[116]

끝으로 간과해서는 안 되는 점은 유가족들 또한 피해자이고 심리적 안정이 안 되어 언제고 자살을 시도할 수 있는 잠재적 자살가능성이 있기에 정기적으로 이들을 관찰하고 면담해야 한다. 조금이라도 이상한 징후가 보이면 즉시 자살예방기관에 도움을 청해야 한다.

116 서종한, 『심리부검: 나는 자살한 것을 후회한다』, 학고재, 2015.

## 10. 자살과 근본귀인오류(Fundamental Attribution Error)

근본귀인오류는 사람을 판단함에 있어서 모든 외적인 이유들마저 내적인 이유로 돌리는 오류이다.[117] 대부분의 사람들은 상대방의 행동을 판단할 때 외부적인 요소보다 내부적인 요소에 더 중점을 두고, 자신의 행동을 판단할 때는 반대로 내부적인 요소보다 외부적인 요소에 더 중점을 둔다.

상대방에게 어떤 문제가 발생하면 "그 사람은 성격이 그래서 그런거야!"라고 하지만 자신에게 문제가 발생하면 "내가 도움이 없어서 그런거야!"라고 외부적인 변명을 하게 된다는 것이다. 이는 그 사람이 처해 있는 상황은 과소평가하고, 그 상황에 의해 나타나는 성향은 과대평가하기 때문에 나타나는 현상이다.

다른 예를 들면 '약속시간에 내가 늦은 것은 차가 막혀서 늦은 것이지만 상대방이 늦은 것은 그 사람이 원래 좀 게을러'라고 단정하는 것이나 운전 중에 남이 경적을 울리면 '저 사람 성격이 안 좋군. 좀 참지!' 하면서 내가 경적을 울리는 것은 '내가 미리 앞차에 주의를 주는 거야!'라고 판단하는 것이다.

이러한 귀인오류는 일상생활에서 다양하게 일어나고 순간적으로 이런 판단을 하면서 살아간다. 사람의 행동에는 구조적 여건, 절박한 상황, 집단의 규범, 판단 착오 등 여러 가지 원인이 있을 수 있다. 그런데 이런 원인 요소들을 무시하고 성격이나 동기 등 행위자의 내적 특성 탓으로만 돌린다면, 이게 바로 근본귀인오류이다.[118]

이 오류는 고질적인 습관의 형태로 나타나기 때문에 의도적인 성찰을 하지 않으면 피하기 어렵다. 이 오류를 지적한 심리학자 리 로스(Lee David Ross, 1942– )는 동양인에

117 강준만, 『선샤인 논술사전』, 인물과사상사, 2007.
118 홍대식, 『사회심리학』, 박영사, 2004.

비해 서양인이 이런 오류를 더 많이 범한다고 했다.[119]

일반인들의 자살에 대한 인식은 대부분 자살자에서 그 원인을 찾는다. 즉 당사자의 문제라는 것이다. 하지만 여기에는 관찰자의 입장에서 본 견해인 근본귀인오류가 발생하고 있다는 것을 인지하지 못한다. 자살자는 분명 그동안 자신만의 여러 상황적 요인이 있을 텐데 단지 자살했다는 것만으로 모든 것이 자살자의 원인으로 돌린다는 것은 억울한 죽음이 감추어질 수도 있고 사회적 타살에 대한 어떤 해결도 하기 힘든 상황이 된다.

이런 문제가 생기는 이유는 행위자–관찰자 편향(Actor–Observer Bias)이 작용하기 때문이다. 이것은 단지 죽은 다음의 모습만 보고 판단하므로 생기는 것인데, 관찰자의 입장에서는 사건에 대해 받아들이는 정보의 양과 속성이 다른 비대칭성 상황이 있고, 모든 것이 직접 보고 들은 것이 아니라서 불확실한 상황이며 그 자체가 애매모호한 경향이 있기 때문에 근본귀인오류가 발생한다.

또한 상황 정보에 대한 정보가 충분히 주어져도 관찰자의 입장에서는 그것을 잘 들여다보려 하지 않는 속성이 있다. 이런 행위는 강력형사사건의 범죄 유추에서도 흔히 나타나는 오류인데 가장 쉬운 이유를 추론하여 문제를 해결하려는 경향이 있기 때문이다. 전문가라고 해도 자신의 고정관념이나 편견, 어림짐작 등을 통해서 꿰어 맞추기식 수사를 하게 되는 것이다. 이런 현상은 자살자의 자살 원인을 밝히는 경우에서도 유사하게 작용한다. 그중에 가장 쉬운 해결이 '개인의 탓'으로 돌리는 것이다.

그래서 심리 부검을 통한 사회심리학적 합의가 필요하다. 개인적인 문제로만 치부될 수 있는 온갖 사회적 타살을 발굴하여 공론화하고 그러한 형태의 비극이 재발하지 않도록 가해자를 엄벌하는 한편 자살예방 시스템이 제대로 구축될 수 있도록 심리부검에 지속적으로 관심을 가져야 한다.[120]

119 https://ko.wikipedia.org/wiki/%EA%B7%80%EC%9D%B8_%EC%9D%B4%EB%A1%A0
120 서종한, 『심리부검: 나는 자살한 것을 후회한다』, 학고재, 2015.

# 11. 자살예방과 개입

### (1) 자살예방

전 세계 최초의 공식적인 자살예방기관은 1958년 노먼 파베로(Norman Louis Farberow, 1918–2015)[121]와 에드윈 슈나이드만(Edwin S. Shneidman, 1918–2009)[122]이 미국 로스앤젤레스에 설립한 자살예방센터이다. 이 시기부터 미국뿐만 아니라 전 세계적으로 자살예방기관이 확산되기 시작하였다.[123] 또한 파베로와 어윈 링겔(Erwin Ringel, 1921–1994)은 1960년 국제자살예방협회(IASP)를 설립하였다.[124]

자살예방 효과에 대해서 아직은 회의적인 견해가 많다. 일부에서는 자살을 완전히 예방하는 것이 아니고 자살의 기회를 잠시 뒤로 미루는 것이라고 본다. 자살 행동은 개인적인 성향과 살아오면서 생긴 다양한 요인들이 복합적으로 연관되어 발생하므로 일률적인 교육이나 홍보를 통해서 예방할 수 없다고 보고 있다.

그리고 언제 어디서 자살자가 발생할지 미리 예측하고 관리하는 것 또한 매우 제한적이고 어려울 뿐만 아니라 최근 우리나라에서도 자살의 위험성이 있는 사람을 격리하거나 강제로 입원 치료할 수 없는 인권제도가 강화되어 예방차원의 격리나 보호가 거의 불가능한 것도 큰 문제로 남아있다. 직계가족 2인 이상과 정신의학과전문의 2인의 동의가 있어야 입원이 가능한데, 이는 현실적으로 응급입원이 거의 불가능한 제도이다. 가족 중에 직접 함께하는 직계가족이 2인이 안 되는 열악한 가정상황이 대부분이고 지방 병원에 정신의학과전문의가 2인 이상 상주하는 곳은 더욱 더 보기 힘들기 때문이다.

---

121 Norman Louis Farberow, https://en.wikipedia.org/wiki/Norman_Farberow.

122 Edwin S. Shneidman, https://en.wikipedia.org/wiki/Edwin_S._Shneidman.

123 Glen Evans & Norman L. Farberow, *The Encyclopedia of Suicide*, Facts on File, p. 187, 1988.

124 Erwin Ringel, https://onlinelibrary.wiley.com/doi/pdf/10.1111/j.1943–278X.1976.tb00328.x

현재 대부분의 자살예방 관련 프로그램은 교육에 근거하며, 교육의 목표는 다음과 같다.[125] 첫째, 현실의 삶은 매우 복잡하므로 누구나 실망, 실패, 상실 등을 삶에서 경험한다는 것을 인식시키는 것이다. 둘째, 이러한 삶의 경험에 잘 대처할 수 있는 적절한 기술을 발달시킨다. 셋째, 적절하고 도달 가능한 목적과 목표를 어떻게 세우는가를 배운다. 이러한 교육프로그램의 목표는 궁극적으로 현실의 삶에 잘 대처하면서 살아갈 수 있도록 지원하는 것이다. 그리고 이러한 교육은 전 생애를 통해 적용되어야 한다.[126]

죽는다고 모든 것이 끝나는 것이 절대 아니다. 오히려 또 다른 더 큰 고통이 시작되는 것이다. 그래서 청소년을 위한 죽음학 교육을 시행하고 서로 죽음에 대한 토론과 자신의 삶에 대한 목표와 희망을 가지게 하면 자살은 근본적으로 개선될 것이다. 그래서 자살예방보다 앞서 죽음학에 대한 조기교육이 더 나은 효과가 있다고 할 수 있다.[127]

### (2) 자살개입

자살개입은 자살을 시도할 위험이 있는 잠재적인 사람에게 생명을 보호하기 위해 개입하는 것을 목적으로 시행하는 다양한 프로그램이다. 여기에는 자살의 위험에 대해 심각하게 받아들이면서 자살자의 자살 목적과 이유를 파악하고 즉각적인 지지와 관심으로 자살자를 보호하고 즉시 전문기관이나 전문가에게 의뢰하여 최대한 위기를 극복할 수 있는 도움을 주는 것에 그 목적을 두어야 한다.

---

125 (재인용) D. Lster, "Challenges in Preventing Suicide," *Death Studies*, 18(6), 1994.

126 조계화·이윤주·이현지, 『죽음학 서설*Understanding Thanatology*』, 학지사, 2006.

127 김달수, 『죽음학 스케치』, 인간사랑, 2018.

# 12. 자살과 범죄요건

자살은 자연사가 아니다. 가해자가 있어야 자살은 실현 가능하다. 자연사의 경우에는 죽기 싫다고 노력해도 죽게 된다. 그러나 자살은 죽이는 행위를 의도적으로 실천해야만 실현된다. 즉 가해자와 피해자가 동일인인 경우이고 그래서 자해 행위라고 부르지만 그러나 자살도 가해 행위임에는 변함이 없다.[128]

현재 우리들의 의식에 자살이 범죄행위라는 생각은 들지 않는다. 물론 종교적으로는 귀한 생명을 주신 절대자에 대한 크나큰 죄악이라고 여길지 모르지만 대부분의 사람들이나 일부 종교적인 관점에서도 동정과 연민의 대상으로 보고 있을 뿐 자살자의 자살 행위를 범죄로 보지 않고 있다. 자살한 사람은 이미 죽은 사체가 되어 사람으로 인정되지 않는 망자이므로 죄를 묻거나 벌할 수 없기 때문이다.

오히려 '어리석게도' 또는 '오죽하였으면'이라는 동정이 있기도 하다. 하지만 예전에는 자살을 큰 죄로 여겼고 일부 국가에서는 최근까지 범죄로 다스리기도 하였다. 고대 그리스에서는 자살한 사람은 시신의 손목을 절단하고 도시 외곽에 별도의 무덤을 만들어 묻었고 자살 미수자는 교수형에 처했다. 우리나라도 마찬가지로 자살한 시신은 선영에 들이지 않는 게 상례였다.

종교나 사회규범을 떠나서 자살 자체는 불법이 아니지만 촉탁승낙살인죄, 자살방조죄는 불법이다. 이것은 이미 자살을 결의하고 있는 자를 원조하여 자살을 용이하게 하는 것이며 그 행위가 자살을 돕는다는 인식을 행위자가 하기 때문에, 의도치 않은 일로 자살 방조로 오해받을 확률은 매우 낮다. 다만 이를 악용하는 경우도 있으므로 조심은 해야 한다.

128 김성진, 『자살위기 개입의 철학적 상담과 치료, 죽음 그리고 자살』, 한국철학상담치료학회, 2015.

형법 제252조, 제253조[129]에 의하면,

제252조(촉탁, 승낙에 의한 살인 등) ①사람의 촉탁 또는 승낙을 받아 그를 살해한 자는 1년 이상 10년 이하의 징역에 처한다.

②사람을 교사 또는 방조하여 자살하게 한 자도 전항의 형과 같다.

제253조(위계 등에 의한 촉탁살인 등) 전조의 경우에 위계 또는 위력으로써 촉탁 또는 승낙하게 하거나 자살을 결의하게 한 때에는 제250조의 예에 의한다.

현재는 '사람의 촉탁 또는 승낙을 받아 그를 살해한 자'와 '사람을 교사 또는 방조하여 자살하게 한 자'를 처벌한다고 규정하여 자살을 하려는 사람을 도와주는 경우만을 처벌하고 있다. 사실 우리 사회에서 이러한 자살방조 사건이 적지 않게 일어났으며 인터넷에 자살관련 사이트를 개설하고 회원을 모집하여 그 회원 중에 몇몇이 실제로 자살에 이르게 된 적이 있었다. 이것이 사회적 또는 법적으로 문제가 되어 그 사이트를 개설한 자에게 자살방조죄의 죄책을 물어 실형을 선고하기도 했다. 특히 동반자살을 하려고 서로 모여서 자살하려다 일부 살아난 경우라도 죄가 성립하여 법에 따라 실형을 선고 받기도 한다. 이는 정말로 같이 죽으려 했다고 하지만 자살방조죄가 되고, 심한 경우 같이 자살하는 척하면서 자기는 빠져나오는 경우도 있는데 이것은 위계에 의한 살인죄로 처벌이 된다.

만약 죽은 사람이 자신을 죽여 준 사람을 벌하지 말라는 유언을 할 경우에도 죄가 성립된다. 폭행죄 같은 경우에는 피해자가 처벌을 원하지 않으면 처벌을 면할 수 있지만 살인은 촉탁, 승낙에 의한 것이더라도 사람의 생명에 관한 것이어서 피해자에게 처분권을 부여하지 않기 때문이다.

철학적인 논의나 윤리학적 틀에서 볼 때 임마누엘 칸트, 아리스토텔레스 등 의무론 계열 학자들은 자살을 죄로 보고 공리주의, 자유주의 혹은 자유지상주의 계열에서는

129 형법, http://www.law.go.kr/lsInfoP.do?lsiSeq=178999&efYd=20180107#0000.

죄가 없다고 본다. 칸트는 강력히 자살을 하지 말라고 했고, 아리스토텔레스는 기독교와 비슷하게 자살이 존재를 발전시키는 선(善)을 없애는 것이라고 주장했지만, 공리주의자들은 경우에 따라서 자살하는 것이 더 많은 선을 발생시킬 경우에 자살이 옳다고 주장하기도 한다.[130]

이들은 인간이 행할 수 있는 유일한 자유로운 활동을 자살이라고 보며 존재의 적극적 허무주의의 긍정이라는 측면에서도 호의적으로 평가한다. 자살이 아닌 모든 행위는 외부 세계의 영향을 받으며 살아있는 것 자체도 살고자 하는 본능에 의해 자유로운 행위를 할 수 없는 상태라고 보는데, 여기서 자유로워지는 선택을 하는 것이야말로 유일한 자유로운 활동이라는 것, 존재하지 않는 것을 없앨 수는 없으므로, 없애는 행동이야말로 존재를 증명하는 가장 극적인 방법이라고 주장한다.[131]

소극적 안락사의 경우에는 임종에 따르는 연명치료를 안 하는 것일 뿐 자연적인 생명을 단축시키는 것이 아니므로 살인의 구성 요건이 될 수 없다. 이를 '구성요건 해당성이 없거나 위법성을 조각한다.'[132]고 하여 인위적으로 사망시기를 앞당기지 않는다면 법적으로 문제될 것이 없다. 즉 위법성과 불법성 차이에 실익이 없고 판례도 동일하다.

## 13. 임상정신건강의학으로 본 자살

### (1) 자살 방법

자살 방법도 시대에 따라 변하고 있다. 1960년대에는 구하기 쉬운 양잿물 사용, 말

130 https://namu.wiki/w/%EC%9E%90%EC%82%B4.

131 형법, http://www.law.go.kr/lsInfoP.do?lsiSeq=178999&efYd=20180107#0000.

132 https://namu.wiki/w/%EC%9C%84%EB%B2%95%EC%84%B1%EC%A1%B0%EA%B0%81%EC%82%AC%EC%9C%A0

라리아 치료제인 퀴닌(Quinine) 성분의 약물중독이 많았으나 1980년대에는 수면제, 향정신성약물, 농약, 쥐약 등의 복용이 주를 이루었다.

특히 농약음독자살이 많았는데 이는 후진국형 농경지역의 자살 방법이었다. 현재 국내의 자살 수단은 2013년 기준으로 목맴이 51.9%로 가장 많았고 투신이 15.1%, 가스음독이 12.8%, 농약음독이 10% 순이었다. 성별에 따라서는 남녀 모두 목맴이 가장 많았지만 10대 이하에서는 투신이 많고 다음으로 목맴이었다. 20대와 50대에서는 목맴, 투신의 순이었고 30대와 40대의 경우 목맴과 가스음독 순이었으며 60대 이후에는 목맴 다음으로 농약, 음독 순이었다.

이러한 자살 방법을 분석하여 자살예방에 대한 대책이 세워져야 한다. 과거 농약중독 자살을 막기 위해서 자살농약으로 알려진 그라목손(Gramoxon)의 판매가 중단되고부터 급격히 자살이 줄어들고 있다. 그러나 한강다리에서의 투신을 막기 위해서 경고나 자살방지 문구를 붙이는 경우 자살에 대한 일반인들의 경각심을 높이는 데에는 효과가 있지만 정작 자살을 시도하는 사람들을 예방할 수 있는지는 의문이다. 차라리 젊은 청소년과 청년들의 투신자살이 많은 높은 다리나 고층아파트나 건물에 자살하기 어려운 구조물을 설치하거나 접근이 용이하지 않게 하는 것이 더 효과적이라는 주장이 많다. 자살하려는 사람들의 심리를 보면 힘들고 복잡한 곳에서는 자살을 기피한다는 것이다.

최근에 가스음독에 의한 자살 시도가 늘었다. 이는 번개탄 등의 유독가스 유발제품을 쉽게 구할 수 있고 오피스텔이나 승용차 같은 익숙한 공간에서 쉽게 자살을 시도할 수 있기 때문이다. 이런 곳에서 몇 명이 모여 집단으로 자살하는 경향도 많은데 인터넷을 이용한 공유사이트에서 동반자살을 할 사람들이 모이기 때문이다. 앞으로 자살 방법은 바뀔 것이고 좀 더 간편하고 덜 고통스런 방법을 찾아 자살하는 사람들이 늘어날 것으로 보인다.

### (2) 자살과 결혼 관계

자살연령은 10~30대에 가장 높으며 40~50대에서 두 번째로 높다. 미혼자, 기혼자, 이혼 남녀, 배우자 사별인 중에서는 기혼자의 자살률이 가장 낮으며, 결혼 후 혼자된 사람이 가장 높은데 홀아비가 과부보다 3배 이상 높다.

### (3) 정신과 질병과 자살의 관계

자살한 사람들의 약 1/3은 자살 전 6개월 내에 각종질병으로 치료를 받았으며 약 절반은 질병과 연관이 있었다. 특히 3개월 전에 치료받은 진료기록을 보면 남성은 정신과 질환과 상해로 치료를 받은 경험이 많았고, 여자는 정신건강의학과 치료와 소화기 질환 치료, 상해가 증가한다고 보고되었다. 상해의 경우 주로 음주가 원인인 경우가 많았다. 그 외에도 자살의 요인 중에 약물남용, 우울장애, 조현병, 기타 정신장애 등이 작용하였고 일부 보고에 의하면 자살을 시도한 사람들의 95%가 당시 정신적인 문제가 있었는데 그중 80%가 우울장애, 10%가 조현병, 5%가 치매나 섬망이 있었다고 한다. 정신질환을 가진 자살자의 25%는 알코올 의존이 있었는데 성적 갈등, 경제적 문제, 실패나 사별 등으로 자살을 하는 것보다 이런 스트레스가 우울장애로 이어지면서 충동적으로 자살을 하게 된다.

이 경우 우울장애나 양극성장애가 자살을 유발하는데 자살은 조증 상태보다 우울증 상태 동안 더 많이 발생하고 우울장애에서 주로 초기에 나타난다. 또한 심한 우울 상태보다는 우울증이 가장 심한 다음 회복기에 잘 발생하고 대부분 충동성과 관련이 있다.

조현병 환자들도 10% 정도가 자살로 생을 마감하는데 주로 청소년기와 성인기의 젊은 나이에 많이 발생한다. 질환이 발생한 후 수년 내에 자살하는데 특히 퇴원 후 수주나 수개월 내에 자살을 많이 한다. 알코올 장애도 15%가 자살을 하는데 이중 80%가 남자로 대부분 기분장애를 동반하며 특히 우울장애를 많이 동반한다. 그 외에도 내외과적 질병이 심하거나 실직, 혼자인 경우, 약물 중독, 성격장애인 경우에 자살률이 높다.

### (4) 자살위험요인

• 자살기도(Attempted Suicide)

자살을 시도했던 자살기도자는 자살위험이 높아서 주의해서 관찰이 요구된다. 우울증 환자의 약 40%는 이전에도 자살을 시도한 적이 있고 처음 자살 시도 후 3개월 내에 가장 많이 다시 시도한다. 특히 남자는 3개월 내에 자살을 다시 시도하고 여자는 9개월 내에 시도를 한다.

2013년도 미국의 통계를 보면 자살기도 중 자해자가 자살자보다 약 12배 많았고 자살기도는 여자가 남자에 비해 3배 더 많았으나 자살 성공률은 남자가 여자보다 4배 높았다. 유소년의 자살기도는 자살에 비해서 25배가 더 많았으나 노인이 경우는 4배에 불과했다. 이는 우리나라도 유사해서 자살기도자의 자살 시도는 일반인에 비해 약 25배가 높게 나타났다.

• 자해(Self-mutilation)

자해는 자살에 가까운 자기 파괴의 형태이며, 자신 또는 내면화된 대상을 벌하고자 하는 무의식적인 욕구에서 생긴 공격적 충동이다. 과거에는 영어로 Self-injury라고 하였으나 최근에는 Parasuicidal Behavior라고 한다. 이 말은 겉으로는 자해행위로 보이지만 속으로는 죽음을 원하지 않는 환자를 의미한다.

정신의학과 입원환자의 약 4%가 자해 경험이 있고 20대에서 많으며 여자가 남자보다 3배 높다. 이들은 주로 남들이 안 보는 곳에서 면도칼이나 유리조각으로 손목이나 팔, 허벅지, 다리 등을 한두 번 긋는다. 이때는 강한 긴장감과 함께 자신이나 타인에 대한 분노나 당장 죽고 싶은 감정이 앞서 크게 통증을 느끼지 않는다. 특징적으로 자해하는 사람들이 얼굴이나 복부, 유방 등을 자해하는 경우는 드물다.

이들은 내성적이고 신경증적이며 적대감이 많다. 알코올이나 물질을 남용하거나 자살을 시도하는 경우도 많다. 이런 현상은 정신역동학적으로 자신이나 함입된 대상을 처벌하고자 하는 무의식적인 욕구에서 생긴 공격적인 충동을 잘못 다룸으로써 나타난

극소화된 자기 파괴로 볼 수 있다.

• 우울증(Depression)

죽으려는 의도와 자살에 대한 심각성은 중요한 우울장애의 진단이 된다. 자살의도가 높은 환자들은 남성, 고령, 독신 또는 별거중이거나 독거노인 중에 많으며 점차 늘어나는 가출이나 황혼이혼도 하나의 요인이 된다. 심각하게 자살을 기도하는 우울장애 환자들은 자살기도자보다 자살자와 더 유사하므로 주의가 요구된다.

• 자살성(Suicidality)

자살성에는 자살실행, 자살기도, 자살사고, 자살반추가 있다. 자살반추(Suicidal Rumination)란 자살사고(思考)가 반복적으로 일어나는 것을 의미한다. 자살성은 관찰할 수 있는 행동과 관찰할 수 없는 행동으로 구분되는데, 관찰할 수 있는 행동으로는 자살수행, 자살기도 일부 및 자살표현(Suicidal Communication)이 있다. 반면에 관찰할 수 없는 행동으로는 자살생각, 자살의도 및 죽음소원(Death Wish) 등이 있다. 이런 알 수 없는 행동이 더 파악하기 어려운 문제가 된다.

### (5) 자살위험 요인과 평가

자살은 그 자체가 질환은 아니지만 많은 부분 정신건강의학적인 질병과 관련이 있다. 그래서 자살위험도에 대한 평가를 하기 위해서는 신체적 질환의 진단과 유사하게 병력을 청취하고 정신 상태를 검사해야 한다. 이때 위험도가 높은 분류의 사람들은 더 조심해서 치료하고 관찰해야 한다.

**※ 자살위험도가 높은 경우**

1. 45세 이상
2. 알코올 의존성

3. 격한 분노와 흥분을 잘하는 폭력적인 성향
4. 자살을 기도한 경험
5. 남자
6. 어려울 때 남의 도움을 받기를 원하지 않는 성향
7. 장기간 지속되는 우울증
8. 정신과 입원치료 기왕력
9. 최근 사별이나 피해를 입은 경우
10. 우울증 증상
11. 신부전증이나 폐질환 등 신체적 질병이 있는 경우
12. 실직하거나 직장에서 은퇴
13. 배우자와 사별, 이혼 또는 독신
14. 약물이나 습관성 물질에 탐닉
15. 평소 사고가 많고 지속적임

자살가능성이 있는 환자에게 가장 중요한 것은 환자의 우울증상에 대한 정확한 진단이다. 만약 우울증상이 보이면 직접적으로 "죽고 싶은 심정이 있는가?"를 물어보는 것이 좋다. 자살의도나 자살할 마음이 있는가에 대한 직접적인 질문은 정신건강의학적인 질문으로 타당하다. 이런 질문을 받는다고 자살을 더 하거나 하지 않는 것은 아니다. 오히려 잠재된 자살에 대한 생각이나 자신의 의견을 솔직히 말하고 그에 대한 의견을 나눌 수 있는 기회가 된다. 이때 중요한 것은 환자의 이야기를 자세히 경청하고 내면의 이야기를 들어주는 것이다. 특히 고위험증상이 있는 경우 더 주의해야 한다.

자살위험의 평가를 시행하는데 이는 단지 예방적인 점검 수단이지 예측 수단은 아니다. 아무리 많은 검사를 해도 이를 정확히 예측하기는 어렵기 때문이고 아직까지 정확한 판단을 위한 검사가 없다. 주로 많이 시행하는 몇 가지 평가도구로 '벡 절망척도(Beck Hopelessness Scale for Korean Sign Language(K-BHS-SL)', '잠재자살 척도', '삶의 이

유 척도', '자살의도 척도', '컬럼비아대학 자살 심각성 평가 척도' 등을 이용한다.

### (6) 자살예방

대부분 정신의학과에서 치료를 받으면 어느 정도 자살예방이 가능하다. 정작 극심한 정신적·신체적 고통으로 자살을 하는 경우도 있지만 증상이 심한 환자들은 자살할 여건이 못 되고 상대적으로 자살도 적다. 일단 자살 가능성이 엿보이는 고위험 환자라면 정신건강의학과에 입원을 의뢰하고 전문가들의 치료를 받도록 한다. 자살을 하는 사람들 중에 89%는 어떤 방법이든지 자살할 의향을 밝히고 이들 중 반은 죽고 싶다는 표현을 명확히 한다. 자살할 계획이 있는 듯 보이면 이는 위험징후로 관리해야 하고 평소 자살하겠다고 하던 사람이 갑자기 조용해지고 침착해지면 역시 더 주의해서 관찰해야 한다.

간혹 자살예방 계약을 환자와 의사 사이에 작성하기도 하지만 이는 법적인 권위도 없고 자살하려는 환자에게 예방적으로 미리 도움을 주기 위한 정도의 역할이라고 본다. 환자와의 관계 형성에는 좋겠지만 이것이 자살을 완전히 막지는 못한다.

무엇보다 주위에 자살을 시도할 것 같은 사람이 있으면 어설피 조언하기보다 전문기관이나 전문가에게 의뢰하는 것이 훗날 발생할 여러 윤리적, 법적 문제를 미리 예방할 수가 있다. 이점은 매우 중요하므로 주의가 요구된다.

일반적으로 자살을 줄이는 예방법으로는 가족, 배우자, 고용주, 친구들의 도움을 받아서 환자의 환경을 바꾸어주고 심리적 부담을 줄여주는 노력을 해야 한다. 환자가 평소 주장하는 것을 어느 정도 인정해주고 가능하면 그의 생각에 따라주어야 한다. 그리고 지금의 고통을 해결하는 방법으로 꼭 자살만 있는 것은 아니라는 사실을 잘 이해시키고 보여주어야 한다. 특히 항우울제나 항불안제를 잘 활용해야 한다. 이런 약에 대한 일반인들의 거부가 심한 것이 사실이지만 급성으로 발생한 우울증에는 매우 효과적이고 잠시 고비만 잘 넘겨도 좋은 효과를 보일 수 있다. 우리나라는 전 세계에서 자살률이 가장 높지만 항우울제 사용량은 매우 낮다. 이는 앞으로 자살예방에 항우울제 사용이 좋은 효과를 낼 수 있다는 것을 보여주는 긍정적인 면이기도 하다.

### (7) 자살의 신경 생물학적 치료

자살이 우려되는 우울증, 조울증, 불안, 공황장애 등을 치료할 때는 약물투여를 통해서 증상완화 효과를 얻는다. 이는 환자가 외부 상황이나 자신의 마음 상태에 대한 지나친 과민반응을 완화시킬 수 있다. 특히 위급한 상황으로 인지되었을 때에는 지체 없이 약물투여를 시행하면 효과적이다. 그러나 일부에서는 이를 거부하거나 약물투여로 인해서 더 무기력해지거나 멍한 상태로 지낼 수 있다는 우려로 치료를 거부하기도 한다.

따라서 약물치료는 1차적으로 위급한 증세를 완화시키는 목적으로 사용하고 증세완화에 이어서 원인치료가 시행되어야 한다. 상담을 한 다음에 밝혀진 원인을 찾아서 제거하거나 개선하는 것이 필요하고 환자가 다시 정상적인 마음을 가지고 회복하는 것을 치료 목표로 삼아야 한다.

정신건강 측면으로 보면 우울증은 뇌에서 화학적 변화가 생긴 것을 의미하는데 이는 대부분 만성적 상황 같은 환경의 요인이 그 원인이다. 사별, 이별, 이혼, 마음의 상처, 억압된 분노, 생활 속 스트레스, 신체질병 등 수많은 일들이 실질적인 정서적 상처가 되고 이런 것들이 "상황적 우울증"을 유발한다.

사라 로젠탈(M. Sara Rosenthal)은 우울증 또는 우울한 감정은 그 자체가 원인이면서 동시에 결과가 아님을 지적하였다. 또 다른 우울증의 원인은 이혼, 사별, 마음의 상처, 억압된 분노, 직장 스트레스, 자기연민, 자책감 등 구체적인 생활 사건이나 실체로 체험한 마음의 고통이라고 한다.

그러므로 우울증 치료에서는 우울하다는 감정적 증세의 치료를 위해 약물치료가 효과적이다. 다음으로는 우울한 감정을 촉발시킨 원인에 대한 치료를 위해서 환자 스스로가 기존에 가지고 있던 사고방식이 아닌 새로운 방식으로 상황을 인식하게 하고 심리상담을 통하여 숨겨진 심리적 장애를 밝혀서 치유되도록 지지치료를 하면 효과적이라고 볼 수 있다. 이때는 전문 상담사의 역할이 요구되고 꾸준한 상담을 통해 공감이 잘 형성되어야 하고 환자가 도움을 받고 있다는 것을 알게 하면 정신건강은 스스로 회복될 수 있다. 이는 환자가 스스로 마음의 건강을 회복하고 강화를 하는 과정이기 때문이다.

## 14. 사회정신건강의학적 자살예방

정부는 2016년 정신건강 종합대책을 발표하였고 지역사회 정신보건의 틀 안에서 다양한 자살예방정책을 시도하여 계속 치솟던 자살자 수는 감소하고 있다. 그러나 여전히 높은 자살자 수는 앞으로도 사회정신건강 문제와 함께 예방 및 치료가 지속적으로 필요한 부분이라 할 수 있다.

자살사망자의 약 90%는 진단 가능한 정신의학적 질병이 존재한다고 하는데 대표적인 질병이 우울증, 양극성 정동장애, 물질사용장애, 조현병 등이다. 국내 심리부검에서도 자살사망자의 87.5%에게 정신질환이 있을 것으로 추정하였다.[133] 특히 청장년 연령층에서 정신건강문제가 원인이 되어 자살하는 경우가 많지만 자살사망자의 상당수는 정신의학적 치료를 받지 않았던 것으로 보고된다.[134]

그러므로 정신질환을 조기에 발견하여 치료하는 것이 자살예방을 위해 매우 중요한

133 Korea Psychological Autopsy Center. Psychological autopsy analysis result 2015–2017 [Internet]. Seoul: Korea Psycholo–gical Autopsy Center; 2017 [cited 2018 Dec 14]. Available from: http://www.psyauto.or.kr/sub/data_02.asp.

134 Schaffer A, Sinyor M, Kurdyak P, Vigod S, Sareen J, Reis C, Green D, Bolton J, Rhodes A, Grigoriadis S, Cairney J, Cheung A. Population–based analysis of health care contacts among suicide decedents: identifying opportunities for more targeted suicide prevention strategies. World Psychiatry 2016;15:135–145.

데, 실제로 유럽에서 지난 수십 년간 항우울제 처방의 증가와 자살률의 감소는 분명한 반비례 관계를 보였다.[135] 이는 자살예방에 대한 매우 긍정적인 면이므로 우울증에 대한 약물치료와 정신치료는 자살예방에 중요한 역할을 하며 이 분야에 좀 더 적극적인 사회환경과 제도적 보완이 요구된다.

2016년 정신질환 실태조사에서 우리나라 국민의 약 25%는 하나 이상의 정신질환이 있는 것으로 조사되었지만, 이중 약 22%만이 정신건강의학과 치료를 받고 있었다.[136] 이는 정신건강의학에 대한 사회적 편견과 낮은 접근성이 문제가 된다고 보고 보다 쉽게 의료 서비스를 받을 수 있는 기회를 제공하고 저렴한 비용으로 상담을 받을 수 있도록 제도적인 배려가 요구되는 부분이기도 하다.

또한 게이트키퍼(Gatekeeper) 제도를 통한 시스템 구축으로 자살의 위험요소와 경고신호를 미리 이해하여 주변사람들의 자살징후를 파악하고, 정신건강의학과의 도움과 치료를 받을 수 있도록 연결해줄 수 있는 제도개선과 인력관리가 요구되기도 한다.[137] 일정한 교육을 통해 자살에 대한 지식과 태도 및 개입을 할 수 있는 게이트키퍼 양성을 하면 이는 적은 비용으로도 큰 효과를 얻을 수 있다. 학교에서도 청소년을 상대로 자살예방교육을 실시하고 있지만 자살을 생각하는 학생들에 대한 효과적인 접근은 제한적이기 때문에 자살에 대한 생각이 있을 때 도움을 받을 수 있는 방법을 좀 더 명확히 알려주고 문제해결능력을 키워나가도록 위험성이 높은 군에 대한 적극적인 상담과 관심이 요구된다. 성인의 경우에는 중증정신질환(조현병, 조울병, 재발성 우울증)으로 치료

135 Gusmao R, Quintao S, McDaid D, Arensman E, Van Auden-hove C, Coffey C, Varnik A, Varnik P, Coyne J, Hegerl U. Antidepressant utilization and suicide in Europe: an ecological multi-national study. PLoS One 2013;8:e66455.

136 Ministry of Health and Welfare. 2016 The Survey of Mental Disorders in Korea. Sejong: Ministry of Health and Welfare; 2017.

137 Mann JJ, Apter A, Bertolote J, Beautrais A, Currier D, Haas A, Hegerl U, Lonnqvist J, Malone K, Marusic A, Mehlum L, Patton G, Phillips M, Rutz W, Rihmer Z, Schmidtke A, Shaffer D, Silverman M, Takahashi Y, Varnik A, Wasserman D, Yip P, Hendin H. Suicide prevention strategies: a systematic review. JAMA 2005;294:2064-2074.

중인 대상자는 기본적으로 자살고위험군이라[138] 더욱 주의해서 관찰해야 하고, 음주 또한 자살과 매우 밀접한 관련이 있으므로 주의 깊은 관찰이 요구된다. 알코올 의존 환자의 약 40%가 한 번 이상의 자살 시도를 하고 알코올 관련 장애 환자의 15%가 자살로 사망한다. 음주는 일반인의 자살 위험성도 매우 높인다.[139] 우리나라에서는 술을 권하는 경우가 많아서 죽고 싶다는 말을 하여도 주위 사람들이 함께 술을 먹는 경우가 많아 오히려 더 위험한 상황을 만들기도 한다. 특히 주위에 중독자가 많은 환경에서는 이를 관리하기가 더 어렵기 때문에 독거자나 빈곤층의 경우 주의가 더욱 요구된다.

자살을 막는 가장 중요한 요소는 자살 시도자에 대한 관리이다. 이는 미래의 자살사망의 가장 강력한 위험인자 중 하나이기 때문이다. 자살 시도 후 1–2년 안에 12–30%의 자살재시도가 발생한다.[140] 또한 자살 시도자가 생존하더라도 2–7%는 결국 자살로 사망하는데 그 위험성은 처음 1–2년이 가장 높다. 국내외 보고에서 자살사망자의 약 40%는 자살재시도로 사망하였다.[141] 그래서 자살 시도자를 집중적으로 관리하는 일이 자살예방을 위해 매우 중요하다. 이런 환자의 경우 응급실에서부터 내·외과 치료로 회복을 시키는 것은 물론 정신건강의학 분야로 연계하여 지속적인 관리가 필요하다.

자살의 원인 중 그 저변에는 경제적인 어려움이 많은 부분을 차지한다. 그래서 자살

138 Nah G, Choi S, Kim H, Lee JY, Kim JM, Shin IS, Yoon JS, Kim SW. Characteristics of patients who died by suicide in a community mental health center. Korean J Schizophr Res 2017;20:55–60.

139 Jhon M, Lee JY, Hong JE, Yoo T, Kim SY, Kim JM, Shin IS, Yoon JS, Kim SW. Addictive behavior and personality among workers with hazardous alcohol drinking. J Korean Neuropsychiatr Assoc 2017;56:175–180.

140 Cedereke M, Ojehagen A. Prediction of repeated parasuicide after 1–12 months. Eur Psychiatry 2005;20:101–109.

141 Jung WY, Park JM, Kang CJ, Lee BD, Lee YM. Clinical characteristics of completed versus non–completed suicide and re–attempt rates in 2–4 years. J Korean Neuropsychiatr Assoc 2009;48:488–495.

률은 사회경제적 상황의 영향을 많이 받는다. 여기에는 실업률이 큰 원인이며 소득 불균형의 정도와 자살률이 비례하는 경향을 보인다. 경제적 문제는 특히 중장년층의 자살에 밀접한 영향을 주는데, 중앙심리부검센터의 보고에도 자살사망자의 60% 이상이 자살 당시 경제적 문제가 주된 스트레스 중 하나였던 것으로 확인되었다.[142]

사회적으로 중요한 자살예방을 위해서는 치명적인 방법으로 자살을 시도하는 경우를 막는 노력이 필요한데 이때 언론의 자살에 대한 신중한 접근이 요구된다. 너무 자세한 자살 방법을 알려주거나 선정적 보도를 자제하고 자살예방에 대한 정보를 더욱 적극적으로 제공할 필요가 있다. 자살을 할 수 있는 주위 환경개선이 도움을 주기도 하는데 자살이 용이한 지역의 접근을 어렵게 하거나 최근 증가하는 번개탄의 사용을 엄격히 규제하고 진통제나 수면제의 포장단위를 줄이고 정신적인 문제가 있는 사람의 경우 조기에 치료할 수 있는 제도적 보완이 정비되어야 할 것이다.

## 15. '자살보도 권고 기준 3.0'

2018년 7월 31일 '자살보도권고기준 3.0'이 발표되었다.[143]

이 권고안은 보다 구체적이고 실용적인 방향으로 원칙을 개정하고 현장 의견을 반영하는 등 자문위원회를 구성해 개정됐다. 개정 자문위원은 언론계, 정신보건전문가, 법조계, 경찰청 등 11명으로 구성됐다.

142 Korea Psychological Autopsy Center. Psychological autopsy analysis result 2015–2017 [Internet]. Seoul: Korea Psycholo-gical Autopsy Center; 2017 [cited 2018 Dec 14]. Available from: http://www.psyauto.or.kr/sub/data_02.asp.

143 자살보도 권고기준 3.0.http://www.mohw.go.kr/react/al/sal0301vw.jsp?PAR_MENU_ID=04&MENU_ID=0403&CONT_SEQ=345560&page=1.

권고기준은 기존 9가지 원칙을 5가지 원칙으로 통합했으며 기존 원칙을 보완하고 준수해야 할 내용을 구체적으로 담는 데 집중했다. 자살수단과 방법, 장소 등의 노출, 유서 노출 등 모방자살의 위험성이 높은 주요 미준수 사안들에 대해서는 더욱 직접적으로 명시했다. 또한 유명인 자살 보도에 대해 특별히 준수할 것은 강조하고 자살 관련 사진·동영상에 대한 지침을 제공하는 등 현재의 사회적 분위기, 언론의 특성을 반영하고자 했다.

이번 개정은 전통적인 언론매체뿐만 아니라 1인 미디어·소셜미디어 역시 자살 사건을 이야기하는 데 책임감을 갖도록 했다. 한국기자협회는 개정된 권고기준을 계속 홍보하고 중앙자살예방센터와 함께 사건기자 세미나를 개최해 사건기자 대상으로 권고기준을 홍보하기로 했다.

'자살보도권고기준 3.0'은 보건복지부, 중앙자살예방센터[144], 한국기자협회 홈페이지에서 전자책(e-book) 형태로 다운받을 수 있다. 개정 자문위원회의 위원장 김영욱 교수는 "잘못된 자살 보도는 모방 자살을 초래할 우려가 크므로 신중해야 하며 자살보도 방식의 변화가 소중한 생명을 구할 수 있다는 것을 명심해야 한다."고 지적했다.[145]

※ **'자살보도 권고기준 3.0'의 중요한 5가지 원칙**

1. 기사 내용에 '자살'이나 자살을 의미하는 표현 대신 '사망', '숨지다' 등의 표현을 사용합니다.
2. 구체적인 자살 방법, 도구, 장소, 동기 등을 보도하지 않습니다.
3. 자살과 관련된 사진이나 동영상은 모방자살을 부추길 수 있으므로 유의해서 사용합니다.
4. 자살을 미화하거나 합리화하지 말고 자살로 발생하는 부정적인 결과와 자

144 중앙자살예방센터 http://www.spckorea.or.kr/index.php.
145 《마인드포스트》 http://www.mindpost.co.kr.

살예방 정보를 제공합니다.

5. 자살 사건을 보도할 때에는 고인의 인격과 유가족의 사생활을 존중합니다 (유명인 자살보도를 할 때 이 기준은 더욱 엄격하게 준수해야 합니다).

**※ 〈자살보도 권고기준 3.0〉 전문**

자살보도에는 사회적 책임이 따릅니다.

〈자살보도 권고기준 3.0〉은 자살보도의 사회적 책임을 인식하고, 언론과 개인이 자살예방에 동참할 것을 권유하고자 마련한 기준입니다. 이 기준은 신문, 방송, 인터넷 매체를 포함한 모든 미디어와 경찰과 소방 등 국가기관, 그리고 개인의 사회 관계망 서비스 계정(SNS), 블로그, 온라인 커뮤니티 등에서도 유의해야 하는 기준입니다.

잘못된 자살보도는 사람을 죽게 할 수도 있습니다.

자살보도는 모방자살을 일으킬 수 있습니다. 자살의 동기나 방법, 도구, 구체적인 장소 등을 보도하면 막연하게 자살을 고민하던 사람들에게 동일하거나 유사한 방법 또는 장소에서 자살을 실행하도록 부추길 수 있습니다. 자살 원인을 단정하는 보도는 비슷한 처지의 사람들에게 자살을 하나의 대안으로 선택하게 만들 수 있습니다. 특히 유명인의 자살보도는 파급효과가 크므로 더욱 신중해야 합니다.

자살보도 방식을 바꾸면 소중한 생명을 구할 수 있습니다.

〈자살보도 권고기준 2.0〉 발표 이후 언론의 자살보도 방식이 변화하면서 자살률은 꾸준히 감소하였습니다. 자살을 고민하는 사람들에게 도움을 줄 수 있는 기관이나 활동을 소개하면 많은 생명을 구할 수 있습니다.

1. 기사 제목에 '자살'이나 자살을 의미하는 표현 대신 '사망', '숨지다' 등의 표현을 사용합니다.
2. 구체적인 자살 방법, 도구, 장소, 동기 등을 보도하지 않습니다.
3. 자살과 관련된 사진이나 동영상은 모방자살을 부추길 수 있으므로 유의해서 사용합니다.
4. 자살을 미화하거나 합리화하지 말고, 자살로 발생하는 부정적인 결과와 자살예방 정보를 제공합니다.
5. 자살 사건을 보도할 때에는 고인의 인격과 유가족의 사생활을 존중합니다.

※ 유명인 자살보도를 할 때 이 기준은 더욱 엄격하게 준수해야 합니다.

1. 기사 제목에 '자살'이나 자살을 의미하는 표현 대신 '사망', '숨지다' 등의 표현을 사용합니다.

(1) 자살을 예방하려면 자살 사건은 되도록이면 보도하지 않습니다.

: 자살 사건을 보도하지 않기로 한 나라들에서 실제로 자살이 감소한 사례가 보고되고 있습니다. 가급적 자살 사건은 보도하지 않는 것이 자살예방에 도움이 됩니다.

(2) 자살 사건을 주요 기사로 다루지 않습니다.

: 사람의 생명보다 더 큰 보도의 가치는 없습니다. 자살이 부각된 보도는 자살을 유발할 수 있으므로 방송 보도나 신문지면 등에서 자살 사건을 우선으로 다루지 않습니다.

(3) 기사 제목에 '자살'이나 자살을 암시하는 표현 대신 사망 사실을 알리는 표현을 선택합니다.

: '자살', '스스로 목숨 끊다', '극단적 선택', '목매 숨져', '투신 사망' 등과 같은 표현 대신 '사망', '숨지다' 등과 같이 객관적 사망 사실에 초점을 둔 표현을 사용합니다.

⑷ 자살이 확정되지 않은 상태에서 자살로 단정 지어 보도하지 않습니다.

: 자살로 명확히 판정되기 전까지 사인을 자살로 추정하거나 단정하는 보도는 삼가야 합니다.

⑸ 자살과 관련된 자극적이거나 긍정적인 표현을 삼갑니다.

: '연이은 자살', '또 자살', '자살 확인', '자살의 전염'과 같이 자살이 유행한다는 식의 보도를 하지 않으며, '자살 성공', '자살 실패'와 같은 표현을 쓰지 않습니다.

2. 구체적인 자살 방법, 도구, 장소, 동기 등을 보도하지 않습니다.

⑴ 범죄 사건을 다루듯 자살 방법, 도구, 장소 등을 구체적으로 보도하지 않습니다.

: 자살 방법을 상세하게 설명하거나 묘사하면 자살을 생각하고 있는 사람들에게 자살에 관한 정보나 암시를 제공하는 결과를 가져옵니다.

⑵ 자살 동기를 단순화한 보도는 매우 위험합니다.

: 자살은 단순화하기 어려운 복잡한 요인들로 유발됩니다. 따라서 표면적인 자살 동기만을 보도할 경우 결과적으로 잘못된 보도가 될 가능성이 높으며 유사한 상황에 처한 사람에게 자살을 부추길 수 있습니다.

⑶ 목격자의 인터뷰 내용이나 경찰·소방 등 관련 기관의 발표라도 신중하게 보도해야 합니다.

: 사건을 최초로 발견한 사람의 인터뷰나 관련 기관의 초기 발표라도 사실과 다르거나 모방자살을 유발할 수 있습니다.

⑷ 특히 유명인의 자살 보도는 파급력이 크므로 더욱 신중해야 합니다.

: 유명인의 자살이나 자살 시도를 다루는 보도는 모방자살을 초래하는 효과가 매우 크다는 것을 유념해야 합니다.

3. 자살과 관련된 사진이나 동영상은 모방자살을 부추길 수 있으므로 유의해서 사용

합니다.

(1) 자살 사건과 관련된 영상 자료 사용을 자제합니다.

: 자살 장소, 방법, 도구 등에 관련된 사진이나 영상, 죽음을 암시하는 자료 등은 사용하지 않습니다.

(2) 유명인 자살의 경우 사진이나 영상 자료 사용에 각별한 주의가 필요합니다.

: 유명인 자살은 파급력이 더욱 크므로 고인의 자살과 관련된 영상이나 사진 자료 사용을 자제해야 합니다.

(3) 자살 사건 보도 시 자살예방 관련 기관 정보나 긴급도움 요청 관련 이미지를 제공합니다.

: 자살 사건 보도 시 자살예방 관련 기관 정보나 긴급도움 요청 관련 이미지를 제공합니다.

| 우울감 등 말하기 어려운 고민으로 전문가의 도움이 필요하면 자살예방 핫라인 1577-0199, 희망의 전화 129, 생명의 전화 1588-9191, 청소년 전화 1388 등에 전화하면 24시간 상담을 받을 수 있다.<br>자살사건 보도 시, 위의 내용을 기사 하단에 첨부해주시길 부탁드립니다. |
|---|

(4) 이러한 원칙은 인터넷 방송, 1인 방송 등에서도 엄격히 준수해야 합니다.

: 전통적인 방송 매체는 물론, 다양한 디지털 매체(유튜브, 사회 관계망 서비스(SNS), 인터넷방송 등)에서도 자살 사건을 다룰 때에 자살예방 관련 상징이나 사진 자료를 제공하는 것이 보도로 생길 수 있는 부작용을 완화하는 데 도움이 됩니다.

4. 자살을 미화하거나 합리화하지 말고, 자살로 발생하는 부정적인 결과와 자살예방 정보를 제공합니다.

(1) 자살을 합리화하거나 극적으로 묘사하지 않습니다.

: '벼랑 끝 선택', '어쩔 수 없는 선택', '마지막 탈출구', '~ 이기지 못해 뒤따라 자살' 등과 같은 표현을 사용하지 않습니다.

(2) 다른 사람을 살해하고 자살하는 행위를 '동반자살'로 표현하지 않습니다.

: 일가족 동반자살은 살해 후 자살이나 자살 교사 와 같은 범죄 행위로 인식되어야 합니다.

(3) 자살로 인해 고통이나 문제에서 벗어났다는 식으로 표현하지 않습니다.

: 자살로 불명예스러운 사건이 종결되거나 자살이 억울함을 해소하는 방법이 될 수 있다는 논리가 전달되지 않도록 유의합니다.

(4) 자살을 사회적 문제를 제기하는 수단으로 보도하는 경우에도 신중해야 합니다.

: 사회적 모순, 제도 미비 등의 문제를 제기하는 사례로 자살을 다루는 경우에도 또 다른 자살을 유발할 수 있음을 유의해서 보도해야 합니다.

(5) 자살로 발생하는 부정적 결과를 알립니다.

: 자살과 자살 시도로 발생하는 폐해나 유가족의 고통을 알릴 필요가 있습니다.

(6) 자살예방을 위한 보도를 합니다.

: 전 국민의 자살예방 활동을 촉진하고 자살에 대한 잘못된 믿음을 바로잡을 수 있는 정보를 적극적으로 제공해야 합니다.

5. 자살 사건을 보도할 때에는 고인의 인격과 유가족의 사생활을 존중합니다.

(1) 유가족의 심리 상태를 고려하여 세심하게 배려해야 합니다.

: 자살 사건 조사와 보도에서 유가족은 다양한 측면에서 힘든 상태이며 자살보도로 더욱 고통 받을 수 있다는 점을 기억해야 합니다.

(2) 고인의 인격과 비밀은 살아있는 사람처럼 보호해야 합니다.

: 고인의 인격을 침해하거나 비밀을 노출하는 보도는 고인과 유가족의 법적 권익을 해칠 수 있습니다.

⑶ 유가족의 신분을 노출할 위험이 있는 정보는 보도하지 않습니다.

: 자살자의 거주지, 나이, 직업, 경력 등 구체적인 신상을 밝히는 것은 유가족, 특히 어린 자녀들을 보호하는 데에 바람직하지 않습니다.

⑷ 유서와 관련된 사항을 보도하는 것은 최대한 자제합니다.

: 고인과 유가족의 사생활을 보호하고 자살의 미화를 방지하려면 유서와 관련된 사항은 되도록 보도하지 않습니다.

**※권고기준 개정 자문위원 명단 (2018년 7월 31일 기준)**

| 연번 | 성명 | 소속 및 직위 | 직위 |
|---|---|---|---|
| 1 | 김영욱 | 카이스트 과학저널리즘대학원 | 연구교수 |
| 2 | 권영철 | CBS | 대기자 |
| 3 | 유현재 | 서강대학교 커뮤니케이션학과 | 교수 |
| 4 | 최우석 | 한국기자협회(조선일보) | 부회장 |
| 5 | 최진주 | 한국기자협회(한국일보) | 부회장 |
| 6 | 이영섭 | KBS 보도기획부 | 부장 |
| 7 | 최주원 | 경찰청 형사과 | 과장 |
| 8 | 신권철 | 서울시립대학교 법학과 | 교수 |
| 9 | 박형민 | 한국형사정책연구원 | 연구위원 |
| 10 | 최명민 | 백석대학교<br>사회복지학과 | 교수 |
| 11 | 김영주 | 한국언론진흥재단<br>저널리즘위원회 | 책임연구위원 |

▶ 기존 자살보도권고기준 개정 당시 참여했던 자문위원 중 3인 선정
▶ 한국기자협회 추천으로 기자 3인 자문위원 선정
▶ 경찰청(사건브리핑), 언론진흥재단(기자교육) 등 자살보도권고기준 활용 가능성이 높은 관계기관 자문위원 2인 선정
▶ 사회복지, 사회과학, 법학, 기타 학계 등 관련 전문가를 추천으로 3인 선정

## ※ 자살예방 정보 및 상담을 받을 수 있는 기관

〈중앙기관〉

중앙자살예방센터 02-2203-0053 www.spckorea.or.kr/index

중앙심리부검센터 02-555-1095 www.psyauto.or.kr/main.asp

〈광역형 정신건강 복지센터〉

서울시정신건강복지센터 02-3444-9934 blutouch.net

부산광역정신건강복지센터 051-242-2575 www.busaninmaum.com

대구광역정신건강복지센터 053-256-0199 www.dgmhc.or.kr

인천광역정신건강복지센터 032-468-9911 www.imhc.or.kr

광주광역정신건강복지센터 062-600-1930 www.gmhc.kr

대전광역정신건강복지센터 042-486-0005 www.djpmhc.or.kr

울산광역정신건강복지센터 052-716-7199 www.usmind.or.kr

경기도정신건강복지센터 031-212-0435 www.mentalhealth.or.kr

강원도광역정신건강복지센터 033-251-1970 www.gwmh.or.kr

충청북도광역정신건강복지센터 043-217-0597 www.cbmind.or.kr

충청남도광역정신건강복지센터 041-633-9183 www.chmhc.or.kr

전라북도광역정신건강복지센터 063-251-0650 www.jbmhc.or.kr

전라남도광역정신건강복지센터 061-350-1700 www.061mind.or.kr

경상남도정신건강복지센터 055-239-1400 www.gnmhc.or.kr

경상북도정신건강복지센터 054-748-6400 www.gbmhc.or.kr

제주광역정신건강복지센터 064-717-3000 www.jejumind.or.kr

〈상담기관〉

보건복지콜센터 희망의전화 129 www.129.go.kr

자살예방핫라인(전국) 1577−0199 www.hopeclick.or.kr

학교폭력근절 긴급전화 117 www.safe182.go.kr

헬프콜 청소년전화 1388 www.cyber1388.kr

국방헬프콜 1303 helpcall.mnd.mil.kr

## 16. 청소년 자살

청(소)년인 10−30대의 사망원인 중 가장 높은 비중을 차지하는 것이 자살이다. 특히 20대에서는 자살이 사망 원인의 약 50%를 차지한다. 또한 중증정신질환의 75%는 25세 이전의 청년 시기에 시작된다. 특히 우리나라 청년 자살에는 정신건강 문제의 영향이 다른 연령층에서보다 더욱 크다.[146]

### 청소년기 자살의 특징[147]

1. 자살 시도율이 가장 높은 시기이다.
2. 자기 나름대로의 분명한 자살 동기가 있다
3. 남을 조정하려는 의도, 자신에게 부당하게 대했다고 생각되는 가족이나 친구 등에 대한 보복이 원인이 되기도 한다.

146 Kessler RC, Berglund P, Demler O, Jin R, Merikangas KR, Walters EE. Lifetime prevalence and age−of−onset distributions of DSM−IV disorders in the National Comorbidity Survey Replication. Arch Gen Psychiatry 2005;62:593−602.

147 김달수, 『죽음학 스케치』, 인간사랑, 2018.

4. 충동성이 강해 순간적으로 시도한다.
5. SNS의 자살사이트나 인터넷 등을 통한 동반자살, 모방자살에 관심을 가진다.
6. 추락, 투신 등 쉽게 선택할 수 있는 방법으로 자살을 한다.
7. 가상현실의 세계와 판타지 소설 등이 영향으로 현실과 벗어난 세계에서 문제를 해결하려는 생각을 가진다.

## 청소년 자살에 대한 주의 사항

1. 청소년 중에 자주 자살을 언급하거나 시도를 하는 경우 대부분 주변의 관심을 끌기 위한 행동이 많지만 진짜 자살을 시도하는 경우는 다른 사람에게 표현하지도 않으며 자살 의도나 단서 또는 경고 신호를 보내지 않아서 더 관리하기 어렵다.
2. 여학생들이 남학생들보다 더 자살을 생각하고 시도한다. 그리고 계획적이기 보다는 충동적인 경우가 많다.
3. 청소년 사망 원인의 1위가 자살이고 우울하기 때문에 자살하는 경우가 많아 우울증 치료가 우선되어야 자살을 막을 수 있다.
4. 일반청소년에 비해 가출을 하였거나 가출을 시도한 경우에 자살 시도가 많고 일단 마음을 먹은 경우 실행을 막기가 어렵다.
5. 우리나라는 OECD 국가 중에서 자살 증가율이 가장 높다. 그리고 자살은 타인에게 전염성도 있고 유전도 된다.
6. 자살 행동(Suicidal Behavior)에는 자살 사고와 자살 시도 그리고 자살이라는 행위가 서로 연속적으로 연결되어 반복된다. 이는 우울증의 변화와 연관이 있지만 행동 및 충동장애가 원인인 경우는 비연속적이고 단발성인 경우도 있다.
7. 자살 위험 요인 중에 개인적인 요인으로 정신질환의 우울증(50%), 기분장애(조울증), 약물남용, 비행 등이 있고 과거 자살 시도 경력이 있으면 10배 정도 자살률이 급격히 증가한다. 자살자의 신경계통 이상도 있지만 유전적인 요인도 무시할 수 없다.

8. 자살 위험 요인 중에 가족 특성을 보면 가족력에 자살자가 있으면 2~5배가 증가한다. 또한 부모가 정신질환이 있는 경우 자녀의 자살률도 높고, 부모의 이혼 등으로 인한 결손 가정에서 증가한다.
9. 주변 환경에서 학교성적 저하, 실연, 범법, 훈육, 따돌림 등 부정적인 생활 습관도 위험 요인이고 특히 신체학대 및 성적학대 경험도 크게 작용한다. 이는 사회 환경의 요인과 밀접하여 사회적인 차별, 경제적 어려움, 학교생활과 직장생활의 부적응도 원인이고 모방 자살사이트의 노출도 중요한 요인이 된다.
10. 자살을 예방하기는 어렵지만 학교 교육에서 청소년의 문제해결능력을 키워주어 종교적 신념, 학업 성취도의 향상과 가족들과의 많은 대화와 관심과 관계 형성 등이 도움이 되며, 자살방지를 위한 주위 환경 개선과 예방감시 체계를 활용해야 한다.
11. 특히 학교는 청소년의 위기대처 능력을 키워주고 장래 희망과 목표를 잘 세우도록 도와주고, 학교생활에 문제가 없도록 다양한 지원 시스템과 평가 제도를 활용하며, 생명존중의 가치를 위한 죽음준비교육이 도움이 된다. 명확한 위험 요인이 있는 경우 직접 상담하고 전반적인 문제해결을 위한 지원 시스템을 가동해야 한다.
12. 평소의 행동과 달리 신체적인 불편이나 질환이 있으면 좀 더 세심한 관찰이 필요하고, 죽음에 대한 집착이나 가족친지의 죽음 등이 있는 경우 더 주의해서 보고, 동성 및 이성 친구 간의 관계나 부모 간의 갈등이 있거나 특히 왕따 같은 학교 내 부적응의 대상이 된 경우 더욱 관리가 필요하다. 최근에는 마약류의 약물 복용이나 행위가 문제가 되기도 한다.
13. 자살 전 "내가 없어지는 것이 훨씬 나아", "나는 필요 없어", "나는 안 돼"와 같은 비관적이거나 염세적인 표현을 하거나 죽음이나 폭력 등의 판타지나 예술품에 빠진 경우 자살의 징후로 보아야 한다.
14. 좀 더 직접적인 의사표현으로 나는 죽고 싶어 라고 하거나 일기, 그림, 시 등으

로 표현물이 나오면 더 조심해야 하고 자살에 대한 찬미나 이상적인 표현이 많아지거나 내가 죽으면 어떻게 될까 등의 생각이나 표현이 있으면 직접적인 징후로 보아야 한다.

15. 자살을 결심한 대략 1개월 정도 기간 동안 평소보다 위축되고, 말이 줄고, 잘 안 먹고, 혼자 있고, 뭔가 쓰고(유언장이나 죽음에 대한 글 등), 잘 자지 못한다. 그리고 우울한 상태가 지속된다.
16. 자살 실행 날에는 평소에 안 입는 새 옷을 갈아입거나 주위 사람들에게 소중히 여기던 물건을 나누어 주는 행동을 한다. 그리고 조용히 자살을 실행한다.
17. 90% 이상의 청소년 자살자들은 정신장애를 가지고 있다. 대부분 우울장애와 정동장애이지만 마약이나 습관성 약물의 남용과 다양한 행동장애가 있다. 특히 남학생의 경우 품행이 바르지 않아 지적을 받는 경우처럼 많은 학생들이 품행장애가 있으면서 자살을 하는 경우가 많다.
18. 우울 장애에는 우울증이 가장 많지만 공황장애, 대인공포증, 강박증 등의 다양한 증상이 있고 이런 경우 자살로 이어진다.
19. 행동장애가 있는 경우 품행이 바르지 않고 술, 담배, 약물의 남용과 병적 도박 등도 문제가 되고 있다. 이런 경향도 가정적인 영향을 많이 받는다.
20. 이런 증상이 보이는 경우 일단 침착하게 접근해야 하고, 비판이나 충고 또는 설교는 하지 말아야 한다. 특히 스스로 말을 많이 하도록 격려해주고 경청해주며, 긍정적인 말에는 즉각 답해주고, 언제든지 연락망을 열어두며, 항시 관심이 있다는 것을 알려주어야 한다. 그리고 "자살하지 않겠다"는 다짐을 꼭 받아야 한다.

## SNS와 청소년 자살

최근 SNS의 발달로 소통이 쉬워졌지만 악성댓글이나 공격적인 글들은 당사자에게 큰 상처를 주기도 한다. 결국 정치적·사회적 이슈가 주요한 갈등 요인이 되기에 서로 원만하게 해결이 안 된다.

이런 상처 속에 인격적인 살인이 일어나고 자살로 이어지는 경우도 많아서 SNS에 대한 예절교육이 필요하지만 한번 발생된 문제는 치유가 어렵다. 물론 최선의 해결 방법은 SNS를 탈퇴하거나 들어가지 않고 조용히 사그라질 때까지 관심을 다른 곳으로 돌리는 것이다.

어차피 그런 곳에는 나약하고 몸과 마음에 상처 가득한 좀비 같은 사람들만 있다고 생각하면서 크게 반응하지 않아도 된다. 얼마나 나약하면 바쁜 세상에 댓글이나 달고 그렇게 한심하게 살겠는가? 라는 점을 이해시킨다.

## 자살예방법

자살 방지를 위한 표어나 글귀들이 많이 눈에 띄지만 자살을 결심한 사람들에게 과연 도움이 될 지는 의문이다. 일반인들의 감성에 호소하는 정도일 뿐이다. 차라리 자살할만한 장소를 차단하면 대부분 심신이 미약한 사람들은 귀찮아서 자살을 포기한다.

정부 차원에서 자살자의 모방 자살에 대해 취하는 예방책.

**※ [개정 전] 자살보도권고기준 2.0 9가지 원칙**

1. 자살자에 대한 보도 최소화
2. '자살' 단어를 자제하고 선정적으로 표현하지 않기
3. 자살 관련 정보나 보도의 최소화
4. 유가족 및 자살자 주변인 배려 및 치료
5. 자살에 대한 미화나 합리화 자제
6. 사회문제 제기 수단으로 이용금지
7. 자살로 인한 부정적 결과 홍보
8. 자살예방에 대한 다양하고 정확한 정보 제공
9. 인터넷에서의 자살보도 신중 등등

※ [개정 후] 자살보도권고기준 3.0 5가지 원칙[148]

개정: 2018년 7월 31일

1. 기사 제목에 '자살'이나 자살을 의미하는 표현 대신 '사망', '숨지다' 등의 표현을 사용합니다.
2. 구체적인 자살 방법, 도구, 장소, 동기 등을 보도하지 않습니다.
3. 자살과 관련된 사진이나 동영상은 모방자살을 부추길 수 있으므로 유의해서 사용합니다.
4. 자살을 미화하거나 합리화하지 말고, 자살로 발생하는 부정적인 결과와 자살 예방 정보를 제공합니다.
5. 자살 사건을 보도할 때에는 고인의 인격과 유가족의 사생활을 존중합니다.

※ 유명인 자살보도를 할 때 이 기준은 더욱 엄격하게 준수해야 합니다.

## 17. 자살을 하고 싶다면 먼저 여기로

일반인들을 대상으로 하는 자살예방에 대한 몇 가지 방법을 소개한다.[149]

살다보면 그만 모든 것에서 손을 놓아 버리고 싶은 유혹이 들 때가 있을 것이다. 이건 자신만의 문제가 아니다. 주위 가족이나 사회 전체의 문제이기에 얼마든지 도움을 받을 수가 있다.

148 자살보도 권고기준 3.0.http://www.mohw.go.kr/react/al/sal0301vw.jsp?PAR_MENU_ID=04&MENU_ID=0403&CONT_SEQ=345560&page=1.

149 김달수, 『죽음학 스케치』, 인간사랑, 2018.

사람은 정상적으로 살고 있어도 자살의 유혹에 사로잡힌다. 삶의 의미를 느끼지도 못하고, 이렇게 사느니 차라리 죽는 것이 낫다는 생각이 들기도 한다. 이때 자신을 도와줄 사람도 없이 혼자서 이 어려움을 헤쳐 나가야 한다는 막막함에 절망하기도 한다. 그러다 보면 자신도 모르게 자살을 선택하게 된다.

자신이 처한 현실이 냉혹하고 급박하다면 그 두려움에 벌써부터 입술이 파랗게 질려온다. 이 거대한 괴로움이 파도처럼 밀려와 숨이 막히고 모든 것이 닫혀버리기도 한다. 하지만, 잠시 생각해보면 이 또한 마음의 병이지 진짜 죽을 만큼의 상태는 아니다. 일시적인 병을 그대로 두어서는 안 된다. 치료하면 대부분 증상이 좋아진다. 그래서 우선 치료를 할 수 있는 여러 방법을 찾아봐야 한다.

도움을 주는 곳을 알고 답을 찾으면 자살은 어느 정도 치유가 된다. 특히 전화(정신건강 상담전화 1577-0199)는 24시간 도움을 준다. 늦은 밤 혹은 이른 새벽, 홀로 고통스러운 생각과 극단적 감정에 시달릴 때, 상담전화를 이용해 여러분의 생각과 감정을 털어놓고 상담하면 누군가 자신의 말에 귀를 기울여주고, 진심으로 도와주고자 한다는 사실만으로도 큰 위안을 받을 수 있다.

**※ 도움이 되는 기관과 연락처**

자살예방 핫라인 1577-0199(24시간 상담 가능)

희망의 전화 129(24시간 상담 가능) http://www.129.go.kr

청소년 전화 1388(24시간 상담 가능) http://www.kyci.or.kr/index.asp

한국 생명의 전화 1588-9191(24시간 상담 가능) http://www.lifeline.or.kr

한국자살예방협회 http://www.counselling.or.kr

노인자살예방센터 02-3633-119 http://www.i-snsp.or.kr

한마음 한몸 자살예방센터 1599-3079 http://3079.or.kr

# 18. 노인 자살

## 1. 개요

노인 자살은 의외로 심각한 사회문제이고 실재 노인들이 겪는 가장 힘든 결정 중에 하나일 수가 있다. 점차 노인 인구의 증가와 더불어 삶의 질에 대한 문제가 심각해지는 현대에 노인 자살에 대한 연구와 함께 예방에 대한 제도적인 대안이 나와야 한다. 청소년이나 청장년층의 자살은 다양하고 복잡한 문제가 있어 해결이 어렵지만 노인 자살은 대부분 원인과 이유가 확실한 경우가 많아 대안이 가능한 부분도 많다.

세계에서 70세 이상 노인이 가장 오래 사는 나라 중에 우리나라가 1위라지만 씁쓸한 1위가 또 있다. 노인자살률이 OECD 국가 중 1위라는 것이다. 문제는 이런 상황이 노인 인구의 급속한 증가와 더불어 더 악화된다는 점이다.

많은 노인들이 사회와 가족의 외면 속에 빈곤과 소외감과 싸우다 자살을 선택한다. 왜 자살을 할까? 자살은 절망감이나 상실감이 커서 생기는 경우가 많은데 나이에 관계없이 희망이 보이지 않을 때 자살을 생각할 수 있다. 특히 나이가 들면서 '더 살아서 뭐하겠나', '이제 살만큼 살았다'는 노인들의 말은 그냥 하는 소리가 아니라는 것을 알아야 한다.

이런 푸념 속에는 그동안 살아온 후회스런 과거가 있었고 참혹한 현실이 존재하고 암담한 미래가 보이기에 생기는 절망감이다. 노인들은 몸이 병들고 우울증에 걸리고, 궁핍해지거나 가정에 불화가 있을 때 자살을 생각한다. 특히 병들고 아픈데 누군가의 도움이 없다면 더 두려워진다.

노인에게 늙음과 죽음은 현실적인 문제다. 자신의 노쇠한 육체와 지친 마음을 감당해야 하는데 가까운 지인들과 가족들이 떠나면 더 외로워지며 점차 사회와 담을 쌓으면서 우울증까지 생길 수 있다. 모든 것을 포기해버리려는 이 시기에 주위에서 잘 잡아주지 못한다면 자살로 이어지기 쉽다.

노인의 자살을 막으려면 많은 노력이 필요하지만 가장 중요한 것은 경제적인 안정이다. 우울증이 아주 심한 경우 외에는 역시 삶이 고달파서 생기는 절망감이 문제가 되는데 최소한의 삶을 이어나가게 해주는 것이 필요하고, 현재의 질병에 대한 치료를 선행해야 한다. 사실 혼자라는 고독감을 해결해주면 대부분 자살문제는 해결된다. 또한 노인 자신의 말을 들어주는 것만으로도 큰 힘이 된다.

가족에게 소외당한 노인도 지역과 사회에서 관심이 있다는 것만 보여주어도 좋아지므로 지속적인 돌봄 서비스를 통해서 예방이 가능하고, 노인 자신의 노력도 필요하다. 자기 인생을 돌아보고 삶의 의미를 찾기 위해 노력해야 하며, 친목 등의 사회활동, 봉사활동, 종교 활동 등도 우울증을 예방하는 데 도움이 된다. 집안에 있는 노인들을 밖으로 나오게 하여 햇볕을 쏘이게 하는 햇볕관리가 무엇보다 좋은 예방이고 치료이다.[150]

## 2. 노인 자살의 특징

노인 자살은 다른 연령층 자살보다 높고 남성 노인 자살률이 여성 노인 자살률보다 높다. 이는 각 나라마다 조금씩 차이는 있지만 세계적인 현상이다.[151] 노인 자살률이 높은 것은 모든 면에서 추악한 현실에 문제가 있기에 어느 세대보다 더 살아야겠다는 의미가 줄고 희망을 잃기에 가정과 사회로부터의 소외에서 생기는 현상이다. 남성 노인의 자살률이 높은 이유는 남성은 퇴직이나 은퇴로 사회와 단절되면 새로운 사회관계망을 형성하는 것이 매우 어렵다. 특히 가족관계를 수직적인 상태에서 수평적으로 다시 변화시키기 쉽지 않다. 이때부터 심한 소외감을 느끼게 된다. 오랜 세월 맡았던 직장을 떠나는 충격이 크고 개인적으로 자존감이 상하는 일이 생기며 역할변화로 인한 상실감은 질병, 우울, 더 나아가 자살까지 이어질 수 있다.[152]

---

150 김달수, 『죽음학 스케치』, 인간사랑, 2018.

151 S. P. Kiriakids, "Elderly Suicide: Risk Factors and Preventive Strategies," *Annals of Gerontology and Geriatric Reserch* 2(2), 2015.

152 M. Miller, *Suicide after Sixty: The Final Alternative*, Springer, 1979.

노인 자살의 구체적인 요인으로는 배우자의 상실, 쇠약, 질병, 만성통증, 자립능력상실, 생산적 활동 중단, 경제적 곤란, 가족과의 분리, 불안, 초조, 음주, 약물남용이나 과다사용, 자신의 지위 상실, 절망감, 무력감, 고립, 외로움, 사회적 무관심 등 원인이 수없이 많지만 크게 보면 경제적 빈곤과 가족과 사회적 무관심으로 좁혀진다.[153]

대부분의 자살은 자신의 의지가 반영된 실재 행동이므로 주위에서 미리 알기는 어렵지만 대부분 자살 전에 전조(Sign)가 나타난다. 자살을 기도하는 사람들이 주변에 자기가 자살할 수 있다는 것을 경고하는 것으로 자신을 해치거나 죽일 거라고 위협하거나 자살하고 싶다고 말하거나, 주변에서 자살 방법을 찾거나 글로 표현하기도 한다.[154]

그 외에도 지나친 음주, 한식, 한탄, 심한 무기력증, 무분별한 행동, 심한 감정변화, 잦은 분노, 수면장애 등이 나타나기도 한다. 특히 감정변화로 우울하였다가 갑자기 좋아지거나 활력이 넘치는 행동을 할 때 또는 약을 모으거나 갈구하는 행동이 있으면 더욱 자살에 대해주의가 요구된다.

## 3. 노인 자살의 예방

지금까지 자살을 막는 치료나 완전한 방법은 없다. 그러므로 자살에 대한 원인과 그에 따른 대응과 예방이 최선의 방법이다. 문제는 노인들의 자살은 성공률이 높고 체력이나 정신적인 기능이 저하되어 한두 번 시도에도 대부분 치명적인 결과를 가져온다는 점이다. 고령노인의 꾸준한 증가로 향후에도 자살자 수는 계속 증가할 것이고 특히 남성 노인들의 자살은 계속 늘어날 것이다.[155] 그러므로 노인자살 예방을 위해서 중요한 요인을 지속적으로 관리하는 것이 무엇보다 중요하다. 노인의 경제적인 빈곤 그리고 건

153 원석조, 『노인복지론 3판』, 공동체, 2018.

154 (재인용) Rudd M. D., Berman A. L., Joiner T. E. Jr., Nock M. K., Silverman M. M., Mandrusiak M., Van Orden K. a., Witte T., Warning Sings for suicide : Theory, Reserch, and Clinical Application, Suicide and Life–Threatening Behavior 36(3), 2006.

155 Conwell Y., Suicide in Later Life: A View and Recommendation for Prevention, Suicide and Life–Threatening Behavior 31, 2001.

강 악화와 소외는 우선적으로 집중해야 할 부분인데 이런 요인들이 노인 우울과 자살을 일으키는 가장 중요한 원인이 되기 때문이다. 이런 원인들은 서로 연관되어 작용하여 어느 하나가 문제가 생겨도 결과적으로 우울로 이어지기에 이를 자살로 실행하려고 한다.

그러므로 이미 발생된 노인 우울은 치료하는 것이 당연하지만, 노인 우울증 발생의 원인을 개선하고 발생되지 않도록 지원하는 것이 우선시되어야 한다. 신체적·정신적 관리와 치료가 잘 이루어지게 하고 가정과 사회의 소외에서 벗어나도록 다양한 사회관계망 프로그램을 개설할 수 있는 경제적 지원이 요구된다.

2014년에 WHO는 자살은 예방이 가능하다고 하면서 통합적이고 상승효과를 위한 사회의 협력을 강조하고 있다.[156] 특히 정신건강에 대해 강조하면서 취약노인에 대한 자살예방을 우선순위에 두어야 한다고 강조했다. 우리나라도 2008년 한국 자살예방협회 발표에서 통합적인 위험 요인을 감소시키고 보호요인을 강화하기 위해 다차원적으로 접근해야 한다고 하였다.[157]

다차원적 접근이라는 것은 첫째, 보편적 예방(Universal Prevention)은 취약노인들의 생계지원과 정서적 지원 그리고 노인학대 및 노인 차별을 방지하는 것이다. 둘째, 선택적 예방(Selective Prevention)은 만성질환자의 관리와 노후대비 준비지원 사업, 노인 자살을 예방하는 전문가의 지원, 사회 관계망 형성을 위한 지역 네트워크를 구축하는 것이다. 셋째, 집중적 예방(Intensive Prevention)을 위해서는 노인의 사회적 기회 및 역할 재고를 위한 사회교육 실시, 노인우울과 자살교육, 노인 일자리 및 여가활동 지원 등을 위한 사회통합 지원을 하는 것이다.[158]

다시 정리하면 기초생활 지원으로 생계걱정을 줄여주고 정서적으로 취약노인에 대

---

156 WHO, 2014, Preventing Suicide: A Global Imperative, Geneval: WHO.

157 한국자살예방협회, 2008, 노인자살 예방을 위한 실천적 정책수립방안을 위한 연구.

158 Conwell Y., Suicide in Later Life: A View and Recommendation for Prevention, Suicide and Life-Threatening Behavior 31, 2001.

한 관심과 우울증 치료, 노인 학대와 차별을 금하고 아프지 않게 돌봐주고 일하거나 쉴 수 있는 환경을 조성해야 한다. 결과적으로 노인 복지 사업의 확충을 통해서 자살은 충분히 예방이 될 수 있다.

## 19. 자살 생각 척도

자살 생각 척도(Scale for Suicide Ideation, SSI)는 자살에 대한 심각성을 측정하는 도구이다. A. Beck, M. Kovacs & A. Weissman(1979) 등이 만든 척도로 자살에 대한 생각이 반드시 자살 시도로 이어지지는 않지만 자살 위험성에 대한 상관관계를 보여주는 도구이다. 모두 19개 항목으로 구성되었고 국내에서 신민섭 등[159]이 우리나라 실정에 맞게 설문지를 변형한 것이다. 리커트(likert)식 3점 척도이며 자살 생각이 많은 경우가 2점, 보통은 1점, 없으면 0점이다. 점수가 높으면 자살 생각이 많음을 의미한다.[160]

이 검사의 결과는 참고자료로 활용될 수 있지만, 개인의 모든 어려움을 완벽하게 반영할 수는 없으므로 검사자의 상태가 충분히 힘들고 혼자서는 해결하기 어려운 고통을 경험하고 있다면 곧바로 전문가에게 도움을 요청하도록 한다.[161]

이 질문지는 여러분이 일상생활에서 경험할 수 있는 내용들로 구성되어 있습니다. 문항들을 자세히 읽어보시고 당신이 일상생활에서 느끼고 있는 바를 가장 잘 나타내

159 신민섭·박광배·오경자·김중술, "고등학생의 자살 상황에 관한 연구: 우울-절망-자살간의 구조적 관계에 대한 분석," 『한국심리학회지 임상』, vol. 9, No. 1, 1990, pp. 1-19.

160 서혜경, 『노인죽음학개론』, 경춘사, 2009.

161 Assessment of Suicidal intention: The Scale Ideation. Journal of Consulting and Clinical Psychology, 47, 343-352.

주는 문항의 해당 번호를 기입해주십시오.[162]

1. 살고 싶은 소망은?
   0) 보통 또는 많이 있다. (0점)
   1) 약간 있다. (1점)
   2) 전혀 없다. (2점)

2. 죽고 싶은 소망은?
   0) 보통 또는 많이 있다. (0점)
   1) 약간 있다. (1점)
   2) 전혀 없다. (2점)

3. 살고 싶은 이유/죽고 싶은 이유는?
   0) 사는 것이 죽는 것보다 낫기 때문에. (0점)
   1) 사는 것이나 죽는 것이나 마찬가지다. (1점)
   2) 죽는 것이 사는 것보다 낫기 때문에. (2점)

4. 실제로 자살 시도를 하려는 욕구가 있는가?
   0) 전혀 없다. (0점)
   1) 약간 있다. (1점)
   2) 보통 혹은 많이 있다. (2점)

162 Beck. A. T., Kovac M., & Weissman, A., Assessment of Suicidal Intention: the Scale for suicide ideation. Journal of Consulting and clinical Psychology, 47, 343–352, 1979.

5. 별로 적극적이지는 않고 수동적인 자살 욕구가 생길 때는?
   0) 생명을 건지기 위해 필요한 조치를 미리 할 것이다. (0점)
   1) 삶과 죽음을 운명에 맡기겠다. (1점)
   2) 살기 위한 노력을 하지 않겠다. (2점)

6. 자살하고 싶은 생각이나 소망이 얼마나 오랫동안 지속되는가?
   0) 잠깐 그런 생각이 들다가 곧 사라진다. (0점)
   1) 한동안 그런 생각이 계속된다. (1점)
   2) 계속, 거의 항상 그런 생각이 지속된다. (2점)

7. 얼마나 자주 자살하고 싶은 생각이 드나?
   0) 거의 그런 생각이 들지 않는다. (0점)
   1) 거의 그런 생각이 든다. (1점)
   2) 그런 생각이 계속 지속된다. (2점)

8. 자살 생각이나 소망에 대한 당신의 태도는?
   0) 절대로 받아들이지 않는다. (0점)
   1) 양가적이나 크게 개의치 않는다. (1점)
   2) 그런 생각을 받아들인다. (2점)

9. 자살하고 싶은 충동을 통제할 수 있는가?
   0) 충분히 통제할 수 있다. (0점)
   1) 통제할 수 있을지 확신할 수 없다. (1점)
   2) 전혀 통제할 수 없을 것 같다. (2점)

10. 실제로 자살 시도를 하는 것에 대한 방해물이 있다면? (예: 가족, 종교, 다시 살 수 없다는 생각 등)

0) 방해물 때문에 자살 시도를 하지 않을 것이다. (0점)

1) 방해물 때문에 조금은 마음이 쓰인다. (1점)

2) 방해물에 개의치 않는다. (2점)

11. 자살에 대해 깊게 생각해 본 이유는?

0) 자살하면 사람들이 나에게 미안해하고 관심을 보일 거라 생각해서. (0점)

1) 사람들의 관심을 끌고 현재 생활에서도 도망칠 수 있을 것 같아서. (1점)

2) 주변 사람들의 관심을 끌고 보복하거나, 현실 도피의 방법으로. (2점)

12. 자살에 대해 깊게 생각했을 때 구체적인 방법까지 계획했는가?

0) 자살에 대해 생각해 본 적이 없다. (0점)

1) 자살 생각을 했으나 구체적인 방법까지는 생각하지 않았다. (1점)

2) 구체적인 방법을 자세하고 치밀하게 생각해 놓았다. (2점)

13. 자살 방법을 깊게 생각했다면 그것이 얼마나 현실적으로 실현 가능하며, 또한 시도할 기회가 있다고 생각하나?

0) 방법도 현실적으로 실현 가능하지 않고 기회도 없을 것이다. (0점)

1) 방법이 시간과 노력이 필요하며, 기회가 쉽게 오지 않을 것이다. (1점)

2) 생각한 방법이 현실적으로 실현 가능할 것 같다. 혹은 앞으로 기회나 방법이 생길 것 같다 (2점)

14. 실제로 자살을 할 수 있는 능력이 있다고 생각하나?

0) 용기가 없고 너무 약하고 두렵고 능력이 없어서 자살을 할 수 없다. (0점)

1) 자살할 용기와 능력이 있는지 확신할 수 없다. (1점)

2) 자살할 용기와 자신이 있다. (2점)

15. 정말로 자살 시도를 할 것이라고 확신하나?

0) 전혀 그렇지 않다. (0점)

1) 잘 모르겠다. (1점)

2) 그렇다. (2점)

16. 자살에 대한 생각을 실행하기 위해 실제로 준비한 것이 있나?

0) 없다. (0점)

1) 부분적으로 했다(예: 약을 사 모으기 시작). (1점)

2) 완전하게 준비했다(예: 약을 사 모았다). (2점)

17. 자살하려는 글(유서)을 쓴 적이 있는가?

0) 없다. (0점)

1) 쓰기 시작했으나 다 쓰지 못했다. 단지 쓰려고 행각했다. (1점)

2) 다 써 놓았다. (2점)

18. 죽음을 예상하고 마지막으로 한 일은? (예: 보험, 유언 등)

0) 없다. (0점)

1) 생각만 해 보았거나 약간의 정리를 했다. (1점)

2) 확실한 계획을 세웠거나 다 정리를 해 놓았다. (2점)

19. 자살에 대한 생각을 다른 사람들에게 이야기한 적은 있습니까? 혹은 속이거나 숨겼습니까?

0) 다른 사람에게 터놓고 이야기하였다. (0점)

1) 드러내는 것을 주저하다가 숨겼다. (1점)

2) 그런 생각을 속이고 숨겼다. (2점)

※ **성인대상 평가표**

| 점수 | 의미 |
|---|---|
| 0–8 | 자살 사고가 문제되지 않을 정도의 상태 |
| 9–11 | 자살 생각을 많이 하고 있다. 좀 더 안정을 찾는 방법을 강구하는 것이 도움이 될 수 있다 |
| 12–14 | 자살 생각을 상당히 많이 하고 있다. 자살 시도 위험을 낮추기 위한 적극적인 노력이 필요. 학생상담센터 및 상담기관의 도움을 받길 바람 |
| 15이상 | 자살 생각을 매우 많이 하고 있다. 전문가와 함께 자살 시도 위험을 낮추기 위한 적극적인 노력이 필요. 학생상담센터 및 상담기관의 도움을 받길 바람 |

점수의 범위: 0점–38점
한국인 대상연구 (신민섭 1993)
·고등학생 집단: 평균점수 9.38점(표준편차 7.35), 16점부터는 자살 생각이 있다.
·대학생 집단: 평균점수 7.17점(표준편차 7.42), 14점부터는 자살 생각이 있다.
·성인 집단: 평균점수 3.97점(표준편차 5.64), 9점부터는 자살 생각이 있다.

※ **SIQ. 레이놀즈 자살 생각 척도지**[163]

■아래에는 사람들이 때때로 할 수 있는 생각들이 제시되어 있습니다. 다음의 문항들을 자세히 읽어 보시고, 지난 달 동안에 당신이 얼마나 자주 그런 생각을 했는지를 "거의 매일 그런 생각을 했다"에서 "전혀 그런 생각을 한 적이 없다"까지 해당되는 번호에 ○표 해주십시오.

| | | |
|---|---|---|
| 0–전혀 생각한 적 없다 | 1–전에 그런 생각을 한 적이 있지만, 지난달에는 한 적이 없다 | |
| 2–한 달에 1번 | 3–한 달에 2~3번 | 4–일주일에 1번 |
| 5–일주일에 2~3번 | 6–거의 매일 그런 생각을 했다 | |

163 Reynold Suicidal Ideation Questionnnaire; RSIQ, Reynold, 1987.

| 문 항 | 전혀 그런 생각을 한 적이 없다 | | ⇔ | 거의 매일 그런 생각을 했다 | | |
|---|---|---|---|---|---|---|
| 1. 내가 살아있지 않는 편이 차라리 나을 것이라고 생각했다. | 0 | 1 | 2 | 3 | 4 | 5 | 6 |
| 2. 자살을 할까 생각했다. | 0 | 1 | 2 | 3 | 4 | 5 | 6 |
| 3. 어떻게 자살할 것인가에 대해 생각해 봤다. | 0 | 1 | 2 | 3 | 4 | 5 | 6 |
| 4. 언제 자살할 것인가에 대해 생각해 봤다. | 0 | 1 | 2 | 3 | 4 | 5 | 6 |
| 5. 사람이 죽어가는 것에 대해 생각해 봤다. | 0 | 1 | 2 | 3 | 4 | 5 | 6 |
| 6. 죽음에 대해서 생각했다. | 0 | 1 | 2 | 3 | 4 | 5 | 6 |
| 7. 자살할 때 유서에 무엇이라고 쓸 것인가에 대해서 생각했다. | 0 | 1 | 2 | 3 | 4 | 5 | 6 |
| 8. 내가 원하는 것을 유언장으로 만들어 둘 생각을 했다. | 0 | 1 | 2 | 3 | 4 | 5 | 6 |
| 9. 사람들한테 내가 자살하려 한다는 것을 말할까 생각했다. | 0 | 1 | 2 | 3 | 4 | 5 | 6 |
| 10. 내가 없으면 주위 사람들이 더 행복할 것이라고 생각했다. | 0 | 1 | 2 | 3 | 4 | 5 | 6 |
| 11. 만일 내가 자살한다면 사람들이 어떻게 느낄까 생각했다. | 0 | 1 | 2 | 3 | 4 | 5 | 6 |
| 12. 살아 있지 않기를 바랐다. | 0 | 1 | 2 | 3 | 4 | 5 | 6 |
| 13. 모든 것을 끝장내 버리는 게 얼마나 쉬울까 생각했다. | 0 | 1 | 2 | 3 | 4 | 5 | 6 |
| 14. 내가 죽어버리면 모든 문제가 해결될 것이라고 생각했다. | 0 | 1 | 2 | 3 | 4 | 5 | 6 |

| | | | | | | | |
|---|---|---|---|---|---|---|---|
| 15. 내가 죽는다면 다른 사람들이 더 편해질 것이라고 생각했다. | 0 | 1 | 2 | 3 | 4 | 5 | 6 |
| 16. 자살할 수 있는 용기가 있었으면 좋겠다. | 0 | 1 | 2 | 3 | 4 | 5 | 6 |
| 17. 나는 애초에 태어나지 않았으면 좋겠다. | 0 | 1 | 2 | 3 | 4 | 5 | 6 |
| 18. 기회가 있다면 자살할 것이라고 생각했다. | 0 | 1 | 2 | 3 | 4 | 5 | 6 |
| 19. 사람들이 자살하는 방법에 대해 생각했다. | 0 | 1 | 2 | 3 | 4 | 5 | 6 |
| 20. 자살 생각을 했지만, 실제 행동으로 옮기지는 않을 것이다. | 0 | 1 | 2 | 3 | 4 | 5 | 6 |
| 21. 큰 사고를 당하는 것에 대해 생각했다. | 0 | 1 | 2 | 3 | 4 | 5 | 6 |
| 22. 인생은 살 가치가 없다고 생각했다. | 0 | 1 | 2 | 3 | 4 | 5 | 6 |
| 23. 내 인생은 너무 형편없이 엉망이어서 더 이상 살아갈 이유가 없다고 생각했다. | 0 | 1 | 2 | 3 | 4 | 5 | 6 |
| 24. 내 존재를 알리는 유일한 방법이 자살하는 것이라고 생각했다. | 0 | 1 | 2 | 3 | 4 | 5 | 6 |
| 25. 내가 자살하고 나면 사람들은 내게 무관심했던 것을 후회하게 될 것이라고 생각했다. | 0 | 1 | 2 | 3 | 4 | 5 | 6 |
| 26. 내가 죽거나 살거나 아무도 관심을 가지지 않을 것이라고 생각했다. | 0 | 1 | 2 | 3 | 4 | 5 | 6 |
| 27. 정말로 자살할 의도는 아니지만 자해하는 것을 생각했다. | 0 | 1 | 2 | 3 | 4 | 5 | 6 |
| 28. 내가 자살할 수 있는 용기가 있을까 생각했다. | 0 | 1 | 2 | 3 | 4 | 5 | 6 |

| | | | | | | | |
|---|---|---|---|---|---|---|---|
| 29. 상황이 더 좋아지지 않으면 자살하겠다고 생각했다. | 0 | 1 | 2 | 3 | 4 | 5 | 6 |
| 30. 자살할 권리가 있었으면 좋겠다. | 0 | 1 | 2 | 3 | 4 | 5 | 6 |

**※ 평가방법**

| | |
|---|---|
| 실시방법 | 자기보고식-각 문항에 대해 7점 척도로 평정 |
| 채점방법 | 1) 각 문항을 0~6점으로 평점<br>2) 각 문항 점수를 합산하여 총점을 구함 |
| 해석지침 | ▶ 점수의 범위는 0-180점<br>62-76점: 또래집단에 비해 자살 생각을 많이 하는 편임<br>(평균 한 달에 1번 이상)<br>77-90점: 또래집단에 비해 자살 생각을 상당히 많이 하는 편임<br>(평균 한 달에 2~3번)<br>91점 이상: 또래집단에 비해 자살 생각을 매우 많이 함<br>(평균 한 달에 3번 이상) |

# 제8장
# 죽음준비교육

# 01. 죽음준비교육 개요

죽음준비교육이란 죽음학을 기본으로 생물학, 의학, 분자생물학, 유전공학 등 생명과학계열 학과와 사회학, 심리학, 인문사회과학계열 학과 등도 포함하여 죽음과 관련된 교육을 하는 학문 영역을 의미한다.[1]

죽음학과 죽음준비교육학은 두 가지 모두 죽음을 주제로 연구하고 실천하는 학문이지만 죽음준비교육학이 좀 더 현실적이고 실천적인 면에서 대중적이고 친화적이라고 할 수 있다. 이를 연구하고 교육하며 실천하는 사람들을 임종의학전문가와 임종치유전문가(죽음교육전문가)라는 의미로 Thanatologist라 하며, 이들에 의해 임종환자나 가족 또는 죽음을 맞이할 모든 사람들에게 죽음에 대한 이해와 의미를 알려주는 교육과정을 죽음준비교육학이라고 한다.

이는 죽음과 관련된 주제에 대해 지식, 태도, 기술, 교육이 학습되는 과정으로 죽음의 과정과 죽음 현상을 중립적으로 다루는 형식적, 제도적 프로그램을 제공하고자 하는 시도이고, 그 개념 안에 의도성, 형식성, 제도성, 지식전달, 태도와 행동의 변화 등의 요소가 포함되는 것이다.[2]

또한 코르(Charles A. Corr) 등은 죽음준비교육의 개념을 인지적, 정의적, 행동적, 가치적 차원으로 구분하였다.[3]

인지적 차원은 죽음과 관련된 경험에 대한 정보를 제공하고 이러한 경험을 이해하도

1 알폰스 디켄(Alfons Deeken), 전성곤 역, 『인문학으로서의 죽음교육』, 인간사랑, 2008.

2 William G. Warren, *Death Education and Research: Critical Perspectives*, Haworth Press Inc, 1989.

3 Corr, C. A., Nabe, C. M., Corr, D. M., Death and Dying, Life and Living, Wadsworth, 2000.

록 돕는 인지적 혹은 지적 시도로 임종과 죽음과 비탄, 사별의 다양한 양상을 설명한다.

정의적 차원은 죽음 과정을 통한 사별과 관련된 감정 및 정서를 다루며 표출되는 다양한 감성과 반응을 공유한다.

행동적 차원은 죽음에 따른 사람들의 행동과 상황에 대한 반응을 알아본다.

가치적 차원은 인간의 삶에 대한 가치와 죽음에 대한 다양한 문제인 연명치료나 안락사, 뇌사, 자살 등에 대한 윤리적인 가치관에 접근한다.

반면에, 댄 레비톤(Dan Leviton, 1977)은 죽음준비교육이 실시되는 시기 혹은 대상을 중심으로 그 성격을 3가지로 구분하였다.[4]

첫 번째는 죽음에 대한 초기예방 혹은 예방적 건강교육을 실시하여 죽음에 대한 준비와 비탄에 대해 미리 교육해 더 큰 비탄에 빠지지 않게 한다.

두 번째는 죽음에 직접 참여하여 위기관리를 배우고 대응하게 하여 자살이나 죽음의 문제로 고통 받는 사람들에게 직접 개입하여 도움을 주도록 활용할 수 있는 능력을 키워준다.

세 번째는 죽음 이후에 개입하여 남은 가족들의 슬픔이나 좌절을 극복하고 위기를 벗어나게 하며 빠른 회복을 위한 치유적 효과를 할 수 있게 교육시킨다.[5]

## 02. 죽음준비교육 목적

사람들은 미래를 위해 오랜 기간 교육을 하고 경험도 쌓아가지만 삶의 마지막에 만

4 Leviton, D., Death deucation, In h. Feifel New meaning of death 2nd. Ed., Magraw−Hill, 1977.
5 이이정, 『죽음학 총론』, 학지사, 2011.

나는 죽음에 대해서는 대부분 미리 교육을 받으려 하지 않는다. 그러다가 살면서 만나는 큰 슬픔인 가족의 죽음을 준비하지 않다가 갑자기 경험하게 되면 슬픔과 충격으로 큰 시련을 겪기도 한다.

그러다보니 진정한 애도와 죽음에 대한 대처를 못하게 되고 남의 손에 의해서 해결되는 모습만 보거나 들러리를 서는 경우가 많고 그로 인해 아쉬움을 오래 가지게 되기도 한다. 죽음준비교육은 이런 현대인의 죽음문화와 죽음관 그리고 죽음을 받아들이는 과정에 대한 인식을 새롭게 하고 직접 참여하는 실천교육이라고 할 수 있다.

최근에는 연명의료에 대한 관심과 죽음의 자기결정권에 대한 인식이 커져 불필요한 연명치료를 거부하는 방향으로 가고 있어 매우 긍정적인 모습을 보이고 있다. 그러나 수명연장과 함께 가족이나 가정 그리고 사회의 급속한 변화는 새로운 죽음에 대한 부담으로 사회문제를 일으키며 죽음을 맞이하는 사람들을 더 외롭게 하고 고귀한 죽음을 선택할 기회를 잃게 한다. 이런 변화에 좀 더 현명하게 접근하기 위해서는 평생교육을 통해서 죽음준비교육도 시행하고 죽음을 남의 문제가 아닌 나 자신의 문제로 받아들이고 그 준비를 건강할 때 하도록 교육시켜야 한다.

에릭슨(Erik H. Erikson)은 "자아가 통합(Ego-integrity)된 자는 죽음을 무서워하지 않고 오히려 주어진 인생을 마음으로 수용할 수 있다."고 말했는데, 이는 자신의 인격적 위상도 중요하지만 살아있는 시간의 귀중함을 인식하는 것이 중요하다는 것을 의미한다. 또한 에릭슨은 무의식에 관심을 기울여 젊은 시절 해결하지 못했던 과제들이 노년기에 무의식 속에서 짐이 된다고 하였다. 이를 해결하기 위해서는 젊었을 때의 미해결 문제들을 하나하나 의식의 표면으로 끄집어 내 화해하고 그 의미를 깨달아야 한다고 주장한다.[6]

이런 성숙된 자아를 위해서는 죽음이라는 경험을 해보는 것이 요구되고 죽음을 의식하지 않는 사람은 삶의 가치를 알기 어렵기에 타인들의 죽음 체험을 통해 배우고 생

6 Erik H. Erikson, 한성렬 역, 『노년기의 의미와 즐거움』, 학지사, 2000.

각하고 자신의 가치관이나 사생관을 정립해 나가야 한다.[7]

막연히 죽음을 생각하기보다 좀 더 구체적으로 사전연명의료의향서를 작성하여 등록하고, 유언장도 미리 준비하고, 장례의향서도 미리 작성하여 자신의 죽음에 대해 준비하는 것도 행동목표가 될 수 있다. 또한 장기공여 프로그램에 참여하거나 사후 어떻게 가족과 사회에 기억될 것인지 등을 생각한다면 지금의 삶이 새롭게 바뀔 수도 있고 성숙된 생각으로 남은 삶을 좀 더 보람 있게 보낼 수 있을 것이다.

타인의 아픔이나 슬픔을 공유하고 그들을 도와주는 적극적인 행동도 죽음준비교육을 통해서 더 잘 이루어질 수 있고 위기상황에서도 적절한 대응이나 대처를 잘 할 수 있다. 이런 변화는 나이와 시기에 따라 적절히 발전해서 자연이나 작은 생명체도 귀하게 여기고 생명의 소중함을 알게 되면서 친환경적인 문제에도 관심을 갖게 되며 다양한 문화와 예술에도 깊은 관심과 참여가 이루어지게 된다.[8]

이런 모든 긍정적인 효과도 중요하지만 자신의 노후준비를 좀 더 일찍 시작할 수 있는 기회를 얻을 수가 있기 때문에 아는 만큼 죽음이 두렵지 않게 될 수 있다.

## 03. 죽음준비교육 내용

죽음에 대해 알기 위해 들어서는 순간 무엇을 해야 할지 막연함을 느끼게 된다. 죽음이란 세상의 모든 것이 다 포함된 완결판이지만 그렇다고 이것저것 다 건드려 볼 수도 없거니와 그렇게 한들 죽음에 대해 알 수도 없기 때문이다. 그러므로 선택과 집중을 통해서 죽음의 본질에 좀 더 집중해야 한다. 일본의 죽음학자 히구치 가츠히코는 종교

7 주2) 히구치 가츠히코, 이원효 역, 『죽음에의 대비교육』, 문음사, 2002.
8 김달수, 『죽음학 스케치』, 인간사랑, 2018.

나 철학을 통하여 행하는 방법, 문화나 예술을 통해서 행하는 방법, 심리학 및 정신의학적 방법, 의학적·법률적 방법을 통해서 죽음에 접근을 하라고 조언한다.[9]

종교나 철학에서는 사람은 왜 태어났고 어떻게 살아야하며, 왜 죽으며 죽음 다음에는 어떻게 되는가에 대한 답을 찾기 위해 신과 영생과 사후의 심판에 많은 관심을 가져왔다. 그러다보니 각 종교마다 내세관과 사후에 대한 심판이 명확히 표현되었고 이런 사후의 심판은 살아있는 삶의 결과물로 정해지는 인과론이 주류를 이루고 있다. 과거에 죽음은 인간의 영역이 아닌 신의 영역이었고 죽음을 맞이하는 것은 성직자의 몫이었지만 미래에는 종교보다는 개인의 가치관이 더 우위에 설 것으로 예상된다. 그래도 종교적인 신앙으로서의 믿음은 사람들의 마음속에서 꾸준히 존재할 것이다.

철학 또한 이성을 통해 죽음을 이해하려고 많은 철학자들이 죽음을 정의하였지만 아직도 죽음은 진행형의 미완으로 남아있는 분야이기도 하다. 그러다보니 죽음을 두려워하고 혐오하는 경우가 많아 죽음을 멀리하려고 한다. 다행히 최근에는 죽음에 대한 새로운 인식이 생겼고 죽음을 결코 불행이나 두려운 것이 아닌 고귀하고 충분히 가치있는 것으로 보고 적절한 시기에 죽음을 맞이하는 것이 더 아름다운 삶이라는 것을 알게 되었다. 이는 오랜 시간 철학이 노력해서 찾지 못한 것을 사람들이 스스로 죽음에 대한 가치를 이해하기 시작한 새로운 전환이라고 볼 수 있다.

사람들은 원시시대부터 죽음의 두려움에서 벗어나기 위해 문화나 문명을 이루고 그 속에서 예술을 만들었다. 특히 영생을 위한 노력으로 다음 세대에 전해지는 아름다운 문화유산을 지속적으로 남겼고 그 바탕 위에 더 오래 살기 위해 과학과 의학을 발전시키기 시작했다.[10]

죽음에 대해 깊이 고민할수록 영생의 기대도 커지면서 그에 따른 문화와 예술의 발전은 더 빛나고 화려해졌고 모든 역사적 자취는 기록을 통해서 다음 세대로 이어지고

9 히구치 가츠히코, 이원효 역, 『죽음에의 대비교육』, 문음사, 2002.

10 김달수, 『죽음학 스케치』, 인간사랑, 2018.

있다. 그래서 문화와 예술을 이해하면 죽음에 대해 많은 것을 알 수 있고 죽음의 가치를 이해할 수 있다.

근대 이후 심리학 및 정신의학이 발전되어 왔으며 20세기 초에 화려한 꽃을 피워 사람들의 내면에 잠재된 심층 분석과 욕망이 원인이 되거나 어린 시절부터 경험된 발달과정 등에 대해 많은 연구 업적을 이루었고, 그로 인해서 표현되지 못한 정신 속에 있던 자아를 이끌어내어 새로운 심층적 정신세계를 열어나가고 있다. 자신의 슬픔은 물론 남의 슬픔을 이해하고 함께 참여하는 집단의식[11]도 죽음학에서 중요한 요소가 되고 죽음에 따른 슬픔이나 고통을 치유하는 다양한 프로그램 개발과 시도는 죽음준비교육에 많은 도움을 줄 수 있다.

최근 의학의 비약적 발전은 기존의 가치관을 넘어서는 새로운 변화를 맞이하고 있다. 심폐소생술의 발전은 죽었다가 살아나는 사람들의 수를 기하급수로 증가시키고 임사체험이라는 새로운 경험을 통해 사후적 혹은 영적 체험을 보여주기도 하고, 뇌는 죽었어도 신체는 살아있는 뇌사자에 대한 죽음의 정의도 바뀌고 있다. 장기이식이나 인공장기의 발전으로 생명의 정의까지 바꿀 수 있는 상황에서 죽고 싶어도 죽지 못하는 죽음에 대한 자성이 생겨나고 있다. 이를 극복하려는 움직임으로 자신의 죽음을 스스로 결정하겠다는 자신의 죽음결정권에 대한 갈망이 점차 커지고 있는 것도 사실이다.[12] 이런 법률적이고 윤리적인 의식의 변화는 존엄사라는 연명치료에 대한 거부로 표출되었고, 더 나아가 의사의 조력자살이나 죽음의 선택방법까지 요구하기에 이르렀다. 이런 의학적·법률적 문제는 생명윤리와 맞물려 옳고 그름의 선택이 아닌 각 개인의 합리적 선택과 방향의 문제로 해결해야 할 난제를 가져왔다.

---

11 칼 구스타프 융, 조성기 역, 『카를 융 기억 꿈 사상』, 한길사, 2007.

12 김달수, 『죽음학 스케치』, 인간사랑, 2018.

## 04. 죽음준비교육 대상

누가 죽음준비교육을 받아야 하는가에 대해 먼저 알아보면 전 국민을 대상으로 하는 것이 가장 좋지만 우선적으로 초등학교 3~4학년과 65세 전후의 노년층을 대상으로 해야 한다고 본다. 그 이유는 초등학교 3~4학년 시기가 죽음에 대해 막연함이 없어지고 좀 더 구체적으로 죽음을 인식하는 시기이기 때문이다. 이 시기의 교육은 자연의 이치와 생명의 소중함을 일깨워 주고 다가올 청소년기의 자살 위험을 예방할 수도 있다.

이때 중요한 것은 교육지침이라는 평가로 죽음준비교육을 시행해서는 안 된다는 것이다. 이것이 학습이나 공부가 되면 그 본연의 의미를 상실하게 되고 기존의 도덕이나 윤리과목처럼 또 다른 학습 부담이 되므로 진정한 인생관이나 죽음관, 가치관 또는 인격적인 발달에 역효과를 낼 수 있다.[13] 특별한 교재를 만들지 말고 간단한 도표나 소품, 경험 토론을 바탕으로 서로의 의견을 듣고 발표하고 질문하는 것으로 초등학교에서의 죽음준비교육을 함께 참여하는 시간으로 진행해야 한다.[14]

의사나 간호사의 경우, 예과 2학년 과정에서 죽음을 교육하는 것이 필요하다. 비록 철학을 1학년 예과 과정에서 배우지만 의료윤리와 함께 죽음학을 접한다면 본과에 들어가서 배우게 될 해부학 등의 기초과정을 생명윤리까지 포함하여 심도 있게 접할 수 있을 것이다. 뿐만 아니라 먼 훗날 점차 많아지는 노인환자와 임종을 기다리는 환자를 접할 때 적극적으로 죽음을 이해하는 의사가 될 수 있고 자신의 관심과 전공을 선택하는 데 많은 도움이 될 것이다.

의과대학이나 간호대학에서 다루어야 할 의학적인 문제 중에 새로운 시대에 일어날 생명관련 문제도 모두 죽음학에 포함되므로 이 분야에 대해 충분한 법률적인 사고를

13 히구치 가츠히코, 이원효 역, 『죽음에의 대비교육』, 문음사, 2002.
14 김달수, 『죽음학 스케치』, 인간사랑, 2018.

가져야 한다. 인공수정, 임신중절, 선택적 유산, 피임, 성전환시술, 죽음의 자기결정권, 합법적인 안락사와 조력자살, 뇌사와 심장사, 장기공여, 인공지능, 기계인간 등 앞으로 해결할 문제가 너무 많지만 이를 미리 경험하고 문제해결을 위해 노력한다면 미래는 더 밝을 것이다.[15]

65세 전후의 노년층의 교육은 죽음준비교육을 통해 앞으로 남은 30여 년간의 긴 시간을 어떻게 가치 있게 보낼 수 있는지에 중점을 두고 건강관리 및 치매예방, 경제활동과 연금활용, 노후준비, 대인관계 및 이성문제, 죽음준비계획 및 임종기간에 대한 준비 등 준비된 노후를 보낼 수 있도록 우선 시행되어야 한다.

이런 교육을 시행할 주체로는 이 분야를 전공하거나 많이 경험한 의사, 간호사, 심리학자, 교사, 사회복지사 등 다양하지만 이들을 위한 체계적인 교육기관이 필요하다. 이곳에서 전문적인 죽음준비교육과정을 통해 충분히 훈련된 인력을 배출해야 하기 때문이다.

죽음을 앞둔 환자를 이용하려는 비과학적이고 불법적인 상술이나 행위는 허용될 수 없으므로 죽음준비교육자는 올바른 죽음관과 죽음에 대한 가치관이 확고해야 한다. 죽은 사람은 더 이상 말을 할 수 없다. 하지만 죽음은 그 사람에게 가장 크고 중요한 사건이기 때문이다.

## 05. 죽음준비교육 과정

죽음준비교육 과정은 본인의 죽음은 물론 가족과 친지 등 모든 사람들의 죽음에 대해 준비하는 것을 배우고 실천하는 과정이다. 죽음에 대해 이해하기 위한 좋은 접근방

15 히구치 가츠히코, 이원효 역, 『죽음에의 대비교육』, 문음사, 2002.

법은 누구든 솔직하게 죽음을 인정하고 어려운 상황이 와도 있는 그대로 받아들이는 것이다.

특히 어린 시절 죽음에 대해서는 대부분 금기시함으로써 죽음에 대해 누군가 알려주거나 그에 대한 질문이나 토론을 하지 못한 경우가 30% 이상이라는 연구결과도 있다. 또한 죽음에 대한 토론이 있었지만 매우 불편한 상태에서 이루어졌다는 연구도 있다.[16] 어린 시절 죽음에 대해 토론을 자유롭게 하면 죽음에 대한 태도가 감성이나 인지적으로 더 성숙된다고 한다. 이때 종교적인 지향도 중요한데 종교적 믿음이 강하거나 약한 경우 중간 수준의 종교적 믿음보다 죽음에 대한 두려움에 대해서 관련성이 적었다.[17]

죽음을 경험하면서 생기는 문제들을 치료하는 프로그램은 어린이들과 청소년 시기에 부모나 형제자매의 죽음 같이 가까운 사람이 죽는 경우 더 필요하다고 한다.[18] 부모 중 한 사람의 죽음을 경험한 자녀와 남은 가족구성원들에게 죽음의 충격을 치료하는 교육프로그램을 제공하면 정신건강문제를 예방하고 죽음에 임하는 교육적 효과가 높았다고 한다.[19]

이런 프로그램을 통해서 남은 가족들은 교류를 통해 상실감과 슬픔 그리고 내버려진 것 같은 감정이 있음에도 불구하고 따뜻하고 솔직한 관계가 형성되었다. 이런 교육이 효과적이려면 죽음의 발생에 대한 지식을 내면화시키는 기회를 개인에게 반드시 제공해주어야 한다.[20]

---

16 Edwin S. Shneidman, *Suicide as Psychache: A Clinical Approach to self-destructive Behavior*, Northvale, 1993.

17 Richard Kalish, R. H. Binstock & E. Shams (Eds.), *The Social Cotext of Death and Dying, Handbook of Aging and the Social Sciences 2nd Ed.*, Van Nostrand Reinhold, 1985.

18 Thomas Attig, "Person–Centered Death Education," *Death Studies* 16. 357–370, 1992.

19 Sandler, I. N., West, S. G. Baca, L., Pillov, D. R., et al., "Linking Empirically Based Theory and Evaluation: The Family Bereavement Program," *American Journal of Community Psychology* 20. 491–521, 1992.

20 Thomas Attig, "Person–Centered Death Education," *Death Studies* 16. 357–370, 1992.

가깝거나 사랑하는 사람들의 죽음을 개인적으로 경험하는 것은 사람들로 하여금 이러한 일에 대해서 각별하고 지적으로도 만들어준다. 이런 과정은 당사자들의 경험, 감정, 생각을 서로 이야기하고 그 감정을 나누며 죽은 사람을 회상하고 죽음의 의미를 찾고 살아가면서 타인의 인생을 어떻게 존중해야 하는가를 이해하게 함으로써 개인들이 죽음에 잘 직면하도록 도와준다.[21]

이런 교과과정은 경직성보다는 토론식으로 서로 이해하는 시간을 가지고 실천적인 방향으로 경험을 쌓도록 멀티미디어를 이용한 발표나 병원, 호스피스기관, 요양원, 장례식장, 봉안당 등의 죽음을 경험할 수 있는 곳의 단체견학 등을 통해 죽음에 대한 의미와 경험적 요소를 체험하는 것이 교훈 중심의 교과서 방식의 죽음준비교육보다 죽음의 이해도가 더 효과적이었다고 한다.

현재 시행하는 노인들에 대한 죽음준비교육과정은 죽음에 대하여 다양한 측면에서 준비하고 교육하는 프로그램이 많이 시도되지는 않았다. 이것은 죽음이 노인들이 대면하기 싫어하고 꺼려하는 주제이기 때문인데, 실제 생활 속에서 노인들은 친밀한 동료 노인들과 죽음에 대한 이야기를 나눔으로서 죽음에 대한 두려움을 경감시키기도 하며, 죽음 그 자체에 대한 심한 불안이나 두려움을 나타내지 않는다. 수명이 길어지면서 노인들은 죽음 그 자체보다 임종과정을 더욱 두려워하며 생활 속에서 죽음을 상징하는 행동, 말, 의례를 상당히 싫어하고 회피한다.[22]

그러다 보니 교육프로그램이 주로 노인교육, 가족관계 향상, 노년기 생활설계에 관한 것인데 노인교육은 성인교육의 일환으로서 많이 다루어졌고, 아울러 건전한 여가의 선용이라는 측면이 강조되었으며 가족관계 향상은 가족 치료적 관점에서 주로 접근하였다.[23] 또한 노년기 생활양식의 특수성을 이해하고 자녀와 배우자와의 관계에서 발생

---

21 Thomas Attig, "Person-Centered Death Education," *Death Studies* 16. 357–370, 1992.

22 조명옥, "노인이 인식한 죽음의 의미와 준비에 관한 문화 기술적 탐색 사례연구," 『한국노년학』 17. 1–34, 1997.

23 백창현, "노인교육의 현황과 대책에 관한 연구," 『한국노년학』 8. 30–42, 1988.

하는 갈등을 줄여 적응하는 것이 핵심이었다. 노년기 생활설계는 노후생활을 준비한다는 측면과 가족 구성원 간의 효과적인 자원 이전을 다루었다.[24]

이러한 프로그램의 한계는 이미 길어진 노년의 일상과 사회활동의 생활 속에 다른 분야에서도 대부분 중복되고 어느 정도 익숙한 분야가 되어 흥미를 잃게 하고 참여를 피하게 한다. 하지만 현대 의학의 발전으로 죽음이 그리 쉽지 않고 복잡한 양상을 나타내며 다양한 윤리적 문제와 가치관에 변화를 요구하고 있다. 더군다나 이런 다양한 죽음에 연관된 내용들이 너무 어렵고 새롭게 만들어지므로 노인들의 입장에서도 수용하기가 혼란스럽고 이해하는 데 과부하가 걸릴 수 있다.

그 대표적인 예로 "사전연명의료의향서"와 "연명의료계획서"에 대한 내용적 이해부터 어렵고 안락사나 장기이식 등의 문제에 접근하면 쉽게 이해해서 받아들이기도 어렵다. 여기에 호스피스 완화의료와 신경인지장애 등급지정이나 장기요양보험제도와 연금제도에 이르면 이를 구분하기도 더 어렵다.

그래서 죽음준비교육을 통해 조금씩 쉽게 자신의 죽음을 이해하고 어떻게 죽어야 하는가에 대한 자기죽음결정권을 행사하고 고귀한 죽음을 맞이하게 하는 실천적 교육을 시행해야 한다. 이러한 교육을 통해 죽음을 인정하고 수용하여 미리 대비하는 준비가 되어있다면 말기적 증상을 가진 환자일지라도 자기죽음결정권을 행사하고 주도적으로 삶을 정리할 수 있기에 여생을 보다 보람되게 조정하고 적응할 수 있다.

죽음준비교육 프로그램 운영은 크게 교훈 중심 프로그램(Didactic Program)과 경험 중심 프로그램(Experiential Program)으로 나누어진다.[25] 교훈 중심 프로그램은 죽음과 관련된 쟁점에 대하여 인지적 자각과 이해를 증진시키는 데 초점을 맞춘 반면 경험 중심 프로그램은 교훈 중심 프로그램의 내용과 겹치는 부분이 있지만, 좀 더 참여자들의 활

---

24 홍성희 외 5인, "노년기 생활설계 프로그램 개발을 위한 기초연구: 중, 노년층의 노후생활계획을 중심으로," 『대한가정학회지』 36권 10호. 1-22, 1998.

25 Durlak, Joseph A. and Riesenberg, Lee Ann, "The Impact of Death Education," *Death Studies* 15, 1991, pp. 39-58.

동과 참여를 강조하면서 죽음과 관련된 개인적인 감정이나 관심을 토론하고 검토하는 데 초점을 맞춘다. 실제 미국에서 이 두 종류의 죽음교육 프로그램을 시행해본 결과 경험 중심 프로그램이 교훈 중심 프로그램보다 죽음에 대한 불안과 공포를 감소시키는 데에 조금 더 효과적이라고 보고되고 있다.[26]

위에서 언급한 교훈 중심과 경험 중심 프로그램은 각각 장단점이 있다. 교훈 중심 프로그램은 죽음에 대한 인식을 변화시키고 그것을 받아들이게 하는 데는 효과적이지만 죽음에 대한 불안을 직접 줄이는 측면에서는 효과적이지 못하다. 젊은 사람들에게는 경험적 프로그램이 적응도가 높지만 노인의 경우 경험적 체험학습에 어려움이 있고 이를 실제 현장에서 실행하는 것이 결코 쉽지 않다. 또한 노인들의 경우 봉안당이나 죽음과 연관된 장소에 가는 것이 심리적인 부담으로 작용하여 거부하는 경우도 있다.

모르간(John D. Morgan, 2000)은 죽음준비교육 프로그램의 3가지 개념을 언급했다. 첫 번째 의미는 죽음에 대한 준비 감각을 익히고, 죽음과 관련하여 현재 살아가는 인생의 의미를 파악하는 것이다. 이승과 저승(혹은 내세)의 의미, 불멸, 장례의례, 사별했을 때의 행동 등과 같은 죽음과 관련된 문제에 대해 사람들로 하여금 준비시키는 것을 목적으로 한다. 이러한 역할은 종교에서 특히 많이 하는데 모든 종교의 목적은 죽음을 준비하는 것이라고 할 수 있다. 두 번째 의미는 죽음이나 죽음이 일어날 수 있는 상황 속에서 대처해야 하는 직업인들을 교육하는 것이라 할 수 있다. 여기에 속하는 직업은 의학, 간호, 법, 상담, 종교적인 목회, 소방업무 등이며 이러한 직업에 종사하는 사람들이 대상이다. 세 번째 의미는 죽음과 슬픔의 의미, 죽음과 슬픔에 대한 태도들, 죽음과 슬픔에 대처하는 방식들에 초점을 둔 프로그램이나 강좌의 일부분을 말한다.[27]

일반적으로 노인을 대상으로 하는 교육은 죽음에 대한 이해와 언젠가 경험할 죽음

---

26 Hutchison, Theresa D. and Scherman, Avraham, "Didactic and Experiential Death and Dying Training: Impact Upon Death Anxiety," *Death Studies* 16. 317–330, 1992.

27 John D. Morgan, "Death, Dying and Bereavement of Canadian Elders," 은빛여성상담소 개소기념 워크숍 발표논문. 41–64, 2000.

에 대한 준비 그리고 이별이나 사별에 대한 극복 등의 교육이 주가 된다. 그리고 그 대상은 특별히 신앙심이 있거나 영적 추구를 하는 사람이거나 죽음과 연관된 사람이 아니라 평범한 일반적인 노인을 대상으로 시행하는 교육이다. 특히 60대 초반의 노인들에게 적합한데, 충분한 판단능력과 인지능력이 잘 유지되고 있고 사회활동이 가능한 상태에서 이런 교육을 받으면 더 효과적이다.

이 시기에 중요한 것은 죽음에 대한 다양한 토론과 경험이지만 자신의 죽음을 마지막으로 정리하는 과정에서 일어날 수 있는 일들을 미리 준비하는 것이다. 이는 죽음에 대비하는 실제적인 실천의 문제들이라고 할 수 있다. 못다 한 일들을 정리하는 방법과 바람직한 재산상속과 노후의 경제생활에 대한 조언을 듣고, 올바른 유언방법에 대해서도 알아보며 사전 유언에 대한 필요성을 고취시키고, 상속에 대한 합리적이고 사회적인 가치관을 가질 수도 있다. 가족에게 물려줄 것과 사회에 기부할 것을 정하며 상속법과 증여에 관한 지식도 얻는다. 그리고 사전연명의료의향서의 작성과 등록 그리고 장기 이식신청서 작성, 마지막으로 자신의 사전장례의향서를 써보는 시간을 가져보는 것도 좋은 경험이 된다.[28]

## 06. 노년기 죽음준비교육 개요

현대의학의 발전은 근치치료에 머물지 않고 생명을 연장시키려는 방향으로 나아가는 경향이 크고 이로 인해 기존의 생명윤리 기준 또한 새로운 변화를 가져오고 있다. 의학의 발전 외에도 사회적 요인도 죽음에 대한 의미를 변화시키는 요소로 작용하고 있다. 하루가 다르게 변하는 현실에서 죽음에 대한 준비 또한 깊이 생각해 볼 여유가

28 김달수, 『죽음학 스케치』, 인간사랑, 2018.

줄어들고 있고 직접적인 죽음의 경험보다 미디어나 SNS 등을 통한 죽음에 더 익숙해지고 있는 것이 사실이다. 죽음에 관해서는 오직 간접경험만이 가능하고, 생명을 잃는다는 것은 인간의 가장 원초적이고 본능적인 두려움이기 때문에, 사람들은 죽음 그 자체에 대하여 생각하고 이야기하고 대비하기를 꺼려하고 회피하는 경향이 있다.[29]

그러면서도 사람들은 삶의 마지막인 죽음에 대해 궁금해하고 두려워하는데 노인들은 더욱 빈번하게 상실과 죽음에 직면하고 있는 것처럼 보인다. 그렇다고 언제나 부정적인 면만 있는 것은 아니다. 죽음 앞에서 오히려 편안함을 느끼는 경우도 있는데 허먼 파이펠(Herman Feifel, 1915–2003) 교수는 노인들이 자신의 죽음에 대해서 편안하게 느끼는 수준은 나이만이 아닌 다른 중요한 변수에 의해 결정되기도 한다고 주장했다. 이런 긍정적인 사고는 여러 요인들도 있지만 종교적 믿음, 기도, 영혼에 대한 믿음에 의존하기도 하고 죽음교육을 통해서 만들어진다고 한다.

일반적으로 죽음에 대한 태도는 문화, 가족가치 그리고 인지적 정서적 성숙도와 상관이 있다.[30] 또한 나이가 들어가면서 변하게 된다. 나이가 들면 대부분 죽음을 더 의식하지만 노인들 또한 젊거나 중년기의 사람들보다 죽음에 대해 더 잘 받아들이고 두려움을 적게 표현하기도 한다. 하지만 노인들은 그들의 죽음을 둘러싼 환경 즉 그들이 죽게 될 구체적인 맥락과 상황에 대해서 굉장한 관심을 보인다.[31]

일반적으로 노인들의 죽음에 대한 관심의 특징을 보면 첫째로 노인들은 인생의 한계에 대하여 많은 지식을 가지고 있으며 장수에 대해 더욱 현실적인 평가를 보여준다. 둘째로 노인들은 의미 있는 인생의 역할에서 많은 부분이 더 이상 실현가능하지 않다는 것을 알고 있다. 셋째로 노인들은 정상적인 기대 수명 이상으로 살 수 있다면 성취

29 조명옥, "노인이 인식한 죽음의 의미와 준비에 관한 문화 기술적 탐색 사례연구," 『한국노년학』 17. 1–34, 1997.

30 Kastenbaum, R., "Death and Dying: A Life–Span Approach," In J. E. Birren & K. W. Schaie, *Handbook of the Psychology of Aging, 2nd edition*, Van Nostrand Reinhold, 1985.

31 Kastenbaum, R., *The Psychology of Death, 2nd Ed.*, Springer, 1992.

감을, 그리고 기대 수명에 이르지 못했을 때는 상실감을 보여준다. 넷째로 노인들은 사랑하는 사람과 친한 친구가 죽었을 때 슬픔, 상실 그리고 공허감과 동시에 죽음을 면했다는 점에 안도와 죄책감도 느낀다.[32]

특히 노인들은 짧은 시간 동안에 친구, 이웃 그리고 친척의 죽음에 대처해야만 하는 누적된 영향으로부터 발생하는 애도 과부하(Bereavement Overload)를 경험할 수 있다.[33] 이런 문제로 노년에는 좀 더 자주 삶과 죽음의 의미를 검토해야 한다. 일반적으로 노인들이 죽음과 죽어 가는 과정에 대하여 더욱 잘 받아들인다고 알려져 있음에도 불구하고, 죽음 수용을 예측할 수 있는 더 좋은 변수는 한 개인의 죽음과 관련된 과거의 경험이라 할 수 있다.[34]

이처럼 죽음을 보는 인식이 모두 다르듯이 죽음에 대한 교육도 같을 수가 없다. 그러나 기본적인 죽음준비교육은 특히 노년기에 느끼는 죽음에 대한 불안을 감소시키고, 죽음을 인정하고 받아들이는 수용 자세를 갖도록 하고, 아프기 전인 건강한 시기에 미리 죽음을 공부하고 자기 죽음에 대해 준비하면서 가족들도 참여하면 모두가 죽음에 대한 의미를 다시 공감할 수 있다.

---

32 Kalish, R., "The Social Cotext of Death and Dying," In R. H. Binstock & E. Shams (Eds.), *Handbook of Aging and the Social Sciences 2nd Ed.*, Van Nostrand Reinhold, 1985.

33 Kastenbaum, R., "Death and Dying: A Life-Span Approach," In J. E. Birren & K. W. Schaie, *Handbook of the Psychology of Aging, 2nd edition*, Van Nostrand Reinhold, 1985.

34 Kastenbaum, R., *The Psychology of Death, 2nd Ed.*, Springer, 1992.

## 07. 알폰스 디켄(Alfons Deeken) 박사의 죽음준비교육의 15가지 목표[35]

1. 죽어가는 환자들에게 도움을 제공하기 위해 죽어가는 과정에 대한 이해를 촉진하고, 그들의 다양한 문제와 요구를 해결해준다.
2. 사람들로 하여금 죽음을 더 깊이 생각하게 하고, 자신의 죽음을 준비할 수 있도록 돕는다.
3. 상실의 경험으로 인해서 겪게 되는 비탄의 과정과 그 중요성을 이해하고, 상실로 인해 어려움을 겪는 사람들을 돕는다.
4. 지나친 죽음에 대한 공포를 완화시키고, 심리적 부담으로부터 해방시켜 준다.
5. 죽음에 대한 금기를 제거하고, 자유롭게 죽음에 대해 이야기하는 것을 촉진한다.
6. 자살을 생각하고 있는 사람의 심리를 이해하고, 자살을 예방하는 방법을 가르친다.
7. 병명의 고지와 말기 암환자의 알 권리에 대한 인식을 고양한다.
8. 죽음과 관련된 윤리적 문제를 가르친다(인위적 생명 연장, 안락사 등).
9. 법률과 관계된 의학적인 문제에 대해서 친숙하게 만든다(죽음에 대한 정의, 뇌사 결정, 장기 이식, 시신 기증, 유서 작성 등).
10. 장례의 역할에 대한 이해를 도모하고, 자신의 장례를 스스로 선택하여 준비하도록 돕는다.
11. 생명의 소중함과 삶의 가치를 일깨워주며, 주어진 시간과 생명을 어떻게 살아갈 것인지에 대해 새로운 시각을 열어준다.

35 알폰스 디켄, 전성곤 역, 『인문학으로서의 죽음교육』, 인간사랑, 2008. pp. 36–37. 알폰스 디켄(Alfons Deeken) 박사 초청 연세대 백주년기념관 1991. 강연집에서 발췌.

12. 노년의 시기를 더 풍성하게 살아갈 수 있도록 죽음의 예술을 적극적으로 배우게 한다. 즉, 삶의 질을 높이는 것이 죽음과 죽어감의 과정의 질을 높인다는 것을 알게 한다.
13. 자기 자신의 죽음에 대한 철학을 확립하고, 죽음이나 죽어가는 과정을 스스로 선택하도록 격려한다.
14. 죽음에 대한 종교의 다양한 해석을 탐구한다.
15. 사후의 생명에 대한 가능성을 생각하도록 격려한다.

## 08. 죽음을 앞둔 환자들의 욕구와 자기결정 존중[36]

알폰스 디켄 박사는 죽음을 앞둔 환자의 욕구를 10가지로 정리하고 있다.

1. 환자는 죽음을 앞둔 상태에서 혼자 버려진다는 느낌, 두려움을 갖기 때문에 옆에 친구가 가까이 있기를 원한다. 죽음이라는 미지의 세계를 향해 나아갈 때 옆에 가까운 사람이 있어 주는 것이 필요하고, 마지막 순간까지 공동체로부터 사랑을 받는 존재임을 원하는 것이다.
2. 환자는 자율성을 존중 받으며 자기결정을 원한다. 의사나 간호사는 질병에 대한 지식을 많이 갖고 있는 반면 환자는 질병으로 인해 정신적, 신체적, 정서적으로 약해진 상태지만, 전문가라는 이름으로 환자의 결정을 무시해선 안 되며 환자의

36 2006년 5월 3일 연세대 간호대학 창립 100주년이자 한국죽음학회 1주년을 기념하여 죽음학자 알폰스 디켄(Alfons Deeken) 교수 초청 강연 〈인간의 죽음과 죽어감〉에서 발췌 (출처: 미디어 일다 http://www.ildaro.com).

권리를 빼앗아도 안 된다.

3. 환자는 인간 '성장'에 대한 요구를 갖고 있다. 죽음이라는 끝에 대해 자포자기의 마음을 갖기도 하지만, 죽음에 이르기까지 적극적으로 자신의 삶을 향해 나아가고 성장하고 싶어 하는 존재이길 원한다.
4. 환자는 죽음의 행위에서 조연이 아니라 주인공으로 적극적인 역할을 하기 원한다. 자신의 죽음 때문에 겪어야 할 주위 사람들의 고통을 알고 있고, 힘든 상황 속에서도 그들에게 무언가를 해주고 싶어 한다.
5. 환자는 자신의 병에 대해 진실을 알고 싶어 한다. 환자를 위해 '암'이라는 사실을 알려주지 않는 것은 환자에게 희망을 갖게 하고 치료효과를 거두기 위한 것이지만, 이러한 의료진의 태도는 스스로 갖고 있는 죽음에 대한 공포를 반영한 것일 뿐 환자에게 도움이 되지 못한다. 환자와 의사가 신뢰관계를 가지려면, 의사는 환자에게 진실을 이야기해야 하고 환자는 자신의 몸에 일어날 일들에 대해 알 권리를 누려야 한다. 특히 환자에게는 자신의 남은 삶을 정리할 시간이 필요하다.
6. 환자는 품위 있게 '위엄'을 갖고 죽기 원하며 불필요한 생명 연장, 인위적 생명 연장은 원하지 않는다. 안락사와 관련해서는 논란의 여지가 있지만, 죽음의 과정을 연장시키기 위해 최첨단 의료기구 사용을 거절할 권리를 죽어가는 환자에게 부여해야 한다는 것과 연관된다. 의료인의 생명 연장을 위한 처치는 환자의 자유와, 환자가 품위 있게 존엄한 상태에서 죽는 것을 방해한다.
7. 환자는 자기의 전 생애를 돌아보는 정신요법을 원한다. 과거의 인간관계나 현재 고민하는 문제들 때문에 죽음에 대해 두려움을 갖는데, 화해와 용서의 시간이 필요하다.
8. 환자는 고통을 통제할 수 있기를 원한다. 육체적인 고통에 한정하는 것이 아니라 정신적 고통, 육체적 고통, 사회적 고통, 영적 고통을 포함하는 전체적인 고통을 고려해야 한다.
9. 환자는 유머와 웃음을 갖기 원한다. 죽어가는 사람들은 주변 사람들의 슬픈 얼

굴을 바라보기보다는 유머나 웃음을 통해 의사소통하고 싶어 한다.

10. 환자는 사후세계에 대해 알고 싶어 한다. 죽음은 모든 것의 끝이라고 생각하는 것과 영원한 생명에 대한 시작이라고 생각하는 것 사이에는 차이가 존재하기 때문이다.

## 09. 가족의 죽음에 대하여

사람은 자신의 죽음을 완전히 해결할 수 없다. 죽음 다음에는 자신의 의지나 의도가 완전히 고려되지 못하기 때문이다. 모든 죽음을 온전히 경험하는 것은 가족이나 친지 등을 통한 타인의 죽음에서 이루어진다. 자신의 죽음에 대처하는 것은 죽음준비교육을 통해서 어느 정도 가능하지만 가족이나 친지의 죽음에 대한 대처와 죽은 후의 수습은 자신이 직접 경험하면서 겪어나가는 현실의 문제이기 때문이다.

가족의 죽음을 맞이하는 중에서도 어떤 죽음은 남은 가족들이 해결하기 어려운 경우도 있다. 특히 문제가 되는 죽음에는 가족의 자살, 젊은이의 예상하지 못한 죽음, 유족들이 스트레스를 받으면서 죽어가는 사람을 보살펴야 했던 죽음, 유족들이 그 죽음에 대해 부분적 혹은 전적으로 책임이 있다고 믿는 죽음, 살인, 생사불명의 미확인 사망, 가족 중에 죽음이 계속 일어나서 유족들이 죽게 되는 것에 대하여 참지 못하는 경우 등이다.[37]

어린 자녀의 죽음은 부모에게 강한 충격과 슬픔을 주고 회복하기 어려운 상실감을 갖게 한다. 이때 도움을 받을 수 있는 사람들은 결국 남은 가족들이며 지역사회의 지

---

37 Richard Kalish, R. H. Binstock & E. Shams (Eds.), *The Social Cotext of Death and Dying, Handbook of Aging and the Social Sciences 2nd Ed.*, Van Nostrand Reinhold, 1985.

지그룹이다.[38] 특히 사고로 인한 자녀의 죽음이나 갑작스런 질병으로 인한 자녀의 예상치 못한 죽음은 더 충격적이다. 만일 부모 자신의 부주의나 실수로 죽음을 맞이한다면 더 큰 죄책감과 자신의 탓을 하게 된다. 어떤 자녀들의 죽음이 예상될 때는 부모는 서로의 핑계를 찾기보다는 보다 솔직하고 공개적이 되려고 노력해야 한다.[39] 이때 자녀의 죽음을 이해하려 하기보다는 좀 더 적극적으로 자녀의 죽음을 고통 없고 편하게 하도록 하는 과정이 필요하다.

성인 자녀의 죽음 또한 부모에게는 큰 고통과 아픔을 준다. 부모들은 자녀보다 오래 산다고 기대하거나 자신들보다 자녀가 먼저 죽는 것은 받아들이기 어렵다. 성인 자녀가 먼저 죽는다면 부모들은 평생 정체성을 상실하게 되고 강한 죄책감과 분노뿐만 아니라 고립의 두려움이나 미래의 불안정성을 느낀다.[40] 경우에 따라서는 성인 자녀의 죽음은 배우자나 부모의 죽음보다 더 큰 실망, 죄책감, 분노, 근심, 불안이나 신체적 증상이 생긴다. 특히 오래 사는 여성 노인들의 경우 약 25%는 성년자녀의 죽음을 경험한다는 통계도 있다.[41]

어린 자녀의 죽음이 부모의 커다란 상실이라면 남은 형제자매도 부모 못지않은 상실과 충격 그리고 슬픔을 느낄 것이다. 하지만 부모의 슬픔에 잠시 가려져 있을 뿐 나름 우애의 친밀도에 따라 더 큰 슬픔을 느끼는 경우도 있다. 하지만 대부분 노년에 일어나는 형제자매의 죽음은 정례적이고 당연시하는 경우가 많다. 하지만 개인 차이가 있어도 서로의 유대감에 비례하여 슬픔이 오래 지속되는 경우가 많고 특히 연장자보다

---

38 Therese A. Rando, *How To Go On Living When Someone You Love Dies*, Bantarn Doubleday Dell, 1991.

39 John S. Stephenson, *Death, grief, and mourning: individual and social realities*, Collier Macmillan, 1985.

40 L. A. DeSpelder & A. L. Strickland, *The Last Dance: Encountering Death and Dying 9th Ed.*, McGraw Hill, 2010.

41 Moss S. Z., Moss M. S., "Impact of the death of an adult child on elderly parents: Some observations. Omega," *Journal of Death and dying*, 17, 209–218, 1987.

동생들이 먼저 죽으면 그 아픔은 더 오래 가고 강하다.[42]

부모님의 죽음은 어느 정도 예상을 하고 있어도 그 죽음 자체가 큰 영향을 준다. 특히 어린 시절 부모를 잃는 것은 남은 생애에 영향을 끼친다고 한다.[43] 유아시절 부모의 사망은 잃어버린 무엇을 대신할 누군가가 없게 되며 성인으로서 일찍 생업을 위한 노동과 사회활동을 빨리 시작하게 된다. 이는 성인이 되어도 부정적인 나쁜 효과를 나타내고, 교육 기회를 줄이고 재정적 어려움을 가져다준다.

다소의 차이는 있지만 성인의 경우에도 부모의 죽음은 큰 영향을 미치지만 부모님의 노령의 정도에 따라 점차 마음의 준비를 하게 되고 죽음에 대해 스트레스를 조금은 덜 받는 경우가 많다. 그러나 많은 자녀들에게 자신의 부모가 충분히 오래 살지 못했다는 아쉬움이 존재한다.[44]

배우자의 죽음은 노인들에게는 매우 흔하지만 큰 상실 중에 하나가 되며 상당한 정도의 사별 충격과 개인적인 도전을 가져온다.[45] 일반적으로 75세 정도 여성 노인들은 약 67% 정도, 남성은 약 25%가 배우자의 죽음을 경험하게 되고 미국이나 우리나라도 과부가 홀아비보다 5:1 정도 많다는 것은 통계를 보지 않아도 주위에서 쉽게 느낄 수가 있다. 홀로되는 데 대한 반응은 역동적이고 시간이 지남에 따라 변화한다. 혼자된 배우자들은 다양한 감정을 동시에 가지고 있고 그들의 미래에 대하여 스스로 맞서야 하고 자신의 죽음도 가까워졌다는 것을 강하게 느낀다. 일반적으로 사별이 심한 슬픔과 상실감을 준다고 하지만 의외로 자신의 존재를 나타내거나 새로운 생활에 만족하며 잘 적응하는 경우도 있다. 하지만 배우자의 죽음은 필연적이고 오래 지속된 애정적인 유대

---

42 https://www.ncbi.nlm.nih.gov/pmc/articles/PMC2654987/. Moss S. Z., Moss M. S., "Death of an elderly sibling," *American Behavioral Scientist*. 33, 94–106, 1989.

43 Krause N. "Stress and isolation from close ties in later life," *Journal of Gerontology*, 1993.

44 Moss S. Z., Moss M. S., "The role of gender in middle-age children's responses to parent death," *Omega*, 33, 43–65, 1997.

45 Rosemary H. Blieszner, Victoria Hilkevitch Bedford, *Aging and the Family: Theory and Research*, Greenwood Publishing Group, 1996.

를 붕괴시키므로 개인적인 상실감과 함께 대인관계의 해체로 인하여 의지하는 사람이 없다는 외로움 등으로 힘들어하거나 부양책이 없이 남아있는 배우자는 경제적으로 어려움을 겪기도 한다.[46]

그러다보니 배우자의 사망 후에 오히려 남은 배우자의 사망 위험성이 높아지고, 면역체계의 기능이 저하되고, 다양한 신체적 장애, 건강 이상, 심리적 장애 등의 위험성이 높아지거나 여성들의 경우 심한 우울증이 발생하기도 한다. 하지만 상실로 인한 감정적인 슬픔은 남녀가 비슷하게 경험한다고 한다. 일부에서는 배우자의 죽음은 새로운 생활의 시작이기도 해서 배우자의 구속에서 벗어날 수도 있고 자신의 정체성을 다시 찾을 수도 있지만 대부분 어려움이 더 크다. 하지만 독립적이고 결혼생활을 직접 통제해온 사람들의 경우에는 배우자에게 사회·경제적으로 의존했던 사람들보다 슬픔을 다루는 데 어려움을 덜 느낀다고 한다.[47]

사별에 대한 적응은 사람에 따라 다르지만 노인이 동반자를 잃는다는 것은 실제로 모든 면에서 생활에 영향을 미친다. 먼저 성적인 상대를 잃고, 친구와 동반자를 잃는 것이고, 위험으로부터 보호를 받는 보호자를 상실하는 것이고, 자긍심을 느끼도록 지지해주는 상대를 상실한다는 것을 의미한다. 사별에 대한 반응과 높은 수준의 슬픔이 그들의 인생에서 특히 식사에 대한 사회적 의미를 유의미하게 변화시켰다는 것이 배우자를 잃은 사람들에게서 나타나고 있다.

즉 식사시간은 더 이상 사회적이며 함께 공유하는 감정적으로 만족스러운 경험이 아니라는 것이다. 특히 과부인 경우 혼자 식사하는 것에 어려움을 느낀다. 이들은 먹는 것이 덜 즐거우며 그래서 적게 먹고 영양상태가 나빠지고 체중이 줄기도 한다. 또한 잠

46 Rosemary Blieszner & Lori E. Hatvany, "Diversity in the Experience of Late-Life Widowhood," *Journal of Personal and Interpersonal Loss*, Volume 1, 1996-Issue 2, pp. 199-211.

47 Rosemary Blieszner & Lori E. Hatvany, "Diversity in the Experience of Late-Life Widowhood," *Journal of Personal and Interpersonal Loss*, Volume 1, 1996-Issue 2, pp. 199-211.

들기가 어렵거나 새벽에 일어나기도 한다. 이러한 증상은 우울증과 연관되기도 한다.[48]

사회적응 면에서는 여자들은 동성끼리 잘 어울리면서 서로가 상당한 사회적 지원을 제공하는 것처럼 보이지만 남자들은 종종 더 고립되는 경향이 있다. 하지만 혼자서 산다는 것이 모두 외롭거나 사회적으로 고립된다는 것과 같지 않다는 것을 알아야 한다. 사회적 지원은 외로움을 극복하는 데 도움을 줄 수 있지만 그것이 중요한 상호간의 애정적 유대의 상실을 대치할 수는 없다. 대부분의 여자들은 남편의 사망 뒤에 상당한 소득과 지원의 감소를 경험한다. 반면에 남자들은 가정에서 새로운 책임과 마주하게 된다. 가사일과 잡일이 늘고 고립감에 대처하는 법을 배워야 한다.[49] 남자 배우자 중에서 좀 더 젊은 사람들은 나이든 배우자들과 다른 종류의 적응문제를 경험한다. 자녀의 육아교육이나 늙은 부모의 관리까지 맡아야 하고 전과 다른 새로운 직업을 가져야 하는 경우도 있다. 이별에 대한 반응도 좀 더 젊은 배우자가 강하지만 나이든 배우자도 점차 시간이 지날수록 더 강한 애도반응을 보이기도 한다.

일반적으로 배우자의 상실을 극복하는 데 1년에서 4년 정도의 기간이 필요하고 초기에 적응이 어려운 사람은 시간이 지난 후에도 마찬가지로 적응이 어려웠고 초기부터 슬픔을 잘 견디고 사회활동을 하는 경우 애도반응도 짧고 사회적응이 더 잘 이루어졌다.

---

48 Carol L Jenkins(Editor), *Widows and Divorcees in Later Life: On Their Own Again*, Harrongton Park Press, 2014.

49 Richard Kalish, R. H. Binstock & E. Shams (Eds.), *The Social Cotext of Death and Dying, Handbook of Aging and the Social Sciences 2nd Ed.*, Van Nostrand Reinhold, 1985.

# 10. 우리나라 노인문제의 특성

우리나라도 수년 내에 노인 인구가 20% 이상이 되는 초고령 사회(Super-Aged Society)로 진입하고 있으며 앞으로 이런 추세는 더욱 가속화될 전망이지만 그에 따르는 노인문제에 대한 적절한 대안이 미흡한 것도 사실이다.

2015년부터 많아지는 여성인구(단위:만명)

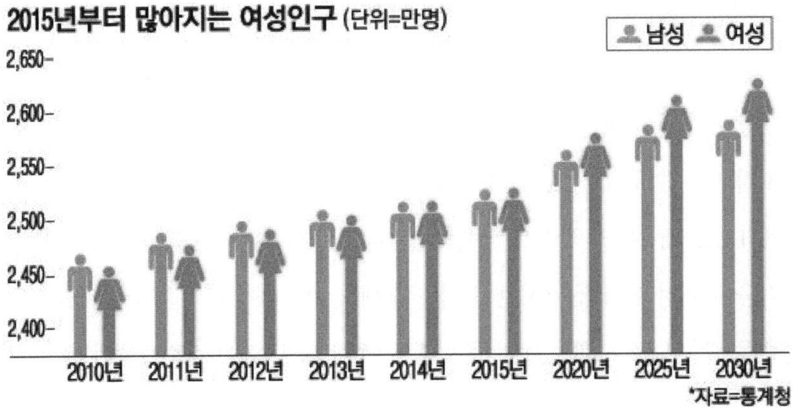


출산 시 성비는 남자가 높지만 우리나라 노인 인구의 특성 중에 여성 노인이 남성 노인에 비해 많다. 2010년 65세 이상 인구의 성비(여자 인구 100명당 남자 수)는 69.2%로 2000년보다 7.2명이 높아졌으며, 다행히 노인 남자의 수명도 늘어나므로 성비는 지속적으로 개선될 것으로 전망된다.[50] 그 이유는 의료 기술의 발달 및 건강에 대한 관심 고조로 수명이 길어지기 때문이다.

특정 연령에서 80세까지 생존 비율의 남녀 차이는 연령이 증가하면서 줄어들기는

50 http://kosis.kr/search/search.do#.

하지만, 여전히 각종 통계는 여성 노인의 생존 비율이 현저하게 높음을 보여 준다. 여성들의 높은 생존 비율은 노년기 노인문제의 상당수가 여성이 될 것임을 알려 준다. 이는 노인 정책을 설정하는 문제와 노인문제에 대한 대응책을 구상하는 과정에서 더 깊이 고려해야 할 사항이다.

지역적인 편중에서도 노인 인구의 특성을 보면 노인 인구의 지역 간 분포 차이가 많다. 우리나라의 노인 인구는 도심보다는 농어촌에 편중된다. 대부분 젊은층의 자녀들이 교육과 취업을 목적으로 도심으로 이동하고 노인 부모는 농어촌에 그대로 남아 있기 때문이다. 전형적인 농촌지역은 고령화가 심화되고 있지만 새로운 산업도시나 신도시에는 출생률이 높고 상대적으로 노인 인구는 적다. 일부 경상도나 전라도 지역의 군에는 노인 인구가 40%를 차지하는 곳도 있다. 우리나라 65세 이상 인구 비율이 20%를 넘은 시·군·구가 230개 중에 40%에 달하고 있다.

현재 농촌마을의 8.5%가 20가구 미만의 과소마을이지만 오는 2020년에는 농촌 고령화 인구의 사망이 크게 늘고 도시 인구 유입이 둔화하면서 20가구 미만의 과소 마을이 급증할 것으로 예측됐다. 전체 마을 중 10% 정도는 과소 마을이 돼 결국 마을 자체가 소멸할 것으로 한국농촌경제연구원(KREI)에서는 전망하지만 더 멀리 예측하면 우리 농촌에 20~39세 가임 여성 인구수를 65세 이상 노인 인구수로 나눈 '인구소멸지수'(마스다 지표)를 적용하면 228개 기초 자치단체 중 84곳이 30년 안에 사라질 것으로 예측됐다.[51]

지역적으로 낙후된 곳에서 젊은 자녀들과 분리되어 살아가는 노인들은 대개 노령에 따른 질병에 노출되거나, 심각한 고독감 혹은 우울감에 시달리게 될 가능성이 높기에 이에 대한 농어촌의 특성에 맞는 정책이 요구된다. 또한 평균수명의 증가로 부부가 지속적인 혼인관계를 유지하는 것이 점차 어려워지는 경우도 있다. 주거방식도 핵가족

---

51 http://www.krei.re.kr/krei/researchReportView.do?key=67&pageType=010101&biblioId=509771.

화가 진행되면서 노인 홀로 혹은 노인 부부 단독으로 세대를 형성하는 경우가 늘어나고 있는데 얼마 전까지는 자녀가 부모와 함께 살기를 거부해 발생하는 강제적인 단독주거의 경우도 있었지만 최근 노부모가 자의적으로 단독 주거하는 경우도 늘어나고 있다. 그러다 보니 여성 노인의 생존 비율이 높은 만큼 여성 노인이 홀로 사는 경우가 많으며, 최근에는 남성 노인이 홀로 사는 경우도 자주 볼 수 있다.

노인이 홀로 사는 경우에 건강, 고독, 성, 경제 문제 등은 더욱 절실한 문제가 된다. 이런 현상의 이면에는 노인들의 이혼과 재혼이 증가하는 경향이 있다. 노년의 이혼 건수는 계속 증가하고 있고 재혼 건수도 함께 증가하는 추세에 있다.

과거 노인들의 모임은 주로 다방 문화나 사랑방 문화가 주를 이루었지만 IT시대에 이미 충분히 적응된 노인들은 SNS나 YouTube 등의 소통방법을 가지고 새로운 교류와 참여를 이루는 것도 특징적이다. 물론 노인들은 가족관계와 사회관계에서 소외되기 쉬운데 이는 노년기에는 직장에서의 은퇴나 배우자와의 사별을 통해 가족관계와 사회적 상호작용이 감소하기 때문이다. 그 대신 특별한 직업이 없는 경우 상당한 양의 여가시간을 가지고 있지만 경제력은 제한되어 있다. 따라서 TV를 시청하는 것은 노인들이 여가시간을 활용하는 데 가장 선호하는 방법이 되었는데 최근에는 60세 이상 노인 336명을 대상으로 노인의 인터넷 이용에 관한 연구 결과 조사 대상 노인들의 74% 이상이 매일 인터넷을 이용한 소통 서비스를 가장 선호하는 것으로 나타났다. 비록 이 연구가 연구 대상자의 80%를 60대 초반의 노인으로 하고 있지만, 이는 앞으로 노인이 될 사람들이 가질 중요한 생활 특성으로 간주될 수 있다.[52]

SNS나 유튜브를 통한 소통은 점차 심화되는 사회적 단절을 열어주는 창구로서 노인들에게 휴식처, 재정, 건강관리, 사교 등에 관한 정보를 제공해주고 유사한 관심사를 가진 사람들에게 동호회 문화를 만들어 준다. 이는 많은 비용이나 노력을 들이지 않고 노인 소외문제를 해소하거나 완화시킬 수 있는 적절한 방법이 될 수도 있다. 노인들

52 홍명신, 『노인과 미디어』, 커뮤니케이션북스, 2013.

의 SNS나 유튜브 사용은 노인상담에서도 많은 도움을 준다. 대부분의 노인상담은 전화상담이나 면접상담으로 이루어지는 경우가 많지만 노출되기를 꺼리는 노인들의 경우 직접 상담을 꺼리는 경향이 많다. 이런 상황에서 인터넷상담이나 교육은 쉽고 편리하게 접근을 할 수 있으며 빠른 도움을 받을 수 있는 기회가 된다. 앞으로도 이 분야는 노인들의 삶의 질을 변화시키며, 새로운 실버마켓의 타깃이 되어 새로운 산업으로 계속 발전할 것이다.

노인 인구 문제 중에 범죄율 증가는 우려되는 문제이다. 우리나라 노인 범죄 인구는 꾸준히 늘어나고 있으며 미국의 경우에는 범죄 발생이 많아도 전체 범죄에서 차지하는 비중이 1%에 불과한 데 비해 우리나라 노인 범죄율은 2000년만 해도 3.4%에 달해서 상당히 높은 편이다. 최근 60대 이상 노인이 저지르는 범죄가 급증하고 있는 것으로 나타나는데 61세 이상 노인이 저지른 5대 강력범죄는 2010년 7천 9백여 건에서 2014년 9천 4백여 건으로 18.2%나 증가했다. 같은 기간 전체 5대 범죄 사건이 18.6% 줄어든 것과 비교하면 노인 범죄는 급증한 셈이다. 노인 범죄율을 항목별로 보면 살인과 강도는 5년 전보다 다소 줄어든 반면, 성범죄와 절도, 폭력은 늘어난 것으로 나타났다. 이는 수명이 늘면서 전체 인구에서 노인 비율이 높아지기도 했지만, 은퇴 이후 사회적으로 고립되는 노인들이 소외감과 경제적 빈곤 속에 폭행이나 절도 등의 범죄가 늘어난다는 것을 의미한다. 최근 조사에 의하면 노인 인구가 한 명 늘어날 때마다 노인 범죄는 대략 3건씩 늘어나고 있다고 한다.

노인은 청장년층보다 상대적으로 경제적 합리성 내지 생산성이 떨어지므로 경제활동을 비롯한 사회활동에서 낙오되거나 배제되는 경우가 많다. 특히 경제활동에서 은퇴한 노인의 사회적 지위는 크게 낮아지는데, 이는 노인에 대한 존중 및 사회적 지원의 약화와 연관된다. 또한 전통적 가족가치관의 퇴색 및 가정 내 지위와 역할의 감소는 과거 가정 내 웃어른의 대접을 받았던 노인의 위치를 현격히 저하시켰다. 이러한 과정을 통해 노인들은 경제적 어려움은 물론 소외와 무기력, 역할상실감을 경험하게 되며, 이는 노인의 폭력성 범죄의 증가를 가져오는 원인으로 해석될 수 있다.[30]

초고령화사회 진입을 앞두고 급증하는 노인 범죄에 대한 사회적 대책 마련이 시급하다. 앞으로도 노인 범죄는 노인 인구의 증가 및 사회구조의 변화와 더불어 지속적으로 늘어날 것으로 예측된다. 따라서 노인상담은 증가하는 노인 범죄에 대한 예방과 범죄 후 재활 차원에서 그 중요성이 점차 커지고 있다. 이런 종합적인 노인문제를 관리하고 상담하고 지원할 수 있는 제도적 보완이 요구되며 이는 죽음준비교육을 통해서 좀 더 교육과 예방이 될 것이다.

53 이현희·원영희·구자숙, "노인범죄 추이 및 관련요인에 관한 연구," 『한국노년학회』 2003 23권 2호, pp. 125-139.

# 제9장

# 임사체험(臨死體驗) 또는 근사체험(近死體驗)

## 01. 역사적 배경

임사 또는 근사체험(이하 임사체험으로 통일)은 죽음 직전에 경험하고 다시 살아난 사람들의 체험이다.

기록된 역사적인 문헌에는 이집트의 '사자의 서', 플라톤의 '국가론', '티베트 사자의 서', 베다 베네라빌리스의 '영국 교회와 사람들의 역사' 등을 들 수 있다. 소설에도 찰스 디킨스의 크리스마스 캐럴을 읽어보면 구두쇠 스크루지 영감의 임사체험이 잘 묘사되어 있다. 역사가인 필립 아리에스(Philippe Ariès)에 의하면, 서기 1000년 이전의 사람들도 죽음에 직면했을 때 신의 환상을 본 것이나 이미 죽은 사람들과 만난 것을 통상적으로 말하고 있었다.[1] 예전부터 각 지역의 전래 설화, 희귀한 이야기들, 문헌을 보면 임사체험의 기록으로 넘치고 있는 것도 사실이다. 15~16세기에 악마를 그리는 네덜란드 화가 히에로니무스 보스(Hieronymus Bosch, 1450년경~1516)의 〈천상계로의 상승〉이라는 작품에는 천사를 따라 빛의 터널로 들어가는 사람들의 모습이 오늘날 임사체험에서 빛의 터널을 통과하는 것처럼 그려져 있다.

1 필립 아리에스, 유선자 옮김, 『죽음 앞에 선 인간 (상·하)』, 동문선, 1983.

〈천상계로의 상승〉 출처: https://newrepublic.com/article/132024/impious-delights-hieronymus-bosch

## 02. 연구 배경

서구에서도 임사체험에 대한 의문은 있었지만 기독교 사상의 '삼위일체 유일신'의 영향 하에서는 이를 표현하기 어려웠다. 20세기 초에 들어서야 여기에 의문을 가진 학자들에 의해서 거론되기 시작하였고, 지질학자인 알베르트 하임(Albert Heim, 1849-1937)이 등산 중의 사고로 임사체험을 한 것을 계기로 시작되었다고 한다. 그 후, 미국 심령연구협회(American Society for Psychical Research ASPR)의 제임스 히스롭(James Hyslop)과 1923년에 이탈리아 의사인 봇차노(Ernesto Bozzano), 1926년 영국 물리학자인 윌리엄 플레처 바렛트(William Fletcher Barrett, 1844~1925) 등이 독자적 연구를 발표했지만, 그 뒤로 1970년대까지는 특별히 발표되거나 연구된 경우가 거의 없다가 1975년에 의사인 엘리자베스 퀴블러-로스와 심리학자인 레이몬드 A. 무디 주니어(Raymond Moody)가

연달아 저서를 출판하면서 다시 주목을 받게 되었다.

퀴블러-로스의 『죽음의 순간』(1975년)이라는 저서는 약 200명의 임사체험 환자들에게 직접 경험을 듣고 수집한 책인데, 이때부터 본격적으로 사례에 관한 통계나 과학적 접근이 시작되었다.[2] 레이몬드 무디는 1975년에 의사, 간호사, 환자들로부터 들은 임사체험 경험을 바탕으로 『사후의 생(Life After Life)』이라는 책을 발표하였고 처음으로 'Near-Death Experience NDE'라는 용어를 사용하여 일반인들로부터 임사체험에 대한 관심을 이끌어냈다.[3] 1982년에는 심장병전문의인 마이클 세이봄(Michael B. Sabom)도 심정지 상태나 심장수술 시 겪은 유체이탈 경험환자들을 연구하였다. 1977년에는 존 오데트(John Audette)를 회장으로 한 임사현상연구회가 발족되었으며, 이것은 나중에 국제임사체험연구회(International Association for Near-Death Studies, IANDS)로 발전하여 국제회의가 열리게 된다.[4] 현재 사용되는 임사체험이라는 말은 NHK가 1991년 NHK스페셜에서 "다치바나 다카시 리포트 임사체험~사람은 죽을 때 무엇을 보는 것인가"라는 프로그램을 방송하면서 다치바나 다카시(たちばなたかし, 1940- )의 저서 『임사체험』에서 유래되었다고 한다.[5]

## 03. 개요

심장정지 상태에서 극적으로 살아난 사람들의 4~18%가 임사체험을 경험한다고 알

2 엘리자베스 퀴블러 로스, 김진욱 역, 『죽음의 순간』, 자유문학사, 2000.

3 레이먼드 A. 무디 주니어, 주진국 역, 『다시 산다는 것』, 행간, 2007.

4 New York Times Staff. "Near-Death Experiences Illuminate Dying Itself". 《New York Times》, October 28, 1986.

5 다치바나 다카시, 윤대석 역, 『임사체험 상.하』, 청어람미디어, 2003.

려지고 있다.[6] 일부 임사체험과 구별해야 하는 자신의 영혼이 잠시 신체를 벗어나서 활동한다는 유체이탈(Out of Body Experience, OBE)과 유사하지만 혼동하는 경우가 있다. 일부 사람들은 유체이탈은 훈련을 통해서도 가능하며 신경생리학이나 뇌 과학 등의 영역에서 내세우는 가설 중에는 무의식 단계에서 들어오는 감각 정보를 재구성해서 몸 밖에서 보는 이미지로 구현한다고 하지만, 왜 몸 밖에서 보는 이미지가 있는지에 대해서는 설명이 불확실하다.

유체이탈에 대한 수면연구 실험 중에 신체이탈 경험이 사실인가 확인하기 위해서 신체이탈을 자주 경험하는 사람에게 잠들기 전에 특정 물체를 평소와 다른 곳에 놓아두게 했다. 그리고 신체이탈이 일어나 영혼이 몸 밖으로 떠돌아다니게 되면 그 물체를 찾아보라고 했다. 그 결과 평소와 달라진 위치의 물건을 본 사람은 아직 없었다. 이 실험을 통해 유체이탈은 그저 익숙한 기억으로 만들어진 환각이지 실제로 유체가 이탈하여 관찰하는 것은 아닌 것으로 밝혀지기도 했다.

한편 스위스의 신경외과 전문의인 올라프 블랑케(Olaf Blanke) 교수는 뇌수술 시 '우측 측두–두정 접합' 영역을 살짝 자극하자 환자가 추락하며 가라앉는 느낌을 느낀다고 했고, 몸이 뒤틀리는 것 같다고 했다. 이곳에 더 강한 자극을 주자 천장 근처에 떠있는 느낌이 든다고도 했다. 이 과정을 반복하면 유체이탈을 유발하고 통제할 수 있었다고 한다.

올라프 블랑케 교수는 여러 산악인들이 등반 과정에서 유령을 자주 접했다는 것을 발견했다. 올라프 블랑케와 로잔 공대 연구진들은 유령이 뇌에서 발생하는 어떤 문제 때문인 것으로 추측하여 2006년에 인공적으로 유령을 만들어내는 실험을 진행했다. 신체 감각을 인위적으로 조절시키는 로봇으로 뇌 신호를 흐트러뜨려, 사람들에게 유령이 존재하는 것처럼 착각하게 만드는 실험이었다. 실험 결과, 참가자들 대부분이 로봇

---

6 Daniel Willians(2007년 8월). "At the Hour Of Our Death," 《TIME》(타임사(타임 워너)). ISSN 0040-781X. 2012년.

이 전하는 빠른 진동으로, 실험실에서 유령을 경험했다. 그는 유령 실험을 통해서 유령의 존재가 결국 뇌 감각 신호 간의 충돌에서 빚어지는 현상이며, 즉 유령은 뇌가 받아드리는 신호의 왜곡으로 인해 만들어진 가상의 존재라고 발표하였다.[7]

임사체험은 최근 의학이 발달하면서 강력한 심폐소생술에 의해서 죽음 문턱에서 사람을 살리는 일이 많아지고 있어 이 같은 현상이 더 잘 발견되고 있다. 연구 결과 이것은 인종이나 문화를 가리지 않고 나타나는 현상이며, 경험을 분석해보면 유사한 공통점들이 많이 나타나고 있다. 결국 임사체험에 대한 논란은 영혼의 존재와 사후세계가 "있다"와 "없다"의 두 가지 입장에서 대립되고 있다 보니 경험적 주장과 과학적 주장이 충돌하는 면도 있다.

임사체험 경험자들은 보통 자기 자신과 주변 상황을 3인칭으로 바라보는 것, 아득히 멀리서 밝은 빛이 비치는 어두운 터널을 지나고, 자기가 자신을 떠나는 느낌 등으로 설명하며, 경험 후에는 자신의 삶에 좀 더 가치를 두고 죽음에 대한 걱정이 줄어든다고 한다. 단 구체적인 경험의 표현이나 인식하는 반응은 문화권마다 차이점이 있다. 기독교 성향이 강한 서구권에서는 구름 속에서 절대자를 만나는 체험을 하는 경우가 많고 그 형상은 사람에 따라 다르지만, 구체적인 사람이나 신의 형상을 만나는 경우도 있었고, 어떤 빛과 이야기를 하며 편안함을 느낀다는 경우가 많았다. 체험자 중 '사람은 누구나 태어나서 죽을 때까지 해야 할 일이 있다.'라고 절대자와 대화를 하고 왔다며 말로 표현할 수 없는 큰 사랑을 느낀 뒤 인생이 180도 바뀌는 사람도 있었다. 주로 긍정적이고 배려하는 생활을 하는 것으로 나타나기도 하지만 신앙에 깊이 빠지기보다는 좀 더 학구적이거나 진중해지면서 관대해지는 경향이 나타난다. 국내 경험자들의 경우는 검은 도포를 입은 저승사자, 삼도천, 돌아가신 조상님 등이 많이 목격된다고 하며, 일본의 경우는 따사로운 햇빛이 가득한 평화로운 꽃밭을 거닐면서 고양이들과 함께 노는 등의 내용이 자주 등장한다고 한다.

---

7 『네이처』 2014.11.06(Nature doi: 10, 1038/nature), 2014, 16294.

임사체험의 끝은 안내자를 따라 밝은 빛을 넘어가려 하지만 '돌아가라'는 식으로 이루어지거나 알 수 없는 강을 건너 도착한 곳에서 돌아가신 부모님이나 조부모님 등 이미 사망한 친족을 보고, 그 사람이 "넌 아직 여기 들어올 때가 아니니 다시 돌아가라"는 말을 듣고 깨어났다고 한다. 이런 경험들은 유사하지만 문화권에 따른 작은 차이로 나타나는데 평소 익숙하거나 경험했던 의식과 연관이 있는 것으로 보인다.

**※ 위키피디아의 임사체험 자료에서 언급한 임사체험의 유형[8]**

- 죽음의 선고가 들린다. 심장의 정지를 의사가 선고했던 것이 들린다. 이 단계에서는 이미, 병실을 정확하게 묘사할 수 있는 등 의식이 깨어있는 경우가 많다.
- 마음의 평온함과 고요함이 있고 표현할 수 없는 마음의 안도감이 든다.
- 귀에 거슬리는 윙윙 거리는 소리가 난다.
- 어두운 터널이나 터널과 같은 통 모양 안을 통과한다.
- 물리적 육체를 떠나는 유체이탈을 한다.
- 다른 사람과의 만남이나 영접을 받는데 죽은 친족이나 그 외의 인물을 만난다.
- 강한 하얀 빛이나 황홀한 빛의 생명을 만난다.
- 자신의 과거의 인생이 주마등 같이 보이거나 인생회고(라이프 리뷰)의 체험을 통해 성찰의 시간이 있다.
- 아직 죽을 때가 아니라든가 돌아가라는 등의 사후세계와의 경계선을 본다.
- 그리고 빛이 보이고 다시 깨어난다.

한편 비교적 문화권의 영향이 적다고 생각할 수 있는 아이의 임사체험에서는 '유체이탈', '터널', '빛'의 세 가지 요소를 볼 수 있으며 어른보다 간단하다고 보고한 연구도 있고 또한 아이들의 증언에 의하면 임사체험 중에 만나는 사람들이 생존하는 친구나

---

8 위키피디아, https://ko.wikipedia.org/wiki/임사_체험.

교사라는 조사도 있어 애매한 부분이 있기도 하다.[9]

그러나 레이먼드 무디가 조사한 바로는 성인들은 임사체험 경험 시 주로 윙윙거리거나 울리는 소리, 더없이 행복하고 평화로운 느낌, 유체이탈 후 자신의 유체를 보고 떠있는 느낌, 터널을 통해 밝은 빛 속으로 이동하는 경험, 이미 죽은 사람들과의 만남, 자기 눈앞에 지나온 삶이 펼쳐짐, 이탈한 육체로 다시 귀속되기 싫어함 등이 나타난다고 정리하였다.[10]

제프리 롱(Jeffrey Long)과 폴 페리(Paul Perry)는 임사체험연구단을 설립하고 10년간 1300명의 죽음체험자를 조사하면서 과학적으로 임사체험을 연구하고 검증하려고 하였다. 이들의 연구결과 레이먼드 무디의 결과와 유사한 공통점을 밝혀냈고 자신들의 연구 결과에 대하여 신과의 사랑, 사후세계에 대한 확신, 삶의 이유, 삶에서 당하는 고통과 용서 등에 대하여 나름의 설득력 있는 주장을 폈다.[11]

## 04. 임사체험이 잘 일어나는 상태와 임사체험 경험의 예

갑자기 심장이 멎었다고 임사체험을 경험하는 것은 아니지만 확실한 것은 일시적이라도 심정지와 호흡이 멈춘 상태인 상황에서 발생하는데, 이 순간에 뇌파의 기록을 완벽하게 실시하여 뇌파가 없었다는 검증이 현실적으로 어려운 것도 사실이다. 일반적인 자료를 살펴보면 아래의 경우처럼 임사체험자가 많이 발생하고 있다.

9 다카나 이키카즈, 전파과학사 편집부 역, 『임사체험의 불가사의 죽었다 살아난 사람들의 이야기』, 전파과학사, 1997.

10 레이먼드 A. 무디 주니어, 주진국 역, 『다시 산다는 것』, 행간, 2007.

11 제프리 롱 · 폴 페리, 『죽음, 그 후*Evidence of the afterlife*: 10년간 1,300명의 죽음체험자를 연구한 최초의 사후생 보고서』, 한상석 역, 에이미팩토리, 2010.

- 젊은 사람의 경우 더 잘 발생
- 평소 건강한 사람도 발생
- 뇌파 검사가 어려운 심근경색(心筋梗塞)에 의한 심장(박동) 정지
- 심한 산후 출혈 및 수술 부작용에 기인한 쇼크
- 패혈 및 과민성 쇼크
- 전기적 쇼크
- 외상에 의한 뇌손상에 따른 혼수상태
- 뇌 내출혈 및 뇌경색
- 자살기도 실패
- 익사나 질식 직전과 급성 무호흡 상태
- 심한 우울증에 의한 혼수상태

대부분 죽었다가 살아난 경우에 경험하지만 심한 신체적인 부상이나 충격으로 신체 손상이 큰 경우에는 임사체험을 보고한 경우가 거의 없었다.

임사체험의 경험 중에 유체이탈 현상은 널리 알려져 있고 이런 현상으로 자신과 주위 사람들을 보았다고 증언을 하고 있다. 마이클 세이봄(Michael B. Sabom, 1954– )의 연구에 의하면 임사체험자들이 유체이탈 중에 관찰한 치료실의 소생 장면을 묘사한 결과, 전문의의 진료기록 카드의 기술과 일치한 경우도 있다.[12] 간혹 지각의 확대가 일어나는 일도 있어 생전에 손발이 절단된 사람이 임사체험 중에는 사지를 그대로 가지고 있었다는 보고도 있다.

죽었다는 것을 느낀 이후 어두운 터널 안에 떠올라 있는 자신을 깨닫고, 그 다음에

---

12 Michael B. Sabom, *Light and Death: One Doctor's Fascinating Account of Near-Death Experiences*, Zondervan Publishing Company, 1998.

빛을 보는 체험을 하는 경우가 많은데 이 '빛'은 먼저 죽은 가족의 모습이나 종교적 인물의 형태로 나타나기도 한다. 한국에서는 주로 어두운 밤을 경험하고, 일본에서는 주로 자연적인 아름다운 전경을 경험하는 경우가 많다. 빛에 대한 체험은 나라마다 다른 양상을 보이고 문화적으로 다양한 해석을 하며, 빛의 강도나 자극 정도에 따른 변화도 크게 차이가 있어 강한 자극을 받은 경우 변화의 폭이 더 크다. 특히 빛에 대한 경험은 아이들의 경우 더 많이 나타났다.

라이프 리뷰(Life Review)는 일종의 파노라마 체험인데 자신이 살아온 순간의 강한 감정을 수반하며 다시 체험된다. 일상에서는 잊고 있던 과거의 경험이 파노라마가 되어, 순간 눈앞에 재현되는 것이다. 임사체험자의 약 25~30% 정도에서 나타나며, 빛의 체험과 함께 할 수도 있고 아닐 수도 있지만 빛의 체험과 함께 할 때 더 강렬하며 특히 사고 순간이나 익사에 의한 임사체험에서 라이프 리뷰가 자주 보고되고 있다.[13] 또한 미래에 그대로 실현된다는 '미래 예지' 현상이 보고된 적도 있는데 이 현상 자체는 제3자의 확인이 어렵지만 데자뷰와 유사한 경험이라고 주장하기도 한다.

임사체험에서 경험하는 환시는 임종이 가까운 사람에게도 흔히 나타나는 증상으로 칼리스 오시스(Karlis Osis, 1917–1999)와 얼렌듀어 헤럴드슨(Erlendur Haraldsson, 1931– ) 등이 1959년에 미국에서 한 조사에 의하면, 환자 35540명 가운데 1318명이 죽음 직전에 어떤 인물의 환시를 보았다고 조사했으며 후에 미국과 인도에서 행해진 2차 조사에서는 1708명의 예 중 591명의 예가 유사한 환시를 경험했다고 하였다.[14] 그러나 이런 환시현상은 일종의 종말체험(Deathbed Vision)이라 하여 일상에서 흔히 경험하는 것과 같다고 본다. 주로 죽음을 피할 길이 없는 상황 즉 심각한 교통사고, 등반 중 조난 사고, 난파선에서의 고립과 같은 상황에서 주로 보고되고 있으며 이때 나타나는 인물은 이

13 Peter Fenwick, *The Truth in the Light: An Investigation of over 300 Near-death Experiences*, Berkley Trade, 1996.

14 Erlendur Haraldsson, Karlis Osis, *At the Hour of Death: A New Look at Evidence for Life After Death*, Whitecrowbook, 2012.

미 죽은 부모님이나 친척 등이지만, 아직 살아 있는 사람, 신화적이거나 역사적 성직자 등의 3가지 패턴이 나타나기도 한다. 문화와 종교의 영향으로 예수나 마리아 또는 저승사자 같은 모습이 나타나는 경우 이들은 주로 죽음에 대한 안정감과 평안을 주기도 한다.

또한 종교학자 칼 베커(Carl Beckrt)는 죽은 자와의 대화를 주요하게 언급하면서 저서 『죽음의 체험』에서 성모마리아 같은 종교적인 인물을 제외하고는 임사체험 도중 모친이나 배우자의 얼굴을 보는 경우가 가장 많고 그 다음으로 많은 것이 형제, 자식, 친구 등이라고 하였다.[15]

칼리스 오시스는 "죽음이 임박하면 당사자가 스스로 깨닫는 의식 안내자(천사)를 만나거나 여행하는 꿈이나 환상을 보는데 그때 그가 떠날 때가 된 것을 스스로 느끼는 것이며 실제로 조만간 사망한다."라고 하였다.[16] 연구에 의하면 이런 환시를 경험한 62%의 사람이 환시를 본 24시간 내에 사망했으며, 선명한 환시를 본 직후에 사망하는 사람이 특히 많았고, 반대로 두서가 없는 환각은 사망할 때까지의 시간이 길었다.

유체이탈 현상은 보통 우리가 생각하는 것보다는 많이 발생한다. 위에서 인용한 칼 베커 교수의 연구에 따르면 10대 중에는 60명 중에 1명꼴로 이 체험을 자연스럽게 한다고 한다. 특히 전쟁 중의 병사들이 잘 경험하는데 제2차 세계대전이나 월남전 때 부상당한 병사 가운데 많은 수가 이 체험을 한 것으로 보고되었다고 한다. 부상 병사들은 영혼의 상태로 몸을 빠져 나와 미국에 있는 자기의 집에 돌아가 모친이나 아내들을 만났다고 주장하는데 이들의 주장을 보면 당시 가족들의 상황이 구체적이기도 하고 집에 있던 어머니나 아내가 그들의 영혼을 목격하는 경우도 있었다고 한다.[17]

이후 레이먼드 무디의 책을 학술적으로 분석하고 통계를 인용한 임사체험의 분석

15 칼 베커, 이원호 역, 『죽음의 체험』, 생각하는백성, 2007.
16 Karlis Osis, *Deathbed Observations by Physicians and Nurses*, Parapsychology Foundation, 1961.
17 Carl Becker, *The Eve of the Revolution*, Melee, 2008.

자료를 미국 코네티컷 대학 심리학과 교수인 케네스 링(Kenneth Ring)이 *Life at Death* 라는 책에서 통계를 이용해 임사체험의 다양한 경험에 대한 분석을 해서 성별, 나이, 인종, 종교, 결혼 유무, 교육 정도에 따르는 차이점을 자세하게 구분하여 정리하였다.[18]

임사체험의 경험 중에는 공포나 악몽 같은 경험도 있고, 암흑 속을 헤매거나 침울한 경험을 했다는 얘기도 있는데, 이러한 진술은 경험자들의 살아온 삶이나 경험과는 별로 관계가 없었다. 일부 연구자들은 종교적인 삶의 영위, 심리 치료 경험, 자살 시도, 가까운 사람의 주검을 목격한 경험과 경험자와 임사체험의 내용 사이에는 아무런 관계가 없다고 말한다.

하지만 일반적으로 임사체험은 적극적인 이미지도 강하기 때문에, 부정적인 체험을 한 사람은 타인에게 체험을 털어 놓는 것을 곤란해 하는 경향이 있으므로 그러한 체험자 중에는 부정적인 임사체험 자체를 표현하지 않을 수도 있다. 칼 베이커 박사는 이러한 임사체험의 예가 자살 미수자의 상담에 유효했다고 말한다.[19] 또한 자살로 임사체험을 한 사람은 체험이 없었던 사람에 비해, 다시 자살을 시도하는 비율이 극단적으로 감소하는 것으로 알려져 있다.

버지니아 대학의 브루스 그레이슨(Bruce Greyson, 1946– ) 교수는 앞에서 언급한 케니스 링 교수의 임사체험 다섯 단계 중 60%가 제1단계(평화스러운 느낌)를 경험했다고 했으나, 제5단계(눈부시게 밝은 세상으로 진입)를 경험한 숫자는 10% 밖에 되지 않았다고 한다.[20]

흔하지는 않지만 임사체험 중에 죽어 가는 사람 주변의 다른 사람이나 죽음의 시기에 있는 환자를 간병하는 사람 또는 여러 사람이 임사체험을 함께 공유하기도 하며, 원거리에 있는 사람과도 체험을 서로 나누기도 한다. 이 현상은 레이몬드 무디에 의해,

---

18 Kenneth Ring, *Life at Death: A Scientific Investigation of the Near-Death Experience*, 1982.

19 칼 베커, 이원호 역, 『죽음의 체험』, 생각하는백성, 2007.

20 Bruce Breyson, Near–death experiences and the physio–kundalini syndrome, Journal of Religion and Health 32. doi: 10.1007/ BF00990954. PMID 24271550.

1980년대부터 사례가 수집되어 '사공유 체험'이라고 이름이 붙여졌다.[21] 임사공유 체험의 경우 '빛 체험'이나 '체외이탈 체험', '인생 회고 체험' 등 임사체험과 거의 같은 현상이 일어난다고 한다. 이 중 '인생 회고 체험'에 대해서는 죽어 가는 사람과 주위 사람이 서로의 인생 회고를 모두 체험하기도 한다(뒤에 다시 언급).

## 05. 임사체험 후 일어나는 변화

임사체험을 경험한 사람들에게는 경험 후 많은 변화가 일어난다고 한다. 임사체험 전에 거칠고 배려심이 적은 사람이라도 케네스 링 등의 연구에 의하면 임사체험 후 '타인에 대한 동정심이 깊어지고 타인을 돕고 싶다는 소망이 강해졌다.'는 사람이 많았다고 하며,[22] 레이먼드 무디도 다음과 같은 경험자들의 증언을 발표하였다.[23]

- 사람과 사물에 대한 사랑의 증가
- 오라나 챠크라를 보는 영적 능력의 확장
- 죽음에 대한 공포가 완전히 사라짐
- 윤회와 같은 동양종교의 교리에 관심
- 채식주의자가 됨
- 이혼 등 중요한 관계에 변화가 생기고 직업도 타인을 돕는 직종으로 변환
- 덜 종교적이지만 더 영적이 됨

21 레이먼드 A. 무디 주니어, 주진국 역, 『다시 산다는 것: 사후 생존이라는 현상에 관한 보고』, 행간, 2007.
22 Kenneth Ring, *Life at Death: A Scientific Investigation of the Near-Death Experience*, 1982.
23 레이먼드 A. 무디 주니어, 주진국 역, 『다시 산다는 것』, 행간, 2007.

- 환경 보호에 새로운 관심
- 다른 사람을 더 이상 판단하지 않음
- 삶에는 다른 사람을 사랑하고 우주에 대해 배우는 중요한 목적이 있다는 것을 알게 됨
- 덜 물질적인 삶을 살게 됨
- 예언이나 영적 치유 같은 초자연적인 능력이 생긴다.[24]

2001년 네덜란드 의사인 핌 반 롬멜(Pim van Lommel, 1943~ ) 박사가 13년에 걸친 연구 끝에 심폐소생술을 통해 생명을 유지한 환자 34명 중 12%만이 임사체험을 했다는 논문을 세계 3대 의학 학술지 가운데 하나인 란셋(The Lancet, vol. 358, 2039-2045(2001))에 처음으로 등재하였는데, 이는 의학계에서도 임사체험에 관심을 보이기 시작한 것을 의미한다. 이 연구는 심장박동이 정지되었거나 호흡기능이 정지된 환자들이 대상이지만 환자가 젊을수록 임사체험을 경험했다고 하며, 임사체험 경험자들이 그렇지 않은 환자들보다 살면서 생의 중요성을 가지고 더 진중하게 살았다고 하였다.[25] 그러나 임사체험을 경험한 환자의 절반은 여명대로 살지 못하고 사망했다고 보고했다.

24 최준식, 『사후생 이야기』, 모시는사람들, 2013.

25 Pim van Lommel, *Consciousness Beyond Life, The Science of the Near-Death Experience*, Harper Collins, 2010.

## 06. 핌 반 롬멜(Pim van Lommel)의 심정지에 걸렸다 살아난 환자들의 임사체험(네덜란드에서의 전향적 연구)[26]

이 연구는 임사체험을 한 사람들에 대한 정확한 조사를 위해서 전향적인 연구방법을 시도하였다. 먼저 심폐소생술을 시행할 환자가 발생할 수 있는 병원을 지정하고 미리 계획을 세워 심폐소생술 후 살아난 환자가 있으면 최대한 빨리 면담하여 확인하는 방법을 시도하였다. 대상병원은 네덜란드에 소재한 10개의 병원이고 조사기간 동안 지속적으로 발생했던 심정지 사례 환자들 중 심폐소생술을 거쳐 되살아난 344명을 조사대상으로 선정하였다.

이 연구를 통해 62명의 환자(18%)가 임사체험을 보고하였고 유의한 사례는 그 중 41명(12%)이었다. 또한 임사체험 후 삶의 방식의 변화를 추적 조사하기 위해 2년 후와 8년 후에 두 집단을 비교 조사하기도 했다. 삶의 변화는 수년에 걸쳐 이루어졌고 임사체험을 겪지 않은 대조군과는 다른 양상을 보였다.[27]

임사체험 발생 빈도는 임사체험을 정의하는 방식, 나이든 심장 질환자에 대한 전향적 연구의 성격, 나이, 처음으로 심근경색 증상이 나타난 심정지에서의 생존 여부, 병원에 입원한 기간 중에 심폐소생술을 한 번 이상 시술받았는가 여부, 이전에 임사체험을 겪었는가 여부, 장시간 시행된 심폐소생술로 기억능력에 손상이 있었는지 여부 등에 영향을 받았다. 임사체험의 깊이는 성별, 심폐소생술을 받고 살아난 장소가 병원 밖인가 여부 그리고 심정지에 걸리기 전에 두려움을 가지고 있는가 여부에 의해 영향을 받는

26 Lommel, Pim van, Ruud van Wees, Vincent Meyers, and Ingrid Elfferich. "Near–Death Experience in Survivors of Cardiac Arrest: A Prospective Study in the Netherlands," *The Lancet* 358, no. 9298 (December 15, 2001): 2039–2045.

27 Atwater PMH., *Coming back to life: the after-effects of the near-death experience*, Mead and Company, 1988.

다는 결과가 나왔는데, 특히 깊은 임사체험을 겪은 환자들 중 유의미하게 더 많은 수가 심폐소생술을 시행 받고 30일 이내에 사망하였다(p〈0.0001).

임사체험은 여러 가지 상황에서 발생하는 것으로 보고되는데 이 조사에 의하면 심근경색에 의한 심정지(임상적인 사망), 출산 후 다량의 출혈에 의한 쇼크 상태 또는 수술로 인한 합병증, 패혈증이나 과민 반응에 의한 쇼크 상태, 감전, 두뇌가 외상으로 충격을 받은 다음 발생한 혼수상태, 뇌출혈이나 뇌경색, 자살 시도, 익사할 뻔한 상황 또는 질식 그리고 일시적 호흡정지 등이 포함되었다. 일부 임사체험자 중에는 심각하기는 하지만 생명에는 당장 지장이 없을 정도의 병에 걸린 환자들, 심각한 우울증에 빠진 사람들, 의식이 온전한 상태지만 뚜렷한 이유를 찾을 수 없는 사람들에게서도 나타났다.

이 조사를 통해 얻은 결과는 다음과 같다.

소생치료를 받을 때의 평균 연령은 62.2세(표준편차 12.2세)였고, 26세부터 92세까지의 분포를 나타내었다. 이들 중에 251명(73%)의 환자는 남성이었고 93명(27%)의 환자는 여성이었다. 그러나 소생술을 받은 환자의 나이는 여성이 남성보다 유의하게 더 많았다(66살:61살, p=0.005).

총 344명의 환자 중 296명(86%)은 조사 당시 심근경색을 처음으로 겪었었고 48명(14%)은 심근경색을 여러 번 겪었는데 급성 심근경색을 겪은 거의 모든 환자들이 합성된 마약성 길항제인 펜타닐, 혹은 펜타닐과 디하이드로벤즈페리돌의 합성처방약으로서 항정신착란 작용과 진정효과를 가진 탈라모날 중 하나 혹은 둘 모두를 처방받았다. 45명(13%)의 환자들은 디아제팜이나 옥사제팜 같은 진정제를 처방받았고 38명(11%)은 (심폐소생술 시 기도 삽관에 사용되는) 미다졸람 혹은 장기간 지속된 무의식상태 기간이나 그 이후의 두뇌불안정상태를 완화시키기 위한 할로페리돌 같은 강력한 진정제를 처방받았다.

대부분 환자들은 소생술을 시행하는 동안 많은 약제와 심장 전기충격기나 기도삽관이 되어서 소생 후에도 많은 신체적·정신적 손상이 있었으며 나이든 환자들보다 유의하게 많은 젊은 환자들이 힘든 심폐 소생술 이후에 뒤따르는 장기간 지속되는 무의식 상태를 겪고도 생존하였다(p=0.005).

임사체험 후 62명(18%)의 환자들이 임상적 사망의 시기에 대한 기억을 일부 가지고 있었는데 이들 중 21명(전체의 6%)은 낮은 수준의 임사체험을 겪었고 41명(12%)이 핵심 요소를 가진 임사체험을 겪었다. 또한 핵심 요소를 체험한 집단에서 23명(전체의 7%)이 깊거나 매우 깊은 임사체험을 겪었다고 한다. 결과적으로 전체 509건의 소생치료에서 살아난 344명의 조사대상 환자들의 3077 사례들 중에 12%에서 임사체험이 수반되었고 8%에서 핵심요소의 임사체험이 수반되었다는 것이다. 아래 임사체험 중 10가지 요소의 출현 빈도를 표기하였는데 특이하게도 임사체험 중에 고통스럽거나 공포체험을 보고한 환자는 없었다.

**임사체험 10가지 요소의 출현 빈도**

| 임사체험 요소 | 빈도(62명) |
|---|---|
| 1. 죽었다는 것을 인식 | 31(50%) |
| 2. 긍정적인 감정 | 35(56%) |
| 3. 체외이탈 체험 | 15(24%) |
| 4. 터널 통과 | 19(31%) |
| 5. 빛과 의사소통 | 14(23%) |
| 6. 여러 색깔의 관찰 | 14(23%) |
| 7. 아름다운 광경을 목격 | 18(29%) |
| 8. 죽은 사람들을 만남 | 20(32%) |
| 9. 인생 회고 | 8(13%) |
| 10. 경계의 존재 | 5(8%) |

이 조사에 의하면 의학적, 약리학적, 심리학적 요인들은 임사체험의 빈도에 영향을 주지 않았다고 하는데 60세 미만의 환자들이 나이든 환자보다 임사체험을 더 자주 겪었고(p=0.012), 여성이 남성보다 유의하게 나이가 더 많았는데 남성보다 깊은 체험을 겪

는 빈도가 높았다(p=0.011).

이 조사에서 첫 번째 심근경색으로 인한 심정지에서 살아남은 환자들이 겪는 체험의 빈도가 더 높은 것과 병원 밖에서의 심폐소생술로 살아난 환자들이 더 깊은 체험을 하는 것은 연령대의 차이에서 기인했을 수 있다고 보았으며, 임사체험을 겪고 나서 병원에 있다가 혹은 퇴원한 직후에 사망한 환자의 비율은 임사체험을 보고하지 않은 환자들의 사망률보다 유의하게 더 높았고(62명 중 13명[21%]:282명 중 24명[9%] p=0.008), 이 차이는 깊은 체험을 겪었다고 보고한 환자들의 경우에 더 뚜렷하게 나타났다(23명 중 10명[43%]:282명 중 24명[9%], p<0.0001).

생존자들 중에 2년 후 추적조사에서는 임사체험을 겪은 환자 62명 중 19명이 사망했고 6명은 면접을 거부해 37명에 대해 두 번째 면접 조사를 하였다. 이들에게 삶의 방식이 바뀌었는지를 묻는 질문항목 34개 중 13개에 대해 임사체험을 겪은 사람과 겪지 않은 사람들 사이에 유의한 차이가 나타났다.

이들은 사후세계에 대한 믿음이 현저하게 증가하였고 죽음에 대한 두려움이 크게 감소하였다. 또한 임사체험의 깊이는 자신의 삶의 의미에 대한 관심 같은 영적인 항목들과 사랑을 드러내고 다른 이들을 수용하는 것 같은 사회적 항목들에서의 높은 점수와 연관이 있었다. 대부분이 삶의 정적인 변화를 겪었는데 임사체험을 경험하지 않은 사람들보다 자신감을 더 가졌고 사회적인 의식수준이 높아졌으며 이전보다 종교적이 되었다. 이런 현상은 8년 뒤에 시행한 2차 추적조사에서도 차이가 나지 않았거나 더 긍정적인 변화가 뚜렷하였다.

이 조사에서 얻은 결과는 의학적인 요인들이 임사체험의 발생을 설명하지 못하였다는 것과 많은 환자들이 임상적인 사망상태에서 대부분 임사체험을 하지 않는다는 것, 환자의 위중한 정도와 임사체험은 무관하다는 것, 대뇌의 산소결핍증이나 약물에 의한 영향도 없고 환자의 심리적인 요인도 크게 작용하지 않는다는 것 등이다. 병원에서 시행된 여러 차례의 심폐소생술을 시행하여 살아난 사람의 경우 임사체험을 할 확률이 높게 나타나기도 하였다. 대체로 젊은 사람의 경우 임사체험의 경험을 많이 하는데 이는 젊은 환자들은 심정지에서 살아날 확률이 더 높으며 따라서 그들이 자신의 체험을 기술할 확률도 더 높기 때문이다. 반면에 나이든 사람들은 심정지가 나타났을 때 시행하기 힘들고 복잡한 소생과정 이후 두뇌가 회복될 가능성이 더 적어 보인다. 성에 따른 차이로 여성이 남성보다 깊은 체험을 하는 경향이 있다고 하는데 이는 다른 연구에서도 같은 결과가 나왔지만 그레이슨(Greyson)[28]의 연구에서는 질병에서 기인한 임사체험을 겪은 여성들의 경우에만 증가한다고 한다. 임사체험의 조사 중에 아주 특별한 경험으로 맹인의 임사체험 증언이나 자신의 수술 모습을 환자가 묘사하는 특별한 경우도 있었지만 명확한 근거나 이유를 밝히지는 못하고 있다.

이 연구는 많은 노력에도 불구하고 임사체험의 발생과 내용을 과학적으로 찾지 못했고 임사체험을 한 사람들의 삶의 방식에 긍정적인 변화가 있었다는 것만 정리하고 있다.

## 07. 임사체험의 동서양 문화차이

임사체험은 주로 미국에서 많이 발생했고 연구를 시작한 경향이 있지만 최근 대만, 일본, 인도 등에서도 임사체험에 대한 다양한 연구가 증가하고 있다. 문화와 유전적인 차이가 있는 동양인의 임사체험에 대한 연구는 2007년도 미국 신장병학회지에 실린 대만 타이베이 7개 병원에서 신장병으로 혈액투석을 받았던 환자 710명 이상을 상대로 임사체험 여부와 경험 후 삶에 어떤 영향을 받았는지를 조사한 것이 있다. 대만 임사체험 연구센터가 주도하여 실험했는데, 총 검사 환자 중에 51명이 임사체험을 했으며

28 Greyson B., Dissociation in people who have near−death experiences: out of their bodies or out of their minds? Lancet 2000; 355: 460−3.

긍정적 감정(74.5%), 체외이탈(51%) 등을 경험했으며, 체험자들은 시간이 갈수록 다른 사람과 더 공감하고, 죽음에 대한 두려움이 없어지며, 사후생과 인생의 목적을 믿는 등 긍정적 현상을 보여주었다. 그 결과는 서양인들을 대상으로 했던 다른 연구 결과와 매우 유사했기에 동서양인들 사이에는 큰 차이가 없다는 결론을 내렸다.[29]

1998년도에 일본 교린 의과대학 노인병과에서 입원 중에 깊은 혼수에 빠진 48명의 노인을 추적 연구하여 14명(37%)이 임사체험을 했음을 밝혀냈다. 성별, 나이, 기저질환, 직업, 종교, 교육 정도, 경험 장소, 혼수기간 등의 차이를 연구했지만 기존 연구와 차이가 없었다. 이 연구에 따르면 50%는 '의학적 사망 상태'에서도 '내가 죽었다'는 인식을 했고, 그럼에도 긍정적으로 생각하며(56%), 체외이탈을 하고(24%), 터널을 통과하고(31%), 빛과 교신하며(23%), 자신의 삶을 회고하는(13%) 경험을 했다고 한다. 또한 다치바나 다카시(たちばなたかし, 1940− )는 243건의 임사체험 사례를 통계학적으로 발표한 것은 아니지만 경험자를 수집해 분석한 내용에 의하면 체외이탈이나 터널 체험 등은 어느 정도 서양의 임사체험과 같은 공통점은 있지만 밝은 빛과 함께 어두운 빛의 경험도 있고, 하천이나 고산 식물이 만발한 곳에서 체험을 하는 경우가 많았다고 한다. 일본인들은 밝은 빛에 대하여 크게 의미를 두기보다는 그저 현상적인 빛 자체이고 당시 환경의 묘사정도로 표현하는 경우가 많다. 이는 서양에서 빛의 존재를 신과 동일시하는 기독교 사상과는 차이가 있다. 또한 어린 시절 트라우마가 있는 사람이 임사체험을 할 확률이 높다고 하였다.[30] 이런 일본인의 사례연구 중에 꽃의 이미지나 꽃밭, 꽃 위에 있었다는 증언은 일본사람들의 정서적인 특징과 연관이 있는 것 같다.[31]

칼리스 오시스(Karlis Osis, 1917−1999)의 연구에 의하면 인도 등지에서는 죽음의 신인 아무라디 같은 힌두교신이 많이 나타나는 것으로 조사되었지만 아메리카인디언의 경

29 Lai CF, Kao TW, Wu MS 등, "임사체험이 혈액투석 환자에게 미치는 영향: 대만에서의 다기관 연구," 『미국신장병학회지*American Journal of Kidney Disease*』, 2007년 50호.

30 다치바나 다카시, 윤대석 역, 『임사체험 상.하』, 청어람미디어, 2003.

31 칼 베커, 이원호 역, 『죽음의 체험』, 생각하는백성, 2007.

우에는 뱀, 독수리, 활, 화살 등이 주로 나타났다고 하는데, 이는 문화적 또는 종교적인 영향에 의해서 나타나는 대상이 아주 가까운 사람이라는 점이 특징이었다.[32] 또 다른 임사체험의 특이한 차이점이 나타나는 인도인들 중에 자신과 연관된 사람들이 91%였는데 미국인의 경우는 그 중에 60%가 어머니의 모습이었지만 인도인들에게는 여성의 경우가 거의 없었다. 또한 종교적으로 특이한 것은 미국인들보다 인도인들이 3배 이상 더 많이 체험한다는 것이고 양측 모두 자신의 종교에 국한해서만 체험하였다고 한다.[33]

임사체험에 미치는 종교의 영향을 분석한 자료에 의하면 사후세계를 믿는 경우 좀 더 종교적인 이미지나 감정을 잘 표현하는데 이런 종교적인 신앙심이 사후세계를 더 많이 경험하게 하는 것은 아닌 것으로 보이지만 종교적 신앙이 있는 사람들이 종교적인 의미로 경험담을 더 잘 해석하므로 체험자의 감정을 잘 좌우한다고 하였다.[34]

이러한 문화와 민족에 대한 다양한 차이점을 제프리 롱과 폴 페리는 문화적으로 경험하는 인식의 차이라고 보았다. 예를 들어 에펠탑을 먼저 본 사람은 쉽게 이해하지만 처음 본 사람은 건물을 짓기 위한 골조라고 표현하는 것과 같다고 하여 문화권의 차이로 해석하였다.[35] 하지만 이것은 매우 설득력이 떨어지는 주장 같다. 여러 가지 특이한 임사체험 중에 아메리카인디언 외에 동서양의 차이가 없이 주로 사람이 나타나는 것은 확실하지만 서양인의 경우 개나 고양이 등의 동물 등장에 대하여 증언하는 언급이 거의 없는데, 이에 대한 연구는 아직 부족한 것으로 보인다.[36]

---

32 다카나 이키카즈, 전파과학사 편집부 역, 『임사체험의 불가사의 죽었다 살아난 사람들의 이야기』, 전파과학사, 1997.

33 다카나 이키카즈, 전파과학사 편집부 역, 『임사체험의 불가사의 죽었다 살아난 사람들의 이야기』, 전파과학사, 1997.

34 칼 베커, 이원호 역, 『죽음의 체험』, 생각하는백성, 2007.

35 제프리 롱·폴 페리, 한상석 역, 『죽음, 그 후*Evidence of the afterlife*: 10년간 1,300명의 죽음체험자를 연구한 최초의 사후생 보고서』, 에이미팩토리, 2010.

36 김달수, 『죽음학 스케치』, 인간사랑, 2018.

## 08. 임사체험에 대한 인문학적인 접근

임사체험을 이야기하면 사후세계와 연결이 되고 영혼에 대한 문제를 언급하지 않을 수 없다. 임사체험 자체가 곧 죽음이 끝이 아니고 다음 세계가 있다는 것을 전제로 하여 윤회나 다른 차원의 세계에 대한 논의가 펼쳐지기 때문이다. 그러나 임사체험이나 사후세계에 대한 실체나 긍정적인 입증을 위한 확실한 논리적·실험적 증거는 전무하고 오직 임사체험자의 다양한 증언을 통해서 존재하며, 종교적으로 수천 년간 그렇게 믿었기 때문이라고 하며, 사후세계가 없다면 바르게 살아야 하는 근거를 약화시키며, 자살에 대한 유혹도 증가하고, 위대한 성인들의 가르침에 위배하기 때문이라고 한다.

심리학에서는 임사체험으로 일어나는 이미지와 사람들에게 집단 무의식의 개념을 알려준 칼 구스타프 융(Carl Gustav Jung, 1875-1961)의 심리학 원형의 개념과의 유사성을 지적하는 목소리도 있는데 융의 원형 이론은, 임사체험의 생리학적 설명이나 초심리학 설명과 모순되지 않는다. 융은 집단적 무의식과 개인적 무의식에 명확하게 선을 그을 수 없다고 말했지만, 이러한 혼재는 임사체험의 비전에도 볼 수 있다. 그는 죽기 전에 "죽음은 사라지는 게 아니라 알 수 없는 세계로 가는 것이다."라는 말을 남겼고 생전에 썼던 편지에서 "죽음의 저편에서 일어나는 일은 말할 수 없이 위대해서, 우리의 상상이나 감정으로는 제대로 파악하기조차 어렵다."라고 했다.[37]

심리학 이론에서는 죽음의 위협 인식에 따른 방어적인 반응으로 몸으로부터 심리적 이탈의 이인화현상이 발생하며, 과도적 각성(Hyperalertness)을 동반할 수 있다고 하며, 죽음을 넘었다는 인상을 기본적으로 암시하는 일종의 방어적인 환상으로 인해 생기는 동기화된 환상(Fantasy)을 보거나 죽음에 근접한 경험의 다양한 구성요소들과 관련된 이미지들이 사람의 공통적인 인간다움의 신화적 원형(Archetypes)으로 뇌에 타전된다

37 칼 구스타프 융, 조성기 역, 『카를 융 기억 꿈 사상』, 한길사, 2007.

고 한다.[38]

사후세계를 믿는 많은 사람들은 사후세계는 인간이 전혀 알 수 없는 세계가 아니며 대략적으로 오랜 세월 신비가들의 증언을 통해 어느 정도 파악이 가능하다고 생각한다. 신비주의자란 기존 종교의 도그마적인 교리를 거부하고 의식 상태의 변성을 통해 궁극적인 실재와의 조우와 합일을 이루고자 하는 사람이라고 정의하는데 이들이 영적으로 사후세계를 연결한다는 것이다.

사후세계를 알 수 있는 또 다른 방법 중에는 최면 퇴행을 이용한 방법이 있다. 미국에서는 최면 퇴행이 1950년대부터 정신의학에서 정식 치료법으로 인정받고 있는데, 현재 겪는 정신적인 어려움이 의식의 수면 밑으로 깊이 가라앉아 있는 과거의 어떤 체험에서 비롯된 것일 수 있다고 보고, 최면을 유도하여 유아기의 기억으로까지 거슬러 올라가게 하는 방법이다. 그런데 전혀 의도하지 않았는데도 그 과정에서 대담자의 유아기 이전인 태아 때의 기억이나 전생(Past Life), 심지어 삶과 삶 사이의 기억까지 끌어올려지면서, 이러한 사례들이 곳곳에서 보고되기 시작했다.[39] 초감각적 지각, 염력, 죽음 후 의식의 생존을 비롯한 초상현상(超常現象) 사건을 연구하는 초심리학(Parapsychology)[40]도 보통 감수기관의 능력만을 가지고서는 불가능하다고 생각되는 조건하에서 다양한 실험을 통해서 초감각적 지각과 염력을 통해서 접근하고 있다.

정신적·종교적으로 사후를 믿는다는 것은 이미 종교의 내세관이 존재한다는 말이므로 당연히 종교마다 그 내용은 다르기에 이에 대한 다양한 차이가 존재하기도 한다. 임사체험자들의 상당수는, 스스로의 체험을 통해서 육체로부터 영혼이 떨어져 사후세계를 체험했다고 하는데 이에 대한 경험적인 믿음은 확실하지만 객관적인 근거가 없는 것이 특징이다. 특히 일부 종교에서는 영적인 존재나 임사체험에 대한 경험에서 인

38 조계화·이윤주·이현지, 『죽음학 서설』, 학지사, 2014.

39 마이클 뉴턴, 김도희·김지원 역, 『영혼들의 여행』, 나무생각, 2011.

40 한국사전연구사, 『종교학대사전』, 한국사전연구사, 1998.

간만이 유일한 경험자이고 영혼을 가진 존재라는 사실에 확고한 믿음이 있어서 설득력 있는 설명이 어려운 부분도 있다.[41]

영혼이나 영체에 대해 절대적 믿음을 가진 경우 임사체험에 대한 현상을 확신하여 설명하고 있다. 마이클 세이봄(Michael B. Sabom)은 체외이탈을 검증한 결과 인간은 복수의 비물질적인 신체를 가지고 있어, 육체가 죽음에 가까워지면 그것들이 활성화되어 온다는 가설을 주창한다.[42] 즉 영적으로 인간은 '육체 외에 제2, 제3의 신체(미세신체)를 가진다고 여겨져 육체를 버리고 다른 신체로 이행한다.'라고 하여 이런 미세신체는 '신지학'[43]에서는 「에테르체Ethereal Body」나 「아스트랄체Astral Body」, 요가에서는 「프라나Prāṇa」로 불린다.

종교학자 휴스턴 스미스(Huston Smith)는 종교나 신비학에서의 전통적인 생각은 아스트랄계(중간계, The Astral Plane)에 대한 존재라고 주장한다. 이 영역은 인간이 상상하는 물질이나 상재적 물건이 모두 포함되어 인간의 사고가 형태를 취하는 세계라고 한다. '상재적'이라는 말은 주관과 객관이 들어가 섞이는 비물질 영역의 특성이다. 이 개념은 이슬람 신비주의에서 나온 것으로 상상력에 의해서 창출되는 것이지만, 존재론적으로 실재하는 세계라는 의미를 가진다.[44] 여기에 샤머니즘에서 다루는 귀신이나 영혼에 대한 언급이나 무당이나 주술사의 신내림이나 귀접 등은 사후세계에 대한 다양한 믿음이 널리 퍼져있음을 보여준다.

현대임사체험 연구의 선구자인 퀴블러 로스는 임사체험을 통해 죽음의 과정이나 사

---

41 김달수, 『죽음학 스케치』, 인간사랑, 2018.

42 Michael B. Sabom, *Light and Death: One Doctor's Fascinating Account of Near-Death Experiences*, Zondervan Publishing Company, 1998.

43 신지학(神智學)은 19 세기에 헬레나 블라바츠를 중심으로 설립된 신지학 협회에서 비롯된 밀교, 신비주의적인 사상 철학 체계이다. 모든 종교, 사상, 철학, 과학, 예술 등의 근본적인 하나의 보편적인 진리를 추구하는 것을 목표로 하고 있다.

44 Kenneth Ring, *Mindsight: Near-Death and Out-Of-Body Experiences in the Blind*, Iuniverse Inc, 2008.

후세계의 경험을 하면서 자신의 존재에 대한 소멸 공포를 갖지 않게 되고 죽음을 통과해도 자신이 그대로 존속하고 있으며, 죽어서도 자기는 자아의식을 가진 존재로 지속한다고 믿는다고 한다.[45]

형이상학적 입장에서 임사체험은 영혼이 다른 양식의 존재 또는 천국 같은 영역으로 과도기적 여행을 하는 것이기에 이런 현상이 사후생의 존재가 확실하다는 증거이며, 비록 죽음 후에 영혼이 살아남는다는 증거는 분명 아닐지라도 충분히 다른 세계의 존재를 인식하는 것이 된다고 한다.[46] 이는 현실체험설과 유사해서 죽음은 모든 것이 끝나는 종착점이 아니기에 현세 저편에 다른 세계가 펼쳐져 있다고 주장하면서 임사체험이 사후에 인간의 생이 존속하는 것을 증명해주는 것이라고 한다.[47]

미국의 종양학자인 제프리 롱(Jeffrey R. Long)은 임사체험자들이 공통적으로 경험하는 이런 과거기억이 사후세계를 설명하는 유력한 근거라고 하며, '사고로 뇌가 활동을 멈추면 의식자체가 없어진다. 백지상태처럼 아무런 기억도 없어야 하는데 임사체험의 경우에는 필름처럼 기억을 생생하게 해낸다면 과학으론 설명할 수 없는 무엇인가가 있다고 봐야 한다.'[48]고 말했다.

한편 임사체험을 경험하는 것이 우리의 일상 의식이 아니라 전혀 다른 의식 상태에서 일어난다고 하는데, 이는 임사체험뿐만 아니라 다른 절정 체험도 평소 의식과는 전혀 다른 의식 상태에서 일어난다는 주장이다. 그러한 의식 상태를 보통 변성된 의식 상태(Altered States of Consciousness: 이하 변성의식)라고 하며 심리학 용어로는 트랜스(Trance) 상태라고도 한다. 트랜스라는 말은 또한 비몽사몽, 황홀, 망아, 법열, 혼수, 실신 등의 개념으로도 사용된다. 변성의식은 의식과 무의식 사이에 있는 변환된 중간의식이

45 Elizabeth Kubler–Ross, *On death and dying*, Macmillan, 1969.

46 조계화·이윤주·이현지, 『죽음학 서설』, 학지사, 2014.

47 이이정, 『죽음학 총론』, 학지사, 2011.

48 제프리 롱, 한상석 역, 『폴페리, 죽음, 그 후*Evidence of the afterlife*: 10년간 1,300명의 죽음체험자를 연구한 최초의 사후생 보고서』, 에이미팩토리, 2010.

다. 의식이 지배하는 지성이나 이성 등 대뇌의 움직임을 쉬게 하고 잠재의식을 깨워서 간뇌의 자율신경계를 활발한 상태로 만드는 것이다. 자신의 의식을 조종하기 위하여 트랜스는 무의식과 소통하기 쉬운 상태 중 하나로 무언가에 몰입하거나 혹은 완전히 무관심해질 때 나타나는 상태이다.[49]

인문학적인 관점에서 수십 년 동안 많은 임사체험 자료와 증언을 정리한 서적이 출간되고 있지만, 체험 내용을 보면 체험자의 증언 이외에 특별히 나타난 과학적인 증거는 없고 대부분 이렇기 때문에 사후세계가 있고 영혼이 존재한다고 주장하면서, 신이 존재하므로 믿음이 중요하고 죽음이 두렵지 않다는 교훈적인 내용으로 일관하고 있다. 특히 대부분의 체험기는 전문 작가와 편집자들의 참여로 이루어졌기에 상당 부분 그들의 신앙과 연관되거나 주관적인 과장과 왜곡이 나타나는 것은 어쩔 수 없는 한계성을 보여준다고 할 수 있다.

결과적으로 사람들이 언급하는 임사체험에는 3가지 가설이 존재한다. 사후세계와 영혼이 있다는 '사후세계설'과 죽음에 임박하여 스스로 천국 이미지를 만든다는 '기대심리설' 그리고 죽음 단계에서 두뇌 내부에 변화가 생긴다는 '뇌 내 현상설' 등이다. 여기서 관심을 가지고 연구되는 부분이 '뇌 내 현상설'이다.

## 09. 임사체험에 대한 과학적인 접근

### 1. 뇌 내 현상설

대표적인 과학적 가설로서 뇌에 생리학적 또는 화학적인 변화가 일어나고, 이것이 유발하는 환각이 임사체험이 된다는 뇌 내 현상설이 있다. 임사체험은 사후세계를 체

49 Kalweit H., Shamanism, *Healers, and medicine men*, Shambhla, 2000.

험하는 것이 아니고, 죽음의 과정 중에 일부 환자가 체험하는 것으로 죽음 직전 즉 삶의 최종단계에 일어나는 의식체험이라는 것이다. 그 이유 중에 임사체험은 주관적인 환각비전도 나타나고 인종 문화에 따라 경험에도 차이가 있다. 아이들의 체험에서 살아있는 사람이 나타나거나 이미 죽은 유명 연예인이 나타나는 등 임사체험자에게 익숙한 경험적 요소들이 나타난다. 뇌 과학자들은 심신일원론을 취하며 마음은 뇌의 산물이고 물질이 만들어낸 현상에 불과하다고 주장한다.[50]

임사체험으로 일어나는 인생 회고 현상도 임사과정은 물론 교통사고가 일어나는 순간이나 높은 곳에서 추락하는 순간 등 위기 상황에도 잘 일어나는 현상이므로 이는 생명의 위기를 느낀 뇌가 생존에 도움이 되는 정보를 검색한다는 것이고, 이러한 위기적 상황에서는 시간을 늦게 느끼는 타키사이키아(Tachypsychia) 현상 같은 기억의 착각 현상처럼 비일상적인 감각을 경험할 수 있다고 한다. 또한 임사체험자의 인격에 장기적인 변화가 나타나는 것은 임사체험자의 뇌에 조성적인 변화가 일어났기 때문이라고 추측할 수도 있다.

뇌 내 현상을 주장하는 경우 삶의 최종단계에 오는 것은 무(無)라고 생각하고 사후세계는 존재하지 않고 의식의 존속도 있을 수 없다고 주장한다. 의식을 보유하고 있는 것은 뇌밖에 없어서 뇌가 죽으면 몸의 죽음과 함께 모든 것이 끝나기 때문이다. 이처럼 뇌가 더 이상 정상적인 의식을 가질 수 없게 되어 생의 마지막 단계에서 발생하는 뇌 내 이상 현상을 설명하는 몇 가지 모델들은 아래와 같다.[51]

#### (1) 다니엘 카(Daniel Carr)의 엔돌핀(Endorphin)설

임사체험에서 나타나는 행복감, 체외이탈, 다양한 빛과 같은 환각의 출현, 기억의 파노라마식 전개 등은 대뇌 변연계의 이상 현상으로 설명이 가능하다고 한다. 변연계란

50 이이정, 『죽음학 총론』, 학지사, 2011.

51 다치바나 다카시, 윤대석 역, 『임사체험 상·하』, 청어람미디어, 2003.

생명유지에 필요한 식욕, 성욕뿐만 아니라 기쁨, 슬픔, 공포, 같은 정서적인 감정과 신체의 감각기관으로부터 수집된 정보를 대뇌에 전달하기도 하고 기억의 보관과 검색을 위한 기본 중추도 이곳에 있으며 해마(海馬)라는 기억중추도 같이 있어서 이곳은 뇌의 다른 부위보다 엔도르핀(Endorphin)의 수용체가 널리 분포되어 있다.

위급한 시기에 뇌 세포를 활성화시키는 엔도르핀은 점차 증가하지만 몸의 기능을 멈추면서 엔도르핀이 뇌에 급격히 증가하여 변연계가 과잉반응을 보이고 역치를 넘으면 발작 증상을 일으키는데 이런 과정에서 신경세포의 전기신호가 혼란을 일으켜 임사체험이 나타난다고 한다.[52] 실험에서도 경련 같은 대발작을 일으키는 환자의 뇌 안의 엔도르핀 수치는 매우 높고, 발작 후에도 높은 엔도르핀 양을 유지하고 있음이 밝혀지고 있지만, 이것은 임사체험과 같은 감각을 보이지는 않는다는 반대의견도 있다.[53]

엔도르핀 설을 반대하는 입장에서는 엔도르핀의 작용시간이 길어서 오랫동안 통증이 없어야 하는데 많은 임사체험자가 '유체이탈 중에는 전혀 아픔을 느끼지 않고 있다가 신체로 돌아온 순간에 아픔이 부활한다.'고 보고하고 있는 점을 들어 엔도르핀 설로는 설명할 수 없다고 주장한다. 또한 엔도르핀 설에서처럼 기분 좋음을 따르지 않는 '네가티브 임사체험'은 설명이 곤란하며, 인위적으로 엔도르핀을 주입하면 환자의 의식은 애매하게 되어, 임사체험 시의 의식과 같이 각성하지 않는다고 하였다.[54]

#### (2) 모스의 신경학적설

많은 뇌신경학자들의 실험을 통해서 측두엽이상방전설에 대한 가설이 나왔다. 모스(Melvin L. Morse) 등은 여러 가지 정보가 통합되는 측두엽에 작은 충격이 와도 여러

52 Daniel Carr, *Pathophysiology of Stress-Induced Limbic Lobe Dysfunction: A Hypothesis for NEDs*, Anabiosis, 1982.

53 Peter Fenwick, *The Truth in the Light: An Investigation of over 300 Near-death Experiences*, Berkley Trade, 1996.

54 Michael B. Sabom, *Light and Death: One Doctor's Fascinating Account of Near-Death Experiences*, Zondervan Publishing Company, 1998.

가지 이상 현상이 일어날 수가 있다고 보았으며, 인간이 태어날 때부터 뇌 속에는 이미 유전자속에 각인된 형태로 임사체험이 프로그램되어있다고 하였다. 임사체험의 기억은 주로 뇌 측두엽의 도랑처럼 패여 있는 실비우스(Sylvius) 구라는 곳에 있고 누군가 낯선 사람을 보게 되는 데자뷰(Dejavu)는 이곳 측두엽을 자극하면 일어난다고 한다.[55] 또한 일부 실험에서는 파노라마 같은 인생회고 현상도 보고되고 있다.

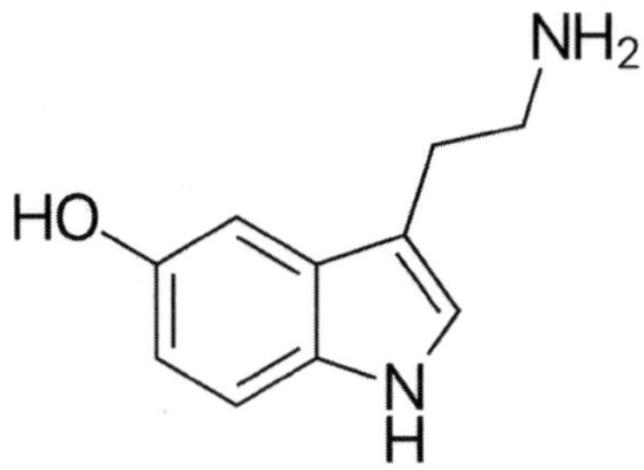

스트레스가 고조되면 간뇌의 해마라는 부분에 있는 신경세포가 세로토닌(Serotonin)이라는 신경전달물질을 분비하고 해마의 신경세포 축색돌기들이 측두엽을 자극하여 임사체험 작용이 일어난다고 한다. 이 시기에는 측두엽의 신경세포들은 불안정해지고, 산소 농도는 줄어들고, 이산화탄소 농도는 증가하게 된다. 일반적으로 산소 농도가 줄어들고 이산화탄소 농도가 높아져도 임사체험과 유사한 경험을 하게 된다. 이는 스트레스만으로도 발생하지만 종교적으로나 영적수행을 하는 중에도 임사체험과 유사한 신비한 체험을 하였다는 경우가 많은데 이것도 신경학적 설을 통해서 설명이 가능하다.

로렌시안 대학의 마이클 퍼싱어(Michael Persinger, 1945– ) 교수는 머리에 씌운 'God Helmet' 기구에 자기장으로 뇌를 자극하여 보니 영적인 경험과 비슷한 경험을 한다고 발표했다. 이처럼 뇌 활동에 영향을 가했더니 임사체험 같은 신비한 경험이나 종교

55 Melvin Morse, et al., "Comments on a neurological model of near death experience," *Journal of Near death Studies*, 1989.

적 체험에 변화가 생긴 것은 매우 의미 있는 인과관계를 보여주는 것이기도 하다. 이 실험을 통해 '종교적 체험은 단지 두뇌의 산물이며 두뇌 이외의 것과는 별다른 관련이 없다.'고 주장했다.[56] 이렇듯 임사체험으로 일어나는 현상과 측두엽의 신호 사이에는 상관관계가 있는데 측두엽에 트랜지언트(Transient) 전위로 불리는 특수한 전위가 관측되면 '측두엽이상방전'이 일어나 이것이 임사체험이 된다고 한다.

이에 대한 반박도 많은데, 그 중 측두엽에 비정상인 변화가 없었음에도 불구하고 임사체험이 일어난 사례가 존재하기도 하며, 측두엽의 편도핵를 자극했을 경우에는 기쁨이 아닌 공포감이 느껴진다거나 임사체험에 나타나는 냄새는 좋은 냄새인데 반해 측두엽의 경우는 수상한 썩은 냄새라고 지적하기도 한다. 그리고 측두엽 발작으로 일어나는 환각에는 임사체험과 같은 공통점이 없다고 한다.[57] 샘 파니아(Sam Parnia) 교수는 측두엽이나 대뇌변연계의 활동이 비정상으로 높아져 그 결과로 임사체험이 일어난다면, 기억상실이나 자동증, 이상 지각이나 패닉 발작의 징조 등 다른 요소도 볼 수 있을 것이며, 특히 측두엽은 기억을 담당하기 때문에 안쪽 측두엽을 포함한 발작은 기억상실을 따르지만 임사체험은 다른 사건보다 선명히 기억되는 경우가 많다고 반박했다.[58] 머리 부분을 전기로 자극해서 일어나는 체험에 대해서도 의식이 부유함과 동시에 자신의 하반신이 보였다고 하는 감각이상 등이 보고되는 등 임사체험의 체외이탈과는 질적으로 약간 차이가 난다고 하였다.

이에 더하여 그는 심정지 상태에서 다시 살아난 사람들의 사례를 살펴보았는데 이 사람들은 심정지 당시 의사와 간호사들의 모습, 주위 사람들의 대화, 그리고 시각적인 상황을 기억하고 있었다고 한다. "이는 의식이 육체를 벗어나 존재할 수 있다는 가능성

---

56 Michael A. Persinger, *Neuropsychological Bases of God Beliefs*, Greenwood Pub Group, 1987.

57 Bruce Breyson, "Near-death experiences and the physio-kundalini syndrome," *Journal of Religion and Health* 32. doi: 10.1007/ BF00990954. PMID 24271550.

58 Sam Parnia, *What Happens When We Die?: A Groundbreaking Study Into the Nature of Life and Death*, Hay House Inc, 2007.

을 과학적으로 입증해 보인 것"이라면서 "물질주의자들은 '의식은 육체의 산물일 뿐'이라고 주장하지만 유체이탈을 통해 영혼의 존재가 입증되면 앞으로 사후세계에 대한 실마리도 얻을 수 있을 것"[59]이라고 강조했다.

### (3) 사비델라와 아길라의 신경 펩타이드설

1987년에는 두 명의 칠레 과학자(Saavedra-Aguilar와 Gromez-Jeria)가 대뇌 변연엽(邊緣葉)계(측두엽과 뇌의 관련 부분) 엔도르핀 등 신경전달물질방출 모델을 발표하여 임사체험 설명에 적용했다.

이들의 가설도 앞에서 설명하였듯이 모스(Melvin L. Morse) 가설처럼 측두엽 간질의 일종으로 보았지만 그 원인부위가 실비우스구라고 한정하지 않았고 대뇌변경계의 많은 부분에 관여하고 있고 세로토닌 원인설보다는 다양한 신경전달물질인 신경 펩타이드(Peptide)들이 관여한다고 보았다. 이들이 주장하는 임사체험이 일어나는 과정은 외부의 강한 스트레스가 뇌에 작용하면 뇌혈류가 저하되고 뇌는 저산소증에 빠지게 되며 뇌혈관이 수축하게 되면서 청각계의 신경세포에 이상방전을 일으키게 되므로 임사체험 초기에 '웅웅'거리는 소리가 들린다고 하였다. 상태가 더 악화되면 다양한 각종 신경전달물질인 신경 펩타이드가 방출되어 감각적 변화와 심리적 변화가 뒤섞여 나타난다. 즉 엔도르핀이 많이 분비되면 통증의 감소와 안락하고 편안한 느낌과 죽음에 대한 불안감이 없어진다.

뇌 내 펩타이드의 균형 변화는 혈류저하와 함께 저산소 상태가 지속되면서 측두엽 변연계가 간질발작을 일으키고 변연계의 기억 검색장치가 기능부전이 되면 심층적인 기억들이 되살아나기도 해서 파노라마식 회상이 되기도 하며, 측두엽 간질에 의한 방전 현상이 일어나 뇌 전체에 파문 형태로 번져나간다. 이때 후두엽까지 파문이 퍼지면

---

59 Sam Parnia, *What Happens When We Die?: A Groundbreaking Study Into the Nature of Life and Death*, Hay House Inc, 2007.

서 시각중추를 자극하여 눈부신 빛을 표현하게 한다. 이 가설은 매우 다양한 임사체험의 증상을 잘 표현해 여러 과학자들에게까지 확산되었지만 일부 단점이 발견되었다. 즉 마약 과용자와 마약으로 유도된 환각을 경험한 환자들은 유체이탈을 보고하지 않았다.[60]

### (4) 산소결핍설

점진적인 죽음의 과정에서 심장과 호흡이 중단되어도 뇌는 약 20분 동안 전기적 활동을 생산할 수 있다고 한다. 그러나 결국 뇌 세포를 죽이는 죽음의 마지막 원리는 산소 결핍이다. 이처럼 죽음에 직면한 사람의 뇌에 공급되는 산소의 농도가 저하되면, 시각 뉴런들이 활성화되어 환각이나 빛의 점이 보이는 것이 아닌가 하는 것으로 제트 전투기 조종사가 비행 중에 큰 중력이 걸리는 것에 의해 뇌로 가는 혈류가 저하되어 산소결핍 상태가 되면 실신하는 경우가 있다. 'G락'이라고 불리는 이 현상에 대하여, 일부 사람이 꿈꾸는 듯한 기분감이나 터널과 같은 시각 상태가 있었던 것을 보고했는데 이것이 임사체험은 아닐까 하는 설이 있다.[61] 하지만 산소결핍설에 대한 비판을 한 샘 파니아에 의하면, 혈중 산소 저하 상태에서 반드시 빛의 점이나 터널을 본다고 하는 사실은 없다고 하였으며 산소 결핍 상태에 있는 환자는 심한 흥분 상태에 있어 착란이 많아 임사체험의 의식 상태와는 반대이고 또 G락 상태로 임사체험이 일어났다는 보고는 없다고 하였다.[62]

어떤 상태든 저산소증에서는 인간의 의식 능력은 저하하기 때문에, 임사체험처럼 '분명한 의식'이 있는 일이나 '선명한 비전'을 보는 일을 설명할 수는 없다. 실제로 조사

---

60 Saavedra-Aguilar J. C., Gromez-Jeria J. S., "A Neurological Model for Near Death Experience," *Journal of Near Death Studies*, 1989.

61 케빈 넬슨, 전대호 역, 『뇌의 가장 깊숙한 곳*The Spiritual Doorway in the Brain*』, 해나무, 2013.

62 Sam Parnia, *What Happens When We Die?: A Groundbreaking Study Into the Nature of Life and Death*, Hay House Inc, 2007.

해 보아도 산소가 결핍되면 사람의 지각이나 사고 능력 등은 현격히 저하된다. 후두엽의 산소 부족으로 보이는 밝은 빛의 점은 '스포트라이트'가 조금씩 약해져 마지막에는 사라진다고 한다.[63]

### (5) 죽은 뇌 이론설

수잔 블랙모어(Susan Blackmore)는 산소 결핍에도 여러 분류가 있기 때문에, 산소가 완만한 속도로 줄어드는 경우에 임사체험이 일어나는 것은 아닐까 추측했다.[64] 이는 수잔 블랙모어가 주장한 메모리 모델과 무산소증이 합쳐지면서 먼저 탈억제된 대뇌피질의 흥분 활동으로 과도한 정신 활동을 하게 되는데 이때 환한 빛과 터널 효과의 소음 등이 뇌의 시각 피질에서 생산된다는 것이다. 불안정한 감각은 정상적인 자아가 무너지면서 다른 세계가 펼쳐진다는 이 주장의 문제점으로는 임사체험은 산소 결핍이 아닌 상황에서도 일어난다는 것이다. 중증이 아닌 병이나 일상적으로 일어나는 임사체험의 경우, 산소 농도는 정상적일 수 있고 산소 결핍이 아닌 상태에서 더 쉽게 임사체험이 일어난다는 것을 밝힌 연구도 있다.[65]

### (6) 고탄산증설

임사체험은 혈류 속 이산화탄소의 농도가 높아지는 것이 원인으로 일어난다는 설이 있다. 실험에서도 '임사체험을 한 환자는 체험하지 않은 환자에 비해, 혈중 이산화탄소 농도가 현저하게 높았다.'는 결과가 나와 있다. 일부 정신건강의학과에서도 이산화탄소를 이용한 치료에서 환자가 매우 실감나는 환각을 체험했다고 한다. 그러나 고탄산증설에 대한 비판을 보면 반복실험으로 이산화탄소의 상승이 정신에 미치는 영향에 대해

---

63 Sam Parnia, *What Happens When We Die?: A Groundbreaking Study Into the Nature of Life and Death*, Hay House Inc, 2007.

64 Susan Blackmore, "Near-death experiences," *Skeptical Inquirer*, 1991.16, 34-45.

65 http://www.aiprinc.org/near-death-experiences/.

많은 연구를 해 왔지만, 지각의 현저한 일그러짐이나 공포감 등 임사체험과는 관련성이 없는 증상도 나타났고 명확한 임사체험이 일어났다는 보고도 없었다.[66] 또한 고탄산증으로 일어나는 경련 증상 등은 임사체험에서는 볼 수 없다고 한다.[67]

### (7) 약물설 또는 뇌 내 환각 물질설

올더스 헉슬리(1894~1963)는 '지각의 문 천국과 지옥(The Doors of Perception and Heaven and Hell)'[68]에서 직접 약물을 먹고 경험하는 현상을 잘 표현하고 있다. 그는 천상의 행복감과 지옥의 공포란 환각상태에 빠져있는 사람들에게 흔히 나타나는 경험이라고 표현을 한다. 이러한 상태는 마치 급성정신질환자의 증상 중에도 급격히 발생할 수 있으며, 사람이 죽음을 맞이할 시기에 순간적으로 천국과 지옥에 대한 경험을 하게 된다는 것도 밝혀지고 있다.

이런 현상을 이용하여 말기암환자에게 LSD(Lesergic Acid Diethylamide)를 이용한 환각요법을 실시하는 경우 죽음과 환생 그리고 신비한 의식 상태를 경험하게 되는데, 죽음에 대한 생각이 바뀔 수도 있다는 것과 죽음의 공포도 경감된다는 것을 알게 되었다. 이런 환각요법은 정신적이고 신체적인 고통을 덜어주는 데 그치지 않고 죽음을 이해시키는 데 많은 기여를 할 것으로 보인다.[69]

임사체험과 환각제를 사용했을 때의 정신 상태는 공통점이 있는데 환각제 등의 물질이 뇌에 작용하고 환각을 일으키는 것은 뇌에 어떠한 환각 물질이 내재한다는 사실을 시사하며, 이것이 임사체험의 원인이라는 해석이 있다. 예를 들면 케타민이나 LSD

---

66 Sam Parnia, *What Happens When We Die?: A Groundbreaking Study Into the Nature of Life and Death*, Hay House Inc, 2007.

67 Peter Fenwick, *The Truth in the Light: An Investigation of over 300 Near-death Experiences*, Berkley Trade, 1996.

68 올더스 헉슬리, 권정기 역, 『지각의 문 천국과 지옥*The Doors of Perception and Heaven and Hell*』, 김영사, 2017.

69 스타니슬라프 그로프, 장석만 역, 『죽음이란*Death*』, 평단, 2013.

를 사용했을 때에는 유체이탈의 감각을 얻을 수 있다.

그러나 환각제로 인해 생기는 환각과 임사체험에 일어나는 비전은 많이 다르다. 환각제 체험은 상당히 '불쾌한 체험'이며 '불안이나 공포'를 일으키지만, 임사체험은 그 반대이다. 환각제로는 인간의 지각 작용에 일그러짐이 생겨 체험자 자신도 '이것은 정상적인 체험은 아니다.'라고 인식하는 경우가 많다. 그러나 임사체험에서는 반대로 평상시보다 정명하고 맑게 의식이 발생되기 때문에 일상의 현실보다 더 이상적인 체험이 된다는 사람이 많다. 특히 케타민에서 일어나는 유체이탈과 시각 감각은 자기상환시로 불리는 자신이 두 명이 된다는 감각이기에 일반적인 유체이탈과는 다르다. 일반적으로 환각제 체험은 정신 이상 시의 체험에 가까우며, 임사체험은 정상상태의 체험에 가깝다. 또한 환각제 체험의 내용은 사람에 따라 천차만별이지만, 임사체험에서는 나타나는 현상에서 유사점이 많다.[70]

### (8) 출생 시 기억설

임사체험은 체험자가 갓난아기였던 때의 산도(터널)를 토대로 한 출산 시 기억이 원인은 아닐까 하는 스타니슬라프 그로프(Stanislav Grof) 등에 의해주창된 설이다. 실제 출생 시 기억설에서는 임사체험 중에 좁은 산도에 눌려 부서질 것 같이 느끼는 출생 시 고통의 체험이 많이 보고되고 있다. 분만 초기 경험을 터널(산도)을 통과하는 기억, 병원 분만실 등의 밝은 조명에 대한 기억으로 느끼고 분만 시 처음 만난 인물들을 통해 초월적인 기억들의 조합으로 임사체험을 설명할 수 있다. 하지만 갓 태어난 아기의 신경계 및 뇌의 능력은 아직 미숙하고 기억을 할 정도가 아니라는 것과 만약 제왕절개술을 한 경우라면 설명이 애매하고 어두운 곳에서 출생하였다면 빛에 대한 현상을 설명하기 어려워진다.[71]

---

70 다치바나 다카시, 윤대석 역, 『임사체험 상·하』, 청어람미디어, 2003.

71 스타니슬라프 그로프, 장석만 역, 『죽음이란*Death*』, 평단, 2013.

### (9) REM 수면침입설

켄터키 대학의 케빈 넬슨(Kevin Nelson)에 의하면, 빈사상태의 뇌가 위기 상태가 되었을 때에 일어나는 'REM 수면 침입'이라는 수면 장해가 임사체험이라고 한다. REM 수면 침입이 일어나면 의식이 각성과 수면의 중간 상태가 되어 이때 많은 사람은 꿈을 꾼다. 그 중간에 감정, 기억, 이미지가 선명해지는 것은 아닐까라고 말한다. 케빈 넬슨의 연구에서는 55명의 임사체험자 중 60%가 REM 수면 침입을 경험했다. "나의 연구는 뇌간에 있는 스위치에 초점을 맞췄다. 그리고 이미 말했듯이, 적어도 임사체험이 지닌 영적 특성의 일부는 그 스위치가 REM 의식 상태와 깨어 있는 의식 상태 사이에 놓인 것에서 비롯되는 증상일 수 있음을 발견했다."[72]라고 하였다. 하지만 사람들은 수면 침입으로 일어나는 현상은 공포 체험이 주요하고, 터널 체험이나 라이프 리뷰 등 임사체험의 모든 요소를 볼 수 없으며, 수면 억제제를 복용한 경우처럼 REM 침입이 일어날 수 없는 조건에서도 임사체험은 일어나고, REM 수면이 가능하려면 대뇌의 신피질 기능이 필요하기 때문에 모순이 있고, 'REM 수면 침입이 임사체험을 일으켰다.'는 것인지 '임사체험이 REM 수면 침입을 일으켰다.'는 것인지 인과관계가 불분명하다고 반박한다. 주16)

## 2. 심장정지 전후의 뇌활성화설과 전기기적설

실험쥐를 인공적으로 심장정지시켜 관찰한 뇌전도는 심장정지 후 30초간, 뇌의 활동이 통상보다 급증해, 정신 상태가 매우 고양된다고 판명됐다. 워싱턴대학의 라크미르 차울라(Lakhmir Chawla) 박사는 사망 직전의 7명의 환자로부터 30초~3분간에 걸쳐 활발한 뇌파를 검출할 수 있던 것에서, 산소 결핍 상태의 뇌가 짧은 시간 급속히 활동이 증가하고 서서히 감소하는 특성을 지닌 전기적 서지(Surge) 현상을 일으키는 것은 아닐까 하고 주장한다(다만, 이 환자들은 모두 임사체험을 보고하지 않고 사망했다). 이 서지 현상

---

72 케빈 넬슨, 전대호 역, 『뇌의 가장 깊숙한 곳*The Spiritual Doorway in the Brain*』, 해나무, 2013.

자체를 어떻게 해석해야 할지와 임사체험과의 사이에 어떠한 관련성이 있는지에 대해 관심을 두고 있다.[73] 단 이 주장의 문제점은 임사체험은 심장정지에 빠지지 않는 사람에게도 일어난다는 것이다.

전기기적에 대한 가설로 미시건대학 마취과 조지 마사우(George Mashour) 교수는 뇌가 무의식 상태일 때는 두뇌의 연결성이 훼손되면서 의식 상태를 유지하는데 요구되는 효과적인 정보전달이 어려운 환경이 되므로 서로 다른 부위와 단절되는 상태를 무의식 상태라고 보며, 이는 마취를 하는 것과 같다고 했다.[74] 이런 상태에서는 각자 개인은 연주를 잘 하지만 지휘자가 없으면 조화로운 연주가 안 되는 것과 같다는 것이다. 하지만 무의식상태라도 간혹 의식이 작동하는 경우가 있어 외부반응이 없는 혼수상태의 환자라도 의식이 있을 수도 있기에 이에 대한 의학적인 고려가 요구된다고 하였다. 이런 무의식의 현상을 뇌신경회로의 파편화라고 한다. 이와 같이 임사체험 상황에서도 정밀하게 조사를 하면 감지되는 의식을 나타내는 전기적 특성이 여러 가지 보였는데, 이것은 임상적으로 죽음의 초기단계에 있어서 뇌가 조절화된 전기기적 활동을 할 수 있음을 보여주고 있다.[75]

## 3. 양자역학설

양자역학론이나 양자중력 이론에 따르면 우주의 바탕은 일종의 에너지이면서 끝없는 운동력이라고 한다. 이 움직임은 서로 연결되어 있어서 개인의 영혼과 우주의 의식은 서로 변환되어 개인의 양자화된 에너지 즉 퀀텀에너지인 전자파동은 고유의 파동을 가지고 우주의 시공간을 빠르게 움직일 수 있기에 임사체험도 가능하다고 한다. 이 전자파동은 무한한 정보와 생명을 가지고 있어 다른 차원의 이동이 가능하다고 보는

73 http://skeptiko.com/lakhmir-chawla-frustrates-near-death-experience-researchers/.

74 Jimo Borjigin et al., Surge of Neurophysiological Coherence and Connectivity in the Dying Brain, PNAS Early Edition/em〉, 2013, DOI: 10.1073/pnas.1308285110.

75 http://www.kurzweilai.net/electrical-signatures-of-consciousness-in-the-dying-brain.

것이다.[76]

애리조나대학의 스튜어트 하머로프(Stuart Hmeroff) 교수는 양자에서 완성되는 인간의 의식이 평상시는 뇌세포에 있는 미소관에 차 있다가 죽음에 이르면 영혼이 인체의 신경계를 떠나 우주로 돌아갈 때 발생되는 현상이 임사체험이라고 주장한다. 영혼도 우주의 근본적 구성인 양자물질이므로 사람의 의식은 뇌에 존재하는 양자컴퓨터 프로그램의 일종으로 사람의 육체는 죽어도 영혼은 우주 속으로 들어가서 계속 존재한다는 것이다. 어떤 이유에서 죽음을 맞이하였다가 다시 살아난 경우에 임사체험을 하였다고 하는 것이며, 살아나지 못한 경우에는 확정되지 않은 방식으로 우주에 계속 존재하게 된다고 한다. 하멜로프의 이런 Orch-OR이론에 대해서 미소관은 뇌뿐만이 아니라 체내의 모든 세포에 있으며, 미소관을 파괴하지만 의식에 어떤 영향도 미치지 않는 약물이 존재하므로 이 이론은 모순이라는 반박도 있다.[77]

네덜란드의 심장병 의사인 핌 반 롬멜(Pim van Rommel, 1943- )은 '근시안적이고 유물론적이고 환원주의적인 뇌 연구가들의 주장처럼 의식은 뇌로부터 나오는 것이 아니다.'라고 말한다. 의식은 우주 곳곳에 존재하며, 라디오나 텔레비전이 방송 프로그램을 받아들이듯이 우리의 뇌가 그 의식을 받아들이고 있는 것으로, 우리 유기체들이 가지고 있는 태아의 발달과 면역 반응을 위한 기본적인 정보들만으로는 그런 일을 할 수 없다. 그 일에 대한 정보 태반은 우주에 저장되어 있다.[78] 여기에 중요한 역할을 하는 DNA는 유전 정보의 탐지자가 아니라 수신자이다.[79]

---

76 김건열·정현채·유은실, 『의사들 죽음을 말하다』, 허원북스, 2016.

77 http://www.dailymail.co.uk/sciencetech/article-2225190/Can-quantum-physics-explain-bizarre-experiences-patients-brought-brink-death.html#axzz2KZQVZvoZ.

78 Van Lommel, P., van Wees, R., Meyers, V. and Elfferich, I. (2001) Near-death experience in survivors of cardiac arrest: a prospective study in the Netherlands. Lancet 358: 2039-2045.

79 Van Lommel, P. (2004). About the continuity of our consciousness. Advances in Experimental Medicine and Biology 550: 115-132.

### 4. 홀로그램설

모든 부분이 모든 전체를 포함한다는 이론으로, 물리학자인 데이비드 봄(David Joseph Bohm, 1917–1992)은 우주 전체는 1개의 거대한 홀로그램이라 생각했다. 뇌에 국한하면 우리의 뇌와 기억은 홀로그램적인 특성을 가지고 있어서 뇌의 어느 특정 부위가 특정한 기능을 가진 것이 아니고 모든 부분에 전체를 담고 있고 전체는 모든 부분에 담겨 있으므로 뇌의 특정 부분과 특정 기능과는 관련이 없다는 것으로 마이클 탈보트(Michael Talbot)는 이 홀로그램설에서 임사체험[80]의 설명을 주장하고 있다.[81] 임사체험이란 다른 프로그램 세계를 방문하는 체험이며, 그 영역에서 지각하는 현실은 마음이 창조하는 홀로그램장의 사고 형태이므로 사후세계에서는 자신의 상념이 형태를 취해 나타났고 인생 회고(라이프 리뷰)는 홀로그래픽 체험이라는 것이다. 홀로그램설에는 양자역학적인 부분과 중첩되고 다양한 다중우주론의 개념이 함께 있어서 이 분야는 아직 명확한 논의가 어려운 한계가 있다.

## 10. 뇌 내 현상설과 대비되는 현실체험설

현실체험설은 임사체험을 직접 경험하였다는 사실에서 시작된다. 임사체험의 존재 여부에서 현실체험설은 뇌 내 현상설과는 대립되는 가설이다. 일본의 임사체험 연구가인 다치바나 다카시(たちばなたかし, 1940– )는 현실체험설에 호의적인 가능성을 제시하고 있다. 그는 '사후세계와 죽음'에 대한 관념이 결국은 삶에 대한 문제, '어떻게 살 것인가'라는 문제로 연결된다는 점을 강조하고 있는데, "임사체험을 취재하기 시작했을 때

80 Michael Talbot, *The Holographic Universe*, Harpercollins, 2011.
81 Michael Talbot, *The Holographic Universe*, Harpercollins, 2011.

나는 어느 쪽이 옳은지 빨리 알고 싶다고 생각했다. 나 또한 죽음에 대해 상당한 공포감을 가지고 있기 때문이다. 그러나 하나하나 취재해 나가면서 체험자들 거의 대부분이 이구동성으로 죽는 게 두렵지 않게 되었다고 말하는 것을 듣는 순간에 나도 죽는 게 두렵지 않게 되었다."라고 하면서 사후세계의 존재의 유무에 대한 결론을 미루었다.[82]

사람은 항상 진실을 알고 싶어 한다. 이런 호기심은 어떤 현상이 사실인지 거짓인지를 확인하고 싶어 하며 인지적으로 애매한 것을 견디지 못하는 사람 특유의 심리적인 성향이 있기 때문이다. 이런 과정에서 진실이란 무엇이 참이고 거짓이냐를 따져가는 과정이 생기는데 사람들은 대부분 진실이라는 것이 참이라고 생각한다. 하지만 진실이 언제나 참인 것은 아니므로 자신이 경험한 것이 사회적으로 인정되는지에 대한 두려움이 생길 수 있기에 비밀로 간직하는 이런 자신만의 진실이 심리적 진실로 변하기도 한다. 임사체험에서는 이런 심리적 진실의 문제가 존재한 것도 사실이지만 아직도 이에 대한 어떤 명확한 근거가 발견되지 않고 있는 것도 사실이다. 즉 경험자는 많은데 이를 명확히 입증하는 방법이 아직 없다는 것이기도 하다.

과학의 힘을 받는 뇌 내 현상설은 다양한 이론과 근거로 임사체험 현상을 설명하려고 하지만 아직 모든 것을 명확하게 설명하지는 못하기에 반박을 받고 있는 것도 사실이다. British Hospital 집중치료실에서 17년간 근무한 간호학 박사인 사르토리(Penny Sartori)는 환자를 관찰하여 "현재의 의식에 관한 과학적인 관점에서 고려해볼 때 임사체험이 신경학적 과정의 부산물이라는 입장은 설명되지 않는다. 뇌사 상태에서도 분명하고 명석한 체험을 한다는 사실은 현재의 과학적인 신념으로는 설명되지 않는다."고 결론을 내렸다.[83] 그녀가 만났던 어린 환자 중에는 말을 배우기 전에 임사체험을 경험한 체험자가 유아적인 표현을 사용하긴 하지만, 자신의 기억을 매우 자세히 회고하였다고 했다. 유아기 임사체험을 보고한 몇몇 자료에서도 이러한 사실을 확인할 수 있다. 생후

82 다치바나 다카시, 윤대석 역, 『임사체험 상·하』, 청어람미디어, 2003.

83 https://www.youtube.com/watch?v=YkW0ikd8i7U.

6개월에 임사체험을 했던 한 아기는 형제들과 놀던 중 터널을 기어가는 것에 불안한 반응을 보였다. 이 아기는 임사체험을 경험하고 3년 후, 할머니가 곧 돌아가신다는 말을 듣고 그럼 할머니도 하나님을 만나러 터널을 지나가는지 질문했다고 한다.[84]

아직도 우리 사회에서 자신의 임사체험을 고백하는 것은 어렵다. 만약 자신의 경험을 고백하였다면 그는 아마도 오랜 시간 고심했을 것이다. 그리고 지극히 개인적인 경험을 공개하는 데 큰 용기가 필요했을 것이다. 이런 면에서 임사체험에 대한 심리적 믿음이 더 깊이 존재하는지도 모른다. 경험자들의 경우를 보면 임사체험은 개인의 삶에 미치는 영향력이 너무나 커서 종종 존재적 위기로 비유되기도 한다. 그만큼 강한 충격과 경험이기 때문일 것이다. 사르토리는 "임사체험은 초월적인 경험이며, 비교할 만한 대상이 없다. 많은 체험자들은 임사체험을 '실제보다 더 실제 같은' 경험이라고 생각하기 때문에 누군가 그것을 사소한 일로 치부하면 모욕으로 받아들인다. 그리고 듣는 이가 몰이해한 태도를 보이면 자신의 경험을 감추고 다시는 이야기하지 않으려 한다. 체험자들은 대부분 자신의 경험을 남들 앞에서 이야기하기를 꺼린다."라고 주장했다.[85]

이런 문제에도 불구하고 현실체험설이 받아들여지고 있는 것도 아니다. 현실체험설 역시 구체적인 모델을 갖고 있지 못하기 때문이다. 실제 체험설이 가진 최대의 약점은 경험은 많은데 증거가 없다는 점이다. 물론 반박할 수 없는 체험은 많이 있어도 실제 조사나 재현을 하면 그것 역시 어디까지나 주관적 체험일 뿐 객관적인 증거가 될 수 없다는 데 문제가 있다.

또 하나 임사체험 자체는 특별한 것이 아니라는 주장 중에 유체이탈은 훈련을 통해서 임의적으로도 경험할 수 있다는 의견도 있다. 유체이탈은 초자연적인 현상이 아니라는 주장으로, 어떤 이유로 의식이 몸보다 먼저 잠에서 깨어났을 때 혹은 몸이 의식보

---

84 페니 사토리, 박정희 역, 『나는 나를 보았다: 임사체험 지혜의 서*The Wisdom of Near-Death Experiences*』, 한언, 2016.

85 페니 사토리, 박정희 역, 『나는 나를 보았다: 임사체험 지혜의 서*The Wisdom of Near-Death Experiences*』, 한언, 2016.

다 빨리 잠들었을 때 우리가 일시적으로 겪게 되는 잠재의식과의 생생한 조우라는 것이다. 최근에는 임사체험과 자각몽을 교육시키고 공유하는 동호회도 운영되고 있다.

## 11. AWARE Project

임사체험에 대한 검증을 위해 샘 파니아(Sam Parnia) 교수의 주도로 진행된 AWARE Project 연구는 심장이 멎은 환자를 대상으로 미국과 영국, 호주 등 총 18개 병원에서 시행된 실험이다. AWARE는 AWAare REsuscitation의 줄임말로 1차 조사에서 심장정지로 뇌의 기능이 없었던 2060명의 환자를 대상으로 면담조사를 실시하였다. 생존 환자 330명을 찾아내, 뇌사 혹은 데미지로 인해 응답할 수 없었거나 응답을 거부한 190명을 제외하고 140명 생존환자에게 설문 조사를 실시하였는데, 의학적 사망상태에서 의식이 있었다고 보고한 환자가 55명, 의식이 없었던 환자는 85명이었다고 한다. 1차 조사를 통과한 환자 중에 세부적 의식이 있었으나 임사체험은 없었다는 46명과 세부적 의식이 있었던 임사체험 경험자 9명을 선정하였다. 이 실험에서 사망 선고 후 의식이 있다고 모두 임사체험으로 인정하지는 않았고 임사체험은 변화된 시간감각, 터널, 주마등, 빛의 존재, 친지 혹은 가족과의 재회 등 일련의 경험이 포함된 경우로 제한하였다. 이런 임사체험 여부를 결정하는 데에는 신경정신과 의사인 브루스 그레이슨(Bruce Greyson)이 제안한 임사체험 측정기준인 Greyson NDE scale이 사용되었다고 한다.[86]

이후 2차 조사를 통과한 9명을 세밀히 조사하여 이 중에서 시각 및 청각 정보를 얻은 환자가 2명 발견되었고 이 2명 가운데 정확한 정보 제공 환자 1명과 정확하지 않은

86 https://iands.org/research/nde-research/important-research-articles/698-greyson-nde-scale.html

정보 제공 환자 1명을 구분하였다. 다시 3차 조사에서는 영혼의 존재를 입증하기 위해서 환자의 시각이 아니라 제3자의 시각에서 정보관찰 여부를 조사했는데, 영혼이 만약 실재한다면 환자가 볼 수 없는 각도에서 사물들을 볼 수 있을 것이라 가정하여 응급실에 하늘을 향한 그림들을 배치해 두었으며 이는 천장에서 아래를 내려다 볼 때만 볼 수 있게 하였다.

마지막 결과에 나타난 환자는 57세 남자로 방의 모퉁이에서 볼 수 있었으며 사람들의 대화, 행동, 소리 등을 정확하게 묘사했다고 한다. 그러나 이 실험은 4년이라는 장기간 이루어졌지만 결과는 매우 빈약했고 그나마 한 명의 결과만 있다는 것도 실험에 대한 문제점으로 지적되었으며, 실험을 위해서 숨겨진 표적으로 확인한다는 것부터 적절한 실험이 아니었다는 비판을 받고 있다.[87] 이 실험은 1차, 2차에 걸쳐 시도하였지만 2017년 5월 명확한 결과 없이 막을 내렸다.

## 12. 뇌 과학으로 본 죽음에 임박한 뇌의 현상

1. 미국 미시간대학 지모 보르지긴(Jimo Borjigin) 교수 연구팀이 2013년 쥐(래트)를 대상으로 한 연구에서 심장 박동이 멈춘 '임상적 죽음' 직후 뇌가 죽음을 맞는 짧은 과정인 대략 30초 동안 뇌에서는 높은 차원의 의식 활동과 관련한 뇌파가 폭발적으로 증강하는 현상을 실험을 통해 증명했다. 연구팀은 이런 현상이 죽음의 문턱까지 갔다가 소생한 환자들이 전하는 '임사체험'과 연관된 뇌 활동일 것으로 보인다고 전했다.[88]

87 https://iands.org/news/news/front-page-news/1060-aware-study-initial-results-are-published.html.

88 http://www.sciencemag.org/news/2013/08/probing-brain-s-final-moments.

## 대뇌변연계 (limbic system)

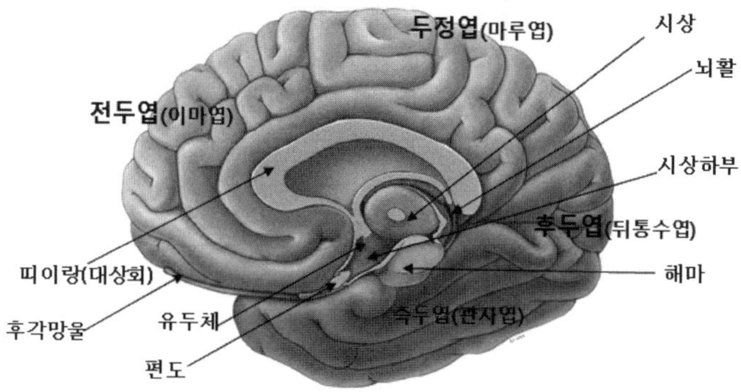


대뇌반구의 안쪽과 밑면에 해당하는 부위이며, 종족유지에 필요한 본능적 욕구와 직접적 관계를 가지고 있다.

연구팀은 "다양한 뇌 활동 지표를 측정해보니 동물의 심장이 멈춘 뒤 뇌파(뇌전도, EEG)가 완전 소멸하기 전 20-30초가량 아주 강력한 의식적 뇌 활동이 폭발적으로 나타나는 현상을 발견했다."고 말했다. 죽음을 맞은 실험동물들에서 고차원의 의식 활동 중에 나타나는 전형적인 뇌파인 감마파(25-55헤르츠)가 동일한 패턴으로 관찰됐다는 사실이 이런 결론을 뒷받침하는 실험적 근거라고 했다. 신호가 전달될 때 생기는 전기 흐름인 여러 뇌파들 중에서 감마파는 사람의 경우에도 각성 의식, 명상 상태처럼 높은 차원의 의식 활동과 상관관계를 지닌 뇌파로 알려져 있다. 뇌 활동이 이런 폭발적 증가 단계 이후에 정지했다는 것은 뇌에서 심장으로 한바탕의 신호가 보내지고 이로 인해 심장에 돌이킬 수 없는 손상이 가해지면서 사망으로 이어졌다는 것인데, 이 신호를 차단하면 심장은 더 오래 살아있는 것으로 드러났다.

이를 유추해보면 "만약 이런 상황이 인간에게 적용될 수 있다면 심장이 정지한 후에 뇌로부터 폭주하는 신호들을 차단함으로써 생존하는 데 도움을 줄 수 있을 것"이라고 볼 수 있다. 그러므로 "쥐(래트)를 대상으로 한 실험 결과이기는 하지만 심장을 살리려면 뇌와 심장 사이의 화학적 연락을 끊어야 한다는 놀라운 사실을 발견했다."는 것

이다.[89]

이 실험에 대해 일부 학자들은 인간과 쥐(래트)는 같을 수 없고 감마파가 쥐(래트)에서 정말 초의식 상태를 나타낸다고 볼 수 없으며 임종 순간 실험동물의 생각을 확인할 수 없다며 이런 주장을 반박하기도 한다. 하지만 이 실험을 통해서 임사체험 연구와 뇌수술에 대한 새로운 접근이 가능해지고 임사체험을 미리 예측할 수 있는 기반을 세운 것은 의미가 있다.

이 현상에 대하여 다치바나 다카시는 "사람은 죽음의 순간 정서, 의욕, 기억에 관여하는 대뇌변연계의 작용에 따라 백주몽을 꾸는 것 같은 상태가 되면서 충만한 행복감에 빠져들게 되는데, 바로 이때 신비체험을 하는 것으로 보인다. 신비체험은 뇌 속 기관 중 진화 역사상 가장 오래된 부분인 변연계와 관련 있다는 가설을 근거로 신비체험이 인간의 본능에 가까운 현상일 가능성을 언급하는데 인간은 어쩌면 태곳적부터 죽는 찰나에 신비체험을 해왔는지도 모른다."[90]라고 하였다.

2. 신경학과 의사로 캘리포니아 대학에서 뇌인지연구소를 이끌고 있는 라마찬드란(V. S. Ramachandran) 박사는 뇌의 우측반구가 하는 일 가운데 하나는 우리 자신과 객관적인 전체 상황을 챙기는 것이라고 하는데, 이 일은 제3자의 시각에서 우리를 쳐다보는 것을 포함한다. 즉 우측 반구는 아웃사이더 입장에서 우리 인간을 쳐다본다[91]고 한다. 우측 전두두정(Frontoparietal Bone) 영역이 손상되거나 마취제의 일종인 케타민제를 복용하면 유체이탈을 억제시키려는 뇌의 활동이 방해되는데 이때 의식은 우리의 몸을 떠나기 시작하고, 심지어 스스로 고통을 느끼지 못하면서 자신의 고통을 객관적으로 쳐다보게 된다. 마치 다른 누군가가 이것을 경험하는 것처럼 느끼는데 이런 현상은 동

89 http://scienceon.hani.co.kr/118066.
90 다치바나 다카시, 전화윤 역, 『죽음은 두렵지 않다』, 청어람미디어, 2016.
91 라마찬드란 V. S. Ramachandran, 박방주 역, 『명령하는 뇌, 착각하는 뇌*The Tell-Tale Brain* 당신의 행동을 지배하는 뇌의 두 얼굴』, 알키, 2012.

물 세계에서도 볼 수 있다. 맹수에게 잡힌 짐승이 더 이상 저항하지 않고 그대로 '죽은 척 하는 행동(Playing Possum)'의 형태로 행동과 정서적 출력을 멈추는 것을 경험한다. 그는 우측 전두두정(Frontoparietal Bone) 영역이 있는 구현회로(Implementation Circuit)의 산소가 부족해지면서 임사체험 형태로 유체이탈이 일어날 수 있음을 말하고 있다.[92]

3. 쌍둥이 유령 현상은 소프트웨어 엔지니어였던 패트릭(Patrick)이 경험한 증상으로, 그는 전두두정 부위에 악성뇌종양 판정을 받은 적이 있는 환자였다. 종양은 뇌 오른쪽에 있었는데 그에게는 상당히 흥미를 끄는 점이 있었다. 보이지는 않지만 생생한 느낌의 '쌍둥이 유령'이 그의 몸 왼편에 붙어 있다는 것을 인지한 것이다. 이것은 환자가 환자 자신을 위쪽에서 내려다보는 유체이탈 경험과는 다른 경우였다. 그의 쌍둥이는 그의 모든 행동을 거의 완벽하게 따라했다. 그와 같은 환자들을 광범위하게 연구한 사람은 취리히(Zurich) 대학병원의 정신병리학자 피터 브루거(Peter Brugger)였다. 그러한 환자들은 주관적 자아와 신체 이미지 사이의 일치가 뇌 질환으로 인해 교란될 수 있다는 것을 상기시켜 준다. 피터 브루거는 아포페니아(Apophenia) 현상을 "외관상 서로 무관한 사물이나 사상 사이에 연관을 보려는 성향"이라 정의하였다. 이는 서로 무관한 현상들 사이에 의미, 규칙, 연관성을 찾아내서 믿는 현상을 가리키는 말이다. 아포페니아 증상이 있으면 주변 현상에 특정한 의미를 부여하려는 사고를 하는 것이 특징이다. 또한 모호하고 흐릿한 자극을 명백하고 뚜렷하게 지각하는 '파레이돌리아(Pareidolia)'를 포함하는 개념이라고 한다. 나무껍질에서 성모 마리아의 모습을 보거나, 멕시코의 대표적인 빵인 토티야의 불에 탄 얼룩에서 예수 그리스도의 얼굴을 찾는 것 등이 변상증 즉 파레이돌리아(Pareidolia, 變像症)의 예이다.[93] "외관상 서로 무관한 사물이나 사상

92 라마찬드란 V. S. Ramachandran, 박방주 역, 『명령하는 뇌, 착각하는 뇌*The Tell-Tale Brain* 당신의 행동을 지배하는 뇌의 두 얼굴』, 알키, 2012.

93 http://skepdic.com/apophenia.html.

사이에서 연관성을 찾으려는 성향은 정신이상과 창조성을 연결한다. 아포페니아와 창조성은 동전의 양면처럼 보일 수도 있다."라고 했다.[94] 이처럼 아포페니아는 사람의 창조성을 발달시켜 주기도 하지만 인지 및 사고의 오류와 착각의 원인이 되기도 하여 주변 사물에 대한 환각과 망상, 착란 등 정신분열의 원인이 될 수도 있기 때문에 이를 잘 파악해야 심리적인 오류를 줄일 수가 있다.

『소사이어티(Skeptics Society)』지 창립자인 마이클 셔머는 내세를 믿는 사람들의 마음에 대하여 "우리는 바위, 나무, 구름 같은 무생물이나 약탈자, 먹이, 인간 같은 생명체에게도 의도와 행위자를 꾸준히 덧붙인다. 우리는 신체 너머에 있는 마음을 믿는 타고난 이원론자이기 때문이다. 우리는 우리의 마음과 다른 이의 마음을 인식하고, 우리의 신체를 남과 별개의 것으로 인식한다. 우리의 뇌는 자신을 주인공으로 하여 모든 감각과 인지적인 생각을 의미 있는 이야기로 엮어내려는 자연스러운 성향을 가지고 있다. 그리고 시대와 공간을 초월해 자신을 탈중심화하여 또 다른 시간과 공간으로 옮겨 놓을 수 있다. 우리가 영원한 본질을 가지고 있다고 믿는 것은 자연스럽다. 우리는 타고난 불멸주의자들이다."라고 하였다. 이는 우리의 뇌는 믿음 엔진이 있기 때문인데 우리가 자연에서 봤다고 생각한 패턴으로부터 의미를 만들어내고 단편적인 사실에서 결론을 도출하는 진화된 패턴 인식 기계이기 때문이라고 한다. 이러한 연합 패턴이 작동하므로 다양한 상상과 믿음이 돌출한다고 말한다. 그중에 뇌의 도파민은 신호를 전달하는 뉴런의 능력을 강화하는 물질로, 길항제에 반대되는 작용제가 되거나 신경 활동을 강화한다. 도파민은 뉴런의 시냅스 사이에서 원래 그곳에 결합하는 화학적 신경전달물질처럼 특정 수용기 모듈에 결합해 패턴 인식과 연관된 신경 발화율을 증가시킨다. 다시 말해, 뉴런 간의 시냅스 연결이 지각된 패턴에 반응하면서 증가하는 것이다. 결국, 새로

---

94 (재인용) Peter Brugger, "From Haunted Brain to Haunted Science: A Cognitive Neuroscience View of Paranormal and Pseudoscientific Thought," *Hauntings and Poltergeists: Multidisciplinary Perspectives*, edited by J. Houran and R. Lange, McFarland & Company, Inc. Publishers, 2001.

운 연결이 늘어나고 기존의 연결이 재강화되면서 새롭게 지각된 패턴을 형성한다는 것이다.[95]

4. 미국 과학뉴스 사이트인 라이브 사이언스는 미국 로스앤젤레스의 '유체이탈 체험 연구센터(Out-Of-Body Experience Research Center)'의 연구 결과를 인용, "임사체험은 자각몽(自覺夢, Lucid Dreaming)의 일종"이라고 발표했다. 일반적인 임사체험의 전형적 줄거리는 영혼 비슷한 것이 육체를 벗어나(유체이탈) 터널을 통과한 뒤 밝은 빛을 향해 날아간다는 것인데, 자각몽은 스스로 꿈을 꾸고 있다는 사실을 인식하면서 꾸는 꿈으로, 의식이 깨어 있기 때문에 스스로 꿈의 내용을 어느 정도 통제할 수 있으며 현실처럼 생생한 데다 나중에도 또렷이 기억할 수 있다. 센터는 각각 10~20명의 자원자로 이뤄진 4개 집단의 사람들에게 자각몽을 꾸게 하는 훈련을 시켰다. 이를 통해 꿈속에서 유체이탈이 가능해진 일부 사람들에게 앞서의 임사체험 이야기를 꿈꾸라고 주문했다. 그 결과 18명이 실제로 그런 체험을 했다고 보고했다. 마이클 라두가(Micheal Raduga) 소장은 "유체이탈로 터널을 통과하는 체험을 재현하는 데 성공했을 뿐만 아니라 전형적인 임사체험 현상인 황홀감도 경험했다."며 "심지어 빛을 향해 계속 날아가 이미 사망한 가족이나 친척을 만나기까지 했다."라고 말했다. 마이클 라두가 소장은 "임사체험의 실상은 뇌 손상이 유발하는 극도로 생생한 자발적 자각몽에 불과할 수 있다."며 "이번 실험이 의미하는 바는 임사체험이 사후세계의 증거가 아니라는 것"이라고 주장했다. 마이클 라두가는 *The Phase*라는 저서에서 Altered State of Consciousness(ASC), Including Out-of-Body Experiences(OBEs), Lucid Dreaming(LDs), Near-Death Experiences(NDEs), Alien Abduction Experiences, Awareness during Sleep Paralysis(ASP),

95 마이클 셔머, 김소희 역, 『믿음의 탄생: 왜 우리는 종교에 의지하는가*The Believing Brain*』, 지식갤러리, 2012.

False Awakenings 등은 모두 같은 단계에 포함된다고 언급하였다.[96] 특히 사람은 매일 밤 최대 2시간 동안 경험하는 급속안구운동(REM)이 있는 동안 여러 경험의 단계에 동반되며 이런 경험은 자연스런 것이라고 하였다.

5. 의학전문매체 메디컬 엑스프레스는 "스위스 로잔공과대학(Ecole Polytechnique Federale de Lausanne) 올라프 블랑케(Olaf Blanke) 교수팀이 뇌 감각 신호를 인위적으로 조정하는 방법으로 인공 형태의 유령을 만들어내는 데 성공했다."고 보도했다. 이 실험은 실제적인 유령이 아닌, 뇌가 몸의 운동·위치 신호를 해석하는 과정에서 오류가 일어나 발생하는 '뇌의 착각'이라는 점을 증명해내는 것이 목적이었다.

이에 연구팀은 평소 유령을 본다고 주장하는 뇌전증(간질) 환자 12명의 뇌를 MRI(자기공명영상장치)로 분석한 결과, 이들의 섬 피질(Insular Cortex), 전두골 피질(Parietal–Frontal Cortex), 측두두정 피질(Temporo–Parietal Cortex) 부분에서 특정 흐름이 나타나는 것을 확인했다.

본래 해당 부위는 공간 인지, 자아인식, 주변 움직임을 감지하는 역할을 수행하는데 만일 아무도 없는 공간에서 누군가의 움직임이 느껴진다거나, 귀신이 있다고 판단되는 경우는 바로 이 세 부위에서 발생된 뇌 감각 신호가 과하게 혹은 잘못 전달되기 때문으로 연구진은 판단했다. 이에 연구진은 실제 유령을 인공적으로 만들어보기로 결심하고 신체감각을 인위적으로 조절시키는 로봇으로 뇌 신호를 흐트러뜨려 사람들로 하여금 실제 유령이 존재하는 것처럼 착각하게 만들었다.

연구진은 사람의 손 그리고 등·허리 부위를 검지의 움직임으로 자극하는 두 로봇을 각각 실험참가자의 앞뒤로 배치한 뒤, 검지 움직임의 진동을 가해 느낌이 어떻게 변화하는지 관찰했다.

---

96 Michael Raduga, *The Phase: A Practical Guidebook for Lucid Dreaming and Out-of-body Travel*, Createspace Independent Pub, 2014.

실험 결과 블랭크 교수는 실험 참가자들이 일제히 유령을 봤다고 얘기했으며, 건강한 참가자 12명 가운데 2명은 유령에 두려움을 느껴 실험 중단을 요구하기도 했다고 말했다. 두 로봇이 전하는 빠른 진동만으로 유령들이 실험실 안에 나타난 것이다. 이는 보이지 않는 존재에 대한 두려움이란, 결국 뇌로 정보가 받아들여지는 과정에서 발생된 신호왜곡일 가능성이 높음을 알려주는 연구 결과이다. 이에 대해 연구진은 이런 현상이 나타난 이유를 검지의 움직임과 등 뒤의 로봇팔의 움직임 사이에 시차가 발생, 뇌가 자기 몸의 운동 정보와 위치 정보를 처리하는 과정에서 오류를 일으켜 환각상태에 빠진 것으로 풀이했다.

이는 제3의 존재를 인지하도록 실험실에서 인공적으로 유도한 첫 사례이지만 유령의 존재란 결국 뇌 감각 신호 간의 충돌에서 빚어지는 현상임을 밝힌 것이며 실험 결과가 사람들이 겪는 악령, 수호천사 등의 존재 감지가 산악인, 탐험가들이 극단적인 상황에서 겪는 환상과 유사한 것이며 공통적으로 '뇌의 신호왜곡'과 연관되어 있다고 설명한다.[80] 앞서 올라프 블랭크는 간질 치료를 받기 위한 검사를 받던 환자의 뇌 우측 각회(Right Angular Gyrus)에 집중적 전기 자극을 주는 실험을 했다. 이 위치에 자극을 주자 환자의 팔과 다리가 변형되는 듯한 환상(복합 체지각 반응Complex Somatosensory Responses)과 몸 전체가 움직이는 듯한 환상(정전신경 반응Vestibular Responses)이 보고되었다. 이 실험은 유체이탈이 복합 체지각 정보와 정전신경 정보를 뇌가 통합하지 못하는 데에서 오는 경험임을 보여준다고 할 수 있다.[81]

97 Out–of–Body Experiences Enter the Laboratory, Science 24 Aug 2007: Vol. 317, Issue 5841, pp. 1020–1021.

98 Blanke, O., Perrig, S., Thut, G., Landis, T. & Seeck, M. J. Neurol, Neurosurg Psychiatr: 69, 553–556, 2000.

## 13. 임사체험에 대한 긍정적인 견해

임사체험연구가로 잘 알려진 미국 버지니아대학 인지연구부의 브루스 그레이슨(Bruce Greyson, 1946–)[99]에 의하면 임사체험은 사망했다고 선고된 사람뿐만 아니라 죽음에 가까이 갔던 사람, 심지어 죽을 것이라는 공포에 직면한 사람들도 경험한다고 하였다. 이것은 꼭 사망해야만 한다는 것이 아니라 죽음에 가까이 가면 경험할 수 있다는 의미이다. 주로 경험하는 상황으로는 심장마비(Cardiac Arrests), 호흡정지(Respiratory Arrests), 지독한 고열(High Fever), 발작(Seizures) 등 생리학적으로 위험한 경우가 많다. 하지만 매우 높은 곳에서 떨어졌는데 생리학적으로 심장이 멈추지는 않은 사람들에게서도 똑같은 형태의 경험이 나타나기도 한다. 차량사고의 경우 자신이 분명 충돌하여 죽을 것이라고 생각했으나 무언가 상황이 변하여 충돌로부터 벗어나서 실제로는 심장이 멎지 않은 경우에도 임사체험을 한 경우가 있으며, 간혹 죽음을 조금 경험하거나 실제 심장이 멎는 사고를 당하여 뇌가 무산소(Anoxic) 상태에 빠지거나 익사 직전에도 임사체험을 한다.[100]

브루스 그레이슨의 견해로는 임사체험이 위험한 상황이 없이 발생하면 이런 경우 임사체험이라고 하지는 않지만 분명히 영적 경험들(Spiritual Experiences)이 있으므로 사실상 임사체험과 동일하다고 본다.

또한 임사체험은 보편적인 현상으로 그 유래는 고대 그리스와 로마 그리고 그보다 먼 이전의 산발적인 사례 등으로까지 거슬러 올라갈 수 있고 기록을 지닌 거의 모든 문화에서 임사체험 기록이 존재한다고 한다. 아메리카 원주민이나 태평양 섬들 그리고 오

99 버지니아 대학 인지연구부(The Division of Perceptual Studies) 웹사이트. https://med.virginia.edu/perceptual-studies/.

100 https://youtu.be/XqGr6hT_6ak.

늘날 전 세계 모든 나라의 연구에서 동일한 유형의 체험이 남아있다고 하면서 보편적인 현상이라는 것은 지역적이 아니라고 주장한다.

임사체험의 주요 내용과 개인의 성향과는 연관성이 없다고 하며 불쾌한 내용의 임사체험을 경험한 사람은 매우 드물다. 우리는 종종 지난날에 끔찍한 삶을 산 사람들의 경우 불쾌한 경험을 할 것으로 생각하지만 그렇지 않고, 또한 모범적인 삶을 산 사람이 의외로 불쾌한 경험을 하기도 한다. 많은 기독교 성인들의 경우 '영혼의 어두운 밤*(the dark night of the soul)*'에 대한 내용이 많다고 한다. 자살자의 경우에도 임사체험은 일반사람들과 동일하였고 단 임사체험 경험 후 더 이상 자살을 시도하지 않았다고 한다. 일부 알코올이나 약물을 과다 복용한 사람들의 경우에는 임사체험을 적게 하거나 증언 내용이 세밀하지 않은 경향이 있는데 이는 약물이 임사체험을 방해하거나 체험 내용을 기억하지 못하게 하는 것 같다고 한다.

임사체험 중에 다른 존재들(Entities)과의 조우(Encounter)에 대하여 임사체험을 경험한 대부분의 사람들이 당시 상황에 대해 묘사할 단어가 없다고 했는데, 이는 말이나 글로 표현하는 순간 일부 의미가 손상되는 경우가 많기 때문이라고 한다. 주로 경험자들은 따뜻한 사랑을 지닌 빛의 존재(this warm loving being of light)를 모든 단어를 동원하여 묘사하는데 북미 사람들은 종종 그것을 신(God)이나 그리스도(Christ) 또는 종교적인 성격의 존재로 부른다고 한다. 반면에 다른 문화권에서는 그러한 단어들을 사용하지 않는다. 그러나 같은 체험에 대해 은총(Grace) 또는 무조건적인 사랑(Love of Unconditional)과 수용(Acceptance)의 존재로 묘사한다. 이는 임사체험 중에는 일부 순수한 의식의 상태(State of Pure Consciousness)가 있기 때문인데 이를 언어로 표현하는데 어려움이 있다고 한다. 영적 전통에서는 공동(空洞, Void, 암흑의 공간)이나 어떤 곳으로 사라져버리는 느낌이 있다고 하는데 이는 동서양이 차이가 있다고 한다. 동양의 힌두사회에서 성장한 사람들은 이런 현상을 암흑의 공간(Void) 즉 니르바나(Nirvana, 열반) 또는 궁극적인 지복(至福, Bliss)으로 생각하고 이런 무한한 암흑(Infinite Darkness)을 지복 혹은 무한한 행복이라고 느끼지만, 서양에서는 공동(Void)의 체험을 불쾌하고 무언가를 잃어버린 것으로 여긴다고 한다.

어느 임사체험에서는 신적 존재(Beingness God)에 다가가며 합쳐진다고(Merging) 묘사하는데 이때 각 경험자의 개성(Individuality)은 잘 유지하지만 이 역시 언어로 표현이 어렵다고 한다. 이런 현상은 경험자 개개인에게 통하는 모든 문화적, 언어적인 인식의 테두리 안에서 형성되는 것으로 그 체험 자체의 문제라기보다는 그들이 체험 내용을 이해하고 묘사하는 면에서 그렇다는 것이다.

그러므로 임사체험은 경험자의 문화적, 개인적인 배경이 어떠한가에 기반을 두는데, 결국은 삶에 있어서 궁극적인 신비이며 물질적인 관점보다 더 큰 무언가가 있다는 희망을 확인시켜 준다. 그래서 어떤 임사체험이 되었든 죽음이 끝이 아니라는 것을 확신시켜 주고 죽음 뒤에도 의식은 계속된다는 사실을 알려준다.

## 14. 임사체험에 대한 부정적인 견해

임사체험에 대한 다양한 가설이 있다는 것은 그만큼 임사체험이 영적이나 과학적으로 아직 설명하기 어려운 초현실적인 현상이 일부 나타나기 때문일 것이다. 그러다보니 사후세계 존재나 영혼의 존재가 명백하거나 있을 확률이 얼마라고 하기보다 아직은 믿음으로써만 존재를 인정하는 경우가 많다.

임사체험은 사람에 따라 일부 일관성이 보이지만 한편으로 보면 서로 차이가 있고 모든 사람에게 나타나는 것도 아니다. 뇌가 사람에 따라 큰 차이가 없다면 체험의 항상성과 보편성이 있어야 하지만 사실상 10~20%의 일부만 경험하고 그 경험의 내용도 문화와 개인에 따라 다르게 나타나는 것에 대한 설명이 부족하다. 같은 사람을 보았다고 해도 누구는 부모님이라고도 하고, 기독교인은 예수님이라고 하고, 한국 사람들은 저승사자라고 하는 것은 평소 자신의 경험, 신념에 의한 인식 차이라고 볼 수 있다. 이런 차이점에 대하여 샘 파니아(Sam Parnia) 박사는 뇌의 충격, 약물 등으로 인한 혼란 때문에 더 많은 사람이 임사체험을 해도 단지 기억을 못하는 것이라고 주장하지만 근거가 부족한 것도 사실이다.

회고 체험에 대해서도 영적인 작용이라는 주장과 충격에 의해 기억을 떠올리는 것이라는 주장이 있는데, 이 부분에 대해 뇌 과학자들은 해마라는 부분이 뇌의 기억을 만든다고 하지만 그것은 새로운 기억의 생성에 관여하는 것이고, 기존의 기억이 저장되는 부분이 아닐 수 있기에 단순히 뇌의 충격으로 인해 회상이 떠오르는 것은 아닐 수도 있다고 한다.

유체이탈이 실제로 체외이탈을 한 것인가에 대한 근본 문제부터 들어가 보면 여러 가지 애매한 부분이 많이 나타난다. 그러다보니 단순히 청각이나 감각 부분이 일부 살아있어서 그걸로 자신의 기억을 재구성한 착각일 수 있다는 주장이 좀 더 설득력이 있다. 샘 파니아 박사의 AWARE실험이 이에 관련된 실험이긴 하지만, 어쨌든 명백하게 유체이탈을 통해서 모든 상황을 본 사람은 아직 없는 걸로 알려지고 있는데 이런 실험 자체도 매우 주관적이고 바이어스가 높기 때문에 연구에 어려움이 있다.

그 외 영적체험에 대해서도 사람이 완전하게 죽지 않은 상태에서 뇌가 만들어낸 반응이라고 하는 주장에 실험적으로 반론이 어렵다. 식물인간의 경우 비록 반응이 없는 것 같아도 상당수가 의식이 있을 수 있다고 하여 환자에게 뇌를 정밀하게 측정하는 기구를 설치하고 질문에 '예', '아니오'라고 답을 하라고 하니 전기적인 반응이 있었다고 한다. 이런 현상을 '감금증후군(Locked-in Syndrome)'이라고 하는데 이런 가능성은 환자가 단순히 뇌의 어느 한 부위에 문제가 생겨 의식을 표출하지 못하는 것이라 볼 수 있다. 그렇다면 뇌의 다른 부위는 모두 기능이 정지되었지만 한 곳만 활성화되어도 어떤 특수한 의식을 표출할 수 있다는 의견도 가능하다.

다양한 임사체험 실험을 시도한 버지니아대학의 켈리(Emily Williams Kelly)에 따르면 임사체험은 과학적인 조사를 통해서 실질적으로 인간의식이 물리적 신체의 죽음 이후에도 살아남았는지 여부와 같은 질문 대신에 단지 임사체험의 사후 효과 내지 그것을 구성하는 생리학적 구조에 대하여 생각해보는 등 덜 논쟁적인 활동에 집중하는 것이 좋다고 하였다.[101] 켈리와 그의 동료들의 견해는 죽음 이후에 살아있다는 것은 터무니없는 것으로 임사체험에 근거하여 사후 생존을 옹호하는 해석은 불건전하고 통제된 반복실험도 불가능하다[102]고 본 것이다.

다른 연구자들도 임사체험이 일어나면 생리적 질식에서 기인하거나 혹은 마취나 외과 시술과 관련된 생화학적 불균형으로 인한 흔치 않는 상황의 결과일 가능성이 높다고 하였고,[103] 이런 임사체험의 본질적인 현상은 환각[104]이라고 주장한다.

임사체험을 설명하기 위해서는 어느 시점에 사망했다가 살아 있었다는 것을 입증해야 하는데 죽었다는 것의 정의와 맞지 않고 결과적으로 죽지 않았다는 것이 되므로 이런 경험을 거의 죽은 상태이거나 죽음으로 가는 일련의 과정으로 보아야 한다. 따라서 켈리(Kelly) 등은 "생리적 기능이 심하게 손상된 시점에서 강화된 정신작용, 신체 밖으로 나와서 위에서나 그 주변에서 진행 중인 사건을 지켜보는 경험 그리고 그 사람의 일반적인 감각에 대해서 접근할 수 없는 먼 거리에 있는 사건들의 지각" 등은 내세의 기대나 환각을 보이기도 해 논란의 여지가 있지만 주목할 것은 임사체험을 경험한 사람들은 다시 살게 되어 보고했던 것이므로 그들이 거의 죽음의 상태에 근접했을지라도 그들은 죽지 않았다[105]고 하였다.

101 E. W. Kelly, "Near death experiences with reports of meeting deceased people," *Death studies*, 25, 2001, pp. 229–249.

102 찰스 A. 코르·도나 M. 코르, 김성진·양정연·유지영 역, 『현대 생사학 개론』, 박문사, 2018.

103 (재인용) R. K. Siegel, *Five in the brain*, Dutton, 1992.

104 (재인용) S. B. Nuland, *How We die: Reflection on life's final chapter*, Knopf, 1994

105 E. W. Kelly, B. Greyson, I. Stevenson, "Can experience near death furnish evidence of life after death?" *Omega, Journal of Death and dying*, 40. pp. 513–519.

# 15. 임사체험에 의해 사후세계가 있다는 주장과 그에 대한 반론

### 1. 세계종교들 모두 사후세계를 인정한다.[106]

종교란 내세관이 있으며 사후의 심판이 있어야 하므로 오히려 사후에 대한 부정적인 생각을 가져다 줄 수 있고 각 종교마다 주장하는 사후가 다르므로 이런 문제는 종교적으로만 이해하고 받아들이는 것이 옳다고 본다.

### 2. 신비가들이 전하는 사후세계가 있다.[107]

과거에는 영매나 특수한 힘을 자랑하는 신비주의자들이 많았지만 현대에는 이런 사람들이 나타나지 않고 있는데 이는 더 이상 그들의 능력이 통하지 않거나 보여줄 수 없다는 반증일 수 있다. 과거 과학적인 지식이 부족하던 시절의 특별한 기적이나 현상이 최근에는 귀신이나 유령도 과학적으로 해석되고 있고 과거 영매나 신내림을 받은 사람들의 일생 또한 죽음 앞에서 일반인들과 다르지 않게 신경인지장애와 질병의 고통 속에 죽음을 맞이하는 것을 보면서 이런 특별한 사람들의 존재는 점차 사라질 것이라고 본다.[108]

### 3. 의사들도 사후세계를 인정하기 시작[109]

일반적인 간단한 조사를 해보면 의학계에서 사후세계를 인정하는 의료인들은 일반인보다 적을 것이다. 국내 의사 수가 곧 10만 명이 되는데 현재 이 분야에 관심이 있거

106 최준식, 『한국 사저의 서』, 주류성, 2017.
107 최준식, 『한국 사저의 서』, 주류성, 2017.
108 김달수, 『죽음학 스케치』, 인간사랑, 2018.
109 최준식, 『한국 사저의 서』, 주류성, 2017.

나 명확하게 영계와 사후세계를 믿는 의사들보다는 대부분은 호기심을 가지거나 막연하게 생각하며, 인정하더라도 종교적 영생이나 사후심판 등을 믿는 신도로서의 신앙적인 부분을 제외한다면 여러 자료를 종합해보아도 전체 집단 중에 미비한 적은 수만이 매스컴이나 인터넷세상에서 사후세계에 대해 긍정적인 언급을 하고 있다.

## 4. 최면을 통하여 알 수 있다.[110]

최면요법이라는 것 자체가 신뢰성에서 검증에 많은 어려움이 있고 전생체험을 하였다는 사람들의 내용을 보면 대부분 이미 경험한 과거의 이야기에 대한 전생체험이 많고, 실험 자체가 뇌 속에서 일어난 현상을 보는 것이므로 이를 가지고 전생체험이나 영계에 대한 다른 세계를 증명하는 것은 모순이 생길 수 있다. 최면에 대한 문제는 정신적인 것과 치료로 국한해야 할 것 같다.[111] 전생에서 영주였거나 공주였거나 유명한 기사였다고 한다면 이는 유일하게 사람으로만 전생체험을 한 것이 된다. 즉 자신이 사슴이 되어서 사자에게 쫓기는 그런 전생체험을 경험하지 못하는 것은 전생이 오로지 인간에게만 허용 한정되므로 전생에 대한 진정성 있는 설명이 안 되는 부분이기도 하다.

또한 최면요법 시 전생을 이야기하는 사람들의 특징 중에 현재 사용하는 언어가 아닌 전생에 살던 당시 언어를 전혀 사용하지 못한다는 것은 진정한 전생을 증명하기에는 큰 모순이 있다. 역사란 지속적으로 언어의 변화를 거치고 생활의 관습도 바뀌는 것이므로 현재의 기준으로 당시를 보면 전혀 설명이 안 되는 것이다. 따라서 이들의 체험이나 증언은 과거의 실제 삶이 아닌 매우 현재적 시점에서 증언하는 것이 된다.

그러다보니 영계나 사후세계를 믿으면서 이를 설명하는 사람들은 영화나 책에서 예를 많이 들어 이야기한다. 그러나 이런 영화나 책의 내용 또한 사람이 만든 것이고 사람의 머리에서 나온 상상의 산물이기에 이미 알려진 현실 표현의 경험일 수 있다.

---

110 최준식, 『한국 사저의 서』, 주류성, 2017.

111 김형우, 『김영우와 함께 하는 전생여행』, 정신세계사, 2009.

## 5. 임사체험자들의 생생한 증언이 있다.[112]

이런 임사체험에 대한 자료는 단지 환자의 증언이나 설명에 의존한다. 이를 의학적인 입장에서 다시 해석해보면 '죽을 뻔한 사람이 죽음 직전을 체험했거나 죽지 않을 만큼 위급했다.'는 둘 중의 하나로 해석할 수도 있기에 의학에서 말하는 증상과 증후(Symptom and Sign)라고 설명할 수도 있다. 과거에는 이 경우 대부분 죽어서 알 수 없었지만 현대의학에서는 소생하는 경우가 많아 이런 임사체험 현상이 많이 나타난다고 할 수 있다.[113]

사후에 대한 증거가 명확하게 나타나지 않는 것에 대해 이 분야 전문가들은 영의 세계는 차원이 달라 서로 소통할 수 없다고 말한다. 하지만 이 주장은 영혼의 에너지는 특별하여 시공간을 초월하는 존재라는 주장과 앞뒤가 맞지 않는다. 최근 광합성 하는 인공세포를 만들고 조만간 자가증식을 하는 인공세포까지 만든다면 생명이나 영혼에 대한 가치관과 정의가 곧 바뀔 수도 있을 것이다.[114]

사물을 본다는 것은 고도의 뇌기능과 함께 시각을 인지하는 눈과 같은 기관이 있어야 가능하다. 외부의 모습이 빛이라는 매체를 통해서 전해지는 것을 감각 수용체를 통해서 인지해야만 인식이 되므로 투명인간의 이론처럼 눈의 기능이 없는 영혼이나 영체들이 사물을 인식하고 서로 느낀다고 하는 것은 그 자체가 모순인 것이다. 특히 영혼의 상태에서 자신을 본다는 것은 영혼의 존재를 스스로 부정하는 경우가 될 수도 있다.

## 6. 임사체험은 죽은 사람들의 경험이다.

임사체험은 말 그대로 '거의 죽는 체험(Near Death Experience)'이다. 이런 체험을 설명할 때 '죽은' 앞에 '거의'라는 수식어가 붙은 이유부터 반드시 설명해야 한다. 임사체험

112 최준식, 『한국 사저의 서』, 주류성, 2017.

113 김달수, 『죽음학 스케치』, 인간사랑, 2018.

114 http://www.ibric.org/myboard/read.php?Board=news&id=294513.
https://www.nature.com/articles/nbt.4140.

을 하는 사람은 실제로는 죽은 것이 아니다. 그동안 발표된 임사체험 경험자에 대한 발표를 보면 의외로 명확한 뇌파검사에 대한 검증이 없었다는 것이 드러났다. 일부 자료가 있는 경우에도 뇌파가 완전히 죽었음을 발견하지 못했다. 의학지 『란셋*Lancet*』에 실린 대상자의 사망 정의에 대한 검증에서도 임상적 사망을 경험한 사람은 아무도 없었으며 정말 죽어서 저승을 다녀왔다는 주장은 이들이 실제로 결코 죽지 않았다고 주장했다.[115]

## 7. 임사체험은 매우 긍정적인 경험이다.

미국의 과학저널리스트 마이클 셔머(Michael Shermer)는 임사체험의 5가지 공통 요소로 1) 자신의 몸 위로 떠올라 아래를 내려다보는 느낌이 드는 유체이탈체험(Out-of-Body-Experience), 2) 몸으로부터 분리, 3) 터널이나 복도를 통해 어둠으로 들어감, 4) 어딘가로 이어지는 통로 역할을 하는 터널 끝에서 밝은 빛을 봄, 5) 빛, 신, 천사, 사랑하는 이, 그리고 그곳으로 건너간 사람들이 죽어가는 사람을 환영하는 '저세상' 등을 언급하였다.

국제임사체험연구협회(International Association of Near-Death Studies)에 따르면 9~23% 정도는 공포, 공허, 허무, 고통, 심지어 비존재 등으로 특정되는 부정적인 임사체험을 한다. 이런 사람 중 일부는 천국으로 가는 대신 지옥에 있는 자신을 발견하기도 한다.

임사체험은 "깊숙이 억압된 죄책감, 공포, 분노를 가진 사람이나 죽은 이후 일종의 처벌을 예상하는 사람들이 경험한다. 이는 임사체험을 설명할 때는 그 형태가 대단히 다양하기 때문에 그것들이 실제로 나타내는 것이 무엇이든 간에 하나의 획일적 이론으로 전체를 설명할 수 없음을 인정해야 한다고 하였다.

사람들이 임사체험을 믿거나 언급하는 것 중에는 갈망하면 생길 수 있는 인지편향

115 마이클 셔머, 김성훈 옮김, 『천국의 발명*Heavens on Earth*』, arte, 2019.

(Cognitive Bias)에 빠지게 되면서 그것에 의미를 두고 확신하는 확증편향(Confirmation Bias)에 도달하게 된다는 것이다. 이런 편향 중에는 일어나기 어려운 일에 대한 확증인 사후확증편향(Hindsight Bias)이나 자신이 믿고 있는 것에 대해 유리하게 생각하는 회상편향(Recall Bias)도 크게 작용한다.[116]

## 8. 임사체험 중에 발생되는 유체이탈은 아주 특별하다.

The Phase Research Center의 미하일 라두가(Mikahile Raduga, 2012)는 두 집단을 선정하여 페이즈(Phase)라는 수면 상태와 각성 상태의 중간지대를 일컫는 기법을 통해서 한쪽 집단은 유체이탈(OBE)을 훈련시키고 다른 집단에서는 자각몽(Lucid Dream)을 훈련시킨 후 자각몽 체험이 가능해진 사람들을 모아 다시 유체이탈(OBE)을 설명해주고 자각몽 상태에서 유체이탈(OBE)을 시도해 처음부터 유체이탈(OBE)을 동일하게 체험하도록 하여 유체이탈, 임사체험 등은 자각몽에 표현되는 것일 뿐, 육체가 아닌 영혼의 존재나 사후세계를 입증하는 객관적 증거가 될 수 없다고 주장하였다.[117] 즉 유체이탈은 훈련으로도 체험이 가능하다는 것이다. 이는 임사체험이 사후세계의 경험이 아닌 현실의 페이즈 상태에서 경험하는 특별하지 않는 체험이라는 주장이다.

## 9. 수많은 임사체험자들이 우리 주위에 존재하고 있다.

과거 1970년대에 미국 등에서 유행하였던 임사체험의 증언들이 다수 책으로 출판되면서 베스트셀러가 된 일이 있었다. 이 시절 미국을 중심으로 서구사회에 무신론과 물질주의가 만연하자 사람들은 종교적 인간(Homo Religious)에 대한 인식을 새롭게 하게 되었는데 기존의 사회·문화·종교에서 더 이상 가치를 발견하지 못하여 영적 공허

116 마이클 셔머, 김성훈 옮김, 『천국의 발명*Heavens on Earth*』, arte, 2019.
117 미하일 라두가, 이지윤·이균형 역, 『자각몽과 유체이탈의 모든 것: 페이즈 현상의 메커니즘, 진입기법과 응용사례, 총체적 조감까지』, 정신세계사, 2016.

를 느낀 사람들이 이를 탈피하려는 움직임을 보였다. 이 시기에 요가·선·명상 등을 도입하였고 불교나 힌두교 등의 동양종교를 추종하기도 하면서 뉴에이지(New Age)라는 이름으로 전개된 운동이 시작되었다. 이때 환생과 카르마(Karma, 業) 이론을 믿으며 임사체험에 대한 증언들이 많이 발표되었고 이를 책으로 만들어 큰 호응을 얻자 아류 책들도 많이 발간되었는데, 당시 사람들이 원하는 사후생에 대한 정신적인 욕구에 호응하는 경향이 컸다. 최근에는 이런 임사체험에 대한 이야기는 많이 줄어들고 있고 더 이상 베스트셀러가 되지 못하고 있다. 최근 임사체험이나 초자연적인 증언을 하였던 사람들의 추적관찰에서 많은 경우 검증의 오류 또는 증언자의 거짓이나 과장 그리고 누군가의 조작 등이 발견된 경우가 대부분이었고 근거를 확인할 증언자들이 사라진 경우가 많아 추적 검증이 안 되고 있다.[118]

## 10. 임사체험의 경험은 매우 구체적이고 진실한 것이다.

이런 생각을 하게 된 배경에는 과거 임사체험을 연구한 자료나 연구에서 임사체험의 증언들이 매우 긍정적이면서 공통적이고 구체적으로 표현한 경우가 많아 사람들이 임사체험에 대한 현재의 인식을 각인시킨 것도 어느 정도 일조하였다. 초창기 연구자들이 긍정적인 임사체험에 대한 표현을 하면서 커다란 호응을 얻자 사람들이 긍정적인 의미의 임사체험에 대한 증언과 책들을 많이 발표하였으며 선풍적인 유행이 되기도 하였는데 이는 상업적으로 독자들의 요구를 반영한 것이기도 하였다. 이 시기가 지나서 점차 부정적인 임사체험에 대한 이야기도 나오고 임사체험과 유사한 종말체험이나 자각몽에 대한 이야기가 뒤섞이기 시작하자 임사체험에 대한 관심이 점차 줄어들었다. 특히 20세기 말부터 거대한 판타지 픽션인 『반지의 제왕』, 『해리포터 시리즈』, 『나니아 연대기』 등의 이야기가 유행하거나 우주나 미래에서 새로운 문명을 경험하는 컴퓨터그래픽 영상세계의 발달과 더불어 뉴에이지 시대의 신비주의적인 영적체험에 대한 관심이 힘

118 마이클 셔머, 김성훈 옮김, 『천국의 발명*Heavens on Earth*』, arte, 2019.

을 잃은 것은 고무적인 현상이다.

## 16. 임사체험에 대한 다른 입장

임사체험을 연구하다 보면 대부분의 내용이 인간만이 임사체험을 표현하고 경험하는 것으로 되어있다. 이 문제에 대하여 사람만이 영혼이 있다는 전제하에 임사체험을 언급하는 것이 되어 다양한 가설이 나오고 있지만 사람 이외의 생명체에 대한 확실한 언급을 못하는 것도 사실이다. 이러다 보니 대부분 영혼의 존재나 사후세계에 대한 존재에 대하여 이런저런 직간접의 극히 개인적인 경험만으로 증명하려는 경우가 있거나 반박하는 입장에서는 과학적으로 다양한 임사체험 가설을 들고 나와 부정하는 양극단의 주장이 나타나고 있다.

종교를 떠나 사람만이 유일한 영적인 존재가 아니라면 이런 임사체험이나 영혼과 영적인 문제 또한 사람에 국한해서는 안 될 것이다. 동물들도 임사체험이 가능할지는 아직 모르지만 모든 동물과 사람이 함께 존재하는 사후세계가 아니라면 지금까지의 사후세계 존재에 대한 논의는 대부분 진실성이 없어질 수도 있다고 본다. 또한 정신적인 문제가 있는 사람의 임사체험에 대한 언급도 아직 명확하지 못하고 대부분의 증언이나 주장들이 정신적으로 정상인 사람들의 입장에서 논의된 것도 부정할 수 없는 사실이기에 이에 대한 접근 또한 좀 더 넓혀져야 할 것이다.

그렇다면 임사체험을 영혼의 존재를 알기 위한 증거나 방법으로 접근하지 말고 사람의 뇌에서 만들어낸 일시적인 새로운 체험감각의 반응으로 해석하는 것이 어떨까? 이런 현상들이 앞으로 심폐소생술이 발달하면서 더욱 많아지고 자주 발생한다면 특별한 경험이 아닌 이런 임사체험의 현상들을 죽음 직전에 나타나는 의학적인 증상과 증후(Symptom and Sign)의 하나로 수용할 수 있다. 감기에 걸리면 목이 아픈 증상이 있고 충수염에 걸리면 우측 하복부가 아프거나 결막염이 심하면 뭔가 눈에 이물감이나 아른거리는 것처럼 임사체험의 다양한 현상들도 아주 특별한 영적인 체험이라기보다는 죽음 직전에 갔었다는 진단 중에 있을 수 있는 증상과 증후군으로 이해할 수 있다.

임사체험을 특별한 신비한 현상으로 볼 것이 아니라 심장사가 되었는데 다행히 소생한 경우 환자가 임사체험을 증언한다면 진정한 죽음의 문턱에까지 갔었구나 하는 확증이 되는 것이므로 검사상의 지표나 영상의학적인 검사로 증명이 안 되는 생명이 위급했던 상황을 증명하는 지표가 될 수 있다. 또한 반대로 해석하면 아직 충분히 죽을 단계에 이르지 못해서 살아났구나 하는 소생의학적인 임상척도로 해석이 가능할 수도 있다. 점차 심폐소생술의 발달과 좋은 장비의 출현으로 전에는 죽었을 사람을 살릴 수 있는 기회가 점차 많아지는 현대에서 임사체험을 통해 영혼이 있다 없다 하는 접근으로는 더 이상 큰 의미가 없을 수 있기 때문이다.

인본주의자 철학자인 로버트 잉거솔(Robert Ingersoll, 1833–1899)은 내가 아는 한에서 또 다른 삶(사후세계)이 있다는 유일한 증거는 첫째는 우리에겐 아무 증거가 없다는 것, 둘째는 우리에게 증거가 없다는 것이 유감스럽기에 증거가 있기를 바란다는 것이라고 말했다.

또한 사람들은 커다란 충격이나 고통 또는 사고 후에 그에 따르는 심한 트라우마를 받아 외상 후 스트레스 장애(Post-Traumatic Stress Disorder, PTSD)로 힘들어하기도 하지만 일부 사람들은 의외로 이를 잘 극복하고 외상 후 성장(Post-Traumatic Growth, PTG)을 하기도 한다. 외상 후 성장은 신체적인 손상 및 생명의 위협을 받은 큰 사고에서 심리적 외상을 받은 뒤, 자연적인 회복력을 통해 이루어지는 회복(Recovery)을 넘어서는 긍정적 변형(Transformation)이며, 심리적 다차원 영역의 성장 및 성장했다는 주관적 지각의 변화인데, 이런 현상은 임사체험에 대한 긍정적인 표현 중에 자주 언급되는 임사체험 후 삶의 변화에 대한 긍정적인 현상을 설명하는 데 유효하다.

『천국의 발명』을 저술한 마이클 셔머는 "하늘 천국 여부는 잘 모른다. 하지만 지상 천국은 분명히 있다."는 표현으로 지금 현재의 이곳이 천국이라 생각하고 살아가는 지혜를 강조하고 있다.

## 17. 임사의식 또는 종말체험(Deathbed Vision)과 임사공유 체험(Shared Death Experience)

임사의식 또는 종말체험이라는 것은 죽음이 임박한 상태에서 스스로 경험하는 것으로 죽음의 안내자를 만나거나 돌아가신 부모, 형제, 자매, 친지 등을 만나거나 여행을 하는 등 임사체험과 유사한 듯하면서 다른 면이 있고, 꿈같으면서도 명료한 의식이 느껴지는 경험을 의미한다. 경험자 중에는 간혹 천국을 가보았다는 증언을 하기도 하는데 이런 경우 자신이 떠날 때가 된 것을 스스로 느끼는 것이며 경험자들은 실제로 조만간에 사망하는 경우가 많다.

인도와 미국에서 임종이 가까운 환자 5만 명을 진료한 수백여 명의 의료진이 남긴 자료를 토대로 임사체험을 연구한 미국의 심리학 박사 칼리스 오시스(Karlis Osis)와 아일랜드의 얼렌듀어 헤럴드슨(Erlendur Haraldsson) 박사는 서로 다른 두 문화권의 병동에서 임종을 맞이한 많은 환자들이 임종 직전 무엇인가에 끌려가는 듯한 환상을 보거나 사후세계로 가는 길을 인도해주기 위해 환자를 찾아온 먼저 간 가족이나 안내자(저승사자나 천사?)를 만난다는 유사한 유형의 현상을 보고했다.[119]

죽음에 임박한 경우 환자들은 어딘가 여행을 가고 싶어 하는데 현실과 꿈 사이에 여행을 갔다 왔다고 하는 경우가 있다. 이는 임종을 돌보아 온 의료진들의 증언에서도 많이 나타나고 있는데 임종이 가까운 환자들이 자신이 가고 싶은 곳이나 갔었던 곳으

119 Erlendur Haraldsson, Karlis Osis, *At the Hour of Death: A New Look at Evidence for Life After Death*, Whitecrowbook, 2012.

로 떠날 준비를 하거나 갔다 왔다고 하는 경우가 많다고 한다. 다른 곳으로 이동하려는 이런 의식은 곧 일어날 죽음이라는 큰 사건에 대하여 암시하는 바가 있다고 할 수 있다.[120]

이런 현상 중에는 뭔가 못 이룬 아쉬움에 대한 반응인 경우도 있는데 미련이 많은 경우 죽음 앞에서 이를 이루려는 작용으로 보이기도 한다. 그러다 보니 반복적인 경험의 경우도 있고 연속적인 전개도 있으며 더욱 놀라운 것은 함께 생활하는 가족이나 친지도 이런 경험을 공유한다는 것이다. 임종환자 대신 종말체험을 공유한다는 것은 서로 마음이 통하는 교감이 존재하기 때문일 수 있다.[121]

현재 알려진 종말체험으로 나타나는 임종몽/임종시(End of Life Dreams and Visions, ELDVs)는 대체로 이미 죽은 사람과의 만남이나 사랑하는 사람이 기다리는 장면, 마무리 하지 못한 일 등으로 분류된다. 경험자들은 죽음이 임박할수록 산 자보다 죽은 자를 더 많이 만나는 경향이 있다는데 이는 만성 퇴행성 질환과 장기적 임종과정에서 겪는 자연스러운 현상으로 삶과 죽음 사이를 오가는 고통스러운 임종을 앞둔 사람들에게서 나타나는 죽음의 예고라고 본다.

종말체험은 임사체험과 구별된다. 임사체험은 죽을 뻔한 순간의 경험이지만 종말체험은 병중에 혹은 노쇠한 상태에서 죽음으로 가는 여정 가운데 체험하는 것이다. 또한 말기환자 85%가 주로 경험하는 정신착란 증상인 섬망증(Delirium) 상태의 환각과도 구별된다. 정신착란은 현실을 부정하려는 심리, 실제상황과 상반되는 신념 내지 목적을 이루려는 나머지 알 수 없는 이상한 행동에서 혼돈 환상에 빠지는 상태인데, 이러한 내용은 미국 버팔로 요양원의 환자 59명을 대상으로 조사한 결과에서도 나타났다.[122]

---

120 Kelly Bulkeley, Patricia Bulkley, *Dreaming Beyond Death: A Guide to Pre-Death Dreams and Visions*, Houghton Mifflin, 2006.

121 김달수, 『죽음학 스케치』, 인간사랑, 2018.

122 Christopher Kerr, James Donnelly(2014), "End-of-Dream and Visions: A Longitudinal Study of Hospice Patients' Experiences," *Journal of Palliative Medicine*, 17(3), pp. 296-303.

이렇게 종말체험은 여러 가지 의미가 있지만 가장 큰 것은 역시 사망의 전조(前兆)로서의 의미이다. 임상에서는 임종환자가 평소 겪었던 심리적 쇼크, 스트레스, 나아가 상실감, 갈등의 배경을 찾아 이를 치료해준다면 얼마 남지 않은 시간이라도 환자에게 도움이 된다. 또한 친한 사람들, 싫은 사람들, 친숙한 장소, 자기 소유물과 소원 등에 대한 애착이 무엇인가를 이해할 수 있게 해준다. 결국 죽어가는 사람이 생생한 꿈과 환상을 보는 것은 임종에 유익하다는 결론에 이른다.

또 이런 종말체험은 환자들의 입장에서 정신적 정화작용을 하는 것으로 볼 수 있다. 그런 점에서 마지막 임종환자들을 돌보는 의료진은 물론 가족들도 이런 경험을 듣게 되면 환자의 상태를 더 이해하고 얼마 남지 않은 시간 동안이라도 두려움 없이 죽음을 맞이하게 배려해줘야 한다.[123] 이는 자신이 죽어가면서 느끼는 마지막 교감이며 이런 교감을 통해서 죽음에 대한 두려움을 없애고 죽음이 결코 무서운 것이 아니라는 사실을 스스로 인지하게 하면서 죽은 사람들과도 교감하고 싶어 하는 공명현상으로 볼 수 있다.[124]

(윤회?)

출생–삶–노화–임종––(회색지대)––죽음(완전한 죽음)––죽음 이후(자연계 환원)

o 임사몽(夢)/임사시(視, 幻視) (사후세계?)

o 임사(근사)체험

123 《The New York Times》(2016. 2. 2), A New Vision for Dream of Dying, End–of–Life Dream and Vision, www.hospicebuffalo.com.

124 김달수, 『죽음학 스케치』, 인간사랑, 2018.

## ※ 임사공유체험(Shared Death Experience)

죽어 가는 사람들의 임사체험을 누군가가 함께 공유한다는 임사공유체험(Shared death experiences)은 임종 직전의 사람과 함께 있는 사람들이 경험하는 임사체험현상을 말하는 것으로 앞에서 언급한 임종 당사자만 보았다고 하는 종말체험(Deathbed Vision)과 달리 죽어 가는 사람과 곁에 있던 특정사람만이 주위사람들이 느끼지 못하는 내용(유체 이탈한 죽어 가는 사람의 영체 등)을 보았다거나 소리를 들었다는 경험이다.

레이몬드 무디(Raymond Moody)는 임사체험자를 인터뷰하는 과정에서 일부 사람들 중에는 임사체험자와 함께한 자신이 특별히 병이 든 것도 아니고 부상을 당한 것도 아님에도 불구하고 임사체험의 구성요소들을 갖춘 임사공유체험(Shared Death Experiences)이 있었다고 하였다.[125]

이들은 죽음을 맞이하는 이의 영혼이 육체를 떠나는 것을 보았거나 혹은 임종 직전 육체를 떠나 죽음을 맞이하는 유체이탈 과정에서 사랑하는 이의 영혼과 함께 빛을 향해 떠올랐다고 말하며 심지어 어떤 이들은 인생회고 체험을 목격하기도 하였다.

이런 현상을 사후생을 찾아가는 유체이탈을 동반한 임사체험의 실체적 경험으로 받아들이는 경우도 있고, 임사체험자의 뇌파에서 발생되는 신호가 감응자의 뇌에 영향을 미친다고 보는 전기적 신호의 일종인 텔레파시 현상으로 설명하기도 하지만 뇌 과학적으로 뇌파의 전파적 수신 작용에 대한 논의는 주류과학에서는 부정되고 있다.

임상적·의학적인 현상으로 임사체험을 이해하는 일부에서는 임종 직전에 서로가 같은 환경에서 겪을 수 있는 공감하는 감응의 반응일 수 있다고 본다. 이를 다시 이해하면 체험자와 함께한 가까운 사람들 사이에 형성된 교감을 통한 이심전심(以心傳心)의 마음과 함께 정신적 소통으로 이해할 수 있다고 보는 것인데, 당사자가 아닌 가

---

125 Raymond Moody, *Glimpses of Eternity: An investigation into shared death experiences*, Ebury Publishing, 2011.

족이 대신 종말체험을 경험하거나 사후교신의 일부 현상에서도 유사한 사례가 알려져 있다.

## 18. 자각몽과 사후교신

### 1. 자각몽(Lucid Dream)

임사체험에서는 자각몽이 자주 언급되고 있다. 자각몽(自覺夢, Lucid Dream)은 자고 있는 사람이 스스로 꿈을 자각하면서 꾸는 꿈을 의미하는데 의식이 뚜렷한 꿈이라고 할 수 있다. 1913년 네덜란드의 정신과 의사이자 작가였던 에덴(Frederik van Eden)이 처음 사용한 용어로 자신만의 세상을 창조하거나 본인이 상상하는 대로 펼쳐지는 새로운 '꿈 세계'에서 색다른 경험을 하는 것을 말한다.

스탠퍼드 대학의 미국 실험심리학자 스테판 라버지(Stephen LaBerge, 1947– )도 2004년에 쓴 그의 저서 『루시드 드리밍』에서 자각몽을 언급하면서 자각몽이 창조적 영감과 풍부한 통찰을 촉진하고, 스트레스 완화 및 정서적 치유에 도움이 된다고 주장한다.[126]

자각몽은 훈련으로도 가능한데 최근 자각몽을 꾸는 데 도움이 되는 스마트폰 어플리케이션이 개발되기도 하고, 서로의 자각몽 경험을 공유하는 모임이 늘어나는 추세이기도 하다. 자각몽을 꾸기 위해서는 충분한 동기가 필요하고, 꿈에서 깨자마자 꿈 일기를 꾸준히 기록하고, 꿈 일기로 꿈 세계를 이해하면서 수면 스케줄을 잘 이해하고 좋은 시간에 수면을 취하면 자각몽을 쉽게 경험한다.

한편 자각몽에 대해 우려하는 면도 있는데 꿈에서 원하는 것을 마음대로 해볼 수

126 Stephen LaBerge, 이경식 역, 『루시드 드림Lucid Dreaming: 성공하는 사람들의 비밀스런 꿈꾸기』, 북센스, 2008.

있으므로 자각몽은 스트레스 해소 창구나 예술적 영감을 얻는 원천이 될 수도 있지만 현실도피 수단으로 남용될 위험도 있고 자각몽에 빠져 충분한 수면을 취하지 못한다면 건강에 지장을 주기도 한다.

스테판 라버지는 1987년에 자각몽 연구소(Lucidity Institute)를 설립해 연구하면서 자각몽을 일반적 꿈을 꾸다가 갑자기 이것이 꿈임을 자각(Dream Recall)하는 경우의 딜드(DILD: Dream−Initiated Lucid Deam)와 깨어 있는 상태에서 의식적인 노력을 통해 자각몽 상태로 돌입하는 경우인 와일드(WILD: Wake−Initiated Lucid Dream)로 구분했다. 이는 훈련을 통하여 자각몽의 능력을 키울 수 있으며, 자신의 자질이나 노력 여부에 따라 간밤에 꾸었던 꿈을 세세히 기억하는 것부터 의지에 따라 자각몽을 유도하는 등 다양한 단계에 도달할 수 있다고 하는데 이는 마치 명상수련과 유사하다.

또한 스테판 라버지는 자각몽을 유도하는 MILD(Mnemonic Induction of Lucid Dreams)라는 기법을 개발하였는데, 이것은 자각몽을 꾸기 위한 간단한 의식 집중 방법이다. 먼저 5~6시간 정도 잠을 자고 일어난 후에 잠이 약간 덜 깬 상태에서 자신이 꾸었던 꿈을 의도적으로 기억해내고, 이후 다시 잠을 자면서 스스로 '내가 다시 꿈을 꾸면, 나는 내가 꿈을 꾼다는 것을 기억한다.'라고 스스로 생각하며 의도적으로 의식하면서 잠이 들고 이때 꿈을 꾸면 그 꿈을 자각하기가 쉬워진다는 것이다.

그 외에도 꿈 회상(꿈 일기, 녹음 등의 방법)하기, 현실 확인(Reality Checks)을 하는 단순한 신체적 행동으로 깨어났는지 꿈꾸는지 구별하기, 연습을 통해 자각몽 주장(Lucid Affirmations)을 하는 방법으로 마음속의 명쾌한 확신과 감정을 실어 노래하듯 암송하기(나는 꿈을 꾸는 것을 기억할 것이다. 다음 장면은 꿈이 될 것이다. 나는 오늘 밤 맑은 꿈을 꾸게 될 것이다. 나는 지금 꿈을 꾸고 있다 등등), 자신의 꿈을 시각화하기 등이다.

자각몽을 꾸는 이유에 대해서는 확실히 밝혀진 바는 없고 자각몽을 꾸는 동안 진행되는 과정을 완전하게 통제하지는 못하지만, 꿈속 상황에 대한 판단이나 결정을 직접 하게 된다. 이는 무의식 중 발현되는 꿈을 통제한다는 점에서 의학적인 측면에서 활용할 부분이 있다. 훈련을 통해 자주 악몽을 꾸는 사람들의 악몽을 통제할 수도 있고 평소 풀지 못한 갈등이나 문제를 풀어나갈 수 있는 해법을 찾을 수도 있다.

자각몽 중에 무의식인 꿈을 자기 뜻대로 조절할 수 있기 때문에, 이를 잘 경험하는 사람들은 일부 통찰력이 발달된 사람으로 평가받기도 한다. 뇌가 꿈을 꾸고 있다는 사실을 인지하려면 꿈속에서 벌어지고 있는 상황이 현실세계에서는 일어날 수 없다는 사실을 인지해야 하기 때문이다. 즉 꿈꾸는 이들이 잠들어있을 때 명석해지기 위해서는 자신들이 꿈꾸는 상태의 압도적인 현실을 지나쳐야 하며 그들이 꿈꾸고 있음을 인식해야 한다[127]면서 패트릭 버크(Patrick Bourke) 뉴질랜드 링컨대학교 교수는 자각몽을 꾸는 사람들은 통찰력이 뛰어나다고 주장하였다.

일부 자각몽에 깊이 빠진 사람들은 꿈속에서 유체이탈을 해 영계나 4차원에서의 영혼 접촉 경험을 주장하기도 하지만 일반적인 유체이탈 경험에서는 자신의 모습을 본다거나 잠시 육체와 떨어져 있지만 스스로 어디를 간다거나 문을 연다거나 주위 물건을 만지지는 못한다. 그러나 자각몽은 자신이 뭔가를 보거나 느끼려 하고, 주로 REM(Rapid Eye Movement Sleep) 수면 상태인 안구 운동이 있는 깨어 있는 것에 가까운 얕은 수면에서 일어난다.

자각몽은 뇌의 작용 중에 일어나는 꿈과 연관이 있다고 하는 주장에 크게 논란은 없다. 하지만 유체이탈 현상은 경험자의 입장에서는 크게 차이가 없다고 볼 수 있지만 임사체험을 추종하는 사람들의 경우 매우 다른 견해를 보이고 있다. 체험자가 육체 안에 있느냐 육체 밖에 있느냐 하는 것이 문제인데, 자각몽은 자신이 전혀 다른 공간에서 신비로운 존재와 깊은 영적인 대화를 생생한 느낌으로 주고받더라도 그것은 자신이 창조해낸 꿈속이고 꿈은 육체 안에 이루어지는 현상이라는 것이다. 이에 반해 유체이탈(Out of Body Experience, OBE)은 육체를 이탈하여 일어나는 현상이므로 육체가 아닌 다른 차원의 실체를 전제하지 않으면 설명할 수가 없다. 즉 사후세계 존재를 바탕으로 유

127 Patrick Bourke, Hannah shaw, Spontaneous Lucid Dreaming Frequency and Waking Insight, American Psychological Association 2014, Vol. 24. No. 2. 152–159.

체이탈을 설명한다. 이를 부정하는 입장에서는 임사체험은 전형적인 뇌사상태 외에도 훈련이나 사람에 따라 반복적이고 의도적인 유체이탈(OBE)의 사례를 포함시킬 수 있는데, 이러한 현상은 임사체험이나 유체이탈이 두뇌의 환상에 불과하다고 말하는 회의론자의 주장에 힘을 주기도 한다.

| 자각몽(Lucid Dream) | 유체이탈(OBE) |
|---|---|
| 주체자가 육체와 일치 | 주체자는 육체에서 이탈 |
| 주위 상황을 나를 중심으로 보며 자신의 육체를 객관적으로 보지 못함 | 자신과 분리되어 있는 육체를 보며, 이탈된 상태에서 육체는 아무런 기능을 못함 |
| 의도적으로 체험환경(꿈)을 바꿈 | 스스로 체험환경을 바꾸는 것이 아니라 뭔가에 이끌려 다른 환경 또는 차원으로 이동 |
| 경험은 완전히 주관적이며 자신의 마음이 반영 | 소극적이며 객관적인 관찰자 입장의 체험 |
| EEG(뇌파검사) 상에서 REM 수면 상태 | EEG 상에서 REM 수면 상태와 상관없는 뇌사상태 |

유체이탈은 자신이 머물고 있던 육체를 벗어나 방이나 건물 바깥으로 이동하는 초기 단계부터 더 멀리 다른 지역으로 이동하거나 주위 환경과는 다른 차원이라고 여겨지는 전혀 알지 못했던 공간으로 확장된다. 그리고 다시 자신의 원래 신체로 들어오는 과정에서 의식을 되찾는다.

이러한 유체이탈(혹은 의식이탈, 시각이탈)이 실제로 발생한 것이라고 추정할 수 있는 증거로서 유체이탈 당시에 자신의 육체 주위에서 발생하고 있는 상황, 건물 주변에서 발생하는 사건, 더 멀리 이동하여 다른 지역의 친척 혹은 친구 집에서 일어나고 있는 상황 등을 목격하고 이후에 사실인지 아닌지를 확인해보는 방법이 활용될 수 있다고 주장한다.

## 2. 사후교신(After Death Communication)

간혹 죽은 사람으로부터 또는 자신이 잘 아는 사람으로부터 멀리 있을 때 마치 근처에 있는 것 같은 느낌을 받았거나 죽은 후 얼마 지나지 않은 누군가가 자신의 근처에 있는 느낌이 들거나 그 사람 고유의 흔적이나 냄새 또는 소리가 들려서 놀란 경험을 했다는 표현으로 알려져 있다.

이런 형상을 사후교신(ADC: After Death Communication)이라고 하는데, 이미 20년 전에 미국의 빌 구겐하임(Bill Guggenheim)이 사후교신 현상을 정리하여 세상을 떠난 사람이 가족이나 친척, 지인에게 소식을 전하는 것이라고 하여 미국근사체험학회에 발표를 했고, *Hello from Heaven!*이라는 책으로 출간했다. 이 책에는 죽은 사람과 소통하는 12가지 유형이 나온다.[128]

이런 현상은 문화와 인종에 관계없이 나타나고, 사람이 죽으면 육체는 부패해 소멸하지만 의식은 계속 유지되고 존재하여 생기는 현상이라고 하며 임사체험이나 삶의 종말체험(Deathbed Vision)처럼 영원한 죽음은 존재하지 않는다는 것을 말해주는 증거들이라고 주장한다. 즉 사람은 사후생이 있고 영적인 존재라서 생기는 현상이라는 것이다.[129]

하지만 이런 경험은 누구나 하는 것도 아니고 일부에서만 나타나는 일시적 현상이며 함께 있는 사람들에게 모두 나타나지도 않는다. 이런 현상을 영혼의 존재여부보다는 평소 마음이 통하는 사람끼리의 교감의 문제라고 볼 수도 있다. 우리가 교감을 일으키는 마음과 의식에 대해 아직 잘 이해 못하는 부분도 많지만 마음의 교감은 상대가 아무리 멀리 있거나 죽은 사람이나 잘 키우던 애완동물과도 서로 통하고 전달되는 이심전심(以心傳心)이 존재하기에 죽은 사람에 대해 자신만이 느끼는 이런 사후교신 현

---

128 Bill Guggenheim, Judy Guggenheim, Kevin Foley, *A New Field of Research-after-death Communcation Confirms That Life and Love Are Eternal*. Tantor Media Inc, 2012.

129 김달수, 『죽음학 스케치』, 인간사랑, 2018.

상을 아쉬움에 대한 미련(未練)이라고도 한다. 일부는 이런 현상을 이야기하는 중에 사후교신과 종말체험과 자각몽 등을 구분하지 못하고 오용해서 표현하기도 한다. 그러다 보니 대부분의 증언들 중에 모순된 부분이 나타나기도 하고 현실적으로 가능한 것을 마치 특별한 경험처럼 과장하기도 하지만 간혹 과학적으로 설명하지 못하는 경험도 분명 존재하는 것은 사실이다.

**※ 빌 구겐하임(Bill Guggenheim)의 12가지 사후교신[130]**

1. 지각적 사후교신(Sentient ADCs): 죽은 사람의 영혼이 바로 옆에 있는 것을 직감적으로 느끼는 경우인데, 이 경우에는 아무 표식은 나지 않지만 특정한 사람에게만 강렬한 느낌으로 전해진다. 주로 자신이 사랑하거나 긴밀한 관계에 있던 사람의 경우에 서로 고유한 에너지 패턴이 있기 때문에 감지된다고 한다.
2. 청각적 사후교신(Auditory ADCs): 죽은 사람의 목소리를 듣는 경우인데, 목소리를 외부로부터 듣기도 하지만 대부분 머리 안에서 들려오는 것처럼 느껴진다.
3. 촉각적 사후교신(Tactile ADCs): 죽은 사람의 영혼이 친숙하게 가볍게 치거나 어루만지는 경우, 또 키스를 하거나 주의를 끌려고 팔꿈치로 가볍게 찌르는 현상으로 간혹 안아주는 느낌을 받기도 한다.
4. 후각적 사후교신(Olfactory ADCs): 평소에 익숙한 죽은 사람과 관련된 냄새가 나는 경우인데, 주로 평소 즐겨 쓰던 향수라든가 좋아했던 꽃의 향기가 나거나 죽은 사람의 방에서 아무 것도 없는데 그런 냄새가 나는 경우가 있다.
5. 부분적 출현(Partial Appearances): 사후교신 체험 가운데 가장 특별한 것으로 직접 고인의 영혼이 눈앞에 나타나는 경우이다. 물론 이 경우에서 가장 대표적인 것은 앞서 말한 대로 예수님이 부활해 마리아와 열두 제자들 앞에 갑자기 자기 모습을 드러낸 경우로 이는 예수의 부활을 인정하는 사람들에게서만 받아들여지

130 최준식, 『사자와의 통신: 빌 구겐하임의 사후 통신 연구에 대한 비판적 분석』, 주류성, 2018.

고 있다. 이 경우 영혼은 부분적이거나 전체적으로 나타나는데 얼굴이 빛나거나 반투명의 상체가 주로 보인다.

6. 전체적 출현(Full Appearances): 죽은 사람의 전체 모습이 죽기 전의 모습보다 생전의 정상적인 모습으로 나타난다. 이런 현상을 경험하는 사람도 다양한 영적체험이나 원하는 것을 얻는다고 한다.
7. 사후교신 시각(ADC Visions): 죽은 사람의 모습이 영상 형태로 나타나는 경우인데, 죽은 자의 이미지가 외부로 나타나는 경우와 경험자의 마음속 내부에 나타나는 두 가지 경우가 있다. 외부로 나타날 때는 마치 공중에서 슬라이드 필름이나 영화가 상영되는 것처럼 보이며 다른 차원의 모습을 보는 것 같다.
8. 여명기 사후교신(Twilight ADCs): 잠이 푹 들기 전이나 아직 덜 깬 경계 상태에서 죽은 사람의 방문을 받는 것으로 일반적으로 자주 경험하게 되며 뇌기능이 각성되기 전으로 흔히 뇌파가 알파파 상태인 경우이다.
9. 수면 상태의 사후교신(Sleep-State ADCs): 완전한 수면 중에 죽은 사람을 만나는 것으로 일반적인 꿈들은 파편화되고 불완전하고 혼란스럽지만 수면 중의 사후교신은 죽은 사람이 너무 선명하고 생생하고 현실감 있게 나타나서 일반적인 꿈과는 다르다.
10. 체외이탈 사후교신(Out-of-Body-Experience ADCs): 경험자가 사고든 인위적이든 체외이탈을 했을 때 죽은 사람을 만나는 경우인데, 주로 사랑하는 가족을 먼저 보내고 상심해 있을 때 자기도 모르는 상태에서 체외이탈을 해 영혼을 만나는 경우이다.
11. 전화 사후교신(Telephone ADCs): 흔하지 않지만 죽은 사람으로부터 전화를 받는 경우가 있는데 주로 듣기만 하지만 어떤 때는 같이 대화를 할 수도 있다. 이 경우 꿈속에서 교신이 일어날 수도 있는데, 믿기 어렵지만 생시에 정말로 전화가 와서 죽은 사람과 통화한다고 한다.
12. 물리적 현상을 통한 사후교신(ADCs Involving Physical Phenomena): 죽은 사람의

영혼이 들어오면 간혹 전등이나 라디오, TV가 켜지고 꺼지는 일이 생기거나 창문의 차양(遮陽)이 걷히는 등 물건이 움직이는 경우가 있다. 이런 경우 경험자가 마음속으로 묻는 질문에 영혼이 전등을 깜빡거리며 대답을 한다는 것이다. 이런 경우 죽은 사람의 영혼에게 실제로 존재하는 증거를 보여 달라고 하면 나비나 무지개, 새, 동전 등이 나타나기도 한다.

1990년 상영된 〈사랑과 영혼(Ghost)〉이라는 영화에서 관객들은 불의의 사고로 죽은 후 생전에 전하지 못한 사랑을 전하려는 남자 주인공으로 나온 패트릭 스웨이지의 애틋한 노력을 보면서 큰 감동을 받았을 것이다. 여자 주인공인 데미 무어는 이런 상황을 모르고 점차 다가오는 죽음의 위험으로부터 다양한 방법으로 자신을 지켜주는 패트릭 스웨이지의 존재를 인식하지 못했지만 결국은 반지가 스스로 움직이는 것을 보고 그 존재를 확인한다. 감동적인 이 영화를 보면 죽은 영혼이 아쉬움 속에서 산 사람에게 자신의 존재를 알리려는 다양한 사후교신에 대한 시도들이 소개되기도 한다.

죽은 사람의 영혼이 이런 다양한 방법으로 나타나서 전하는 메시지는 대부분 죽은 자신들은 아주 좋은 곳에서 잘 지내니 아무 걱정하지 말고, 현세의 사람들이 잘 지내기를 바라는 것이 대부분이라고 체험자들은 증언한다. 사후세계가 있다고 주장하는 사람들은 영혼이 현세의 사람들과 소통하고 싶어 하는 수단으로 이런 사후교신을 한다고 주장한다.[131]

그러나 이런 사후교신의 대부분은 현재 어느 정도 원인과 이유를 찾을 수 있지만 설명하기 어려운 부분이 일부 존재하기도 한다. 사후교신의 원인 중에 가장 흔히 언급하는 것은 소망투사나 간절함으로, 꿈을 통해 생생하게 체험을 할 가능성이 가장 높다고 한다. 이런 경험 중에 일부 의문의 소음은 가구나 전자제품들의 오작동이나 열의 발생 및 주위의 온도변화에 의해 나타나는 수축 팽창 시 소음이며, 이상한 냄새의 경험은 일

131 마이클 팀, 김자성 역, 『사후세계의 비밀*The AfterLife Revealed*』, 북성재, 2013.

반적인 경우라도 안 좋은 장소나 사람을 만나면 냄새가 실제로는 없어도 코에서 독특한 냄새를 느낀다고 한다. 이런 현상은 교통사고 등의 사고를 당할 때 느낄 수가 있는 현상과 유사하다. 이런 주요한 현상은 간절함이나 서로 평소 잘 통하던 사람 사이의 교감이 크기 때문일 수 있다.

앞으로 사후교신과 같은 현상들을 더 많이 나타날 것인데, 그 이유 중에는 자신이 평소 생성한 가상공간에 남겨둔 수많은 자료와 연관된 현상들이 사라지지 않고 사후에도 계속 정보 이동이나 예약상태로 다양하게 작동하기도 하고, 주위에 너무 많이 존재하는 AI와 연동된 가전제품의 확산이나 유튜브 등 영상미디어의 폭발적인 확산으로 일부 통제가 안 되는 전자기적 작용들에 의해서 위에 언급한 사후에 전해지는 많은 특별한 경험을 느낄 수도 있다.

# 제10장

# 호스피스 완화치료 개요

## 01. 미국의 완화치료와 말기환자 돌봄 현황

앞으로 호스피스나 완화의료의 변화를 알기 위해서 우리보다 앞선 미국의 현황을 참조하면 많은 도움이 될 것이다. 2010년 미국의 사망자 현황을 보면 65세 이상 환자 중 전체 사망자의 73%에게 발생하였으며, 전체 사망자 중 심혈관계 질환 24.2%, 암 23.3%, 만성폐쇄성 폐질환 5.6%, 뇌졸중 5.2%, 사고 4.2%, 알츠하이머병 3.4%, 당뇨 2.8%, 신장질환 2.0%, 독감 폐렴 2.0%, 자살 1.6%로 나타났으며 AIDS로 사망하는 경우는 0.33%로 낮아졌다.

1980년대에는 60% 정도가 병원에서 사망하였지만 2000년경에는 급격히 줄어 31% 정도만 병원에서 임종을 맞이하고 2008년에는 전체 사망자의 39% 정도가 호스피스 시설에서 보살핌을 받았으며 이 중 79%는 병원 외의 장소에서 임종하였는데 의외로 개인 거주지에서 42% 정도가 임종하였다. 이는 현재 우리나라의 경우 대부분 병원에서 죽는 것과는 매우 차이가 나는 부분이다. 이런 현상은 앞으로 국내에서도 호스피스 완화의료에 큰 변화가 올 가능성이 예상되는 부분이기도 한다.

현재 미국의 말기환자에 대한 호스피스 완화의료는 환자유병 및 통증조절, 영적, 심리적 보살핌과 그 가족에 대한 지지치료가 포함되어 있으며, 편안한 시설에서 비침습적인 치료법을 위주로 육체적 증상, 정신적·심리적 증상, 대인관계 돌봄, 경제적 문제를 포함한 사회적 필요, 실존적 혹은 영적 필요를 통해 질적 향상을 추구하고 있다. 이런 시스템은 팀을 구성하여 이루어지고 의사는 특정 치료기술의 사용, 각 치료기술의 사용과 조정에 있어서 책임이 있지만 모든 영역을 다 책임지지는 않는다. 그래서 의사, 간호사, 사회사업가, 종교인, 간호조무사나 간병인, 요양보호사, 물리치료사, 사별애도상담원, 자원봉사자의 도움을 받는다.

미국에서는 호스피스 서비스의 41.5%가 가정집에서 이루어진다. 2012년에는 전체 17%의 호스피스가 요양원에서도 제공되었으며 소요되는 의료비는 미국 Medicare 보험제도에서는 포괄수가제로 지불되며 환자의 예후가 6개월 미만임을 의사 두 명이 진단하면 지원된다. 최근에는 좀 더 적극적으로 병원, 낮 병동입원 등을 제공하고 다양한 호스피스 서비스도 확대하고 있다.

## 02. 임종환자를 대하는 방법

임종환자를 대하는 입장에서 중요한 점은 임종환자는 현재 살아있는 사람이고 질병의 고통과 그에 따른 몸과 마음이 아픈 엄연한 인격체라는 것이다. 단 죽어가는 과정이 일반인보다 진행이 빠르고 변화가 심한 경우이기에 좀 더 관심과 주의가 요구되고, 죽어가는 과정 중에 발생하는 문제들이 복합적이기 때문에 결정과 선택이 신중해야 하고 명확해야 한다. 결국 죽어감(Dying)의 끝은 죽음(Death)이지만 임종환자는 스스로 자신을 관리하기 어렵고 누군가의 도움이 절실한 경우이기 때문에 전문가의 도움이 필요하다.

누군가의 도움이 필요하다고 하지만 임종환자가 그동안 살아온 생활방식이나 습관, 환경적 요인, 사회적 요인, 경제적 요인 또는 종교나 내세관적 요인이 개인마다 다르고 죽음 앞에서 다양한 반응으로 나타나기에 생각과 행동을 예측하기 어렵고 이를 모두 따르거나 수용하기도 어렵다.

더욱이 환자의 문제와 함께 그 가족이나 주위 연관된 사람들과의 관계형성이 더 어려울 수 있고 이들의 요구나 제안이 각기 다른 경우 통합하고 조정하는 것이 임종환자를 관리하는 것보다 복잡하고 어려울 수 있다. 그리고 다양한 변수가 계속 발생하므로 미리 해결하기는 어렵지만 빠른 판단과 결단으로 정리를 해야 짧은 임종기간에 원활히 문제를 해결할 수 있다.

임종환자를 돌보는 가족이나 가까운 친인척도 중요 위치에 있는 가족이 결정을 미루거나 책임을 지지 않으려 한다면 어려움이 더 커진다. 그러다보니 평소 임종환자와 그 가족 간에 의사소통이 원활하지 못하면 걷잡을 수 없는 어려움이 생길 수 있다.

이런 상황을 해결하기 위해서는 많은 사례연구와 경험을 바탕으로 환자와 가족들의 선택의 폭을 좁히고 단순화시켜 우선순위를 임종환자에게 맞출 필요가 있다. 임종환자가 원하는 것이 뭔지 빨리 알아내 결정을 하게 한다. 이런 문제 중에 의학적인 결정이 필요한 것은 아래와 같다.

(1) 어느 병원을 선택해야 하는가의 여부(일반병원과 호스피스병원의 선택)

(2) 심폐소생술 거부(DNR) 여부

(3) 사전연명의료의향서 작성 여부

(4) 사후 장기기증 결정 여부

(5) 연명의료계획서 작성 여부

(6) 존엄사 결정 여부

(7) 향후 허용이 될 수 있는 의사조력자살 결정 여부

(8) 신의료기술이나 신약 참여와 사용 여부

(9) 고비용 의료서비스 수혜 여부

(10) 비정통의학이나 민간요법 등에 대한 선택 여부 등등

이런 다양한 의학적인 문제에 직면하면 환자와 그 가족 모두에게 만족할 만한 선택을 하도록 사전에 충분한 준비와 정보를 제공해야 한다. 그 외 의료 외적인 문제로 결정해야 할 것은 더 많아서 모든 경우를 다 새로운 도전으로 받아들여야 한다.

(1) 진료비에 대한 부담 문제

(2) 길어지는 임종기간 환자 돌봄에 대한 부담 문제

(3) 환자와 가족 간에 발생될 수 있는 상속이나 재산 문제

(4) 임종환자의 배우자와 자녀 간의 갈등 문제

(5) 임종환자와 연관된 직장, 연관단체, 사회활동 등에서 발생된 업무나 채무 문제

(6) 전에 몰랐던 숨겨졌던 가족의 존재나 임종환자와 얽혀져있는 친인척 간의 오해나 재산 문제

(7) 가족 간의 종교적 갈등이나 사회적·이념적 갈등 문제

(8) 유언장 작성이나 해결되지 않은 법적 문제에서 일어날 수 있는 문제

(9) 성년후견인제도의 선택 문제

(10) 평소 해결하지 못한 일이나 사업에 대한 정리 문제

한 사람을 떠나보내는 문제지만 연관된 사람들이 많고 다양한 문제들이 겹쳐서 발생되고 대부분 갑자기 발생할 수 있기에 임종환자를 중심으로 죽어감에 대한 다양한 문제를 잘 관리해야 한다.

## 03. 임종환자 관리에서 주의할 점

사람들은 나이가 들어 자신의 여명이 얼마 남아있지 않다고 해도 다가올 죽음을 미리 생각하지 않으려 한다. 비록 수년 내지 수개월 밖에 여명이 남아 있지 않더라도 자신의 죽음을 남의 이야기처럼 여기는 것은 그만큼 죽음에 대한 생각을 피하고 싶기 때문일 것이다.

그래서 임종의학전문가나 임종치유전문가들은 임종기나 죽음이 가까워진 환자를 돌볼 때 죽음에 대하여 막연히 알거나 그냥 시간을 허비하거나 남은 시간 무엇을 해야

할지 잘 모르는 환자를 위해서 올바른 방향을 제시하고 스스로 죽음을 이해하게 하여 죽음에 대한 준비를 시켜주는 안내자의 역할을 해야 한다.

임종이 가까워진 환자는 매우 불안하고 우울하기에 가족들의 노력만으로는 이를 개선할 수 없어 힘들어 한다. 그러므로 환자와 가족 모두를 돌보고 관리해야 하는데 이 모든 과정은 환자가 중심이 되어야 한다. 무엇보다 가족 간에 좋은 관계유지가 필요한데, 대부분은 큰 문제가 없지만 일부 임종환자와 가족 간에 갈등이 있거나 가족 사이에 오해 등이 있는 경우 중재를 잘해야 한다. 대부분은 오랜 투병생활 동안 쌓인 문제에 지치고 힘이 들어 생기는 서운함과 불만이 있기 때문이기에 이를 적절하게 풀어주는 것이 해결방법이다. 과거에는 이런 갈등이 생기면 종교적으로 도움을 받기도 하고 집안 어른을 중심으로 정리가 가능했지만 점차 종교관도 희박해지고 특히 집안에 어른이 없어서 이를 대신하는 전문가의 도움이 필요하게 되었다.

신앙이나 영적 문제는 접근이 더 어렵기 때문에 가능하면 중립적인 위치에서 도움을 주지만 환자가 좀 더 원하면 전문적인 도움을 받도록 한다. 가까운 성직자나 목회자 또는 스님을 연결해주고 필요하면 정신건강의학과 전문의나 심리치료사 또는 이 분야 전문가에게 의뢰하는 것이 더 나을 수 있다. 일반적으로는 깊은 영적문제나 사후생을 거론하기보다는 현재 남은 시간에 더 충실하고 즐거운 마음을 가지도록 환경조성과 분위기를 개선해준다.

임종환자를 관리하면서 환자와 가족들의 결정을 도와줄 문제들이 자주 생기는데 그 중 연명치료에 대한 결정이 가장 시급한 문제일 것이다. 이에 대한 환자의 생각과 의견을 따르는 것이 좋고 다음으로 가족들의 의견을 존중해야 한다.

사람들은 실낱같은 기적이나 희망을 갖게 되면 검증되지 않은 비법 또는 특별한 시술이나 약을 찾아 이를 적용해보려고 한다. 그렇다고 무조건 금하거나 자제하는 것은 오히려 반발심과 아쉬운 후회가 생기므로 적절한 선에서 이를 잘 관리해야 한다. 일단 고액의 비용이나 과장된 효과에 적절히 대처하는 방법을 알아야 하고 깊이 맹신하거나 의존하는 것은 감당할 수 있는 선에서 조절해야 한다. 비록 환자의 생각이나 주장이 합당하지 않아도 이를 바로 부정하거나 거부해서는 안 되고 최대한 의견을 들어주고 환자의 입장에서 해결하려는 노력을 보여주어야 한다.

이렇게 환자를 위한 다양한 프로그램을 만들어 제공해도 이 모두는 의학적인 근거에 바탕을 두어 접근해야 하고 너무 주관적이거나 이론적 바탕이 빈약한 처치나 행위는 오히려 환자에게 해를 줄 수 있으므로 신중해야 한다. 전문적인 의학 문제는 담당주치의나 의료진과 협진이 중요하고 문제해결을 위해서 일관되고 통합적인 하나의 목소리를 내야 한다.

특히 임종환자의 돌봄 과정에서 알게 된 개인적인 비밀이나 가족사 등은 다른 가족이나 주위 사람들에게 알리면 안 된다. 사소한 문제라도 비밀이 누설되어 임종환자의 마음을 아프게 할 수 있고 가족들에게 의도하지 않게 큰 충격을 주어 환자 사망 후에도 상처가 되거나 가정 파탄이 일어날 수 있기에 조심해야 한다.

그래도 가장 중요한 것은 환자에게 함께 있다는 믿음과 신뢰를 주는 것이다. 두 손을 잡고 환자의 말을 잘 들어주는 것만으로도 환자는 평안과 안심을 얻을 수 있다.

## 04. 임종환자에 대한 한계

임종환자에게 신뢰를 가지고 접근해도 일부는 거부감을 표현하거나 도움을 피하려는 경우도 있다. 그러다보면 환자를 위한 프로그램을 시행하거나 도움을 주기 어려운 경우가 생기는데 이는 임종환자의 심리적 변화과정을 이해하면 도움이 된다. 일단 환자 중심의 접근이 중요하고 충분한 교육과 훈련을 통해 경험을 쌓으면서 한 걸음씩 다가간다면 어느 정도 시간이 흐르면 대부분 마음이 열리게 된다.

어떤 이유나 원인 없이 환자가 되지는 않기에 먼저 환자의 이야기를 들어주고 환자가 무엇을 원하는지 알아야 하지만 오랜 시간 하소연만 들어주는 것으로 환자를 돌볼 수 없으므로 적절한 자극을 주거나 주변 환경을 변화시켜 한 곳에 몰입하거나 어느 한 문제에 깊이 빠지지 않도록 조절해야 한다.

임종의학전문가나 임종치유전문가들은 자신의 노력으로 환자가 호전될 것이라 생각하면 안 된다. 아무리 노력해도 죽어가는 과정을 되돌리기는 어렵다. 이 점을 이해하고 삶의 연장이 아닌 삶의 깊이를 만드는 데 좀 더 노력해야 한다. 즉 살아있는 동안에 어떻게 할 것인가에 대한 집중이 요구되는 것이다.

최대한 불필요한 연명치료의 지속이나 질환에 대한 적극적인 치료는 자제하고 불필요한 의학적인 간섭을 배제하는 방향으로 관리해야 한다. 한편으로는 이것이 죽음을 조력하는 입장이 될 수도 있다. 하지만 다른 수단과 방법으로 노력한다고 해서 환자의 죽음을 멀리 보내지는 못하므로 가능하면 통증을 줄여주고 심적·영적 평안을 위한 노력을 하는 것으로 도움의 역할은 충분하다고 본다. 이런 식으로 죽음의 양보다는 죽음의 질에 더 집중해서 접근해야 한다.

질환에 의한 신체적 고통보다 더 힘든 것은 정신적인 갈등과 불안 그리고 가족 간의 불화가 있을 수 있기에 정신심리치료나 재활이 필요할 수 있다. 또한 과도한 영적체험이나 사후생에 대한 집착이나 몰입이 있는 경우 가족이나 주변 사람들도 점차 이런 분위기에 빠져들 수 있으므로 좀 더 세심한 노력이 필요하다. 무조건 자제를 시키기보다는 일부 긍정은 하면서 서서히 다른 분위기나 환경을 만들어 대화를 자주 하고 그 내용을 다양하게 유도하고 혼자보다는 같이 있으면서 몰입의 기회를 점차 줄여나가게 한다.

실제로 임종환자를 돌보면 다양한 일들이 생기는 만큼 실망하고 한계를 느끼지만 긍정적인 마음으로 꾸준히 도전하고 주위 전문가들의 도움을 받아 프로그램을 바꾸는 것이 좋다. 단 프로그램은 검증된 보편적이고 공개적인 내용으로 시도해야 한다.

# 05. 임종 시 마지막 대화

임종에 들어가면서 대부분의 가족들은 당황하거나 허둥대며 임종환자와의 마지막 대화를 제대로 이어나가지 못한다. 그러나 마지막 시간은 아주 짧고 다시는 돌아오지 않기에 전하고 싶은 진심을 간결하게 잘 정리해서 상황에 맞게 전달해야 한다.

죽어가는 사람의 입장에서는 가족들의 말을 듣지 못하는 경우도 있고 무슨 의미인지 이해 못할 수도 있겠지만 이해하고말고가 중요한 것이 아니라 남아있는 가족들의 마음이 더 중요할 수 있다. 죽은 분에게 모든 것을 전했다는 것만으로도 남아있는 사람들의 생각과 마음은 한결 편안하고 미련이 줄어들기 때문이다.

더욱이 죽어가는 임종 직전의 환자가 남은 가족에게 전하는 말은 그 하나하나가 듣는 사람들 모두에게 더 큰 감동과 간곡함을 줄 수 있다. 특히 위인들의 경우 이런 유언을 후대에 유지(遺志)로 받들어 따르는 경우가 역사적으로 많이 전해져오고 있다.

그래서 살아있는 동안에는 죽음 앞에서 전해줄 수 있는 진실한 한마디를 미리 준비하는 것도 필요하고 임종 환자가 처한 여건상 또는 성격상 이런 표현이 어려운 사람들을 위해서 도움을 주는 임상의학전문의나 임종치유전문가의 역할이 필요하다.

이때 주의할 것은 임종 전의 마지막 말은 자신의 가장 진실한 말이 아닌 가장 큰 소망이라는 점이다. 가족이나 주위 사람들은 임종환자가 죽음 앞에서 모든 것이 진실할 것이라고 믿지만 죽음 직전에도 사람들은 자존감으로 할 말과 안 할 말을 어느 정도 분별하여 말한다는 것이기에 이 모든 것이 정확한 것이 아닐 수도 있다는 것을 이해해야 한다. 그러므로 의외로 불필요하거나 생각하지 못한 오해가 생길 수도 있기에 어느 선에서 의미를 거르는 것도 필요하다.

# 06. 어린아이의 죽음에 대한 이해

어린아이들에게도 죽음은 일어나고 그 주위에도 죽음은 항시 상존한다. 가족들은 물론 애완동물의 죽음 등을 경험하게 되지만 부모들은 대부분 아이들에게 죽음을 멀리하게 하고 되도록 보이지 않게 막아서고 있다. 하지만 인지능력이 떨어지는 아이들이라도 죽음을 나름대로 느낌으로 받아들이고 죽음이 무엇인지 자신들의 시선으로 이해하려 한다.

아이들은 죽음을 잠시 멀리 갔다 온다는 식으로 이해하거나 나의 잘못으로 누군가 떠났다고 인식하는데 그러다보니 죄책감을 가지거나 환상적이거나 동화적으로 받아들여지기도 한다. 이런 아이들은 죽음 앞에서 감정적으로 불안해지고 퇴행적 행동이 나타나거나 주위 사람들과의 관계가 위축되고 불만과 투정 등의 이상행동이 생길 수 있다.

죽음에 대하여 아이들에게 전달하는 방법에 관해 슬픔 카운슬러인 얼 그롤만(Earl A. Grollman)은 어린아이들은 같이 살던 가족이 죽으면 매우 혼란스러워하고 나름 잘못된 의문을 키우기 때문에 죽음을 경험하게 되면 회피하거나 숨기거나 하지 말고 있는 그대로 보여주고 표현해야 한다고 주장한다.[1]

이때 부모나 가족들의 죽음에 대해 안정감 있는 태도와 누구나 겪을 수 있는 과정임을 보여주어야 한다. 죽음을 처음 접하는 아이들은 놀라고 불안하고 자신 때문일 거라고 죄책감을 느낀다. 아이들은 아직 미숙하고 올바른 상황판단이 안 되어 그저 울거나 어딘가 가서 혼자 있거나 생뚱맞은 행동을 하지만 불필요한 자제나 구속을 해서는 안 되고 부드럽게 말하면서 스스로 주위에 맞는 행동을 표현하도록 유도해야 한다. 울거나 산만하다고 주의를 주거나 자제를 시키면 수치심이나 죄책감이 더 커질 수 있다.

---

1 Earl A. Grollman, 정경숙·신종섭 옮김, 『아이와 함께 나누는 죽음에 관한 이야기』, 이너북스, 2008.

어린아이는 죽음의 추상적 개념을 이해하기가 어려워 멀리 떠났다거나, 깊은 잠에 들었다는 말을 들으면 막연한 기대감과 함께 자신 때문에 이런 일이 일어난 것으로 받아들여 죄책감이 생기므로 좀 더 구체적으로 '다시 만날 수 없겠구나'라든가, '안 아픈 곳으로 가서 잘 계실거야'라는 표현으로 죽음을 이해시켜야 한다.

죽음은 부모나 가족 누구도 해결할 수 없다는 사실도 알게 해야 하며 죽음에 대한 상실감과 슬픔 또는 비탄에 대해 함께 공감하고 극복하는 모습을 보여 주면 아이들도 나름대로 죽음관을 갖게 된다.

페이스북 최고운영책임자로 7세와 10세의 아이 엄마인 셰릴 샌드버그(Sheryl Sandberg)가 휴양지에서 남편을 불행하게 잃고 아이들에게 아빠의 죽음을 어떻게 이해시킬 것인가를 고민하던 중 친구인 와튼스쿨 심리학 교수 애덤 그랜트의 조언을 듣고 아이들에게 죽음을 설명한 내용을 여기서 소개한다.[2]

(1) 아이들에게 매우 슬픈 소식이 있다고 말한다.

(2) 직접적으로 단순하게 소식을 전한다.

(3) 아이들에게 삶의 많은 부분이 달라지지 않을 것임을 확인시켜주는 것이 중요하다.

(4) 여전히 다른 가족이 있고, 친구들이 있는 기관(어린이집, 유치원, 학교 등)에 다닐 것이라고 설명한다.

(5) 나머지는 아이들에게 맡겨서 그들이 던지는 질문에 대답해준다.

(6) 아이들이 엄마도 죽는 거냐고 물을 수 있다. 이때 영원히 살 것이라는 거짓 약속을 하지 말라.

(7) 단 젊은 죽음의 경우 이런 나이에 죽는 것은 아주 드문 일이라고 설명해주어야 한다.

(8) 아이들을 사랑하고 이 위기를 함께 헤쳐가리라는 말을 되풀이 해줘야 한다.

---

2 셰릴 샌드버그·애덤 그랜트, 안기순 옮김, 『옵션 B』, 와이즈베리, 2017.

## 07. 정신건강의학과 임종

정신건강의학적으로 노인이 되면 닥쳐올 죽음에 대해 두려움을 갖는 일은 줄어든다. 나이가 들면 죽음에 대한 공포와 두려움을 갖고 있다고 하지만 이는 젊은층이 그럴 거라는 투사(Projection)에 기인하는 경우가 많다고 한다. 물론 노인들이 닥쳐올 죽음의 문제를 무시한다는 말은 아니지만 적어도 죽음에 대한 병적 반응은 보이지 않는다.

대체로 죽음 그 자체보다는 어떻게 죽을 것인가의 문제, 즉 고통 없이 갑자기 죽을 것인가 아니면 고통스럽게 질질 끌다가 죽을 것인가에 더 관심을 갖게 된다. 또는 자신의 죽음이 타인에게 무거운 짐이 될 것인가에 관심이 있다.

이를 보는 배우자나 가족들도 이별에 대한 불안으로 임종에 대해 걱정이 더 많아진다. 이런 상황을 주변사람들의 죽음에 대한 상실감과 슬픔 등을 가져다주는 부분적 비통(Partial Grief)이라고 한다. 부분적 비통이 장기화되면 퇴행적 자세, 공격성이나 증오감 폭발, 투사 및 우울증 등을 일으킨다. 또한 가족 간에도 갈등과 반목이 생기고 의료진에게도 억지를 부리거나 불편한 요구를 하는 환자가족들을 관리하는 것이 어려울 수도 있다.

이런 경우 정신건강의학과 전문의나 전문 상담사에게 도움을 요청해야 한다. 가족들도 이런 반응이 나타나면 임종환자를 중심으로 어쩔 수 없는 상황인식을 하고 현실에 맞는 대안을 찾도록 노력하면서 솔직한 대화와 상담을 통해서 문제를 해결해야 한다.

# 08. 알폰스 디켄(Alfons Deeken) 교수의 죽음에 대한 9가지 공포와 불안 유형

죽음에 대한 공포는 일반 사람들이나 성직자나 크게 차이가 없지만 영적인 훈련 정도에 따라서 반응과 강도는 분명 차이가 있을 것이다. 신학자이면서 죽음학자인 알폰스 디켄 교수의 죽음에 대한 9가지 공포와 불안 유형에 관해 알아보겠다.[3]

## 1. 고통에 대한 공포

죽음을 앞두면 정신적 고통(Psychological Pain), 사회적 고통(Social Pain), 영적 고통(Spiritual Pain), 육체적 고통(Physical Pain)이라는 네 종류의 고통이 복잡하게 얽힌다. 특히 사랑하는 사람과의 이별이나 자신의 소유한 모든 것을 잃어버린다면 정신적 고통은 당연하다고 본다. 남은 가족들에게 무언가 해줄 수 있는 것이 없다고 한다면 이는 사회적인 고통이 될 것이고, 죽은 다음 어떻게 될까에 대한 걱정은 영적으로 많은 혼란과 믿음에 대한 다양한 고민을 불러올 수 있다. 또한 질병에 의한 통증으로 몸은 아프고 우울증과 불안장애 등으로 통증은 더 가중될 수도 있다.

## 2. 고독에 대한 공포

아프거나 위급한 순간이 다가오면 누군가 있어도 심한 외로움을 느끼거나 혼자라는 생각이 든다. 특히 죽음 앞에서는 혼자 죽는다는 생각으로 공포가 더 클 것이다. 아마 옛날 조상들의 무덤에 순장을 하거나 많은 재물을 함께 넣어 묻은 것도 이런 외로움에 대한 나름의 보상심리가 있기에 생긴 풍습이라 할 수 있다. 하지만 현재의 삶 속에서는 이런 두려움을 표출하는 것이 남에게 수치스럽고 걱정을 끼칠 수 있다고 보고 참는 경

3 알폰스 디켄(Alfons Deeken), 전성곤 역, 『인문학으로서의 죽음교육』, 인간사랑, 2008.

우가 많다.

### 3. 불쾌한 체험에 대한 공포: 존엄을 잃는다는 것에 대한 두려움

죽어가는 모습은 누구나 보기 싫기에 인생의 마지막에 가족이나 주위 사람에게 자신을 보이기 부담스러워 한다. 그리고 점차 변해가는 몸의 생리적인 변화는 정신이 맑은 환자라면 더 견디기 어려울 수가 있다. 그래서 이런 환자에게는 특히 자존심이나 존엄성이 침해되지 않도록 주의해야 한다.

### 4. 가족이나 사회에 부담을 준다는 것에 대한 공포

염치라는 것을 느끼는 것은 자신의 행동이 타인에게 부담을 준다고 느끼기 때문에 생기는 감정일 것이다. 아픈 환자의 경우 가족이나 주위로부터의 돌봄뿐만 아니라 치료과정에 들어가는 비용도 큰 부담이 될 것이다. 이것이 단순한 걱정을 넘어 공포가 된다면 죽어가는 사람에게 더 큰 고통이 되므로 이런 걱정을 덜어줘야 한다. 이 문제를 극복하기 위해서 불필요한 연명치료를 거부할 수도 있고 비록 아픈 환자이지만 남은 시간동안 남을 위한 봉사를 함으로써 부담감을 줄일 수도 있다. 이 시기에도 봉사를 한다는 것은 남에게 그만큼 자신이 받은 것에 대한 빚을 갚는 효과가 있을 수 있기에 환자는 보람을 느낄 수 있다.

### 5. 미지의 세계를 눈앞에 둔 심경으로서의 불안

죽음은 누구도 알 수 없는 길이기에 두려움은 누구에게나 있다. 하지만 조금이라도 그 길을 알게 된다면 그 두려움은 많이 줄어들 것이다. 이를 위해서 죽음준비교육을 받으면 큰 도움이 될 것이다.

### 6. 인생에 대한 불안과 연결된 죽음에 대한 불안

자신이 살아온 과거는 죽음 앞에서도 유사하게 투영되어 나타난다. 삶의 질곡을 그대로 반영한다고 하는 것인데 이를 불교적으로 말하면 업에 따른 응보라고 할 수 있다. 그래서 남은 시간이 얼마 없어 과거를 모두 반성하고 고칠 수는 없기에 지금 감당할 수 있는 것만이라도 마지막까지 잘 정리하는 것이 필요하다. 그러면서 지난 세월의 아쉬움에 대한 불안과 걱정을 일부 덜어낼 수 있다.

### 7. 인생을 미완성인 채로 끝낸다는 것에 대한 불안

완전하게 살다 죽는 것이 거의 불가능한 것이 인생이기에 모두가 미완성으로 끝을 맺지만 사람들은 미완의 죽음에 대하여 매우 걱정이 많다. 특히 살면서 크게 한 것이 없거나 자녀들이나 가족들이 아직 어리거나 도움이 필요하다면 특히 아쉬움이 클 것이다. 하지만 작은 일 하나라도 정리하고 죽음을 맞이한다면 많은 부분 불안은 감소할 것이다.

### 8. 자기 소멸에 대한 불안

자기 보존 능력은 생명체라면 당연한 것이지만 일부 인간에게서는 이를 포기하거나 피하는 경우가 있다. 하지만 죽음 앞에서 자식이 없다든가 사회적으로 뭔가 남길 것이 없다면 자신이 죽으면 모든 것이 다 소멸되기에 매우 불안하고 죽음을 거부하려고 한다. 이 경우 신앙과 철학이나 심리적 믿음 등을 가지게 되면 이런 불안은 어느 정도 해소될 것이다. 특히 혼자 사는 경우 이런 소멸의 불안은 더 커질 것이다.

### 9. 사후의 심판이나 벌에 대한 불안

종교나 내세관이 확실한 경우 사후에 갈 곳이 명확하다고 보면 크게 걱정이 줄어든다. 하지만 어설픈 믿음이 있거나 평소에 갈등이 잦다면 사후에 대한 걱정은 더욱 커질 수 있다. 차라리 종교가 없거나 사후에 대한 믿음이 없다면 이런 걱정은 줄어들 수도 있다. 그러므로 사후를 걱정하는 사람들은 그동안 살아온 삶도 애매한 경우가 많아 이들에게 올바른 사후관을 갖게 해주는 것이 필요하다. 무엇보다 죽는다고 모두 나쁜 곳으로만 가는 것은 아니고 지금이라도 지난 과거를 잘 정리한다면 회복하거나 극복할 수 있는 기회는 항시 있다는 희망을 주는 것이 중요하다.

## 09. 장례에 아이들을 참여시켜야 하는 이유

죽은 후 장례는 산 사람과 죽은 사람 사이의 마지막 이별을 하는 중요한 의식이다. 죽은 사람은 더 이상 살아있는 사람을 보거나 느끼지 못하지만 살아있는 사람은 죽은 사람을 보고, 만지면서 주검을 느낄 수가 있다. 이때부터 죽은 사람의 시간은 정지된 사망시간이 되고 살아있는 사람들의 시간만 존재한다. 그래서 장례라는 과정 또한 살아 있는 사람들의 몫이며 행사일 수 있다.

죽음을 보면 죽은 자가 삶과의 인연을 끊는 것으로 보지만 죽은 사람은 더 이상 어떤 인연도 가질 수 없기에 실제는 살아있는 사람들이 죽은 사람을 죽었다고 인정하고 죽은 사람과의 인연을 끊는 것이다. 그러다보니 이 시간만큼은 삶과 죽음에 대한 명확한 경계를 알 수 있는 기회이고 죽음이 무엇인가를 깨닫는 살아있는 사람들의 진솔한 삶의 현장일 수 있다.

그래서 성인들만의 장례 참여는 바람직하지 않고 인터넷이나 SNS에서의 가상 죽음이 아닌 삶 속에서의 진정한 이별이 무엇인지를 아이들이 배울 수 있는 좋은 기회가 될 수 있는 것이다. 언제고 마주칠 죽음에 대해 아이들에게 미리 배우고 준비하게 해서 성인이 되어 급격한 죽음을 만나도 의연히 대처할 수 있는 기회를 만들어 주어야 한다.

죽음은 기피하거나 숨을 수 없는 현실이기에 아이들도 장례라는 형식을 빌려 성숙한 성인으로서 성장하도록 도와줘야 한다. 죽음은 혼자가 아닌 가족, 친지, 사회 모두가 함께 연관되고, 참여하며, 슬퍼하고, 죽은 자의 마지막을 정리하는 일련의 연속적인 과정이고 결과이며, 이것은 남은 사람들이 해결해야 하는 진행형의 사건이라는 사실을 알려주어야 한다.

# 10. 노년과 죽음

죽음은 같은 사람이라도 매순간 그 의미가 다를 수 있고 동시대를 사는 사람들이라도 환경과 문화에 따라 다르게 생각한다. 이런 차이는 모든 사람이 다르게 생겼듯이 죽음에 대한 생각 또한 모두 다르기 때문이며, 그중 나이에 따른 변화가 가장 중요한 요인일 것이다.

노년기에는 노화에 따른 신체의 약화, 질병, 생리적 변화, 주위환경의 변화와 심리적인 변화가 급속히 일어나서 점차 자신감이 결여되고 의존적인 태도, 사회적인 고립 등으로 더욱 위축된 삶을 살게 된다. 이런 일련의 변화로 사람은 누구나 죽어감(Dying)의 과정에서 죽음(Death)을 맞이한다. 이는 하나의 생명체가 생존능력을 상실하는 것으로 이 또한 각 사람마다 차이가 있는데 이를 '임종의 강도' 또는 '죽음의 궤도'(Dying Trajectory)라고 하며, 여기에는 사람이 죽어가는 속도와 기능의 쇠퇴율을 의미한다(나중에 다시 언급).

구체적으로 알아보면 우선 임종환자는 자신의 수명이 얼마 정도 남았다는 말을 듣게 되는 경우이다. 둘째는 죽음이 임박했지만 임종환자는 그 정확한 시기를 잘 모르는 상태로 곧 또는 조금 더 등 가까운 시기에 죽음이 닥칠 것이라는 말을 듣게 되는 경우이다. 셋째는 어떤 환자가 죽을 것인지는 아직 명백하지 않고 적당한 시기에 항암치료나 수술이 성공적이면 그 환자가 회복한 다음에 죽음의 가능성에 답할 수 있는 경우이다. 넷째는 어떤 환자가 죽을 것인지 아직 확실하지 않고, 그 문제는 해결되지 않은 상태로 남아있는 만성적인 질환을 가지고 있는 경우이다. 이렇듯 죽기 전에 모두 같은 과정을 가는 것은 아니라는 것을 이해하고 그에 맞는 준비를 하도록 해주는 것이 무엇보다 중요하다.

이런 죽음의 유형별 과정에서 의학적 죽음, 생물학적 죽음, 사회적 죽음, 심리적 죽음, 종교적 죽음 등의 5가지 죽음이 존재하므로 죽음에 대한 정의는 매우 복잡하고 어렵다. 완전한 죽음이란 이 모든 것이 다 적용되어야 하는 과정이지만 대부분은 이를 만족시키지 못한 미완의 상태에서 죽음을 선고 받는다.

대부분의 노인들은 죽음을 생각한다. 그리고 죽음에 대해 떠오르는 것으로 두렵다(8.8%), 아쉽다(9.9%), 억울하다(11.1%)라고 생각하지만 의외로 편안하다(15.5), 담담하다(54.1%)라는 답도 있었고 남녀 간의 차이는 거의 없었다고 한다. 물론 연령이 높을수록 편안하다, 담담하다의 비율이 더 높게 나타났다. 이는 조사 시기에 따라 교육수준이 더 좋아지고 소득수준이 높아지면서 자신의 죽음관이 더 의연해지고 수용적인 태도를 보인다는 것이다.

## 11. 노인의 생활환경 변화와 죽음

질환이 있거나 노쇠해서 혼자 생활하기 힘든 노인의 경우 수용의 문제는 매우 어렵기도 하지만 올바른 선택을 위한 신중한 고려가 요구된다. 노인들은 특히 잠자리를 바꾸는 것에 매우 민감하고 자신이 살아온 장소나 환경 변화를 매우 두려워하기 때문이다. 아무리 가까운 가족이라도 급격한 변화를 두려워하는 노인환자의 의향을 충분히 파악한 후 실행에 옮겨야 그나마 시행착오가 줄어들 수 있다. 단 한 번의 시행착오가 생겨도 쇠약한 노인환자에게는 치명적일 수 있기 때문이다.

불가피하게 생활환경을 바꿔야 할 경우라도 현재 주거지를 중심으로 최대한 가까운 곳에 장소를 정해야 하고, 누가 모시는가의 경우에도 가족 중 가장 친근한 사람이 모셔야 하며, 기존의 거주지와 유사한 곳에서 모셔야 한다. 무작정 형편이 되는 자녀가 모신다거나, 저렴한 비용이나 관리상의 문제로 먼 곳의 수용시설을 이용한다면 현재의 상태에서 지내는 것만 못하고 그에 따른 조기사망이라는 후유증을 만날 수도 있다.

만약 이런 상황을 알고도 어쩔 수 없이 낯선 곳에 모시더라도 서서히 적응기간을 갖도록 해서 조급함이 없게 변화를 주어야 한다. 적응기간은 적어도 3개월에서 6개월 정도가 소요되므로 이 시기에는 가족들이 자주 찾아가 외롭지 않게 하고 우울증이나 불안심리가 없도록 해야 한다. 또한 무엇보다 식습관에 대한 충분한 적응기간이 요구되는데 평소 좋아하고 잘 먹는 음식을 파악하여 자주 만들어 드리고 쉽게 먹을 수 있게 관리해야 한다.

또한 노인환자의 특별한 습관이나 습성을 미리 파악하여 주위 의료진이나 요양보호사에게 잘 숙지시켜 불편이 없게 해야 한다. 이 모든 것을 준비해도 살던 곳을 벗어나서 다른 환경에 적응한다는 것은 노인환자의 경우 결코 쉬운 일이 아니라는 것을 인식하고 이에 맞는 서비스를 시행해야 한다. 몇 가지 연구사례를 예로 들어보면 다음과 같다.

(1) 알드리히(Aldrich. 1964)의 연구에 의하면 살던 곳에서 노인시설로 격리수용하는 경우 3개월 내에 사망한 26명의 노인과 노인시설에 들어와 첫 1년간을 생활해온 노인들의 비교연구에서 충분한 적응기간을 거친 노인들이 긍정적인 삶을 살았고 부적응도 적었다고 보고되었다.

(2) 블랭크너(M. Blenkner. 1967)의 연구에 의하면 노인시설에 들어온 노인들 중 1년 내 사망한 노인들이 많았으며 입소 후 3년 동안 유의 있게 사망률이 높았다고 하였다. 그래서 좋은 서비스를 하는 시설과 살던 집과 유사한 환경의 시설에서 서로 달리 수용해 조사해 보니 좋은 시설에 있었어도 사망률이 더 높았다는 것을 알 수 있었다.

(3) 알드리히(Aldrich. 1964)의 연구 중에 불평불만이 많은 집단과 그렇지 않은 집단 간에도 사망률에 차이가 있었는데 적응력을 가지고 긍정적인 생각을 하는 노인들의 생존력이 더 높았다.

(4) 다른 여러 연구에도 수용시설에서 노인들의 자살률은 남자가 더 높았고 노인시설에 오기 전에 좋은 환경에 살았던 노인들의 적응력이 더 떨어졌다.

일반적으로 사람들은 노인에 대한 사회적 편견을 가지고 있다(Harris & Cole, 1986). 이러한 편견은 대부분 오해와 그릇된 이해에서 시작된다. 노인이 되면 대부분 비슷해지거나 외롭고 쓸쓸하다고 보지만 이는 개인 차이가 크기에 같다고 할 수 없고 의외로 혼자 산다고 해서 소외당하고 있는 것은 아니다. 그리고 새로운 일을 하지 못하거나 급성질환에 잘 걸릴 거라고 생각하지만 이 또한 사람마다 배우는 학습 속도의 차이가 있는 것이고 대부분 만성질환의 경우가 많다.

노화에 따른 감각의 쇠퇴와 변화에 두려움이 생겨 쉽게 적응이 어렵고 그로 인해 익숙한 것을 선호하게 된다. 순발력과 근력이 약해지므로 힘든 일이나 급격한 움직임은 어렵지만 오랜 경험과 노하우로 단순한 일에 잘 적응하기도 한다.

앞서 언급했듯이 죽음에 대해 어느 정도 초연할 줄 알고 자신의 죽음을 나름 준비하려고 한다. 단 우울적인 면이 자주 나타나기는 하지만 그렇다고 대부분 신경질적이지는 않고 모든 노인들에게 지능의 감소가 있는 것은 아니지만 병리적으로 신경인지장애가 동반될 수 있어 나름의 예방은 필요하다.

노인에게 중요한 성격변화 중에 노년기 우울증 경향의 증가는 신체적 질병, 배우자의 죽음, 경제사정의 악화, 사회와 가족들로부터의 고립, 일상생활에 대한 자기통제 불가능, 지나온 세월에 대한 회한 등이 그 원인으로 분석되고 있다(Jarvik,1976). 그러나 우울증 경향은 실제 연령 자체보다 교육 정도나 적응능력 수준에 따라 다양하게 나타난다.

한편 내향성 및 수동성의 증가로 노화에 따라 사물의 판단과 활동방향을 외부보다는 내부로 돌리는 행동양식을 갖게 되며, 생활상황에서의 감정투입이 덜하고, 지구력 있게 자기주장을 관철하지 못할 뿐 아니라, 새로운 도전을 꺼린다. 또 문제해결 방식에 있어 능동적으로 해결하려는 경향은 약해지고, 누군가의 도움을 받아 수동적으로 해결하거나, 신비 또는 우연에 의해 해결하려는 경향이 증가한다(Gutman, 1964).

경직성의 증가는 간혹 주위 사람들을 힘들게 하는데 경직성은 융통성과는 반대되는 개념으로 어떤 태도, 의견, 문제해결에 있어 그 방법이나 행동이 옳지 않거나 이득이 없음에도 불구하고 자기가 지금까지 해오던 안전한 방법을 고집하며 계속하는 행동 경향을 말한다. 이러한 경직성의 증가가 학습 및 문제해결 능력을 감소시키는 원인으로 여겨진다.

사회적 변화로 인한 고통과 노인이 갖는 욕구의 측면에서도 환자 스스로 하던 일을 두려워하거나 회피하려는 경향이 생기면서 점차 의존성이 증가하게 된다. 블랭크너(M. Blenkner. 1965)는 노인의 의존성을 사회적 상실에서 오는 사회적 의존성, 경제적, 심리적, 정서적 의존성, 신체, 기억 및 판단력 감퇴에 따른 의존성으로 보고 있다.

(1) 사회적 의존성(Social Dependency)의 욕구: 사회로부터의 역할 상실 등으로 노인들은 자신의 역할을 확인할 수 있는 사회적 접촉의 기회를 요구하게 되는데, 점차 핵가족화로 가족 내에서 노인들의 역할이 축소됨으로써 이러한 무위의 고통은 심각한 문제로 대두되고 있다.

(2) 경제적 의존성(Economic Dependency)의 욕구: 노인들은 직장에서 퇴직 후 경제적인 수입원을 상실하게 되어 금전적인 면에서 가족, 지역사회, 정부 및 복지기관 등의 도움을 필요로 하게 되며, 경제적 의존의 욕구를 사회복지 연금, 보험금, 생활보조비 등 가족 및 사회의 도움을 통해서 충족시키려 하는데, 그것이 충족되지 못할 때 생활고로 인한 노인문제가 발생하게 된다. 특히 젊은층의 부양의식과 경로사상의 희박으로 노년기의 경제적 고통은 더욱 심화되고 있다.

(3) 신체적 의존성(Physical Dependency)의 욕구: 노인들은 일상생활에서 신체적 운동, 동작, 지각, 감각 등에 대해 외적인 도움을 필요로 하며, 이런 도움이 제대로 제공되지 않을 때 노인들이 겪게 되는 문제는 더욱 커진다.

(4) 심리적, 정서적 의존성(Emotional Dependency)의 욕구: 노인들은 감정적으로도 쇠약해져 가족을 비롯한 다른 사람들로부터의 심리적 지지를 필요로 하며, 외부로부터 그러한 지원을 얻지 못할 때 고독과 소외를 경험하게 된다. 또한 사회의 급격한 변화와 새로운 가치관에 적응하지 못하면 고독감의 원인으로 작용한다.

(5) 정신능력의 의존성(Mental Dependency)의 욕구: 나이가 들면서 생기는 기억력과 판단력 특히 정보처리의 속도가 쇠퇴함으로써 생겨나는 의존적 특성으로서, 노인들은 중요한 문제의 기억이나 판단, 의사소통 및 의사결정 등에 있어 외부의 도움을 필요로 하게 된다.

## 12. 죽음에 대한 공포를 극복하는 방법

알 수 없는 두려움이나 공포가 있다면 이를 벗어나는 가장 좋은 방법은 회피하는 것이지만 회피가 안 될 경우 그 실체를 알면 대응을 하는 데 많은 도움이 될 것이다. 죽음에 대해서도 '아는 만큼 보인다.'는 말이 적용될 수 있다.

죽음에 대한 공포는 여러 가지 유형이 있지만 이런 공포를 잘 생각해보면 결국 자기 자신의 영원한 소멸에 대한 두려움이 가장 큰 이유일 것이다. 만약 죽음이 완전한 소멸이 아니라면 잠들다 깨듯이 두려움이나 걱정은 없을 것이다. 이를 위해 죽음준비교육을 받는다면 죽음에 대해 큰 도움이 될 수 있다.

다음으로 중요한 것은 평소에 긍정적인 사고로 밝게 표현하고 주위 사람들과 많은 대화를 하는 것이다. 대화를 한다는 것은 자신이 가지고 있는 불안을 잊게 해주고 대화 속에서 불안을 없애는 문제해결 방법을 스스로 찾을 수 있기 때문이다.

종교가 있는 사람들의 경우라면 좀 더 영적인 축복을 받기 위해 준비를 하거나 좋은 곳으로 갈 거라는 신앙에 따르는 믿음으로 희망을 갖는다.

단 신앙이 없는 사람에게 신앙을 새롭게 가지게 하거나 이미 신앙을 가진 사람을 개종시키는 것은 바람직하지 않다. 이미 살아온 적응된 삶을 버리고 새로운 환경에 적응하기 어렵기 때문이고 더욱 영적 혼란만 가중시킬 수도 있으므로 죽기 전까지 매우 힘든 영적 고통을 경험할 수 있다. 이는 전적으로 환자 자신에게 맡겨서 선택하도록 하고 주위 사람들의 사생관이나 신앙이 개입되는 것을 되도록 삼가야 한다. 일부 기독교단체의 시설에 가면 기독교를 따르게 한다든가, 불교에서 운영하는 시설이라면 불교적인 가르침을 전달한다면 긍정적일 수도 있지만 자기표현이 어려운 환자에게는 더 큰 고통을 줄 수도 있다.

## 13. 환자에게 어떻게 알려야 할까?

환자에게 병의 진행상황을 알리는 것은 당연하겠지만 그 방법에서는 여러 가지 요소를 고려해야 한다. 환자에게는 자신의 질병이 무엇이고 예후는 어떻고 치료과정은 어떤 것이 있는지를 알아야 할 당연한 권리가 주어져야 하고, 의료진이나 환자 가족들도 환자의 인격존중을 위해 최선을 다해야 한다. 이를 통해서 환자와 의료진, 가족 간에 중요한 설명과 동의(Informed Consent)에 대한 소통이 가능해지기 때문이다.

환자 자신이 병을 알아야 올바른 결정을 하고 그 결정에 의문이 줄어들 것이므로 필요하다면 의료진에게 정확한 정보 제공을 요구할 수가 있다. 또한 가족이나 주위 사람들의 일방적인 의견이나 주장도 올바른 판단과 후회 없는 선택에 도움이 된다. 자신의 건강은 스스로 지킨다는 생각으로 좀 더 적극적으로 참여하는 것만으로도 최선의 선택이 될 수 있기 때문이다.

환자에게 지금 상태에 대해 처음 알리는 사람이 중요하다. 의료진이 알릴 것인지, 가족이 알릴 것인지, 임종의학전문가나 임종치유전문가가 알릴 것인지 아니면 종교 성직자가 알릴 것인지는 상황에 따라 고려해야 하고 적절한 시간을 찾아야 한다. 가장 좋은 방법은 환자가 신뢰하는 사람에게 전해 듣는 것이다.

전달 방법에 있어서도 진료실이나 병실 또는 상담실이나 다른 장소를 잘 고려해야 한다. 장소의 역할도 환자에게 큰 영향을 주기 때문이다. 그리고 향후 치료나 돌봄의 계획에 대해 구체적이고 알기 쉽게 설명해주고, 다양한 선택이 있을 때 선택에 대한 충분한 정보를 제공해줘야 한다. 죽어가는 과정에서의 최종 선택과 그에 따른 결과는 모두 환자의 몫이기 때문이다.

# 제11장

# 죽음의학(임종의학) 실무

# 01. 임종의료의 목표와 실무과정

임종의료의 목표는 임종기의 환자를 위해 여생에 대하여 손실과 고통을 최소화시켜 주는 것이다. 이 과정에는 환자의 질환관리와 통증관리는 물론 완화의료를 위해 의학적, 신앙적, 경제적, 사회적 관련 분야를 적절히 관리하고 불필요한 낭비를 줄이는 것이 필요하다.

임종환자를 처음 맞이하면 기존 치료과정과 경과 등을 파악하고 앞으로 얼마의 시간이 주어졌는지를 예상하고 그 상황에 맞게 환자와 가족에게 정보전달을 잘 해야 한다. 임종 과정 동안 수많은 선택 과정이 주어진다. 이러한 선택 과정에서 환자와 가족들이 어떤 선택을 해야 그나마 후회와 아쉬움이 적을 것인가에 대해 기회 제공자로서 그 역할이 중요하다. 이때 사용되는 것이 설명과 동의(Informed Consent)인데 임종환자에게 선택의 기회는 제한적이므로 한번 선택한 과정은 되돌리기가 어렵다. 그래서 임종의학전문가와 임종치유전문가의 정확한 정보 전달과 환자와 그 가족들을 이해시키는 것이 무엇보다 중요한 부분이다.

환자와 그 가족은 의학적인 정보와 현재 상태를 잘 이해하지 못하므로, 설명으로 모두 이해시키는 것이 쉽지 않거니와 이해한 듯 보여도 실제로는 그렇지 못한 경우가 더 많아서 결과에 대해 불만과 불신이 커질 수도 있다. 이를 방지하기 위해서는 의학적인 용어의 사용과 동시에 일상적인 용어로 다시 설명하고 간단한 예를 들어 말해야 한다.

그리고 환자에게만 설명하기보다는 가족이 함께 입회했을 때 전달해야 오해가 줄고 환자가 이해 못해도 가족들이 이해하므로 향후 선택에 따른 불만이 많이 감소된다. 아무리 환자에게 잘 해주어도 결국 결과는 죽음이기 때문에 남은 가족들의 불만과 아쉬움이 크게 남고 선택의 잘못에 대해 후회를 하게 되므로 이를 최대한 줄이기 위해서는 확인과 반복적인 설명, 진실한 노력이 요구된다.

일반적으로 환자와 그 가족들은 기존 방식을 계속 유지하려는 경향이 강하다. 이런 현상을 "현상유지 바이어스(Bias)"라고 하며 상황의 변화에 대응하기 위해서 새로운 제안을 하면 망설여지고 그대로 있고 싶어 한다. 이로 인해 설명과 동의에 대한 새로운 문제에서 악순환이 되풀이되기도 한다. 이를 방지하기 위해서 임종의학전문가와 임종치유전문가의 정확한 의료지식과 경험 그리고 근거에 입각한 설명의 기술이 요구된다.

이런 전달의 기술은 쉽게 얻어지는 것은 아니고 충분한 전문교육과 경험을 크게 요구하며, 환자와 그 가족들에게 신뢰를 얻어야만 가능한 것이므로 평소 관계형성이 무엇보다 중요하다. 이를 위해서 평소 환자의 신체적인 상태를 잘 관찰하고 환자가 원하면 건강상태가 허락되는 한 여행이나 자택으로의 가퇴원도 허용할 수가 있고 마지막 남은 시간을 최대한 모두 만족할 수 있게 도와주어야 한다. 의식이 있고 조금이나마 체력이 남아있을 때 가능한 일을 할 수 있다면 환자와 그 가족들 모두에게 좋은 추억이 될 수 있다.

이때 의료인들은 환자의 실제 상태를 정확하게 환자와 가족들에게 전달해줘야 한다. 전달이 늦어져 마지막 시간을 놓치게 된다면 환자와 그 가족들뿐만 아니라 의료진에게도 후회나 아쉬움이 남을 수가 있다. 임상에서 임종환자의 마지막 시간을 예상하는 것은 의외로 어렵다. 곧 죽을 것 같은 환자도 오래 가는 경우가 있고 반대로 크게 걱정하지 않은 사람이 급속히 나빠지는 경우가 있어서 준비를 제대로 하지 못하는 상황에서 가족들도 못보고 죽을 수도 있다. 그러므로 환자의 상태를 꾸준히 전달하고 대응준비를 하는 것이 임종의료가 필요한 이유이다.

## 02. 죽음과 친해지는 방법

앞에서 설명하였듯이 현재 우리나라는 초고령사회로 진입하면서 동시에 초다사사회(超多死社會)로 진입하고 있다. 이는 출생아 수와 사망자 수가 역전되는 것을 넘어 지속적으로 죽는 사람의 수가 절대적으로 늘어난다는 것이다. 그렇다고 해서 인구수가 급감하는 것도 아니며 단지 잠재적 죽음을 앞둔 사람들의 수가 절대적으로 늘어난다는 것인데 이런 현상이 어느 순간 초다사자(超多死者)를 양산하면서 사회적, 경제적 또는 문화적 혼란이 생기고 사회 제도를 흔들 수 있다. 이는 결국 국가 총인구의 급격한 감소가 오기 전에 앞서 경제활동 인구의 급속한 감소를 초래하고 노인부양의 부담에 대한 압박이 커지므로 국가적인 재앙이 될 수 있다.

주위에서 초고령사회가 되었다는 것은 어디를 가나 요양병원과 요양원이 들어서 있고 사람이 많이 다니는 길마다 요양보호나 노인재가센터라는 간판이 눈에 자주 띄게 늘어나는 것을 보면 알 수 있다. 앞으로 이런 곳이 많아지면 그만큼 수요가 있다는 것이기도 하지만 나 자신도 이 시설을 이용할 수밖에 없다는 것을 보여준다. 또한 앞으로 실버산업과 죽음 산업에 대한 새로운 산업개편이 있을 수 있음을 보여주고 있다.

일단 과거처럼 가정에서 죽는 사람은 거의 없을 것이고 대부분 병원이나 시설에서 죽을 가능성이 많을 것이다. 집에서 임종을 맞이하는 것은 남은 가족의 큰 희생을 요구하는 것이므로 환자 자신도 피하게 되고 점차 무자녀나 독신인 경우가 많아 임종과 그 이후의 과정을 스스로 처리하기가 불가능하다. 가족이 있어도 오랜 시간 환자를 관리하는 것은 어려움이 따르고 경제적인 손실도 크므로 이에 대해 임종기간 동안 관리를 해줄 전문 인력이 크게 요구될 것이다.

또한 필요한 비용도 급증할 것이므로 미리 대비를 하지 않으면 임종환자는 물론 그 가족들까지 갈등이 커질 수 있다. 그렇다고 무작정 시설을 늘리고 인력을 양산한다고 해결되는 문제는 아니므로 지속적으로 예측하여 적절한 수요와 공급을 조절하고 투자를 해야 할 것이다.

문제는 이 분야가 소비만 있고 생산이 없는 산업이므로 정부나 사회가 무조건 투자하거나 제도를 실행한다면 경제적 부담을 국민 모두가 떠안게 되므로 개인이 일정한 생산여력이 있는 시기에 부담을 할 수 있도록 제도를 개선해야 할 것이다. 향후 노인문제에서 사회적 갈등으로 인한 새로운 문제 중에는 요양시설의 신규설립으로 인한 지역사회의 거부와 반대가 점차 심해진다는 것인데 특히 주거지역과 밀접한 곳에 요양시설이 생기는 것을 혐오시설로 인식한다는 것이다. 반대하는 주민들의 집단적 반발을 대화를 통해서 이해시키고 설득시키는 것이 쉽지는 않다.

그래서 죽음에 대한 교육과 준비를 미리 시키고 효율적인 죽음관리를 하도록 개도하고 실천하게 해야 한다. 또한 죽음 산업이 생산적인 가치가 있도록 죽음문화사업으로 산업의 다변화와 특성화를 잘 살리면 충분히 경쟁력 있는 미래 신성장산업이 될 수 있다고 본다. 이에 대한 창의적 연구가 필요하고 정부도 지원을 해야 한다. 또한 유관 산업을 육성하고 일반 사람들의 죽음에 대한 개념도 바꾸고 무조건 멀리하려는 죽음을 바라보는 님비현상을 극복하면서 충분히 경제성이 있다는 것을 보여주어야 한다.

## 03. 임종환자의 두려움 극복

죽음은 인생에서 한번뿐이므로 임종기간이 되면 다양한 선택을 할 수 있는 기회가 매우 제한적이다. 마음 같아서는 삶과 죽음이 가까운 나라 정도였으면 좋겠지만 죽음과 동시에 영혼의 존재는 떠나고 육체는 바로 변화하면서 소멸되기에 사라지는 것에 대한 두려움은 클 수밖에 없다.

그러나 일상적인 이별처럼 어딘가 가는 것으로 생각한다면 죽음은 너무 슬퍼만 할 것은 아니다. 살면서 가족이나 친지들 중에는 가까이 있어도 수년 수십 년을 못 보는 경우도 많기에 차라리 죽음을 통해서 언젠가 가족이나 친지가 한 번은 꼭 다시 만난다고 생각하면 조금은 위안이 될 것이다.

죽음 앞에서 죽음만을 생각한다는 것은 결코 바람직하지 않다. 생각만 하고 고민만 한다고 죽음이 뒤로 물러가지 않고 단지 시간만 허비하므로 남은 시간을 어떻게 보내는지가 중요하고 죽어서도 후회 없이 보내는 것이 환자와 그 가족들에게 필요한 행동이다. 이를 위해서도 좋은 방향을 제시해주는 임종의학전문가나 임종치유전문가의 역할이 크게 요구된다.

사람들은 위급하면 병원을 찾는다. 그러나 병원이라고 모든 것을 다 해결해주지는 못한다. 병원을 이용하는 사람들은 기대치가 점차 높아지다가 어느 순간 현실적인 괴리가 생기면서 불만과 오해가 발생하는데 이는 결코 환자와 그 가족 모두에게 좋은 결과를 가져다주지 않는다. 이런 심한 갈등 속에서 환자에게 좋은 돌봄이 이루어지기 어렵고 같은 서비스를 받아도 자신만 차별을 받는 것 같아 불신이 더 커진다. 이는 그렇지 않아도 죽음 앞에서 두려운 환자를 더 힘들게 하는 것이고 도움을 주는 의료진이나 주위 사람들도 이런 문제를 적극 이해하기보다 회피하는 경우가 있으므로 결코 도움이 되지 않는다.

죽음 앞에서 후회가 남으면 환자와 그 가족도 모두 마음의 상처를 받을 수가 있고 오랜 기간 가족들은 후회가 쌓여 후유증을 얻기도 한다. 그래서 되도록 죽음 앞에서는 후회 없는 삶을 살 수 있게 남은 시간을 잘 보내면서 아쉬움을 덜어줄 준비를 하는 것이 필요하다. 뭔가 준비하고 계획하는 동안 잠시 죽음을 잊을 수 있고 그 속에서 희망을 찾을 수도 있기 때문이다.

## 04. 임종의학전문가의 7가지 행동수칙

일본 임종의학 의사인 하라카타 마코토(平方眞)는 아이아병원 부원장으로서의 경험을 통해 얻은 임종의료에 관한 의료인의 7가지 행동수칙을 언급하였다. 이를 간단히 소개한다.

## 1. 죽음에서 도피하지 않는다.

임종 환자에게 시간은 매우 중요하다. 남은 시간 동안 환자와 그 가족에게 정확하게 상태를 전달하는 것이 중요하지만 이는 쉽지 않다. 그러기 위해서는 의료인 스스로 죽음에 대해 당당하고 두려워하지 않아야 하며 긍정적인 모습이어야 한다. 의사가 미리 생각하고 준비하고 정확히 전달하면서 그 결과를 다시 확인하고 계획을 세우는 것은 자신감이 있다면 충분히 가능하다.

## 2. 소통능력을 키운다.

임종환자를 대하는 것은 그 자체가 괴로움과 고통을 관리하는 것이기에 먼저 환자의 괴로움과 통증을 덜어주고 정신적인 두려움을 잘 극복하도록 현재 상태를 미리 예측하고 설명을 잘 해서 처치해야 한다. 그러기 위해서는 환자와 그 가족이 임종의료진을 신뢰해야 하는데 이는 소통이 가장 중요한 이유이다. 시간별, 일별, 주간별, 월별 단위로 환자의 상태를 미리 잘 예측하고 정리해서 정확한 정보를 주고 필요한 것과 앞으로 준비해야 할 것들을 미리 알려주고 실천하도록 해야 한다. 물론 환자의 치료나 돌봄이 중요하지만 모든 것을 잘 설명해서 환자뿐만 아니라 그 가족의 이해와 동의를 구해 나중에 발생할 불만과 오해를 최대한 줄여야 한다. 언제든 발생할 수 있는 의료사고에 대한 문제를 미연에 방지하려면 환자의 선택을 중요시하고 그에 대한 정보를 잘 전해줘야 하며 가능하면 가족이 모두 모인 상태에서 전달해야 참여하지 않은 가족의 불만과 오해를 줄일 수 있다. 대부분 환자의 상태를 잘 모르거나 중요한 순간에 참여하지 않은 가족들 중에 문제를 제기하는 경우가 많기 때문이다.

의료진들이 빠지기 쉬운 함정은 자신은 최선을 다해 설명하고 노력했다고 하는 자만심으로 환자와 그 가족들이 잘 알아주겠지 하는 생각이다. 이는 큰 실수가 될 수 있다. 최선과 노력은 당연한 것이고 설명이 충분히 이해되지 않은 상태에서 결과가 나쁘면 아무 소용이 없다. 의료진이 설명을 아무리 잘하고 반복해도 환자와 그 가족들 입장에서는 어려운 이야기이고 처음 듣는 소리이기에 들었어도 이해를 못하면 안 한 것만 못하다. 의료진과 환자와 그 가족 사이는 연인이나 가족처럼 이심전심(以心傳心)이 통하지 않는 서로 다른 세계의 사람이라는 것을 명심해야 한다. 겉으로는 아는 것처럼 보여도 대부분 한두 번 설명으로는 잘 이해 못하는 경우가 많아서 역지사지(易地思之)의 입장에서 이해하고 절박한 심정에서 듣는 설명은 첫 경험이기 때문이라고 보면 된다.

### 3. 중대한 상황을 넌지시 전한다.

임종환자의 상태는 다양한 과정을 거쳐 진행되므로 언제든 위급한 상황을 맞을 수 있다. 이런 증상에 대한 예측이 어려울 수 있지만 환자와 그 가족에게는 지속적으로 상태를 알려주어야 한다. 환자와 그 가족들에게는 이런 상황이 처음 당하는 것이기에 불안과 걱정도 많지만 위급한 상황이 오면 무엇을 해야 할지 몰라 당황하게 된다. 이때 적절한 설명이 필요하고 방향과 지시를 내려주어야 혼란을 줄일 수 있다. 그래서 평소 넌지시 앞으로 일어날 상황을 설명해주고 대처방법을 조금씩 반복적으로 알려주어야 한다. 그러기 위해서는 의료인들이 불안감을 보이거나 허둥대는 모습을 보여서는 안 되고 응급상황을 최대한 빨리 처리하도록 나름 준비를 해두어야 한다.

### 4. 예측·예후 방법을 알아둔다.

상황을 설명하더라도 환자의 예후와 남은 시간에 대한 예측을 해야 좀 더 정확한 정보를 전달할 수 있다. 그러기 위해서는 환자의 신체적 상태와 질환의 진행정도 그리고 치료에 대한 반응을 상세히 알아야 한다. 그리고 다른 환자와의 비교분석을 통해서 정확한 예측정도를 파악한다. 만약 자신의 분야가 아니더라도 담당의사와 서로 정보를 교류하고 대응해야 한다.

너무 앞서가거나 한 발짝 늦게 대응하는 것은 환자와 그 가족에게 매우 큰 실망과 고통을 줄 수 있다. 특히 꼭 봐야 할 가족이 멀리 있는 경우 더 신중한 대응이 요구된다. 이미 운명한 후 도착하거나 급히 오다가 사고라도 당하면 더 큰 불행이 될 수 있기 때문이다.

아래 도표는 환자의 상태를 예측하는 완화의료 예후지수(Palliative Prognostic Index: PPI)로 일본 모리타 연구팀에서 계발한 예후지수이다. PPI 완화의료 예후지수는 3주일 이내 사망할 확률이 높은지 여부를 판정하는 데 유용하다. 매일 평가는 가능하지만 세밀한 예측에는 적합하지 않다.

**완화의료 예후지수**(*Palliative Prognostic Index: PPI*)

<table>
<tr><th colspan="4">최대수치</th></tr>
<tr><td rowspan="3">*완화의료 수행지수<br>(Palliative Performance Scale)</td><td>10–20</td><td>4.0</td><td rowspan="3">4.0</td></tr>
<tr><td>30–50</td><td>2.5</td></tr>
<tr><td>60</td><td>0</td></tr>
<tr><td rowspan="3">경구 섭취 양 (IVH는 정상)</td><td>심히 감소 (〈 몇 수저)</td><td>2.5</td><td rowspan="3">2.5</td></tr>
<tr><td>중등도 감소 (〉 몇 수저)</td><td>1.0</td></tr>
<tr><td>정상</td><td>0</td></tr>
<tr><td rowspan="2">부종</td><td>유</td><td>1.0</td><td rowspan="2">1.0</td></tr>
<tr><td>무</td><td>0</td></tr>
<tr><td rowspan="2">안정시의 호흡곤란</td><td>유</td><td>3.5</td><td rowspan="2">3.5</td></tr>
<tr><td>무</td><td>0</td></tr>
<tr><td rowspan="2">섬망</td><td>유</td><td>4.0</td><td rowspan="2">4.0</td></tr>
<tr><td>무</td><td>0</td></tr>
<tr><td colspan="2">총점</td><td></td><td>15</td></tr>
</table>

Morita T, Support Care 1997

PPI 6점 이상이면 3주 미만 생존 예측 민감도 80%, 특이도 85%이다.
PPI를 4점 기준으로 하면 6주 생존 확률이 민감도 80%, 특이도 77%이다.
(위의 계산을 위해 아래 완화의료수행지수가 필요하다.)

*** 완화의료 수행지수**(*Palliative Performance Scale; PPS*)

| % | Ambulation | Activity and Evidence of disease | Self–care | Intake | Level of Consciousness |
|---|---|---|---|---|---|

<table>
<tr><td rowspan="2">100</td><td rowspan="2">Full</td><td>Normal Activity</td><td rowspan="2">Full</td><td rowspan="2">Normal</td><td rowspan="2">Full</td></tr>
<tr><td>No Evidence of Disease</td></tr>
<tr><td rowspan="2">90</td><td rowspan="2">Full</td><td>Normal Activity</td><td rowspan="2">Full</td><td rowspan="2">Normal</td><td rowspan="2">Full</td></tr>
<tr><td>Some Evidence of Disease</td></tr>
<tr><td rowspan="2">80</td><td rowspan="2">Full</td><td>Normal Activity with Effort</td><td rowspan="2">Full</td><td rowspan="2">Normal or Reduced</td><td rowspan="2">Full</td></tr>
<tr><td>Some Evidence of Disease</td></tr>
<tr><td rowspan="2">70</td><td rowspan="2">Reduced</td><td>Unable to do Normal Job/work</td><td rowspan="2">Full</td><td rowspan="2">Normal or Reduced</td><td rowspan="2">Full</td></tr>
<tr><td>Some Evidence of Disease</td></tr>
<tr><td rowspan="2">60</td><td rowspan="2">Reduced</td><td>Unable to do Hobby/house work</td><td rowspan="2">Occasional Assistance Necessary</td><td rowspan="2">Normal or Reduced</td><td rowspan="2">Full or confusion</td></tr>
<tr><td>Significant Disease</td></tr>
<tr><td rowspan="2">50</td><td rowspan="2">Mainly Sit/Lie</td><td>Unable to do Any Work</td><td rowspan="2">Considerable Assistance Required</td><td rowspan="2">Normal or Reduced</td><td rowspan="2">Full or confusion</td></tr>
<tr><td>Extensive disease</td></tr>
<tr><td>40</td><td>Mainly in bed</td><td>As Above</td><td>Mainly Assistance</td><td>Normal or Reduced</td><td>Full or drowsy or confusion</td></tr>
<tr><td>30</td><td>Totally Bed Bound</td><td>As Above</td><td>Total Care</td><td>Reduced</td><td>Full or drowsy or confusion</td></tr>
<tr><td>20</td><td>As above</td><td>As Above</td><td>Total Care</td><td>Minimal Sips</td><td>Full or drowsy or confusion</td></tr>
<tr><td>10</td><td>As above</td><td>As Above</td><td>Total Care</td><td>Mouth care Only</td><td>Drowsy or Coma</td></tr>
<tr><td>0</td><td>Death</td><td>–</td><td>–</td><td>–</td><td>–</td></tr>
</table>

임종과정 중에 혼수상태와 하악(아래턱)호흡, 혈압의 급격한 저하 등이 나타나면 즉시 가족에게 죽음이 임박했다고 알려주어야 한다.

## 5. 첫 상담만큼은 공들여 한다.

후회 없는 임종을 위한 임종의학전문가와 임종치유전문가의 역할은 환자의 마지막까지 잘 설명해주고 이해시키는 과정을 도와주는 것이라고 본다. 그래서 직접 마주보면서 하는 상담은 매우 중요하다. 그 중에서도 처음 대면 시에 의료진과 환자와 그 가족들 사이에 서로 마음이 안 맞으면 계속 문제가 생길 수 있고 겉도는 경우가 있어 첫 상담만큼은 철저히 준비해 상태를 잘 파악하고 시간을 충분히 할애하면서 진정성 있는 대화를 통해 신뢰감을 얻어야 한다.

그러므로 조금은 무리하더라도 처음 상담에는 시간을 더 투자해야 한다. 환자와 그 가족들은 기존 치료 중에 힘들고 지치고 실망도 많이 했기에 이미 불신과 불만이 클 수 있다. 더 이상 이런 상태가 이어지면 환자가 피해를 볼 수 있으므로 지난 치료의 연속성을 유지하면서 새로운 마음으로 다시 적응하도록 배려해야 한다. 검사에서 기존 치료 결과와 다르게 나왔어도 너무 서두르지 말고 조금 안정시키면서 설명을 해줘야 한다. "일부 검사에서 변화가 있으나 좀 더 지켜보겠지만 더 나빠지는 경우도 있으니 그때 다시 상의 드리겠습니다." 정도로 설명하고 점진적으로 강도를 높여서 설명을 해야 덜 불안해지고 쉽게 받아들인다. 의사가 환자나 그 가족들에게 잘 하는 실수는 "진실을 말해 달라."는 말에 모든 것을 전달하는 것이다. 이는 절대 그들의 진실이 아니며 오히려 "싫은 이야기는 하지 마세요!"처럼 느낀다는 것이다. 겉으로는 "저는 마음을 다 비웠어요!"라든가 "무엇을 말해줘도 되어요!" 등의 말을 하는 사람들 중에 오히려 커다란 충격으로 강한 거부감을 갖기도 한다. 그리고 자신의 죽음이 얼마나 남았는지 물어보는 경우 "시간이 얼마 안 남았어요."라고 대답하기보다 "계속 진행이 빨라지고 있군요."라고 표현하는 것이 받아들이는 입장에서는 더 낫다고 본다. 그 외에도 "만나고 싶거나 하고 싶은 것이 있으면 미루지 말고 하세요." 또는 "꼭 해야 할 일이 있으면 지금 하시는 것이 좋겠습니다."라는 표현을 통해서 부탁하는 식으로 전해주면 환자도 어느 정도 자신의 상태를 알고 있기에 쉽게 이해한다.

## 6. 훌륭한 설명은 사전준비부터

임종의학전문가와 임종치유전문가는 결국은 나쁜 소식을 전하고 죽음을 맞이하게 하는 것이 중요한 일이기에 환자에게 하는 한마디 한마디는 매우 중요하므로 신중해야 한다. 나쁜 소식을 전하기 위해서 나름 위로의 말을 한다고 해도 아쉽고 서운한 것은 어쩔 수가 없다. 그래도 해야 할 일이므로 먼저 가장 편안한 장소를 선택하여 환자와 그 가족들이 모두 모일 수 있는 시간에 전달하는 것이 좋다.

가족들이 다 모이게 하는 것은 서로 시간을 잘 정해야 하는 어려움이 있지만 최대한 모여서 전달하고 서로의 오해가 없도록 하기 위해서고 충격도 나누면 조금은 위안이 되므로 환자도 덜 불안해 할 수 있다. 너무 늦은 시간에 전달을 하면 밤사이 환자는 힘들어하고 밤을 지새울 수도 있기에 되도록이면 점심시간 이후에 설명을 하고 충분히 마음을 정리하도록 한다.

이미 강조하였듯이 설명은 항시 쉽고 간결하게 그리고 설명을 하는 사이에 충분한 공백을 두어 충분히 생각하고 질문할 수 있게 한다. 이런 시간은 누구나 예민해지고 약간의 자극에도 크게 놀랄 수 있으므로 좀 더 조심해서 행동하고 대응해야 한다. 물론 상담 전에 사전준비는 철저할수록 좋고 종합적인 자료와 평가는 필수사항이고 잘 정리된 면담표를 만들어 면담 전후와 향후 계획을 잘 기록하고 관리한다. 면담표는 되도록 서술형식으로 간결하고 정확한 단어로 표기하고 중복되는 부분이나 불필요한 내용은 빼도록 한다.

사람들은 죽음 앞에서 살아온 모습이 그대로 반영되므로 사전준비를 통해서 그 사람의 과거를 이해할 수 있다면 그에 맞게 죽음 준비를 해줘야 한다. 무조건 잘해준다고 좋은 것도 아니고 정리를 잘하라고 강조하는 것도 꼭 좋은 방법은 아니다. 환자가 원하면 원하는 방식을 따라주는 것으로도 충분히 환자는 편하고 좋아한다. 간혹 지나친 배려가 부담이 될 수 있기 때문이다. 의외로 죽음 앞에서 자신의 과거를 숨기려는 경우도 있기 때문에 환자가 너무 깊은 속마음을 털어버리지 않도록 주의해야 한다. 사람은 비밀을 간직하고 죽을 수도 있고 거짓을 말하고 죽을 수도 있다는 사실을 이해해야 한다.

### 7. 환자의 '마지막 소망'을 이루어 주려는 배려

임종이 가까우면 신변정리를 마치고 죽음에 대한 준비를 거의 마무리하고 남은 시간만 기다리는 경우가 있다. 이런 시간은 삶에서 가장 소중하고 가족 모두에게도 충분히 기억에 남을 소중한 기회가 된다.

간혹 이런 시간에 초조해지거나 못 다한 일에 대해 마음만 서두르는 경우도 있는데 이때 임종의학전문가와 임종치유전문가는 환자와 그 가족들에게 상담을 해서 하고 싶은 일들 중에 몇 가지 우선순위를 정해주고 실천 가능한 것부터 하나씩 처리하도록 해줘야 한다. 지금 가능한 일이라도 내일이면 못하는 것이 임종환자의 상태이므로 순간순간 신중함과 더불어 현재의 상태를 넘어서는 무리한 행동을 하게 해서는 안 된다. 특히 환자보다 그 가족들이 주도하는 여행이나 행사들은 결코 환자에게 도움이 되지 않으니 주의해야 한다. 그것은 가족들에게는 추억이 될 수 있어도 환자에게는 고통이고 더 나쁜 결과를 가져올 수도 있다. 문병은 환자가 위급할 때보다 조금이라도 기력이 있을 때 찾아가면 좋다. 작은 배려도 큰 기쁨으로 받아들이고 위안이 되기 때문이다. 그러다보니 사후에 장례식장에 찾아가기보다 미리 일정 날짜를 정해서 서로가 만나는 사전 장례식 행사를 하는 것도 좋은 방법이 될 수 있다.

## 05. 마지막 임종 48시간

임종이 가까워지면 미리 예상을 하고 환자 가족들에게 설명을 해줘야 한다. 이것은 모두가 준비할 수 있는 시간적인 여유를 주고 미진한 부분을 조금이라도 마무리할 수 있게 해주기 위해서이다. 그래서 환자의 증상을 잘 파악하고 변화를 잘 관찰해야 한다.

임종이 가까움을 알리는 증상과 징후들은 다음과 같다.

(1) 허약감과 피로의 급속 증가

(2) 음식 섭취 감소

(3) 연하 곤란

(4) 의식수준 저하

(5) 말기 섬망 혹은 과도긴장(Agitation)

(6) 호흡 모습 변화

(7) 심혈관계 변화는 거의 마지막에 출현

몇 가지 연구에 의하면 임종 전 200명 환자에게 나타나는 마지막 48시간의 증상빈도는 아래와 같다.

| 증상 | 빈도(%) |
|---|---|
| 가래 끓는 소리 | 56 |
| 배뇨문제<br>요실금<br>요정체 | 53<br>32<br>21 |
| 통증 | 51 |
| 안절부절 못함 | 42 |
| 호흡곤란 | 22 |
| 오심과 구토 | 14 |
| 발한 | 14 |
| 근육경련, 급격한 움직임 | 12 |
| 의식혼란 | 9 |

일반적으로 임종 이행 시기에 걸리는 시간은 개인마다 다르다. 짧으면 24시간 미만에서 길면 10일에서 14일 정도까지 간다. 그래서 예측이 어렵고 너무 일찍 통보해서 멀

리 있는 가족들이 와서 다시 돌아가는 경우도 있고 너무 늦어서 함께 임종을 맞이하기 어려운 경우도 생긴다.

**임종 이행 시기 분류**

| 시기 | 증상과 증후 |
|---|---|
| 초기 | 누워 지냄, 먹고 마시는 것에 대한 관심과 실제 섭취량 감소<br>인지기능저하, 섬망, 수면시간 증가 |
| 중기 | 정신상태 둔화, 가래 끓는 소리(death rattle), 발열 |
| 말기 | 혼수, 사지말단저체온, 발열<br>호흡 모습변화–호흡수 증가 혹은 감소 |
| 임종이 가까워지거나 임종 수시간전에 흔히 보이는<br>Cheyne–Stokes 호흡이 자주 나타난다.<br>빈호흡과 무호흡이 교대로 나타나거나 빠르고 얕은 호흡, 무질서한 한숨 등 | |

죽음 직전에는 혼수상태와 하악(아랫턱) 호흡이나 혈압의 급격한 저하 등이 나타나므로 이런 현상이 보이면 가족에게 죽음이 임박했음을 즉시 알려야 한다.

## 06. 임종에서 죽음으로

죽음의 정의는 다양하지만 일반적으로 심장박동과 호흡 그리고 뇌간 기능이 정지되면 죽음으로 인정한다. 이것을 '죽음의 세 가지 징조'라고 한다. 그러나 이것은 사망현상의 결과이지 어떻게 죽었는가의 원인과 과정은 아니므로 임종의학전문가와 임종치유전문가는 이 과정에 대해 충분히 이해하고 설명해야 한다.

먼저 호흡이 약해지면 뇌에 충분한 산소가 공급되지 못하면서 호흡을 시키는 명령이 제대로 이루어지지 않아 호흡이 약해지거나 불규칙해진다. 이로 인해 체내 산소공급이 줄어들면 산소포화도가 떨어지고 심장 박동 역시 약해지고 결국 장기의 기능부전이 오면서 죽음에 이른다.

또 다른 과정으로 심장이 먼저 멈춘 경우에는 혈류가 정지되어 뇌의 호흡중추가 정지되고 이 때문에 호흡작용도 멈춰 죽음의 세 가지 징조가 일어난다. 다행히 심장이 멈춘 근소한 시간대에 심폐소생술(CPR)이나 심장자동제세기(ADE)에 의해서 심장박동이 재기될 수 있으면 뇌의 기능이 정지되기 전에 혈류를 회복시켜 목숨을 구할 수 있다.

그 외에도 생명유지에 중요한 장기로 간과 신장에 문제가 생기면 이로 인해서 결국은 다발성 장기부전증이 발생하여 생명을 잃게 된다. 그러나 일부 장기는 기능을 못해도 대체하는 수단이 있으면 생명을 유지할 수 있다. 그 방법 중에 하나가 장기이식이다. 이것이 어려우면 인공장기나 기계장치를 이용하여 기능을 대신한다면 계속 생명을 유지할 수는 있지만 이것은 매우 제한적이다.

임종의학전문가와 임종치유전문가라면 심장, 폐장, 뇌 그리고 간장과 신장에 대하여 좀 더 관심을 가지고 중요성을 인식해야 한다. 환자를 보는 과정에서 이들의 상태를 면밀히 관찰하여 임종환자의 예후에 대해 정확한 진단을 해야 한다.

## 07. 임종환자의 마지막은 노쇠로 인한 노환이 죽음의 원인

직간접적인 통증이나 만성적인 질환 또는 말기암은 결국 죽음의 선행원인일 뿐 직접적인 사인은 되지 못한다. 환자가 이런 원인들과 싸워나가는 동안 스스로 모든 힘을 잃고 더 이상 버틸 힘이 없어서 심장근육이나 신체를 움직이는 근육들이 작동을 못하는 노쇠현상이 직접적인 죽음의 원인이 된다.

죽음을 이겨나가려면 결국 체력적으로 균형을 잡으면서 버티는 힘이 요구된다. 비록 질병으로 힘들어 하지만 마지막 순간 노쇠로 인한 자연사를 맞이한다면 그보다 더 좋은 죽음은 없을 것이다. 그래서 임종환자의 관리와 돌봄은 그 목표가 노쇠에 의한 평온한 죽음을 맞이하게 하는 것이다. 일반적으로 사람들은 노환으로 돌아가셨다고 하면 대부분 "그동안 잘 견디셨네!" 또는 "다들 잘해줘서 그런 거지."라고 생각한다.

생명체는 특별한 문제가 없어도 어느 시점에서 삶의 종말을 맞이한다. 이는 노화 과정이라고 할 수 있다. 그럼 왜 모든 생물은 늙어가는 것일까? 노화 과정 및 원인에 대한 이론은 매우 많으나, 노화의 복잡한 과정을 완벽하게 설명하는 이론은 아직 없다. 현재 알려진 노화기전은 크게 유전적 요인 및 환경적 요인으로 나눌 수 있으며, 평균수명이 늘어났음에도 불구하고, 인간의 최대 수명은 변함없다. 현재 의학적으로 가능한 최대 수명은 125세로 보고 있으며 이는 아직 125세를 넘은 사람이 없다는 의미이기도 하다.

현재 밝혀진 노화이론은 크게 두 가지 가설로 묶어 볼 수 있다. 하나는 "프로그램" 이론이고, 다른 하나는 "손상" 이론이다. 프로그램 이론은 노화를 결정하는 프로그램이 생명체에 존재한다고 생각하는 이론이고, 손상 이론은 노화를 우연히 손상이 쌓이게 되면서 발생하는 현상이라고 보는 이론이다. 프로그램 이론 중 대표적인 것은 생물학적 시계 이론이 있으며, 유전자가 순차적으로 활성화되고 비활성화되는 것처럼, 순차적으로 노화 과정이 진행되고 조절될 수 있다고 설명하는 이론이다. 말단소립(Telomere) 구조, 내분비 시스템, 면역시스템 등 이러한 역할을 하는 것으로 제기된 여러 가지 요소가 이를 뒷받침하고 있다. 손상 이론을 뒷받침하는 주요 요소로는 활성산소, DNA 변이 및 변성, 단백질 간의 비특이적 결합 등이 알려져 있다.

**※ 현재 거론되는 몇 가지 일반적인 노화설**

1. 프로그램설(Programmed Theory)
2. 프로그램 소멸설(Running-out of Program Theory)
3. 유전자설(Genetic Theory)
4. 체세포돌연변이설(Somatic Mutation Theory)
5. 자유라디칼설(Free Radical Theory)

6. 오류설(Error Catastrophe Theory)

7. 자기면역설(Autoimmune Theory) 등이 있다.

이 중 관심을 많이 보이는 것은 세포 자체에 죽음에 관한 프로그램이 되어있다는 설이다. 세포는 저마다 수명과 분열 횟수 등이 거의 정해져 있다고 보면 되는데 몸의 상피세포는 죽을 때까지 분열을 계속하지만 신경세포나 심장세포 등은 그렇지 않다. 대부분 세포가 분열을 반복함에 따라 염색체 끝에 존재하는 말단소립(Telomere)이라는 것이 계속 줄어들게 된다. 이를 회복하기 위해서 Telomerase라는 것이 있어 길이를 계속 연장해주지만 그것에도 한계가 있어 말단소립은 점점 줄어들게 되고 더 이상 분열할 수 없을 정도로 줄어들게 되면 세포는 죽게 된다. 왕성한 분열과 성장을 하는 암세포의 경우에는 Telomerase가 활성화되어있어 훨씬 더 많은 분열을 할 수 있어 문제를 일으키기도 한다. 그 외에도 자유라디칼설 등에 의한 세포 손상 등으로 노화가 진행된다는 주장이나 자가면역설도 많이 거론되고 있다.

이런 것이 늙음 즉 노쇠이고 이 노쇠가 결국은 노환으로 죽는 근본 원인이 된다. 노쇠란 결국 나이가 들어간다는 의미이고 병사와 다른 점은 각 장기의 힘이 감소되는 방식이 전체적인 균형을 유지한 채 천천히 진행되며, 이는 온몸의 장기가 기력이 쇠진하여 더 이상 움직이거나 반응하기 어려워 죽음을 맞이한다는 주장이다. '숨 쉴 힘도 없다.'라는 표현이 이 상태이다.

임종 후에 물론 정확히 원인을 찾으면 다양한 문제가 있겠지만 전체적인 흐름으로 보아 스스로 죽음을 맞이하는 것이다. 그러나 병원에서 죽음을 맞이하게 되면 노쇠에 의한 노환이라는 사망 사유는 거의 없고 다양한 질병 명이 나열되는 것도 사실이기에 굳이 이렇게까지 하는 것은 불필요한 행위일 수 있다. 죽은 후 그 원인을 찾아 검사하는 것은 변사처럼 법적으로 사망 원인을 밝혀야 하는 경우가 아니라면 망자에게 크게 도움이 안 되고 의학적으로도 큰 낭비라고 본다.

### ※ 일반적인 노쇠에 의한 노환으로 사망하는 조건

1. 본인과 가족이 충분히 장수하였다고 생각한다.
2. 평온하게 잠자듯 자연스럽게 숨을 거두었다.
3. '이 병 때문에 사망했다.'는 확실한 원인이 없다.
4. '이 장기가 특별히 약해서 사망했다.'는 분명한 원인이 없거나 '각 장기가 균형 있게 쇠약해져 사망하게 된' 상태이다.
5. 무리하게 생명을 연장하려고 해도 거의 효과가 없거나 오히려 역효과가 나는 상태이다(점적 주사 시 부종이나 호흡 시 천명이 더 심해지는 경우 등).

위의 예들은 임상현장에서 대부분 쉽게 알 수 있지만 조금 애매한 경우로는 평소 천식증상이 있지만 크게 치료하지 않다가 노쇠과정에서 흡인성 폐렴이 생겨 급속히 악화되어 죽음에 이른 경우로 노환으로 보는 것이 타당할 것이다. 대부분 노화가 심해지면 가래를 배출시키지 못하고 폐에 염증이 생겨 폐렴이 악화되므로 이 또한 노쇠로 인한 노환으로 죽은 것이 된다. 이와 유사한 사례는 얼마든지 있으므로 선행된 원인질환이 있었다고 해도 충분히 여생을 보냈으므로 이런 경우는 노쇠의 한 과정으로 이해하고 접근해야 한다. 대부분 마지막에 식사를 못해서 죽는데, 이런 경우 영양실조라고 사망진단을 할 수는 없다고 본다.

### ※ 노쇠로 인한 노환이 아닌 경우

1. 평균수명보다 분명히 짧게 살다 죽은 경우.
2. 죽기 전까지 괴로운 증상이 계속되어 치료가 이어졌던 경우.
3. 선행질환이 확실하고 그 질환의 후유증이나 합병증이 생긴 경우에는 병사라고 진단해야 한다.
4. 노쇠한 상태라도 사고사나 낙상사고 같은 원인으로 죽은 경우.
5. 자살이나 타살의 가능성이 있는 경우.

노쇠에 의한 노환이 항시 장점만 있는 것은 아니다. 임종환자 중에 특별한 원인이 없이 노쇠의 과정을 보이는 경우 임종관리가 매우 어렵다. 임종환자에 대한 여명을 예측하기가 어려워 임종관리에 대한 계획을 세우기가 힘들고 본인도 기력이 쇠하여 힘들어 하지만 특별히 도와줄 수 없다. 긴 간병으로 인한 환자와 그 가족들은 모두 육체적, 정신적, 시간적, 경제적으로 힘들고 점차 이들 간에 갈등과 반목이 생겨 원망이 커질 수도 있다. 긴 간병에는 효자가 될 수 없듯이 당하는 입장에서 보면 충분히 이해가 된다. 이 경우라도 우연히 암 등의 중중질환이 발견되면 노쇠의 기간이 줄어들고 가족 간에도 간병에 대한 문제에 반전이 일어나기도 한다.

임종의학전문가와 임종치유전문가는 암이나 중증질환자의 경우라도 되도록이면 노쇠로 인한 자연사로 가도록 노력하고 가족들과 충분히 상의하고 공감대를 형성해야 한다. 우리나라에서는 예전부터 가장 좋은 죽음을 제명에 살다 편히 죽는 고종명(考終命)이라고 하였다.

## 08. 암이나 중증 질환을 진단 받고 죽어가는 과정

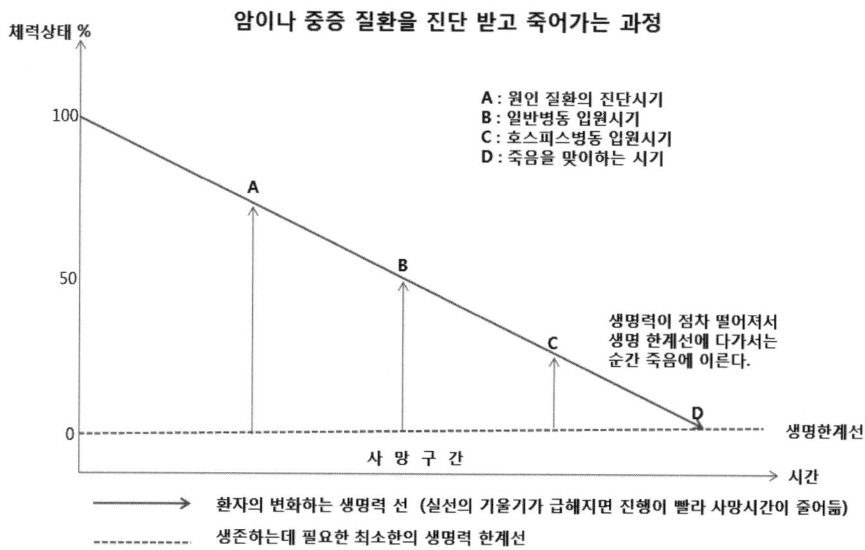

암이 발생하면 원발장기에만 문제가 생기는 것이 아니고 몸의 전체적인 노화 속도가 빨라지므로 생존하는 능력이 급격히 떨어지는 현상이 생긴다. 특히 젊은층에 생기는 암은 그 속도가 더 빠르므로 통제하기가 어려운 경우가 많다. 이런 현상으로 암 환자들은 급속하게 늙어가는 모습을 보이고 몸의 상태도 매우 빨리 나빠지는 것이다. 이런 경우 1주일이 10년이 지나가는 것 같은 변화를 보이는 경우도 있어 치료는 물론 환자의 생존까지도 손을 쓸 수가 없고 마지막 정리를 하지 못하는 상태에서 죽음을 맞이하기도 한다.

당연히 의료진도 당황하지만 환자와 가족들은 더욱 어찌할 바를 모르기에 적절한 설명이 필요하다. "최선을 다하고는 있지만 암으로 인해 신체에서 급격한 노화 현상이 일어나 살아갈 시간이 매우 짧을 것 같다."라는 말을 전해야 하고 가능하면 노화 과정으로 사망했다는 인식을 준다면 암과 같은 병으로 인한 억울한 죽음에 대해서도 조금은 위안과 이해를 할 수 있다.

비록 암 때문에 빨리 죽게 되어도 통증 속에서 죽지 않게 노력하고 그 통증을 잘 조절해주면서 남은 날을 가능하면 노쇠에 의한 자연사를 하는 것처럼 관리해주는 것이 중요하다. 그러기 위해서는 통증치료와 호흡곤란을 잘 관리하고 몸과 정신(마음)이 조화를 이루도록 균형을 잡아주어야 한다. 노쇠에 의한 임종과정은 몸과 정신이 서서히 기능이 함께 떨어지면서 죽음에 이르지만, 말기 암 등의 경우에는 의식수준은 대부분

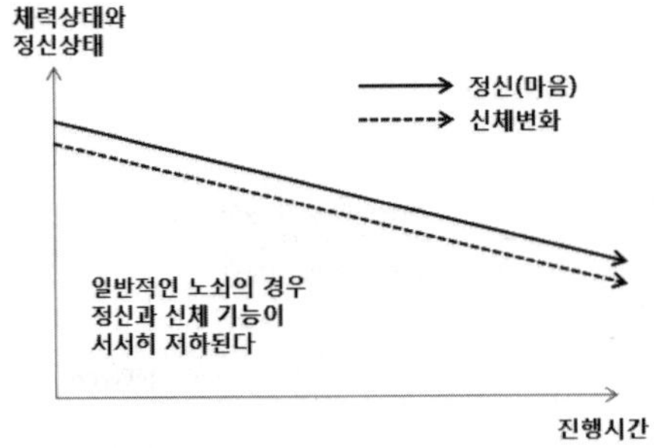


일반적인 노쇠의 진행 형태

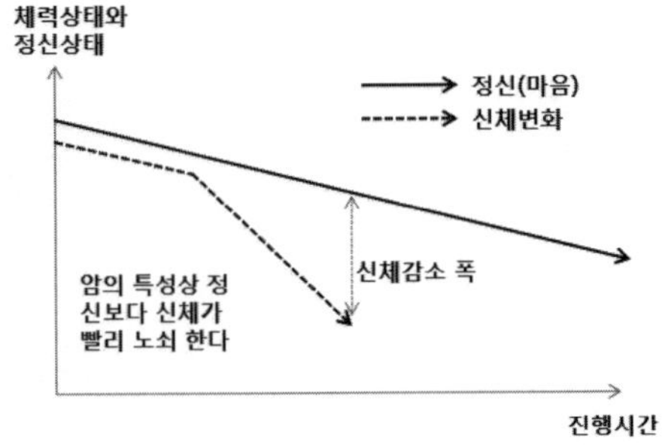


말기 암의 진행 형태

유지하지만 병변의 확대와 체력이 급격히 떨어져 죽음을 향해 가므로 커다란 괴리가 생긴다. 이런 괴리가 커지면 환자는 심한 우울증과 불안 또는 죽음에 대한 공포가 커진다. 이를 해소할 수 있는 방법을 찾고 관리하는 것이 임종의학전문가와 임종치유전문가의 중요한 역할이라고 할 수 있다.

## 09. 임종의학전문가와 임종치유전문가가 자주 보는 암 질환자의 합병증들

앞서 노쇠에 대한 죽음에 대해 설명한 것처럼 인체 내 모든 장기의 힘이 서로 균형을 이루면서 서서히 그 활력이 감소하여 더 이상 기능을 하지 못하는 수준으로 떨어져서 생명의 한계치에 다다른 상태를 말한다.

암으로 죽게 되는 것은 특정 장기에 통제되지 못하는 질병이 생겨 확산되면서 급속히 죽음이 진행되는 상태인데, 암 환자 중에는 그 합병증으로 인해 간부전증, 호흡장애, 출혈, 두개 내 병변 등 다양한 양상을 보인다. 이것은 급속히 악화되며 많은 고통 속에서 죽음에 이르게 하므로 증상의 진행을 좀 더 파악하고 이에 맞는 대응책을 세워서 적극적으로 관리하고 돌봄을 시행하고 환자와 그 가족에게도 쉽게 이해시켜주어야 한다.

### 1. 간부전증

간부전증은 주로 전이나 간경변에 의해서 발생한다. 위암, 대장암, 췌장암 등 소화기암은 소화관의 혈관이 문맥(Portal Vein)을 거쳐 간으로 들어가므로 암세포의 전이가 빠르게 진행된다. 그 외에도 신장암, 전립선암, 여성생식기암도 간에 전이가 잘 되므로 대부분 장기의 원발성 암은 간으로 전이된다. 더구나 전이성 간암은 원발성 간암보다 진행 속도가 빠르므로 전이되면 예후가 나쁘다. 일반적으로 간은 간경변이 있는 경우보다 건강한 간에 전이가 잘되고 초기에는 증상이 없어 확인이 잘 안되다가 진행이 많이 되면 급속히 악화되며 전이 부위에 따라 황달이 생기기도 하고 문맥, 간동맥, 담관 등에 종양이 생겨 치명적인 상태가 된다.

이런 경우 서둘러 환자와 그 가족에게 알리고 미리 임종준비를 하도록 한다. 갑자기 환자의 대화 속도가 느려지고 대화의 주제가 흐려지며, 움직이기 힘들어지고 체력이 급속히 저하되면서 황달이 나타나는 것은 위험신호이기에 이런 현상이 나타나면 간뇌변성증 증상이라고 하며 곧이어 간성혼수가 발생한다.

이는 체내에서 대사가 안 되는 암모니아에 의해서 발생되고 혈중에 노폐물이 증가해서 발생하는 것이다. 이때 섬망증상이 일어나서 이상한 소리를 내거나 벌떡 일어나는 이상한 행동으로 주위 사람들을 놀라게 하므로 미리 설명을 해주고 가족들을 이해시켜야 한다. 환자에게도 미리 증상에 대해 알려주면 조금은 안정이 되기도 한다. 이는 의식의 이상이라기보다 그 주변에 무언가 차 있는 상태로 느껴지면서 의식의 안과 밖이 소통이 안 되어 생기는 현상이다. 간성혼수에 빠지면 눈을 크게 뜨고 거친 호흡을 하며 강하게 움직이기도 하면서 날개털기 진전(Flapping Tremar)이 일어나기도 한다.

황달은 그 원인이 폐쇄성인지 간질성인지를 구분해야 한다. 폐쇄성 황달은 담즙의 통로가 막힌 경우로 이곳에 암이나 결석 등이 생겨 발생되므로 담즙 배출을 위한 응급수술로 증상을 완화시킬 수 있다. 간질성 황달은 간의 기능이 저하되어 빌리루빈이 대사되지 못해서 일어나는 증상으로 곧 죽을 수 있다는 예상을 할 수 있다.

변비도 간의 기능이 저하된 경우 심해지는데 변비가 심해져서 여러 가지 증상이 급격히 나빠지므로 장에 변이 차면 간성혼수가 심하게 나타난다. 매일 변을 보게 하는 것이 좋아 락톨로오스(Lactulose) 등으로 치료한다. 간 파열이 동반되면 급격한 혈압강하와 지혈이 안 되는 출혈이 생기므로 간부전증이 오고 통증이 심하므로 모르핀 같은 마약성 진통제를 투여하여 통증을 감소시켜야 한다. 하지만 결과적으로 사망에 이르므로 이에 대한 과정을 환자와 그 가족들에게 잘 설명해야 오해가 없다. 간혹 마약처방으로 상태가 더 악화되었다고 오해할 수 있기 때문이다.

## 2. 호흡곤란

원발성 폐암, 폐안의 폐내 전이 또는 식도암, 신장암, 위암, 대장암이 주로 폐로 전이되어 호흡곤란이 나타난다. 의외로 직장암은 거리가 멀어도 간보다 폐에 쉽게 전이가 된다. 폐암도 진행이 되기 전까지 증상이 없기 때문에 증상이 나타나면 이미 진행이 많이 된 상태이다. 호흡곤란으로 고통을 호소하면 임종 준비를 하지만 사람에 따라서 수일에서 수개월의 큰 격차를 보이기도 하여 예후 판정이 어렵기도 하다. 기도분비와 출혈이 동반되면 증상이 더 악화된 상태이다.

악성림프관증이 생기면 예후가 더 나쁘다. 이 경우 폐포가 침수상태로 산소교환이 어려워 산소가 들어가도 폐포에서 산소교환이 안 되어 물에 빠진 상태처럼 산소결핍으로 죽게 된다. 즉시 분비억제제인 스코폴라민(Scopolamine)제나 스테로이드를 투여하지만 효과는 한정적이다. 또한 링거액 등의 수액공급을 줄이거나 중지해야 증상이 좀 나아진다. 이때는 즉시 가족들에게 알리고 죽음이 임박했음을 설명해야 한다.

## 3. 출혈

암환자의 혈관은 약하고 혈류량이 많아 출혈이 발생하면 허혈증상으로 죽게 된다. 주로 뇌의 두개 내 출혈, 두경부 기관지, 폐, 식도와 위와 상하부 소화관에서 복강 내 출혈이 잘 발생한다. 특히 두개골 내 출혈이 발생되면 거의 수술이 안 되므로 다른 정신적인 증상과 감별하여 잘 관찰해야 한다. 고령의 암환자들은 몇 가지 질병과 함께 암까지 생기므로 투여하는 약제가 너무 많고 서로 부작용이 커서 신중한 치료와 관리가 요구된다.

폐에서 출혈이 되면 기관지가 막혀서 호흡이 안 되고 위장관 출혈은 위궤양 출혈보다 더 심한 경우가 많아 지혈시술이 어렵기 때문에 상황에 따라 적극적인 치료보다는 적절한 통증치료와 함께 임종준비를 하는 것이 좋다. 상부위장관에서 출혈이 되면 토혈을 하게 되고 하부위장관에서 출혈이 되면 타르변(Tarry Stool)으로 까만 변이 나온다. 이때 심한 빈혈이 동반된다.

## 4. 두개 내 병변

뇌종양은 병변부위에 따라 그 증상이 다양하다. 사지마비와 경련, 의식장애가 잘 나타나고 성격 변화나 조현병 같은 정신이상 증상이 나타난다. 그러다보니 정신과 치료만 하는 경우도 있다. 대부분 스테로이드 치료에 잘 반응하지만 치료의 기간은 정해져 있지 않고 경련이 심하면 항경련제도 사용하고 뇌부전을 막기 위해 글리세올(Glyceol)을 투여한다. 두개 내 병변의 위치에 따라 수술도 가능하고 방사선 치료를 고려하기도 하는데, 감마나이프 등으로 좋은 결과를 얻기도 한다. 그러나 다발성인 경우에는 치료에 제한이 있고 치료 후유증으로 반년 내에 만성 장해가 생겨 거의 폐인처럼 되어 사망하게 된다. 그래서 이를 시행하기에 앞서 환자와 그 가족에게 꼭 설명하고 확답을 얻고 전뇌조사 치료를 시행해야 원망이나 오해를 줄일 수 있다.

두개 내 병변이 진행되면 연수부위의 호흡중추에 문제가 생겨 호흡이 어렵고 체인-스톡스(Cheyne-Stokes Respiration) 호흡이 잘 나타난다. 이때 인접한 체온중추도 기능이 둔화되어 체온조절이 안 되어 이상고온 체온증상이 지속되기도 한다. 발열원인이 없고 해열제가 듣지 않는다면 남은 시간이 많지 않다고 설명해줘야 한다.

위에 설명한 다양한 증상들은 결국 겪어야 할 과정 중에 포함된 것이므로 이를 잘 관리하는 것이 임종의학전문가와 임종치유전문가의 역할이 된다. 질병에 의한 노쇠과정은 다양한 합병증으로 더욱 힘들게 되지만 그래도 최대한 통증조절과 증상완화를 도와주면 자연스럽게 노쇠과정을 보낼 수 있게 된다. 이런 과정을 통해서 환자와 그 가족들은 모든 과정을 인정하고 납득하게 된다. 따라서 가족들은 "할 수 있는 만큼 다 했다." 또는 "그래도 최선의 노력은 했다."라고 후회 없는 마음을 가지게 된다.

간혹 가족들로부터 "왜 이렇게 갑작스럽게 됐나?" 같은 말이 나오지 않게 평소 신뢰관계를 잘 이루고 예상이 빗나가도 구차한 변명보다는 "아쉽게도 의료진의 생각보다 빠르게 진행되어 저희도 안타깝습니다."라든지 "환자와 가족 분들 모두 노력했지만 여기까지 환자가 견뎌주신 것 같아 의료진도 아쉬움이 큽니다."라고 위안을 주어야 한다. 그리고 이런 상황을 꼭 기록해 두고 훗날 문제가 생길 경우 증거자료로 활용해야 한다.

## 10. 임종환자에게 설명하기

임종을 맞이하는 환자에게는 아무리 좋은 소식이라도 결국은 죽음의 진행이 조금 늦어지고 있다는 말 이외에 완치되고 있다고 전할 수는 없다. 시간이 지나면 환자의 상태는 더 나빠지기 때문에 어쩔 수 없다.

그러므로 설명을 할 때는 정확하고 이해가 쉽게 설명해서 환자와 그 가족들이 미리 준비하고 대안을 세울 수 있게 해야 한다. 통보를 받지 못한 채 환자가 갑자기 악화되거나 죽음에 이르면 후회가 크고 불신이 생기는 것은 당연하지만 미리 마음의 준비를 통해서 대응한다면 조금은 덜 당황할 것이다. 죽음도 아는 만큼 이해가 되는 것이므로 환자 자신도 상태를 알고 죽어야 그나마 후회가 적을 수 있다.

물론 이런 중대한 사안을 설명한다고 모든 책임을 다하는 것은 아니다. 의료진이 하는 말은 환자나 환자 가족 모두에게는 두렵고 무서운 것이 사실이다. 비록 당연한 상태를 설명해도 받아들이는 입장에서는 거부와 부정을 하게 되고 두려움이 커진다. 그리고 설명한 내용을 올바르게 받아들이지 않는 경우도 있다. 설명을 들을 때에는 이해가 되어도 진실로 이해하는 것은 아니고 자신에게 유리한 것만 받아들일 수도 있으므로 정확한 설명과 이해가 중요하다.

모든 설명에는 환자와 그 가족들이 받는 충격과 놀라움을 덜 수 있게 격려해야 하고 생각할 여유도 줘야 한다. 지나친 배려는 오히려 부담이 되기도 하므로 모든 것을 받아주려고 해서도 안 된다. 냉엄한 현실은 현실로 전하고 죽음의 두려움을 극복할 수 있도록 용기를 북돋아주는 것이 필요하다. 서로 모순되는 양상이지만 살아있는 동안 죽음을 잊고 그 순간에 충실하며 행복한 시간을 보낼 수 있게 해줘야 하기 때문이다.

좋지 않은 상황을 설명할 때는 먼저 약간의 언질이나 힌트를 주는 것이 받아들이는 입장에서도 마음의 준비를 할 수 있고 다음 준비에도 여유가 생긴다. 되도록이면 직설화법보다는 간접화법으로 접근하고 "죄송하게도!" "지금까지도 환자가 잘해주고 있지만……" "어렵게 말해야 하는 입장이지만." "우리 모두가 걱정하는 것처럼." 등의 표현을 먼저 하면 받아들이는 입장에서도 어느 정도 객관적으로 이해를 하려고 할 것이다. 그리고 설명이 끝난 후 마지막에는 "지금까지도 잘하셨으니 저희들도 열심히 돌봐드리겠습니다."라거나 "저희는 항상 환자가 잘되기를 바라고 최선을 다하겠습니다."라고 격려를 해주도록 한다. 그래야 신뢰감이 더 커진다. 그렇지 않아도 힘들고 괴로운 환자에게 직설적인 설명으로 상태를 알려주면 정신적으로 충격과 좌절을 받아 더 상태가 악화될 수 있기에 조심해야 한다.

환자에게 상태를 알리지 말라는 가족들의 부탁이 있을 때에는 그에 대한 합당한 이유를 찾아보아야 한다. 당연히 환자에게 알릴 의무가 있고 환자 또한 설명을 들어야 할 권리가 있으므로 현재의 상태를 설명하는 것이 당연하지만 가족들이 이런 부탁을 하는 경우 가족들만의 속사정이나 문제가 있을 수 있으므로 일단은 신중하게 상황을 파악할 필요가 있다.

이런 경우 정확한 병명을 알려주기보다는 현재의 상태와 치료나 돌봄 계획을 전해주면서 스스로 이해할 수 있게 하고 상황 변화를 지속적으로 설명해주면 대부분 자신의 상태를 알게 된다. "검사를 계속해보지만 더 나아지지는 않는군요."라든가 "잘 견디고 있지만 더 힘들 수도 있으니 안 좋다고 느껴지면 언제든지 알려주세요."라고 하면 좋을 것 같다. 만일 환자가 "저 이제 가망이 없지요?"라고 물어보면 이는 이미 상태를 알고 있지만 조금은 아니라고 말해주기를 바라는 경우가 많아서 단정적으로 "그렇다."라고 대답하기보다는 "좀 더 지켜봐야 하지만 환자분이 느끼는 것처럼 더 좋아지지는 않네요." "시간이 지나면 좀 더 증상이 심해질 수도 있습니다."라고 대응해주면 환자도 충분히 이해를 할 것이다.

이런 경우 환자 가족들에게도 환자에게 직접 설명을 하지 않았음을 밝혀두어야 나중에 오해가 발생하는 것을 피할 수 있다. 죽은 환자는 말이 없어도 가족들은 이런 문제에 예민해 나중에 힘들어 할 수 있기 때문이다.

## 11. 임종환자의 상태를 예측하는 방법

임종환자의 여명을 예측할 때 오랜 경험을 가진 의료진이라도 잘 적중하지 못하는 이유는 사람마다 체력적·정신적 차이가 있고 질병의 진행 과정이 다르기 때문이기도 하고 마지막 시기에 다양한 변화가 일어나 의외의 변수가 생길 수도 있기 때문이다.

일반적으로 암의 경우 사망 전 1~2개월까지는 크게 어려움이 없이 일상생활을 할 수도 있어 방심하는 경우가 있다. 특히 젊은 환자의 경우 진단 전까지 건강하게 살다가 급격히 증상이 악화되어 빠른 진행을 보이다 심한 고통 속에 사망하는 경우가 많다. 노인 환자의 경우는 체력이 이미 노쇠하기에 암 또한 그에 맞게 서서히 진행하는 경우가 많다. 진행 과정이 천천히 이루어지기에 이를 잘 관리하면 자연사에 가깝게 임종관리가 가능하기도 하다.

또한 증세의 악화와 호전이 반복되는 경우에는 걱정과 안심 사이를 반복하므로 예측이 더 어려울 수도 있다. 그러나 전반적인 과정을 보면 점차 나빠지는 하향곡선을 나타내며 서서히 증상이 악화되어 간다. 노쇠에 의한 서서히 다가오는 죽음 또한 개인차가 커서 "골골 100세"라고 하듯이 쉽게 사망에 이르지 못하는 경우도 있다. 이런 경우 환자 가족들이 더 불안해하고 실망하는 경우도 있으므로 가족들에게 충분한 설명과 이해를 시켜야 한다.

의료진으로서 사망에 대해 중요시해야 하는 이유는 죽음이 한 개인의 문제가 아니라 가족 사회가 모두 연관된 문제이고 서로에게 다양한 영향을 미치기 때문이다. 이렇게 후회 없는 죽음을 하도록 노력해야 남은 가족들도 큰 문제없이 애도기간을 보내고 사회에 복귀할 수 있기 때문이다.

마지막이 얼마 안 남았으면 "이제라도 꼭 해야 할 일이 있으면 해보십시오. 더 시간이 없는 것 같습니다."라고 말해줘야 하고 "시간이 더 기다려주지 않는 것 같아 아쉽군요."라고 전하면서 가능하면 마지막에 원하는 것을 해주면 좋다. 대부분 환자들도 더 이상 말을 못하고 죽음을 맞이할 수 있으므로 가능한 요구는 빨리 해결해줘야 후회 없는 마지막을 맞이할 것이다.

## 12. 임종환자의 오해 해결

임종환자를 중심으로 하는 가족과 의료진의 3대 축은 환자가 중심이라는 공통적인 부분이 일치하지만 각자의 생각과 원하는 요구가 달라 이를 어떻게 잘 조화시키고 조정하는가에 따라 임종 과정이 순조롭기도 하고 힘들 수도 있다.

의료진의 자세한 설명과 배려에도 받아들이는 입장에서 차이가 나는 것은 당연하고 그 차이에 대해 의문을 가지거나 불만이 생기는 것도 이해해야 한다. 무조건 이해시킨다고 해서 받아들인다는 보장도 없고 그렇게 해도 새로운 불만은 계속 생길 수도 있다. 그 중 가장 흔한 문제는 의료진과 환자의 예후에 대한 시각 차이이다. 시각 차이가 크면 클수록 다른 해석을 한다는 것이고 대부분의 사람들은 나쁜 이야기 중에서 약간의 희망적인 소식에 유리한 해석을 하기도 한다. 그러므로 설명할 때는 너무 넓은 범위를 이야기하면 안 된다. "이런 경우 3개월에서 2년 정도 버티는 환자분도 있었습니다."라고 하면 대부분 앞으로 1~2년은 더 살 수 있겠구나 하고 생각하고 희망을 가질 수 있다. 그러나 환자의 하루는 정상인의 한 달이 될 수도 있고 일 년이 될 수도 있다는 점을 고려해야 한다.

그러다보니 괜찮아서 시행한 일이 오히려 문제를 일으킬 수도 있고 여행이나 새로운 변화를 시도하다가 커다란 어려움을 당할 수 있어서 새로운 일을 할 때는 철저한 준비와 관리 하에 시행해야 한다. 어쩌면 차라리 하지 않는 것이 더 좋을 수 있기 때문이다.

환자의 특성 중에는 자기가 듣고 싶지 않는 불리한 말을 듣지 않으려는 사람이 있고, 아무리 쉬운 말로 전달해도 이해 못하는 사람도 있으며, 상황을 이해해도 '아닐 거야'라고 부정하면서 스스로 거부하는 경우도 있다. 그러므로 반복 설명이 필요하고 가족들에게도 설명을 해줘야 그중에 이해하는 사람이 한두 명 있을 수 있어 불만과 오해를 줄일 수가 있다. 그리고 "이런 경우에 환자나 그 가족은 어떻게 생각하는가?" 반문하고 그들의 생각을 들어보는 것도 좋은 방법이다. 이런 중요한 내용은 면담표에 꼭 기록해 두어야 훗날 "못 들었다!" "나는 모르는 일이다."와 같은 반발을 막을 수 있다.

"금시초문"이라는 말이 나오면 그 누구도 입증할 수 없는 것이 현실적인 한계이므로 환자와 그 가족에게 일어날 수 있는 상황을 미리 예상하여 설명해주고 "환자가 이런 증상이 있거나 행동을 할 때 즉시 연락하면 최선을 다해 돌봐주겠다."고 하면 대부분 잘 해결된다. 이런 상황을 미리 설명하는 것은 특별한 것이 아니고 더 놀라거나 불안해하지 않게 하기 위한 것으로 좀 더 마음의 준비를 하라는 것이다. 그러나 환자와 그 가족들은 여전히 의학적인 언어를 이해하기 어려워한다는 점을 꼭 명심해야 한다.

이런 설명을 하는 중에라도 가족들의 표정이 어둡고 무표정하다면 설명을 중단하고 "너무 힘드신가 보군요?" 또는 "좀 더 생각할 시간을 가지시죠."라고 하면서 화제를 바꿔야 한다. 여기서 계속 설명을 하면 오히려 반발이나 오해를 불러올 수도 있다. 그리고 중요한 설명을 할 때는 간호사나 상담사 등이 입회한 상태에서 설명해야 하고 추가적인 도움도 받아야 한다. 그것이 여의치 않으면 상담 후 면담표에 기록해두고 주위 의료진들에게 이런 상황을 잘 전달해서 공유해야 한다. 문제가 생기면 이들의 도움이 절실히 필요할 수도 있기 때문이다. 가족 대표가 있어도 대화 창구는 다양하게 하고 가족 대표와의 상담보다는 가족 모두가 참석할 때 설명을 하고 동의를 받아야 한다. 간혹 가족 대표의 의견이 반영되지 않거나 일부 무시당하는 경우도 있고 가족 간에 갈등이 있으면 서로 자신이 대표라고 할 수도 있으므로 가족들의 상황을 잘 파악하고 적절한 대응을 해야 한다. 주요 문제는 일단 가족 전체에게 전달하고 선택을 받는 것이 중요하다. 가족 간의 갈등에 결코 한쪽 편을 들거나 합류해서는 안 되기 때문이다.

## 13. 임종 전에 일어나는 몇 가지 문제들

임종환자를 돌보는 것은 결코 완치나 기적을 바라고 하는 일은 아니다. 임종환자를 좀 더 고귀하고 존엄하게 죽음에 이르게 하는 것이므로 단지 살아있는 동안 희망을 잃지 않게 해주고 덜 고통스럽게 남은 시간을 잘 보내게 해주는 것이다. 돌봄 과정의 문제가 안 좋거나 불만이 생겨도 환자와 그 가족에게 그것이 최선의 선택이었고 그나마 지금까지 온 것은 모두가 노력해서 얻은 결과라는 사실을 잘 이해시켜야 한다.

연명의료에는 다양한 견해가 있기 때문에 환자의 결정에 따르더라도 암 환자 중에 항암제 치료에 대한 중단여부를 결정할 때는 무척 어려움이 있다. 치료를 포기하기는 너무 아깝고 그렇다고 계속한다고 해도 조금 더 오래 사는 것 같긴 하지만 언제까지일지는 알 수 없으니 무엇이 더 좋은 선택인지는 누구도 답을 줄 수 없기 때문이다.

임상에서 경험적으로 삼는 기준은 아직 나이가 젊고 체력이 받쳐주면 적극적인 치료를 하는 것이 좋지만 고령자이거나 체력이 극히 부족하면 오히려 부작용으로 인해서 수명이 단축될 수 있다. 그래서 의료진은 항암제 투여 시 얻을 수 있는 장점이 부작용 같은 단점을 앞서면 계속 치료를 하고 그렇지 않으면 과감하게 중단해야 한다.

대부분의 환자들은 자신의 죽음을 예견한다. 그러면서 환자가 죽음에 대한 생각을 표현할 때 있는 그대로 "나도 그렇게 생각을 하지만 나아지도록 노력해보겠다." 정도로 말해주면 된다.

심신이 지친 임종환자도 자살을 생각하고 자살을 할 수 있다는 것을 알고 환자를 돌봐야 한다. 평소 죽고 싶다는 소리는 많이 듣지만 고통이 심한 경우나 우울증이 깊으면 그 소리가 진심일 수도 있다. 현재 의사조력자살에 대한 문제는 많은 논란 속에서 스위스 같은 일부 국가에서는 허용을 하지만 국내에서는 가능하지 않기에 이런 요구를 하는 환자에 대한 배려는 더 커지게 된다. 죽고 싶다는 말의 이면에 자살의 가능성이 보이면 정신건강의학과나 심리상담사의 조언을 얻어 치료를 해야 한다. 한편 혼자 강한 신념으로 죽음을 생각한 환자의 경우에는 조용히 자살을 준비하는 경우도 있으므로 주위에서 누구도 예상을 못하기 때문에 관리가 더 어려울 수 있다.

대부분 환자들은 병원이나 호스피스시설에서 죽음을 맞이하지만 일부 집에서 죽기를 원하는 경우도 있는데 이런 경우 가족 모두가 모여 신중한 결정을 하고 실행해야 한다. 이런 과정 중에도 갑자기 마음이 바뀌거나 상황이 여의치 않아서 다시 번복할 수도 있으므로 이를 염두에 두고 실행한다. 과거처럼 꼭 집에서 죽기보다는 결국에는 대부분 병원으로 갈 수 밖에 없기 때문이다.

임종 전 한달 사이에 갑자기 체력이 급히 저하되고 심한 노쇠현상이 일어나는 것은 자연스런 현상이다. 이에 너무 실망하거나 두려워하지 않도록 설명하고 특히 오랜만에 찾아온 친척이나 친지들이 걱정 어린 말을 해 충격에 빠지지 않게 주의하고 항시 누군가 환자 곁에 있어서 불안을 덜어주도록 하고 가족 친지가 한번에 몰려오는 것보다는 꾸준히 찾아오는 것이 환자의 안정에 도움이 된다는 점을 알려준다.

## 14. 임종환자의 사망 시 절차

사망확인은 임종의학전문가와 임종치유전문가 미리 사전준비를 하였다면 그에 맞추어 시행하면 된다. 죽은 환자를 대할 때 환자의 병력 자료를 충분히 확인하고 환자 가족들의 상태까지 파악하고 현장에 임해야 한다. 대부분 의료진이 사망확인을 의뢰받는 경우는 환자가 아직 살아있지만 곧 사망하거나 이미 사망한 후일 것이다.

아직 사망 직전이라면 환자와 그 가족들이 소중한 시간을 함께 할 수 있도록 조금 떨어져서 지켜보면서 간섭을 최소한으로 줄이도록 한다. 호흡이 정지되면 심장박동은 수분 내에 멈추므로 심전도 모니터링을 확인하면 되지만 신체 소견만으로 확인 시에는 경동맥의 움직임을 확인하거나 청진기로 심박동 소리를 들어보고 확인한다. 간혹 호흡이 멈추고도 5분 이상 지속적으로 심박동이 있는 경우가 있으므로 환자를 흔들거나 큰소리로 울면서 소란스럽게 해서는 안 된다. 조용히 평소 들었던 음악을 들려주거나 찬송가나 예불가 또는 경전을 읽어주면 된다.

심장이 멈추었으면 뇌간부의 기능이 정지되었는지 여부는 동공의 대광반사를 통해 확인하거나 속눈썹 반사의 소실로 확인할 수 있다. 간혹 대광반사가 남아있는 경우도 있어 좀 더 기다려 본 후에 동공반사, 호흡정지, 심장박동정지의 '죽음의 3징조'를 모두 확인 후 여유 있고 신중하게 사망을 선언한다.

망자 앞에서 슬픔을 표현하고 이별을 슬퍼하는 것은 당연하지만 임종 직전에 밝은 빛이나 심한 소리나 자극은 완전한 죽음에 이르지 못하게 하는 원인이 되므로 슬픔은 충분히 표현하되 불필요한 행동은 자제시켜야 망자도 편안하게 생을 마감할 수 있다. 간혹 심전도 모니터링에서 파도형의 이상한 파형이 나타나기도 하는데 가족이 이를 의심한다면 기계적인 잡음이라는 것을 잘 설명해주고 센서를 제거해야 한다.

인공호흡기를 사용한 경우 위에 들어간 공기가 사망진단 후 근육 수축으로 새어 나오는 경우가 있는데 마치 소리를 내는 것 같아 놀랄 수 있다. 이런 경우에도 충분히 설명해주면서 오해가 없도록 해야 한다. 이와 유사하게 호흡이 온전히 멈춘 후에도 피부가 약간 실룩거리면서 움직이는 근육의 섬유속성수축을 나타내는 경우에도 당황하지 말고 자연현상이라는 점을 잘 설명해야 한다.

사망시간은 법적으로 중요하므로 핸드폰 시간 등으로 정확한 시간을 알려주어야 한다. 대개는 몇 시 몇 분까지 확인하면 된다. 시신은 일정기간 병실에 모셔두지만 곧 장례절차에 따라 진행하도록 영안실이나 장례식장에 연락을 취하면 된다. 가족들에게는 "그동안 환자분도 잘 버티셨고 가족들도 함께 잘 도와주셨지만 돌아가신 것에 진심으로 애도를 표합니다. 그동안 간병하시느라 수고 많으셨습니다."라고 조의를 표하면 된다.

**- 사망진단 후 관리**

사망확인 후에는 사망진단서를 7부 발행한다(사망진단서 작성 편 참조). 가능한 병태가 반영된 병명을 기재하며 추가 부연 상황은 괄호 속에 기재한다. 작성일자, 의료기관명, 의사의 자필서명 외에도 의사직인은 꼭 찍어야 신뢰를 한다. 특히 환자의 성명은 주민등록증 성명을 반드시 확인한 후 기록하고, 주민등록번호도 확인 기재해야 한다. 의외로 여성 노인의 경우 망자의 이름을 잘못 알고 있는 경우도 많다. 그리고 모두 작성하면 가족 입회하에 내용을 확인받아야 한다.

환자가 사망하면 그 가족들은 유족이 된다. 이때부터 이들도 관리 대상이 되어 그리프 케어(Grief Care)를 시행하는데, 가능한 빠른 시기에 일상생활로 복구할 수가 있고 충분한 위안을 받도록 도와줘야 한다.

## 15. 장례식장 전까지의 사후처리

사망 확인 후 가족들의 혼란해진 분위기를 어떻게 잘 정리해야 하는지가 중요하다. 슬픔을 표현하는 가족들을 무작정 놔둘 수는 없기에 적절한 시기에 고인의 의료적 처치를 정리해야 한다.

먼저 환자에게 부착되어 있던 의료기기나 삽관들을 제거하고 가족들이 쉽게 접근할 수 있게 해야 한다. 일단 삽관 제거 후에 발생되는 분비물이나 출혈 부위, 상처가 심한 경우에는 깨끗하게 닦아주고 거즈 등으로 압박해 필요한 처치를 신속히 한다. 처치를 모두 마쳤으면 이송에 대하여 가족과 상의하고 장례식장을 정한 경우 특별히 알려줄 고지가 있으면 장례지도사에게 미리 알려주는 것이 필요하다.

특히 주의해야 할 점은 환자와 유가족들의 관습, 종교 등에 대해 최대한 존중하고 실수가 없도록 이 분야를 잘 아는 가족이나 전문가의 조언을 받으면 좋다. 사후간호의 기본 목적은 사후의 변화로 생기는 외관의 모습을 가능한 생전 모습으로 보이게 하는 것과 시신으로부터의 감염예방이 우선되어야 한다.

사망선고가 내려진 후 의료진들은 조용히 합장 후 묵례를 하고 가족들에게도 죽음을 확인시켜주고 산소마스크나 심전도 모니터링 센서를 바로 제거해주고 환자의 자세를 바르게 잡아준다. 또한 가족들에게 충분히 슬퍼할 시간을 주는 것이 필요하다. 일단 가족들에게 애도시간을 제공하고 향후 처치에 대해 설명한 후 어느 정도 시간이 필요한지 사전에 간단히 상의한다.

장례식장과 시신 운구 시간을 정하고 일정시간이 지나서 다시 병실을 방문하여 본격적인 시신에 대한 처치를 하는데 원하는 관습과 종교의례를 어느 정도 지켜주고 시신에 대한 예를 보여주어야 한다. 크게 문제가 없으면 시신 처치에 함께 참여를 원하는 가족을 도와주도록 한다. 단 의학적인 처치 시에는 잠시 대기시키고 중요한 처치가 끝나면 다시 참여하게 한다.

시신 처치 중에는 대부분 가족은 퇴실하도록 하고 신속하게 얼굴을 반드시 고정하고 입안의 구토물이나 이물질은 깨끗하게 제거한 후 입을 가지런히 닫아준다. 특히 기관 삽관 등으로 상처가 있으면 잘 닦아주고 더 이상 출혈 등의 분비물이 나오지 않게 조치를 한다. 허리 아래에 큰 종이 방수포를 깔고 하복부를 눌러 소변과 대변을 배출시켜 비워주게 하고 요도 카테터가 삽입되어 있으면 치골상부를 눌러 요를 다 배출시키고 조심히 카테터를 제거한다. 복강 내 복수가 많이 차 있는 경우에는 천자를 통해 가능한 복수를 제거해주고 더 이상 복수 누출이 없도록 거즈를 대고 테이프로 고정한다.

간혹 창상에 드레인이 삽입된 경우 조심히 제거하고 더 이상 출혈이나 체액이 나오지 않도록 거즈로 압박한 후 테이프로 고정한다. 필요 시 봉합을 해주는 경우도 있으며 흔하지 않지만 임산부의 경우 사산된 태아를 배출시키기 위해 하복부로 자궁절개를 하여 배출시켜 주기도 한다. 특히 인공심장박동기가 설치된 경우 이를 제거해줘야 화장 시 폭발 등의 사고를 막을 수가 있다.

전신을 닦을 때에는 가족의 참여를 허용하며 배설물 흔적이나 출혈 부위는 소독제로 닦아서 제거하고 면도가 필요하면 면도크림을 바르고 평소 사용하던 면도기로 제거해준다. 시신처리가 끝나면 하의는 종이기저귀나 T자 띠를 착용시키고 추후 나오는 배설물로 더 이상 오염이 되지 않도록 가족이 준비한 옷으로 갈아입힌다. 원칙적으로 옷은 왼쪽 앞으로 여미게 하고 가족들이 원하는 방법으로 나머지를 처리하도록 한다.

의치를 했다면 다시 입안에 삽입시켜 평소 모습으로 보이게 하고 외관이 너무 검거나 창백한 경우 약간의 화장을 통해 평소 모습으로 보이게 한다. 특별히 삽관부위나 상처부위에 삼출액이나 출혈소견이 있는지 다시 확인하고 손발톱이 너무 길면 깎아 주기도 한다.

그리고 가족들이 다시 모여 시신을 볼 수 있게 하고 하얀 천으로 얼굴을 덮어준 후 새 시트로 침대를 정리한 후 가족이 모두 모여 병실에서의 마지막 시간을 가지도록 하고 사망진단서를 발급 받아서 장례식장이나 원하는 곳으로 이송을 시킨다. 이때 담당 의료진과 그 가족들은 잘 마무리하면서 그동안의 노고에 대한 감사와 위로를 표현하는 작별인사를 하고 정리를 마무리한다.

## 16. 말기 암환자의 통증관리

말기 암환자의 70%는 통증으로 괴로움을 호소한다. 이는 환자의 살고자 하는 의욕마저 저버리는 고통으로 더 빨리 죽고 싶다는 생각마저 들게 한다. 남은 시간이라도 이런 통증으로부터 벗어나게 해주는 것이 무엇보다 중요한 치료이기에 완화치료의 가장 중요한 핵심은 통증치료라고 할 수 있다. 그러기 위해서는 무엇보다 적절한 진통제의 투여와 그에 따른 보조치료의 시행이 우선되어야 한다.

통증을 치료하면 환자에게 수명이 짧아지는 등의 피해를 주지 않으며 오히려 이득을 얻을 수 있다. 일단 삶의 질이 좋아지며 불필요한 불안과 정신적인 고통을 감소시키고 다른 치료나 돌봄을 받을 때 좀 더 편안하므로 효과가 있다. 그리고 주위 가족들이나 의료진들과 잘 지내게 되어 주위 사람들에게도 도움이 된다.

암의 통증은 강력하고 지속적인 경우가 많고, 통증의 종류나 발생부위의 크기에 따라 다양한 증상을 보이며, 점차 통증이 심해지는 경우가 많다. 신체에 무수히 존재하는 통각수용기가 기계적 자극, 열 자극, 화학적 자극에 의해서 침해되어 흥분하면, 그 신호가 뇌에 전달되어 "아픔"으로 인지된다. 피부나 뼈 근육 등의 체성통증(Somatic Pain)과 내장통(Visceral Pain) 등의 통증을 침해수용성 통증(Nociceptive Pain)이라고 하고, 암세포 등이 자라면서 신경침윤이나 신경압박으로 생기는 통증은 신경장애성 통증(Neuropathic Pain)이라 한다. 심인성 통증(Psychogenic Pain)은 기질적인 장애 없이 나타나는 통증으로 심리적인 요인이 많이 작용한다. 이런 세 가지 유형의 통증은 서로 병존하여 나타나는 경우가 있어 치료에 어려움이 있을 수 있다.

통증치료를 위해서는 통증의 종류와 강도를 알아야 하고 환자의 소견을 우선하여 참고하지만 객관성을 높이기 위해서 10cm 길이의 선으로 한쪽 끝에는 통증이 없음을 기록하고 다른 편 끝에는 상상 가능한 가장 심한 고통을 기록하도록 되어 있는 VAS(Visual Analogue Scale)나 통증 수준을 얼굴 표정으로 나타내는 페이스 스케일(Face Scale) 등을 이용하여 측정한다. 일반적인 치료방법은 WHO의 암 통증 치료 가이드를 참조한다.

진통제 사용의 5가지 원칙을 보면 경구 투여를 하고, 투여 시간을 통해 규칙적으로 투여하고, 3단계 진통제 투여 방식에 따라 효력 순서로 투여하며, 환자별 맞춤형 용량을 정하여 투여하고, 투여 시 세심하게 반응을 확인해야 한다. 진통제 치료는 경구약을 사용하는 것이 우선이지만 연하곤란이나 구토 등이 심하면 다른 투여 방법을 고려한다. 경구 투여 외에도 피부에 붙이는 패치나 좌약 또는 주사제 등의 방법이 있다. 진통 효과는 일정 수준의 농도가 혈액에 유지되어야 효과가 나타나므로 정해진 시간에 꾸준히 투여해야 효과적이다. 통증이 생길 때 투여한다면 크게 효과가 떨어지고 환자가 더 힘들어 할 수도 있다.

진통제에는 크게 비마약성 진통제, 마약성 진통제, 진통 보조제가 있는데 일반적인 통증에는 비마약성 진통제를 사용하지만 심한 통증을 유발하는 암성 통증 조절을 위해서는 마약성 진통제를 많이 사용한다. 마약성 진통제는 중등도 이상의 심한 통증을 조절하기 위해 사용되는 약이며 코데인, 트라마돌, 모르핀, 옥시코돈, 하이드로모르폰, 펜타닐 등이 있다. 일반적으로 마약성 진통제는 약의 용량을 늘리는 만큼 진통효과가 강해지므로, 통증이 조절될 때까지 최대 용량을 제한 없이 사용할 수 있는데 마약성 진통제의 종류에는 약효 지속시간에 따라 서방형과 속효성 2가지 종류로 나눈다.

일반적으로 서방형 진통제는 주기적으로 시간에 맞추어 투여하고 약효가 서서히 나타나면서 장시간 약효가 유지되지만 이때 돌발적인 통증이 발생하면 속효성 진통제를 사용하여 통증을 관리해야 한다. 그 외에도 보조적인 통증조절장치를 사용하면서 환자의 고통을 최대한 감소시켜 삶의 질을 잘 유지하게 한다. 중요한 것은 환자에게도 이 내용을 교육하여 절대 통증을 참지 말고 알리도록 한다.

진통제의 선택과 통증에 대한 대응은 처음 1단계에는 NSAIDs나 아세트아미노펜 등의 비마약성 진통제와 진통보조제를 사용하여 증상을 관리하다가 조금 더 심해지면 2단계로 좀 약한 진통작용을 하는 코데인인산염, 트라마돌 등의 마약성 진통제의 사용을 고려하고 보조진통제를 추가한다. 그 후에도 통증이 심해지면 3단계로 모르핀이나 펜타닐, 옥시코돈 등의 강력한 마약성 진통제와 진통보조제 그리고 다른 통증치료 방법을 사용한다.

마약성 진통제는 오심 구토나 변비 등의 부작용이 따르므로 이에 대한 대비도 해야 한다. 부작용이 심한 경우 항구토제나 변비약을 처방해야 한다. 신장질환이 있는 경우에는 옥시코돈이 추천되고, 펜타닐은 오심 구토의 증상이 비교적 적고 패치형도 있다. 진통제는 되도록이면 한 가지 종류만 사용하는 것을 원칙으로 하지만 일부 보조제를 함께 사용하기도 한다. 특히 내장통에는 마약류가 더 효과적이다. 마약류 단독으로 통증이 잘 조절되면 굳이 NSAIDs나 아세트아미노펜을 사용하지 않는다. 그러나 사용할 경우에는 아세트아미노펜을 1,500~4000mg까지 하루 4회 사용하고 간의 독성문제를 피하기 위해서 그 이상은 사용하지 않는다. 기본 용량을 투여하고 통증이 남아있으면 비상시 속효성으로 NSAIDs를 추가하기도 한다. 이는 NSAIDs의 부작용으로 위장장애가 심해지기 때문이다.

내장통증 등이 심해 약물 투여 효과가 적으면 경막외나 지주막하에 통증치료를 할 수 있고 신경차단술을 시행할 수도 있다. 그 외에도 정신과 치료를 병행하기도 하고 신경장애성 통증에는 선택적 세로토닌 재흡수억제제(SSRI)나 선택적 세로토닌-노르에피네프린 재흡수억제제(SNRI) 또는 가바펜틴(Gabapentin) 같은 항경련제 등의 사용을 고려할 수도 있다.

문제는 일반인들에게는 오랫동안 진통제나 마약을 사용하면 위험하고 중독성이 있다는 부정적인 인식이 강하다는 것이다. 하지만 이런 걱정보다는 통증을 잘 관리해서 일상적인 생활이 가능하다면 간혹 생길 수 있는 부작용은 크게 문제가 안 된다. 오히려 이런 좋은 치료법을 두고 고통스런 죽음을 맞이한다면 그것이 더 불행하다고 할 수 있다. 일반적인 통증치료에 반응이 적으면 충분히 설명하고 모르핀이나 옥시코돈 등의 강력한 마약을 사용하는 것이 환자를 위해서 필요하다.

# 17. 통증척도 검사

환자의 통증 정도를 숫자로 계량화하는 방법으로 침상(bedside)에서 간단하게 시행할 수 있고 환자의 주관적 호소를 객관화할 수 있어 자주 사용되나 주로 척추나 관절의 통증에 유용하다. 환자에 대한 통증의 평가기준은 고시 제 2007-139호(08.1.1.시행) 환자평가표 작성 세부기준에 따르는데 통증의 강도 및 빈도는 부위별 강도를 매일 관찰 기록한 후 통증의 강도별로 일주일간의 빈도를 기재하며, 진통제 투여 등 각종 통증완화 치료를 받는 경우 그 상태에서의 통증을 판단하며 통증의 강도가 동일한 경우는 빈도가 높은 부위를 기준으로 하며 평가기준은 다음과 같다. 참고로 인정 상병 등에 대한 별도 기준을 마련하고 있지 않으며, 청구명세서의 심사 시 환자의 상태 및 의학적 타당성 등을 고려하여 심사적용하고 있다.

- 경미한 통증: 통증이 있으나 일상생활활동이나 잠자기 등은 수행 가능한 정도.
  FPS(Faces Pain Scale) 1-2단계, VAS(Visual Analogue Scale) 2-3점.
- 중등도의 통증: 통증으로 인해 일상생활 활동과 수면 등이 어려운 정도.
  FPS(Faces Pain Scale) 3단계, VAS(Visual Analogue Scale) 4-6점.
- 격렬하거나 참을 수 없는 통증: 암성통증에 준하는 통증.
  FPS(Faces Pain Scale) 5단계 중 4단계 이상, VAS(Visual Analogue Scale) 10점 중 7점 이상.

### 1. Visual Analog Scale(VAS)

같은 통증도 사람마다 체감하는 정도가 다르다. 그래서 보통 주관적 통증척도인 VAS 척도를 사용해 통증의 정도를 표현한다. 직선의 양 끝에 0~10의 숫자를 표시해 놓고 환자가 통증이 없는 0부터 점차 가장 극심한 통증인 10까지 지정하면 된다.

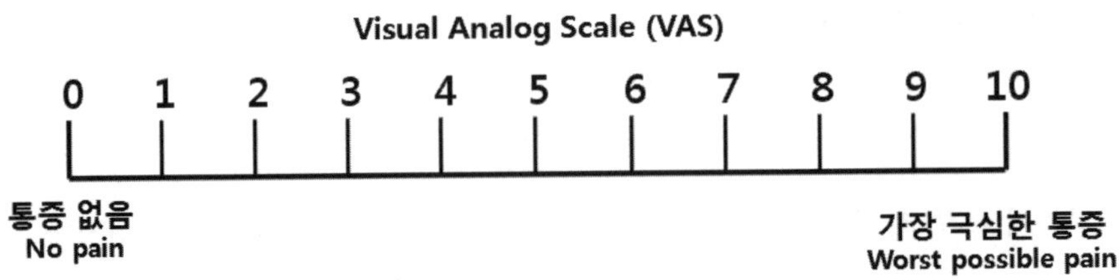


2. Graphic Prting Scale(GPS)

일정선상에 같은 간격으로 11개의 점이 찍혀 있고 통증의 상태에 따라 점을 찍는 검사방법으로 간편하게 사용이 가능하다.

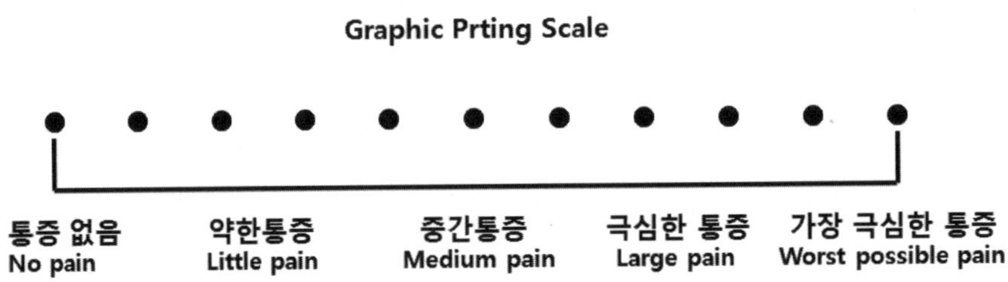


3. Verbal Rating Scale(VRS)

언어평가척도라고 하며 통증 정도를 말로 표현하게 하여 측정하는 방법이지만 대부분 통증을 과하게 표현하는 경우가 많아 일반화가 어려운 경우가 있다.

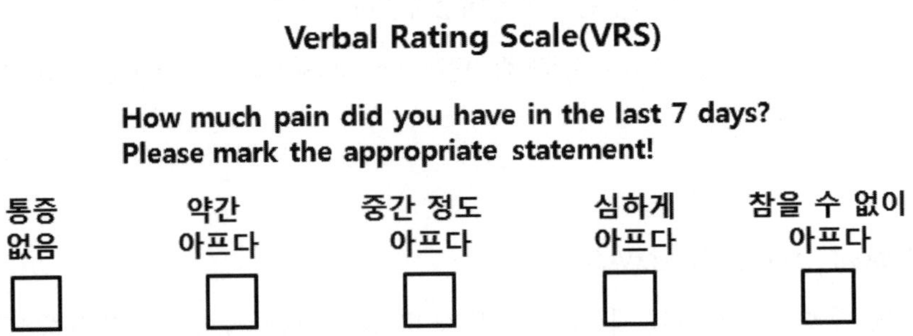

## 4. Numerical Rating Scale(NRS)

앞의 VSA 개념의 직선 위에 통증을 구체적으로 숫자로 쓰거나 말로 표현이 가능한 검사이다.

**Numerical Rating Scale(NRS)**

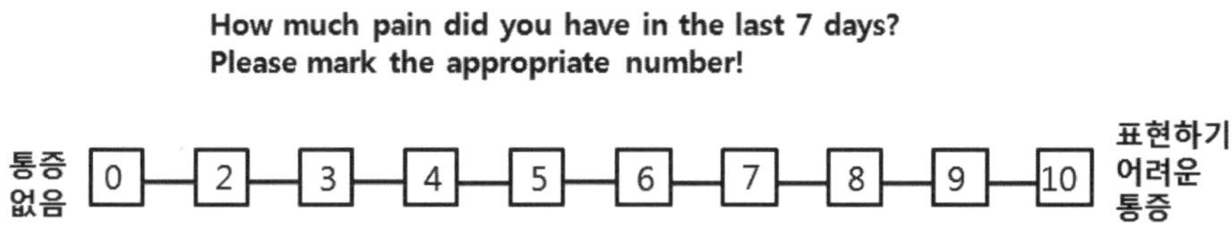


## 5. Faces Pain Scale

1872년 찰스 다윈(Charles Darwin)이 주장했다. 인간은 정서 상태를 안면에 노출시키며 이는 모든 문화권에 동일하게 적용된다고 제창한 이후 1978년 Ekman 등에 의해 안면표정이 통증의 객관적인 사정도구가 될 수 있다는 연구결과가 나오면서 통증의 평가방법으로 사용하게 되었다. 주로 소아의 측정방법 뿐만 아니라 노인 환자에서도 사용할 수 있는 간편하고 유용한 통증평가 방법으로 다양한 검사 이미지가 나왔고 최근에는 컴퓨터를 이용하여 분석하는 Emotion Facial Action Coding System(FACS)도 있다.

**Faces Pain scale**

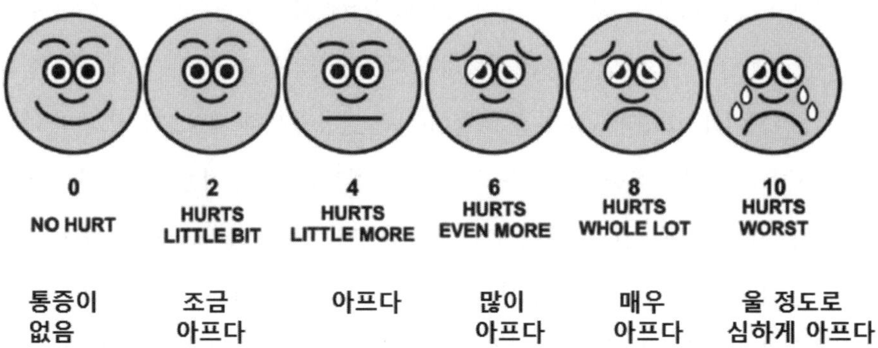

이런 검사를 통해서 관찰 가능한 표정뿐만 아니라 숨기려고 하는 의도적인 표현까지도 파악이 가능하다. 최근에는 동물에게도 표정과 통증반응에 대한 실험이 많이 진행되고 있다.

통증을 검사할 때 통증의 강도, 성격, 빈도, 부위, 지속시간, 악화 또는 완화시키는 요인에 대한 조사가 필요하고 최근 새롭게 생긴 통증의 원인을 찾아봐야 한다. 위에 언급한 통증척도검사 외에도 더 전문적이고 복잡한 검사들이 있지만 시간과 비용이 많이 들고 임종환자에게는 이런 검사가 크게 필요하지 않아 대부분 시행을 하지 않고 있다. 통증을 검사하는 가장 좋은 방법은 역시 병력청취이며 이를 통해 통증부위와 관련통(Referned Pain) 부위를 자세히 알아내고 가만히 있을 때보다 운동 시 아픈 통증유발 부위도 관심을 가지고 확인해야 한다.

## 18. 말기 암환자의 정신적 관리

죽음이 임박한 경우 대부분 정신적으로나 심리적으로 위축되고 무력해진다. 이런 증상은 원인 없이 발생되기도 하지만 빈혈, 감염증상, 수면장애, 암 치료에 대한 후유증, 사용 약물 등 원인이 다양하다. 그러나 대부분의 말기 암환자는 몸은 힘들고 고통스러워지고 잠을 이루기 힘들고 우울해지고 무력감에 빠지는 경우가 많다. 이런 현상은 아픈 몸과 달리 정신적인 작용은 활발하기 때문에 생기는 간극으로 인해서 더 힘들어 하기 때문이다. 암 환자들은 노쇠 과정이 아닌 질병에 의한 체력 고갈이 먼저 나타나므로 이를 적응하지 못하는 정신은 극도로 피곤해지고 심신부적응증이 생긴다. 이를 해소하기 위해서는 몸 상태를 좋아지게 해야 하지만 이것은 불가능하기 때문에 스테로이드를 사용하기도 한다. 비록 일시적이지만 신진대사와 활력을 높이고 식욕을 증진시키면 얼마간 회복이 된다. 하지만 이런 회복도 오래 가지 못하고 다시 원상태로 돌아가므로 몇 번 시도하다 안 되면 결국 진정제나 항불안제의 사용을 통해 신경의 안정을 유지하고 정신활력을 낮추어주면 적응하기도 한다. 이때 수면유도를 위한 용량이 아니라 편하게 생활이 가능하게 하는 정도의 일상적인 용량을 사용해야 생활 리듬이 유지된다.

이미 체력이 고갈된 환자의 경우 적은 양의 약물로도 깊은 진정이나 수면에 빠지는 경우가 있어서 용량 조절에 각별한 주의가 필요하다. 신경의 예민한 정도를 조금 낮추려는 치료를 잘못 이해하여 거부할 수 있으므로 이에 대한 충분한 설명과 이해가 필요하다. 진정이 안 되면 환자가 더 많은 체력을 소모하게 되고 이로 인해서 현재의 상태가 더 나빠질 수 있다는 것을 설명해줘야 한다. 진정치료를 받은 환자가 의식이 없이 잠든 상태를 보면 보호자로서는 약으로 잠을 재운 것 같고 이러다가 큰일 나겠다는 생각이 들 수도 있으므로 이에 대한 사전 설명과 동의를 구해 오해를 없애야 한다. 이런 선택을 하는 경우는 대부분 사망 직전이기 때문에 더 예민한 부분이고 가족의 입장에서는 죽음이 더 앞당겨질 것이라고 보기 때문이다. 하지만 진정치료를 잘 활용하면 마지막 모습이 거의 자연사에 가깝게 되고 큰 고통 없이 이루어질 수도 있으므로 이에 대한 인식 변화가 요구되기도 한다.

## 19. 말기 암환자의 호흡관리

폐암이나 전이암의 경우나 만성폐쇄성폐질환(COPD) 등 호흡곤란이 주요 증상인데 숨쉬기 힘들다거나 괴롭다는 호소를 하게 된다. 이런 현상을 호흡곤란(dyspnea) 상태라고 한다. 호흡운동은 하지만 폐 속에서 산소가 충분히 교환되지 못하기 때문에 발생하는 호흡부전(Respiratory Insufficiency Syndrome)이 있다.

호흡부전이 있으면 호흡곤란을 초래하기 쉽지만 한 가지 증상이 있다고 반드시 두

가지 증상이 모두 나타나는 것은 아니다. 평소 폐기능이 나쁜 COPD 환자의 경우에는 이미 저산소 상태에 적응하여 폐의 통로 등이 막혀도 크게 증상을 호소하지 않는 경우도 있다. 하지만 체력저하가 심한 말기 암환자의 경우 산소포화도가 낮지 않아도 심한 호흡곤란을 호소하는 경우가 있으므로 잘 관찰해야 한다. 즉 산소공급이 잘되어도 환자가 숨이 답답하다고 괴로워할 수도 있다는 점을 알아야 한다.

환자가 호흡하기가 힘들다고 하면 일단은 원인과 정도를 파악하고 호흡부담을 줄일 수 있도록 산소를 공급하고 수액을 조절하고 체위를 변화시켜야 한다. 산소발생기나 산소공급시스템을 이용하게 하고 정도에 따라 코에 삽입관(카눌라)을 넣거나 산소마스크를 이용하는 방법이 있다. 그러나 이를 불편해하는 사람들도 많아서 증상이 심한 경우에만 사용하거나 응급 시 사용 가능하도록 준비만 하는 경우도 있다.

폐 질환에서 가래나 기관지의 분비물이 많아지면 수액 등의 수분공급을 줄여야 한다. 이는 폐포 내에도 물이 차게 되면 호흡부전이 심해질 수 있기 때문인데 가래를 제거하는 흡입술도 많은 고통을 동반하고 경우에 따라 이로 인한 감염이 생길 수 있다. 하지만 가족들은 수액을 줄이거나 중단하면 곧 죽을 것이라고 생각하고 이를 거부하는 경우가 많다. 이에 대하여 오히려 더 힘들어하고 더 빨리 사망에 이를 수 있다는 사실을 설명하고 환자에게 편안함을 주도록 배려해야 한다.

호흡부전에는 산소투여가 필요하고 호흡곤란 증상에는 약물요법이 필요할 수 있다. 주로 사용되는 약물로는 벤조디아제팜 같은 항불안제나 모르핀 2.5~5mg을 한 번에 먹인다. 항불안제 중에 알프라졸람(Alprazolam) 0.5mg/1회 또는 로라제팜(Lorazepam) 0.5mg/1회를 한 번에 경구 투여한다. 증상이 심해지면 산소공급과 함께 스테로이드제를 사용하는데 베타메타손(Betamethasone) 또는 덱사메타손(Dexamethazone)을 4~8mg/일로 시작하여 효과가 있으면 조금씩 감량하면서 사용하지만 효과가 없으면 중지한다. 스테로이드 효과는 개인차가 크고 반응이 좋으면 가래가 줄고 림프액이 감소해서 호흡곤란이 완화되고 식욕이나 체력이 잠시 좋아진다.

점차 증상이 나빠지면 황산모르핀 서방제(Morphine Sulfate Hydrate)를 20mg/일 용량으로 하루 두 번 나누어 지속적으로 복용시키고 필요한 보조 통증제를 투여한다. 증상이 계속되거나 심해지면 호흡수가 10회 이상 유지되고 졸음이 심하지 않을 정도로 2~3일에 한 번씩 5mg씩 증량할 수 있다. 단 수액은 줄이고 산소를 공급하는 것이 좋다. 증상이 좋아지면 모르핀 대신 인산코데인(Codeine Phosphate) 20mg을 3정씩 3회 분복할 수도 있다.

그래도 증상 호전이 없다면 항불안제를 병용한다. 이때는 용량을 증량하여 알프라졸람(Alprazolam) 0.5~1.5mg/일을 1~3회 경구 투여하거나 로라제팜(Lorazepam) 0.5~1.5mg/일을 1~3회 경구 투여한다. 경구 투여가 어려운 경우에는 디아제팜(diazepam)이나 브로마제팜(Bromazepam) 등의 좌약도 1일 2회 정도 사용이 가능하다. 주사제로는 미다졸람(Midazolam) 2.5~10mg/일을 펌프를 이용해서 지속정주하며, 모르핀 사용 시에는 호흡억제에 주의해서 적어도 분당호흡이 10회 이하로 내려가지 않게 조절한다. 대부분 항불안제도 호흡억제가 일어날 수 있으므로 항시 부족한 듯한 상태에서 용량을 조절한다. 기도분비물 억제제인 부틸스코폴라민(Scopolamine Butylbromide) 20mg 피하주사나 스코폴라민 0.1~0.4mg 정주나 피하주사를 하기도 한다.

이런 힘든 상태에서도 계속 깨어있고 싶다거나 심한 불안을 호소하는 경우가 있다. 앞서 사용하는 약들의 부작용인 졸음이나 몽롱한 상태 등을 거부하는 것으로 이는 혹시라도 잘못될 수 있다는 두려움이 크기 때문에 생기는 현상이지만 이에 대하여 환자의 의견을 존중하는 것도 필요하다. 단 준비는 해두고 정말 힘들어서 괴로워하면서 통증완화를 요구하면 즉시 시행해야 한다. 아니면 용량을 줄여 덜 졸리거나 통증은 있더라도 정신이 들게 하는 것도 한 방법이다. 환자의 자세변화도 도움이 되는데 눕는 것보다는 침대에 기대어 있게 하고 몸 주변을 이불로 받쳐주는 것도 도움이 된다.

# 20. 말기 암환자의 식욕부진

암환자에게 먹는 것은 또 다른 고통이 될 수도 있다. 암 자체로 인해 식욕부진이 생길 수도 있지만 투병과정에서 발생되는 오심, 구토, 위 내용물 정체, 변비, 복수, 소화관 협착이나 폐색뿐만 아니라 호흡곤란이 와도 음식 먹기가 힘들다. 그 외에도 진통제, 항암제와 방사선 치료의 부작용, 전해질 이상, 구강내 염증, 미각이나 후각 마비 등으로 인해 먹는 것이 더 고통스러울 수도 있다. 물론 원인 치료를 하면 좋아지지만 결국 이런 증세는 더 심해진다.

문제는 악액질(惡液質, cachexia) 증후군이 나타나면 일반적인 치료로는 호전이 어렵다. 악액질이란 암이나 말기질환에서 보이는 고도의 전신쇠약증세로 병의 원인은 체액의 변화이며 전신의 각종 장기장애에 의해 생기는 중독증상이다. 체력저하, 빈혈, 소화불량, 피로감, 무기력, 피부변화 등이 일어나는데 대식세포(MacroPhage)가 생산하는 종양괴사인자(Tumor Necrosis Factor, TNF) 등이 증상을 더 심하게 한다고 밝혀졌다.

임상에서는 근력저하, 피로감, 식욕부진, 체지방과 체중 감소, 혈액검사(염증소견, 빈혈, 저 알부민혈증 이상 등)에서 5가지 항목 중에 3개 항목이 이상을 보이면 진단을 한다. 한편 악액질 자체에 대하여 긍정적인 의견도 있다. 이런 증상이 암에게 영양을 공급하지 않도록 몸이 자체적으로 식사량을 줄이는 것으로 영양을 줄이면 암세포에 공급되는 영양분이 줄어 암의 증식이 억제된다는 것이다. 그러나 이런 증상이 생기면 1개월 이상 생존하기는 어렵다. 또한 급격하게 노쇠 과정이 진행되어 외모가 노인의 모습으로 바뀌므로 환자나 가족들이 모두 놀라는 경우가 있다. 이런 경우 신체는 바뀐 상황에 잘 적응하므로 억지로 먹이는 것은 더 부담이 된다. 스테로이드제를 사용하면 호전이 되기도 하지만 이는 일시적인 경우가 대부분이다. 일부 고농도의 영양수액제를 사용하기도 하는데 이는 증상완화나 체력저하에 크게 도움이 되지 못하고 오히려 암의 영양분이 될 수 있다.

대부분 말기 암환자는 못 먹어서 체력저하가 생기는 것이 아니라 암 때문에 체력이 약해져서 못 먹는 것이므로 영양소나 수분을 공급해도 크게 회복하지는 않는다. 그래서 몸이 수용 가능한 정도에서 조절하고 적지만 맛있게 먹을 양만 제공하는 것이 요구된다.

탈수가 심하면 수액제를 투여하지만 이때도 호흡곤란이나 배뇨 상태를 보면서 투여해야 한다. 기초대사량이 떨어진 상태에서 조금만 과하면 부종, 천명, 복수나 흉수 증가, 권태감이 더 증가할 수 있다. 특히 말기에는 더 조심해서 수액을 투여해야 하고 되도록 투여를 자제하여 환자의 고통을 덜어주는 것이 좋다.

그러나 환자나 가족이 불안해하거나 너무 수분이 부족한 경우 도움이 되기도 하므로 체력이 어느 정도 있으면 점적주사로 하루 500ml를 넘지 않게 유지하거나 체력저하가 심한 경우에는 하루 200ml를 넘지 않게 하는 것이 도움이 된다. 간혹 폐에서 천명이 들리면 더 줄이거나 중지를 해야 환자가 덜 고통스러워하므로 확인이 필요하다. 의외로 수분공급을 줄이면 호흡 등의 증상이 더 좋아지기도 하므로 이를 잘 설명하고 이해시켜야 한다.

## 21. 말기 암환자의 오심과 구토, 소화관 폐색, 복수

오심 구토의 원인은 진통제나 항암제 같은 약물의 부작용, 소화관의 생리적 또는 기계적 폐색, 전정신경성, 전해질대사 등의 장애, 두개 내 종양에 의한 것, 정신적 요인에 의한 것 등이 있다. 환자의 상태를 파악하고 원인을 찾아서 대응해 고통을 줄여줘야 한다.

전해질 이상이면 교정하고, 기계적인 폐색이면 수술로 교정하고 복수인 경우에는 이뇨제나 스테로이드제를 사용하며, 위장의 궤양성인 경우에는 PPI(프로톤펌프 억제제)나

H2제제를 투여하기도 한다. 그 외 항구토제의 처방도 가능하고 두개 내압이 항진 시에는 글리세롤이나 스테로이드제를 투여하기도 한다. 항구토제로 돔페리돈(Domperidone)을 사용할 때에는 효과나 적응증을 보면서 사용해야 하고 부정맥 등의 심장질환이 있으면 사용해서는 안 되고 단순한 오심 구토가 아니라면 사용을 자제한다. 몸을 움직일 때 현기증과 오심 구토가 있으면 전정신경의 자극을 억제하는 디펜히드라민(Diphenhydramine), 디프로피린(Diprophylline) 등의 항히스타민제가 더 효과적이다. 단 부작용으로 졸림이 심하다. 항암제에 의한 증상은 5-HT3수용체 억제제인 온단세트론(Ondansetron Hydro Chloride Hydrate)이나 NK1 수용체 억제제인 아프레피탄트(Aprepitant) 등을 사용한다. 아프레피탄트는 CYP3A4로 대사되는 항암제나 덱사메타손 등과는 사용하지 않는 것이 좋다. 식후에 더 증상이 악화되거나 변비가 있으면 소화관의 기능이 저하되었을 수 있어 이 경우에 돔페리돈을 사용한다. 이때도 변비에 대한 치료를 함께 해야 한다. 장의 연동통을 호소하거나 항진증상으로 하복부가 아프다고 하면 브틸스코포라민(Scopolamine Butylbromide) 같은 항콜린 작용 약을 투여하기도 한다.

마약제 투여로 인한 증상은 초기 투여 시부터 발생하므로 미리 예방적 치료를 해야 한다. 마약제 투여 수 시간 전에 프로클로르페라진(Prochlorperazine)이나 간혹 항전신약인 할로페리돌(Haloperidol)을 사용하지만 정좌불능을 일으키며 불안증상이 생기는 아카디시아(Acathisia)가 발생하므로 2주 이내로 사용해야 한다. 약물치료와 함께 사용하는 비약물요법으로는 소화 잘되는 음식을 소량씩 나누어주고 공복상태를 유지하지 말고 수분을 다소 제한하면 더 효과적이다. 약물에 반응하지 않는 증상이라면 수술로 해결해야 하는데 막힌 부위를 절제하거나 위루술이나 장루 또는 인공항문조절술 등을 시행한다.

원인불명인 경우에 과거에는 돔페리돈이나 메토클로프라미드(Metoclopramide)가 주로 사용되었지만 최근에는 도파민수용체 작용을 하는 비정형항정신병제인 쿠에티아핀(Quetiapine Fumalate), 올란자핀(Olanzapine), 페로스피론(Perospirone) 등도 사용된다. 간혹 다른 항구토제로 증상 완화가 안 되면 우선 사용하고 혈당치가 올라가고 좌불안석증(Akathisia)이 생기기 전까지 사용하면 된다.

복수(服水)는 복막에서 나와 조금씩 재흡수되면서 항시 10ml 정도의 일정량을 유지하지만 여러 원인으로 증가한다면 복강 내 장기 압박과 통증이 생기며 횡경막을 자극해 호흡곤란이 나타난다. 암환자의 경우 많게는 50% 정도까지 복수가 나타나고 있다. 생성이 많이 되는 경우와 흡수가 안 되는 경우 또는 배수가 안 되어 저류하는 경우가 있는데 복수량이 증가할 때는 복수가 잘 생기는 복막파종에 의한 복막염이 생기는 경우가 많다. 복수의 흡인양이 많다면 혈중 알부민이 부족한 경우로 복강 내 수분이 혈관내로 재흡수가 안 되는 것인데 간 기능이 저하된 경우가 많다. 간혹 림프관 암으로 인해서 배수가 안 되고 오히려 림프액이 복강 내로 누출되는 경우이다.

세균감염이 의심되면 항생제를 사용하고 암성복막염에는 지속적으로 항암제를 사용하면 감소하기도 한다. 그러나 근본적인 치료가 안 되는 경우가 많아서 고통이 심하면 이뇨제나 알부민을 투여하기도 한다. 칼슘보존성 이뇨제를 사용해야 하고 최근에는 수분만 배출하는 톨바프탄(Tolvaptan)을 사용한다. 이뇨제에 효과가 없으면 결국 복수천자를 해야 하는데 최근에는 복수천자가 증상을 완화시키며 부작용이 없다는 연구결과가 나와 시술을 거부할 필요는 없다. 이런 시술을 하면 오히려 삶의 질이 향상되고 생존기간도 증가하는 것으로 나와 환자의 상태를 보면서시행한다. 하지만 과량의 천자는 하지 말아야 한다.

체력이 저하된 경우 급격한 혈압강하를 막기 위해서 복수 1리터당 6~10gm의 알부민을 점적하여 보충하는 것이 권장된다. 필요하면 알부민 상실을 막는 복수여과농축재정주법(CART)도 시도한다. 복수가 찬다고 대부분 절망적이지 않다는 것을 설명하고 적극적인 치료를 하는 것이 좋다.

일부 소화관폐색이 발생하는 환자에서는 미리 스탠드를 삽입하거나 바이패스 수술이나 인공항문(Colostomy) 조성을 할 필요가 있다. 이는 암으로 인한 고통보다는 못 먹고 배변이 안 되어 고통으로 죽는 것을 막아주는 중요한 치료방법이기 때문이다. 다른 문제가 아닌 소화관폐색인 경우 지속적인 영영공급이 요구되지만 말기에는 영양 상태를 보면서 줄여나가야 하는데 점차 노쇠하면서 체력저하가 나타나거나 더 이상 상태가 좋아지지 않으면 먹는 것 자체가 오히려 부담이 되는 역효과가 나타나기도 한다.

## 22. 말기 암환자의 섬망과 간성뇌증

말기 암환자의 섬망(Delirium)은 흔히 나타나는 현상으로 급성착란이나 의식장애라고 표현한다. 환자들은 조금씩 이런 증상이 있지만 특히 체력저하나 후유증이 심해지면 더 악화되기도 한다. 집중력이 저하되고 환상, 환시, 착시 등의 지각장애가 일어나고 주변사람들이 볼 때 이상한 헛소리나 엉뚱한 행동을 하기도 한다. 특히 이때 섬망으로 인한 일상적인 행동이 어렵다는 것을 모르고 자신도 모르게 움직이려다 넘어지거나 낙상사고를 당하는 경우가 많다. 아직 체력이 남아있으면 가역적 섬망인 경우 약물치료 후 환경에 익숙해지면서 회복이 가능하지만 마지막 시기에 나타나는 섬망은 혼미해지고 악화되는 경우가 대부분이다. 섬망이 심해지면 남은 시간이 거의 없다고 보고 잘 관찰하고 보호하여 다른 사고가 없게 하고 가족에게 설명해줘야 한다.

그러나 점차 고령화사회에서 발생하는 신경인지장애(치매)가 늘면서 섬망이 같이 나타나면 매우 관리가 어렵다. 그리고 섬망인지 신경인지장애 증상인지 구분이 안 되어 관리가 더 힘들다. 간혹 섬망 환자의 엉뚱한 언동이 주위 가족들을 당황하게 하거나 가족 간의 오해를 가져와 갈등을 유발하기도 한다. 그래서 이런 증상을 잘 설명하고 임종과정으로 이해시켜야 한다. 환자의 억지스런 말에 너무 대응하지 말고 그냥 "아! 그래요." "그래야지요." 정도로 받아주면서 유연하게 넘어가야 한다. 섬망에 대해 환자의 평소 인격과 다른 모습을 보고 실망할 수도 있지만 이는 그 사람의 병에 의한 증상이지 진정한 성품은 아니라는 것도 알아야 한다.

간암이나 전이성 암인 경우 간 병변으로 간성뇌증이 유발되어 주위 사람들을 힘들게 하는데 이는 체내 암모니아의 분해가 안 되어 생기는 간성혼수 때문이다. 뇌기능에는 직접적인 이상이 없지만 간 기능 저하로 뇌에 노폐물이 쌓여서 의식과 현실 사이의 원활한 연결이 안 되어 생기는 혼란 상태이므로 치료도 어렵지만 환자의 입장에서도 매우 고통스런 증상이다. 그래서 너무 답답한 환자가 큰소리를 치거나 과대한 행동을 보이고 눈을 크게 뜨면서 자신을 알리는 행동을 하는 경우라고 본다. 이런 환자에게 차분히 안정을 부탁하거나 손을 잡아주면 진정이 되기도 한다.

## 23. 임종환자의 명암

임종환자를 돌보면서 다양한 문제들이 생기는데 이런 문제는 죽는다는 것에 대해 아쉬움이 크기 때문에 생기는 결과일 것이다. 핑계 없는 무덤이 없듯이 죽음에는 다 이유가 있고 그 이유도 같은 경우가 없으므로 죽음을 대하는 입장에서도 항시 긴장하고 준비해야 하는 어려움이 있다. 이에 대하여 죽음 앞에서 일어날 수 있는 몇 가지 문제들을 통해 죽음의 명암을 알아보겠다.

죽음이 임박한 말기 위암 환자의 심한 구토증상으로 진정제 주사를 투여하고 30분 후에 사망하였고 유가족들은 주사에 의한 부작용으로 환자가 죽게 되었다고 소송을 한 경우가 있다. 이런 상황은 임종환자가 입원한 시설 어디서든 있을 수 있는 일이기도 하지만 당하는 의료진의 입장에서는 매우 억울할 수 있다. 섬망이 심하고 곧 죽을 것 같은 환자가 침대 내에서 스스로 힘을 쓰다 엎어지면서 낙상으로 인해 사망한 경우 그 책임을 의료진에게 돌린다면 누가 이런 환자를 마음 편하게 돌봐줄지 걱정이 앞선다. 그리고 척추 뼈가 약해서 앉았다 누었을 뿐인데 골절이 되거나 힘이 없어 넘어지는 것을 의료사고라고 한다면 이에 대한 대비를 어떻게 해야 할지 난감하기도 하다. 갑자기 찬바람이 불어서 감기에 걸려 폐렴으로 죽었다고 한다면 그에 맞는 완벽한 의료시설을 해야 하는 병원의 입장에서 그 시설비용을 정해진 보험수가 내에서 어떻게 보상해야 할지 등 상식으로 풀기 어려운 문제에 대한 사회적인 준비가 아직 부족하다고 본다. 또한 어디까지 의료사고라고 해야 할지 기준이 모호하고 갈등만 증가한다면 이는 결국 환자와 의료인 모두에게 불행이 될 수 있다.

어느 응급실에 심장이 멎은 환자를 가족들의 요구로 심폐소생술을 하여 겨우 살려 놓았는데 갈비뼈 골절과 출혈을 의료사고라고 하면서 소동을 일으키는 보호자를 보면 아직도 우리사회에 더 많은 성숙된 변화가 있어야 이런 문제가 해결될 것으로 보인다.

연명치료에 대하여 일부는 시행을 포기하고 호스피스 완화치료와 존엄사를 선택하지만 아직 대부분의 환자와 그 가족들은 죽음을 허용하지 않고 지속적인 치료를 원하고 있다. 이런 경우 폐에 수종이 심해 수액투여를 중단해야 하지만 이를 줄이기라도 하면 엄청난 항의가 들어오기도 한다. 가족들의 입장에서는 허용이 안 되기 때문에 환자는 더 큰 고통 속에서 죽음을 맞이하게 된다. 또한 음식을 먹지 못하는 악액질 증상이 있는 환자에게 무조건 잘 먹어야 한다고 억지로 먹이거나 영양제를 투여하려는 보호자에게 설명이 통하지 않는 경우 말 못하는 환자만 더 고생을 하다 죽을 수도 있다. 간혹 일반적인 대증요법을 시행하는 환자에게 심한 통증이 발생해도 이를 거부하고 참는 경우가 있는데 이 또한 설득하기 매우 힘들다. 특히 나이가 들면서 한번 생긴 고집은 바뀌기 쉽지 않고 더욱이 신념처럼 자기주장을 펼치는 경우 그 피해가 환자에게 모두 가더라도 어쩔 수 없이 따를 수밖에 없다.

이런 문제들은 대부분 평소 의료진과 환자와 그 가족이 서로 충분한 소통이 안 된 경우가 많고 환자와 가족들의 입장에서 삶에 대한 애착이 크기에 생긴 인식의 차이일 수 있다. 그러다보면 서로 불신과 불만이 커져 억지를 부려 올바른 도움을 받지 못하고 불행한 죽음을 맞이하게 될 수 있다.

병명의 고지에 대해서도 환자에게 모두 설명하게 하지만 의외로 이를 밝히기를 꺼리는 경우가 있는데 죽음을 앞둔 상태에서 환자가 마지막 준비를 못한다면 이 또한 황망하지 않을 수 없다. 어쩌면 그 피해는 죽은 환자뿐만 아니라 그 가족에게 갈 수 있다.

일본의 죽음학자인 히구치 가츠히코는 "말기 환자의 비참함은 그에게 남겨진 짧은 인생에 있어서 무엇이 가장 중요하며, 또 무엇을 필요로 하는가에 초점을 맞추는 것을 잊어서는 그 비참함을 구할 수 없다. 따라서 그에게는 얼마 남지 않은 인생의 질을 충분히 하기 위해서 많은 배려와 원조가 필요하다."라는 말을 하였다. 이처럼 죽음 앞에서 배려와 진실한 돌봄을 위한 임종의료진의 역할은 그만큼 크고 여러 오해와 갈등을 잘 해결해야 하는 사명감이 있어야 한다.

임종의학전문가나 임종치유전문가가 마지막으로 기억해야 할 것은 환자와 그 가족에게 헛된 희망이나 불필요한 의료행위를 자제해야 하고, 예측되는 증상을 미리 알려주고 현명하게 대처하는 방법을 준비하는 것만이 서로 간에 신뢰를 쌓을 수 있는 가장 좋은 소통수단이라 할 수 있다.

## 24. 어린아이의 죽음에 대하여

어린아이의 죽음은 성인들의 죽음과 많은 차이가 있다. 대부분 부모가 있기에 그 부모의 슬픔에 대해 더 큰 관심과 관리가 요구된다. 대부분의 부모들은 자식의 죽음을 자신들의 잘못이나 부주의로 책망을 한다. 자식의 죽음이 자신들의 미래의 상실이고 희망이 사라지는 것이므로 그 마음의 상처가 더 크고 오래 간다. 특히 어머니의 마음의 상처는 평생을 마음속에 묻어둔다고 하며 그 아픔이 살아가는 동안 지속되면서 남은 삶에 큰 영향을 미칠 수도 있다.

특히 부모의 과실이 있는 경우 이것이 원인이 되어 결국 가족의 해체 및 불신과 원망으로 인한 폭력, 자살, 가출 등 부부 당사자는 물론 남은 자녀들까지 피해가 이어질 수 있다. 부부의 경우 서로 느끼는 슬픔이 차이가 나거나 원망이 생기면 사소한 일상에서도 갈등이 생기고 불신으로 이어지면서 파국이 되는 경우를 주위에서 많이 볼 수 있다.

죽음에 다가서는 아이도 자신의 죽음에 대하여 매우 정확히 알고 있고 또 알려고 한다는 것을 먼저 이해해야 한다. 아이가 모를 거라는 선입견부터 버리고 한 사람의 완전한 인격체로 성실하고 솔직히 대해야 한다. 아이들의 통증치료 또한 성인과 같이 중요하게 보고 그 고통을 함께 나눈다는 마음으로 적극적인 치료를 통해 남은 시간을 편안하게 보내게 하는 것이 중요하다.

자녀들 사이에서도 죽은 자녀에 대한 부모의 관심이 커지면 상대적으로 소외당한 남은 자식들은 나름대로 상처를 받게 되고 급기야 부모와 벽을 쌓는 경우가 생긴다. 특히 또래의 어린 자녀들은 죽음에 대하여 아직 명확히 이해하지 못하므로 편애하는 듯 보이는 부모들의 행위에 대해 나름의 방어기전을 가지게 되고 자신들의 생각으로 죽음을 해석하므로 부모들이 인지하지 못하는 사이에 커다란 거리감으로 표출된다.

이런 상처는 아픈 자녀가 죽은 후에도 계속 잠재되어 있을 수 있고 부모들의 죽은 자녀에 대한 마음이 나타날 때마다 그들의 상처는 더 깊어질 수 있어 남은 자녀들의 심리적 치료에 대해 고려해 보는 것도 필요하다. 그래서 어린아이의 죽음은 그 아이만의 죽음이 아닌 가족 전체의 문제가 되기에 전문적인 치료와 치유가 더 필요할 수 있다.

## 25. 응급실에서의 사망환자

사고사나 임종 전 집에서 상태가 안 좋아서 응급실로 이송되어 죽은 환자의 경우 환자에 대한 처치보다 그 가족들에게 대한 설명과 관리가 더 중요하다. 이미 죽어서 도착했어도 가족에게 그 죽음을 설명하기는 결코 쉽지 않다. 그러다보니 생각하지 못한 문제가 발생하기도 하고 감정적인 행동이 나타나서 당황할 수도 있다. 대부분 잘 해결되지만 일부 이런 사건으로 인해서 가족들에게 외상 후 스트레스 장애(PTSD)가 약 21%

정도 나타난다는 보고도 있다.

응급실에서 사망에 대한 설명을 잘해주기만 해도 그 가족들의 외상 후 스트레스장애가 상당히 줄어들 것이다. 그러므로 먼저 그 가족들에게 2차적인 피해가 없도록 보호를 한다는 마음으로 상황을 전달하고 보살펴야 한다. 이때 주의해야 할 점은 환자와 가족들 간의 가정·사회·문화적인 문제를 전혀 모르는 상태에서 설명해야 하고 가족들이 죽음을 어떤 상태로 받아들이고 있는지를 알 수 없기에 최초 접근은 신중해야 한다. 가족관계를 잘 확인하고 가족 대표 한 사람이 아닌 현장에 있는 사람 모두가 모인 상태에서 현재의 상황을 설명하고 그들의 반응에 따라 적절한 수위를 조절해야 한다. 그리고 혹시 일어날 수 있는 법적 문제에 대비하여 인지한 내용을 잘 기록해두고 설명에 대한 확인도 꼭 해야 한다.

좋은 설명은 혼란스럽고 놀란 보호자들에게 불안을 감소시키고 차분히 슬픔을 받아들이게 한다. 그런 설명을 위해서는 감정반응을 예상하면서 쉽게 이해가 되도록 설명하고, 예의를 가지고 정성어린 대화로 보호자를 진정시키고, 정확하고 완전한 정보를 전달해줘야 한다.

특히 범죄로 인한 사망이거나 의심되는 경우, 음주사망, 자살, 어린이 사고, 다양한 사고로 인한 사망, 자동차 사고, 급작스런 의학적 사망(심근경색, 뇌졸중 등), 짧은 시간 급격한 변화를 가져온 질병, 말기암이나 말기질환자의 죽음 등을 접하기 쉬운데 이런 사망의 경우 도착부터 사망선고를 내린 다음까지의 모든 상황을 잘 기록해야 한다.

## 26. 사망 전후환자 가족에게 나쁜 소식을 전하는 'SPIKES Protocol'

환자가 갑작스럽게 사망한다면 의료진이라도 당황하게 된다. 그래서 미리 그 가족들에게 환자가 처한 상황을 알리는 것이 매우 중요하고, 당황하는 가족들을 돌보는 것이 더 필요하므로 그에 맞게 환자 입장에서 설명과 조치를 실행하는 프로토콜이 요구된다.

- Setting up

면담을 준비하는 단계로 다른 사람의 개입 없이 안심할 수 있는 공간을 마련하고 모든 가족을 모이게 한다. 가족들과 일정거리를 두고 시선을 마주하고 일정한 톤의 목소리로 천천히 면담을 시행한다.

- Perception

환자와 가족들이 현재 상황을 어느 정도 알고 있는지를 확인해야 한다. 그러므로 가족들의 걱정 정도 또는 그동안의 가족들 사이의 전반적인 분위기를 파악해야 한다.

- Invitation

환자와 가족들에게 어느 정도 알고 싶은가를 물어보아야 한다. 먼저 의료인의 일방적인 설명부터 시작하는 것보다 환자와 그 가족들의 이해를 목적으로 무엇을 알고 싶어 하고 무엇을 알고 싶어 하지 않는지를 먼저 질문 받아 그에 필요한 설명을 하는 것으로 환자와 그 가족이 알 권리가 있는 것과 함께 몰라도 될 권리가 있음을 꼭 인식해야 한다. 불필요하거나 혹은 문제가 되는 것까지 설명을 하지 않아도 된다는 것이다. 이를 통해 설명을 듣는 환자와 가족들의 이해 정도와 바람을 확인할 수 있고 그에 맞는 설명을 준비하고 불필요한 시간낭비나 혼란을 줄일 수가 있다.

- Knowledge & Information

준비한 자료를 토대로 전문 의학용어를 이해할 수 있는 쉬운 일상 언어로 다시 설명해줘야 하며, 표현의 모호성을 자제하고 되도록 단문으로 설명한다. 반응을 보면서 단계별로 높여서 설명하고 이때 절망적이거나 "의사로서 해줄 것이 없군요." 같은 말은 해서는 안 된다.

- Empathetic Response & Silence

감정이입단계에서 환자와 그 가족과 의료인이 느끼는 감정은 서로 다르고 다양하다. 그래서 공감하는 시간이 필요하고 이때 가장 중요한 것은 거짓을 해서는 안 된다는 것이다. 환자가 암이냐고 물어보면 "아니다."라든가 "아직 모른다."라는 표현보다는 "검사결과가 좋지 않았다." 또는 "안 좋은 조직이 검출되었다."라고 말하는 것이 좋고 환자의 반응을 잘 관찰하고 계속 설명할지 다음으로 미뤄서 설명할지에 대해 판단해야 한다. 이런 결정적인 과정에서 어느 정도 시간을 두고 감정 표현을 하도록 하고 서로 공감하고 있다는 확신을 보여주어야 한다.

- Strategy & Summarize

앞으로의 계획과 과정을 설명해주고 처음 겪는 문제 등에 대해 필요한 서비스를 해주고 특히 가족이 거의 없는 경우에는 필요한 인력을 소개하고 앞으로의 절차에 대해 설명해줘야 한다. 이때 가족들에게 어느 정도 이해하였는지를 확인해보고 미흡한 부분은 다시 요약해서 설명한다.

## 27. GRIEVING MNEMONIC

미국 인디애나대학 응급의학과 교수인 체리 홉굿(Cherri Hobgood) 박사가 개발한 사망통지에 대한 지침을 소개한다.

- Gather

가족들을 조용한 장소로 가능한 모두 불러 모은다. 그리고 중요한 가족의 불참이 있는지 확인하고 가능하면 모두 오게 하고 필요 시 성직자나 병원 인력을 잘 활용하도록 준비시키고 배치해야 한다.

- Resources

사망한 환자의 가족들의 슬픔을 도와줄 인적자원의 도움을 요청하고 가족 중에 감정 고조로 과격한 일들이 일어날 수 있음에 주의하며 필요하면 보안요원 배치도 검토해야 한다.

- Identify

미리 사망자에 대한 정보를 다시 확인하고 가족들에게 담당 의료인임을 밝히고 급격한 상황이거나 급히 전달된 상태라면 가족 중에 가장 상황을 잘 아는 사람을 찾아 사망 직전에 있었던 상황을 보고 받고 기록해야 하며, 또한 가족들이 현재 상황에 대해 얼마나 많은 정보를 알고 있는지를 확인해야 한다. 그래야 대응이 좀 더 쉬울 수 있는데 이 경우에는 "지금까지 무슨 일이 일어났는지에 대해 당신은 알고 있습니까?"라고 물어보고 대답을 들어야 도움이 된다.

- Educate

앞의 사항을 잘 이해하고 현재 처한 상황이나 사태를 잘 설명해주고 되도록 쉬운 용어로 사망에 이르는 과정과 향후 처치에 대한 이해하기 쉬운 요약된 정보를 제공하면 혼란을 줄일 수 있다.

- Verify

좀 더 구체적으로 죽음에 대한 확실한 언급이 필요하고 이때 애도의 표현을 꼭 전한다. 마지막 사망에 대한 언급은 불확실성이 없어야 한다.

- Space

불필요한 설명이나 대화를 자제하고 슬픈 감정을 표출할 장소와 시간을 제공하고 가족들 스스로 이런 상황을 이해하고 받아들이게 해야 한다.

- Inquire

유가족들의 의문사항이나 사후 절차 등에 대해 질문이 들어오면 쉽게 요점을 정리해서 설명한다. 단 모르는 것은 확실히 모른다고 하고 추측성 설명은 하지 않는다.

- Nuts and Bolts

앞으로 있을 사망자의 부검, 장기기증, 장례 준비 및 개인 소지품 전달 등이 포함되는 일들로 즉시 논의가 필요한 부분과 상황에 따라서 상의가 필요한 부분이 있지만 중요한 것은 가족들이 사망자를 다시 볼 수 있게 해주는 것이다.

- Give

가족에게 연락처와 전화번호를 알려주고 후에 발생하는 질문에 답변하도록 한다. 의료진의 개인정보는 보호되어야 하므로 시설 대표전화나 SNS 등을 이용하게 하고, 지속적으로 도움을 받을 수 있는 곳을 알려주거나 장례절차에 들어가도록 준비해준다. 급작스런 죽음 앞에서는 누구나 당황하고 무엇을 해야 할지 잘 몰라서 도움은 꼭 필요하다.

**※특수한 경우의 대비책**

1. 보호자가 멀리 있어서 갈 수 없는 경우 가까운 지인이라도 오도록 한다.
2. 의문사나 사고사 같은 변사(變死)의 경우 부검이 필요할 수 있으므로 이런 경우

소생술 시술에 사용한 라인이나 튜브를 제거하지 말고 그대로 보존해두어야 한다.

3. 소아 사망의 경우 의학적 검사가 필요할 수 있으므로 시신 보존에 유의해야 한다. 어린아이는 신체 조직이 연약해서 쉽게 부패하거나 손상되기 쉬워서 빨리 보존해야 한다.
4. 심폐소생술을 거부하는 DNR 작성 여부나 사전연명의료의향서를 꼭 확인해야 한다.

## 28. DNR(Do Not Resuscitate)

DNR(Do Not Resuscitate)은 자신이 살아날 가능성이 희박한 경우 불필요한 심폐소생술을 하지 말아 달라는 의미로 작성하는 것인데, 일반적으로 치료에 최대한 노력은 했지만 생존가능성이 떨어지는 경우 심폐소생술을 원하지 않는다는 것이다. 단 중요한 사실은 심폐소생술의 금지는 생전에 자신의 생각을 표현하여 알리는 것으로 치료 거부가 아니라는 사실을 인식해야 한다. 일단 치료는 최선을 다해 하는 것을 원칙으로 하고 마지막 한계점에서 시행하는 것을 의미한다.

일반적인 DNR 규정은 병원마다 다르고 환자가 추구하는 내용도 차이가 있어서 서식은 좀 차이가 있지만 원하는 내용이 포함되어야 한다. 여기에는 환자의 이름과 병력, ID 그리고 환자 가족의 관계, 서명이 필요하고 설명한 의사의 확인 서명과 날짜가 요구된다. 필요하면 다른 의료인들의 확인 동의 서명이 추가되기도 한다. 간혹 DNR을 작성하였으나 마음이 바뀌는 경우 동의를 취소할 수 있다. 문제는 위급한 상황에서 이런 내용을 설명하고 DNR 동의서를 받을 수가 없으므로 미리 준비를 해야 한다.

최근 DNR에 대한 법적인 한계와 통합관리제도의 미비로 더 이상 인정이 안 되고 새로 제정된 연명의료법으로 대체되었다. 평소 또는 병원 입원 중 어느 때나 그리고 성인인 경우 누구나 쉽게 사전연명의료의향서를 작성할 수 있으며 정부에서 '국립연명의료관리기관'을 통해서 모든 절차와 상담을 받아 작성·보관·관리하도록 하였다.

그래서 더 이상 DNR 작성은 필요가 없다. 하지만 외국에 나가거나 의료기관이 없는 곳에서 사고를 당하거나 죽음을 맞이하는 경우에 DNR 표시나 이를 언급한 서류나 문신 등이 있으면 연명의료 거부에 대한 자신의 의사를 알릴 수 있어서 필요한 경우도 있다.

## 29. 사전연명의료의향서

사전연명의료의향서는 의료에 대한 환자의 평소 생각을 기록한 의료유언장으로 성인이면 누구나 의식상태가 명료한 상태에서 미리 자발적으로 작성하며, 정부에서 '국립연명의료관리기관'을 통해서 모든 절차와 상담을 받아 작성·보관·관리하도록 하였다.

이는 「호스피스·완화의료 및 임종과정에 있는 환자의 연명의료결정에 관한 법률」 제12조에 따라 19세 이상인 사람이 자신의 연명의료중단 등의 결정 및 호스피스에 관한 의사를 직접 문서로 작성하는 것을 말한다. 사전연명의료의향서를 작성하고자 하는 사람은 보건복지부장관이 지정한 사전연명의료의향서 등록기관을 통하여 직접 작성하여야 한다. 또한 사전연명의료의향서를 작성한 사람은 언제든지 그 의사를 변경하거나 철회할 수 있으며, 이 경우 등록기관의 장은 지체 없이 바뀐 사항을 변경하거나 등록을 말소하여야 한다.

사전연명의료의향서는 본인이 직접 작성하지 아니한 경우, 본인의 자발적 의사에 따라 작성되지 아니한 경우, 사전연명의료의향서 등록기관으로부터 「호스피스·완화의료 및 임종과정에 있는 환자의 연명의료결정에 관한 법률」 제12조 제2항에 따른 설명이 제공되지 아니하거나 작성자의 확인을 받지 아니한 경우, 사전연명의료의향서 작성·등록 후에 연명의료계획서가 다시 작성된 경우에는 효력을 잃는다.

이미 작성 등록된 사전연명의료의향서에 기록된 연명의료 중단 등 결정에 대한 작성자의 의사(意思)는 향후 작성자를 진료하게 될 담당의사가 사전연명의료의향서의 작성자를 임종과정에 있는 환자라고 판단한 경우에 연명의료 중단에 대한 절차를 이행한다. 그러므로 사전연명의료의향서는 환자 자신의 의사를 묻기 어려운 상태에서 더욱 그 의미가 크게 작용한다. 별도의 직계가족의 동의가 없어도 연명의료의 중단이 가능하기 때문이다.

연명의료를 중단할 수 있는 허용 질환은 과거 말기환자의 대상 질환으로 암, 후천성 면역결핍증, 만성 폐쇄성 호흡기질환, 만성 간경화의 4가지로 한정했던 것도 확대하여 질환과 관계없이 말기환자라면 모두 해당하도록 하였다. 또한 연명의료 항목도 심폐소생술, 인공호흡기 착용, 혈액투석 및 항암제 투여 등 4가지로 제한하였지만 새로 개정된 법률에 의하면 심각한 호흡부전·순환부전 시 체외순환을 통해 심폐기능 유지를 도와주는 '에크모(ECMO)'로 불리는 체외생명유지술(Extracorporeal Life Support, ECLS), 수혈, 혈압상승제 투여 등이 추가되었다.

사전연명의료의향서는 정부에서 '국립연명의료관리기관'을 통해서 모든 절차와 상담을 받아 작성·보관·관리하도록 하였고 이곳을 통해 작성 가능한 각 지역의 등록기관을 알 수 있다.

자세한 내용은 인터넷주소 https://www.lst.go.kr로 접속하고, 국립연명관리기관 주소는 (04522) 서울특별시 중구 남대문로 113 DB다동빌딩 4층이며, 의료기관윤리위원회 등록 및 이용 관련 문의는 02-778-7564, 7591, 사전연명의료의향서 등록기관 지정 및 이용 관련 문의는 02-778-7590, 7592로 연락하면 도움을 받을 수 있다.

## 30. 연명의료계획서(Physician Order for Life-Sustaining Treatment: POLST)

연명의료계획서의 출발점은 회생 가능성이 없는 환자가 자기 결정이나 가족의 동의로 연명치료를 받지 않을 수 있도록 하는 법으로, 2016년 1월 국회를 통과했다. 이에 따라 호스피스 분야는 2017년 8월 4일, 연명의료 분야는 2018년 2월 4일부터 시행에 들어갔다. 이후 여러 문제점을 보완하여 보건복지부가 2019년 3월 19일 연명의료에 속하는 의학적 시술의 종류를 늘리는 내용을 골자로 하는 연명의료결정법 시행령 일부 개정령 안이 국무회의를 통과해 2019년 3월 28일부터 시행되고 있다.

연명의료계획서는 질병으로 병원에 입원한 상태에서 의료행위와 직접 관련된 의무기록의 한 형태로서 의사의 동의가 필요하고 그 작성의 주체는 의사이며 설명을 들은 환자와 가족이 대리 결정을 할 수 있으며, 법적으로도 인정받고 있다. 이 점은 건강할 때 미리 작성하는 환자 자신의 치료에 대한 의견을 기록한 것으로 법적으로 인정되지 않는 사전연명의료의향서와는 다르다.

연명의료계획서는 의료시설 내 의료기관윤리위원회를 등록한 의료기관이 있는 병원에서 작성하며 환자의 치료 상태에 대한 전반적인 결과를 본 의사의 설명을 듣고 말기 임종기 환자나 환자 보호자가 작성해야 하므로 대상이 명확히 정해져 있다. 처음 이 제도 도입 시 대상 질환으로 말기 암, 후천성면역결핍증, 만성 폐쇄성 호흡기질환(COPD), 만성 간경화의 4가지로 한정했던 것을 2019년 3월부터 질환과 관계없는 모든 말기환자와 임종과정에 있는 환자라면 누구나 연명의료계획서를 작성할 수 있게 했다. 이때 기존에 이미 작성하여 등록한 사전연명의료의향서의 기능은 즉시 효력을 잃고 새로 동의한 연명의료계획서의 내용에 따른다.

또한 새로 개정된 내용에는 심폐소생술, 인공호흡기 착용, 혈액투석 및 항암제 투여 등 4가지로 제한된 연명의료 대상 의학적 시술에 추가하여 심각한 호흡부전·순환부전 시 체외순환을 통해 심폐기능 유지를 도와주는 에크모(ECMO)로 불리는 체외생명유지술(Extracorporeal Life Support, ECLS), 수혈, 혈압상승제 투여 등이 포함되었다. 다만 연명의료를 중단하더라도 통증 완화를 위한 의료 행위나 영양분 공급, 물 공급, 산소의 단순 공급은 중단할 수 없다.

**※ 연명의료 중단 등 결정에 관한 환자 의사 확인 방법**

| 환자 상태 | 확인 방법 |
|---|---|
| 환자의 의사 능력이 있을 때 | 연명의료계획서(말기·임종기 환자 작성 가능)<br>사전연명의료의향서(원하는 사람 작성 가능)+담당의사의 확인 |
| 환자의 의사능력이 없으나 환자의 의사를 확인할 수 있을 때 | 사전연명의료의향서+의사 2인의 확인<br>가족 2인 이상의 일치하는 진술+의사 2인의 확인<br>가족: ①배우자 ②직계존·비속 ③형제자매 (①, ② 없는 경우)<br>환자의 가족이 1인뿐인 경우에는 1인의 진술로도 가능 |
| 환자가 의사능력이 없고, 환자의 의사를 확인할 수도 없을 때 | 환자가족 전원의 합의+의사 2인의 확인<br>①배우자 ②1촌 이내의 직계존·비속 ③2촌 이내의 존·비속(①, ② 없는 경우) ④형제자매(①~③ 없는 경우)<br>미성년자의 경우 친권자인 법정대리인이 결정+의사 2인의 확인 |

그동안 많은 지적이 있었던 연명의료 중단 등을 결정할 때 미리 환자가 건강할 때 작성하는 사전연명의료의향서를 써두지 않아서 환자가 연명의료 중단을 원하는지 확인받을 수 없을 경우에 환자 가족 모두의 동의가 필요해 합의가 어려웠던 것을 이번에 조정했다. 그동안 모든 직계혈족에게 연명의료 중단 동의를 받아야 했으나 앞으로는 배우자 및 1촌 이내의 직계존·비속의 동의를 우선하고 이에 해당하는 가족이 없으면 2촌 이내의 직계존·비속, 형제자매 등의 동의가 필요하도록 했다. 환자 가족 전원 합의 범위에서 제외되는 '행방불명자'의 중단 결정 시점도 '3년 이상'에서 '1년 이상' 경과한 사람으로 기간을 줄였다. 이는 연명의료 중단 등 결정 시에 행방불명된 가족 구성원으로 인해 합의가 어려워지는 상황을 최소화하기 위해서다. 또한 호스피스전문기관을 이용하는 말기환자의 임종과정 여부 판단절차를 기존 원칙은 담당의사 및 해당 분야 전문의 1명이 함께 판단해야 했는데, 호스피스전문기관의 경우에는 담당의사 1명의 판단만으

로 가능하도록 허용됐다. 또한 담당 의사가 중단 또는 유보할 수 있다고 판단한 시술도 연명의료에 포함된다. 그리고 사전연명의료의향서와 연명의료계획서의 가장 중요한 차이점은 사전연명의료의향서는 환자 자신이 작성하여 등록하는 것이고 연명의료계확서는 의사의 판단으로 환자나 환자의 직계가족이 동의해서 작성되고 의사의 서명이 들어간 것으로 이해하면 좀 더 쉽게 차이를 알 수 있다.

**※ 사전연명의료의향서와 연명의료계획서의 차이**

| | 사전연명의료의향서 | 연명의료계획서 |
|---|---|---|
| 대상 | 성인, 미성년자(보호자 동의 시) | 질환과 관계없는 모든 말기환자와 임종과정에 있는 환자라면담당의사의 날인 필요 |
| 주체 | 만 19세 이상 성인 개인 | 담당의사의 날인 필요 |
| 조건 | 환자뿐만 아닌 성인이면 누구나 신청 | 회생가능성이 없고 급속하게 증상이 진행되어 임종이 임박한 경우 담당의사와 해당분야 전문의 1인이 판단 |
| 시행장소 | 2018년 현재 지정등록기관<br>(2018년 7월까지 238곳 지정) | 의료기관윤리위원회가 있는 의료기관 |
| 작성방법 | 직접 자신이 작성하고 신분증 지참이 요구되며 자세한 설명 숙지 후 작성 | 환자의 요청에 의해 담당의사가 작성 |
| 설명의무 | 등록기관의 상담사 | 담당의사 |
| 등록기관 | 보건복지부 지정 사전연명의료의향서 등록기관 | 의료시설 내 의료기관 윤리위원회를 등록한 의료기관 |
| 확인 및 취소 | 이미 사전연명의료의향서나 연명의료계획서를 작성했더라도 언제든지 의사를 변경하거나 철회할 수 있으며, 국립연명의료관리기관에서 운영하는 연명의료정보처리시스템(www.lst.go.kr)을 이용하여 열람 확인 및 취소 가능.<br>국립연명의료관리기관 연락처: 02-778-7590, 7592 | |

## 31. 말기 암환자의 여명 예측도

일반적으로 말기 암의 생존 평균 기간은 유방암의 2~3년의 경우를 제외하고는 6개월 이내이며 여명 수명의 예측에서 가장 중요한 요인은 현재 기능 상태를 보는 것이다. 일반적으로 암환자의 기능은 서서히 진행되기보다 계단식으로 갑자기 안 좋아지고 유지되다가 다시 급격히 안 좋아지는 것을 반복하는 경향이 있다. 이에 따른 기능의 저하 속도는 일정한 편이다.

이를 잘 관찰하여 환자가 한 달 단위로 나빠진다면 남은 여명은 약 몇 달이라고 말할 수 있으며, 일주일마다 저하된다면 남은 여명은 대략 몇 주라고 말할 수 있고, 매일 저하된다면 남은 여명은 며칠이라고 말할 수 있다. 즉 환자가 보여주는 증상의 양상을 통해 여명을 예측할 수 있다.

### 1. ECOG Scale Performance Status(Eastern Cooperative Oncology Group)

| 단계 | 정의 |
|---|---|
| 0 | 모든 활동 가능, 어떤 제한 없이 병에 걸리기 전과 동일하게 일 수행 |
| 1 | 육체적으로 힘든 일은 제한이 있지만 거동이 가벼운 성질의 일은 가능<br>(예를 들면 가벼운 집안일이나 사무실 일) |
| 2 | 거동이나 자가 돌봄은 가능하나 어떠한 일도 수행하기 어려움<br>(깨어있는 시간의 50% 이상을 일어나서 생활 가능) |
| 3 | 제한적으로 자가 돌봄은 가능하며 깨어있는 시간의 50% 이상을 누워있거나 휠체어를 이용함 |
| 4 | 완전히 무력한 상태, 어떠한 자가 치료도 불가능하며 대부분 시간을 침대에서 보냄 |
| 5 | 사망 |

환자의 상태를 5단계로 나눈 ECOG Scale은 암 연구를 위해서 1955년 미국동부지역 협동 암 연구센터에서 환자의 전신 활동도를 측정하여 평가한 것으로 의료진 사이의 의사소통 시 환자의 상태를 대략적으로 알 수 있게 해준다. WHO Score 또는 Zubrod Score라고 한다.

## 2. Karnofsky Performance Status Scale

11단계로 구간을 나눈 카노프스키 스케일은 국가 간 비교 연구가 많이 이루어진 Karnofsky지수를 이용하여. 여명 예측을 더욱 자세히 할 수 있게 해준다. 밑의 자료를 보면 카노프스키 수치에 따라 평균 수명을 알 수 있다.

| 정 의 | % | 상 태 |
|---|---|---|
| 정상적인 활동과 일 수행 가능, 특별한 치료나 도움이 필요 없음 | 100 | 정상, 불평이 없고 증상이 없음 |
| | 90 | 정상 활동 가능, 경미한 증상 |
| | 80 | 노력하면 정상생활 가능, 약간의 증상 |
| 일 수행 불가능, 집에서 생활은 가능하나 다른 사람의 도움이 필요, 많은 다양한 보조 필요 | 70 | 자가 치료가능, 정상생활이나 활동은 불가능 |
| | 60 | 이따금 보조치료를 하나 대부분의 일은 본인이 함 |
| | 50 | 적당한 보조와 자주 의료적 도움 필요 |
| 자가 치료 불가능, 병원이나 기관의 장비 필요 질병이 빠르게 진행 | 40 | 무력, 특수한 치료와 보조 필요 |
| | 30 | 심한 무력, 임종 순간이 아니라도 입원치료 필요 |
| | 20 | 심한 아픔, 입원치료 필요, 적극적인 지지요법 필요 |
| | 10 | 빈사상태, 빠른 임종과정 진행 |
| | 0 | 죽음 |

## 3. 완화 의료 예후 점수(Palliative Prognostic Score: PaP)

| PaP score and Classification of Patients in Three Risk Groups | |
|---|---|
| Dyspnea<br>No<br>Yes | <br>0<br>1 |
| Anorexia<br>No<br>Yes | <br>0<br>1.5 |
| Karnofsky Performance Status<br>〉30<br>〈20 | <br>0<br>2.5 |

| | |
|---|---|
| Clinical prediction of Survival(weeks) | |
| 〉12 | 0 |
| 11–12 | 2.0 |
| 9–10 | 2.5 |
| 7–8 | 2.5 |
| 5–6 | 4.5 |
| 3–4 | 6.0 |
| 1–2 | 8.5 |
| Total WBC | |
| Normal(4.8–8.5) | 0 |
| High(8.5–11) | 0.5 |
| Very high(〉11) | 1.5 |
| Lymphocyte % | |
| Normal(20–40) | 0 |
| Low(12–19.9) | 1.0 |
| Very Low(〈11.9) | 2.5 |
| Total | 0–17.5 |
| Risk Groups According to Total Score; | |
| 30–day survival probability | Total score |
| 〉70% | 0–5.5 |
| 30–70% | 5.6–11.0 |
| 〈30% | 11.1–17.5 |

6개 항목의 점수를 계산하여 11점 초과 시 30일 생존 확률이 30%, 5.5점 초과 시 30~70%, 5.5점 이하 시 70% 이상 생존 가능하다.

## 4. 완화의료 예후지수(Palliative Prognostic Index: PPI)

| | | | 최대수치 |
|---|---|---|---|
| *완화의료 수행지수<br>*(Palliative performance Scale)* | 10–20 | 4.0 | 4.0 |
| | 30–50 | 2.5 | |
| | 60 | 0 | |
| 경구 섭취량(IVH는 정상) | 심히 감소 (〈 몇 수저) | 2.5 | 2.5 |
| | 중등도 감소 (〉 몇 수저) | 1.0 | |
| | 정상 | 0 | |
| 부종 | 유 | 1.0 | 1.0 |
| | 무 | 0 | |

| | | | |
|---|---|---|---|
| 안정시의 호흡곤란<br>섬망 | 유 | 3.5 | 3.5 |
| | 무 | 0 | |
| | 유 | 4.0 | 4.0 |
| | 무 | 0 | |
| 총점 | | | 15 |

Morita T, Support Care 1997

PPI 6점 이상이면 3주 미만 생존 예측 민감도 80%, 특이도 85%이다.
PPI를 4점 기준으로 하면 6주 생존 확률이 민감도 80%, 특이도 77%이다.
(위의 계산을 위해 아래 완화의료수행지수가 필요하다.)

*** 완화의료수행지수***(Palliative Performance Scale: PPS)*

| % | Ambulation | Activity and Evidence of disease | Self-care | Intake | Level of Consciousness |
|---|---|---|---|---|---|
| 100 | Full | Normal Activity<br>No Evidence of Disease | Full | Normal | Full |
| 90 | Full | Normal Activity<br>Some Evidence of Disease | Full | Normal | Full |
| 80 | Full | Normal Activity with Effort<br>Some Evidence of Disease | Full | Normal or Reduced | Full |
| 70 | Reduced | Unable to do Normal Job/work<br>Some Evidence of Disease | Full | Normal or Reduced | Full |
| 60 | Reduced | Unable to do Hobby/house work<br>Significant Disease | Occasional Assistance Necessary | Normal or Reduced | Full or confusion |
| 50 | Mainly Sit/Lie | Unable to do Any Work<br>Extensive disease | Considerable Assistance Required | Normal or Reduced | Full or confusion |

| | | | | | |
|---|---|---|---|---|---|
| 40 | Mainly in bed | As Above | Mainly Assistance | Normal or Reduced | Full or drowsy or confusion |
| 30 | Totally Bed Bound | As Above | Total Care | Reduced | Full or drowsy or confusion |
| 20 | As above | As Above | Total Care | Minimal Sips | Full or drowsy or confusion |
| 10 | As above | As Above | Total Care | Mouth care Only | Drowsy or Coma |
| 0 | Death | – | – | – | – |

## 5. 대만에서 개발된 예후 지수

| 요인 | 정도 (정의) | 부분 점수 |
|---|---|---|
| 폐 전이 | 무 | 0 |
| | 유 | 0.5 |
| 간 전이 | 무 | 0 |
| | 유 | 0.5 |
| 피곤함 | 0 (없음) | 0 |
| | 1 (경도 혹은 가끔) | 0 |
| | 2 (중등도 혹은 자주) | 0 |
| | 3 (심하거나 지속적) | 1 |
| 복수 | 0 | 0 |
| | 1 (초음파로만 진단가능) | 0 |
| | 2 (shifting dullness) | 1 |
| | 3 (umbilical protrusion) | 1 |
| 부종 | 0 | 0 |
| | 1 (〈0.5 finger breadth ) | 1 |
| | 2 ( 0.5–1 finger breadth) | 1 |
| | 3 (〉1 finger breadth) | 1 |
| 인지기능 저하 | 0 | 0 |
| | 1 (lethargy) | 0.5 |
| | 2 (confusion) | 0.5 |
| | 3 (comatose) | 0.5 |

| | | |
|---|---|---|
| 체중 감소 | 0 | 0 |
| | 1 (<5%) | 0.2 |
| | 2 (5–10%) | 0.7 |
| | 3 (>10%) | 1 |
| ECOG+ | 1 | 0 |
| | 2 | 1.5 |
| | 3 | 2 |
| | 4 | 3 |

해석: 예후 지수 점수=폐 전이 점수+간 전이 점수+복수 점수+부종 점수+인지기능 저하 점수+체중 감소 점수+ECOG 점수(각 항목 점수는 정도와 부분점수를 곱한 값).
점수 합계가 3.5 미만이면 2주 생존을, 6 미만이면 1주 생존을 예측한다. 정확도는 양성 예측도와 음성 예측도 70–76%(실제 완화의료 병동 환자의 생존 중앙값이 2주 정도로 짧다는 데 착안하여 만든 지수).

## 6. 의학적 사망예측지수(APACHE Score)

중환자나 연명치료를 하는 경우에 의학적인 장치를 이용하여 생명유지를 하고 있는 동안 환자의 생존가능성에 대하여 사망예측지수(APACHE score)를 통하여 죽음을 약 85% 정도 예측할 수 있다.

이는 통계적인 확률이기에 절대적이지는 않지만 최근 경향으로는 평가수치가 80%를 넘으면 가족들과 의료진이 합의하에 병원윤리위원회에 보고 후 무의미한 연명치료에 대한 중지를 결정할 수 있다.

의학적으로 중환자실에 있는 환자를 대상으로 질병의 중한 정도를 측정하는 지수로 1985년 카누스(Williamm A Kanus) 박사가 개발한 APACH score(Acute Physiology and Chronic Health Evaluation)가 주로 사용된다.

환자의 연령 증가에 대한 평가(1가지), 장기부전/면역기능 손상 등 만성질환에 대한 평가(1가지), 급성생리기능에 대한 평가(10가지), Glasgow Coma Scale 평가(1가지)를 합한 13가지 항목을 체크하여 평점이 0~4점인 경우 사망률은 0~4% 정도로 예측되고, 15~19점이면 16~25%, 34점이면 75~85% 정도로 예측한다.

이 APACH Score를 이용하면 환자에 대한 적극적인 치료 계획이나 반대로 연명치료를 중지하는 기준이 될 수도 있기에 좀 더 객관적인 판단이 가능해진다. 이런 시스템도 결국은 사람이 만든 것이고 완전하지 못해서 나름 적용에 어려움이 있는 것도 사실이다.

## 32. 임종 시 마지막 배려

임종의 마지막은 죽음이다. 죽음학에서 다양한 논의가 있고 이에 대한 많은 고민이 있었지만 결국은 임종자는 죽음을 맞이하게 되고 가족들은 잘 보내려고 노력한다. 그러므로 아무리 잘해왔다 해도 마지막이 좋아야 결과가 좋기에 숨을 거두는 마지막 순간에도 죽음을 지켜보는 가족이나 친지들의 배려와 노력이 더 중요하다. 이 순간이 진정 마지막 이별이 되기 때문이다.

하지만 마지막 순간 가족들은 당황하기 마련이고 아쉬움이 크기에 안정을 못 찾을 수도 있다. 슬픔을 표현하는 것을 너무 거부하거나 말릴 필요는 없지만 마지막 순간에 남은 가족들이 해줘야 할 배려는 분명히 있다. 이를 위한 이런저런 이야기가 있지만 대부분 공통적으로 언급하는 사항들은 다음과 같다.

1. 임종이 가까워지면 가족들이 슬프거나 아쉬움에 주류를 먹고 취하여 횡설수설하는 경우가 있는데 이는 금해야 한다. 죽음 앞에서도 임종환자는 이런 모습을 보고 괴로워할 수 있기 때문이다.
2. 죽기 직전에는 주위가 안정되어야 한다. 가족들이 몰려와 죽어가는 사람 근처에서 큰소리로 떠들거나 여러 사람들에게 둘러싸여 있으면 죽음 앞에서도 불안이 생길 수가 있다.
3. 임종환자 앞에서 가족들 사이에 의견이 일치가 안 되어 서로 다투거나 갈등을 보

이면 죽어가는 사람의 마음을 혼란시킬 수 있으니 주의해야 한다.

4. 사람은 죽음 앞에서 가지고 갈 수 있는 것은 없다 그래서 모든 것을 버려야 하는데 임종환자 앞에 집착을 남길만한 물건이나 문서 등을 두면 집착이 생기고 여한이 생기는 경우가 있기에 치워 주어야 한다.
5. 임종 전 갑자기 나타난 가족 중에 과거 이야기나 아쉽지만 잊고 지냈던 이야기를 해서 기억을 상기시키면 죽음 직전에도 괴로움이 생길 수가 있으므로 주의해야 한다. 가능하면 마지막 순간에는 가족들만 함께 있는 것이 더 좋을 수 있다.
6. 죽음 앞에서도 자존심과 자신의 자존감은 유지하려고 한다. 이를 무시하거나 평소 싫어하는 것을 하면 무의식중이라도 분노가 생기거나 화를 낼 수 있기에 이런 행위를 유발해서는 안 된다.
7. 아쉬움과 슬픔에 임종 전에 심하게 만지거나 흔들거나 강한 조명이나 자극을 주면 편안한 죽음을 맞이하기 어렵기에 이를 금해야 한다. 가장 친한 가족이나 친지 정도가 손만 따뜻하게 잡아주는 것이 좋다.
7. 너무 입이 마른 것 같으면 물을 먹이려고 하지 말고 거즈 등에 물을 묻혀 입술에 대주고 주위가 건조하지 않게 습도를 조절해준다.
8. 죽음이 선고되어도 잠시 동안은 죽은 사람의 귀에 따뜻한 말과 격려의 말을 들려주고 되도록 조용한 시간을 가져야 한다. 청각기능은 가장 오래 남아있기 때문이다.
9. 고인이 생전에 좋아한 음악이나 혹은 종교 경전 등을 들려주는 것이 죽어가는 과정 중에 깊은 잠에 들게 하므로 불필요한 소음은 줄이고 조명은 좀 낮추고 적어도 2시간 이상은 기다려 준다.
10. 죽음이 임박한 경우라도 평소 쓰던 안경의 렌즈를 깨끗하게 닦아 씌워 주고 보청기를 사용하던 분이라면 보청기를 충전한 후 착용케 하는 것도 도움이 된다. 마지막 가는 길에 함께 한 가족들과 모든 것을 자세하게 보고 듣고 죽는 것도 배려가 될 것이다.

죽어가는 순간에 살아있는 가족이나 친지들이 죽어감에 대한 미련의 손을 놓아 줘야 임종자도 편한 마음을 가지고 떠날 수가 있다. 그리고 죽더라도 남은 가족이 잘 지낼 수 있다는 안심의 메시지를 보여주는 것만으로도 임종자는 평화로운 죽음을 맞이할 수 있다. 그래서 마지막 남아있는 사람들의 모습이 중요한 것이다.

## [참고자료]

# 01. 호스피스 완화의료[1]

요약: 불치질환의 말기 환자 및 가족에게 최대한 편안하고 충만한 삶을 영위하도록 하는 총체적인 돌봄(Care)의 개념으로 불리고 있습니다.

---

차례



---

## ※개요

암은 현재 우리나라에서 사망 1위를 차지하며, 2013년 기준으로 매년 약 22만 5천여 명의 새로운 암 환자가 발생하고, 해마다 7만 6천여 명이 암으로 사망하고 있습니다. 암 환자의 상당수는 암이 치유되지 않고, 말기 상태로 진행하여 심한 통증을 겪으면서 사망하며, 특히 임종에 이르는 마지막 2-3개월은 대부분 심각한 통증과 다른 증

1 출처: 제공처 정보.국가건강정보포털 의학정보 http://health.cdc.go.kr/health/Main.do저자 국가건강정보포털 수정일2016-12-20(등록일2010-03-08).

상들이 동반되고 있습니다.

## 1. 말기 암환자의 통증

말기 암환자에게 통증은 굉장히 중요한 문제로, 단순히 간과할 수 없습니다. 통증의 의미는 단순히 조직 손상에 연관된 불쾌한 감각으로 정의될 수 있지만, 암환자에서의 통증은 이보다 훨씬 포괄적인 범위로 평가해야 합니다. 암으로 인한 조직 손상과 신경 자극이 1차적 통증의 원인이라면, 환자가 느끼는 불안감과 좌절감, 병에 대해 접근하는 사회적, 영적, 문화적 현상들이 환자의 주관적 느낌을 좌우하는 요소가 될 수 있습니다. 따라서 암환자에서 통증에 대해 접근할 때, 이러한 다양한 요소들을 어떻게 관리하느냐가 환자가 느끼는 안녕감과 밀접한 관련이 있다는 것을 기억해야 합니다.

통증이 발생하는 기전을 보면, 직접적인 암의 침범에 의한 경우, 치료에 의한 경우, 암과 무관한 경우 등으로 나누어 생각할 수 있습니다. 직접적인 암의 침범에 의해서 유발되는 경우는 뼈로 전이되면서 생기고, 신경 손상에 의한 경우, 연하 조직 침범에 의한 경우, 내부 장기 침범에 의한 경우 등이 있습니다. 치료와 연관이 있는 경우는 수술, 항암 치료, 방사선 치료 등에 의해 생길 수 있습니다. 암과 직접적인 연관이 있지 않더라도, 욕창, 식도염, 방광 수축 등에 의한 통증이 나타날 수 있습니다. 대체로 약 85%는 직접적인 암에 의해 발생하고, 10%는 치료에 의해, 나머지 5%는 암과 무관하게 나타나는 통증입니다.

## 2. 말기암환자에서 나타나는 통증 이외의 증상

### 1) 소화기계 증상

#### (1) 오심과 구토

오심과 구토는 외국 자료에 의하면 보통 60% 환자에서 생기는 흔한 증상으로, 지속적으로 나타나기보다는 간헐적으로 보입니다. 일반적으로 구토보다는 오심이 환자에게 더 괴로운 증상으로, 초기부터 치료를 요하며 비교적 쉽게 조절이 가능합니다.

(2) 변비와 설사

변비란 평상시보다 대변을 보는 빈도가 낮고 대변을 배출하기가 어려운 경우를 말합니다. 변비는 말기 암환자에서 가장 고민스런 문제 중 하나로, 영국 호스피스 보고에 의하면 입원한 환자의 50%에서 호소하고 있으며, 전체 환자 중 75%에서 변비약을 원하고 있습니다. 설사란 묽은 변을 하루 3번 이상 보는 경우를 말하지만, 환자에 따라 차이가 있습니다. 말기 암환자의 5% 정도에서 생기며, 호스피스 병동에 입원한 환자의 7-10% 정도에서 발생합니다. 골반저와 복근의 허약함으로 장의 운동이 저하되고 수분이 너무 적거나, 활동 부족, 음식과 수분 섭취 부족, 전신 허약, 암으로 인한 장의 압박, 마약성 진통제 사용 등으로 변비를 유발할 수 있습니다. 배변 습관에 변화가 오거나 구토와 오심이 있을 때, 배기가스로 인한 팽만감이 있을 때에는 변비의 문제를 생각해 봐야 합니다.

〈그림. 암성 통증의 특징〉

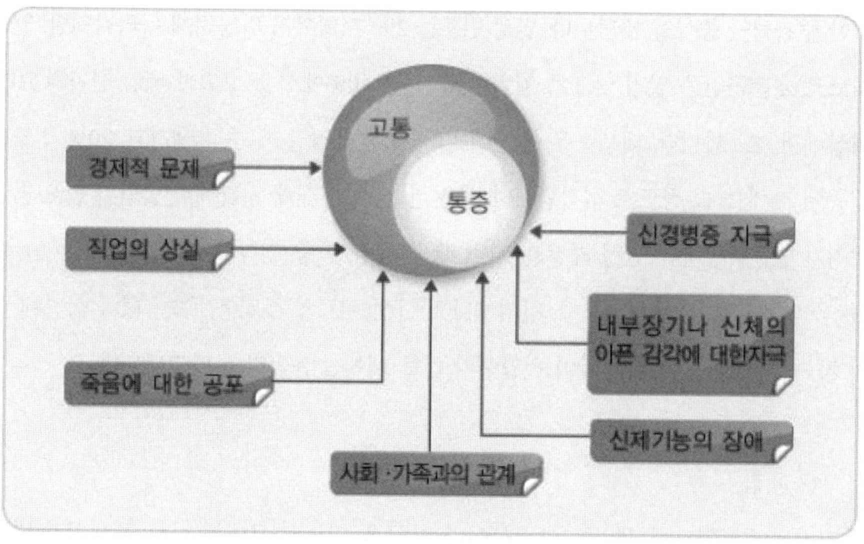


보건복지부 대한의학회

(3) 장 폐쇄

장 폐쇄는 말기 암환자의 3%에서 발생하며, 난소암(25%)과 대장항문암(10%)에서 가장 흔하고, 그 외에 자궁내막암, 전립선암, 방광암, 위암, 림프종 등에서 생깁니다.

### 2) 비뇨 생식계 증상

(1) 배뇨곤란

배뇨곤란은 주로 요실금과 요로 폐쇄를 말하며, 말기 암환자에서 자주 호소하는 흔한 증상으로, 때에 따라서는 생명을 위협하기도 합니다. 초기에는 원인에 따른 치료를 하지만, 임종이 얼마 남지 않은 상황에서는 요로카테터를 사용하는 것이 바람직합니다.

### 3) 심혈관 및 호흡기계 증상

(1) 호흡곤란

호흡곤란은 통증과 같이 가장 중요한 문제 중의 하나로, 환자가 호소하는 호흡의 불편한 주관적인 증상을 말합니다. 발생 빈도는 29–74%까지 다양하게 나타나지만, 일반적으로 호흡곤란은 말기 암으로 입원한 환자 중 40%에서 보고되며 폐암 환자의 70% 이상에서 호소합니다. 대부분은 증상이 미약하여 움직일 때 주로 생기고, 20% 정도만 행동에 장애를 줄 정도로 심각합니다. 충분한 산소가 신체 기관에 전달되지 않으면 숨쉬기가 힘들어집니다. 만성 폐질환, 기도 폐색, 폐렴, 통증, 영양실조, 스트레스, 불안, 빈혈, 움직이지 않아 생기는 문제, 항암제나 방사선 치료의 부작용, 종양, 폐나 심장에 물이 차는 경우 등 산소의 전달이 원활하지 않을 때에 호흡곤란이 나타납니다.

(2) 기침

기침은 호흡기관에 생기는 분비물이나 자극을 외부로 보내는 반사적 생리적 방어기전이지만, 만성이거나 다른 질환이 동반될 경우 견디기 괴로운 증상이 됩니다. 기침은 말기 암환자의 30%가량이 호소하며, 때때로 삶에 지장을 줄 정도로 심한 증상을 보이는 경우도 있습니다. 지속적인 기침은 식욕부진, 오심, 구토, 수면 장애, 근골격계 통증, 피곤, 출혈, 기흉, 기절 등을 유발할 수 있습니다.

(3) 딸꾹질

딸꾹질은 숨을 들여 마실 때 성문(Glottis)이 닫히는 것과 연관되어 횡격막이 불수의적으로 수축되어 생기는 병적 호흡 반사입니다. 일시적으로 누구에게나 생길 수 있으나, 지속적으로 나타나는 경우는 적습니다. 그러나 한번 생기면 환자를 괴롭히는 문제 중의 하나입니다. 주로 뇌종양과 식도암에서 발생합니다. 원인으로는 횡격막 자극, 위팽만, 요독증 등에 의해 생길 수 있고, 탈수나 변비, 불안 등이 동반되면 증상을 더 악화시킬 수 있습니다. 말기 암환자에서 가장 흔한 원인은 위 팽만입니다.

### 4) 정신적인 증상

(1) 우울

특히 우울이 심할수록 혼자 있기를 원하고, 신경질적이며, 다른 사람을 피하고, 분노에 차게 됩니다. 누구에게나 단순하게 슬픈 기분은 들지만, 치료를 요하는 우울증 환자는 9.2% 정도에서 발생합니다.

(2) 착란

착란 증상은 말기 암환자의 30%에서 생기며, 특히 환경의 변화가 있는 노인 환자에서 잘 발생합니다. 원인은 다양하며, 대부분 한 가지 이상의 원인이 있지만, 대부분 교정이 가능합니다. 통증, 불안, 우울, 치료의 부작용, 밤에 식은땀을 흘리는 증상 등으로 평소의 수면 습관의 변화를 가져올 수 있습니다.

### 5) 그 밖의 일반적인 증상

(1) 욕창

신체의 특정 부위에 산소 공급이 잘 안 될 때에는 욕창이 생깁니다. 욕창은 말기 질환 환자의 20%에서 나타나는데, 신체 부위가 지속적으로 압력을 받을 때에 잘 생깁니다(돌출된 뼈 부위, 체중을 받는 부분인 골반, 엉치, 어깨, 발꿈치, 팔꿈치, 무릎, 귀, 뒤통수 등). 특히, 누워 있는 환자를 이동시킬 때 들지 않고 끌게 되면 피부가 마찰되거나 밀려서 말초 혈관의 손상으로 더욱 빠르게 욕창이 진행됩니다.

욕창은 치료보다는 예방이 중요합니다. 욕창의 예방을 위해서는 침상의 요가 구김이 없도록 하며 깨끗하고, 건조하게 유지시켜 주어야 합니다. 그리고 물침대나 에어매트리스를 사용하도록 합니다. 욕창의 치료는 의사나 간호사와 상의하여 관리를 해야 합니다.

#### (2) 수면장애

수면 장애란 환자가 호소하는 주관적인 임상 증상으로서 불충분한 수면을 한 경우, 수면을 이루지 못하거나 지속하지 못하는 경우, 자주 깨는 경우, 충분히 숙면을 이루지 못하는 경우 등 수면을 통해 환자가 불편함을 호소하는 모든 경우를 말합니다. 일반적으로 말기 암환자는 수면 장애 때문에 통증을 더 쉽게 느낄 뿐만 아니라, 가족들이 환자를 보살피는데 어려움이 생깁니다. 죽어 가는 환자들은 자주 외로움이나 두려움, 통증 등을 느껴 불면증을 자주 호소합니다. 일반적으로 환자뿐만 아니라 가족이나 친구들의 이야기를 통해 환자의 수면에 대한 정확한 평가가 이루어져야 합니다. 환자가 불쌍해 보인다고 해서 동정심을 가지고 장기간 이야기를 나누는 것이 특별히 환자에게 좋은 효과를 주는 것은 아닙니다.

#### (3) 식욕부진과 허약감

식욕 부진은 말기 환자의 65% 정도에서 호소하는 흔한 증상입니다. 말기 환자에게서 맛을 느끼고 먹을 수 있는 능력만 있다는 것도 굉장히 행복한 일일 수 있습니다. 식욕부진과 더불어 허약감은 말기 암환자에서 정도의 차이는 있으나 대부분의 환자가 느끼는 것으로 많은 경우에 체중 감소와 근육의 약화를 가져옵니다. 허약감은 육체적·정신적 피곤함을 포함한 전신 쇠약감을 말하며, 일반적으로 항암 치료를 받은 환자의 80% 이상, 말기 암환자의 75% 이상에서 호소합니다.

## ※ 호스피스와 완화의학의 의의

### 1. 호스피스

호스피스는 중세 때 성지 예루살렘으로 가는 성지 순례자나 여행자가 쉬어가던 휴식처라는 의미에서 유래되었습니다. 그리고 아프거나 죽어가는 사람들을 위하여 장소를 제공하고 필요한 간호를 베풀어 준 것이 그 효시가 되었습니다. 현재에는 불치질환의 말기 환자 및 가족에게 가능한 한 편안하고 충만한 삶을 영위하도록 하는 총체적인 돌봄(Care)의 개념으로 불리고 있습니다. 호스피스 완화의학의 개념은 세포단위의 질병을 치료하는 것이 아니라 전인적이고 총체적인 휴머니즘의 접근으로 시행하는 돌봄이라고 할 수 있습니다.

현대의학이 환자를 질환별로 완치(Cure)를 비롯한 치료적인 측면만을 강조하는 경향이 있기 때문에, 치료가 불가능한 환자들은 소외를 받게 되는 경향이 많은 실정입니다. 그러므로 증상의 조절 및 정신적인 지지를 통한 삶의 질의 향상이 이루어질 수 있음에도 불구하고 적절한 치료가 이루어지지 않는 것입니다. 이에 환자를 병의 치료적인 면에서의 접근이 아니라 총체적인 돌봄의 접근을 통한 삶의 질을 향상시키는 시도는 중요한 의미를 지니게 되었습니다.

#### 1) 호스피스의 철학

환자와 그 가족을 돌보고 지지. 남은 생을 편안하게 하고 충만한 삶을 살도록 도움. 죽음을 삶의 한 과정으로 보고 긍정적으로 수긍하도록 함. 무의미한 고통을 연장시키거나 생명(삶)을 단축시키지 않음. 신체적–정서적–영적–사회적 스트레스로 인한 증상을 완화하고 지지.

### 2) 호스피스의 목적

호스피스 대상자에게 진실을 알리는 것. 평화로운 죽음을 유도. 신체적, 정신적, 사회적 증상 완화 및 지지. 병원 및 가정에서의 지속적인 간호를 통한 임종자와 가족 지지. 사별 가족 간호.

### 3) 호스피스의 기본 원칙

대상자의 품위 유지. 의학적 치료 및 중재는 보존적 차원. 통증 및 증상 조절은 완화보다는 예방 환자와 가족이 돌봄의 단위. 다분야에서 팀을 이루어 공동으로 노력. 인종, 국적, 종교, 경제적 능력 등에 관계없이 시행. 모든 말기 암환자에게 24시간 간호 제공.

## 2. 완화의학

완화의학이란 삶이 제한된 질환을 가진 환자에서 삶의 질을 최대한 높이는 데 목적을 두고 연구하며 치료하는 의학의 전문 분야입니다. 과거에는 감염 같은 급성 질환으로 인한 사망률이 높았지만, 현재는 의학의 발달로 인간의 수명이 길어져 암 뿐만 아니라 다른 만성질환으로 많은 사람들이 고통 받으면서 죽어가고 있습니다. 그러므로 완화의학의 범위는 점점 더 증가하며, 사람들은 더욱더 완화의학을 절실히 필요로 하고 있습니다. 예를 들어, 암이 진단될 때 완화의학 전문의는 종양학과 전문의와 함께 환자를 치료하다가 더 이상 완치를 할 수 없을 때는 환자의 남은 삶의 질을 최대한 높이면서 임종을 맞도록 도와줍니다. 즉, 돌봄의 초점을 완치에 두는 것이 아니라 질환을 갖고 있는 환자의 증상 조절 등 완화에 두고 있습니다.

완화의학과 기존의학의 차이점은 〈그림〉에서 언급한 것처럼 환자 중심적, 증상 중심적이며, 돌봄의 장소가 병원보다는 가정이나 완화의료기관이라는 점입니다. 완화의학은 의학적 문제뿐만 아니라 정신사회적, 영적인 문제까지 해결하고, 증상 완화에 주된 관심을 두고 치료합니다. 일반적으로 기존의학은 활력징후(Vital Sign)를 중요시하지만, 완화의학에서는 활력징후(Vital Sign)보다는 활력증상(Vital Symptom)으로 안녕(Well-Being Sense), 통증, 수면 3가지를 가장 중요하게 생각합니다.

### 3. 호스피스 완화의료의 대상

호스피스 완화의료의 대상자 정의는 의사 2인이 기대여명을 6개월 미만으로 인정한 환자로서 다음과 같은 경우를 포함합니다. 적극적인 항암치료의 시행이 환자의 경과에 더 이상 도움을 줄 수 없다고 판단됩니다.

환자의 전신상태가 악화되는 말기 암환자. 근원적인 회복의 가능성이 없으면서 악화되는 시기에 있는 말기 만성질환자. 본인이나 법적 대리인이 호스피스 서비스에 동의한 사람.

그러나 6개월 미만의 기대여명을 진단받은 환자뿐만 아니라 암 또는 치유 불가능한 질병으로 진단을 받은 환자라면 진단받는 순간부터 완화의료를 시작해야 한다는 목소리가 커지고 있습니다. 말기 암환자들은 신체적 통증 이외에도 역할과 기능의 상실과 같은 실존적 가치의 혼란과 영적 고통, 두려움과 우울과 같은 심리적 고통을 혼재하여 갖고 있습니다. 따라서 이 시기의 고통은 단순히 질병 치료를 목적으로 한 의사의 질병 치료 노력만으로는 완화되기 어렵고, 여러 사람의 도움이 필요합니다. 개요에서 설명한 여러 가지 신체적 문제들의 간호 제공은 물론이고 삶의 과정 동안 겪었던 갈등을 풀어나가도록 상담과 지지를 제공합니다. 그리하여 여생을 편안하게 보낼 수 있도록 돕습니다.

최근 '호스피스·완화의료 및 임종과정에 있는 환자의 연명의료 결정에 관한 법률안'이 국회에서 통과되면서, 말기 환자들의 범위가 암에서 다른 질환들로 확장되게 되는 계기가 마련되었습니다. 법적으로 정의된 말기환자와 호스피스완화의료의 정의는 다음과 같습니다.

"말기환자(末期患者)"란 다음 각 목의 어느 하나에 해당하는 질환에 대해 적극적인 치료에도 불구하고 근원적인 회복의 가능성이 없고 점차 증상이 악화되어 보건복지부령으로 정하는 절차와 기준에 따라 담당의사와 해당 분야의 전문의 1명으로부터 수개월 이내에 사망할 것으로 예상되는 진단을 받은 환자를 말한다.

가. 암 나. 후천성면역결핍증 다. 만성 폐쇄성 호흡기질환 라. 만성 간경화 마. 그 밖에 보건복지부령으로 정하는 질환

(참고: 2019년 3월부터 질환과 관계없는 모든 말기환자와 임종과정에 있는 환자라면 누구나 연명의료계획서를 작성할 수 있음)

"호스피스·완화의료"(이하 "호스피스"라 한다)란 말기환자 또는 임종과정에 있는 환자(이하 "말기환자 등"이라 한다)와 그 가족에게 통증과 증상의 완화 등을 포함한 신체적, 심리사회적, 영적 영역에 대한 종합적인 평가와 치료를 목적으로 하는 의료를 말한다.

## 4. 완화적 항암치료

호스피스 완화의료를 받는 것이 통증 조절이나 증상 조절 이외의 치료를 모두 받지 않는 것은 아닙니다. 암환자들의 경우 완치를 목적으로 하지는 않더라도, 적절한 방사선치료, 항암치료를 통해서 환자의 증상을 경감시키고 삶의 질을 높일 수 있다고 알려져 있습니다.

### 1) 중재적 방사선

주로 수술이 불가능한 환자에게 전신마취나 장기간 입원치료 없이 환자 증상을 완화시키는데 큰 역할을 합니다. 요로나 담도 폐쇄, 식도 폐쇄, 상대정맥 증후군 등의 문제를 완화하기 위해 선택할 수 있는 방법입니다.

### 2) 완화적 항암치료

일부 연구에서 항암치료가 종양에 대한 효과는 없지만 통증 조절에 효과가 있다는 보고가 있었습니다. 일부 항암제는 말초 신경 기능 변화를 일으키고 혈액-뇌 장벽을

〈그림. 완화의학과 기존의학의 차이점〉

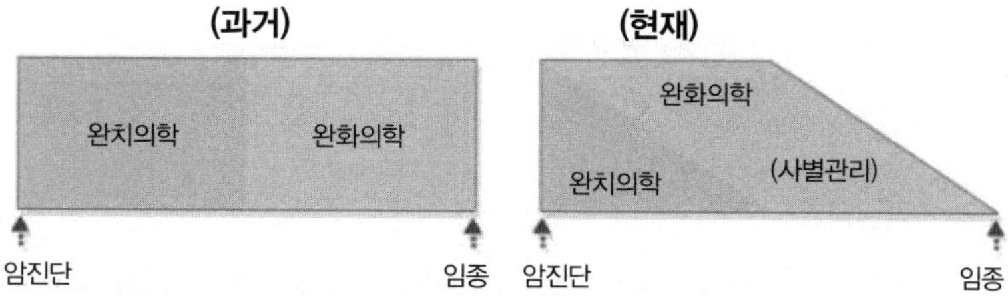


| 기존 의학 | 완화 의학 |
|---|---|
| 질병 중심<br>병원<br>의학적 측면<br>완치 및 보전적 의료<br>중심 증세(혈압, 맥박, 호흡수, 체온) | 환자 중심/증상 중심<br>완화의료기관<br>의학적, 정신사회적, 영적 측면<br>케어 및 완화 의료<br>중심 증상(안녕, 통증, 수면) |

〈안녕〉 〈수면〉 〈통증〉

통과하여 말초와 중심의 신경전달 체계에 변화를 가져와 통증 및 증상조절에 효과를 보일 수 있습니다. 림프종이나 백혈병, 뇌종양 등에서의 효과는 비교적 잘 알려진 상태입니다.

#### 3) 완화적 방사선치료

완화적 방사선 치료는 환자의 전신 상태 및 잔여 생존 기간을 고려하여 짧은 기간 내 방사선을 조사하여 급성 방사선 반응을 최소화하면서 국소적 증상을 조절하고자 하는 것입니다. 완화적 항암제 치료에서도 암의 종류에 따라 반응에 차이가 있듯이, 방사선 치료에 대한 효과도 다릅니다. 백혈병, 림프종, 골수종, 소세포성 폐암 등이 비교적 반응이 좋습니다.

## ※ 호스피스 완화의료기관의 운영형태

### 1. 병원형 호스피스 완화의료

병원을 중심으로 하여 특수한 호스피스 완화의료 병동이나 일반병동에 입원하여 24시간 동안 가족과 호스피스 완화의료 팀이 호스피스 완화의료 서비스를 제공하여 가족과 환자 모두가 안정을 찾도록 도와줍니다. 그러나 급성기 위기 증상 관리 후에는 집이나 장기적 요양이 가능한 다른 시설로 옮겨야 하며, 병원환경이라 집처럼 평화롭지 않을 수 있다는 단점이 있습니다. 이러한 단점을 보완하기 위하여 기관에 따라 가정 호스피스 서비스가 연속으로 제공되기도 합니다.

### 2. 독립형 가정 호스피스 완화의료

입원 공간 없이 호스피스 완화의료 팀이 환자의 가정으로 직접 방문하여 돌보는 방법입니다. 가정 호스피스는 비용 효과적이며 친숙하고 편안한 환경이라는 점에서 유리하나, 환자가 집에서 조절이 어려운 증상 악화나 새로운 증상 발현 시 입원을 해야 하는 불편함이 있습니다. 이를 위한 병상 확보를 위해 연계 체계를 가지고 있는 기관이 많이 생겨나고 있습니다.

### 3. 독립시설형 호스피스 완화의료

이 방법은 독립된 기관으로 편안한 환경에서 장기적 입원과 돌봄 제공이 가능하다는 것이 장점입니다. 그리고 정서적인 안정을 도모하고 전문적인 서비스를 제공하기도 합니다. 그러나 대개 규모가 작아 증상관리를 위해 타 진료과와의 협진이나 검사장비와 같은 기반시설의 공동 활용이 요구될 때도 있습니다.

## ※ 호스피스 완화의료 서비스 제공형태

### 1. 분산형 호스피스 완화의료

일반 병동에 입원한 상태에서 암 진단과 치료를 받았던 진료과에서 호스피스 완화의료과로 전원되어 환자와 가족에게 서비스를 제공합니다. 먼저 의사결정과 돌봄 계획을 수립하고 신체적 증상의 완화, 심리적 영적 요구 사정 등의 서비스를 말합니다. 기관에 따라서는 임종방을 운영하거나 일반 병동 내에 한두 병상을 호스피스 완화의료 병상으로 배정하여 이용하기도 합니다.

### 2. 병동형 호스피스 완화의료

독립된 호스피스 완화의료 병동을 확보하여 호스피스 팀이 24시간 집중적으로 신체적 증상관리와 심리사회적 영적 서비스를 제공함으로써 효율적인 삶의 질 향상을 도모하게 됩니다. 시설에 따라 다르지만 대개 5인 이하 병실이나 상담실, 가족휴게실, 옥외정원, 임종실, 처치실 등이 있습니다.

### 3. 가정형 호스피스 완화의료

호스피스 완화의료 팀이 환자의 가정으로 직접 방문하여 돌보는 방법입니다. 비용대비 효과적이고 친숙하고 편안한 환경이라는 점에서 장점이 있습니다. 환자의 증상이 안정적이라면 가정 호스피스 완화의료는 가장 이상적인 서비스로 여겨집니다. 단 가정에 있더라도 하루 24시간, 주 7일 호스피스 완화의료 서비스가 제공되어야 합니다.

## ※ 자주하는 질문

### 1. 말기암 진단을 받으면 얼마나 살 수 있나요?

우선 암 진단을 받았을 때 병의 진행 정도에 따른 분류를 정확히 이해할 필요가 있습니다. 흔히 암은 진단 시에 초기, 진행기, 말기로 나눌 수 있습니다. 초기는 적절한 치료방법으로 완치를 이룰 수 있는 경우이고, 진행기는 완치를 이룰 수는 없지만 적극적인 항암치료(수술, 방사선 치료, 항암제 치료)를 통하여 생명의 연장을 기대할 수 있는 시기입니다. 이에 반해 말기는 이러한 적극적인 항암치료가 생명 연장에 기여하지 못하고, 다만 환자를 편하게 해주는 완화요법이 치료의 주가 되는 시기를 말합니다. 처음에 말기암으로 진단을 받으면 물론 각종 다양한 암에 따라 평균 여명에 차이는 있지만, 대개의 경우 여명이 수주–수개월 정도(평균 3개월 정도)입니다. 물론 이러한 수치는 통계에 근거한 것이므로 대부분의 환자가 이 정도라는 것이고, 일부의 환자는 수일에서 수주가 될 수도 있고 일부의 환자는 1년 이상 사시는 경우도 있습니다.

### 2. 말기암으로 진단받으면 더 이상 치료 방법은 없나요?

이 질문을 이해하려면, 우선 위에서 말한 바와 같이 "말기"라는 상태를 정확히 이해해야 합니다. 대부분의 경우는 진행기와 말기를 혼동하는 경우가 많습니다. 말기란 적극적인 항암치료가 생명 연장에 기여하지 못하고 오히려 부작용의 위험만 더 증가하는 시기입니다. 대부분 이 시기의 환자에게는 더 이상 치료방법이 없다고 생각하는데, 그 "치료"의 의미가 무엇인가를 생각해 보아야 합니다. 어차피 이 시기는 생명 연장을 시킬 수 없고, 진행된 병에 의한 통증을 비롯한 여러 증상들로 환자들이 고통을 받고 있습니다. 따라서 최대한 환자를 편하게 해주는 완화요법이 아주 중요한 치료라고 할 수 있습니다. 각종 진통제를 이용한 통증조절, 호흡곤란의 조절 등을 그 예로 들 수 있겠습니다. 이러한 완화요법, 즉 일종의 호스피스 완화의료 치료의 중요성에 대하여 간과되는 면이 많이 있는데, 이것은 잘못된 것이라 하겠습니다. 최대한 인간으로서의 존엄한 죽음을 맞이할 수 있도록 도와주는 모든 것이 이 시기의 치료라고 할 수 있습니다.

### 3. 통증이 너무 심한데 조절될 수 있나요?

결론적으로 말하면, 암성 통증의 90%는 적절한 진통제의 사용으로 조절 가능합니다. 암성 통증에 사용하는 진통제는 종류가 다양한데 그 작용기전이나 강력성 등을 기준으로 우선적으로 처방하는 단계가 있고, 조절이 잘 안 될 때에는 더 강한 진통제로 단계를 높여 조절이 가능합니다. 대부분의 암환자들은 통증이 있어도 강한 진통제를 복용하기를 꺼리는데, 그 이유는 대개가 나중에 통증이 더 심해졌을 때 조절을 할 수 없게 되지 않을까 하는 불안한 마음 때문입니다. 그러나 최종적으로 사용하는 마약성 진통제는 소위 말하는 천정효과(용량을 증량시키면 더 이상 진통효과가 없게 되는 한계점)가 없기 때문에 몇 가지 부작용만 주의하면 얼마든지 용량을 올릴 수 있고, 따라서 적절하게 진통을 시킬 수 있습니다. 경우에 따라서는 뼈에 전이된 부위의 통증 등 국소적인 부위에 대하여 방사선 치료로도 진통효과를 얻을 수 있습니다.

### 4. 통증이 언제 오나요?

암은 결국 신경이 있는 조직을 침범하여 증상이 생기게 되는데, 반드시 진행된 시기에만 통증을 느끼는 것은 아니고, 어떤 환자는 처음 진단 당시부터 통증으로 발현하여 검사하여 암을 진단받기도 하고, 어떤 환자는 진단 당시 진행기나 말기더라도 전혀 통증을 느끼지 못하는 경우도 있습니다. 그러나 대체적으로 진단 후 암이 진행할수록 통증을 더 많이 느끼는 것이 사실입니다. 대개의 환자들은 밤에 통증을 더 많이 느끼고 있습니다.

## 5. 암도 전염이 되나요?

집안에 암환자가 있으면, 다른 가족 구성원들이 흔히 갖게 되는 질문입니다. 암은 전염되지는 않습니다. 따라서 암환자를 격리시킬 필요는 전혀 없습니다.

## 6. 암도 유전이 되나요?

모든 암이 유전되는 것은 아니고, 일부 암의 경우는 유전성, 가족성 경향을 보입니다. 예를 들어, 어머니가 B형 간염 바이러스 보균자이면서 간암이 있었다면, 그 자녀들도 그러한 병에 걸릴 위험이 높습니다. 또 어머니나 여자형제 중에 유방암을 가진 환자가 있다면 다른 여자 형제도 유방암에 걸릴 위험이 높습니다. 그렇지만 부모가 폐암이라고 해서 자녀에게 폐암이 유전되지는 않습니다.

## 7. 암환자는 가까운 병원에서 받아주지 않는데, 어떻게 하나요?

말기 암환자가 어떤 의료기관을 이용해야 하고, 임종 시까지 어떤 곳에서 머물러야 하는가에 대해서는 여러 가지 고려사항이 있고 정답이 없을 수 있습니다. 암환자라도 초기 혹은 진행기라서 적극적인 항암치료를 받아야 하는 경우에는 물론 전문 대형 의료기관을 이용하는 것이 도움이 될 것입니다. 그러나 말기 암환자의 경우, 통증을 줄이기 위한 치료를 받기 위하여 대형 의료기관을 찾을 필요는 없습니다. 이는 말기 암환자의 경우 복잡한 장비가 동원되어야 하는 상황이 아니고, 오히려 대형 의료기관은 의료행위 절차를 밟을 때마다 시간과 노력이 많이 소요되기 때문입니다. 따라서 완화의료 전문 지식을 갖고 있는 개인의원이나 완화의료기관을 이용하는 것이 가장 바람직하리라 보이는데, 문제는 이러한 병원에 갔을 때 환자의 상황을 파악할 수 있는 의무기록이 없기 때문에 환자에 대한 상태 파악이 정확히 되지 않아 담당의사가 병에 대한 정확한 지식을 갖기 어렵다는 것입니다. 이러한 문제의 해결을 위해 전반적인 의료제도 측면에서 의료자원의 적절한 배분과 의료전달체계의 개선을 통하여 실마리를 얻을 수 있게 해야 합니다.

## 8. 왜 항암제 치료를 하다가 중단하나요?

진행기에 있는 암환자에게는 환자의 상태가 허락하는 한 적극적인 항암치료를 시행합니다. 그 이유는 이 시기의 적극적인 치료는 비록 완치는 안 되더라도 생명의 연장이 가능하기 때문입니다. 그러나 이러한 항암치료는 이것으로 인해 얻게 되는 이익이 있는 반면, 여러 가지 부작용으로 손해를 볼 수도 있는 양면성을 가지고 있습니다. 진행기에 적극적인 치료를 하다가 병이 더 진행하여 말기로 접어들면, 말기에는 항암치료를 하여 얻게 되는 도움은 거의 없으면서 오히려 부작용 등으로 환자가 손해를 볼 위험이 커지기 때문에 더 이상의 항암치료는 하지 않게 됩니다. 이러한 각각의 시기별 치료방법의 선택과 적절한 의학적 판단은 반드시 전문가에 의해 이루어져야 합니다.

## 9. 유전자 치료법(또는 새로운 치료법)은 어떤 것인가요?

암이 발생할 때 소위 말하는 유전자 레벨에서의 이상이 선행하기 때문에 이 부위에서의 이상이 발생되는 단계를 차단하거나 손상된 유전자를 대체하는 등의 방법으로 암을 치료하려고 하는 것이 소위 말하는 유전자 치료법입니다. 1990년대 중반에 유전자 치료가 선풍을 일으킨 적이 있었지만 그 효과는 미미한 정도였고, 최근 이러한 유전자 레벨에서의 치료에 근거를 둔 신약들이 나오고 있지만 아직 확립된 효과는 없는 실정입니다. 암에 걸린 당사자나 그 가족들은 가장 최신의 치료를 받기 원하는데, 가장 좋은 것은 담당 전문가가 그 시기 그 환자에게 가장 적절하다고 추천하는 치료방법을 따르는 것입니다.

## 10. 암환자들이 느끼는 통증은 왜 생기는 것인가요?

여러 가지 원인이 있을 수 있습니다만, 대부분은 암이 진행되면서 암세포가 뼈 신경, 장기 등 신체 각 조직에 직접 침투하여 압박함으로써 생기는 것입니다. 또한 수술이나 항암 치료 등의 치료를 통해 생기는 조직 손상과 통증 감각 자극에 의해 발생하기도 합니다. 비중은 상대적으로 적지만 욕창이나 식도염과 같이 2차적인 문제로부터 비롯된 통증도 있습니다.

### 11. 암 진단을 받았는데 나중에는 통증 때문에 고통스러운가요?

모든 암환자가 통증으로 고생하는 것은 아닙니다. 암환자의 약 75−80% 정도가 통증을 호소하고, 그 나머지 환자들은 사망할 때까지 통증 없이 지냅니다. 보통 통증은 암의 종류, 진행 정도, 전위부위에 따라 달라지는데 통증을 잘 느끼는 암으로는 뼈에서 기원된 암(85%), 구강 내의 암(80%), 비뇨생식기암(70%), 유방암(50%), 폐암(45%) 등이 있고, 암이 뼈로 전이된 경우에는 심한 통증을 유발합니다.

### 12. 진통제는 마약인데, 계속해서 먹으면 중독되지 않나요?

진통제가 통증 조절 목적으로 쓰이는 경우는 탐닉이나 중독의 증상은 염려하지 않아도 됩니다. 더구나 의사의 처방에 따라 통증 조절을 하게 되면 탐닉이나 중독 등의 증상은 생기지 않습니다.

### 13. 통증이 심해져서 진통제를 계속 증량하고, 또 좀 더 강한 단계로 먹게 되면 나중에는 내성 때문에 통증에 듣는 진통제가 없지 않을까요?

통증 조절을 위한 진통제는 여러 단계가 있습니다. 즉 비마약성 진통제 → 약한 마약성 진통제 → 강한 마약성 진통제의 순서로 단계를 올리게 되며, 같은 단계 내에서도 여러 종류의 진통제가 있습니다. 또한 마약성 진통제의 양도 환자의 통증 조절을 위해서는 환자가 견딜 수 있는 범위에서 얼마든지 무한대로 늘릴 수 있습니다. 통증이 심해져서 진통제를 좀 더 강한 단계로 먹게 되어도 내성은 걱정하지 않아도 됩니다. 또한 진통제를 규칙적으로 복용하지 않고 아플 때만 먹게 되면 통증 조절이 더 어려워집니다. 진통제 복용의 가장 큰 이유는 다음번에 올 통증의 예방 목적입니다. 통증의 예방을 위해서는 진통제를 규칙적으로 복용해야 하며, 몸 안에서 일정한 농도의 진통제가 있어야 하루 24시간 동안 아프지 않고 잘 버틸 수가 있습니다. 실제로도 진통제 자체는 시간마다 몸 안에서 서서히 방출되어 일정한 농도로 유지되도록 만들어져 있습니다.

### 14. 고기가 암을 크게 만든다고 하는데, 고기를 먹어도 되나요?

식생활과 암에 관한 일부 연구에서 기름이 많은 고기를 과잉 섭취하는 것이 대장암이나 전립선암을 더 잘 생기게 할 수도 있다는 가능성을 보여주고 있습니다. 따라서 기름이 많은 고기를 과량 섭취하는 것을 권장하지는 않습니다. 그러나 이 말이 곧 고기를 먹지 말라는 뜻은 아닙니다. 고기에 있는 주된 영양소인 단백질은 우리 몸의 면역을 유지하고 손상된 세포를 치료하는데 반드시 필요한 영양소입니다. 우리가 암세포에 영양을 공급해주지 않기 위해서 고기를 먹지 않는다면 암세포는 우리 몸에 저장되어 있는 영양소들을 꺼내 쓰게 되므로, 결과적으로는 환자의 몸이 쇠약해지게 됩니다. 그러므로 암환자라고 해서 고기를 먹지 말아야 할 이유는 전혀 없으며, 적당한 양의 고기 섭취는 반드시 필요합니다.

### 15. 개고기를 먹으면 안 되나요?

개고기가 쇠고기나 돼지고기에 비해 암환자에게 특별히 좋은 것은 아니지만 그렇다고 나쁜 것도 아니므로 암 환자가 피해야 할 이유는 없습니다. 어떤 효과를 기대하고 개고기만 많이 먹는 경우가 아니라면 얼마든지 먹어도 됩니다. 단, 개고기를 먹을 때는 보신탕이나 수육과 같이 식사 대신 혹은 반찬 형태로 먹는 것이 좋으며, 개소주처럼 달여서 복용하는 것은 권하지 않습니다.

### 16. 암환자가 기름을 먹어도 되나요?

기름(특히 동물성 기름)을 많이 섭취하는 경우, 대장암이나 전립선암 및 유방암이나 자궁내막암 등이 더 잘 생길 수 있다는 일부 연구가 있습니다. 따라서 식사 중 기름이 많은 음식을 자주 섭취하게 되는 경우에는 제한하는 것이 필요합니다. 그러나 우리가 집에서 음식을 만들면서 쓰는 기름 정도는 우리에게 필요한 양이므로 평소대로 사용하는 것이 좋습니다. 적당한 양의 기름을 섭취하는 것이 필요한 영양을 섭취하는 데 도움이 되므로 일부러 기름을 제외시킬 필요는 없습니다. 오히려 환자가 식사를 잘 하지 못하거나 체중 감소가 심한 경우에는 열량 섭취 증가를 위해 음식을 만들 때 기름을 평소보다 넉넉하게 사용하는 것이 좋습니다. 사용하던 기름 중 어떤 것이 더 좋거나 나쁘거나 한 것이 아니므로 사용하던 대로 사용하면 됩니다. 다만, 담도 및 위장관 부위의 수술을 받은 환자 중에는 한꺼번에 많은 양의 기름을 섭취하였을 경우 소화가 잘 되지 않을 수 있으므로 기름이 많은 음식을 지나치게 먹지 않는 것이 좋습니다.

### 17. 짜고 매운 음식을 먹어도 되나요?

암환자라고 해서 무조건 싱겁게 먹거나 혹은 고춧가루를 모두 제한해야 할 필요는 없습니다. 즉, 지나치게 맵거나 짠 음식만 아니라면 먹어도 됩니다. 적당량의 염분과 고추분말을 이용하는 것이 환자의 입맛을 회복하는데 도움이 된다면 적절히 이용하는 것이 좋습니다. 그러나 일부 연구에서는 염분을 과량 섭취하는 경우 위암 발생률이 높아진다고 보고하고 있습니다. 짠 음식을 즐겨먹는 사람들은 주의하는 것이 좋습니다.

### 18. 변비가 있는데, 녹즙이 도움이 되나요?

변비가 생기는 이유는 여러 가지가 있습니다. 식사량이 줄어들거나 수분이나 섬유소의 섭취가 적을 때, 활동량이 줄거나 장의 운동능력이 떨어질 때, 이외에 변비를 유발하는 약물을 복용하는 때에도 생길 수 있습니다. 따라서 우선은 변비가 생긴 원인을 파악하고 그에 맞는 대응책을 찾는 것이 좋겠습니다. 녹즙이 변비에 도움이 된다고 생각되는 이유는 녹즙의 섬유소 때문입니다. 그러나 녹즙은 오랫동안 마시는 경우 생각지 않았던 부작용을 가지고 올 수 있으므로 오랫동안 마시는 것은 좋지 않습니다. 섬유소는 굳이 녹즙을 이용하지 않아도 야채나 과일을 반찬이나 간식으로 충분히 먹으면 부족하지 않게 섭취할 수 있습니다. 야채나 과일을 충분히 먹을 수 없다면 의료진과 상의하여 별도로 판매되는 식이 섬유소를, 마시는 음료나 식사에 첨가하여 드실 수 있습니다.

### 19. 생선회를 먹을 수 있나요?

우리가 먹는 음식(특히 육류나 생선과 같은 동물성 식품)에는 우리 몸에 들어와서 감염을 일으킬 수 있는 미생물들이 붙어 있을 수 있습니다. 그러나 이들 미생물들은 열에 약하므로 음식을 익혀서 먹는다면 별 문제를 일으키지 않습니다. 또한 우리 몸에는 외부에서 들어오는 미생물이 몸 안에서 증식을 하지 못하도록 하는 백혈구와 같은 면역체계가 있어 설혹 우리가 이들 미생물에 일시적으로 감염이 된다 하더라도 스스로를 치유하는 능력이 있습니다. 그러나 환자가 면역 억제제를 복용하고 있거나 혹은 항암제 투여 후 2주 이내의 기간 동안은 면역을 담당하는 백혈구의 수치가 떨어지게 되므로, 감염을 일으키는 미생물이 증식해 있을 위험성이 큰 생선회나 육회는 먹지 않는 것이 좋습니다.

### 20. 암환자에게 좋은 음식 혹은 나쁜 음식이 있나요?

많은 암환자나 그 가족들이 암환자를 위한 식사요법이라고 하면 암을 치료하는 식사를 생각합니다. 그러나 암을 치료하는 음식은 없습니다. 암환자의 식사요법이라고 하는 것은 환자에게 필요한 영양소들을 부족함 없이 공급하는 것을 말합니다. 암환자에게 있어 가장 큰 영양문제는 영양불량입니다. 암세포는 환자로 하여금 많은 영양소를 소모하게 하므로 식사를 잘 못하는 암환자들은 영양불량 상태가 되기 쉽습니다. 따라서 환자에게 적절한 영양을 공급하여 환자가 암을 가지고도 정상적인 생활을 할 수 있는 체력을 유지시켜 주는 것이 필요합니다. 암을 치료하는 음식이 따로 없는 것과 마찬가지로 암에 특별히 나쁜 음식도 없습니다. 흔히 밀가루나 설탕, 고기나 가공 식품들이 암환자에게 나쁘다고 알려져 있으나 이 음식 위주로만 식사를 하는 것이 아니라면 특별히 암환자에게 더 나쁜 이유는 없습니다. 오히려 이들 음식이 나쁘다고 해서 전혀 먹지 않는다면 경우에 따라서는 환자의 입맛에 맞는 다양한 음식을 제공할 수 없게 되므로 환자의 영양 상태를 악화시킬 수 있습니다. 또 주변에서 암환자에게 좋다고 권하는 것들 중에는 오래 먹었을 때 환자에게 생각지 않았던 부작용을 가져옴으로써 환자의 상태를 악화시키는 음식들이 있으므로 주의해야 합니다.

### 21. 한꺼번에 많이 먹지를 못하는데, 어떻게 해야 하나요?

한꺼번에 많이 먹는 것이 부담스럽다면 많이 먹지 않아도 됩니다. 환자가 한 번에 편안하게 먹을 수 있는 양 정도만 먹으면 됩니다. 대신에 식사 횟수를 늘리는 것이 좋습니다. 만일 한 번에 밥을 평소의 반 정도밖에 먹지 못한다면 1일 식사 횟수를 6회로 늘리면 됩니다. 식사를 여러 번 하는 것이 부담스럽다면 중간에 식사 대신 간식을 섭취하는 것도 도움이 됩니다.

### 22. 음식 냄새가 너무 나서 식사를 할 수 없는데, 어떻게 해야 하나요?

환자가 머무는 곳을 음식을 조리하는 곳과 멀리 있게 해주는 것이 좋습니다. 그리고 음식을 조리하는 동안은 음식 냄새가 환자 방에 들어가지 않도록 환기팬을 돌리거나 환자 방문을 닫아 주고 식사하기 전에 환자가 머무는 방의 환기를 시켜 줍니다. 따뜻한 음식보다는 차가운 음식이 냄새가 덜 납니다. 환자에게 주는 식사는 가능한 뚜껑을 열어 김이 나간 상태에서 제공하고(뚜껑을 여는 동안 나는 냄새를 줄이기 위해), 환자가 음식을 먹을 때는 몸을 너무 상 가까이 두지 말고 냄새가 나지 않고 입맛을 돋울 수 있는 음식부터 첫 술을 시작하게 합니다. 음료의 경우에는 뚜껑을 덮고 빨대를 이용하여 마시면 냄새를 줄일 수 있습니다.

### 23. 자꾸 토할 것 같아서 음식을 먹지 못하겠는데, 어떻게 해야 하나요?

이런 경우에는 짭짤한 음식이나 신 음식 혹은 차가운 음료 등이 증상을 완화시키는데 도움을 줄 수 있습니다. 오심이나 구토를 느끼는 특정한 시간이 있다면, 그 시간이 아닌 때를 택해서 음식을 가능하면 많이 먹습니다. 그리고 위에 장기간 머무르게 되는 기름진 음식은 피하는 것이 좋습니다. 이외에 향이 강한 음식을 피하고 음식은 가능한 천천히 먹습니다. 식사 전후에는 환기를 시키는 것이 좋으며, 양치질이나 껌을 씹는 것은 오심을 유발할 수도 있으니 양치질이나 껌 씹기 등은 가능한 음식이 어느 정도 소화된 후에 하는 것이 좋습니다.

### 24. 말기라는 사실을 환자에게 알리는 것이 좋은가요?

정답은 없습니다. 하지만 진단을 숨길 경우 환자가 자신의 상태를 호전된 것으로 알고 무리한 생활을 계속하거나 미래에 대한 준비 없이 시간을 낭비할 수 있습니다. 또는 실제 상황보다 더 나쁜 것으로 알고 불안 속에서 지낼 수도 있습니다. 따라서 과거에는 환자가 받을 충격을 생각해서 알리지 않는 경향이 많았으나, 최근엔 상황을 고려하여 통고하는 것이 좋겠다는 의견이 지배적입니다. 특히 환자가 자세한 상태를 알고 싶어 하거나 죽음을 앞두고 사업과 재산, 가족의 일 등을 정리해야 하는 경우는 통고하는 것이 좋겠다는 의견입니다. 그러나 의지가 약한 환자나 노인환자에게는 신중을 기하여야 합니다. 그리고 통고는 가족의 동의가 이뤄진 상태에서 하는 것이 좋으며, 통고했을 경우 가족들은 환자를 지지해주는 것이 필요합니다.

### 25. 누가 환자에게 말기 통고를 하는 것이 좋은가요?

가족 중 환자와 정신적 교류가 깊은 사람이 좋습니다. 다음으로 환자가 종교를 가졌을 경우 평소 잘 아는 성직자나, 그렇지 않을 경우 의사에게 부탁해 볼 수 있습니다. 이때 의사는 환자의 병의 상태, 성격, 가족관계, 사회적 경험과 위치 등을 충분히 고려해야 합니다.

### 26. 환자에게 말기 통고를 어떻게 알려주는 것이 좋을까요?

단계적인 방법이 도움이 될 수 있습니다. 몇 달 안에 죽는다는 식의 격렬한 표현은 환자에게 충격을 줄 수 있으므로, 환자의 상황을 살펴가면서 시간을 두고 서서히 완곡한 표현으로 통고합니다. 예를 들면, "처음엔 혹이 있다고 해요", "조금 상황이 나쁘대요.", "고칠 수 있는 병일 수도 있고, 고치지 못하는 병일 수도 있어요.", "고칠 수 없지만 여생을 편안하게 보낼 수 있는 방법이 있다고 해요"처럼 말할 수 있습니다.

### 27. 자녀에게 어느 정도 사실을 알려야 하나요?

어떤 부모는 어린 자녀가 알지 못하도록 숨기다가 나중에 후회하는 경우가 있습니다. 대개 아동은 부모가 암에 걸렸을 때 제대로 얘기해주지 않을 경우 실제보다 더 악화된 상황으로 생각하기 쉽습니다. 자신이 집에서 잘못한 일이 없었는지 자책하면서 자기 자신과 실제 일어난 상황을 직접 관련하여 생각합니다. 아동은 자신이 집에서 잘못한 일 때문에 부모가 암에 걸렸다고 생각하기도 합니다. 모든 아동이 이와 같이 생각하는 것은 아니지만, 아동이 지금의 상황을 어떻게 받아들이고 있는지에 관련하여 대화가 필요합니다. 부모는 자녀에게 "너 때문에 이렇게 된 것이 아니다."라는 말을 해주면서 암에 대해 질문할 기회를 주고, 자기가 갖고 있는 감정을 표현하도록 도와주는 것이 좋습니다.

### 28. 응급실에서 환자가 말기라 입원하기 어렵다고 하는데, 어떻게 하면 되나요?

현재 3차 의료기관은 1, 2차 의료기관에서 진료하기 어려운 복잡한 질환을 가진 환자를 위해 전문 인력과 고급화된 시설을 갖추고 있습니다. 따라서 응급실의 경우도 중한 상태를 고려하여 급성환자를 먼저 입원시키고 있습니다. 왜냐하면 증상완화를 위하여 말기 암환자를 입원시키다 보면 병상부족이 야기되어 급성환자의 입원이 어려워지기 때문입니다. 따라서 환자와 가족의 입원 욕구는 충분히 이해하지만, 의료기관의 특성을 감안하여 가능하면 집에서 가까운 1, 2차 의료기관 또는 완화의료전문 병원을 이용하기를 권유합니다. 이때 1, 2차 의료기관에서 환자를 받는 것을 주저할 경우를 대비하여 미리 진료 소견서를 준비하고 있는 것이 도움이 됩니다.

## 29. 환자는 말기 상태를 어떻게 받아들이나요?

사람마다 살아가는 방법이 다양하듯이 남은 인생을 보내는 방법 또한 다양합니다. 어떤 사람은 현재에 초점을 두고, 하루하루를 마지막이라고 생각하고 그날그날 하고 싶은 일들을 합니다. 어떤 사람은 암을 끝까지 싸워야 하는 대상으로 삼고 살아갑니다. 그러나 그 정도가 지나쳐서 새로운 실험적인 치료방법에 현혹되기도 합니다. 그래서 어차피 죽을 목숨이니까 갈 데까지 가보자는 심정으로 주변에서 좋다는 약을 사먹거나, 심한 경우 기도원에 가서 금식기도를 하는 경우도 볼 수 있습니다. 그러나 약을 먹어도 별 효과가 없는 경우가 크며, 돈을 낭비하거나 오히려 환자에게 고통을 가져와서 그나마 남은 삶을 단축시키는 경우도 일어납니다. 어떤 사람은 자신이 죽는다는 사실을 받아들이기 힘들어합니다. 그들은 마지막 순간까지 죽어가고 있다는 사실을 거부합니다. 이런 사람들은 나는 절대 죽지 않는다는 말을 하면서 삶에 대한 애착을 보입니다. 어떤 사람은 깊은 절망과 우울감에 빠져서 하루하루를 매우 무기력하게 보내기도 합니다. 하지만 실제로 말기로 진단받은 환자 중에는 예상보다 훨씬 더 오래 사는 사람이 많습니다. 이런 사람들은 삶에 대한 긍정적인 태도, 희망, 인내, 의지력 그리고 용기를 가지고 있는 경우가 많습니다. "나는 최선을 다해서 살겠다, 나는 아직도 쓸모 있는 사람이다. 내게 주어진 운명을 받아들이고 개척해야겠다."라는 생각을 하면서 매일매일 포기하지 않고 살아갑니다. 이런 적극적인 태도가 생명을 연장시키는 조건은 아니지만, 남아 있는 삶을 의미 있게 해줄 수 있습니다.

## 30. 남은 기간을 어떻게 보내는 것이 좋은가요?

"어떻게 하다가 이런 병에 걸리게 됐나", "치료과정에서 무엇이 잘못됐나?" 등을 생각하다 보면 소중한 시간을 낭비할 수 있습니다. 중요한 것은 지금 이용할 수 있는 시간을 생각하면서 작은 목표와 실행 방법들을 선택하는 것이 좋습니다. 지금 나에게 있어서 중요한 것이 무엇일까를 자신에게 물어보는 것도 의미 있는 목표를 세우도록 도와줄 수 있습니다. 가족과 함께 사진을 찍거나, 앨범을 정리하고 같이 여행을 떠나거나, 취미활동을 정리하면서 즐거움을 느낄 수 있을지 모릅니다. 혹은 자신의 감정과 경험에 대해 일기를 쓰면서 가족들이 환자를 기억하도록 할 수 있습니다. 때로는 마음을 열고 가족과 친구들과 대화해 보는 것도 도움이 될 수 있습니다.

### 31. 환자의 가족으로 너무 힘이 드는데, 어떻게 해야 좋은가요?

장기간 환자를 돌보면서 가족 역시 정신적인 스트레스를 겪게 되며 소화불량, 불면증, 두통에 시달릴 수 있습니다. 따라서 가족 나름대로 각자의 건강을 잘 돌보는 것이 필요합니다. 이때 개인의 욕구를 너무 무시하지 않도록 하며, 가끔은 산책이나 기분전환을 하는 것이 필요합니다. 왜냐하면 가족이 건강해야 환자뿐만 아니라 다른 가족에게도 좋은 영향을 미칠 수 있기 때문입니다. 만약 환자를 돌볼 사람이 없거나 경제적으로 매우 어려운 경우, 환자가 퇴원하여 갈 곳이 없는 경우 등이 발생하면 주치의와 상의하거나 사회복지사에게 연락하여 상담을 요청하기 바랍니다.

# 02. 호스피스·완화의료 및 임종과정에 있는 환자의 연명의료 결정에 관한 법률(약칭: 연명의료결정법)

[시행 2019. 3. 28.] [법률 제15912호, 2018. 12. 11., 일부개정]

보건복지부(생명윤리정책과 – 연명의료결정), 044–202–2942

보건복지부(질병정책과–호스피스 완화의료), 044–202–2517

## 제1장 총칙

제1조(목적) 이 법은 호스피스·완화의료와 임종과정에 있는 환자의 연명의료와 연명의료중단등결정 및 그 이행에 필요한 사항을 규정함으로써 환자의 최선의 이익을 보장하고 자기결정을 존중하여 인간으로서의 존엄과 가치를 보호하는 것을 목적으로 한다.

제2조(정의) 이 법에서 사용하는 용어의 뜻은 다음과 같다. 〈개정 2018. 3. 27.〉

1. "임종과정"이란 회생의 가능성이 없고, 치료에도 불구하고 회복되지 아니하며, 급속도로 증상이 악화되어 사망에 임박한 상태를 말한다.
2. "임종과정에 있는 환자"란 제16조에 따라 담당의사와 해당 분야의 전문의 1명으로부터 임종과정에 있다는 의학적 판단을 받은 자를 말한다.
3. "말기환자(末期患者)"란 적극적인 치료에도 불구하고 근원적인 회복의 가능성이 없고 점차 증상이 악화되어 보건복지부령으로 정하는 절차와 기준에 따라 담당의사와 해당 분야의 전문의 1명으로부터 수개월 이내에 사망할 것으로 예상되는 진단을 받은 환자를 말한다.

가. 삭제 〈2018. 3. 27.〉

나. 삭제 〈2018. 3. 27.〉

다. 삭제 〈2018. 3. 27.〉

라. 삭제 〈2018. 3. 27.〉

마. 삭제 〈2018. 3. 27.〉

4. “연명의료”란 임종과정에 있는 환자에게 하는 심폐소생술, 혈액 투석, 항암제 투여, 인공호흡기 착용 및 그 밖에 대통령령으로 정하는 의학적 시술로서 치료효과 없이 임종과정의 기간만을 연장하는 것을 말한다.

5. “연명의료중단등결정”이란 임종과정에 있는 환자에 대한 연명의료를 시행하지 아니하거나 중단하기로 하는 결정을 말한다.

6. “호스피스·완화의료”(이하 “호스피스”라 한다)란 다음 각 목의 어느 하나에 해당하는 질환으로 말기환자로 진단을 받은 환자 또는 임종과정에 있는 환자(이하 “호스피스대상환자”라 한다)와 그 가족에게 통증과 증상의 완화 등을 포함한 신체적, 심리사회적, 영적 영역에 대한 종합적인 평가와 치료를 목적으로 하는 의료를 말한다.

가. 암

나. 후천성면역결핍증

다. 만성 폐쇄성 호흡기질환

라. 만성 간경화

마. 그 밖에 보건복지부령으로 정하는 질환

7. “담당의사”란 「의료법」에 따른 의사로서 말기환자 또는 임종과정에 있는 환자(이하 “말기환자등”이라 한다)를 직접 진료하는 의사를 말한다.

8. “연명의료계획서”란 말기환자등의 의사에 따라 담당의사가 환자에 대한 연명의료중단등결정 및 호스피스에 관한 사항을 계획하여 문서(전자문서를 포함한다)로 작성한 것을 말한다.

9. “사전연명의료의향서”란 19세 이상인 사람이 자신의 연명의료중단등결정 및 호

스피스에 관한 의사를 직접 문서(전자문서를 포함한다)로 작성한 것을 말한다.

제3조(기본 원칙) ① 호스피스와 연명의료 및 연명의료중단등결정에 관한 모든 행위는 환자의 인간으로서의 존엄과 가치를 침해하여서는 아니 된다.

② 모든 환자는 최선의 치료를 받으며, 자신이 앓고 있는 상병(傷病)의 상태와 예후 및 향후 본인에게 시행될 의료행위에 대하여 분명히 알고 스스로 결정할 권리가 있다.

③ 「의료법」에 따른 의료인(이하 "의료인"이라 한다)은 환자에게 최선의 치료를 제공하고, 호스피스와 연명의료 및 연명의료중단등결정에 관하여 정확하고 자세하게 설명하며, 그에 따른 환자의 결정을 존중하여야 한다.

제4조(다른 법률과의 관계) 이 법은 호스피스와 연명의료, 연명의료중단등결정 및 그 이행에 관하여 다른 법률에 우선하여 적용한다.

제5조(국가 및 지방자치단체의 책무) ① 국가와 지방자치단체는 환자의 인간으로서의 존엄과 가치를 보호하는 사회적·문화적 토대를 구축하기 위하여 노력하여야 한다.

② 국가와 지방자치단체는 환자의 최선의 이익을 보장하기 위하여 호스피스 이용의 기반 조성에 필요한 시책을 우선적으로 마련하여야 한다.

제6조(호스피스의 날 지정) ① 삶과 죽음의 의미와 가치를 널리 알리고 범국민적 공감대를 형성하며 호스피스를 적극적으로 이용하고 연명의료에 관한 환자의 의사를 존중하는 사회 분위기를 조성하기 위하여 매년 10월 둘째 주 토요일을 "호스피스의 날"로 한다.

② 국가와 지방자치단체는 호스피스의 날의 취지에 부합하는 행사와 교육·홍보를 실시하도록 노력하여야 한다.

제7조(종합계획의 시행·수립) ① 보건복지부장관은 호스피스와 연명의료 및 연명의료중단등결정의 제도적 확립을 위하여 제8조에 따른 국가호스피스연명의료위원회의 심의를 거쳐 호스피스와 연명의료 및 연명의료중단등결정에 관한 종합계획(이하 "종합계획"이라 한다)을 5년마다 수립·추진하여야 한다.

② 종합계획에는 다음 각 호의 사항이 포함되어야 한다.

1. 호스피스와 연명의료 및 연명의료중단등결정의 제도적 확립을 위한 추진방향 및 기반조성
2. 호스피스와 연명의료 및 연명의료중단등결정 관련 정보제공 및 교육의 시행·지원
3. 제14조에 따른 의료기관윤리위원회의 설치·운영에 필요한 지원
4. 말기환자등과 그 가족의 삶의 질 향상을 위한 교육프로그램 및 지침의 개발·보급
5. 제25조에 따른 호스피스전문기관의 육성 및 전문 인력의 양성
6. 다양한 호스피스 사업의 개발
7. 호스피스와 연명의료 및 연명의료중단등결정에 관한 조사·연구에 관한 사항
8. 그 밖에 호스피스와 연명의료 및 연명의료중단등결정의 제도적 확립을 위하여 필요한 사항

③ 보건복지부장관은 종합계획을 수립할 때 생명윤리 및 안전에 관하여 사회적으로 심각한 영향을 미칠 수 있는 사항에 대하여는 미리 「생명윤리 및 안전에 관한 법률」 제7조에 따른 국가생명윤리심의위원회와 협의하여야 한다.

④ 보건복지부장관은 종합계획에 따라 매년 시행계획을 수립·시행하고 그 추진실적을 평가하여야 한다.

⑤ 보건복지부장관은 종합계획을 수립하거나 주요 사항을 변경한 경우 지체 없이 국회에 보고하여야 한다.

제8조(국가호스피스연명의료위원회) ① 보건복지부는 종합계획 및 시행계획을 심의하기 위하여 보건복지부장관 소속으로 국가호스피스연명의료위원회(이하 "위원회"라 한다)를 둔다.

② 위원회는 위원장을 포함한 15인 이내의 위원으로 구성한다.

③ 위원장은 보건복지부차관이 된다.

④ 위원은 말기환자 진료, 호스피스 및 임종과정에 관한 학식과 경험이 풍부한 다양한 분야의 전문가들 중에서 보건복지부장관이 임명 또는 위촉한다.

⑤ 그 밖에 위원회의 조직 및 운영에 필요한 사항은 대통령령으로 정한다.

## 제2장 연명의료중단등결정의 관리체계

제9조(국립연명의료관리기관) ① 보건복지부장관은 연명의료, 연명의료중단등결정 및 그 이행에 관한 사항을 적정하게 관리하기 위하여 국립연명의료관리기관(이하 "관리기관"이라 한다)을 둔다.

② 관리기관의 업무는 다음 각 호와 같다.

1. 제10조에 따라 등록된 연명의료계획서 및 제12조에 따라 등록된 사전연명의료의향서에 대한 데이터베이스의 구축 및 관리
2. 제11조에 따른 사전연명의료의향서 등록기관에 대한 관리 및 지도·감독
3. 제17조제2항에 따른 연명의료계획서 및 사전연명의료의향서 확인 조회 요청에 대한 회답
4. 연명의료, 연명의료중단등결정 및 그 이행의 현황에 대한 조사·연구, 정보수집 및 관련 통계의 산출
5. 그 밖에 연명의료, 연명의료중단등결정 및 그 이행과 관련하여 대통령령으로 정하는 업무

③ 관리기관의 운영 등에 필요한 사항은 대통령령으로 정한다.

제10조(연명의료계획서의 작성·등록 등) ① 담당의사는 말기환자등에게 연명의료중단등결정, 연명의료계획서 및 호스피스에 관한 정보를 제공할 수 있다.

② 말기환자등은 의료기관(「의료법」 제3조에 따른 의료기관 중 의원·한의원·병원·한방병원·요양병원 및 종합병원을 말한다. 이하 같다)에서 담당의사에게 연명의료계획서의 작성을 요청할 수 있다.

③ 제2항에 따른 요청을 받은 담당의사는 해당 환자에게 연명의료계획서를 작성

하기 전에 다음 각 호의 사항에 관하여 설명하고, 환자로부터 내용을 이해하였음을 확인받아야 한다. 이 경우 해당 환자가 미성년자인 때에는 환자 및 그 법정대리인에게 설명하고 확인을 받아야 한다.

1. 환자의 질병 상태와 치료방법에 관한 사항
2. 연명의료의 시행방법 및 연명의료중단등결정에 관한 사항
3. 호스피스의 선택 및 이용에 관한 사항
4. 연명의료계획서의 작성·등록·보관 및 통보에 관한 사항
5. 연명의료계획서의 변경·철회 및 그에 따른 조치에 관한 사항
6. 그 밖에 보건복지부령으로 정하는 사항

④ 연명의료계획서는 다음 각 호의 사항을 포함하여야 한다.

1. 환자의 연명의료중단등결정 및 호스피스의 이용에 관한 사항
2. 제3항 각 호의 설명을 이해하였다는 환자의 서명, 기명날인, 녹취, 그 밖에 이에 준하는 대통령령으로 정하는 방법으로의 확인
3. 담당의사의 서명 날인
4. 작성 연월일
5. 그 밖에 보건복지부령으로 정하는 사항

⑤ 환자는 연명의료계획서의 변경 또는 철회를 언제든지 요청할 수 있다. 이 경우 담당의사는 이를 반영한다.

⑥ 의료기관의 장은 작성된 연명의료계획서를 등록·보관하여야 하며, 연명의료계획서가 등록·변경 또는 철회된 경우 그 결과를 관리기관의 장에게 통보하여야 한다.

⑦ 연명의료계획서의 서식 및 연명의료계획서의 작성·등록·통보 등에 필요한 사항은 보건복지부령으로 정한다.

제11조(사전연명의료의향서 등록기관) ① 보건복지부장관은 대통령령으로 정하는 시설·인력 등 요건을 갖춘 다음 각 호의 기관 중에서 사전연명의료의향서 등록

기관(이하 "등록기관"이라 한다)을 지정할 수 있다.

1. 「지역보건법」 제2조에 따른 지역보건의료기관
2. 의료기관
3. 사전연명의료의향서에 관한 사업을 수행하는 비영리법인 또는 비영리단체(「비영리민간단체 지원법」 제4조에 따라 등록된 비영리민간단체를 말한다)
4. 「공공기관의 운영에 관한 법률」 제4조에 따른 공공기관

② 등록기관의 업무는 다음 각 호와 같다.

1. 사전연명의료의향서 등록에 관한 업무
2. 사전연명의료의향서에 관한 설명 및 작성 지원
3. 사전연명의료의향서에 관한 상담, 정보제공 및 홍보
4. 관리기관에 대한 사전연명의료의향서의 등록·변경·철회 등의 결과 통보
5. 그 밖에 사전연명의료의향서에 관하여 보건복지부령으로 정하는 업무

③ 등록기관의 장은 제2항에 따른 업무 수행의 결과를 기록·보관하고, 관리기관의 장에게 보고하여야 한다.

④ 국가와 지방자치단체는 등록기관의 운영 및 업무 수행에 필요한 행정적·재정적 지원을 할 수 있다.

등록기관의 장은 등록기관의 업무를 폐업 또는 1개월 이상 휴업하거나 운영을 재개하는 경우 보건복지부장관에게 신고하여야 한다.

⑥ 등록기관의 장은 등록기관의 업무를 폐업 또는 1개월 이상 휴업하는 경우 보건복지부령으로 정하는 바에 따라 관련 기록을 관리기관의 장에게 이관하여야 한다. 다만, 휴업하려는 등록기관의 장이 휴업 예정일 전일까지 관리기관의 장의 허가를 받은 경우에는 관련 기록을 직접 보관할 수 있다.

⑦ 등록기관의 지정 절차, 업무 수행 결과 기록·보관 및 보고, 폐업 등의 신고절차에 관하여 필요한 사항은 보건복지부령으로 정한다.

제12조(사전연명의료의향서의 작성·등록 등) ① 사전연명의료의향서를 작성하고자 하는

사람(이하 "작성자"라 한다)은 이 조에 따라서 직접 작성하여야 한다.

② 등록기관은 작성자에게 그 작성 전에 다음 각 호의 사항을 충분히 설명하고, 작성자로부터 내용을 이해하였음을 확인받아야 한다.

1. 연명의료의 시행방법 및 연명의료중단등결정에 대한 사항
2. 호스피스의 선택 및 이용에 관한 사항
3. 사전연명의료의향서의 효력 및 효력 상실에 관한 사항
4. 사전연명의료의향서의 작성·등록·보관 및 통보에 관한 사항
5. 사전연명의료의향서의 변경·철회 및 그에 따른 조치에 관한 사항
6. 그 밖에 보건복지부령으로 정하는 사항

③ 사전연명의료의향서는 다음 각 호의 사항을 포함하여야 한다.〈개정 2018. 3. 27.〉

1. 연명의료중단등결정
2. 호스피스의 이용
3. 작성 연월일
4. 그 밖에 보건복지부령으로 정하는 사항

④ 등록기관의 장은 사전연명의료의향서를 제출받을 때 본인의 작성 여부를 확인한 후 작성된 사전연명의료의향서를 등록·보관하여야 한다.

⑤ 등록기관의 장은 제4항에 따른 등록 결과를 관리기관의 장에게 통보하여야 한다.

⑥ 사전연명의료의향서를 작성한 사람은 언제든지 그 의사를 변경하거나 철회할 수 있다. 이 경우 등록기관의 장은 지체 없이 사전연명의료의향서를 변경하거나 등록을 말소하여야 한다.

⑦ 등록기관의 장은 제6항에 따라 사전연명의료의향서가 변경 또는 철회된 경우 그 결과를 관리기관의 장에게 통보하여야 한다.

⑧ 사전연명의료의향서는 다음 각 호의 어느 하나에 해당하는 경우 그 효력이 없

다. 다만, 제4호의 경우에는 그 때부터 효력을 잃는다.

1. 본인이 직접 작성하지 아니한 경우
2. 본인의 자발적 의사에 따라 작성되지 아니한 경우
3. 제2항 각 호의 사항에 관한 설명이 제공되지 아니하거나 작성자의 확인을 받지 아니한 경우
4. 사전연명의료의향서 작성·등록 후에 연명의료계획서가 다시 작성된 경우

⑨ 사전연명의료의향서의 서식 및 사전연명의료의향서의 작성·등록·보관·통보 등에 필요한 사항은 보건복지부령으로 정한다.

제13조(등록기관의 지정 취소) ① 보건복지부장관은 등록기관이 다음 각 호의 어느 하나에 해당하는 경우 그 지정을 취소할 수 있다. 다만, 제1호에 해당하는 경우에는 그 지정을 취소하여야 한다.

1. 거짓이나 그 밖의 부정한 방법으로 지정을 받은 경우
2. 제11조제1항에 따른 지정기준에 미달하는 경우
3. 제11조제2항 각 호의 업무를 정당한 사유 없이 이행하지 아니한 경우
4. 정당한 사유 없이 제34조제3항에 따른 명령·조사에 응하지 아니한 자

② 제1항에 따라 지정이 취소된 등록기관은 지정이 취소된 날부터 2년 이내에 등록기관으로 지정받을 수 없다.

③ 등록기관의 장은 제1항에 따라 지정이 취소된 경우 대통령령으로 정하는 바에 따라 보관하고 있는 기록을 관리기관의 장에게 이관하여야 한다.

제14조(의료기관윤리위원회의 설치 및 운영 등) ① 연명의료중단등결정 및 그 이행에 관한 업무를 수행하려는 의료기관은 보건복지부령으로 정하는 바에 따라 해당 의료기관에 의료기관윤리위원회(이하 "윤리위원회"라 한다)를 설치하고 이를 보건복지부장관에게 등록하여야 한다.

② 윤리위원회는 다음 각 호의 활동을 수행한다.

1. 연명의료중단등결정 및 그 이행에 관하여 임종과정에 있는 환자와 그 환자가족

또는 의료인이 요청한 사항에 관한 심의

2. 제19조제3항에 따른 담당의사의 교체에 관한 심의
3. 환자와 환자가족에 대한 연명의료중단등결정 관련 상담
4. 해당 의료기관의 의료인에 대한 의료윤리교육
5. 그 밖에 보건복지부령으로 정하는 사항

③ 윤리위원회의 위원은 위원장 1명을 포함하여 5명 이상으로 구성하되, 해당 의료기관에 종사하는 사람으로만 구성할 수 없으며, 의료인이 아닌 사람으로서 종교계·법조계·윤리학계·시민단체 등의 추천을 받은 사람 2명 이상을 포함하여야 한다.

④ 윤리위원회 위원은 해당 의료기관의 장이 위촉하고, 위원장은 위원 중에서 호선한다.

⑤ 제1항에도 불구하고 보건복지부령으로 정하는 바에 따라 다른 의료기관의 윤리위원회 또는 제6항에 따른 공용윤리위원회와 제2항 각 호의 업무의 수행을 위탁하기로 협약을 맺은 의료기관은 윤리위원회를 설치한 것으로 본다.

⑥ 보건복지부장관은 의료기관이 제2항 각 호의 업무의 수행을 위탁할 수 있도록 공용윤리위원회를 지정할 수 있다.

⑦ 그 밖에 윤리위원회 및 공용윤리위원회의 구성 및 운영 등에 필요한 사항은 보건복지부령으로 정한다.

## 제3장 연명의료중단등결정의 이행

제15조(연명의료중단등결정 이행의 대상) 담당의사는 임종과정에 있는 환자가 다음 각 호의 어느 하나에 해당하는 경우에만 연명의료중단등결정을 이행할 수 있다.

1. 제17조에 따라 연명의료계획서, 사전연명의료의향서 또는 환자가족의 진술을 통하여 환자의 의사로 보는 의사가 연명의료중단등결정을 원하는 것이고, 임종과정에 있는 환자의 의사에도 반하지 아니하는 경우

2. 제18조에 따라 연명의료중단등결정이 있는 것으로 보는 경우

제16조(환자가 임종과정에 있는지 여부에 대한 판단) ① 담당의사는 환자에 대한 연명의료중단등결정을 이행하기 전에 해당 환자가 임종과정에 있는지 여부를 해당 분야의 전문의 1명과 함께 판단하고 그 결과를 보건복지부령으로 정하는 바에 따라 기록(전자문서로 된 기록을 포함한다)하여야 한다. 〈개정 2018. 3. 27.〉

② 제1항에도 불구하고 제25조에 따른 호스피스전문기관에서 호스피스를 이용하는 말기환자가 임종과정에 있는지 여부에 대한 판단은 담당의사의 판단으로 갈음할 수 있다. 〈신설 2018. 3. 27.〉

제17조(환자의 의사 확인) ① 연명의료중단등결정을 원하는 환자의 의사는 다음 각 호의 어느 하나의 방법으로 확인한다.

1. 의료기관에서 작성된 연명의료계획서가 있는 경우 이를 환자의 의사로 본다.
2. 담당의사가 사전연명의료의향서의 내용을 환자에게 확인하는 경우 이를 환자의 의사로 본다. 담당의사 및 해당 분야의 전문의 1명이 다음 각 목을 모두 확인한 경우에도 같다.
   가. 환자가 사전연명의료의향서의 내용을 확인하기에 충분한 의사능력이 없다는 의학적 판단
   나. 사전연명의료의향서가 제2조제4호의 범위에서 제12조에 따라 작성되었다는 사실
3. 제1호 또는 제2호에 해당하지 아니하고 19세 이상의 환자가 의사를 표현할 수 없는 의학적 상태인 경우 환자의 연명의료중단등결정에 관한 의사로 보기에 충분한 기간 동안 일관하여 표시된 연명의료중단등에 관한 의사에 대하여 환자가족(19세 이상인 자로서 다음 각 목의 어느 하나에 해당하는 사람을 말한다) 2명 이상의 일치하는 진술(환자가족이 1명인 경우에는 그 1명의 진술을 말한다)이 있으면 담당의사와 해당 분야의 전문의 1명의 확인을 거쳐 이를 환자의 의사로 본다. 다만, 그 진술과 배치되는 내용의 다른 환자가족의 진술 또는 보건복지부령

으로 정하는 객관적인 증거가 있는 경우에는 그러하지 아니하다.

가. 배우자

나. 직계비속

다. 직계존속

라. 가목부터 다목까지에 해당하는 사람이 없는 경우 형제자매

② 담당의사는 제1항제1호 및 제2호에 따른 연명의료계획서 또는 사전연명의료의향서 확인을 위하여 관리기관에 등록 조회를 요청할 수 있다.

③ 제1항제2호나 제3호에 따라 환자의 의사를 확인한 담당의사 및 해당 분야의 전문의는 보건복지부령으로 정하는 바에 따라 확인 결과를 기록(전자문서로 된 기록을 포함한다)하여야 한다.〈개정 2018. 3. 27.〉

제18조(환자의 의사를 확인할 수 없는 경우의 연명의료중단등결정) ① 제17조에 해당하지 아니하여 환자의 의사를 확인할 수 없고 환자가 의사표현을 할 수 없는 의학적 상태인 경우 다음 각 호의 어느 하나에 해당할 때에는 해당 환자를 위한 연명의료중단등결정이 있는 것으로 본다. 다만, 담당의사 또는 해당 분야 전문의 1명이 환자가 연명의료중단등결정을 원하지 아니하였다는 사실을 확인한 경우는 제외한다. 〈개정 2018. 12. 11.〉

1. 미성년자인 환자의 법정대리인(친권자에 한정한다)이 연명의료중단등결정의 의사표시를 하고 담당의사와 해당 분야 전문의 1명이 확인한 경우

2. 환자가족 중 다음 각 목에 해당하는 사람(19세 이상인 사람에 한정하며, 행방불명자 등 대통령령으로 정하는 사유에 해당하는 사람은 제외한다) 전원의 합의로 연명의료중단등결정의 의사표시를 하고 담당의사와 해당 분야 전문의 1명이 확인한 경우

가. 배우자

나. 1촌 이내의 직계 존속·비속

다. 가목 및 나목에 해당하는 사람이 없는 경우 2촌 이내의 직계 존속·비속

라. 가목부터 다목까지에 해당하는 사람이 없는 경우 형제자매

② 제1항제1호·제2호에 따라 연명의료중단등결정을 확인한 담당의사 및 해당 분야의 전문의는 보건복지부령으로 정하는 바에 따라 확인 결과를 기록(전자문서로 된 기록을 포함한다)하여야 한다. 〈개정 2018. 3. 27.〉

第19조(연명의료중단등결정의 이행 등) ① 담당의사는 제15조 각 호의 어느 하나에 해당하는 환자에 대하여 즉시 연명의료중단등결정을 이행하여야 한다.

② 연명의료중단등결정 이행 시 통증 완화를 위한 의료행위와 영양분 공급, 물 공급, 산소의 단순 공급은 시행하지 아니하거나 중단되어서는 아니 된다.

③ 담당의사가 연명의료중단등결정의 이행을 거부할 때에는 해당 의료기관의 장은 윤리위원회의 심의를 거쳐 담당의사를 교체하여야 한다. 이 경우 의료기관의 장은 연명의료중단등결정의 이행 거부를 이유로 담당의사에게 해고나 그 밖에 불리한 처우를 하여서는 아니 된다.

④ 담당의사는 연명의료중단등결정을 이행하는 경우 그 과정 및 결과를 기록(전자문서로 된 기록을 포함한다)하여야 한다. 〈개정 2018. 3. 27.〉

⑤ 의료기관의 장은 제1항에 따라 연명의료중단등결정을 이행하는 경우 그 결과를 지체 없이 보건복지부령으로 정하는 바에 따라 관리기관의 장에게 통보하여야 한다.

第20조(기록의 보존) 의료기관의 장은 연명의료중단등결정 및 그 이행에 관한 다음 각 호의 기록을 연명의료중단등결정 이행 후 10년 동안 보존하여야 한다.

1. 제10조에 따라 작성된 연명의료계획서
2. 제16조에 따라 기록된 임종과정에 있는 환자 여부에 대한 담당의사와 해당 분야 전문의 1명의 판단 결과
3. 제17조제1항제1호 및 제2호에 따른 연명의료계획서 또는 사전연명의료의향서에 대한 담당의사 및 해당 분야 전문의의 확인 결과
4. 제17조제1항제3호에 따른 환자가족의 진술에 대한 자료·문서 및 그에 대한 담

당의사와 해당 분야 전문의의 확인 결과

5. 제18조제1항제1호·제2호에 따른 의사표시에 대한 자료·문서 및 그에 대한 담당의사와 해당 분야 전문의의 확인 결과
6. 제19조제4항에 따라 기록된 연명의료중단등결정 이행의 결과
7. 그 밖에 연명의료중단등결정 및 그 이행에 관한 중요한 기록으로서 대통령령으로 정하는 사항

## 제4장 호스피스·완화의료

제21조(호스피스사업) ① 보건복지부장관은 호스피스를 위하여 다음 각 호의 사업을 실시하여야 한다.

1. 말기환자등의 적정한 통증관리 등 증상 조절을 위한 지침 개발 및 보급
2. 입원형, 자문형, 가정형 호스피스의 설치 및 운영, 그 밖에 다양한 호스피스 유형의 정책개발 및 보급
3. 호스피스의 발전을 위한 연구·개발 사업
4. 제25조에 따른 호스피스전문기관의 육성 및 호스피스 전문 인력의 양성
5. 말기환자등과 그 가족을 위한 호스피스 교육프로그램의 개발 및 보급
6. 호스피스 이용 환자의 경제적 부담능력 등을 고려한 의료비 지원사업
7. 말기환자, 호스피스의 현황과 관리실태에 관한 자료를 지속적이고 체계적으로 수집·분석하여 통계를 산출하기 위한 등록·관리·조사 사업(이하 "등록통계사업"이라 한다)
8. 호스피스에 관한 홍보
9. 그 밖에 보건복지부장관이 필요하다고 인정하는 사업

② 보건복지부장관은 제1항 각 호에 따른 사업을 대통령령으로 정하는 바에 따라 관계 전문기관 및 단체에 위탁할 수 있다.

제22조(자료제공의 협조 등) 보건복지부장관은 제21조제1항제7호에 따른 등록통계사업

에 필요한 경우 관계 기관 또는 단체에 자료의 제출이나 의견의 진술 등을 요구할 수 있다. 이 경우 자료의 제출 등을 요구받은 자는 정당한 사유가 없으면 이에 따라야 한다.

第23조(중앙호스피스센터의 지정 등) ① 보건복지부장관은 다음 각 호의 업무를 수행하게 하기 위하여 보건복지부령으로 정하는 기준을 충족하는 「의료법」 제3조제2항제3호마목에 따른 종합병원(이하 "종합병원"이라 한다)을 중앙호스피스센터(이하 "중앙센터"라 한다)로 지정할 수 있다. 이 경우 국공립 의료기관을 우선하여 지정한다. 〈개정 2018. 3. 27.〉

1. 말기환자의 현황 및 진단·치료·관리 등에 관한 연구
2. 호스피스사업에 대한 정보·통계의 수집·분석 및 제공
3. 호스피스사업 계획의 작성
4. 호스피스에 관한 신기술의 개발 및 보급
5. 호스피스대상환자에 대한 호스피스 제공
6. 호스피스사업 결과의 평가 및 활용
7. 그 밖에 말기환자 관리에 필요한 사업으로서 보건복지부령으로 정하는 사업

② 보건복지부장관은 중앙센터가 제1항 각 호의 사업을 하지 아니하거나 잘못 수행한 경우에는 시정을 명할 수 있다.

③ 보건복지부장관은 중앙센터가 다음 각 호의 어느 하나에 해당하는 경우에는 그 지정을 취소할 수 있다.

1. 제1항에 따른 지정 기준에 미달한 경우
2. 제1항 각 호의 사업을 하지 아니하거나 잘못 수행한 경우
3. 제2항에 따른 시정명령을 따르지 아니한 경우

④ 제1항 및 제3항에 따른 중앙센터 지정 및 지정취소의 기준·방법·절차 및 운영에 관하여 필요한 사항은 보건복지부령으로 정한다.

第24조(권역별호스피스센터의 지정 등) ① 보건복지부장관은 다음 각 호의 업무를 수행하

게 하기 위하여 보건복지부령으로 정하는 기준을 충족하는 종합병원을 권역별호스피스센터(이하 "권역별센터"라 한다)로 지정할 수 있다. 이 경우 국공립 의료기관을 우선하여 지정한다. 〈개정 2018. 3. 27.〉

1. 말기환자의 현황 및 진단·치료·관리 등에 관한 연구
2. 해당 권역의 호스피스사업의 지원
3. 해당 권역의 호스피스전문기관들에 관한 의료 지원 및 평가
4. 호스피스대상환자의 호스피스 제공
5. 해당 권역의 호스피스사업에 관련된 교육·훈련 및 지원 업무
6. 해당 권역의 호스피스에 관한 홍보
7. 말기환자 등록통계자료의 수집·분석 및 제공
8. 그 밖에 말기환자 관리에 필요한 사업으로서 보건복지부령으로 정하는 사업

② 보건복지부장관은 권역별센터가 제1항 각 호의 사업을 하지 아니하거나 잘못 수행한 경우에는 시정을 명할 수 있다.

③ 보건복지부장관은 권역별센터가 다음 각 호의 어느 하나에 해당하는 경우에는 그 지정을 취소할 수 있다.

1. 제1항에 따른 지정 기준에 미달한 경우
2. 제1항 각 호의 사업을 하지 아니하거나 잘못 수행한 경우
3. 제2항에 따른 시정명령을 따르지 아니한 경우

④ 제1항 및 제3항에 따른 권역별센터 지정 및 지정취소의 기준·방법·절차 및 운영에 관하여 필요한 사항은 보건복지부령으로 정한다.

第25조(호스피스전문기관의 지정 등) ① 보건복지부장관은 호스피스대상환자를 대상으로 호스피스전문기관을 설치·운영하려는 의료기관 중 보건복지부령으로 정하는 시설·인력·장비 등의 기준을 충족하는 의료기관을 입원형, 자문형, 가정형으로 구분하여 호스피스전문기관으로 지정할 수 있다. 〈개정 2018. 3. 27.〉

② 제1항에 따라 지정을 받으려는 의료기관은 보건복지부령으로 정하는 바에 따

라 보건복지부장관에게 신청하여야 한다.

③ 보건복지부장관은 제1항에 따라 지정받은 호스피스전문기관(이하 "호스피스전문기관"이라 한다)에 대하여 제29조에 따른 평가결과를 반영하여 호스피스사업에 드는 비용의 전부 또는 일부를 차등 지원할 수 있다.

④ 제1항 및 제2항에서 규정한 사항 외에 호스피스전문기관의 지정에 필요한 사항은 보건복지부령으로 정한다.

[시행일:2018. 2. 4.] 제25조제1항(의료기관 중 요양병원에 관한 사항에 한정한다)

第26조(변경·폐업 등 신고) ① 호스피스전문기관의 장은 보건복지부령으로 정하는 인력·시설·장비 등 중요한 사항을 변경하려는 경우 보건복지부장관에게 그 변경사항을 신고하여야 한다.

② 호스피스전문기관의 장은 호스피스사업을 폐업 또는 휴업하려는 경우 보건복지부장관에게 미리 신고하여야 한다.

③ 제1항 및 제2항에 따른 신고의 절차 등에 필요한 사항은 보건복지부령으로 정한다.

第27조(의료인의 설명의무) ① 호스피스전문기관의 의료인은 호스피스대상환자나 그 가족 등에게 호스피스의 선택과 이용 절차에 관하여 설명하여야 한다. 〈개정 2018. 3. 27.〉

② 호스피스전문기관의 의사 또는 한의사는 호스피스를 시행하기 전에 치료 방침을 호스피스대상환자나 그 가족에게 설명하여야 하며, 호스피스대상환자나 그 가족이 질병의 상태에 대하여 알고자 할 때에는 이를 설명하여야 한다. 〈개정 2018. 3. 27.〉

第28조(호스피스의 신청) ① 호스피스대상환자가 호스피스전문기관에서 호스피스를 이용하려는 경우에는 호스피스 이용동의서(전자문서로 된 동의서를 포함한다)와 의사가 발급하는 호스피스대상환자임을 나타내는 의사소견서(전자문서로 된 소견서를 포함한다)를 첨부하여 호스피스전문기관에 신청하여야 한다. 〈개정 2018. 3. 27.〉

② 호스피스대상환자가 의사결정능력이 없을 때에는 미리 지정한 지정대리인이 신청할 수 있고 지정대리인이 없을 때에는 제17조제1항제3호 각 목의 순서대로 신청할 수 있다. 〈개정 2018. 3. 27.〉

③ 호스피스대상환자는 언제든지 직접 또는 대리인을 통하여 호스피스의 신청을 철회할 수 있다. 〈개정 2018. 3. 27.〉

④ 호스피스의 신청 및 철회 등에 필요한 사항은 보건복지부령으로 정한다.

제29조(호스피스전문기관의 평가) ① 보건복지부장관은 호스피스의 질을 향상시키기 위하여 호스피스전문기관에 대하여 다음 각 호의 사항을 평가할 수 있다.

1. 시설·인력 및 장비 등의 질과 수준
2. 호스피스 질 관리 현황
3. 그 밖에 보건복지부령으로 정하는 사항

② 호스피스전문기관의 평가 시기·범위·방법·절차 등에 필요한 사항은 보건복지부령으로 정한다.

③ 보건복지부장관은 제1항에 따른 평가결과를 보건복지부령으로 정하는 바에 따라 공개할 수 있으며, 지원 및 감독에 반영할 수 있다.

④ 보건복지부장관은 제1항에 따른 평가업무를 대통령령으로 정하는 바에 따라 관계 전문기관 또는 단체에 위탁할 수 있다.

제30조(호스피스전문기관의 지정 취소 등) ① 보건복지부장관은 호스피스전문기관이 다음 각 호의 어느 하나에 해당하는 경우 그 지정을 취소하거나, 6개월 이내의 기간을 정하여 호스피스 업무의 정지를 명할 수 있다. 다만, 제1호에 해당하는 경우에는 그 지정을 취소하여야 한다.

1. 거짓이나 그 밖의 부정한 방법으로 지정을 받은 경우
2. 제25조제1항에 따른 지정 기준에 미달한 경우
3. 정당한 사유 없이 제29조에 따른 평가를 거부한 경우

② 제1항에 따른 호스피스전문기관 지정 취소의 기준·방법·절차 및 운영에 필요

한 사항은 보건복지부령으로 정한다.

③ 제1항에 따라 지정이 취소된 호스피스전문기관은 지정이 취소된 날부터 2년 이내에는 호스피스전문기관으로 지정받을 수 없다.

## 제5장 보칙

제31조(민감정보 및 고유식별정보의 처리) 관리기관, 등록기관, 의료기관, 중앙센터, 권역별센터, 호스피스전문기관, 담당의사 및 해당 분야 전문의는 이 법에서 정한 연명의료의 결정 및 호스피스에 관한 사무를 수행하기 위하여 불가피한 경우 「개인정보 보호법」 제23조에 따른 건강에 관한 정보 및 같은 법 제24조에 따른 고유식별정보가 포함된 자료를 처리할 수 있다. 〈개정 2018. 3. 27.〉

[제목개정 2018. 3. 27.]

제32조(정보 유출 금지) 관리기관, 등록기관, 의료기관, 중앙센터, 권역별센터 및 호스피스전문기관에 종사하거나 종사하였던 사람은 연명의료중단등결정 및 그 이행 또는 호스피스 업무상 알게 된 정보를 유출하여서는 아니 된다. 〈개정 2018. 3. 27.〉

제33조(기록 열람 등) ① 환자가족(이 조에서는 연령을 제한하지 아니한다)은 보건복지부령으로 정하는 바에 따라 관리기관의 장 또는 해당 의료기관의 장에게 환자의 연명의료중단등결정 또는 그 이행에 관한 기록의 열람을 요청할 수 있으며, 이 경우 요청을 받은 자는 정당한 사유가 없으면 사본을 교부하거나 그 내용을 확인할 수 있도록 하여야 한다.

② 제1항에 따른 기록 열람의 범위와 절차 및 열람 거부 등에 관하여 필요한 사항은 보건복지부령으로 정한다.

제34조(보고·조사 등) ① 보건복지부장관 또는 관리기관의 장은 연명의료중단등결정의 이행 또는 호스피스 등과 관련하여 필요하다고 인정하는 경우 등록기관 또는 의료기관의 장 및 그 종사자에게 그 업무에 관하여 필요한 명령을 하거나, 보고 또는 관련 서류의 제출을 명할 수 있다.

② 보건복지부장관 또는 관리기관의 장은 제1항에 따른 관련 서류 등을 관계 공무원에게 조사하게 할 수 있다. 이 경우 조사를 담당하는 관계 공무원은 그 권한을 표시하는 증표를 지니고 이를 내보여야 한다.

③ 등록기관 또는 의료기관의 장 및 그 종사자는 제1항 및 제2항에 따른 명령·조사에 정당한 사유가 없으면 응하여야 한다.

제35조(청문) 보건복지부장관은 다음 각 호의 어느 하나에 해당하는 처분을 하고자 하는 경우에는 청문을 하여야 한다.

1. 제13조에 따른 등록기관의 지정 취소
2. 제30조에 따른 호스피스전문기관의 지정 취소

제36조(유사명칭의 사용금지) 이 법에 따른 관리기관, 등록기관, 중앙센터, 권역별센터 또는 호스피스전문기관이 아니면 국립연명의료관리기관, 사전연명의료의향서 등록기관, 중앙호스피스센터, 권역별호스피스센터, 호스피스전문기관 또는 이와 유사한 명칭을 사용하지 못한다. 〈개정 2018. 3. 27.〉

제37조(보험 등의 불이익 금지) 이 법에 따른 연명의료중단등결정 및 그 이행으로 사망한 사람과 보험금수령인 또는 연금수급자를 보험금 또는 연금급여 지급 시 불리하게 대우하여서는 아니 된다.

제38조(연명의료 결정 등 비용의 부담) 제10조에 따른 연명의료계획서 작성, 제16조에 따른 임종과정에 있는 환자인지 여부에 대한 판단 및 제28조에 따른 호스피스의 신청을 위한 의사소견서 발급 및 호스피스의 이용 등에 따른 비용은 「국민건강보험법」에서 정하는 바에 따른다. 다만, 「국민건강보험법」에서 규정하지 아니한 비용은 보건복지부령으로 정하는 바에 따른다.

## 제6장 벌칙

제39조(벌칙) 다음 각 호의 어느 하나에 해당하는 자는 3년 이하의 징역 또는 3천만원 이하의 벌금에 처한다.

1. 삭제 〈2018. 3. 27.〉

2. 제20조 각 호에 따른 기록을 허위로 기록한 자

3. 제32조를 위반하여 정보를 유출한 자

제40조(벌칙) ① 다음 각 호의 어느 하나에 해당하는 자는 1년 이하의 징역 또는 1천만원 이하의 벌금에 처한다. 〈개정 2018. 3. 27.〉

1. 제11조제1항을 위반하여 보건복지부장관으로부터 지정받지 아니하고 사전연명의료의향서의 등록에 관한 업무를 한 자

2. 임종과정에 있는 환자에 대하여 제17조에 따른 환자의 의사 또는 제18조에 따른 연명의료중단등결정에 반하여 연명의료를 시행하지 아니하거나 중단한 자

② 제20조 각 호에 따른 기록을 보존하지 아니한 자는 300만원 이하의 벌금에 처한다.

제41조(자격정지의 병과) 이 법을 위반한 자를 유기징역에 처할 경우에는 7년 이하의 자격정지를 병과할 수 있다.

제42조(양벌규정) 법인의 대표자나 법인 또는 개인의 대리인, 사용인, 그 밖의 종업원이 그 법인 또는 개인의 업무에 관하여 제39조 또는 제40조의 어느 하나에 해당하는 위반행위를 하면 그 행위자를 벌하는 외에 그 법인 또는 개인에게도 해당 조문의 벌금형을 과(科)한다. 다만, 법인 또는 개인이 그 위반행위를 방지하기 위하여 해당 업무에 관하여 상당한 주의와 감독을 게을리하지 아니한 경우에는 그러하지 아니하다.

제43조(과태료) ① 다음 각 호의 어느 하나에 해당하는 자에게는 500만원 이하의 과태료를 부과한다.

1. 제14조제1항을 위반하여 윤리위원회를 설치하지 아니한 자

2. 제19조제5항을 위반하여 연명의료중단등결정의 이행 결과를 관리기관의 장에게 알리지 아니한 자

② 다음 각 호의 어느 하나에 해당하는 자에게는 300만원 이하의 과태료를 부과

한다.

1. 제11조제3항을 위반하여 업무 수행 결과를 기록·보관 또는 보고하지 아니한 자
2. 제34조제3항에 따른 명령에 정당한 사유 없이 응하지 아니한 자

③ 다음 각 호의 어느 하나에 해당하는 자에게는 200만원 이하의 과태료를 부과한다. 〈개정 2018. 3. 27.〉

1. 제11조제5항 및 제26조를 위반하여 폐업 또는 휴업 등의 변경 사항을 신고하지 아니한 자
2. 제11조제6항 및 제13조제3항에 따른 기록이관 의무를 하지 아니한 자
3. 제36조를 위반하여 국립연명의료관리기관, 사전연명의료의향서 등록기관, 중앙호스피스센터, 권역별호스피스센터, 호스피스전문기관 또는 이와 유사한 명칭을 사용한 자

④ 제1항부터 제3항까지의 규정에 따른 과태료는 대통령령으로 정하는 바에 따라 보건복지부장관이 부과·징수한다.

## 부칙 〈법률 제14013호, 2016. 2. 3.〉 부칙보기

제1조(시행일) 이 법은 공포 후 1년 6개월이 경과한 날부터 시행한다. 다만, 제9조부터 제20조까지, 제25조제1항(의료기관 중 요양병원에 관한 사항에 한정한다), 제31조, 제33조, 제36조, 제37조, 제39조제1호·제2호, 제40조, 제43조제1항 및 같은 조 제2항 제1호·제3항제2호는 공포 후 2년이 경과한 날부터 시행한다.

제2조(다른 법률의 개정) 암관리법 일부를 다음과 같이 개정한다.

제2장제4절(제20조부터 제26조까지)을 삭제한다.

제48조 중 "제19조제4항 및 제26조제1항"을 "제19조제4항"으로 한다.

제3조(다른 법률의 개정에 따른 경과조치) 이 법 시행 당시 종전의 「암관리법」에 따라 완화의료전문기관으로 지정을 받은 자는 이 법에 따라 호스피스전문기관으로 지정을

받은 것으로 본다. 다만, 이 법 시행일부터 1년 이내에 이 법에 따른 요건을 갖추어 제25조제1항에 따라 지정을 받아야 한다.

## 부칙 〈법률 제15542호, 2018. 3. 27.〉

이 법은 공포한 날부터 시행한다. 다만, 제2조제3호·제4호·제6호·제7호, 제16조제2항, 제23조제1항제5호, 제24조제1항제4호, 제25조제1항, 제27조제1항 및 제2항, 제28조[제1항의 개정규정 중 "이용동의서(전자문서로 된 동의서를 포함한다)" 및 "의사소견서(전자문서로 된 소견서를 포함한다)"에 관한 부분은 제외한다]의 개정규정은 공포 후 1년이 경과한 날부터 시행한다.

## 부칙 〈법률 제15912호, 2018. 12. 11.〉

이 법은 2019년 3월 28일부터 시행한다.

# 제12장
# 생명윤리(生命倫理)

# 01. 윤리(倫理) 입문

윤리란 사람이 마땅히 행하거나 지켜야 할 도리 혹은 사람이 마땅히 행하거나 할 도리를 의미하며 도덕철학(Moral Philosophy)이라고도 하는 철학의 한 분과이다. 여기에서 '사람'이란 자기 정체성을 가진 개인을 의미하며 자유의지에 따라 행동하고 그에 따르는 윤리적 책임을 질 수 있는 자율적 존재이다.

근원적으로 윤리는 동서양이 추구하는 것이 유사하지만 약간 다른 시각이 존재하고 있다. 동양은 대부분 유교사상인 윤리에서 출발해서 윤리에서 끝난다고 할 수 있다. 이는 어떻게 선을 행해야 하는가라는 방법론에 가까우며, 이를 실행하는 방식인 예(禮)란 어떠해야 하는가에 대한 논의가 많이 거론되었다. 서양에서는 윤리의 목적이 행복을 얻는 것이라는 목적론적인 윤리학 이론이 발달하였다. 이는 아리스토텔레스의 사상에 의해 발전한 것으로 좋은 습관으로 적절하게 판단하여 사회의 규칙을 잘 따르면서도, 지적으로 관조하면서 행복하게 살아가는 것을 의미한다. 즉 "사람은 마땅히 어떻게 행위해야 하는가?", "어떤 것이 좋은 삶인가?" 같은 문제에 대한 질문을 찾는 것이다. 사회생활에서 필요한 도덕과 윤리의 차이점으로 사회생활에서 도덕(Moral)은 개인의 양심과 관련이 있고 강제성이 없으며, 잘못한다고 해도 단지 비난을 받는 것으로 끝나는 것이다. 하지만 윤리(Ethics)는 사회시스템(직업 특정분야 포함)과 관련이 있고 충돌 시 이를 규제하는 강제성이 있다.

윤리학은 도덕적인 판단과 선택 그리고 그 기준에 관하여 탐구하고 분석하는 학문으로 크게 규범윤리학과 메타윤리학 그리고 기술(서술)윤리학으로 나눈다. 규범윤리학은(Normative Ethics)은 고대부터 발전해 왔으며 소크라테스, 아리스토텔레스, 데카르트, 밀, 칸트 등 '이론 규범 윤리학자'들의 노력 덕분에 사회는 도덕적 혼란과 무규범(아노미) 상태에서 벗어날 수 있었다. 개인들은 '자율적이고 이성적인 독립체'로서 정체성을 획득했고, 그런 개인들이 모인 사회는 자유롭고 평등한 시민들의 활력 넘치는 도시로 발전한다고 보는 윤리학이다. 즉 인간이 행동하거나 판단할 때 마땅히 따르고 지켜야 할 가치 판단의 기준을 탐구하는 것으로 선과 악의 기준규범을 가지고 도덕적이고 윤리적인 잣대를 보는 것이다. 하지만 점차 사회가 복잡해지고 기술이 발전하여 기존의 규범윤리학으로는 현실의 윤리 도덕적 문제를 해결하기에는 한계성이 나타났다.

메타윤리학(Metaethics)은 20세기 초·중반부터 영미를 중심으로 발전하기 시작하였으며 윤리학의 학문적 성립 가능성 검토, 도덕적 언어의 의미와 도덕적 추론의 논리적 타당성 연구를 하며, 윤리적 진술, 문장, 판단, 용어 등의 형이상학적, 인식론적, 의미론적 토대를 탐구하는 학문이다. 이를 연구한 학자들은 기존의 이론 규범윤리학이 주장한 내용을 하나씩 점검하기 시작했다. 기존의 규범윤리학에서 모순이 생기고 의문이 들면서 도덕적 언어의 의미를 분석하고 도덕 추론의 타당성을 검토하는 이론적 연구를 윤리학적 탐구의 본질로 삼아야 한다는 이론 철학으로 '메타윤리학'이 탄생한 것이다.

기술(서술)윤리학(Descriptive Ethics)은 도덕규범과 관련된 문자적 사실을 기술하고 도덕현상에 대한 가치중립적 설명을 하는 분야로 철학보다는 실제 사람들이 어떤 도덕관을 갖고 있는지를 따지는 사회과학 또는 문화인류학에 속하는 분야이다. 과거 서구중심의 윤리적 사고에 대한 비판과 다양한 문화에 대한 경험적, 사회과학적 관심이 증가하면서 도덕규범과 관련된 문화적 사실들을 명확히 기술하고 그러한 사실들 간의 인과 관계를 객관적으로 설명하고자 하는 윤리학이 등장한 것이다. 이를 통해서 기술 윤리학의 발전은 '서구 중심의 독단적 윤리'를 성공적으로 비판하였다.

최근에는 좀 더 실생활과 밀접하게 연관시켜 윤리적인 문제에 대해 접근하려는 시도 속에 다양한 분야에 대한 윤리학이 발전되고 있다. 이를 응용윤리학(Applied Ethics) 또는 혹은 실천윤리학(Practical Ethics)이라고 하는데 앞에 설명한 메타윤리학과 기술윤리학 등의 전통적 윤리학에 대한 비판적 작업을 수행했다는 점에서 의의가 있다. 과거의 윤리학들은 실제 삶에서 마주치는 도덕 문제들을 해결하는 데 실질적인 도움을 주지 못했다. 그래서 윤리학자들은 자신들이 제기한 도덕적 회의론을 극복하기 위해 많은 노력을 했다. 사회와 과학기술의 발전으로 인해서 발생하는 산업현장의 문제에 대한 공학윤리(Engineering Ethics), 점차 생명의 근원을 찾아가면서 의학 분야에서 발생하는 윤리문제를 다루는 의료윤리, 또는 다양한 연구현장에서 발생하는 윤리문제를 다루는 연구윤리 등이 이에 포함된다. 실천윤리학을 통해 윤리학은 실제 사람들의 삶에 함께 존재하는 생활 윤리가 되어가고 있다.

이처럼 점차 복잡해지는 사회에서 윤리학을 배우고 이해하는 가장 근원적인 문제는 사람들의 무한한 호기심과 욕심에 대한 모든 것을 규정하고 통제할 수 없는 부분에 대한 도덕과 윤리적인 약속이 있어야 한다는 점에서 사람이 해야만 하는 것(Obligatory) 것과 해서는 안 되는 것(Forbidden), 허용 가능한 것(Permissible)에 대한 인식의 공유일 수 있다.

## 02. 윤리 이론

어떤 행동이 다른 사람에게 이득이 되는지 해가 되는지를 결정할 수 있도록 도와주는 일련의 개념과 원칙들을 윤리라고 하는데 인간의 고통에 대한 표현과 인간의 고통에 대한 항의가 있는 비판적인 사고가 요구된다.[1] 생명윤리도 도덕과 윤리의 한 부분으로 다양한 윤리 이론이 존재하지만 어느 하나의 이론만을 가지고 생명윤리를 설명하기는 불가능하다. 생명윤리 안에서도 다양한 분야가 있고 계속 발전하는 과학의 변화 속에서 서로 추구하는 목표가 다르기에 어느 하나의 윤리 이론만으로 이를 설명하기는

1 *The Innovation Journal: The Public Sector Innovation Journal*, Volume 11(3), 2006, article 11.

어렵기 때문이다. 특히 의료윤리에 있어서는 각 개인마다 입장이 다르고 적용하는 정확한 기준이 없기에 더 윤리적인 딜레마에 빠지기 쉬운 것도 사실이므로 문제해결을 위해 다각적인 관점에서 접근하는 것이 필요하다.

## 1. 덕 윤리(Virtue Ethics) 이론

아리스토텔레스가 주창한 덕 윤리는 중용(Golden Mean)의 지점을 도덕적으로 보고 행동, 감정, 욕망, 태도 등의 적절한 조화로움 속에서 극단을 배제한 중간점을 찾는 것이라고 할 수 있다. 이는 의학적 입장에서도 쾌락이나 단순한 만족을 추구하기보다는 내재적인 편안함으로 환자의 자율성을 존중하고 건강을 증진시키는 것이라 할 수 있다. 여기서 의료인이 가져야 할 도덕적 덕목은 실천적 지혜이고 마음의 성향이나 성품 등의 덕 윤리관을 가지는 것으로 사람의 성품을 계발하고 무엇이 중요한가에 대한 성찰이 요구된다. 즉 덕 윤리는 주체적인 성품의 윤리이다. 그래서 현대사회가 요구하는 덕목으로 배려, 관용, 책임이 중요하고 덕을 쌓아야 하는데 덕은 도를 닦음으로써 부수되는 소산으로서 마치 내공이 쌓이듯 덕이 쌓이게 되면 그만큼 도덕적 역량이 강화된다고 본다. 그러나 덕 윤리의 한계로서는 행위자 중심의 도덕적 판단의 경우 보편성 확보가 어려워 주관적으로 흐를 수 있고, 덕을 갖추는 일은 나의 의지와 노력뿐만 아니라 적절한 주변 환경이 마련되어야 가능하다는 것이다.[2]

## 2. 정의윤리(Justice Ethics)

정의란 공정으로서의 정의를 기본 구상으로 출발하여 모든 사람을 편견이나 선입견 없이 공평하게 대하는 공정성을 의미한다. 정의, 이성, 공정성, 보편성, 권리, 보편적 원리, 추상적 원리에 상응하는 의무로서 행위, 독립적·개체적·원자적 자아 등을 포함하는 남성적인 윤리라고 하며 이에 대응하는 배려윤리가 있는데 배려, 공감, 유대감, 책임,

2 황경식, 『정의론과 덕윤리: 의(義)로운 나라, 덕(德)스런 사람』, 아카넷, 2015.

사회적(공동체) 관계 중시를 강조하는 공동체적 관계적 자아를 강조한다고 하여 여성적 윤리로 대비하기도 한다. 정의윤리에서 말하는 의무감이란 자연적인 배려를 말한다. 이는 사람들에게 공평하게 부담이나 혜택을 줌으로써 많은 수의 사람이 공정하게 취급되도록 하는 공명정대함을 의미하고 절차적 정의, 인과응보적 정의, 분배의 정의, 평등주의적 정의로 구분하기도 한다. 또한 분배에 대한 6가지 원칙으로는 동등한 몫의 배분, 필요에 따른 배분, 노력에 따른 배분, 공로에 따른 배분, 자유시장 가치에 따른 배분, 개인의 공적에 따른 배분 등이 있다. 의료에서 정의윤리는 의료서비스에 평등하게 접근할 수 있는 이상적인 방법을 찾아야 하고 한편으로 자유시장의 원리에 따라 경쟁을 유지해야 하는 이 둘 사이의 균형을 이루는 시도가 요구되기도 하다. 정의윤리가 강해지면 일부 역차별적인 요소가 있고 사회적 문제와 의료적인 문제에서도 비용이 많이 드는 비효율성을 가지고 있다.[3]

### 3. 통치윤리(Rule Ethics)

토마스 홉스(Thomas Hobbes, 1599–1679)는 인간은 태어나면서부터 평등하되 자연 상태에 있어서는 '만인은 만인에 대해서 싸우는 상태'에 있으며, 이 자연권의 자기부정을 벗어나기 위하여 이성이 스스로 발견하는 자연법에 의해서 자연권을 제한하고 절대주권 설립의 사회계약에 의하여 국가가 성립한다고 하였다.[4] 이는 통치와 법을 통해 윤리를 공식적으로 성문화해야 한다는 윤리 이론이다. 이는 유물론적인 입장이 강한 홉스의 사상이 강하게 작용하여 인간을 물질적 존재로 보았으며 인간의 감정이나 생각도 물리적 메커니즘으로 생겨난다고 하였다. 또한 인간은 '욕망과 혐오'라는 정념을 갖는데 인간은 자신을 보존하는 것에는 욕망을, 훼손하는 것에는 혐오를 갖는다고 하였다. 그래서 인간은 정념에 따라 자기 이익을 위해 행동하는, 심리적으로 이기적인 존재

---

3 Frank Lovett, 김요한 역, 『롤스의 정의론 입문*Rawls's A Theory of Justice*』, 서광사, 2013.

4 토마스 홉스, 진석용 역, 『리바이어던 1: 교회국가 및 시민국가의 재료와 형태 및 권력』, 나남출판, 2018.

라는 것이다. 홉스는 인간은 자연 상태에서 똑같은 생존 능력을 갖고 있다고 생각했다.[5] 최근에 국제사회의 다양한 분쟁과 폭력적 혼란 속에서 개인의 자유는 결국 이기적인 결정에 이르게 되므로 개인의 행동을 통제하는 규칙에 의해서 통치되는 사회가 개인의 권리와 자유가 최우선인 사회보다 더 우월하다는 것이다. 이 이론은 대부분 과거에 많은 비판을 받았지만 특별한 상황이 발생하거나 국가적인 재난이 생겼을 경우 이를 수용하는 통치수단으로 받아들여지고 있다.

## 4. 권리윤리(Right Ethics)

존 로크(John Locke, 1632~1704)는 인간의 정신은 아무 것도 그려져 있지 않는 하얀 종이와 같다는 백지설(Tabula Rasa)을 주장하였다. 인간은 본질적으로 선하고 이성적이며, 주변 환경과의 상호작용, 교류작용을 통하여 빈 종이를 채워가면서 성숙해진다는 사상을 바탕으로 공동의 선을 위한 행동을 하는 존재로 본다. 따라서 인간은 자신과 사회를 보호하기 위해 자신의 권리를 교환하는 사회계약에 참여해야 하고 개인의 자유와 기본적 권리들은 정부보다 우위에 있으며, 개인의 동의 없이는 정부가 간섭할 수 없음을 제시하였다. 이를 사회계약설이라고 한다. 로크는 자연 상태에서는 누구나 자연법의 집행권을 갖고 있기 때문에 자기 소유물을 간직하는 데 아무래도 불안을 느끼게 되며, 또 자기 권리의 범위를 설정하는 데 타인과의 사이에서 혼란을 겪기 쉬워 계약 절차를 밟아서 자연 상태로부터 국가 상태로 옮겨가게 된다고 하였다.[6]

로크는 국가를 국민의 생명과 재산을 위협하고 약탈하는 악이 아니라 오히려 그것을 지키고 보호해주는 충견으로 생각하였다. 문제는 이리와 충견을 구별하고 가려내는 일이다. 그래서 그는 시민의 재산, 생명, 자유를 보호하는 일을 그 목적으로 하는 시민정부를 지향했다. 그러면서 국가를 필요악으로 보지 않았으며, 그 기능을 보호하는 '야

5 토마스 홉스, 진석용 역, 『리바이어던 1: 교회국가 및 시민국가의 재료와 형태 및 권력』, 나남출판, 2018.
6 송규범, 『존 로크의 정치사상』, 아카넷, 2015.

경국가'로 국한하지도 않았고 정부를 자유의 구현과 향유에 대단히 중요하고 필요한 존재로 보았다. 정부의 일차적인 목표는 공동선과 국민의 복지를 증진하는 데 있다고 생각한 것이다. 의학윤리 면에서도 환자의 치료에 대한 자유와 권리를 지키는 일에서 문제의 핵심을 환자를 위해 윤리가 어떤 방식으로 사용되어야 하는가에 있다고 본다. 이 사상은 현재 임산부의 권리, 안락사 문제, 동물과 인체실험 등에서 도덕적 유용성을 제시해주고 있다.

## 5. 의무윤리(Duty Ethics)

의무주의는 어떤 상황에서도 존중되고 지켜야 할 절대적 가치가 있음을 전제로 결과보다 취해진 행동의 형태나 본질을 더 중요하게 여기는 이론이다. 즉 행위자가 자기 의무를 다하고 있는가의 여부를 윤리적인 기준으로 삼고 있다.

의무주의의 대표 철학자인 임마누엘 칸트(Immanuel Kant, 1724−1084)는 경험론의 산만성과 합리론의 공허함을 비판하여 "내용 없는 사상은 공허하고 개념(概念) 없는 직관(直觀)은 맹목(盲目)이다."라고 하여 자신의 비판이론을 전개하였다.[7] 그는 과학적 지성(知性)의 자발적 능력과 자주성을 인정하여 현상계는 인식이 가능하다고 하였으나 물자체(物自體)인 본체계(本體界)는 인식할 수 없다고 하여 이성의 능력을 불신하였다.

감정 또한 과거 경험의 영향으로 비합리적이 될 수 있으므로 행동의 동기는 감정이나 욕망에서 비롯되면 안 되며, 오히려 개인의 의무 혹은 선을 행하고자 하는 보편적 준칙(Universal Maxim)에 의해 행동이 고려되어야 함을 주장했다.[8] 칸트에 의하면 행동의 가치는 어떠한 영향을 미치는가가 아니라 도덕적 동기에 따른다고 하였다. 또한 칸트의 '이 세상에 있어서 『선 의지』 외에는 무조건 선하다고 볼 수 있는 것은 하나도 없다.'라는 말은 칸트 윤리의 출발인 동시에 기본 전제이다. 이는 선이란 그 자체로서 선

7 오트프리트 회페, 이상헌 역, 『임마누엘 칸트』, 문예출판사, 2012.

8 장금성·이명하·김인숙·김상희·신미자·하나선·공병혜·정경희, 『간호윤리학과 전문직』, 현문사, 2015.

한 것, 본래적 선의 가치를 가진 것은 오직 『선 의지』로서 이는 옳은 행동을 오로지 그 것이 선하다는 이유로 항상 택하는 것을 의미한다. 이를 바탕으로 의무주의가 생겼는데 이는 어떤 상황에서도 존중되고 지켜져야 할 절대적 가치가 있음을 전제로 하며 결과보다 취해진 행동의 형태나 본질을 더 중요하게 여기는 이론이다.[9]

칸트의 정언명법(正言命法)에서 "너의 의지의 격률이 항상 동시에 보편적인 법칙 수립의 원리로서 타당할 수 있도록 그렇게 행동하라." 하여 행위의 결과보다는 결단을 내리는 행위 자체를 중요시하였고, 인간을 다루는 행위는 언제나 목적이어야지 수단이 되어서는 안 된다고 하였다. 이는 모든 이성적인 존재는 그 자체로서 가치가 있는데 이 가치는 이성을 지니고 있는 존재라는 점에서 가치가 있으며 이성은 모든 사람에게 본래적 가치와 존엄성을 부여한다고 하였다. "나의 머리위의 별이 총총히 빛나는 하늘과 나의 마음속의 도덕법칙에 언제나 감탄과 외경의 마음을 가진다."라는 말에 그의 사상이 잘 함축되어 있다.[10]

의무주의 윤리에서 중요한 것은 '규칙을 지켜라'로 이는 '규칙을 지키는 것이 선한 행동'이라고 할 수 있다. 여기서 그 규칙이 정말로 모두에게 적용되는 도덕적인 규칙인가를 중요하게 보아야 한다.

## 6. 공리주의(功利主義, Utilitarianism)

산업혁명의 결과 물질적 풍요와 편의를 향유했으나, 자유방임주의는 무절제한 자유경쟁과 개인적 이윤 추구 현상이 대두되어 개인의 이익과 전체의 이익을 조화시키는 문제에 관심을 갖게 되어 공리주의가 등장하였다. 그러므로 공리주의에서 개인의 이익이 무엇인지 이해하지 못한 채 공동체의 이익에만 치중해서 논하는 것은 부질없는 일이다. 어떤 것이 한 개인의 쾌락의 총합을 증가시키는 경향이 있으면, 그것이 그 개인의 이

9 조현, 『호스피스·완화의료』, 계축문화사, 2017.
10 오트프리트 회페, 이상헌 역, 『임마누엘 칸트』, 문예출판사, 2012.

익을 증진하거나 그 이익을 위하여 존재한다고 말할 수 있다. 또는 그 개인의 고통의 총합을 감소시키는 경향이 있다고 해도 마찬가지가 된다. 그렇다면 하나의 행위는, 그것이 공동체의 행복을 감소시키기보다 증가시키는 경향이 크면, (공동체 전체와 관련된 의미로) 공리성의 원칙, 또는 간단히 말하자면 공리성에 부합하는 것이라고 말할 수 있다.[11] 대표적인 공리주의자로는 영국의 철학자 벤담(Bentham)과 그의 제자였던 밀(Mill)이 있다.

벤담(Jeremy Bentham, 1748–1832)은 양적 공리주의자로서 인간의 구조가 본래 유용성의 원리를 받아들이도록 마련되어 있어 '최대 다수의 최대 행복'을 추구한다고 주장하였다. 이는 쾌락주의 인간관으로 삶의 목적이 쾌락과 행복의 추구에 있으며 도덕적 이상을 최대 다수의 최대 행복을 위해서 선한 행위란 가급적 많은 사람에게 쾌락과 행복을 주는 공리성(功利性, Utility)을 전제로 하는 사회적 쾌락주의인 사회적 이익을 우선해야 한다고 하였다. 그의 공리주의는 경험주의를 원천으로 출발한 사상으로 개개인의 행복을 떠나서는 사회 전체의 행복이란 있을 수 없다는 개인주의적 사회관을 가지고 최대 다수의 이익을 계산하려고 한 것이다. 여기에는 개인적 쾌락과 사회적 공익의 조화가 요구되는데, 이에 필요한 다수결(多數決) 원리의 발전에 크게 기여하였으나 모든 사람은 반드시 하나로 계산되어야 한다는 주장은 다수의 횡포를 가져다주는 결함이 있다.[12]

밀(John Stuart Mill, 1806–1873)은 질적 공리주의자로서 "배부른 돼지가 되기보다는 배고픈 인간이 되는 것이 더 바람직하고, 만족스러운 바보가 되기보다는 불만족스러운 소크라테스와 같은 사람이 되는 것이 더 바람직하다."라고 말했다. 그는 양적공리주의자인 벤담의 제자였지만 물질적 쾌락보다는 정신적 쾌락을 추구하였다. 또한 밀은 인격적 공리주의자답게 인격의 존엄성을 바탕으로 한 쾌락의 추구가 행복의 근원이라

11 제러미 벤담·존 스튜어트 밀, 정홍섭 역, 『벤담과 밀의 공리주의』, 좁쌀한알, 2018.

12 제러미 벤담·존 스튜어트 밀, 정홍섭 역, 『벤담과 밀의 공리주의』, 좁쌀한알, 2018.

고 강조하면서, 내적인 양심의 제재를 중요시하였다. 이는 타인의 행복까지도 실현되기를 원하는 이타심(利他心), 즉 동정(Sympathy)과 인애(Beneficence)라는 사회적 감정을 의미한다. 그의 도덕적 근본은 기독교의 황금률에 의하여 "네 이웃을 네 몸과 같이 사랑하라", "너희가 무엇이든지 남에게 대접을 받고자 하는 대로 너희도 남에게 대접하라." 처럼 매우 헌신적이라고 할 수 있다. 하지만 밀의 공리주의에는 일부 모순이 있는데 표현의 자유, 소수 의견 존중은 매우 긍정적이지만 사안에 대한 질적인 부분은 사람마다 기준이 다르기에 평가가 어렵고 온정적일 수가 있다는 것이다. 그리고 밀은 쾌락의 질적 차이를 구분하는 기준으로 다수의 선호를 기준으로 삼아서 a와 b라는 쾌락 중 어느 것이 질적으로 높은 쾌락인지는 두 가지를 모두 경험한 다수의 사람들이 보다 많이 선택하는 쾌락이 질적으로 우월한 쾌락이라고 하였지만 이는 쾌락을 구별하는 기준으로 쾌락 그 자체가 아닌 다수의 선호라는 다른 기준을 통해 구별하기 때문에 밀의 이론을 쾌락주의가 아닌 선호 공리주의라고 할 수 있다.[13]

벤담과 밀의 두 가지 공리주의의 차이를 설명하는 데 자주 거론되는 예를 인용해 보자.

선로를 가는 기차의 브레이크가 고장이 나서 멈출 수가 없는 경우를 가정해 보자. 질주하는 기관차의 앞에 두 갈래로 나누어지는 분기점에서 우측 선로와 좌측 선로를 선택해야 하는 경우 우측 선로에는 노동자 5명이 있고, 좌측 선로에는 기관사의 친한 친척 1명이 있다면 그 기관사가 어떤 선로를 택해야 하는가에 대한 결정에서 양적 공리주의 측면에서는 최대 다수의 최대 행복에 입각해서 좌측 선로로 들어가서 친척 1명을 죽이고 5명을 살리는 게 맞지만 질적 공리주의 측면에서는 우측 선로로 들어가 기관사와 질적 의미가 큰 친한 친척 1명을 살리고 5명을 죽이는 것을 선택한다는 것이다.

공리주의자들은 어떤 선택이나 행동에 의해서 나온 결과들을 분석해서 윤리적 의사결정의 근거로 삼고 있으며 이때 최선의 결과를 가져오는 것이 옳은 행동이라고 보았

13 제러미 벤담·존 스튜어트 밀, 정홍섭 역, 『벤담과 밀의 공리주의』, 좁쌀한알, 2018.

다. 그러므로 공리주의는 대표적인 결과주의가 되었고 최대 다수의 최대 행복을 공리적인 것으로 정의하였지만 결과가 수단을 정당화시킨다는 비난과 사회적 목적 달성을 위한 개인의 인권침해 가능성이 존재하고 있다.

## 03. 임종의학(죽음학)과 윤리

임종의학(죽음학)을 이해하려면 기본적으로 윤리의식이 요구된다. 죽음학이나 임종의학 또한 시대에 반영된 사람들의 의식과 사회적 분위기 그리고 주어진 환경이 매우 중요한 요소라 할 수 있다. 이를 바탕으로 그 시대에 맞는 도덕과 윤리는 정해질 것이고 그에 따른 규정과 법 제도 하에서 죽음에 대한 모든 과정이 관리되고 있다.

생명은 매우 중요하고 고귀한 것이므로 생명을 다루는 의료진이나 환자 그리고 가족 모두 윤리적인 공감대에서 서로 충분한 교감이 있어야 한다. 이런 교감을 위해서는 결국 사람과 사람 간의 믿음과 신뢰를 바탕으로 하는 의학윤리가 바탕이 되어야 가능하다고 본다.

의학윤리는 실천윤리학(Practical Ethics)에 속한다. 이 분야는 크게 생명의료윤리와 전문직 윤리(Professional Ethics)로 나누어지는데 생명의료윤리(Biomedical Ethics)는 다시 생명윤리(Bioethics)와 임상윤리(Clinical Ethics) 또는 의료윤리(Medical Ethics)로 구분된다.

생명윤리(bioethics)는 첨단의학과 연관된 윤리문제나 배아줄기세포연구, 유전자검사, 장기이식, 시험관아기시술, 임상시험(임상연구윤리심의위원회, IRB)에 대한 규정, 생명윤리 안전에 관한 법 등을 다루는 윤리분야이다. 생명윤리란 점차 발전하는 과학과 의학의 새로운 분야에서 생명에 대해 최소한의 제한을 규정하는 것으로 이는 헬싱키선언, 생명윤리와 인권에 관한 보편선언, 생명윤리 및 안전에 관한 법률과 시행령 시행규칙에서 규정하고 있다.

임상윤리(Clinical Ethics) 또는 의료윤리(Medical Ethics)는 임상에서 환자를 진료하면서 발생되는 윤리적 갈등을 다루거나 치료 중에 발생하는 과잉이나 과소치료에 대한 갈등, 연명의료에 대한 결정 또는 한정된 의료자원의 분배 등에 대한 문제를 다루는 윤리분야이다. 이 윤리의 규정은 호스피스·완화의료 및 임종과정에 있는 환자의 연명의료결정에 관한 법률(약칭: 연명의료결정법), 의료윤리강령, 의사윤리지침 등에 의해 규정하고 있다.

전문직 윤리는 의료직능별 윤리인데 의사, 한의사, 간호사 등 다양한 직능의 의료진과 환자와의 윤리문제, 의료진과 동료의료진과의 윤리문제, 직능 간·의료진 간의 윤리문제, 교육자와 피교육자 간의 문제 등을 다루는 윤리분야이다. 이는 의료법, 의사윤리강령, 의사윤리지침 등에 의해서 규정하고 있다.

대표적인 생명의료 윤리사건에 대해 알아보면 1947년 제2차 세계대전 후 있었던 독일 전범재판에서 나온 의학의 이름으로 저질러진 살인 고문, 잔악한 인체실험에 대한 반성으로 나온 뉘른베르크 강령, 1972년 미국의 터스키기 매독연구소의 가난한 흑인 600명을 상대로 한 비밀 인체실험에 대한 반성과 인간 피험자에 대한 보호를 발표한 벨몬트 리포트(Belmont Report, 1978), 2005년 황우석 논문 조작 사건 등으로 인한 생명윤리법 강화 등이 있다.

임상윤리(Clinical Ethics) 또는 의료윤리(Medical Ethics)는 의학 발달과 더불어 생기는 뇌사개념 도입과 심장이식, 안락사 사건, 보라매병원 사건으로 병원윤리위원회의 도입, 세브란스 김 할머니의 소극적 안락사 허용사건, 연명의료결정법(2018년 12월 11일 공포, 2019년 3월 27일 일부 개정) 제정 등의 사건들이 있다.

그 외에도 전문직 윤리에 관한 사건으로는 리베이트 쌍벌제, 의료현장의 성범죄 또는 태움문화 등이 있다.

## 04. 생명윤리(生命倫理) 개요

생명에 관련된 윤리도덕의 문제를 다루는 생명철학으로서 생명윤리(Bioethik, Bioethics)는 과학과 의학의 발달로 인해 과거의 철학과 윤리학으로 설명하거나 이해하기 어려운 생과 사 그리고 인격과 비인격의 경계가 모호해지고 새롭게 발생되는 생명현상에 대한 다양한 문제를 시대에 맞게 정의하고 규정하는 것이다.

이는 기존의 생명윤리 문제들과 새로운 도덕적 딜레마가 생기는 것을 어디까지 허용하고 어디까지 금해야 하는가에 대한 생명의 가치와 질서에 대한 생명과학(Life Science)의 시대적 요구와 지침을 제시한다.

칸트는 죽음을 보는 관점을 생명과 행복의 양이 아닌 생명과 행복의 질로 문제 삼아 인격적 존엄으로 채워진 삶의 방식을 도덕적 "생명의 질"로 보고 하늘이 준 생명을 그대로 절대시하지 않고 자신의 삶을 어떻게 살아갈 것인가 하는 자기결정적인 삶의 방식에서 인격적이고 존엄의 도덕적 가치를 찾으려 했다.[14] 이런 의식은 존엄사에서 그 당위성을 찾아가고 있다.

최근 분자생물학의 발전과 유전공학의 발전은 이미 새로운 생명의 창조에 근접하였고 계속 발전하고 있으며 이에 대한 생명 창조에 대한 정의까지 바뀌고 있어 새로운 논의와 규정이 더 크게 요구되고 있다. 현재 생명윤리는 유전자조작이나 세포융합 등 생명과학 혹은 생물공학(Biotechnology)의 발전에 따라 종래의 생명관만 고집할 수 없게 되었고 따라서 근래에는 생명을 어디까지 인위적으로 조작할 것인가 등의 문제가 현실적인 문제로 자주 대두되고 있다.[15]

국내에서도 생명윤리에 대한 문제는 이론에 그치는 것이 아니고 많은 논의와 경험

14 마키노 애이지, 이신철 역, 『칸트사전. 현대철학사전 제1권』, 도서출판b, 2009.

15 한국식품과학회, 『식품과학기술대사전』, 광일문화사, 2008.

을 바탕으로 생명윤리법으로 제정되어 인간의 존엄과 가치를 침해하거나 인체에 해를 끼치는 것을 막고 생명과학기술이 인간의 질병예방 및 치료 등을 위해 이용하도록 하고 있다. 생명윤리 및 안전에 관한 법률(약칭: 생명윤리법) 전문 제1조 목적에는 "인간과 인체유래물 등을 연구하거나, 배아나 유전자 등을 취급할 때 인간의 존엄과 가치를 침해하거나 인체에 위해(危害)를 끼치는 것을 방지함으로써 생명윤리 및 안전을 확보하고 국민의 건강과 삶의 질 향상에 이바지함을 목적으로 한다."[16]고 나와 있다.

생명윤리에 대한 문제는 일찍이 시험관 아기시술부터 시작하여 장기이식 또는 인공장기의 발달로 인한 생명의 정의도 점차 바뀌고 있으며 이는 자연과 사람의 관계에서 질서의 파괴에 대한 혼란을 정리하고 규정하고 있다.[17]

앞의 설명처럼 '생명윤리'는 생명에 대한 윤리, 즉 생명체의 존엄성에 관한 윤리라고 할 수 있고, '생명의료윤리'는 생명을 살리고 보존하기 위한 '치료'에 대한 윤리라 보면 쉽게 구분이 될 것이다. 폴 테일러(Paul Taylor)에 의하면 윤리학은 기술윤리학, 규범윤리학, 분석윤리학으로 나뉘는데 생명의료윤리학은 규범윤리학에 속한다고 하였다.[18] 하지만 최근 의학은 더욱 발전을 거듭하고 있고 새로운 생명창조에까지 이르고 있으며 이로 인한 규범윤리로서 서로 상충하는 문제를 규범으로만 해결하기에는 어려움이 생기고 있다. 그러다보니 의료윤리는 규범적인 모습에서 보다 현실적인 사회를 반영하는 실천윤리학(Practical Ethics)으로 바뀌고 있다.[19]

히포크라테스 이후 생명에 관한 윤리는 '의사(의료)의 윤리'로 인식되었으나 의료의 발전과 인권의식의 발달은 의사(의료)의 일방적이지 않은 대등한 입장에서 환자의 주체성을 더 강조하게 되면서 의학적인 치료에서도 논리적인 합의가 요구되어 계약관계로 전환이 이루어지고 있다. 임종과 관련된 윤리적인 측면에서 생명의료윤리학은 어떻게

16 법률 제15188호, 시행 2017.12.12.

17 대한간호학회편, 『간호학대사전』, 한국사전연구사, 1996.

18 폴 테일러(Paul Taylor), 김영진 역, 『윤리학의 기본원리*Principles of Ethics*』, 서광사, 1985.

19 이명진, 『이명진 원장의 의료와 윤리』, 광연재, 2013.

살고 죽는가에 대한 가치관을 시대에 맞게 정립하는 분야라고 볼 수 있다.

이런 윤리 기본을 위해 생명공학과 의학에 관한 탐구영역에서 철학적 요구를 받아들여야 한다. 즉 개념의 분류와 의미의 명료화 작업으로서 생명의료윤리학 추론의 타당성과 도덕적 신념의 체계화 작업이 요구되며 존엄사에 대해서도 인간존엄의 참다운 실현인지를 명료화하는 철학적 기준이 있어야 한다는 것이다. 또한 이런 생명의료윤리학의 연구에는 가치철학의 규범적 성격을 가지고 새로운 생명문제가 어떻게 이루어지고 있는지의 물음이 아닌 어떻게 해야만 하는지에 대한 물음에 대한 탐구가 요구된다.[20]

앞으로 생명윤리뿐만 아니라 생명의료윤리에 대한 논쟁도 계속 더 심화될 것이고 새로운 논쟁거리도 증가하겠지만 현재 우리 일상 속에서 흔히 경험하는 유전자변형먹거리(GMO)나 생명복제, 줄기세포 이용, 장기이식, 안락사, 동물생체실험 등 과학 발달로 인해 생기는 문제에 대한 진지한 논의가 요구된다.[21] 이런 문제는 배아를 생명으로 인정하는 것이나 뇌사자의 장기 이식에 따른 진정한 죽음에 대한 논의, 연명치료의 중단을 어디까지 허용할지에 대한 합의, 동물실험에 대해 이런 실험이 효과적이고 타당한 것인지를 정하고 생명에 대한 시각과 사고의 폭을 더 넓혀야 생명윤리는 그 존재의 가치를 이룰 것이다.

## 05. 생명윤리의 역사적 배경

생명윤리는 인간의 존엄성을 보장해주는 최소한의 사회규범이라고 볼 수 있다. “생물학 지식과 인간의 가치체계에 대한 지식을 결합한 새로운 학문분야” 또는 “의학 및

20 김상득, 『생명의료 윤리학』, 철학과현실사, 2000.
21 장성익, 『생명윤리논쟁』, 풀빛, 2014.

생물과학의 윤리적 차원에 관한 연구"라 정의하기도 한다. 그리고 1974년에 미국 국회 도서관이 'Bioethics'를 주제어로 공식 채택함으로써 "현대 의학과 생명과학의 발전이 인간의 생명에 대해 야기하는 문제들에 대한 윤리적 탐구를 연구하는 분야"를 지칭하는 용어로서 확실한 의미를 갖게 되었다.[22]

국내에서도 생명윤리에 대한 발전과 더불어 과거 황우석 교수의 불행한 사건들이 있어서 정부와 국민들의 관심이 커지고 있었고 경쟁적으로 무리한 실험들이 나올 가능성이 커지면서 이를 관리할 주체의 필요성이 요구되었다. 2006년부터 활동한 생명윤리연구센터를 모체로 하여 2012년 '국가생명윤리정책원'[23]을 설립하여 이 분야에 대하여 법령연구와 '국가생명윤리심의위원회'를 지원하고 있다. '국가생명윤리심의위원회'[24]는 2005년 발족된 대통령 소속 기관으로 '생명윤리 및 안전에 관한 법률' 제7조에 따라 다음 사항을 심의하는 역할을 한다.

- 국가의 생명윤리 및 안전에 관한 기본 정책 수립에 관한 사항
- 공용기관생명윤리위원회 업무에 관한 사항
- 인간 대상 연구의 심의 면제에 관한 사항
- 인간 대상 연구 기록 보관 및 정보 공개에 관한 사항
- 잔여배아를 이용할 수 있는 연구에 관한 사항
- 연구의 종류 대상 및 범위에 관한 사항
- 배아줄기세포주를 이용할 수 있는 연구에 관한 사항
- 인체유래물 연구의 심의 면제에 관한 사항
- 유전자검사의 제한에 관한 사항

22 박수헌, 『생명윤리와 법의 이해』, 유원북스, 2018.
23 국가생명윤리정책원 https://www.nibp.kr:5002/xe/.
24 국가생명윤리심의위원회 https://bioethics.go.kr/user.

• 그밖에 생명윤리 및 안전에 관하여 사회적으로 심각한 영향을 미칠 수 있다고 판단하여 국가위원회 위원장이 회의에 부치는 사항 등이다.

## 06. 생명윤리와 법

윤리적인 문제와 법은 규범적 판단이라는 측면에서는 유사하지만 실제적인 입장에서는 다르다. 윤리학은 도덕에 관해 철학적으로 탐구하는 분야이며 윤리 이론은 원인이 아니라 어떤 행위가 왜 올바른지 혹은 올바르지 않은지, 어떤 사람이나 성격이 왜 선한지 혹은 악한지를 설명하려 한다. 그리고 그 문제에 대한 윤리과정 속에서 다양한 이론과 판단을 내릴 수 있으므로 꼭 이런 윤리규정을 따르지 않았다고 해서 무조건 구속할 수는 없다. 하지만 윤리나 도덕, 철학 등을 통해 많은 논의와 시행착오 속에서 합의된 형식으로 만들어진 법은 역사적이나 제도적으로 실현된 제한된 규범이다. 그리고 이를 어기면 강제적인 구속력이 뒤따른다.

윤리적 원칙이 법적 판단에 영향을 미치는 방식은 대략 두 가지 정도이다. 첫 번째는 입법 단계에서 어떠한 행위를 법적으로 규율할 것인가, 법적 규율을 한다면 어떠한 법적 수단을 사용할 것인가의 단계에서 윤리 이론이나 윤리 원칙이 고려된다. 두 번째는 법률 해석에 있어서 윤리 원칙이 고려될 수 있다. 법적 규정은 추상적이고 일반적이기 때문에 언제나 해석이 필요하다. 법률 해석은 문언의 해석으로부터 출발하지만, 문언의 해석에서도 윤리적 고려가 개입될 수 있다. 또한 목적론적 해석에서는 더욱 그러하다.[25]

25 정규원, "의학연구와 의료윤리, 열린연단: 문화의 안과 밖," 2016. https://openlectures.naver.com/contents?contentsId=110018&rid=2909#literature_contents.

법은 사회적 갈등을 관리하고 공존 가능한 사회적 가치를 형성해감으로써 공동체를 유지하고 개선해가는 구속력을 가진 규범으로 우리 사회로 하여금 적절하게 기능할 수 있도록 설계되어 있다. 즉, 법은 사회 공동체와 관련되고 사회 공동체 속에서 생활하는 개인의 인권과 존엄성을 보장하고 사회 공동체의 안녕과 질서를 지키기 위해서 꼭 필요하다.[26] 생명윤리나 생명의료윤리 분야도 다양한 사회적 논의가 바탕이 되어 생명에 대한 권리와 존중이라는 법과 법률로 규정되어있기에 그 마지막에 발생되는 법적 소송의 문제에서 아무리 윤리적 판단으로 타당하다고 여겨도 법으로 다시 판단을 받아야 한다. 하지만 그에 앞서 철학자 존 롤스(John Rawls, 1921–2002)는 기관윤리위원회나 혹은 합의회의 등과 같은 정의로운 결과를 도출할 수 있는 형식적인 절차와 체계를 마련하는 것이 더 필요하다는 절차적 정의론을 주장하기도 하였다.[27] 존 롤스의 사상은 공정으로서의 정의(Justic of Fairness)인데 이를 절차적 정의관이라고 한다. 이런 정의관의 출발점은 원초적인 입장에서 자신이 다른 사람이 되었다고 생각해보는 것으로 미래에 발생되는 일에 대하여 정보가 베일에 가려 무지의 장막(The Veil of Ignorance)이 되었다고 한다면 어떤 것이 가장 좋은 방법일지에 대하여 스스로 자문하게 되고 가장 최선의 선택을 찾기 위한 합리성을 선택할 것이라는 주장이다. 이런 선택을 해야 공정한 사회가 되고 기득권의 간섭이나 결정을 막을 수가 있게 되어 약자를 위한 사회정책을 만들 수 있다고 하였다.[28] 공정성의 핵심은 어디서 태어나는지, 남자인지 여자인지, 부자인지 가난한지 등의 이미 나타난 사회적, 자연적 우연성의 조건을 없애고 판단해야 공정한 사회가 만들어진다는 것이다.[29] 그의 주장에 의하면 모든 사람이 언론과 사상, 종교, 신체의 자유 등 기본적인 자유와 평등한 권리를 가지며, 사회적 또는 경제적으로 불평등이 있을 때는 가장 어려운 사람에게 가장 많은 이익을 주어야 하며, 기회를 공평하게

26 박수헌, 『생명윤리와 법의 이해』, 유원북스, 2018.
27 권복규·김현철, 『생명윤리와 법 3판』, 이화여자대학교 출판부, 2014.
28 에린 켈리, 김주휘 역, 『John Rawls 공정으로서의 정의』, 이학사, 2016.
29 에린 켈리, 김주휘 역, 『John Rawls 공정으로서의 정의』, 이학사, 2016.

주어야 한다는 것이다. 이를 바탕으로 소수자에게 더 많은 기회를 주고 배려하는 것이 정의라고 보았으며 사회에서 이들을 어떻게 대우하느냐에 따라 공평하거나 불공평한 제도가 생겨난다고 한다. 소수자에 대한 배려가 정의의 원칙에 걸맞기 때문에 역차별이 될 수 없다고 보았으며 소수자들을 배려하는 정의의 원칙을 세우는 것이 자신을 위한 일이기도 한 이유는 우리도 언제 어디서 어떤 이유로든 차별받을 수 있기 때문이고, 정의의 원칙을 지키는 사회를 만드는 것이 결국 자기 자신을 위한 일이기 때문[30]이라고 하였다.

생명윤리와 관련된 국제윤리기준으로는 2005년 유네스코(UNESCO) 총회에서 만장일치로 채택된 총 28개 조항의 '생명윤리와 인권에 관한 보편선언'(Universal Declaration on Bioethics and Human Rights)이 있다.

국내에서는 '생명윤리 및 안전에 관한 법률(약칭: 생명윤리법)'이 인간의 존엄과 사생활 보호를 위한 개인정보 보호와 무의미한 연명치료의 중단과 호스피스와 완화의료 및 임종과정에 있는 환자의 연명의료결정에 관한 법률, 낙태와 의사조력자살 등을 규정하고 있으며 그 외에도 뇌사와 장기이식 등에 대한 법률을 포함하고 있다. 이 법은 수차례 개정을 한 후 2013년 2월 2일부터 현재까지 적용되고 있다. 이 법에서 인간 대상 연구에 참여하는 대상자의 보호를 위해 연구자가 준수해야 할 중요한 생명윤리의 기본원칙이 제3조(기본 원칙)에 잘 규정되어 있다.[31]

(1) 이 법에서 규율하는 행위들은 인간의 존엄과 가치를 침해하는 방식으로 해서는 아니 되며, 연구대상자등의 인권과 복지는 우선적으로 고려되어야 한다.

(2) 연구대상자 등의 자율성은 존중되어야 하며, 연구대상자 등의 자발적인 동의는

30 서선연·최진기, 『서선연, 최진기의 교실밖 인문학』, 스마트북스, 2016.

31 생명윤리 및 안전에 관한 법률(약칭: 생명윤리법) http://www.law.go.kr/lsInfoP.do?lsiSeq=199534&efYd=20171212#0000

충분한 정보에 근거해야 한다.

(3) 연구대상자 등의 사생활은 보호되어야 하며, 사생활을 침해할 수 있는 개인정보는 당사자가 동의하거나 법률에 특별한 규정이 있는 경우를 제외하고는 비밀로서 보호되어야 한다.

(4) 연구대상자등의 안전은 충분히 고려되어야 하며, 위험은 최소화되어야 한다.

(5) 취약한 환경에 있는 개인이나 집단은 특별히 보호되어야 한다.

(6) 생명윤리와 안전을 확보하기 위하여 필요한 국제 협력을 모색하여야 하고, 보편적인 국제기준을 수용하기 위하여 노력하여야 한다.

## 07. 생명의료윤리의 네 가지 원칙

임상에서 직면하게 되는 많은 의학적 문제 중에는 기존의 윤리적 사고로 선택이 어렵거나 올바른 것인지 아닌지를 명확히 판단하지 못하는 상황에서 의사결정을 해야 하는 경우가 있다. 이런 경우 판단근거로 삼을 수 있는 가치나 지식 또는 윤리적 원칙에 대해 충분히 이해해야 하고 전문가로서 이에 맞는 생명존중과 기본적인 생명 권리의 존중이라는 의미를 명확히 따라야 한다. 이런 원칙을 설명하는데 많이 적용하는 1970년대 미국 케네디연구소 소속 윤리학자인 보참(T. L. Beauchamp)과 칠드레스(J. F. Childress)의 4가지 기준이 있는데 자율성 존중의 원칙, 악행 금지의 원칙, 선행의 원칙, 정의(평등)의 원칙으로 구분한다.[19] 이를 인간으로서의 존엄성과 권리를 보장하기 위한 '생명윤리의 일반원리'라고 한다.

## 1. 자율성 존중 원칙(The Principles of Respected for Autonomy)

사람이 살면서 자유를 누리는 것처럼 의료 행위 또한 환자의 자율성을 존중해주어야 한다는 원칙이다. 이는 개인이 스스로 선택하고 행하는 행동 자유의 형태로 개인의 독립성, 자립성, 자주성 등을 의미하며 인격존중 또한 여기에 포함된다. 즉 생명윤리의 문제에서 개인의 의사를 중요시하여 스스로 생각하고 결정한다는 의미이다. 사람은 모두 존엄한 존재이고 기본 가치가 전제된 존재이므로 수단으로 취급되어서는 안 되고 자유는 보호받아야 한다는 것이다.[33]

이러한 권리는 자율성을 통해서 나오는 것으로 무엇인가를 해야 하는 의무는 긍정적인 권리이며, 무엇을 하는 데 참고 억제하는 의무는 부정적인 권리로 본다. 이런 사상은 서양철학에 근거하는 것으로 칸트도 인간의 자율성은 도덕적인 절대성으로 존중되어야 한다고 말했다.[34]

임상에서 가장 많이 접하는 사전 동의(Informed Consent)의 경우가 좋은 예일 것이다. 환자치료에 동의를 얻기 위해서는 가능한 정보를 제공하고 이를 바탕으로 환자 스스로 선택하게 하고 치료에 대한 협조를 얻는 것으로 윤리적으로 동등한 관계에서 사전 동의를 얻고자 할 때 알려주어야 할 내용은 첫째는 전문가가 시행할 모든 내용이며, 둘째는 합리적이고 보통사람이 알고 싶어 하는 모든 것이며, 셋째는 환자가 알고 싶어 하는 것이다.[35]

임상에서 임종환자를 치료하거나 돌볼 때 환자의 자율적 의사를 파악하기 위해 동의를 얻는 경우 이때 의사와 환자가 각각 가지고 있는 지식의 비대칭성으로 인해 그 동의가 진정한 동의인가 하는 문제가 제기될 수 있다. 이런 차이를 최대한 줄이려면 성실

---

32 Tom L. Beauchamp & James F. Chidress, *Principles of Biomedical Ethics*, Oxford University Press, 1979.

33 박수현, 『생명윤리와 법의 이해』, 유원북스, 2018.

34 마키노 애이지, 이신철 역, 『칸트사전. 현대철학사전 제1권』, 도서출판b, 2009.

35 조현, 『호스피스·완화의료』, 계축문화사, 2017.

한 설명과 선택을 단순화시켜주는 것이 요구된다.

또한 의사가 항상 환자의 질병에 관해 모든 정보를 알려주어야 하는가라는 문제가 있는데, 의사가 환자에게 진실을 말했는데 환자가 그 충격으로 오히려 병세가 더 악화될 수도 있으며, 정보 공개 시 과연 어느 정도까지 환자에게 알려야 하는 것인지의 문제에 어려움이 있다. 이런 경우 단계별로 접근하면서 환자와 가족의 반응을 보고 결정하지만 궁극적으로 현재 상태와 향후 발생할 문제는 모두 알려야 할 것이다.

그 외에도 자신의 자율적 의사를 표명할 수 없는 환자의 경우 대리인을 누구로 할 것인가의 문제가 생길 수 있는데, 이런 대리인의 물음에 대해 대리판단 표준, 순수자율성 표준, 환자의 최선이익 표준이라는 세 가지 견해가 있다.[36]

첫 번째 대리판단 표준 견해는 만약 환자가 의사 표현이 가능하다면 그는 이런 상황에서 무엇을 원했을까를 생각해보는 것이다. 두 번째 순수자율성 표준 견해는 환자가 의사 표현 능력을 상실하기 이전에 말한 환자 자신의 의사를 대리인이 그대로 전달하는 것이다. 세 번째는 '환자의 최선이익표준'으로 삶의 질적인 면에서 환자에게 최선의 이익이 되는 것이 무엇인가를 찾아내는 것이다.

이처럼 자율성 존중 원칙에 대해 환자와 의사 간에는 정보의 차이가 있고 아무리 설명해도 당연히 환자는 전문적인 문제에서 이해를 못하는 경우가 생길 것이고, 대리인이 환자 입장에서 최선의 방법으로 선택한다고 해도 이것이 진정 그 환자의 생각일지에 대해서는 개인의 자율성 침해를 보장하지 못하는 한계가 존재한다는 반론이 있다. 또한 환자가 질병에 대한 정보를 다 안다고 해서 환자의 결정이 모두 윤리적으로 효력이 발생되는 것이 아니므로 충분한 정보에 의거한 동의를 표명할 수 있다는 능력은 어느 정도여야 하는가에 대한 의문이 생길 수가 있다.

미국의 벤자민 카도조(Benjamin Nathan Cardozo, 1870−1938) 대법관은 "성년이고 건전한 정신을 가진 모든 사람은 자신의 신체에 대해 행해질 것에 대한 결정권을 가진다.

36 건양대학교 웰다잉 융합연구회, 『지혜로운 삶을 위한 웰다잉』, 구름서재, 2016.

환자의 동의 없이 수술을 하는 의사는 손해배상책임을 지게 된다. 환자가 의식이 없거나 동의를 획득할 수 있기 전에 수술하는 것이 필요한 응급상황에서만 예외가 인정된다."고 하였다.[37]

## 2. 악행금지의 원칙(The Principles of Non-Maleficence)

의료행위 중에 환자에게 해악을 가해서는 안 된다는 원칙이다. 이는 히포크라테스 선서에 "환자에게 해약을 입히거나 환자의 상태를 악화시키는 데에는 의술을 결코 사용하지 않겠다."라고 하였듯이 가장 초기부터 행해진 원칙이다. 악행이라는 것에 대한 정확한 정의가 애매한 경우가 많은데, 의료윤리에서는 신체적 악행이 우선적인 고려 대상이 될 것이다.[38]

의학이 완전한 것이 아니고 의료행위 역시 긍정적인 면과 부정적인 양면이 존재하고 인간 능력에는 한계가 있어 어쩔 수 없이 악행을 행할 수밖에 없는 경우가 있고, 그 때는 그것이 옳았지만 지나고 보니 틀린 경우도 있어 악행에 대한 기준이 어느 정도로 어떤 조건 하에서 허용되어야 하는가의 물음이 제기되기도 한다. 정상적인 의료인이라면 환자의 질병을 치료하려는 의도에서 의료 행위를 한 것이지 그 부작용을 생각해서 일부러 의료 행위를 하는 것은 아니라는 '이중효과의 원리'(The Principles of Double Effect)를 옹호하는 사람들의 견해가 있다. 반대로 이중효과의 원리를 거부하는 견해는 의무적인 치료와 의사 환자 간 합의에 의한 선택적인 치료를 구분해서 악행 금지의 기준을 세우자는 것이다.

예를 들면 감기환자에게 대증요법으로 약을 처방하는 경우 콧물이나 기침 등의 증상을 완화하려는 것이지만 부작용으로 졸림이나 집중력 저하 등이 생겨 사고를 낼 수가 있다면 이는 악행을 한 것이 되지만 그 부작용을 감수하고 투여한다는 것으로 악행

---

37 박수헌, 『생명윤리와 법의 이해』, 유원북스, 2018.

38 건양대학교 웰다잉 융합연구회, 『지혜로운 삶을 위한 웰다잉』, 구름서재, 2016.

이 정당화되는 것이다. 이때 감기를 낫게 하려는 의도가 더 크기 때문에 부작용에 대해서는 정당화가 된다는 것이다.

그런데 환자가 자신의 이익과 해악을 고려해 결정하고 의사와의 합의를 통해 치료가 이루어져야 한다는 선택적인 치료의 경우 예외적 상황에 대해 생각해 봐야 할 문제가 있다. 이 경우에는 의사와 환자 간 합의에 의한 것이므로 환자 자신의 이성적인 판단이 가장 중요하지만 만약 환자가 주변 상황이나 정신적인 요인으로 인해 자발적 판단 능력이 저하될 수밖에 없을 때에는 어떻게 해야 하는가에 관한 문제가 제기될 수도 있다.

### 3. 선행의 원칙(The Principles of Beneficence)

의료행위를 하는 사람은 환자에게 악행을 해서는 안 되고 선행을 행해야 한다는 원칙이다. 다시 말해 환자의 질병을 치료하고 건강이 증진될 수 있도록 노력해야 한다는 것으로 의료적인 도덕은 타인의 건강에 기여하는 것을 요구한다.

선행의 원칙은 악행 금지의 원칙을 넘어서 해악의 예방과 제거 및 적극적인 선의 실행을 요구한다. 그러다보니 공평성의 원칙을 지키기 어렵다.[39] 즉 의료인은 모든 사람에게 악행을 저질러서는 안 되지만 그렇다고 모든 사람에게 선행을 지킬 의무는 없다는 것이다. 그러나 의사와 환자의 계약관계가 이루어지면 그 속에는 선행을 베풀어야 한다는 의무가 성립된다.[40]

이 원칙에 대해서는 어디까지 선행의 도덕적 의무를 지니는가와 그 근거가 무엇인지에 대한 문제를 생각해야 하고 적극적인 선행 원칙으로 환자가 어떤 의사 표시를 하지 않더라도 환자를 위하여 간섭할 수 있다는 '온정적 간섭주의'(Paternalism)가 생길 수 있다. 이 온정적 간섭주의는 자율성과 관련해 환자가 반대를 하는가 하지 않는가에 따라

39 구영모, "생명의료 윤리란 무엇인가," 『생명의료 윤리』, 동녘, 1999, 40쪽.

40 건양대학교 웰다잉 융합연구회, 『지혜로운 삶을 위한 웰다잉』, 구름서재, 2016.

약한 형태와 강한 형태로 구분되기도 한다. 이외에도 의료 행위를 하는 데 이득과 손실의 균형, 즉 '효용'도 선행 원칙의 중요한 문제로 언급되고 있다.

부모가 자녀에게 공부를 잘해야 성공하는 어른이 된다고 강요하듯이 의료적으로 온정적 간섭주의가 환자에게도 적용되면 환자의 바람과 상관없이 선을 증진하는 것이 되므로 이런 선행은 자율성 존중의 원칙과 상충하는 문제가 생긴다. 이런 온정적 간섭주의가 심화되면 강압과 강제뿐만 아니라 속임수, 거짓말, 정보조작이나 은폐 같은 형태의 수단을 사용하여 영향력을 행사하기도 한다.[41]

## 4. 정의 원칙(The Principle of Justice)

한정된 의료자원을 어떻게 배분하는 것이 정의로운 것인지에 대해 '사회 정의'와 '분배적 정의'에 관한 물음이 있다. 여기서 말하는 정의 원칙은 우리가 흔히 생각하는 포괄적 의미에서의 정의라기보다는 좀 더 현실적이고 실질적인 의미로 봐야 한다. 이 원칙을 크게 보면 모든 의료행위와 관련된 연구비나 예산 등을 어떻게 분배해야 하는가라는 물음인데 이것은 한 국가의 예산이므로 사회 전체에 복합적으로 관련되어 있어서 그에 따른 예산 할당과 집행, 새로운 의료 투자비용, 정의로운 의료보험 제도 시행과 같은 여러 문제가 있다.

정의의 원칙에는 사람은 누구나 최소한의 의료를 받을 권리(The right to a decent minimum of health care)도 포함된다.[42] 인간은 누구나 그 신분이나 경제적 지불능력과 상관없이 인간으로서의 존엄성을 유지하기 위해 최소한의 의료권을 지녀야 하고 그 정도는 얼마인가에 대해 고민하게 되는데 이때 공정한 분배를 위한 정의관을 위한 기준이 요구된다. 통상적으로 성과에 따른 분배, 능력에 따른 분배, 노력에 따른 분배, 필요에 따른 분배 등의 4가지 기준이 제시되고 있다.

---

41 박수헌, 『생명윤리와 법의 이해』, 유원북스, 2018.

42 건양대학교 웰다잉 융합연구회, 『지혜로운 삶을 위한 웰다잉』, 구름서재, 2016.

분배적 정의는 특히 장기이식 문제에 있어서 신체 장기나 인공장기와 같은 의료 자원의 수량이 한정되어 있을 때 어떤 기준에 의해 이식 받을 환자를 선택하느냐의 물음이다. 그 분배 기준으로 성과, 능력, 노력, 필요의 네 가지 기준이 제시되고 있다. 문제는 이 기준들 간에 어느 것이 더 우선적으로 고려되어야 하는지 기준 간 우선순위의 문제가 대두될 수 있는데, 이를 정하는 것은 매우 어려움이 따른다. 현재는 전문위원회나 전문기관 등의 심의를 통해서 적절한 분배가 이루어질 수 있도록 하는 것도 하나의 대안일 수 있다.

위에 언급한 것처럼 어떠한 의료 행위가 윤리적이냐 아니냐의 문제를 판단하는 기준으로 대략 네 가지 원칙이 제시되고 있다. 하지만 임상 현장에서 구체적인 사안을 해결하는 데 이와 같은 원칙들이 실질적인 기여를 하고 있는지는 의문이다. 가령 종교적 신념으로 수혈 치료를 받지 않으면 죽을 것이 분명한 환자의 의견에 반하여 치료를 할 수 있느냐는 사안에서 선행의 원칙과 자율성 존중의 원칙 중 어느 원칙을 우선해야 하는가의 문제는 의료윤리의 딜레마가 되기도 한다. 의료윤리의 원칙들은 그 자체가 의료 영역에서의 윤리적 갈등 상황을 직접적으로 해결하는 기준이라기보다는 도움을 주는 고려 사항이라고 봐야 할 것이다. 이처럼 생명의료윤리는 몇 가지 큰 원칙이 있다고 하더라도 법으로도 규정하기 어렵고 공식과 같이 단순하고 정형화된 문제가 아닌 시대의 보편성 있는 사람들의 이성과 심적인 부분이 함께 작용하는 가변적인 문제이므로 과학적 사실에 대한 이해가 전제되어야 하며 어떠한 윤리 이론에 따라 판단할 것인가도 정해져야 한다. 과학적 사실의 이해의 경우에는 당대의 가장 정확한 과학에 대한 지식이 당연히 요구되고 윤리적 기준을 정하는 경우에는 과학적 지식이 전혀 관여되지 않는다고 할 수 없다. 윤리적 판단은 결국 인간이나 인간 행위에 대한 판단이며 그 주체도 인간이다.[43] 따라서 인간에 대한 과학적 이해를 당연히 전제하고 있기에 끊임없는 연구와

43 정규원, "의학연구와 의료윤리, 열린연단: 문화의 안과 밖," 2016. https://openlectures.naver.com/con-

논의를 통해 더 나은, 사회에 자연스럽게 융화될 수 있는 대안들을 찾아가는 것이 필요하다.

## 08. 3가지 윤리규칙(Rules of Ethics)과 윤리적 딜레마 그리고 임상현장에서의 윤리문제

윤리규칙이란 윤리원리에서 근거한 하위 개념으로 하나의 윤리원리에서 다양한 윤리규칙이 나올 수 있으며, 보다 구체적으로 되어 있고 의료계에서 환자와의 관계에서 흔히 논의되는 윤리규칙으로는 정직, 신의, 성실의 규칙이 있다.[44]

### 1. 정직(Veracity)

타인을 존중하고 선을 위해서 진실을 말해야 하는 의무이다. 서로 약속을 지키고 의사소통 시 거짓을 말해서는 안 되고 속이는 일을 해서도 안 되는 의무를 말한다.

### 2. 신의(Confidentiality)

진료하면서 알게 된 개인이나 가족의 사정을 타인에게 발설하지 않고 비밀로 간직해야 하고 환자의 개인적인 취향이나 독자적인 생활 관습과 인격을 존중해야 한다는 것이다. 이는 비밀유지의무로서 의료윤리강령으로 제시되고 있다.

tents?contentsId=110018&rid=2909#literature_contents.

44 김중호, 『의학윤리란 무엇인가?』, 바오로딸, 1995.

## 3. 성실(Fidelity)

성실을 자율성의 원리와 개인인격의 독자성으로부터 기인되는 도덕적 법이라고 하면, 성실을 윤리원칙보다 더 중요한 것으로 인식하고[45] 특히 계약관계에서는 기본적인 윤리 규칙으로서 약속 이행과 동일하게 사용한다.

임상에서 윤리규칙을 따라 판단해도 여전히 윤리적 딜레마는 존재한다. 윤리적 딜레마란 선택에 있어서 어떤 것이 더 옳은가에 대해 딜레마가 지닌 본질적인 속성으로 인해 가장 좋은 해결책은 없다는 것이다. 윤리적 딜레마의 특성으로 커틴(L. Curtin 1982)은 단지 경험적인 자료를 사용해서는 해결할 수 없는 문제이며 발생된 문제가 매우 복잡하여 현재 사실과 자료만으로는 결정을 내리기에 어려움이 있다고 하였다.[46]

개인이 윤리적이거나 도덕적인 의사결정을 할 때 개인적인 가치와 신념 및 철학은 매우 중요한 역할을 하고, 인간의 권리, 의무 목적에 대한 가치나 기본적인 신념에 의해 영향을 받게 된다. 이때 개입되는 가치 중에서 자신에게 가장 중요한 것이 무엇이고, 어떤 행위가 환자의 가치를 증진시키고 전문적 가치를 존중하는 데 필요한지를 결정해야 한다.[47]

이런 윤리적 딜레마의 문제를 해결하기 위해서는 우선 정확한 사실에 대한 많은 근거가 필요하다. 수집한 근거를 이용하여 적합하고 가능한 대안과 해결방법을 검토하고, 다양한 도덕이론에 따른 영향평가와 위험평가를 통해 우선순위를 정하고, 의사결정을 하며, 지속적인 피드백을 통해서 수정해 나가야 한다.

윤리 이론이나 원리, 규칙들은 임상에서 도덕적 판단을 하거나 행동을 취하는 데 이용한다. 앞에 설명한 보참(Beauchamp)과 칠드레스(Childress)의 4가지 생명윤리원리에

45 Tom L. Beauchamp & James F. Chidress, *Principles of Biomedical Ethics*, Oxford University Press, 1979.

46 Leah Curtin, *Nursing ethics theories and pragmatics*, Robert J Brady Co, 1982.

47 장금성·이명하·김인숙·김상희·신미자·하나선·공병혜·정경희, 『간호윤리학과 전문직』, 현문사, 2015.

따른 윤리적 사고체계에 의하면 특정한 상황에 처해서 선택해야 할 행동의 결정을 위한 판단은 도덕적 규칙에 의해 합리화된다고 한다.[48] 윤리규칙은 윤리원리에 기본을 두고 있기에 여기에는 다양한 규칙이 나올 수 있고 이런 규칙을 통해서 옳고 그름을 판단하여 어떤 선택을 할 것인가를 정하는 것이다. 윤리적 사고의 마지막 수준인 윤리 이론은 가장 보편적이고 기본적인 윤리적 판단 사고로서 규칙과 원리를 모두 포함하고 개인이나 집단의 도덕적 규범이나 이론을 형성하는 것으로 시대적인 윤리가치관을 반영하고 있다.[49]

윤리적 판단행동은 특정한 윤리적 상황에 노출되었을 때 그 판단은 윤리규칙에 근거를 두고 행해야 하고 윤리규칙 또한 윤리원리에 기본을 두고 있으므로 윤리 이론에서 모든 것이 파생되어 합리화되어 나온다고 본다.[50] 이는 일반적으로 윤리적 판단을 하는데 의료현장에서 적용되는 그 근거를 윤리적 규칙에서 찾아야 하며 이를 기본으로 주어진 일을 행해야 할지 말지를 선택하게 된다.

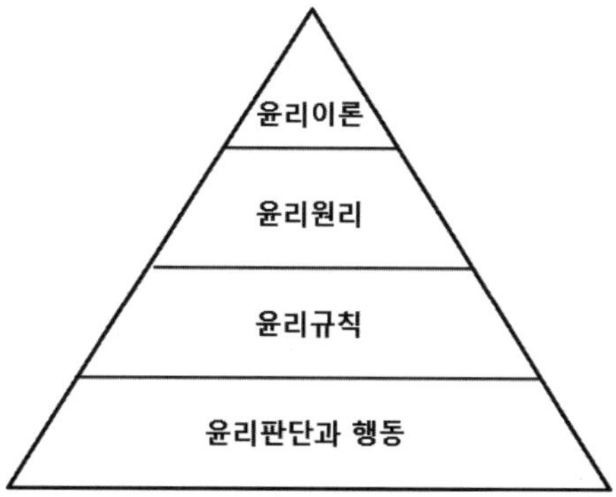


윤리적 사고의 4단계

출처 : Beauchamp & Childress, 1979

48 장금성·이명하·김인숙·김상희·신미자·하나선·공병혜·정경희, 『간호윤리학과 전문직』, 현문사, 2015.

49 Tom L. Beauchamp & James F. Chidress, *Principles of Biomedical Ethics*, Oxford University Press, 1979.

50 한성숙, 『생의 윤리와 도덕원리, 의학윤리』, 한국카톨릭의사협회 편, 수문사, 1984.

윤리 이론은 보편적인 수준의 윤리적 판단을 하고 사고하는 가장 마지막 단계인데 이곳에서 하위개념의 윤리원리와 다양한 규칙들이 나오면서 사회의 규범적인 모습을 보인다.

이런 윤리적 판단을 요구하는 경우가 많은데 의료현장에서 환자를 치료하다 보면 상반된 선택이나 진료를 포기해야 하는 문제가 생길 수가 있다. 이때 어디까지 허용되고, 어디까지 해서는 안 되고, 어디까지 해야 하는가에 대한 의료적 윤리문제로 고민하게 되는데, 이에 대한 문제는 법적인 문제와 사회적인 요구 또는 종교적인 합의점에서 그 해답을 찾아야 하지만, 상충되는 경우에는 결정이 매우 어려울 수 있다.[51]

(1) 의사가 말기환자에게 어디까지 알려야 하는가?

(2) 치료 목표를 바꾸어야 할 경우 그 시기의 결정은 언제 하는가?

(3) 완화 치료 시 어느 정도까지 해야 하는가?

(4) 연명치료에 대한 선택의 문제에 어디까지 개입해야 하는가?

(5) 인공호흡기 사용 여부에 대한 판단.

(6) 영양공급과 수액요법의 지속 여부 판단.

(7) 어느 시점에 사망선고를 할 것인가?

(8) 말기환자에게 신약이나 신의료 기술을 사용할 것인가?

(9) 사지절단 환자의 절단 범위.

(10) 선택적 유산에 대한 여성의 자기결정권을 인정해야 하는가?

(11) 관습과 종교적 문제와 충돌 시 어디까지 허용할까?

(12) 고비용 시술에 대한 선택의 문제.

(13) 동시다발로 응급환자가 왔을 때의 치료순서.

(14) 장기이식자의 우선순위.

---

51 김달수, 『죽음학 스케치』, 인간사랑, 2018.

(15) 위약치료에 대한 문제 등등.

의료 현장에서 의료진이 겪는 다양한 결정은 많은 부분이 윤리적인 문제와 함께 발생하므로 이에 대한 의료진의 교육과 사회적인 합의가 필요하고 이 문제는 앞으로도 의학이 발전할수록 더 많이 발생하고 복잡해질 수 있다.

특히 임종환자를 돌봄에 있어서는 윤리적 딜레마가 언제든지 존재한다. 환자를 위한 최선의 방법을 찾기 위해 충분한 정보전달과 자료제공 그리고 상담이 필요하지만 환자나 그 가족의 선택에는 항상 어려움이 존재한다. 그리고 의료란 그 자체로 완벽하거나 절대적이지 못하므로 선택이 모두 옳은 것도 아니다. 단지 그 당시 선택에서 최선을 다했음을 의미한다고 보아야 한다.

## 09. 필립 허버트(Philip Hebert)의 윤리적 판단 7단계

생명윤리의 일반원리 4원칙은 가장 널리 사용되는데 자율성 존중, 악행 금지, 선행, 정의의 관점은 실제 임상현장에서는 서로 상충하는 경우가 적지 않다. 암환자에게 진단명을 통보하는 것은 환자의 알 권리인 자율성을 존중하는 것이지만 자칫 위약한 환자에게는 심한 충격으로 위해를 줄 수 있다. 앞에서 설명하였지만 현장에서 윤리원칙들이 서로 충돌하는 경우에 어떤 원칙을 중시할 것인가는 당면한 시대나 문화적, 사회적 배경, 경제적·종교적 성향에 따라 얼마든지 달라질 수 있다.

대체로 서양의 경우 자율성의 원칙이 다른 어느 원칙보다 우선하는 경향이 지배적이어서 암의 발병을 환자에게 직접 고지해야 한다. 우리나라를 비롯한 동양에서는 환자의 자율성보다는 선행의 원칙이나 온정적 간섭주의(Paternalism)를 중요시하는 분위기가 많이 남아있다. 그러다 보니 환자에게 병명을 고지하기 전에 먼저 가족들에게 알리는데, 상의 후 환자에게 알리는 우리 현실과는 차이가 있다. 이런 다양한 사례를 서로 잘 풀어나가고 충돌하는 개념이 명확하지 않는 경우를 위해서 토론토대학의 필립 허버트(Philip Hebert) 박사는 임상 의사들이 부딪치는 윤리적 딜레마를 해결하기 위해 윤리적 판단 7단계를 제시하고 있다.[52]

**※ 필립 허버트의 윤리적 판단 7단계**

1단계 - 사례에 포함된 윤리적 물음들은 어떤 것들인가?

2단계 - 사례에 어떤 윤리(도덕) 원칙들이 포함되는가?

3단계 - 어떤 선택들이 가능할까?

4단계 - 판단에 도움이 되는 추가 정보가 있는가?

5단계 - 가능한 선택들을 윤리적 원칙과 추가 정보를 고려하여 검토하라.

6단계 - 선택들 간의 우선순위를 정하라. 당신의 선택은 무엇인가?

7단계 - 당신의 선택을 비판적으로 검토하고 행하라!

생명윤리의 4원칙과 충돌하는 의학적 문제가 발생하면 단계별로 나열되는 윤리적 물음들에 대하여 순차적 과정을 밟아가면서 의문을 제시하고 접근한다. 직접 환자를 대하는 의료진은 진료와 관련된 모든 과정이 윤리적인 문제를 일으킬 수 있다는 사실을 의식하고 진료에 임해야 하고, 다음으로 어떤 윤리(도덕) 원칙들이 포함되는가라는 질문에는 항시 해결해야 할 윤리적 문제가 무엇인지에 대해 준비를 하면서 몇 가지 가능한 주제로 구체화해야 한다. 그 다음으로 구체화된 사안을 가지고 어떤 선택들이 가능할까를 생각해보고 각 문제에 대하여 이상적인 해결책을 열거하고 정리하여 각각의 사안을 평가하면서 문제의 해결책을 찾아봐야 한다. 그리고 선택한 사안에 대하여 다

52 *Doing Right: A Practical Guide to Ethics for Medical Trainees and Physicians 3rd Edition*. Oxford Univ Press, 2014.

시 한 번 비판적으로 검토하면서 혹시라도 빠지거나 발견하지 못한 문제점을 찾아내고 필요하면 공개원칙에 따라 윤리위원회나 윤리전문가의 도움을 받아도 되며, 누구나 알아도 된다는 충분한 확신이 설 때 자신의 생각대로 행하면 윤리적인 문제는 대부분 해결된다.

## 10. 사람 중심 돌봄 모델(Person-Centered Care Model)

사람 중심의 접근 방식은 칼 로저스(Carl Rogers, 1958)에 의해서 시작되었는데 사람 중심 돌봄이라는 용어는 영국의 치매관리 현장에서 쓰이기 시작했다.[53] 과거 의료현장에서 추구하던 환자 중심의 모델이 현재는 그 범위가 확산되어 치매, 정신질환, 종양, 대사장애질환 등의 환자를 위한 사람 중심 돌봄 모델로 발전하였다. 이것은 환자를 정보에 입각한 의사 결정을 내릴 수 있는 능력을 지닌 독립적이며 능력 있는 사람으로 간주하여 자율성과 참여를 항상 강조하고 존중하는 돌봄 모델이다. 환자는 사람 중심의 접근 방식을 통해 자신의 문제에 개입하고 자신의 건강과 치료 과정에 참여할 수 있다. 사람 중심의 치료라는 개념은 건강관리의 성공적인 결과와 국제적 협력으로 성장했는데, 처음에는 고령의 치매 환자와 지적장애가 있는 환자를 위해 개발되었지만 후에 다른 의료 분야로 확산되었다. 그 확산의 중심은 치료 중에 발생되는 의사 결정에 환자와 가족이 참여하는 것을 강조하는 개념인데, 가장 큰 차이점은 사람 중심의 돌봄이 환자만을 보는 것이 아니고 관련된 모든 사람들의 역할을 기반으로 하는 접근방식으로 넓은 맥락에서 전체 사람을 설명한다는 것이다.

53 Jill Manthorpe, Kritika Samsi, *Person-centered dementia care: current perspectives*, Clinical nterventions in Aging: 25 November, 2016.

사람 중심의 치료는 4가지 장점이 있다.[54]

(1) 건강관리는 개인의 고유한 필요성과 건강에 대한 자신의 권리를 기반으로 시행해야 한다.
(2) 의료기관은 그 사람의 능력에 초점을 맞추고 활동을 장려해야 한다.
(3) 건강관리는 일관성이 있어야 한다.
(4) 의료전문가는 항상 존엄, 연민 및 존중으로 환자에게 접근해야 하고 윤리적 관점에서 작업해야 한다.

그러므로 사람 중심의 치료는 질병이나 증상에 초점을 맞추는 좁은 관점 대신 전체 사람을 고려한 건강관리에 대한 전체론적 접근법을 기반으로 한다. 사람 중심의 접근법에는 사람의 능력, 자원, 희망, 건강 및 복지뿐만 아니라 사회 및 문화적 요인도 포함된다.[55]

이를 위해서는 환자의 가치를 추구하고, 모든 임상적 결정을 이끌어내도록 보장하는데, 사람을 단지 질병을 치료 받는 환자가 아니라 의료의 주체로 보고 의료 결정의 원동력으로 삼는 개념은 계속 진화하고 추진력을 얻고 있으며, 현재 미국과 해외의 건강관리를 위한 표준으로 여겨지고 있다. 또한 "환자 중심"이 아닌 "사람 중심"이라는 용어를 임상 또는 의학 차원 이상의 사람들의 필요와 취향 전체를 포괄하는 방향으로 사용하려는 움직임도 있다.[56]

사람 중심의 치료는 WHO에서도 모든 사람을 대상으로 하는 포괄적인 용어로 사용하며, 사람들이 건강관리 시스템의 모든 영역에서 의사 결정에 적극적으로 참여할

54 Marilyn Rantz, J. Flesner, K. Marcia, *Person Centered Care*, Amer Nurses Assn, 2004.
55 http://nuffieldbioethics.org/project/dementia.
56 https://onlinelibrary.wiley.com/doi/full/10.1111/jgs.13866.

수 있는 권리와 의무가 수반된다고 하며 개인의 건강권, 건강관리 및 정보에 대한 접근성, 집단적 차원에서의 건강인식 능력에 초점을 맞춘다. 이를 위해서 소비자가 자신의 건강 및 건강관리 서비스의 효과적인 관리자가 될 수 있도록 교육 받고, 동기 부여를 받아야 더 효과가 있다.[57]

그러기 위해서 사람 중심의 돌봄은 의료 및 사회 복지 서비스를 동일한 파트너로 보고 생각하고 행동하는 돌봄으로 환자와 가족을 중심으로 의사결정하고 전문가들과 협력하여 상의하고 계획하면서 모니터링을 통해서 최고의 결과를 얻어내는 것이다. 또한 환자가 원하는 것을 해주는 것이 아니라 충분한 정보 제공과 함께 환자가 원하는 가치관과 가족상황 그리고 사회상황까지 고려한다.[58]

사람 중심의 돌봄은 다음과 같은 다양한 측면들이 있다.[59]

– 환자의 가치를 존중하고 환자가 관심의 중심
– 환자의 선호도 및 표현된 요구 사항 고려
– 서비스 관리의 조정 및 통합
– 환자와 협력하여 원활한 커뮤니케이션, 정보 및 교육
– 신체적으로 편안하고 안전한지 확인
– 감정적 지원
– 가족 및 친구의 참여
– 서비스와 서비스 사이에 연속성이 있는지 확인
– 전 의료팀이 필요할 때 적절한 치료를 받을 수 있도록 보장

57 https://translate.google.co.kr/translate?hl=ko&sl=en&tl=ko&u=https%3A%2F%2Fen.wikipedia.org%2Fwiki%2FPerson-centered_care&anno=2.

58 Health Innovation Network Soouth London, What is person-centred care and why is it important? WWW.hin-soutlondon.org.

59 http://pickerinstitute.org/about/picker-principles/.

## 11. 6 요인 모델(6 Component Model: The Nuffield Council on Bioethics)

The Nuffield Council on Bioethics에서 2009년 발표한 '치매: 윤리적 문제(Dementia: Ethical Issues)'에 대하여 공중보건정책에 대한 가이드라인으로 6 요인 모델(6 Component Model)을 발표하였다.

Nuffield 생명윤리 협의회(The Nuffield Council on Bioethics)는 1991년 설립된 생물학 및 의학 연구의 새로운 발전으로 발생하는 생명 윤리적 문제를 조사하고 보고하는 영국 기반의 자선 단체로 생물학과 의학의 윤리적 문제 탐구에 많은 기여를 하고 있다.[60]

환자는 자신에게 영향을 미칠 수 있는 의사결정에 참여하기 위해 필요한 정보와 지원을 받을 권리가 있고, 지역사회에서 문화생활을 누리면서 최대한 독립적인 생활을 유지할 수가 있으며, 사전연명의료의향서를 포함한 다양한 지원과 치료에 참여할 수 있고, 환자의 권리와 안녕에 영향을 주는 정책의 수립과 결정에도 참여할 권리가 있다. 비록 환자일지라도 이런 참여(Participation)를 통해 자신의 치료에 대한 선택을 결정할 자유가 보장되어야 한다.[61]

또한 환자를 돌보는 의료진들에게는 인간으로서의 권리를 존중하고 보호해야 하는 책임(Accountability)이 주어진다. 그리고 환자에 대한 어떤 차별도 있어서는 안 되며 종교적인 신념이나 사회적인 가치관이 다르다고 해서 환자를 거부해서도 안 된다. 질병의 진행에 따라서 의사결정이 어려운 경우도 생기는데 이를 위해서 충분한 법적 보장도 요구된다. 평소 미리 작성한 사전연명의료의향서나 유언장 또는 사전장례의향서 등을 통해 비록 의식이 없어도 환자의 평소 생각이나 유지에 따라야 한다.

60 https://en.wikipedia.org/wiki/Nuffield_Council_on_Bioethics.

61 Nuffield Council on Bioethics, Dementia: ethical issues, http://nuffieldbioethics.org/.

6 요인 모델은 비록 신경인지장애(치매)환자를 대상으로 만든 것이지만 이를 만성질환자나 임종환자에도 적용하면 도움이 될 것이다. 이를 요약하면 다음과 같다.

※ Dementia: an ethical framework

- Component 1: 윤리적 판단을 위한 사례기반 접근

A 'case–based' approach to ethical decisions: Ethical decisions can be approached in a three–stage process: identifying the relevant facts; interpreting and applying appropriate ethical values to those facts; and comparing the situation with other similar situations to find ethically relevant similarities or differences.

- Component 2: 신경인지장애(치매)의 본질에 대한 믿음

A belief about the nature of dementia: Dementia arises as a result of a brain disorder, and is harmful to the individual.

- Component 3: 신경인지장애(치매) 환자의 삶의 질에 대한 믿음

A belief about quality of life with dementia: With good care and support, people with dementia can expect to have a good quality of life throughout the course of their illness.

- Component 4: 신경인지장애(치매)의 돌봄 제공자의 이익 증진의 중요성

The importance of promoting the interests both of the person with dementia and of those who care for them: People with dementia have interests, both in their autonomy and their well–being. Promoting autonomy involves enabling and fostering relationships that are important to the person, and supporting them in maintaining their sense of self and expressing their values. Autonomy is not simply to be equated with the ability to make rational decisions. A person's well—being includes both their moment—to—moment experiences of contentment or pleasure, and more objective factors such as their level of cognitive functioning. The separate interests of carers must be recognised and promoted.

- Component 5: 연대의 원칙에 부합하는 행동의 필요성

The requirement to act in accordance with solidarity: The need to recognise the citizenship of people with dementia, and to acknowledge our mutual interdependence and responsibility to support people with dementia, both within families and in society as a whole.

- Component 6: 인간성, 정체성, 가치에 대한 인식

Recognizing personhood, identity and value: The person with dementia remains the same, equally valued, person throughout the course of their illness, regardless of the extent of the changes in their cognitive and other functions.

말기 암이나 신경인지장애(치매) 등의 질환들은 결국 남은 삶의 시간이 제한되어 있고 가족이나 주위의 돌봄이 요구되는 경우이므로 이들과의 관계에서 다양한 문제가 생기고 문제 발생 시 어떤 윤리적인 선택이 올바른지 혹은 환자에게 도움이 될지에 대한 딜레마가 생길 수 있다. 그러나 근본적인 기저에는 인간의 기본권과 자유를 누릴 권리가 있으므로 치료와 돌봄을 도와주며, 누구나 환자의 권리를 보호하고 존중해줘야 한다.

# 12. 의사와 환자의 관계모델

의료인의 윤리는 일반적인 윤리기준과는 다른 특성이 있다. 의료지식은 전문적이고 사회에 유익하며, 일반인들이 쉽게 습득할 수 없으며, 일반인들에 비해 높은 수준의 도덕적 요구가 주어지기 때문이다. 그러다보니 선행의 의무를 강조하는 면이 크게 작용하였지만 최근에 점차 커지는 환자들의 자율성의 권한이 서로 상충하는 경우도 있어 다원화되는 사회적 현상 속에 계약론적 견해가 의료인의 윤리의 한 축으로 정립되고 있다. 이런 계약론적 견해는 호혜성에 근거하는 견해로 의료진과 환자 사이에 발생할 수 있는 문제들을 포괄하는 경우를 의미한다.[62]

의료인과 환자의 관계를 살펴보는 여러 가지 견해가 있지만 크게 로버트 비치(Robert M. Veatch)의 관계 모델과 온정적 간섭주의와 호혜적 견해의 두 가지 모델이 주로 거론된다.

### - 로버트 비치(Robert M. Veatch)의 관계 모델

고전적으로 언급되는 로버트 비치는 의사와 환자의 관계에 대해 4가지 모델을 기술자 모델(The Engineering Model), 성직자 모델(The Priestly Model), 협조자 모델(The Collegial Model), 계약자 모델(The Contract Model)로 구분하였다.[63]

기술자 모델(The Engineering Model)에서는 의사를 응용기술자나 과학자로 보고, 환자를 치료하는 방법에 있어서 가치의 문제는 고려대상이 아니고 병의 원인과 진행과정, 치료방법 등에 국한하며, 기타 윤리적 요소나 인간적인 요소는 배제된 상태에서 진료에 충실한 모습을 강조했다. 그러다보니 이 모델은 환자의 의료에 대한 가치를 제한하

62 대한예방의학회, 『의사윤리지침을 중심으로 한 의사의 직업윤리와 규범』, 계축문화사, 2016.
63 Robert M. Veatch, Amy M. Haddad, 최은주 역, 『사례 중심의 약학윤리』, 법문에듀케이션, 2014.

는 경우가 발생한다.

성직자 모델(The Priestly Model)은 의사는 마치 성직자나 부모와 같이 환자에게 선을 베풀고 언제나 인간적인 애정과 선한 마음을 가지고 환자의 이익을 위해 적극적으로 대해야 한다는 것이다. 그러므로 의술이나 의사의 품위는 어느 정도 신성해야 하고 의사는 절대적인 권위를 가지고 환자에게 해를 입혀서는 안 된다는 윤리적인 원리가 적용된다. 하지만 환자의 자율성을 심하게 침해하게 되고 존엄성과 자율에 대한 권위적이고 부정적인 면이 강하게 작용된다.

협조자 모델(The Collegial Model)은 의사와 환자가 건강을 유지하고 질병을 제거하는 공동목표를 추구하는 협조자 관계뿐 아니라 동료로서 상호 존중과 신뢰가 중요한 역할을 한다. 하지만 의료현장에서 전문 의료 지식과 정보의 차이, 치료를 하는 입장과 치료를 받는 입장의 차이가 커서 비현실적인 면이 있다.

계약자 모델(The Contract Model)은 환자와 의사의 관계를 동등하게 인정하면서도 앞에 설명한 협조자 모델처럼 이상적인 관계를 주장하지 않고 구체적인 계약을 통해 핵심 사안으로 그 범위를 규정한다. 이런 계약은 법적인 면을 넘어선 사회적 규약과 같은 것으로 계약 이행에 관련된 신용과 신뢰를 바탕으로 이루어진다. 하지만 계약 방법과 내용에 있어서 이견이 있을 수가 있고 어디까지 계약의 범위에 넣어야 할지 정하는 것이 쉽지 않다. 하지만 로버트 비치는 의사와 환자의 계약을 종교와 혼인 서약과 같은 경우로 보고 협조할 것은 협조하되 계약에 따른 규정에 의해 자율성과 환자 중심의 포괄적 위임론을 기본으로 삼았다.[64]

### – 온정적 간섭주의와 호혜적 견해 모델

온정적 간섭주의는 선행의 원리를, 호혜적 견해는 환자의 자율성 존중원리와 계약론적 견해를 그 바탕으로 하고 있다. 앞서 언급한 로버트 비치의 고전적인 4가지 모델

64 대한예방의학회, 『의사윤리지침을 중심으로 한 의사의 직업윤리와 규범』, 계축문화사, 2016.

과 연관 지어보면 기술자 모델과 성직자 모델은 온정적 간섭주의에 속하고 협조자 모델과 계약자 모델은 호혜적 견해에 속한다.[65]

온정적 간섭주의(Paternalism)는 의학의 윤리적 기틀이 된 히포크라테스 선서에 언급되었듯이 종교적 서약 형식을 취하며 이는 온정적 간섭주의를 대변하고 있다.[66] 이 선서는 환자의 의식을 최우선으로 하고, 환자가 고통에서 벗어날 수 있는 행동을 하도록 의사에게 요구한다.

그러나 환자의 권리에 대해서는 전혀 언급하지 않는다. 대표적인 온정적 간섭주의는 환자의 복지를 의료와 관련된 판단에서 최우선적으로 고려하는 입장이다. 즉 의사는 환자와 그 가족에게 최고의 이익을 위해 봉사해야 하고 이를 위해서 환자나 그 가족보다 높은 위치에서 무엇인가를 결정할 수 있다는 것이고 의사는 항상 최고의 것을 알고 있다는 의식이 깔려있다.[67]

이런 관례는 오랜 기간 계속 이어져 내려왔지만 현대의학의 급격한 발전과 더불어 의학정보의 대중화 그리고 의료자원에 대한 모든 핵심을 의사가 감당하는 것이 불가능해졌다. 환자들의 요구와 의식수준이 다양해지면서 환자의 자율성을 막고 의사들에게 의무만 강조하기 때문에 점차 배척되고 있다.

호혜적 견해(Reciprocal View)는 최근 생명의료윤리의 측면에서 환자의 권리가 점차 크게 요구되는 사회적 현상으로 비록 의사에게 치료를 받아야 하는 입장이지만 환자도 자기결정권을 주장할 수 있고, 환자의 자율성존중 원리가 적용된다는 것이다. 또한 팀워크를 중심으로 하는 현대의학에서 독단적인 지식으로 환자를 볼 수 없는 의료 환경에서 기인하기도 한다.

호혜적 견해에 있어서 환자의 치료가 의사 혼자가 아닌 하나의 의료팀이 구성되어

---

65 대한예방의학회, 『의사윤리지침을 중심으로 한 의사의 직업윤리와 규범』, 계축문화사, 2016.

66 Robert M. Veatch, 이종원·류은숙 역, 『히포크라테스와 생명윤리』, 북코리아, 2013.

67 대한예방의학회, 『의사윤리지침을 중심으로 한 의사의 직업윤리와 규범』, 계축문화사, 2016.

다양한 의사, 간호사, 의료기사, 심리상담사, 사회사업가 등 전문조직원들이 협력하여 이루어지기 때문이다. 이는 계속 발전하는 의학적 지식을 독점할 수 없고 의료 외적인 다양한 상황을 해결하기 위해 많은 지원시스템이 요구되기 때문이다.

당사자인 환자 또한 의학적이거나 의학 외적인 다양한 문제에서 자신의 생각이나 의견을 제시할 수 있고 선택할 수 있는 권리를 가지고 있으며 치료를 거부하거나 새로운 치료를 선택할 권리가 있다. 누구도 혼자서는 최고의 선택을 할 수 없다는 전제하에 의료진과 환자 그리고 가족 모두 상호 협력해야 하고 정보의 공유가 우선되어야 충분한 의학적 결정에 대한 논의가 가능하다. 이를 바탕으로 최종적인 결정을 하게 되는데 이때 호혜적인 견해에서의 환자에 대한 의사의 지위는 대칭적이고 수평적이므로 일방적인 명령이 아닌 협조와 존중이 우선시되어야 한다.

이러한 호혜적 견해에는 협조자 모델 또는 동반자 모델 등이 포함된다. 의사와 환자의 관계가 호혜적 견해를 추구하기 위해서는 상호계약에 기초하게 되므로 과거 온정적 간섭주의에서 의사가 갖는 무제한적 권리와 의무의 한계를 보다 명확하게 규정할 수 있게 되었다.[68]

우리나라도 공식적이지는 않지만 세계적인 추세에 맞추어 계약자 모델과 호혜적 견해에 따라 변화하고 있다. 하지만 일부 온정적 간섭주의에 대한 미련이 있기에 호혜적 견해와 온정적 간섭주의가 상호 보완된 모델을 개발하여 적용하는 것도 요구된다. 이를 위해서는 생명윤리교육을 강화하고 의사의 의무와 권리가 함께 보장되며 환자의 자율성을 존중해주면서 서로 동반자적 입장에서 최선을 위해 접근해야 할 것이다.

---

68 대한예방의학회, 『의사윤리지침을 중심으로 한 의사의 직업윤리와 규범』, 계축문화사, 2016.

# 13. 윤리교육

의료진들은 임상 현장에서 매 순간마다 윤리적 결단을 필요로 하는 다양한 문제들을 접하게 되지만 이러한 문제들의 해결에는 대부분 담당 의료진이 평소 가지고 있는 윤리의식이 크게 작용할 수밖에 없다. 하지만 의료 같은 전문직에는 고유한 직업윤리가 요구되며 의료인이 지녀야 할 직업적 윤리의식에 대한 교육과 경험이 크게 요구되지만 이를 체계적으로 교육하고 논의하는 환경이 부족한 것도 사실이다.

지금까지 국내의 의료윤리 교육에 관한 연구들은 콜버그(Lawrence Kohlberg)의 인지적 도덕성 발달이론에 근거해서 주로 논의되었다.[69] 이 이론은 일련의 관련 개념으로 나이에 따라 변하는 옳고 그름에 대한 개인의 도덕적 생각과 사고를 설명하는 방식으로, 6단계로 도덕성의 발전단계를 설명한다.

### 1. 수준: 전 인습적 도덕수준(Pre-Conventional Morality Level, 4~10세)

도덕적 가치가 내면화되지 않아서 물리적 권위에 의해주어지는 외적 보상이나 처벌에 따라 도덕적 판단이 이루어진다. 사회 규범이나 기대를 이해하지 못하며 9세 이전의 아동이나 일부 청소년 및 성인 범죄자가 이에 해당한다.

#### - 1단계: 처벌 및 복종지향

벌을 받지 않으려고 규칙을 지킨다. 권위자가 제시하는 명령이나 규칙에 당연히 복종해야 하고 잘못된 행동에 대하여 처벌받는 것을 당연하게 여긴다. 사람이 가지는 의미와 가치보다 행위가 가져오는 물리적 결과에 따라 옳고 그름을 결정한다.

69 Howard Broday, 김성수·백승완 역, 『의료윤리』, 보문각, 2013.

- 2단계: 도구적 상대주의 지향

상을 받기 위해 규칙을 지킨다. 자신이나 타인의 욕구를 도구적 목적으로 삼고 상대적인 기준에 따라 충족시키는 것이 옳은 행위라고 여긴다. 즉, 자신이 원하거나 이익이 될 경우에 복종한다. 옳은 것이란 기분이 좋고 무엇인가 보상을 주는 것이라고 생각하며, 즐거운 결과를 가져오는 행동이 선한 것이라고 판단한다. 보상받을 일을 하고 처벌받을 일은 피한다.

## 2. 수준: 인습적 도덕수준(Conventional Morality Level, 10~13세)

결과와 무관하게 가족, 사회, 국가가 기대하는 바를 유지하기 위해 행동하고 이를 가치 있게 여긴다. 도덕적 가치기준을 내면화하기는 하지만 다른 사람을 기쁘게 하고 사회 질서 유지 등의 외적 기준에 준하여 도덕적인 행동을 한다. 그러나 단순히 개인적 기대와 사회적 질서를 유지하는 것뿐만 아니라 적극적으로 사회 공동체의 질서 유지를 위하여 규범에 대한 지지, 구성원에 대한 동일시와 충성이 이루어진다. 10세 이후의 대부분의 청소년과 다수의 성인이 여기에 포함된다.

- 3단계: 대인 간 조화 또는 착한 아이 지향

다른 사람들에게 미움을 받지 않거나 '착한 사람'으로 보이기 위해 규칙을 지킨다. 타인을 기쁘게 하고 도와주며, 타인으로부터 인정받는 것이 옳은 행동의 기준이다. 그것은 개인 간의 관계를 중요시해서 다른 사람의 믿음이나 배려, 충성심을 도덕적 판단의 기준으로 삼기 때문이다. 대다수의 사람들이 갖는 고정관념에 동조하고 타인의 반응에 대해 도덕적 판단의 기준이나 물리적 힘보다 심리적 인정 여부에 관심을 두어 착해지면 타인의 인정을 얻는다고 생각한다. 이 단계에서는 행위의 결과가 아닌 의도를 고려하는 전이가 일어난다.

- 4단계: 법과 질서 지향

개인이 규칙에 대한 사회의 필요와 잘못된 행위에 대한 양심의 가책이나 죄의식을 인식하는 단계. 고정된 사회적 기준으로서, 사회 질서, 법, 정의 및 의무를 준수하는 것이 도덕적으로 옳은 행동이라고 생각한다.

## 3. 수준: 후 인습적 도덕수준(Post-Conventional Morality Level)

도덕성이 완전히 내면화되어 타인의 규범이나 법 또는 관습보다는 개인의 가치기준이나 원리가 우선한다. 개인적 도덕기준은 서로 상충될 수 있다는 것을 인식하게 되고, 권리나 정의에 근거한 나름대로의 도덕적 판단을 한다. 형식적 조작을 할 수 있는 청년기로서 소수의 성인만이 해당된다.

- 5단계: 사회적 계약과 합법적 지향

서로 경쟁하는 가치와 모순되는 가치가 있다는 것과 어떤 공정한 판단이 필요하다는 것을 이해하는 단계. 사람의 기본적 권리와 가치가 법보다 우선시되어야 한다고 생각하여 개인의 권리 존중을 기반으로 한 사회적 기준을 적용하는 것이 옳은 행동이라고 여긴다. 법과 질서와 같은 사회적 약속은 대다수의 사회 공동체 구성원들의 보다 나은 이익을 위하여 항상 바뀔 수 있다는 것으로 판단하고, 전 단계와 달리 도덕적 융통성을 갖는다.

- 6단계: 보편적 윤리 원칙 지향

보편적인 도덕적 원칙들의 정당성을 인식하고 그것에 대해 언급하는 단계.

대부분의 사람들에게 처음 두 단계(도덕적 발전의 보통 이하 수준)는 9세까지 완성된다. 개인의 양심과 생명의 존엄성, 인간의 평등성, 정의와 같은 보편적인 원리에 근거한 도덕적 실천을 옳은 행동이라고 여긴다. 이 단계의 도덕성은 극히 개인적일 수 있어서 사회적 질서와 갈등을 일으킬 수 있으나 자신의 결정이 개인에게 위험적 요소가 있더라도 양심을 따른다.

대부분의 사람들은 20세 이후가 되어야 비로소 마지막 두 단계(후 인습적 도덕수준)에 도달하며, 콜버그는 많은 사람들이 결코 이 수준까지 도달하지 못한다고 말한다.[70]

인지적 도덕성 발달이론에 따르면 인간의 도덕적 판단은 논리적 구조를 갖고 인과적 과정을 거쳐 이루어지며, 여기에는 합리적 추론이 크게 작용한다. 예를 들어 딜레마 토론과 같은 외부 환경과의 상호작용을 통해 학습자 스스로 윤리적 사고구조를 구성해 나가는 과정을 경험하고 상위의 도덕추론 단계로 상승한다. 의료윤리 교육에서도 이를 채택하여 그동안 교수법 개선이나 의료인들의 도덕적 추론 능력을 향상시키기 위한 방법을 중시하였다.[71]

그러나 윤리교육에 있어서 이러한 방법론만으로는 사회문화적 다양성을 충분히 반영하기 어렵다는 비판이 있어왔기에 이를 보완하기 위해 제기된 것이 도덕적 직관에 대한 고려이다. 조나단 하이트(Jonathan Haidt)가 주장한 사회적 직관주의 이론(Social-Intuitionist Theory)에 의하면 여러 이슈들을 대하는 개인의 입장 차이는 도덕적 직관 차이에서 비롯되며, 이와 같은 직관은 크게 배려, 공정성, 충성심, 권위, 고귀함의 5가지 윤리적 판단으로 구분할 수 있다. 특히 하이트는 배려와 공정이라고 하는 2가지 가치는 개인의 권리와 안녕을 강조하는 것이므로 개인적 접근에 해당하고, 충성·권위·신성이라는 가치들은 집단을 결속시키는 충성심, 의무, 자기통제를 강조하므로 결속적 접근에 해당한다고 분류했다.[72] 사람들은 일상생활의 윤리적 문제들에 대해서는 즉각적이고

70 문혁준·서소정 외, 『아동학개론』, 창지사, 2015.

71 정유석 외, "전공의를 위한 의료윤리 교육목표의 개발," 『한국의료윤리교육학회지』 제11권 제2호(통권 제20호), 183-190, 2008.12.

72 Jonathan Haidt, *The Righteous Mind: Why Good People Are Divided by Politics and Religion*, Vintage Books, 2013.

신속하게 판단하는 경우가 대부분이며, 상당수의 윤리적 판단들이 무의식적인 도덕적 직관을 통해 이루어지고 있다. 그러나 생명윤리 같은 전문지식과 생소한 분야에 대해서는 이런 도덕적인 추론을 쉽게 하기 어렵다.

윤리교육에 대한 국내 조사에 의하면 배려와 공정성에 대한 관심과 중요도에서 높게 나타났고 이는 존 틸버트(Jon C. Tilburt)의 미국 의사들을 상대로 한 조사에서도 유사한 결과가 나왔다. 단 미국 의사들은 고귀함이 낮게 나타났지만 국내 젊은 의사들은 권위가 가장 낮게 나왔는데, 이는 젊은 의사들의 부정적인 선입견이 영향을 미치고 있다고 보인다.[73] 또한 환자 치료에 가장 우선적인 윤리 원칙으로는 선행과 환자에게 해를 가하지 않는 것을 가장 많이 선택하는데, 이는 의사 입장에서 환자에게 해를 끼치는 것은 최소화하고 환자들의 행복 추구를 자율성 존중이나 정의에 비해 중시한다는 의미이기도 한다. 반면에 의사들의 직업적 책임에 대해서는 점차 임상경험이 많아지면서 의사들의 적극적인 참여가 떨어지는데 이는 기존의 윤리강령이나 윤리지침 만으로 직업의무를 강조하거나 강요할 수 없음을 시사한다. 그래서 의료의 윤리와 권리 사이에 적절한 균형을 잡아주고 올바른 윤리의식을 지켜나가게 해야 한다. 이를 극복하기 위해서는 의학교육 초기에서부터 윤리선서뿐만 아니라 윤리적 판단을 키워주는 교육이 필요하고 확고한 도덕관과 철학적 접근이 요구된다. 이와 더불어 죽음준비교육이나 죽음학에 대한 관심을 갖도록 준비해야 한다.[74]

73 정유석 외, "전공의를 위한 의료윤리 교육목표의 개발," 『한국의료윤리교육학회지』 제11권 제2호(통권 제20호), 183–190, 2008.12.

74 김달수, 『죽음학 스케치』, 인간사랑, 2018.

# 제13장

# 임종의학과 법

# 01. 안락사와 법률적 견해

안락사(安樂死)는 영어로 'Good Death'라 하며 어원은 그리스어의 eu(좋은)와 thanasia(죽음)의 합성어인 'euthanasia'에서 왔다고 한다. 이는 아름다운 죽음을 표현하는 것이지만 그 속뜻을 보면 치료가 안 되는 환자가 평온하게 임종을 하는 것을 도와주는 것을 의미한다.

법학적으로는 "현대의학으로 구제 가능성이 전혀 없는 불치의 환자가 격렬한 육체적 고통으로 신음하는 경우에 그 육체적 고통을 제거하기 위해 환자의 진지한 요청에 의해서 사망시기를 단축시켜 사망에 이르게 하는 경우를 말한다."[1] 여기서 안락사를 시행하는 데 사망시기를 앞당기는 경우와 앞당기지 않는 경우로 구분할 수 있는데, 특히 사망시기를 앞당기는 경우는 현재 종교적, 윤리적, 법률적인 입장에서 서로 다양한 주장이 상존하고 있고 그로 인한 사회적 논의가 계속되고 있다.

그러다보니 안락사에 대한 법원의 판단도 사회적 공감대와 그 흐름에 따라 계속 변화하고 있다. 오늘날 대부분의 국가는 적극적 안락사는 법으로 허용되지 않고 있지만 소극적 안락사인 경우 점차 허용하는 경우가 늘고 있다. 미국은 1975년부터 소극적 안락사를 일부 허용하였는데, 1998년 미국에서 죽음을 원하는 사람들의 자살을 도와주었던 의사 케보키언 사건으로 인해서 적극적 안락사를 불법으로 인정하였다. 네덜란드는 2000년부터 안락사를 허용하는 법을 통과시켰는데 안락사에 대한 전제조건이 명확히 제시되기도 하였다. "대상자가 불치의 환자여야 하고 견딜 수 없을 만큼 고통이 심해야 하며, 환자가 이성적인 판단으로 안락사에 동의해야 한다." 이 법이 나오고부터

1 백형규, "아락사의 법적.의학적 측면," 『대한변호사협회지』 제93호, 11쪽.

안락사를 허용하는 국가가 늘고 있다.

우리나라에서도 1997년의 보라매병원 사건이 있었다. '갑'이 술에 취해 넘어져서 머리에 부상을 입고 병원에 후송되었으나 뇌부종으로 인해 인공호흡기에 의해 겨우 호흡을 하고 있었다. '갑'의 처 '을'은 담당전문의 '병'에게 퇴원을 요구하였으나 '병'으로부터 이대로 퇴원하면 사망할 수 있다는 설명을 들었다. 그 후 '을'은 차라리 '갑'이 죽는 것이 낫다는 생각으로 다른 주치의 '정'(수련의 3년차)에게 치료비를 감당할 수 없으니 퇴원시켜 달라고 요구하였으며, '정'은 담당전문의 '병'에게 이를 보고하였다. '병'은 '을'을 만류하였으나 '을'이 끝내 고집하자 '정'에게 퇴원을 지시하였고, '정'은 수련의 1년차인 '무'에게 '갑'을 집으로 호송하도록 지시하였다. '무'는 '갑'을 집으로 호송한 후 '을'의 동의하에 호흡장치를 제거하였다. '갑'은 곧 사망하였지만 이에 대하여 제3자인 '갑'의 친척이 이의를 제기하여 재판이 열렸다. 의사의 만류에도 불구하고 경제적인 이유로 처인 '을'의 요청으로 퇴원을 했지만 법원은 "의료행위 중지가 환자의 사망이라는 중대한 결과를 초래하는 경우 의사로서 환자의 생명을 보호할 의무가 우선한다."며 유죄로 판결하고 2004년 대법원은 의료진의 살인방조죄를 인정했다.[2]

이와 같이 당시에는 소극적인 안락사가 국내에서 허용이 되지 않았지만 2009년 세브란스병원 중환자실에서 입원했던 식물인간 상태였던 김 할머니 사건에서 존엄사를 인정하는 판례가 나오는 변화를 맞이하였고, 소극적 안락사와 존엄사 허용의 보편적인 기준이 세워졌으며 치료의 주권이 의사에게서 환자에게로 이동되는 변화를 맞이하는 계기가 되었다. 드디어 2016년 1월 회생 가능성이 없는 중환자의 연명의료를 중단하는 조건과 절차를 다룬 '호스피스 완화의료 및 임종과정에 있는 환자의 연명의료결정에 관한 법률(일명 연명의료결정법)'을 국회에서 통과시켰으며 2018년 2월 4일부터 이 제도를 시행하고 있다.

연명의료결정법은 현재 시행되면서도 완전하지 못하고 안락사에 대한 반대의 입장

2 대법원 2004.6.24. 2002도995 【살인(인정된 죄명 : 살인방조)】.

도 존재하며 아직 국민들의 인식부족으로 인해서 환자와 그 보호자는 물론 학계와 사회 그리고 의료계 간에 더 개선해야 할 문제를 가지고 있다.

일부 소극적 안락사를 반대하는 입장 중에 정신과의사이면서 신학자인 M. 스캇 펙(Margan Scott Peck)은 "안락사는 결국 영혼의 성장과 학습의 기회를 차단하는 일이다. 안락사를 선택함으로써 바로 인간 존재의 의미 그 자체를 부정해버리기 때문이다. 안락사를 선택하는 사람은 존재의 이유를 애써 회피하려고 한다. 실상 안락사는 신으로 향하는 길을 단절시킨다."라고 말하면서 안락사에 대한 부정적인 입장을 보이고 있다.[3] 그는 치유할 수 없는 죽음의 고통에 시달리는 사람의 수명을 과도한 조치로 연장시키려는 시도는 무의미하다고 보지만, 다만 안락사 혹은 '필요한 경우의 안락사'로 이름 붙일 수 있는 행위에 대한 자유방임적 태도는 분명 지양해야 한다고 강조한다. 그것은 다음과 같은 이유 때문이다. "무엇보다, 환자의 요청에 따른 안락사를 찬성하는 사람들이 깨닫지 못하는 문제는 그들이 목적을 달성하게 되면 지금 우리가 살고 있는 사회보다 훨씬 더 기계론적인, 영혼 없는 사회가 될 것이라는 점이다. 그 사회는 죽어가는 과정에 잠재된 어떤 영광도 사라진 사회, 사람들이 요청만 하면 간단히 잠들 수 있는 극단적으로 이성적인 사회가 될 것이다."[4]

이는 환자의 고통을 제거한다는 명분보다는 생명의 존엄성에 더 중점을 두고 인간의 생명을 어떠한 상황에서도 인간이 자유로이 결정해서는 안 된다는 입장에서 환자의 동의가 명시적이고 진지하다고 해도 위법성은 조각될 수 없다는 주장이다.[5] 그 외에도 세계인권선언 취지에 따라 인간에 대한 안락사를 허용해서는 안 되며, 안락사가 법의 수단으로 이용되어 악용될 소지가 있고 안락사가 만연될 수 있으며 생명 경시가 더

3 Margan Scott Peck, 조종상 역, 『죽음을 선택할 권리: 스캇 펙 박사가 현대인에게 던지는 자살과 안락사에 대한 메시지』, 율리시즈, 2018.

4 Margan Scott Peck, 조종상 역, 『죽음을 선택할 권리: 스캇 펙 박사가 현대인에게 던지는 자살과 안락사에 대한 메시지』, 율리시즈, 2018.

5 최재천·박영호·홍영균, 『의료형법』, 육법사, 2003.

커지면서 생명보다 물질에 더 가치를 두게 된다고 주장하기도 한다.

하지만 소극적 안락사와 존엄사는 점차 사회적으로 인정하는 쪽으로 가고 있고 차이는 있지만 존엄사라는 표현으로 법적으로도 합법성을 얻고 있다. 앞서 언급한 김 할머니 사건에서처럼 대법원은 '연명치료 중단의 허용기준'을 아래와 같이 제시하여 소극적 안락사의 길을 열어 주었다.[6]

연명치료 중단행위 (2009. 5.21. 2009다17417 전원합의체판결, 공 2009, 849)에 대한 사건 개요를 보면 '갑'환자(여)는 만 76세의 고령으로 검사를 위한 수술 후 의식을 상실한 후 약 11개월이 경과하였으나 상태가 개선되는 징후는 보이지 않고 있을 뿐 아니라, 특히 자발호흡이 없어 인공호흡기에 의하여 생명이 유지되는 상태로서, 뇌 전반에 걸쳐 심한 구조적 손상이 발생하여 일부 반사적 운동을 담당하는 기능만이 남아 있을 뿐이다. '갑'환자의 가족들은 '갑'환자가 입원해 있는 S병원을 상대로 인공호흡기 제거를 구하는 민사소송을 제기하였다. 제1심은 청구를 인용하였고, 항소심 또한 이를 유지하였다. S병원은 불복 상고하였다. 대법원은 견해가 나뉘었으나 피고 S병원의 상고를 기각하였다(이후 인공호흡기가 제거되었고 '갑'환자는 200여 일 후에 사망하였다.). 이 사건의 판결요지를 보면 다음과 같다.

(1) 회복 불가능한 사망의 단계에 이른 후에 환자가 인간으로서의 존엄과 가치 및 행복추구권에 기초하여 자기결정권을 행사하는 것으로 인정되는 경우에는 특별한 사정이 없는 한 연명치료의 중단이 허용될 수 있다. 환자가 회복 불가능한 사망의 단계에 이르렀는지 여부는 주치의의 소견뿐만 아니라 사실조회, 진료기록 감정 등에 나타난 다른 전문의사의 의학적 소견을 종합하여 신중하게 판단해야 한다.

6 대법원 2009. 5.21. 2009다17417 전원합의체판결, 공 2009, 849.

(2) 환자가 회복 불가능한 사망의 단계에 이르렀을 경우에 대비하여 미리 의료인에게 자신의 연명치료거부 내지 중단에 관한 의견을 밝힌 경우(사전연명의료의향서 작성 시)에는, 비록 진료중단 시점에서 자기결정권을 행사하는 것은 아니지만 환자의 의견이 바뀌었다고 볼 만한 특별한 사정이 없는 한 사전연명의료의향서에 의해 자기결정권을 행사한 것으로 인정할 수 있다. 이러한 사전연명의료의향서는 진정한 자기결정권 행사로 볼 수 있을 정도의 요건을 갖추어야 한다.

(3) 환자의 사전연명의료의향서가 없는 상태에서 회복 불가능한 사망의 단계에 진입한 경우에는, 환자의 평소 가치관이나 신념 등에 비추어 연명치료를 중단하는 것이 객관적으로 환자의 최선의 이익에 부합한다고 인정되어 환자에게 자기결정권을 행사할 수 있다고 인정하는 것이 합리적이고 사회상규에 부합된다. 이러한 환자의 의사 추정은 객관적으로 이루어져야 한다.

(4) 환자 측이 직접 법원에 소를 재기한 경우가 아니라면 환자가 회복 불가능한 사망의 단계에 이르렀는지 여부에 관해서는 전문의 등으로 구성된 위원회 등의 판단을 거치는 것이 바람직하다.

위에 언급된 연명치료 중지를 허용한 대법원 판례를 계기로 한국사회에서도 관련 논의가 본격화되면서 말기환자에 대한 적절한 의료절차의 확보의 필요성을 인식하게 되었고, 연명치료의 중지를 허용하기 위한 요건 가운데 핵심적인 사항인 사전연명의료의향서의 활용이나 진료 중에 치료중지가 허용되는 연명치료행위의 개념, 병원윤리위원회 등의 판단절차구축 등에 대해서도 시행근거를 만들었다. 하지만 아직 논의과정에서 현실적인 어려움과 의료현장에서 환자와 의료인 간의 의사소통구조, 현재 말기환자에 대해 이루어지고 있는 의료행위의 형태와 내용 및 환자와 그 가족구성원이나 제3자인 일반인이 인식하는 인간의 삶과 죽음에 대한 가치관 등과 함께 의료자원의 효율적 배분의 측면 등도 충분한 여유를 갖고 검토할 필요가 있을 것이다.

다음으로 안락사의 유형과 정의에 대하여 알아보면 크게 범위에 따른 유형과 서술

방식에 따른 유형으로 나뉘는데 먼저 범위에 따른 안락사의 유형은 다음 4가지로 요약할 수 있다.[7]

### 1. 최광의(最廣義)의 안락사

무가치한 인간의 생명은 불필요하다는 입장에서 사회적으로 쓸모없고 해악만 끼치는 신체장애자나 정신병자의 생명을 인위적으로 단축하는 행위를 말한다. 여기서는 환자의 고통이나 사망시기의 임박성을 문제 삼지 않고 환자의 승낙이나 촉탁을 요구하지 않는다. 이러한 안락사는 나치정권에서 행해지기도 했다.

### 2. 광의(廣義)의 안락사

현대의학으로 해결하지 못하는 불치의 질병으로 사경을 헤매는 환자에 대해 고통 여부에 관계없이 환자 자신이나 보호자의 진지한 뜻에 따라 인간다운 죽음을 맞이할 수 있도록 그 생명을 인위적으로 단축하는 조치를 말한다. 여기서는 환자의 고통 해소를 목적으로 하지는 않는다. 또한 암, 에이즈와 같이 불치병인 경우와 식물인간이 된 경우로 나눌 수 있는데 후자의 경우를 특히 인간답게 죽음에 이르게 한다는 의미에서 존엄사(Death with Dignity)라고 한다.

### 3. 협의(狹義)의 안락사

현대의학으로 해결하지 못하는 불치의 질병으로 그에 수반되는 견디기 힘든 육체적 고통을 제거하기 위해 환자 자신의 진지한 요구로 생명의 종기(終期)를 인위적으로 단축시키는 조치로 여기에는 환자의 고통을 완화하거나 억지하려는 목적이 있는 경우이다.

---

7 허일태, 『안락사에 관한 연구』, 한국형사정책연구원, pp. 25–32.

## 4. 최협의(最狹義)의 안락사

임종에 직면한 환자에게 고통 없이 자연사를 할 수 있게 죽음을 도와주는 행위이다. 이것을 진정한 안락사라 한다.

다음으로 시행자의 행위에 따른 서술방식으로 안락사 유형을 크게 두 가지로 분류할 수 있다.[8]

### (1) 소극적 안락사

현대의학 수준에 따른 정상적인 생명유지조치를 강구하지 않거나 현재 시행되고 있는 생명유지조치를 차단해서 생명이 단축되는 경우를 말한다. 병원에서 집중치료를 받다가 회생가능성이 없는 환자에 대해 인공호흡기를 제거하거나 집으로 퇴원시켜서 연명치료를 중단시키는 경우가 이에 해당한다. 이런 경우 비록 비가역적인 죽음의 과정에 들어섰지만 진행을 일시적으로 저지하지 않거나 지연시키지 않고 생명 연장을 하지 않는 것을 의미한다. 이런 면에서 호스피스는 소극적 안락사의 한 형태로 볼 수가 있다. 호스피스 병동에서는 치료가 불가능한 환자들에게 더 이상의 생명 연장을 위한 치료를 중단하고 통증완화와 생명유지, 정신적 또는 영적 안정을 위한 돌봄에 집중한다. 이는 무의미한 생명 연장에 대해서는 치료를 중단하는 것이다.

소극적 안락사나 호스피스 돌봄은 비통상적인 생명 연장치료를 제공할 의무가 없다는 주장에 정당성을 제공하고 있다. 이미 죽음에 돌입한 사람에게 특별한 치료를 하여 생명을 구할 수는 없다는 것이다. 또한 이중효과의 원리가 있는데, 이것은 앞으로 심한 고통을 겪어나갈 환자에게 치료를 해서 더 고통을 연장하는 것보다는 연명치료를 하지 않으므로 그 고통을 줄이거나 짧게 하므로 이는 도덕적으로도 정당하다는 주장이다.

일부 반대 입장을 보면 결국 이 또한 환자를 죽음에 이르게 하는 것이므로 비록 도

---

8 최재천·박영호·홍영균, 『의료형법』, 육법사, 2003.

덕적으로 정당할지라도 의료진이나 이를 원하는 사람 모두 죽음을 동조하는 결과가 되고 이미 죽음을 예측하고 하는 행위가 정당화될 수는 없다고 한다. 이 또한 어떤 치료도 거부하면서 죽음을 선택하도록 의료진이 방치하는 것이라고 보는 것이다.[9]

### (2) 적극적 안락사

감내하기 어려운 고통에 직면한 환자에 대해 조용히 즉시 죽음에 이르게 할 수 있는 약물을 주입하는 방법으로 적극적 행위 방식으로 안락사를 시키는 행위이다. 이는 안락사를 시행하는 사람이 환자의 생명을 미리 단축시키려고 의도하여 구체적인 행동을 하는 경우이기에 병의 진행 유무와 별개로 환자의 생명을 가능한 빨리 단축시키는 것이다.

이를 옹호하는 사람들은 소극적 안락사가 더 비인간적이고 고통을 주는 행위라고 비난한다. 결과적으로 모든 과정을 겪으면서 아파서 죽이는 것이 되므로 가능하면 이런 고통을 제거하는 것이 좀 더 환자를 위한 조치라는 주장이다. 또한 진정한 소극적 안락사라는 것은 없으며 결국은 죽음의 과정 중에 어느 순간 적극적인 개입이 필요하므로 소극적 안락사와 적극적 안락사의 명확한 구분은 어렵다고 한다. 적극적 안락사에 소극적 안락사가 포함된다는 것이다.

여기에 반대하는 입장은, 사람의 생명은 그 무엇과도 비교할 수 없는 가치를 가지고 있기에 생명존중의 원리를 위배하는 것이라고 한다. 또한 악행금지의 원리에도 위배되어 사람의 생명을 단축시키거나 단축시킬 목적으로 시도하는 것은 선행이라고 볼 수 없다는 주장이다. 비록 환자를 위한다고 하지만 이는 생명의 존엄성을 뛰어넘을 수는 없기 때문이다.

참여에 따른 서술방식에 의한 안락사 유형은 크게 두 가지로 볼 수 있다.

---

9 *Lynne A. DeSpelder & Albert L. strickland, The LastDence: Encountering Death and Dying, McGraw Hill, 2002.*

### (1) 능동적 안락사

안락사를 원하는 환자 스스로가 안락사 시도를 하는 것으로 일종의 자살이라고 할 수 있다. 능동적 안락사는 동시에 자의적 안락사라고 할 수 있다. 하지만 자의적 안락사가 모두 능동적 안락사가 되지는 않는다.

### (2) 수동적 안락사

안락사를 원하는 환자가 아닌 타인에 의해서 죽음이 행해지는 경우로 이를 주관하는 사람이 의료진일 수도 일반인일 수도 있다. 단 일반인에 의해서 이루어지는 행위는 살인에 해당되는 것이 일반적이다. 의료진에 의한 안락사라고 해도 법적인 규정과 절차에 따라야 하고 이를 어기면 살인 여부가 문제가 된다. 비자의적 안락사(Non-Voluntary Euthanasia) 전부와 자의적 안락사(Voluntary Euthanasia) 일부가 여기에 포함된다.

생명 주체의 의사에 따라 안락사를 구분하면 다음과 같다.

### (1) 자의적 안락사(Voluntary Euthanasia)

자의적 안락사란 자신의 의사에 따라 시행되는 안락사를 의미한다. 정상적인 정신상태를 유지하면서 삶과 죽음이 무엇인지 이해하고, 자신의 현재 상태와 미래에 대한 확고한 예측 능력을 가지고 삶이나 죽음을 선택할 능력을 가진 사람이 선택하는 경우이다. 이는 환자의 입장에서 치료를 계속했을 때의 생존기간과 중단했을 때의 생존기간, 가능한 치료방법과 그 효과, 부작용 등을 알고 있어야 하며 자신의 삶의 질에 대하여 삶보다는 확고한 죽음을 결심한 경우이다.

자의적 안락사는 두 가지 하위 유형으로 나눌 수 있는데, 첫 번째는 죽기를 원하는 사람이 자신을 스스로 죽일 수 있는 능력이 있는 경우와 두 번째는 죽기를 원하는 사람이 자신을 죽여 달라는 요구를 하거나 자신을 죽이는 데 동의할 수는 있지만 자신을 죽일 수 있는 능력이 없는 경우이다.

첫 번째 스스로 죽을 수 있는 능력이 있는 경우에도 두 가지의 하위 유형이 있는데 그 하나는 스스로 죽음을 시도하는 것으로 이를 자살이라고 하며, 다른 하나는 타인의 도움을 받는 경우인데 이를 '조력자살'이라고 하는데, 조력자가 의사일 경우에 '의사조력자살(Physician Assisted Suicide, PAS)'이라고 부른다. 미국 죽음의 의사라 불린 케보키안 케이스가 이 조력자살에 해당한다. 두 번째 자신을 죽일 수 있는 능력이 없는 경우에는 스스로 자신의 생명을 끊는 것이 아니므로 자살이 아닌 자의적 안락사로 분류된다.

그럼 자의적인 안락사는 정당한가에 대해서 생각해보면 기존의 법적 문제에서 쉽게 정당성을 찾을 수 있다. 기존의 권리이론에 따르면 어떤 권리를 소유한 사람은 그 권리를 포기할 권리 역시 소유한다는 것이므로 자신의 생명권도 일종의 권리이며 당연히 자신의 것이므로 자기 소유인 생명권을 포기하고 싶다면 이 또한 누구의 간섭 없이 자신의 생명권을 포기할 수도 있다. 물론 종교적이거나 사회 규범적으로 생명을 스스로 포기한다는 것에 대하여 용납하기 어렵고 먼저 자신의 생명권을 포기한 사람이 자신에 대하여 어떤 권리도 소유하지 않게 되는 순간에 안락사를 해달라는 권리를 주장하는 것은 자기모순일 수도 있다.

하지만 생명의료윤리의 기본 원칙들 중 하나인 '자율성 존중 원리'에 의하여 합리적인 행위자의 자율적 결정은 존중되어야 한다는 원리에 의해서 자신이 결정한 것이라면 자의적 안락사를 충분히 정당화할 수 있다. 이는 안락사를 요청하는 사람이 심신상태가 위약하거나 누군가의 강압이 존재하지 않는 상태에서 합리적 행위를 주장한다면 그의 견해를 존중하지 않을 수 없다.

#### (2) 반자의적 안락사(Involuntary Euthanasia)

반자의적 안락사란 자신의 삶과 죽음에 대해 충분히 인지하는 상태에서 원하지 않지만 죽게 되는 경우를 말한다. 즉 자신의 삶과 죽음을 결정하는 과정에서 계속 살기를 선택한 사람이 죽게 되는 경우인데 이런 경우 안락사라기보다는 타인에 의한 살인이라고 볼 수 있다. 일반적으로는 흔치 않고 주로 전쟁 중에 발생하는데 제2차 세계대전 때 나치에 의해 자행된 유대인 학살이나 일본 관동군 731부대의 인체실험이 여기에 해당한다. 이들은 누구도 동의하지 않았지만 죽임을 당하였으며 이런 경우는 특별한 상황에서 발생하는 것으로 반자의적 안락사는 개념적으로만 가능할 뿐 실제로는 안락사의 범주에 포함시키기 어렵다.

### (3) 비자의적 안락사(Non-Voluntary Euthanasia)

죽게 되는 사람이 스스로 삶과 죽음에 대하여 어떠한 선택을 할 수 없는 상황에 있는 경우로 정신적 또는 신체적으로 의사소통이 이루어지지 못할 정도로 상황이 안 좋은 경우이며 의학적으로 더 이상 회복이 어렵다고 판단되는 상태이다. 이런 사람은 자신의 죽음에 동의할 능력은 없지만 평소 자신의 죽음에 대한 확고한 가치관이 있거나 사전연명의료의향서를 등록한 경우 또는 1촌 이내 직계가족이 동의하고 전문의 2인 이상이 확인한 경우에 시행되는 안락사이다.

비자의적 안락사(Non-Voluntary Euthanasia)와 반자의적 안락사(Involuntary Euthanasia)의 차이는 죽게 되는 사람의 동의 능력 유무에 있다. 그리고 비자의적 안락사(Non-Voluntary Euthanasia)와 자의적 안락사(Voluntary Euthanasia)의 차이는 죽게 되는 사람의 동의 여부에 있다.

법적으로 비자의적 안락사가 문제가 되는 경우로는 태어나서부터 삶과 죽음이 무엇인지 알았던 적이 전혀 없었던 사람들로 대뇌 피질이 없이 태어난 무뇌아, 심각한 기형이나 선천성 질환 때문에 매우 심한 고통을 겪고 있는 신생아, 불치병으로 고통 받고 있는 심한 선천성 정신지체자 등의 경우처럼 안락사에 동의할 능력을 가져본 적이 없는 사람들과 평소 정상적인 삶을 살았지만 현재 이런 판단능력을 상실한 사람들로서, 안락사를 사전에 요청하지도 거부하지도 않은 경우이다. 일반적으로 심한 사고로 뇌가 회복하기 어려워 혼수상태가 지속되거나 장기간 식물인간 상태로 지내는 경우 또는 심한 중증 치매환자로 심한 후유증을 앓고 있는 경우 등인데 이들이 정신적 능력이 건전한 동안에 자신의 안락사를 요청한 경우에는 자의적 안락사로, 거부한 경우에는 반자의적 안락사로 간주해야 할 것이다.

비자의적 안락사를 정당화하는 근거로 선행원리가 있다. 이는 환자의 고통을 감소시켜 줄 뿐만 아니라, 인간으로서의 존엄성을 회복시켜 준다는 의미에서 환자에게 선행을 베푸는 것으로 간주할 수 있기 때문이다. 만일 환자의 평소 견해를 확인할 수 없을 경우에는 가족 등의 대리인의 견해에 따르는 대리 판단표준을 따르거나 관계된 사람들이 환자에게 가장 도움이 되는 방식을 찾아야 할 환자의 최선이익표준이 있다.

그러나 환자 본인의 의사가 확인되지 않은 상태에서 그 환자의 생명에 대한 결정이 이루어지고 있다는 점 때문에 논란의 여지가 남게 된다. 평소에 주변 사람들에게 자신의 죽음관을 이야기하거나 글로 남기지는 않았지만, 안락사에 대해 부정적인 견해를 가지고 있었을 수도 있으며, 어떠한 경우에도 자신의 생명을 단축시키는 행위에 대해 반대하고 있을 수도 있기에 타인에 의해서 결정된 안락사는 환자의 자율성을 무시하는 것이 된다. 만약 이런 결정이 부정적으로 보인다면 이와 동일한 일이 자신에게도 올 수 있기 때문에 불안감을 줄 수도 있다.

앞의 자발성에 따른 안락사를 시행하더라도 이는 윤리적이고 법적으로도 명확하게 관리와 통제가 요구되고 있다. 생명권이란 소유자가 개인에게 있다고 해도 함부로 남용하지 못하게 해야 하고, 안락사를 요청하는 사람들이 아무리 합리적이고 자율적이라고 하더라도 안락사 시행은 매우 좁은 범위에서 시행되어야 할 것이다. 이를 무시한다면 전통적인 권리이론과 자율성 존중 원리를 확대 해석하여 모든 종류의 자살이 정당화될 가능성이 있기 때문이다. 그러므로 안락사는 철저하게 정신적·심리적 문제를 배격하고 현대의학으로 그 치료의 한계성이 확실한 경우에 한해서 꼭 시행해야 할 경우를 정하거나 치료에 반응하지 않는 참을 수 없을 정도로 고통스럽고 비참한 상태를 겪고 있는 사람에게만 시행되어야 한다. 이를 무시한 어떠한 안락사도 정당화하기 힘들 것이다.

현재 실제로 시행되는 안락사의 종류는 다음과 같다.[10]

- 소극적 안락사(Passive Euthanasia): 존엄사와 같은 의미로 사용되고 우리나라도 허용을 하는 죽음의 행위이며 환자와 가족의 동의하에 회복 불가능한 환자에게 무의미한 연명치료를 중단하고 통증 등을 관리하는 완화의료로 환자가 자연사와 유사한 형식으로 죽음을 맞이하게 하는 방법이다.
- 자의적 적극적 안락사(Voluntary Active Euthanasia): 현재 벨기에와 네덜란드 등에서 시행되는 합법적인 방법으로 환자와의 사전합의 후 의도적으로 약물이나 기타 처치로 회복 불가능한 환자를 죽음에 이르게 하는 행위로 정의되고 있지만 우리나라에서는 아직 불법행위이다.
- 반(反)자의적 적극적 안락사(Involuntary Active Euthanasia): 의식이 있지만 회복 불가능한 환자를 동의 없이 타인이 의도적으로 약물이나 기타 방법으로 죽음에 이르게 하는 행위로 이는 모든 국가에서 살인에 준하는 불법으로 금하고 있다.
- 비(非)자의적 적극적 안락사(Non-Voluntary Active Euthanasia): 뇌사나 의식불명상태인 환자의 사전 동의 없이 의도적으로 약물이나 기타 처치로 회복 불가능한 환자를 죽음에 이르게 하는 행위로 일부 시행은 되지만 법적인 절차가 아직 부족하고 정당한 동의를 구하기가 어려운 문제가 있다.
- 간접적 안락사(Indirect Euthanasia): 환자의 생명이 단축될 위험이 있음에도 불구하고 회복 불가능한 환자의 고통을 완화시키기 위해 진통제 등을 적극적으로 처치한 결과, 의도치 않게 환자를 사망에 이르게 하는 행위로 규정하는데 엄밀히 말해 이 행위는 안락사 범주가 아닌 의료사고로 의료윤리나 법적으로 수용 여부를 살펴보아야 할 것이다.

10 대한내과학회편, 『해리슨 내과학 19판』, MIP, 2017.

- 의사조력자살(Physician Assisted Suicide, PAS): 환자가 자신의 생명을 끊는 데 필요한 수단이나 그 정보를 의사가 회복 불가능한 환자에게 제공함으로써, 환자 스스로의 행위로 죽음에 이르게 하는 것으로 이는 미국 오리건 주, 스위스, 네덜란드, 벨기에 등에서 시행되고 있다. 의사조력자살은 놀랍게도 1942년부터 스위스에서 시행되었으며 그 법률적 근거로 '이기적인 동기로 누군가를 자살하도록 부추기거나 도움을 주는 자는 자살이 이루어지거나 시도되었을 경우 징역 5년 또는 벌금에 처한다.'라고 하였는데, 이를 근거로 이기적인 목적이 아니라면 자살을 돕는 것이 합법적이라는 논리가 성립되었기 때문이다. 여기에 도움을 주는 5개의 단체가 있는데, 특히 외국인을 회원으로 받아들이는 단체는 디그니타스(Dignitas)라는 단체이다.[11]

소극적 안락사와 존엄사는 조금 차이가 있는데 일반적으로 죽으면서도 인간으로서 지녀야 할 최소한의 품위와 가치를 지키면서 죽을 수 있게 하는 행위를 존엄사라 한다. 이는 의학적인 치료 중에 더 이상 회복이 불가능한 상태에서 생명유지를 목적으로 하는 연명치료를 중단하고 질병에 의한 자연사를 맞이하게 하는 것이다.

자연사는 자신의 죽음을 좀 더 품위 있고 고귀하게 마감하는 것이기에 생로병사의 마지막 단계인 죽음을 맞이하는 순간 비록 질환에 의한 죽음일지라도 심폐소생술, 인공호흡기 착용, 혈액투석 및 항암제 투여와 최근 새로 추가된 심각한 호흡부전·순환부전 시 체외순환을 통해 심폐기능 유지를 도와주는 '에크모(ECMO)'라 불리는 체외생명유지술(Extracorporeal Life Support, ECLS), 수혈, 혈압상승제 투여 등을 시행하지 않는 것이지만 진통제나 통증을 완화시키는 방법을 사용하여 환자를 위해서 마지막까지 인격적인 모습을 보이면서 편히 죽게 하는 것이 존엄사라고 할 수 있다.

여기서 소극적 안락사는 생명유지에 필요한 필수적 영양공급이나 약물 투여를 중

11 김달수, 『죽음학 스케치』, 인간사랑, 2018.

단해서 스스로 죽음에 이르게 하는 것인데 소극적 안락사와 존엄사는 영양공급의 중단과 유지 등의 차이가 있어 서로 상충하는 면이 있고 영역이 모호하기는 하지만 일부 동일시하는 경우도 있다.

이상으로 안락사의 종류와 법적인 허용여부를 알아보았는데 존엄사와 같은 소극적 안락사(Passive Euthanasia)는 점차 많은 사람들이 참여하는 방향으로 가겠지만 우리나라에서는 여전히 논의가 힘든 자의적 적극적 안락사(Voluntary Active Euthanasia)와 의사조력자살(Physician Assisted Suicide: PAS)에 대한 논의가 필요하다. 그 외에 특히 문제가 되는 것은 반자의적 적극적 안락사(Involuntary Active Euthanasia)로 모든 국가에서 이 행위는 살인에 준한 불법으로 금하고 있다.

하지만 제도적으로 자의적 적극적 안락사와 의사조력자살을 무조건 금한다면 대신 타인의 조력자살이 비공개적인 장소나 비의료기관에서 공공연하게 행해질 수도 있고, 그 실체는 너무 개인적이고 가족 간에 은밀하게 이루어지므로 사회에서 표면화되지 못한 채 음성화될 수도 있다.[12]

결국 이런 문제가 점차 지하로 숨는다면 오히려 그것이 큰 범죄나 사회문제가 될 수 있으므로 풍선효과를 생각해볼 때 금지만 할 수도 없다. 당장 프랑스에서 행위를 금하자 벨기에로 간다든가 조력의사를 찾아서 스위스로 가는 일들이 지금 우리나라를 비롯해 유럽에서 벌어지는 것도 이해해야 할 부분이다.

앞에 언급한 적극적 안락사들은 아직 국내에서는 불법행위에 해당한다. 하지만 앞으로 의학의 발전은 환자를 자연사하도록 놔두지 않을 것인데 이는 의료가 발달할수록 복잡한 의학적 법률적인 문제가 생겨 큰 혼란이 있을 수 있다.

예를 들면 인공장기를 사용하는 환자의 경우, 환자의 상태는 좋지만 인공장기가 고장이 나서 더 이상 교체나 수리가 어려워 이를 어떻게 처리해야 하는지의 문제가 생기면 의학적, 법률적, 윤리적으로 해법을 찾기 어렵다. 인공장기를 제거하면 곧 죽음에 이

12 김달수, 『죽음학 스케치』, 인간사랑, 2018.

를 것이고 그렇다고 그냥 둘 수도 없는 경우 그 선택을 누가 해야 하는지부터 혼란이 발생한다. 이렇듯 의학의 발전은 오히려 죽을 수 있는 권리를 빼앗는 모순이 될 수 있으며 죽고 싶어도 못 죽게 하는 어려움이 생길 수 있는 것이다. 앞으로 자의적 적극적인 안락사와 의사조력자살에 대한 윤리적이고 법적인 사회적인 공감대가 요구되는 부분이다.

다음 내용은 미국 워싱턴 주와 오리건 주, 네덜란드에서 합법적으로 시행되는 의사조력자살(PAS)에 대한 규정이다.

- 환자는 의식(정신) 상태가 온전해야 하고, 의사조력자살을 위한 처방 요구를 자의적으로 반복해서 요청해야 한다.
- 환자는 적절한 완화치료로 경감될 수 없는 통증과 고통이 있어야 한다.
- 자의적 적극적인 안락사와 의사조력자살을 원하는 환자의 소망이 진지하고 굳은 결심임을 확인하는 대기 기간이 주어져야 한다.
- 담당의사는 독립된 기능을 가진 다른 의사로부터 2차 의견을 얻어야 한다.

이런 규정에 따라 확인과정을 거쳐 이루어지면 이는 살인행위나 방조행위와는 다른 치료의 마지막 선택과정으로 보아야 할 것이다. 이때 사용되는 약제는 의학적으로 흔히 사용되는 약물을 잘 조합하여 고통 없이 의식을 통제하고 자연스런 죽음으로 이끌어야 하며, 이것이 환자의 존엄성을 보장하는 안전한 죽음일 것이다.

의사나 환자와 그 가족 또는 이를 원하는 사람들은 안락사에 대한 문제를 접하면서 더 생각해봐야 할 부분이 어디서 죽음을 맞이해야 하는가의 문제인데 현재 존엄사와 소극적 안락사는 호스피스 병동이나 병원 입원실에서 시행하면 된다. 이런 죽음은 치료과정에서 생기는 죽음이기에 이에 대한 이견은 크게 없지만 앞으로 논의될 자의적 적극적인 안락사와 의사조력자살을 위해서 병원을 찾아간다는 사실은 치료를 목적으

로 존재하는 병원의 목적상 허용하기 어려운 문제이다.[4]

그렇다고 미리 장례식장에서 시행하는 것도 불가능하고 어디 가서든 이를 시행할 적합한 장소가 있어야 한다고 보면 법적·사회적 준비도 필요하다고 예견된다. 현 의료법에서는 사망 장소 개설도 법의 취지에 맞지 않으므로 이에 대한 법적인 보완도 점차 이루어져야 할 것이다.

이런 다양한 논의와 법 시행 속에서도 실제 임상조사에 의하면 말기 환자의 10~20% 미만이 안락사나 의사조력자살에 대해 고려한다고 한다. 네덜란드나 미국 오리건 주에서는 안락사나 의사조력자살을 시행 받은 사람의 70% 이상이 말기 암환자이고, 2013년 오리건 주에서는 의사조력자살을 시행 받은 사람의 1.2%가 후천성면역결핍 환자였으며, 7.2%는 근위축성 측상경화증환자였다. 네덜란드에서는 합법적, 불법적 행위를 합한다면 안락사와 의사조력자살은 2001년도 전체 사망의 2.8%에서 2005년도 1.8% 정도를 차지한다. 최근 완료된 통계에 의하면 많은 전문가들이 실제로는 더 많이 행해질 것이라고 판단하지만, 오리건 주의 사망자 중의 71명의 환자(전체 임종자의 약 0.2%)가 의사조력자살로 사망하였다. 워싱턴 주에서는 2009년 3월과 2009년 12월 사이에 의사조력자살을 허용하는 법이 통과된 이후 36명만이 치명적인 투약 용량으로 사망하였다.

심한통증도 안락사나 의사조력자살 등에 관심을 가지거나 자살을 요청하는 환자에게 가장 중요한 동기가 아니다. 오리건 주에서는 25% 미만의 환자가 의사조력자살을 희망하는 이유로 불가능한 통증조절을 꼽았다. 우울, 절망, 보다 막연하게는 존엄성이나 자율성을 잃는 것과 가족에게 짐이 되는 것에 대한 걱정이 안락사나 의사조력자살을 선택하게 하는 첫째 요인으로 보인다. 75% 이상은 자율성이나 존엄성의 상실 및 즐거운 활동들이 없어지는 것을 이유로 들었고, 그중 약 40%는 가족에게 짐이 되는 것을 들었다.

---

13 김달수, 『죽음학 스케치』, 인간사랑, 2018.

네덜란드의 연구에서는 우울한 말기 암환자가 안락사를 요청할 가능성이 4배나 더 많았고, 조절되지 않는 통증은 안락사에 대한 관심과 크게 연관되지 않았음을 보여주었다. 흥미로운 사실은 이런 자살을 의뢰한 동기였던 정서적 고통에도 불구하고 극소수의 환자만이 정신과 치료를 받았다. 오리건 주에서는 오직 5.9%의 환자만이 정신과 평가가 의뢰되었다. 이는 안락사와 의사조력자살이 곧 통증이 없는 빠른 죽음을 보장하는 것은 아님을 보여준다. 이 자료에서 20%의 환자에게 기술적 문제나 기타 문제들이 발생하였는데 여기에는 혼수상태에서 깨거나 혼수상태로 들어가지 못하거나 약물을 토하거나 사망까지 시간이 오래 걸리는 문제가 포함된다. 오리건 주의 자료는 1997년과 2013년 사이에 22명의 환자(약 5% 미만)가 처방약을 복용한 후 토했고 한 환자는 깨어났으며 아무도 경련은 하지 않았음을 보여준다. 이러한 문제는 의사조력자살에서 유의미하게 많이 발생하였고, 때때로 의사가 개입하여 안락사를 시행해야 했다.[14]

의료진은 임종 환자를 만나면 안락사에 대한 질문을 받을 수 있다. 만약 환자가 이를 요청한다면 어떻게 대처해야 하는지에 대해 올바른 접근 방법이 필요하다. 먼저 환자에게 공감을 표시하면서 "무엇 때문에 이런 선택을 생각하였습니까?"라는 개방형 질문을 던지면서 그 배경을 파악해야 한다. 윤리적인 문제로 반대하거나 너무 쉽게 지지한다면 환자는 자기 생각대로 해석하고 반발할 수도 있다. 우선 안락사나 의사조력자살에 대해 잘못 알고 있는 경우가 많으므로 충분히 그 배경과 문제점을 설명해줘야 하고, 통증완화나 입원 중에 생기는 다양한 문제의 해결이 가능하다는 점을 인식시키고, 일시적인 우울증상이나 절망감이 심한 경우 정신과적 상담을 의뢰하고, 가족의 부담이나 진료비에 대한 경제적 부담이 큰 경우 이에 대한 적절한 대응책을 찾아보도록 한다. 특히 비용이 많이 드는 효율성이 떨어지는 처치는 줄이거나 제거하고 덜 침습적인 호스피스 완화의료로 방향을 돌리는 것도 필요하다.

---

14 대한내과학회편, 『해리슨 내과학 19판』, MIP, 2017.

# 02. 국가별 안락사 현황

| 국가별 안락사 허용현황 | | | |
|---|---|---|---|
| 국가 | 적극적 안락사 | 조력자살 | 소극적 안락사 |
| 스위스 | 불허 | 허용<br>외국인 허용(세계 유일) | 허용 |
| 네덜란드 | 허용<br>정신적 고통 인정<br>12세 이상 미성년자 허용 | 허용 | 허용 |
| 벨기에 | 허용<br>전 연령 허용(세계 유일)<br>부모 동의, 전문의 판단 | 허용<br>정신과적 고통 인정 | 허용 |
| 룩셈부르크 | 허용<br>환자 상태 고려해서 허용 | 불허 | 허용 |
| 프랑스 | 허용<br>영구수면 처방권 부여 | 불허 | 허용 |
| 캐나다 | 허용<br>불치병 한정<br>18세 이상 허용 | 허용<br>정신장애 환자 제외 | 허용 |
| 미국 | 일부 주 허용<br>오리건, 뉴멕시코, 워싱턴,<br>캘리포니아, 버몬트, 몬테나<br>주(정신진료 필요) | 일부 주 허용<br>오리건, 뉴멕시코, 워싱턴,<br>캘리포니아, 버몬트,<br>몬테나 주(정신진료 필요) | 허용 |
| 콜롬비아 | 허용 | 불허 | 허용 |
| 대한민국 | 불허 | 불허 | 허용<br>사전연명의료의향서가 있거<br>나 1촌 직계가족의 동의와<br>전문의 2인 확인 |
| 일본 | 불허 | 불허 | 관습적으로 허용<br>안락사로 표현 |
| 대만 | 불허 | 불허 | 허용 |

# 03. 뇌사와 장기기증

뇌사(腦死, Brain Death)는 의학이 발달하기 전에는 거의 없던 죽음으로 의학의 발전으로 생명유지 장치를 사용하여 비록 뇌기능은 정지했지만 신체기능은 살릴 수 있어서 생긴 불안전한 죽음이다. 따라서 어디서부터 죽음으로 인정해야 하는가는 어려운 문제이다. 현재 우리나라도 '장기 등 이식에 관한 법률'을 1998년 12월 30일 제정, 1년간의 경과기간 뒤 2000년 2월 9일부터 뇌사를 공식적으로 인정하고 있으며 뇌사의 경우 죽음으로 인정하여 장기공여를 시행하고 있다.[15]

뇌사의 정의는 임상적으로 뇌 활동이 회복 불가능하게 비가역적으로 정지된 상태를 의미한다. 뇌사 진단의 필수 전제 조건으로 급성의 심각한 비가역적 뇌손상을 일으키는 원인이 병력, 진찰, 혈액검사, 뇌영상 검사에서 확인되어야 한다. 또한 뇌사 상태와 비슷한 증상을 유발할 수 있는 각종 대사성 질환(저체온증, 저혈압 등)이 없어야 한다.[16] 이와 같은 전제 조건이 충족된 상태에서 혼수, 뇌간(숨골, 뇌줄기)에서 기원하는 모든 반사의 소실, 무호흡 증상이 모두 확인될 때 뇌사를 진단할 수 있다. 뇌사자에게는 뇌간의 기능이 남아 있어 인공호흡으로 수년 이상 생명을 이어나갈 수 있는 식물인간과는 근본적인 차이가 있다. 뇌사상태에 빠지면 인공호흡기를 통해 일시적으로 생명을 유지할 수는 있으나 대사기능이 저하되기 때문에 어떤 치료를 받아도 2주 이내에 사망한다.[17]

일반적인 뇌사판정 과정은 매우 엄격하다. 뇌사판정 기관의 장은 뇌사판정 신청을 받으면 지체 없이 현장에 출동하여 뇌사판정 신청이 된 뇌사추정자의 상태를 파악한 후 보건복지부령으로 정하는 바에 따라 전문의 2명 이상과 진료담당의사가 함께 작성

---

15 김달수, 『죽음학 스케치』, 인간사랑, 2018.

16 https://terms.naver.com/entry.nhn?docId=927360&cid=51007&categoryId=51007.

17 https://terms.naver.com/entry.nhn?docId=67033&cid=43667&categoryId=43667. 이덕환, 『의료행

한 뇌사조사서를 첨부하여 뇌사판정위원회에 뇌사판정을 요청해야 한다. 이에 따라 뇌사판정 요청을 받은 뇌사판정위원회는 전문의 위원 2명 이상과 비의료인 위원 1명 이상을 포함한 과반수의 출석과 출석위원 전원의 찬성으로 뇌사판정을 한다.[18]

뇌사를 일으키는 원인 질병은 매우 다양하다. 일반적으로는 뇌졸중, 간질중첩증, 뇌외상 등에 의해 뇌사가 발생하지만 뇌의 직접적인 사고, 허혈성 뇌병증 및 뇌부종을 유발할 수 있는 모든 질환이 뇌사의 원인이 될 수 있다.

뇌사판정 선행조건 및 판정기준(법률 시행령 제21조)에 의하면 치료가능성이 없고 깊은 혼수상태로 자발적인 호흡 없이 인공호흡기로 생명을 유지하는 등 여섯 가지 선행조건과 여덟 가지 판정기준을 모두 충족시켜야 한다.

여섯 가지 선행조건은 원인질환이 확실할 것, 치료될 가능성이 없는 기질적(器質的)인 뇌병(腦病)변이 있을 것, 깊은 혼수상태로서 자발호흡이 없고 인공호흡기로 호흡이 유지되고 있을 것, 치료 가능한 약물중독이나 대사성 장애 가능성이 없을 것, 치료 가능한 내분비성 장애 가능성이 없을 것, 저체온상태(직장온도 32℃ 이하인 상태)가 아닐 것, 쇼크 상태가 아닐 것 등이다.

여덟 가지 판정기준으로는 외부 자극에 전혀 반응이 없는 깊은 혼수상태일 것, 자발호흡이 되살아날 수 없는 상태로 소실되었을 것, 두 눈의 동공이 확대·고정되어 있을 것, 뇌간반사(腦幹反射)가 완전히 소실되어 있을 것, 자발운동, 제뇌경직, 제피질경직, 경련 등이 나타나지 않을 것, 무호흡검사 결과 자발호흡이 유발되지 않아 자발호흡이 되살아날 수 없다고 판정 받을 것, 뇌파판정 결과 후 재확인하였을 때도 그 결과가 같을 것, 뇌파검사에서 평탄뇌파가 30분 이상 지속될 것 등이다. 좀 더 자세한 사항은 장기이식에 관한 법률 제16조 2항을 참조하여 뇌사 판정 기준을 따르면 된다.[19]

---

위와 법』, 현문사, 2010.

18 장기 등 이식에 관한 법률(장기이식법) 법률 제14928호, 제18조 (뇌사판정 등)

19 문국진, 『생명윤리와 안락사』, 여문각, 1999.

## 1. 6세 이상인 자에 대한 뇌사판정기준

다음의 선행조건 및 판정기준에 모두 적합하여야 한다.

### (1) 선행조건

① 원인질환이 확실하고 치료될 가능성이 없는 기질적(器質的)인 뇌병변(腦病變)이 있을 것

② 깊은 혼수상태로서 자발호흡(自發呼吸)이 없고 인공호흡기로 호흡이 유지되고 있을 것

③ 치료 가능한 약물중독(마취제, 수면제, 진정제, 근육이완제 또는 독극물 등에 의한 중독)이나 대사성(代謝性) 또는 내분비성 장애[간성혼수(肝性昏睡), 요독성혼수(尿毒性昏睡) 또는 저혈당성뇌증(低血糖性腦症)] 등의 가능성이 없을 것

④ 저체온상태[직장온도(直腸溫度)가 섭씨 32도 이하]가 아닐 것

⑤ 쇼크 상태가 아닐 것

### (2) 판정기준

① 외부자극에 전혀 반응이 없는 깊은 혼수상태일 것

② 자발호흡이 되살아날 수 없는 상태로 소실되었을 것

③ 두 눈의 동공이 확대, 고정되어 있을 것

④ 뇌간반사(腦幹反射)가 완전히 소실되어 있을 것.

다음에 해당하는 반사가 모두 소실된 것을 말한다.

- 광반사(光反射: Light Reflex)
- 각막반사(角膜反射: Corneal Reflex)
- 안구두부반사(眼球頭部反射: Oculo-Cephalic Reflex)
- 전정안구반사(前庭眼球反射: Vestibular-Ocular Reflex)
- 모양체척수반사(毛樣體脊髓反射: Cilio-Spinal Reflex)

- 구역반사(嘔逆反射: Gag Reflex)
- 기침반사(Cough Reflex)

⑤ 자발운동, 제뇌강직(除腦强直), 제피질강직(除皮質强直) 및 경련 등이 나타나지 않을 것

⑥ 무호흡검사 결과 자발호흡이 유발되지 아니하여 자발호흡이 되살아날 수 없다고 판정될 것

무호흡 검사: 자발호흡이 소실된 후 자발호흡의 회복 가능 여부를 판정하는 임상검사로서 그 검사방법은 다음과 같다.

100% 산소(O2) 또는 95% 산소(O2)와 5% 이산화탄소(CO2)를 10분 동안 인공호흡기로 흡입시킨 후 인공호흡기를 제거한 상태에서 100% 산소(O2) 6ℓ/min를 기관내관을 통하여 공급하면서, 10분 이내에 혈압을 관찰하여 혈액의 이산화탄소분압(PaCO2)이 50torr 이상으로 상승함을 확인하였음에도 불구하고 자발호흡이 유발되지 아니하면 자발호흡이 되살아날 수 없다고 판정하고, 검사가 불충분하거나 중단된 경우에는 혈류검사로 추가 확인해야 한다.

⑦ 재확인: ① 내지 ⑥에 의한 판정결과를 6시간이 경과한 후에 재확인해도 그 결과가 동일할 것

⑧ 뇌파검사: ⑦에 의한 재확인 후 뇌파검사를 실시하여 평탄뇌파가 30분 이상 지속될 것

⑨ 기타 필요하다고 인정되는 대통령령이 정하는 검사에 적합할 것

## 2. 6세 미만인 소아에 대한 뇌사판정기준

제1호의 선행조건 및 판정기준에 적합해야 하며, 연령에 따라 재확인 및 뇌파검사를 다음과 같이 실시한다.

(1) 생후 2월 이상 1세 미만인 소아

제1호 나 항목⑦에 의한 재확인을 48시간이 경과한 후에 실시하고, 제1호 나 항목⑧에 의한 뇌파검사를 재확인 전과 후에 각각 실시한다.

(2) 1세 이상 6세 미만인 소아

제1호 나 항목⑦에 의한 재확인을 24시간이 경과한 후에 실시한다.

이상과 같은 엄격한 확인 후에 뇌사판정이 이루어지지만 앞의 선행조건처럼 뇌사자의 약물중독, 대사성 또는 내분비계 장애로 인한 혼수상태가 아니어야 하며 저체온(직장온도 32.2℃) 및 쇼크 상태인 경우는 제외하며, 뇌파검사 상 국소 혹은 전신발작, 제뇌강직 또는 제뇌 피질강직 등이 관찰되면 뇌간이 살아있는 증거이므로 뇌사판정이 불가능하다. 또한 원인질병이 뇌 외상, 뇌종양, 뇌 내출혈 등의 치료가 불가능한 뇌의 기질적 병변이 있어야 뇌사판정이 가능하다. 즉 증상이 심하다고 판정하는 것이 아니고 충분한 시간을 두고 관찰을 해야 한다.[20]

- 뇌사(腦死)설에 대한 고찰

역사적으로 오래전부터 뇌사에 대한 정의가 있었지만 처음으로 임상에 뇌사를 사용한 것은 1965년 심장이 뛰고 있는 뇌사공여자로부터 신장이식을 시행하면서부터였다.[21] 그 후 남아공화국 버나드 박사팀이 시도한 최초의 심장이식수술이 성공하면서 주목을 더 끌게 되었다. 과거에는 심장사 후 5~10분 내에 뇌기능이 정지되던 것을 역으로 뇌기능이 이미 정지되었으나 심장이 박동하고 인공호흡이 계속될 수 있는 상태가 가능해서 과거에 적용되었던 사망시기의 기준에 대하여 모순이 생겨 그 대안으로 뇌사설

20 이덕환, 『의료행위와 법』, 현문사, 2010.

21 이상복, "죽음에 관한 의학적 정의와 뇌사설의 전개과정," 『대한의사협회지』 제42권 제4호, 1999.

이론이 제기되었다.[22]

초창기 뇌사설은 뇌의 사망으로 생존에 절대적인 뇌의 모든 조정기능이 다 사라지므로 뇌사의 확정이 곧 사망이라고 하였으나 현재는 뇌사로 인해 장기기관이 개별적 기능과 시스템 및 이들 간의 상호신호 전달 관계가 불가역적으로 작동되지 않고 생명체가 통합적으로 조절될 수 없어 사망으로 인정된다고 보고 뇌사를 사망의 확실한 척도로 보고 있다.

1968년 하버드대학은 뇌사의 판정기준을 발표하였고 그해 호주의 시드니에서 개최한 제22차 세계의사총회에서 사망시기의 결정을 뇌사에서도 인정할 것과 뇌사자로부터 장기이식이 가능함을 규정한 '시드니 선언'을 채택하였다. '시드니 선언'의 주요 요점은 개별적인 세포의 보존이 아닌 한 인간의 운명에 의사들이 관심을 가져야 하고, 사망의 결정에 있어서 뇌사를 신중히 고려해야 한다는 뇌사설을 지지하는 것이었다.

우리나라도 '심장 및 호흡정지 또는 뇌간을 포함한 전기능이 불가역적 소실'이라는 죽음의 정의와 뇌사판정기준을 만들고 1993년 '뇌사판정기준 및 뇌사자 장기이식 기준 개정안'이 발표되었다. 그 후 1999년 2월 '장기이식에 관한 법률' 제정안이 국회를 통과하여 뇌사자의 장기 적출을 합법화하고 심폐사 외에 뇌사를 사망의 한 형태로 인정하게 되었다.[23]

장기이식에 있어 공여자의 사망에 대해 명확한 법적 근거는 미약하지만 현재 '장기등 이식에 관한 법률'에서 뇌사도 심폐사와 함께 사망판정으로 인정되므로 사망의 확정은 뇌사 판정으로도 가능하다고 본다. 하지만 뇌사에 대한 완전한 동의는 아직 이루어지지 않는 것도 사실이다.[24]

---

22 박상기, 『형법각론』, 박영사, 2000.

23 김휘용·이상복, "뇌사자의 판정기준," 『대한의사협회지』 제42권 제43호, 1999. 곽진영, "뇌사자 장기이식," 『대한의사협회지』 제471권 제4호 1999.

24 이인영, "뇌사설에 대한 논의와 수용태도 및 뇌사자로부터의 장기적출의 법률문제," 『한국의료법학회지』

- 뇌사설을 부정하는 입장

심폐사설의 입장에서 뇌사 상태의 환자도 신체반응이 있는 한 생명의 존재를 절대적 가치로 존중하여야 하며 인간의 생명은 어떠한 상태에서도 목적 그 자체로서 존중되어야지 다른 사람을 위한 수단으로 처분되어서는 안 된다는 주장을 근거로 하며, 형법에서 사망시기의 결정을 생명권의 최대보장, 사망의 최소·최후의 불가피적 인정이라는 이념에 합치되어야 하기 때문에 뇌사를 인정할 수 없다는 입장이다.[25] 이는 뇌사를 법적인 사망시점으로 인정하면 사망시기가 유동적이 되며 언제부터 뇌사 상태인지 명확한 시기를 정할 수 없고 자의적인 사망시기의 결정을 초래하여 주관적 재량의 개입 위험성을 막을 수 없다는 주장이다.[26] 즉 깊은 혼수상태와 뇌사의 구분이 쉽지 않아 상속이나 부정한 목적 또는 의도 등으로 억울한 죽음이 일어날 수 있다.[27]

또 다른 반대 입장으로 생명개념의 개방성과 확장성을 통해 생명에 대한 기본권의 개념 해석을 보다 확장해야 하고 뇌사자도 아직 생명이 있는 권리주체로 평가해야 되고 기본권의 보호대상이 되어야 한다고 주장한다.[28] 그 외에도 아직 사회적인 합의가 이루어지지 않았고 종교나 전통적인 관습으로 뇌사가 사망의 확정이라는 사실에 대한 정당성과 설득력이 떨어지며, 윤리적으로 장기이식을 위한 뇌사자의 장기적출에 대하여 거부감이 있다.[29]

이런 반대 입장에서 좀 더 눈여겨 볼만한 점은 의외로 의료인들의 윤리문제에 대한 불신이 크다는 것이다. 뇌사진단에서부터 공정하지 못하고 장기제공 과정에 대한 불신으로 장기이식수술을 위해 고의적으로 뇌사판정을 쉽게 할 수도 있고 인간의 생명존

---

제8권 제2호.

25 서보학·김일수, 『새로운 형법각론』, 박영사, 2016.

26 김순태, "형법상 뇌사설의 인정여부에 관하여," 『인권과 정의』 제165호, 1990.5.

27 김민중, "뇌사 및 장기이식에 관한 문제와 그 해결," 『대한병원협회지』 제21권 제1호.

28 이종영, "뇌사의 공법적 문제," 『법제연구』 제16호 1999.

29 백형규, "장기이식입법에 관한 의학적 법적 견해. 입법내용을 중심으로," 『대한의사협회지』 제38권 제12호.

중에 대한 경시풍조가 생길 수 있다고 보는 의료윤리의 부재 견해도 있다.[30]

– 뇌사설을 찬성하는 입장

뇌는 인간의 모든 신체조직의 기능 및 활동을 통괄 지배하는 장기이며 뇌의 불가역적 소실은 곧 생명의 상실로 이어지므로 이런 상태를 사망으로 인정하는 입장이다. 뇌사설에 대해서도 일부 견해 차이가 있는데 통상적으로 뇌간 전체 기능이 불가역적으로 정지되었을 때를 뇌의 기능사로 인정한다.[31]

뇌사설을 찬성하는 일부에서는 대뇌사를 주장하며 개인의 정신 기능이 불가역적으로 소실을 하는 것을 개체사로 보고 인격을 특징짓는 정신작용이 소실되면 개인으로서의 인간은 죽었다고 한다. 하지만 식물인간이나 무뇌아의 경우는 대뇌가 작동되지 않거나 없어도 엄연한 인격체로 인정되므로 이를 뇌사로 보는 것은 타당하지 않고 대뇌, 소뇌, 및 뇌간 기능이 모두 기능상실된 경우를 뇌사로 인정해야 한다는 주장이 더 설득력이 있다.[32]

형법학자들은 뇌사설을 주장하면서 형법에 의하면 죽음의 정의는 생물학적, 의학적 기준을 따르는 것이 아니라 형법이 사람의 생명을 보호하는 근본 취지에 비추어 판단해야 한다는 것이다.[33] 이는 뇌의 기능이 완전히 멈추어지면 사람의 생명을 보호하기 위한 전제가 소멸된다는 것이다. 생명의 핵심이 호흡이나 심박이 아닌 뇌의 활동이 가능한 상태이므로 인격의 기초가 없는 뇌조직의 존재를 소멸시키는 것이라고 한다.[34] 이런 주장에는 뇌는 인간생존의 중추기관이며, 인간의 인격성과 육체적 생존에 대체불가한 부분이기 때문에 인간 신체의 다른 부분과 동일하게 취급할 수 없다는 인식을 바탕

30 김민중, "뇌사 및 장기이식에 관한 문제와 그 해결," 『대한병원협회지』 제21권 제1호.

31 이인영, "뇌사설에 대한 논의와 수용태도 및 뇌사자로부터의 장기적출의 법률문제," 『한국의료법학회지』 제8권 제2호.

32 박상기, 『형법각론』, 박영사, 2000.

33 박상기, 『형법각론』, 박영사, 2000.

34 이재상·장영민·강동범, 『형법각론』, 박영사, 2017.

으로 한다.[35]

그래서 사망의 정의에는 인간정신 분야를 위한 신체적 근거의 상실 또는 의식적 생존 또는 개성적 생존을 위한 인간 능력의 상실이라는 측면과 인간 생명체의 기능적 전체성의 상실이라는 측면이 동시에 포함된다.[36] 특히 뇌의 신경세포는 한번 손상되면 다시 재생이나 회복이 되지 않으므로 뇌의 재생 불가능에 큰 무게를 두게 되었고 현대의학에서 심장과 폐의 기능은 일정시간 정지되어도 회복이 가능하므로 심폐 장기의 사망설은 수정되어야 하고 불가역적인 상태의 뇌사가 인정되어야 한다고 주장한다.[37]

장기이식에 지속적으로 필요한 신선한 장기의 수요가 커지면서 장기제공자의 호흡이나 심박동이 살아 있는 동안에 필요한 장기를 적출하는 경우에만 가능한 경우가 많아 이를 위해서는 뇌사를 인정하지 않으면 심장, 췌장 등의 단일장기의 경우에는 생체제공이 거의 불가능하다. 그래서 뇌사자로부터 장기이식이 가능하게 하려면 뇌사를 사망시점으로 인정해야 한다는 논거가 생긴다.[38] 이런 논거가 적용되지 않으면 심장이식 같은 경우 장기적출은 불법적인 살인죄가 될 수 있기에 단일 장기이식술은 거의 불가능해진다. 그래서 뇌사자로부터 장기적출을 하는 의료인의 형사적 책임을 면제해주기 위해서도 뇌사가 사망의 시점으로 인정되어야 한다고 주장한다.[39]

환자의 인공소생술 중단은 의사의 치료의무와 관련하여 살인이나 업무상과실치사 또는 의료법상 진료거부로 인해 형사책임을 지게 될 수 있어 일방적으로 인공소생술을 중단할 수 없다. 하지만 뇌사를 인정하게 되면 무의미한 연명치료를 중단할 수 있게 된다. 이로 인해서 무익하고 무의미한 과잉치료를 줄이고 제한된 의료자원을 더 필요로 하는 환자에게 더 가치 있게 사용하고, 뇌사자도 존엄하게 죽을 수 있는 권리를 보장하

---

35 (재인용) Spittler, *Der Himtod ist der Tod des Menschen*, Universitas, 1995.

36 이종영, "뇌사의 공법적 문제," 『법제연구』 제16호 1999.

37 박인화, "노사 논의와 장기이식: 현실과 입법방향," 『현안분석』 제139호, 1999.

38 김민중, "뇌사 및 장기이식에 관한 문제와 그 해결," 『대한병원협호지』 제21권 제1호.

39 박상기, 『형법각론』, 박영사, 2000.

는 것이기에 윤리적이거나 반사회적일 수 없다. 또한 과도한 의료비의 상승을 줄일 수 있어 결코 회복되지 않는 환자에게 많은 인적·물적·정신적 부담감을 줄여줘 가족 간의 파탄을 막을 수 있기에 합법적 뇌사인정이 필요하다고 본다.[40]

일부 절충적인 주장 중에서는 뇌사를 사망으로 인정하지만 그 인정을 위해서 환자와 그 가족의 의사에 따라 뇌사를 사망으로 인정해야 한다는 견해도 있다. 즉 기존의 심폐사를 인정하면서 다른 한편으로는 개개인의 자기결정권을 반영하여 환자의 평소 소신에 따라 뇌사상태를 죽음으로 인정한다면 선택적 사망을 인정하는 것이다.[41]

그 외에도 복잡해진 현대사회의 죽음에 대해 단순한 생물학적 죽음뿐만 아니라 사회의 가치개념과 뇌사를 인정하기 위한 사회적 합의가 필요하다[42]는 주장은 설득력이 있고 현재 이런 논거에 의해 뇌사자의 장기공여가 이루어지는 실정이기도 하다. 사회적 합의는 사회적 관습과 사회적 상규에 위배되지 않아야 하고 국민들의 상식에 벗어나지 않아야 하며 아직도 맥박과 심장이 계속적으로 뛰고 있는 환자를 죽었다고 인정하는 것이 생사에 관한 국민적 상식에 반한다는 점에서 일부 뇌사설을 비판하기도 한다.[43]

#### – 우리나라의 뇌사 현황

1999년 처음 제정된 '장기 등 이식에 관한 법률(일명: 장기이식법)'은 의학의 발달과 새로운 환경변화에 따라 계속 개정을 하여 현재 법률 제14928호, 2017년 개정하였고 2018년 4월 25일부터 시행되고 있다. '장기 등 이식에 관한 법률'에서는 뇌사와 사망의 관계에 대해 명문으로 규정하고 있는데, 동법 제17조에서는 "뇌사자가 이 법에 의한 장기 등의 적출로 사망한 때에는 뇌사의 원인이 된 질병 또는 행위로 인하여 사망한 것

40 오영근·이사용, 『뇌사와 장기이식에 관한 형사적 연구』, 한국형사정책연구원, 1994.

41 이영균·이한교·김동림, 『죽음의 시점에 관한 의학적 윤리적 법적문제』, 일조각, 1993.

42 서보학·김일수, 『새로운 형법각론』, 박영사, 2016.

43 백형규, "장기이식입법에 관한 의학적 법적 견해. 입법내용을 중심으로," 『대한의사협회지』 제38권 제12호.

으로 본다."[44]고 하여, 뇌사자는 뇌사가 아닌 뇌사의 원인이 되는 질병이나 행위로 인해 사망한 것으로 본다는 규정을 두어 뇌사가 일반적인 심폐사와는 다르다는 것을 명시하고 있다.

또한 장기이식법에서는 '사망자'의 가족은 '유족'이란 표현을 사용하고, 장기 적출 전의 '뇌사자'의 가족에 대해서는 '유족'이 아닌 '가족'이란 표현을 일관되게 사용함으로써, 뇌사는 분명 일반적인 사망의 범주에 드는 것이 아니라는 것을 간접적으로 나타내고 있다. 그리고 무단 장기 적출에 대한 처벌에 있어서도, 뇌사자에 대한 무단 장기 적출과 사망자에 대한 무단 장기 적출 행위에 대한 처벌에 있어 전자의 처벌을 더 중하게 해서 뇌사는 사망의 범주에 드는 것이 아니라는 의미를 분명히 하고 있다.

앞서 설명한 전뇌사와 대뇌사(식물인간)의 차이가 매우 크다. 전뇌사는 죽음으로 인정하지만 대뇌사는 죽음으로 인정되지 않는다. 그렇기 때문에 2009년 6월 23일 호흡기를 뗀 김모 할머니는 '존엄사'로 분류되었다. 그리고 가끔 발생하는 뇌사판정 후 기적적으로 되살아나는 경우가 있는데 이는 매우 희소하기도 하지만 대부분 의학적으로 식물인간 판정을 주변에서 뇌사로 오인했을 확률이 더 높다. 세계 의사총회에서 뇌사판정은 2인 이상의 의사가 판단해야 한다고 했고, 한국의 뇌사판정위원회는 전문의사 3인을 포함한 6~10인의 위원으로 구성되며 전문의사인 위원 2명 이상을 포함한 상태에서 만장일치로 뇌사를 최종결정(뇌사판정)한다. 문제는 실제 판정까지는 검사과정만으로도 최소 12시간 이상이 걸리기 때문에 시간을 다투는 장기이식에서는 논란거리가 된다. 하지만 이것을 '사망'으로 인정해야 하는가는 신중함이 필요한 대목이기도 하다.

질병관리본부에 따르면 2017년 국내 장기이식 대기자는 34,187명이지만 기증자는 단 2883명으로 대기자가 약 11.8배나 많았다고 한다.[45] 또한 부족한 기증자 수에 의해 실제 장기기증이 이루어지기까지 평균 대기시간은 1185일이 소요되고 대기 중 사망하

---

44 '장기이식법' http://www.law.go.kr/lsInfoP.do?lsiSeq=198260&efYd=20180425#0000 .

45 질병관리본부 http://www.cdc.go.kr/CDC/intro.html.

는 대기자는 하루 평균 3.17명으로 발표되었다. 새로 개정된 장기이식법에 따르면 손과 팔이 이식대상에 포함되었고 국내에서도 처음 이식이 성공하였다. 이 경우 피부색, 성별, 체격 등의 고려사항을 검토해서 이식대상자를 선정해야 한다. 앞으로 심장과 폐 이식 등은 그동안 법으로 규정한 나이와 체중 등의 사항은 삭제하고 장기기증자와 이식대상자의 거주 지역의 권역별 구분과 이식대상자의 대기시간에 따른 고려를 하기로 하였다.

#### - 이식 가능한 장기와 이식절차

뇌사자 장기기증은 뇌의 모든 기능이 정지되어 곧 사망할 수밖에 없는 사람에게서 아직 활동하고 있는 장기를 적출하여 이식하는 것으로 8개의 장기(심장, 간, 췌장, 췌도, 폐장 2개, 신장 2개, 각막 2개, 소장 등)를 적출하여 이식할 수 있으며, 최근에는 뇌사자의 얼굴, 팔의 이식도 허용되었다. 일반적으로 말하는 장기기증이란 이 뇌사자 장기기증을 의미하는데 이 시기 뇌사자를 뇌사추정자라 한다.

또한 사망 후 시신기증이 있는데 이는 각막, 인체조직, 뼈, 연골, 근막, 피부, 인대 및 건, 심장판막, 혈관 등과 그 외에 시신 자체를 해부용으로 기증하는 것도 포함된다. 완전한 심정지 후 6시간 이내에는 각막적출이 가능하고, 15시간 내에는 다른 인체조직의 적출이 가능하다. 단 암으로 사망하는 경우에는 각막만 기증이 가능하다.

일반적으로 뇌사추정자가 생기면 의료기관에서 장기기증을 전담하는 질병관리본부 장기이식관리센터(KONOS)에 연락을 하고 한편으로 유가족에게도 이 사실을 알리고 집안의 선순위 유가족이 장기기증에 동의함으로써 장기이식을 시행하게 된다. 이때 병원 또는 유가족의 연락을 받고 장기기증 코디네이터가 활동하는 장기이식 실무기관인 한국장기조직기증원(KODA)에서 출동하여 장기기증에 대한 여러 행정절차를 돕고 비로써 장기적출이 가능한 병원에서 장기기증이 진행된다. 이때 질병관리본부 장기이식관리센터(KONOS)의 전산시스템에 의해 수혜자가 결정되고 이식승인을 받고 나서야 장기이식 수술을 시작할 수 있다.

여기서도 많은 문제가 발생할 수 있는데 여러 절차를 거치는 동안 뇌사자가 빨리 심정지에 이르는 경우도 있고 막상 그 순간에 기증받을 수혜자가 없을 수도 있어 기증이 이루어지지 못하는 경우도 자주 발생한다.

장기기증에 대한 자세한 사항은 질병관리본부 장기이식관리센터(www.konos.go.kr)로 접속해서 본인 인증 후 기증희망 등록을 하거나, 전화(02-2628-3602)로 문의하면 희망 등록신청서를 보내준다. 이를 작성하여 팩스(02-2628-3629)로 전송하면 되고, 모든 확인절차 후 주위 가족들에게 잘 알리고 기증희망등록증을 받아서 운전면허증 같은 곳에 부착하고 다니면 도움이 된다.[46]

## 04. 자기의사 판단이 어려운 환자의 법적 보장과 성년후견제도

법적으로도 환자는 누구나 인권을 존중받고 보호받아야 하며, 권리를 누려야 한다. 만약 보호받지 못한다면 이에 대해 시정을 요구할 권리가 있다. 환자라고 해서 임의로 법적 제한이나 자신의 권리를 침해받아서도 안 된다. 만약 스스로 이런 권리를 행사하거나 누릴 수 없는 대리결정의 상태에 있는 경우에는 'UN장애인권리협약 제12조'에 따라야 한다.[47]

**※ 제12조 법 앞의 평등**

1. 당사국은 장애인이 모든 영역에서 법 앞에 인간으로서 인정받을 권리가 있음을 재

46 김달수, 『죽음학 스케치』, 인간사랑, 2018.

47 UN장애인권리협약 http://hrlibrary.umn.edu/instree/K-disability-convention.html.

확인한다.

2. 당사국은 장애인이 모든 생활 영역에서 다른 사람과 동등하게 법적 능력을 향유함을 인정한다.
3. 당사국은 장애인이 법적 능력을 행사하기 위하여 필요한 지원에 접근할 수 있도록 적절한 조치를 취한다.
4. 당사국은 법적 능력의 행사와 관련된 조치를 취할 때 이것이 남용되지 아니하도록 국제인권법에 따라 적절하고 효과적인 안전장치를 제공하도록 보장한다. 그러한 안전장치는 법적 능력 행사와 관련된 조치가 개인의 권리, 의지 및 선호도를 존중하고, 이익의 충돌 및 부당한 영향으로부터 자유롭고, 개인이 처한 환경에 비례하고 적합하며, 가능한 빠른 시일 내에 적용되고, 권한 있고 독립적이며 공정한 당국 또는 사법기관의 정기적인 검토를 받도록 보장한다. 안전장치는 그러한 조치들이 개인의 권리와 이익에 영향을 미치는 정도에 비례한다.
5. 이 조항 규정에 따라, 당사국은 장애인이 재산을 소유 또는 상속할 수 있는 동등한 권리를 보장하고, 자신의 재정 상황을 관리하고, 은행대출, 담보 및 다른 형태의 재무신용에 대하여 동등하게 접근할 수 있도록 모든 적절하고 효과적인 조치를 취하며, 장애인의 재산이 임의적으로 박탈당하지 아니하도록 보장한다.

특히 5항의 경우는 대리결정의 경우라도 환자의 이익을 대변해야 하고, 환자의 권리와 자유는 최소한의 원칙을 따르며, 환자의 과거와 현재 희망을 고려해야 하고, 이익당사자들도 고려해야 하며, 환자의 기존 능력을 활용해야 한다는 것이다.

**- 의사결정 장애인**

환자의 의사능력이란 본인 행위의 의미나 결과를 정상적인 인식력과 예지력을 바탕으로 합리적으로 판단할 수 있는 정신적 능력 내지는 지능을 의미하며, 의사능력 유무에 대한 판단은 구체적인 법률행위와 관련하여 개별적으로 판단해야 하며 의사능력을 인정받기 위해서는 행위의 일상적인 의미뿐만 아니라 법률적인 의미나 효과에 대해서도 이해할 수 있어야 한다. 즉 의사능력이 없는 사람은 행위능력이 없다.

의사결정능력은 신상보호영역에서 자신의 신상에 대해 결정할 수 있는 능력을 말한다. 낮은 수준의 의사능력으로 이해할 수 있는데 때로는 욕구나 희망사항, 식사, 거주이동 등이 포함된다. 보통 의사능력은 없어도 의사결정능력은 있다고 전제한다. 의사결정능력의 구성요인으로는 결정을 위해 필요한 정보에 대해 이해해야 하고, 이들 정보를 마음속에 담아둘 수 있는 능력이 있고, 의사결정과정에서 이런 정보를 활용하는 능력이 있으며, 본인의 결정을 타인과 소통할 수 있는 능력이 있는 경우이다.[48]

의사결정장애인이라 함은 질병, 장애, 노령 그 밖의 사유로 인한 정신적 제약으로 사무를 처리할 능력이 지속적으로 결여된 사람 또는 부족한 사람으로 일시적 후원 혹은 특정한 사무에 관한 후견이 필요한 사람이다.[49]

의료현장에서 환자의 의사능력 판단에 대해서는 신중해야 한다. 그러므로 판단능력이 현저히 떨어진 질환자나 신경인지장애(치매)환자의 의사결정을 돕기 위해서는 의사판단 능력이 저하되었다고 입증되기 전에는 능력이 있다고 추정해야 하고, 환자의 판단을 돕는 단계적 시도들이 실패하기 전까지는 판단능력이 없다고 단정하면 안 되고, 환자가 현명하지 않은 판단을 했다는 이유로 판단을 할 수 없다고 취급하면 안 된다는 원칙을 가지고 의사결정을 도와주어야 한다.[50]

이런 조항이 있는 것은 모든 생활영역에서 장애를 이유로 한 차별을 금지하고 장애를 이유로 차별받은 사람의 권익을 효과적으로 구제함으로써 장애인의 완전한 사회참여와 평등권 실현을 통하여 인간으로서의 존엄과 가치를 구현함을 목적으로 하려는

48 한국장애인개발원 https://www.koddi.or.kr/index.jsp.

49 민법 http://www.law.go.kr/lsInfoP.do?lsiSeq=198475&efYd=20180201#.

50 Decision Making and Care Planning at End of Life
https://translate.google.co.kr/translate?hl=ko&sl=en&tl=ko&u=http%3A%2F%2Fwww.cheshire-epaige.nhs.uk%2FePaige%20Documents%2FNHS-ELPCT_Best_Interests_at_EoL_Booklet_May2008.pdf.

것이다.[51]

이를 위해서 의료진은 최대한 환자의 이익을 고려하고, 최대한 자유를 보장하여야 하며 환자의 희망, 감정 가치를 존중하고 끊임없이 의사소통을 해야 하고 환자에게 관심과 주위 사람들에게 조언을 충분히 받아야 하며 환자의 기능과 능력을 활용할 수 있게 격려해줘야 한다. 이를 통해서 환자에게 최대한 권리를 부여해야 한다.[52]

의사결정 장애인에 대한 법률적 규정은 민법 제947의2(피성년후견인의 신상결정 등)를 참조하면 된다.

① 피성년후견인은 자신의 신상에 관하여 그의 상태가 허락하는 범위에서 단독으로 결정한다.

② 성년후견인이 피성년후견인을 치료 등의 목적으로 정신병원이나 그 밖의 다른 장소에 격리하려는 경우에는 가정법원의 허가를 받아야 한다.

③ 피성년후견인의 신체를 침해하는 의료행위에 대하여 피성년후견인이 동의할 수 없는 경우에는 성년후견인이 그를 대신하여 동의할 수 있다.

④ 제3항의 경우 피성년후견인이 의료행위의 직접적인 결과로 사망하거나 상당한 장애를 입을 위험이 있을 때에는 가정법원의 허가를 받아야 한다. 다만, 허가절차로 의료행위가 지체되어 피성년후견인의 생명에 위험을 초래하거나 심

---

51 장애인차별금지 및 권리구제 등에 관한 법률 (약칭: 장애인차별금지법 ) http://www.law.go.kr/LSW/LsiJoLinkP.do?lsNm=%EC%9E%A5%EC%95%A0%EC%9D%B8%EC%B0%A8%EB%B3%84%EA%B8%88%EC%A7%80+%EB%B0%8F+%EA%B6%8C%EB%A6%AC%EA%B5%AC%EC%A0%9C+%EB%93%B1%EC%97%90+%EA%B4%80%ED%95%9C+%EB%B2%95%EB%A5%A0#윤석진, 강종건, 우주형, 장애인차별금지 및 권리구제 등에 관한 법률에 대한 입법평가, 한국법제연구원, 2009.

52 Decision Making and Care Planning at End of Life https://translate.google.co.kr/translate?hl=ko&sl=en&tl=ko&u=http%3A%2F%2Fwww.cheshire-epaige.nhs.uk%2FePaige%20Documents%2FNHS-ELPCT_Best_Interests_at_EoL_Booklet_May2008.pdf.

신상의 중대한 장애를 초래할 때에는 사후에 허가를 청구할 수 있다.[53]

의사결정이 어려운 환자의 문제는 의외로 부담스럽고 힘든 경우가 많으므로 발생되는 모든 상황을 관통하는 하나의 가치는 존재하지 않으며 사안마다 구체적인 근거를 가지고 비판적인 판단으로 임해야 하며, 하나의 정답을 찾기보다는 환자를 위한 최선의 방법을 찾아야 한다. 그렇기 때문에 서로 이견이 생기더라도 존중하고 인정해야 하며 의료진도 충분한 윤리교육을 받고 대응해야 한다.

**– 성년후견제도**

성년후견제도란 질병, 노령 등으로 정신적 제약이 있는 사람들이 자신의 삶을 영위할 수 있도록 후견인을 선임하고 정신적 제약이 있어 사무처리 능력이 부족한 성년자에게도 법률 지원을 돕는 제도로, 기존의 금치산·한정치산자 제도를 폐지하고 2013년 7월 1일부터 시행된 제도이다. 여기서 지정된 후견인의 의무는 크게 피후견인의 재산관리와 신상보호에 대한 법률적 대리자로서 역할이다. 후견인 기준은 가족, 친족, 친구는 물론 변호사, 법무사, 세무사, 사회복지사 등의 전문가도 선임이 가능하다.

과거에 금치산·한정치산이라는 말을 들어보았기에 다른 것으로 아는 경우도 많다. 금치산·한정치산제도는 재산행위로 한정되었지만 성년후견제도는 가정법원에서 담당하며 재산문제와 의료, 요양 등 복지영역까지 포괄적으로 범위가 확대되었고, 정신장애 및 신경인지장애 환자, 고령자로 그 대상이 넓어졌다.

금치산·한정치산은 피후견인의 행위능력 박탈과 후견인의 포괄적 권한 부여가 불가분적으로 결합되어 있었던 탓에 피후견인의 자기결정을 배제하고 인권을 침해한다는 비판을 받았다. 반면에 새로운 성년후견제도는 피후견인의 자기결정 및 인권 존중을 전면에 내세웠던 만큼 종전 제도에 대하여 쏟아졌던 비판과 우려를 어느 정도 불식

53 민법 http://www.law.go.kr/lsInfoP.do?lsiSeq=198475&efYd=20180201#.

시킬 수가 있다.[54] 이는 자기결정권을 존중하고 피후견인의 인권을 보호하는 제도이다.

성년후견인제도는 피후견인의 잔존능력을 활용하고 본인 의사의 존중, 정상화(Normalization)와 더 나아가 필요한 최소한의 개입 원칙 등 현대적 인권존중 이념을 내세우며 도입되었다. 이 제도는 법원의 결정에 의하여 취소할 수 없는 범위를 정하여 행위능력 제한의 범위를 축소하고 후견인의 권한 범위를 제한할 수 있도록 하였다. 또한 지속적인 후견 유형으로 보다 탄력적인 한정후견을 신설하여 후견 보호와 행위능력 제한의 필수적 결합관계에서 벗어나 피후견인 보호에 필요한 부득이한 경우에만 동의 유보를 통해 본인의 행위능력을 제한할 수 있도록 하고 요보호인의 구체적 사정과 필요에 맞추어 후견인의 권한과 내용을 정할 수 있다.[55]

그밖에도 특정한 경우나 일시적 혹은 한시적인 후견 수요에 대응하는 특별후견제도가 있다. 이는 특정사항과 특정기간 동안만 한시적으로 후견제도를 이용할 수 있게 하는 한편 본인의 행위능력 제한 가능성을 처음부터 배제함으로써 과도한 개입에 의한 침해를 최소화할 수 있게 하였다. 또한 후견계약이라는 형태의 임의후견제도가 있는데[56] 이는 본인 스스로 현재 또는 장래에 후견 필요성을 미리 대비하여 스스로 후견인을 선정하고 후견 내용을 자신의 생활 여건과 인생관, 라이프 스타일에 맞게 정해 둘 수 있게 한 것이다. 이런 다양한 제도가 필요한 이유는 정신능력의 부족 때문에 의사결정에 장애를 겪는 많은 사람들이 자신들의 권리를 제한당하거나 침해받지 않고, 본인의 필요에 따라 적절한 후견의 도움을 받을 수 있도록 하려는 것이다.[57]

54 박인환, "UN장애인권리협약과 성년후견 패러다임의 전환-의사결정대행에서 의사결정지원으로-," 한국연구재단 SSK "의사결정능력 장애인의 사회통합" 연구사업 지원, 2014.

55 민법 제9조, 10조, 11조, 12조, 13조.

56 민법 제959조의 14.

57 박인환, "UN장애인권리협약과 성년후견 패러다임의 전환-의사결정대행에서 의사결정지원으로-," 한국연구재단 SSK "의사결정능력 장애인의 사회통합" 연구사업 지원, 2014.

- 성년후견제도의 신청방법 주10)

환자는 위중한 질병 앞에서 가정 사회 등에서 일어난 법적인 문제와 재산 처리에 대한 어려움이 생긴다. 특히 정신적으로 판단이 어려운 상태에 이른 경우 성년후견인을 지정 받아오라는 소리를 듣게 되지만 이를 이해하지 못하고 난감해하기도 하고 알아도 미리 준비를 못했기에 당황스러울 수도 있다. 그래서 성년후견제도를 미리 알아두는 것이 임종의학을 하는 의료인에게도 필요하다.

후견인을 신청하려면 본인 혹은 친족, 검사 등의 청구에 따라 법원은 의사의 신체정신 감정을 통해 성년후견 당사자의 상태를 확인하고 당사자에게 진술을 받는 절차를 거쳐 후견인을 선임한다. 과거 금치산, 한정치산과 달리 후견인과 서로 상의가 가능하고 복수의 후견인을 둘 수 있으며 법원이 후견감독인을 지정하여 감독한다.

앞서 설명하였듯이 선정된 후견인은 피후견인의 재산을 관리하거나 법률행위의 대리권, 동의권 등을 행사할 수 있으며, 또한 피후견인 스스로 결정이 어려운 경우 의료, 재활, 교육 등의 신상에 관련된 부분에서도 법원으로부터 부여받은 권한으로 결정할 수 있다.

후견제도에는 법정후견과 임의후견이 있으며 법정후견은 미성년자를 대상으로 하는 미성년후견과 성년후견으로 나눌 수 있고, 성년후견은 다시 한정후견, 특정후견으로 구분한다. 여기서 중요한 것은 성년후견인데 이는 사무처리 능력이 지속적으로 결여되는 경우로 대부분 조력을 받는 것이며, 한정후견은 사무처리 능력이 부족한 경우에 국한하여 일부분 조력을 받을 수 있다. 특정후견은 일시적 후원이나 특정사무에 대한 후원이 필요한 경우에 한한다. 그리고 임의후견은 장래 정신기능 약화에 대비해 스스로 후견인을 정하는 것이다.

후견인 선임절차는 대부분 상담, 서류작성, 심판청구, 결정의 순서로 진행되며, 성년후견대상자가 생기면 상담은 변호사, 의사 등 전문가들과 후견 개시 사유, 후견의 목적, 후견인이 될 사람 등에 대한 후견 계획을 세우는 과정이다. 이때는 절차가 어려워 전문변호사의 조력이 필요하다.

성년후견심판 청구를 위해서는 각종 진단서, 정신감정서, 의료기록자료, 주민등록등본, 가족관계증명서 등이 필요하다. 그리고 법원에 제출할 후견심판청구서를 작성한다. 이곳에는 후견개시 사유, 후견계획, 선임을 원하는 후견인 후보자 등을 기록하게 된다.

심판청구는 후견을 받을 사람이 거주하고 있는 관할지역 가정법원에 심판청구를 하며 법원에서 객관적인 판단을 위해서 정신감정을 받아오게 하는데 이때 임종전문 의료진의 역할이 요구된다. 그리고 필요시에는 가사조사관을 파견하여 직접 피후견인, 후견인 신청인 등을 면담 조사하기도 한다. 그 후 심문기일을 열어 당사자들을 심문하고 후견개시결정을 한다. 이에 소요되는 시간은 대략 6개월에서 1년 정도로, 시간이 오래 걸리는 것이 아쉬운 점이다.

후견개시결정이 있고 그 결정이 송달된 후 2주가 지나면 확정된다. 확정과 동시에 피후견인에 대한 후견이 시작되고 법원으로부터 선임된 후견인에게 정해진 권한을 행사하게 한다. 이런 모든 내용은 피후견인의 후견등기부등본에 등록되므로 이 서류는 매우 중요하기에 항시 지참해야 한다.

비록 정해진 후견인이라도 후견감독인의 감독을 받고 언제든지 임무수행에 필요한 보고와 자료를 제출해야 하고 피후견인의 재산상황을 조사할 수 있으며, 도중에 문제가 생기거나 부적절한 행위가 발견되면 법원에 후견인 변경을 청구할 수 있다. 또한 법원도 직권으로 후견인을 변경할 수 있다.

만약 당장 대출금 압박이 있다든가 진료비 수납이 임박한 경우에는 아무리 제도가 좋아도 신청에서 결정까지 너무 시간이 오래 걸린다면 모두가 힘들 수 있다. 이때는 급한 문제를 우선 처리할 수 있도록 임시후견인 제도를 이용할 수도 있다. 단 후견심판청구를 함께 제기하고 임시후견인청구를 해야만 한다.

이런 좋은 제도가 있어도 실행하려면 비용이 들어 부담이 되지만 법원은 절차에 드는 비용 중에 지불 능력이 없거나 생활에 지장이 있는 경우 법원의 직권으로 비용 일부를 지원하기도 한다(절차구조, 가사소송법 제 37조의 2). 일반적인 심판청구비용으로 인지대, 송달료 등 직접 재판비용과 감정비용이 들고 여러 가지 의료용 진단서 발급비용이 들기도 하지만 변호사 비용과 상황에 따라서 추가 비용이 발생하기도 한다.

## 05. 사망진단서 작성

사망진단서는 환자와 유족들을 위한 의사의 마지막 배려이며 국가의 보건의료정책의 중요한 자료와 정보가 되며 이를 바탕으로 국가정책을 세우는 기초가 된다. 그러므로 사망진단서는 정확히 기록하고 제출해야 한다.

사망진단서는 사망자의 사망 사실에 대한 공식적인 증명이 되는 서류이므로 작성에 더욱 신중해야 하고, 작성하는 의사 또한 신중해야 한다. 생명이나 심신에 대해 의학적으로 판단하는 것은 의사의 의무이자 권한이므로 사실에 입각하여 먼저 주민등록번호, 성명, 직업 등의 신원확인을 철저히 하여 오기(誤記)가 없이 기재하고 사망일시, 사망 장소를 정확히 표기하고 사망원인, 외인사 사항 등에 대한 사망확인 항목 정보를 명확히 밝혀야 한다.

사망진단서는 사망신고 과정에서 가장 중요한 서류이며 매장이나 화장신고 등의 법률적 절차를 밟는 과정에서 꼭 필요하다. 사망신고는 가족관계 등록에 관한 법률 제84조의 사망신고와 그 기재사항에 따라서 사망신고를 해야 하고 장사 등에 관한 법률 시행규칙 제2조에 따라 신고해야 한다.

또한 사망진단서의 기재 내용이 중요한 것은 국가의 사망통계를 낼 때 필요하기 때문이다. 국가 및 지역의 의료보건 정책을 평가하는 기초자료가 되고 의료보건 연구 분야와 관련되어 사회적 자원 배분의 우선순위 선정 시 사망원인통계에 활용된다. 이런 정보와 자료는 보건의료 관계자에게 제공되므로 의료인 또한 자료의 공급자이면서 수요자가 된다.

국가는 이를 이용하여 국민의 건강수준 및 삶의 질을 측정하는 지표로 사용하며,

의료 서비스 시설, 인력 및 자원 배분의 기초자료로 사용한다. 또한 국민복지 및 보건의료의 정책 수립 및 평가의 기초자료가 된다. 일선 의료현장에서는 사망 위험 요인에 대한 대책을 세울 수 있고 학교나 연구소에서는 의학발전을 위한 진단치료 기술을 연구하고 향상시키는 기초자료로 활용된다.

사망진단서의 기재는 법정 서식을 따라야 하므로 의료법 시행규칙 별지 제6호 서식(개정 2018년.9.28)을 구입하여 작성해야 한다. 필요한 서식은 국가법령정보센터(www.law.go.kr)에 접속하여 검색창에 의료법 시행규칙을 입력하고 별표 서식에서 다운로드 받아 사용하면 되며 사망진단서와 시체검안서는 동일한 서식지에서 선택하여 사용하면 된다.

### 예) 사망진단서 또는 시체검안서 중에서 선택하여 사용

사망진단서는 의사가 알고 있는 질병으로 진료 중에 있던 환자가 사망한 경우 작성하며, 시체검안서는 진료한 적이 없거나 또는 질병이 아닌 사망원인 즉 외인사일 때에 의사가 검안하고 작성한다. 의사가 환자를 진료한지 48시간이 안되어서 사망했을 경우 그 사망을 초래한 질병에 대하여 알고 있다면 사망진단서를 발급할 수 있다. 하지만 진료하던 환자가 사망한지 48시간이 지났거나 사망한지 몇 시간이 지나지 않았다고 해도 그 환자를 진료하던 의사가 아닌 경우에는 검안을 하고 시체검안서를 발급하게 된다. 예를 들어 자택에서 타살의 의심이 없이 목메어 자살한 경우 의사가 직접 현장에 가서 검안하기도 하지만 대부분 응급실로 이송되어온 시체를 검안하고 시체검안서를 발급하게 된다.

대부분의 시체검안서는 사망의 원인을 정확하게 추정하기 어렵고 법적인 문제가 있을 수가 있어 일반의사보다는 관련 경험이 많은 의사가 발급하는 것이 바람직하다. 법의학계에서는 시체검안서를 발급하는 의사의 자격을 강화할 필요가 있다고 하는데 이는 법적인 문제가 따를 수 있고 전문적인 지식이나 경험이 요구되는 경우가 많기 때문이다.

시체검안서의 대상이 되는 시신들은 병력과 같은 의학적인 정보나 사망 당시의 상황을 파악하기 어려울 때가 많다. 또한 시체검안서를 발급하기 위해서는 의사가 눈으로 직접 시신을 확인하는 과정, 즉 검안을 거쳐야 하는데, 이때 시신에서 나타나는 여러 현상들을 정확히 파악하고 적절하게 해석할 수 있는 능력이 필요하지만 현실적으로는 그렇지 못하다.

유성호 서울의대 법의학교수에 의하면 사망진단서의 역할을 법률적 사망의 의학적 보증, 수사 필요 여부 결정 등 법률적 판단의 기초자료, 국가사망 통계 자료의 3가지로 정의했다. 유성호 교수의 논문 '사망원인과 사망의 종류 결정'(『대한의사협회지』 2018년 8월호)을 보면 2000년부터 2015년(15년) 동안 사망원인 오류가 50% 이상에서 확인된 것이 보고된 사례를 들며 사망진단서의 높은 사회적 활용도에 비해 실제 작성에 오류가 많았음을 지적하였는데 "우리나라 사망진단서 양식에서도 '(가)부터 (라)까지와 관계없는 그 밖의 신체 상황'으로 기재돼 있어 자칫 사망원인과 무관한 질병을 기재하는 것으로 혼동할 수 있다."고 언급하였다. 또한 우리나라 의료법 시행규칙 별지 제6호 서식에는 사망진단서와 시체검안서를 같은 서식에 기재하도록 정하고 있어 이에 대한 개선이 요구되기도 한다.

Appendix 1. Form of medical certificate of cause of death determined by the Korean Medical Servuce Law

<table>
<tr><td rowspan="7">⑪사망의 원인<br>※(나)(다)(라)에는 (가)와 직접 의학적 인과관계가 명확한 것만을 적습니다</td><td>(가)</td><td>직접 사인</td><td></td><td rowspan="4">발병부터 사망까지의 기간</td><td></td></tr>
<tr><td>(나)</td><td>(가)의 원인</td><td></td><td></td></tr>
<tr><td>(다)</td><td>(나)의 원인</td><td></td><td></td></tr>
<tr><td>(라)</td><td>(다)의 원인</td><td></td><td></td></tr>
<tr><td colspan="3">(가)부터 (라)까지와 관계없는 그 밖의 신체 상황</td><td colspan="2"></td></tr>
<tr><td colspan="2">수술의사의 주요소견</td><td></td><td rowspan="2">수술 연월일</td><td rowspan="2">년 월 일</td></tr>
<tr><td colspan="2">해부의사의 주요소견</td><td></td></tr>
</table>

참고자료: 의학신문

실제 사망진단서를 작성 시 사망 판단이 복잡한 경우로는 사망원인을 알 수 없는 경우와 하나의 시체에 의학적 사망원인이 될 수 있는 질병 또는 손상이 여러 개 있는 경우가 있는데 유성호 교수는 사망원인을 알 수 없는 경우에는 '불상' 또는 '알 수 없음'으로 기록해야 발생 가능한 형사·민사 문제를 예방할 수 있다."고 주장한다. 또한 사망원인이 될 수 있는 질병·손상이 여러 가지인 경우에는 사망원인의 경합 또는 공존 등의 경우를 고려해야 한다. 이런 경우 "먼저 사망원인 중 어느 것이 더 치명적인지를 판단해야 하고, 우선순위 선정이 어려운 경우 복수의 사망원인을 함께 기재하되 인과적 경과에 맞게 기술해야 한다."고 하였다.

즉 사망원인은 의학적 인과관계 순으로 직접사인부터 위에서 아래로 한 칸에 하나씩 기재하는데 오래된 선행 사인을 가장 아래 칸에 기재한다(직접사인: 직접 사망을 일으킨 질병, 손상 합병증 등). 그 밖의 신체상황에 대해서는 사망에 영향을 미쳤거나 사망을 초래한 기전과 직접적인 관련이 없는 기타 중요한 병태를 기입한다. 또한 의학적 안과관계가 없는 질병을 단순시간 경과 순, 주상병, 부상병 순으로 기재하지 않으며, 4칸 모두 기재할 필요는 없고 필요한 정보만 위에서 아래로 빈칸을 두지 않고 기재한다.

사망진단서에 기재해야 할 항목은 모두 기재하여야 하고 특히 직업란은 사망자의 죽음과 연관이 있을 수 있어 꼭 가족에게 확인하여 기재하며 신원미상인 경우에는 미상으로 기재한다.

| ※ 한국표준직업분류 대분류 |
|---|
| 1.관리직, 2.전문직, 3.사무직, 4.서비스직, 5.판매직, 6.농림어업, 7.기능직, 8.장치 기계조작 및 조립, 9.단순노무, 10.학생, 11.기사, 12.무직, 13.군인 |

사망원인 작성은 의료행위이므로 의료행위는 의료인의 판단에 따라 일정 부분 재량성을 인정받고 있지만 한국 표준질병사인분류표 진단명 기재 등의 원칙에 따라야 하며, 직접 진료하고 검사(검안)한 의사의 판단이 법적 사회적 규범으로서 신뢰를 확립할 수 있으므로 신중해야 한다.

# ※ 부적절한 기입사례 보기

**불명확한 진단명이나 사망에 수반되는 증상 및 징후를 기재한 부적절한 예**

| | | | | |
|---|---|---|---|---|
| (가) | 직접 사인 | 심장정지 | 발병부터 사망까지의 기간 | 1분 |
| (나) | (가)의 원인 | 호흡정지 | | 2분 |
| (다) | (나)의 원인 | | | |
| (라) | (다)의 원인 | | | |

심폐부전, 심폐정지, 호흡정지, 심장정지 등 사망에 수반된 현상은 기재하지 않고 구체적인 병명을 사용한다.

**의학적 인과관계 부적절한 예.**

| | | | | |
|---|---|---|---|---|
| (가) | 직접 사인 | 간경화 | 발병부터 사망까지의 기간 | 1년 |
| (나) | (가)의 원인 | 기관지 천식 | | 3년 |
| (다) | (나)의 원인 | | | |
| (라) | (다)의 원인 | | | |

서로 다른 종류의 질병으로 직접적인 사망의 원인에 서로 연관성이 부족하다.

**시간 경과 순으로 부적절한 예.**

| | | | | |
|---|---|---|---|---|
| (가) | 직접 사인 | 폐암 | 발병부터 사망까지의 기간 | 6개월 |
| (나) | (가)의 원인 | 뇌전이 | | 3개월 |
| (다) | (나)의 원인 | | | |
| (라) | (다)의 원인 | | | |

질병의 경과로 보아서 폐암이 원인이 되어 뇌로 전이가 일어난 시간 순서가 바뀌어 있다.

**한 칸에 2개 이상 부적절한 예**

| (가) | 직접 사인 | 뇌출혈 | 발병부터 사망까지의 기간 | 15일 |
|---|---|---|---|---|
| (나) | (가)의 원인 | 고혈압, 당뇨병 | | 5년 |
| (다) | (나)의 원인 | | | |
| (라) | (다)의 원인 | | | |

두 개 이상의 질병과 손상 모두 사망원인이 될 경우는 의료인의 의학적 전문성·재량성을 기반으로 우선순위를 정해 사망원인 하나를 인과적으로 기술한다. 다만 필요한 경우 세계보건기구의 제2부에 해당하는 우리나라 사망진단서의 '(가)부터 (라)까지'와 관계없는 그 밖의 신체 상황 칸에 사망에 기여한 다른 질병이나 손상을 기재할 수 있다.

**공사장 추락으로 인한 낙상사고로 갈비뼈의 다발성 골절이 있어 호흡곤란으로 사망 시 부적절한 예**

| (가) | 직접 사인 | 호흡부전 | 발병부터 사망까지의 기간 | 1일 |
|---|---|---|---|---|
| (나) | (가)의 원인 | 혈흉 | | 2일 |
| (다) | (나)의 원인 | 갈비뼈의 다발성골절 | | 3일 |
| (라) | (다)의 원인 | | | |

이런 경우에는 사망의 종류는 외인사이며 갈비뼈의 다발성골절이 직접 사인이고 그 원인을 추락으로 기록해야 한다. 또한 발병부터 사망까지의 시간을 누락 없이 기재해야 한다.

# ※ 적절한 기입사례의 예

질환이나 손상이 공동으로 작용해 사망의 원인이 된 경우에는 한 가지 원인을 원사인으로 기재해야 하는데 교통사고의 경우, 사망시간이 급속히 일어난 사고로 인한 뇌와 심장 손상이 있을 경우 어느 것이 더 치명적인지를 고민하기보다 '보행자 교통사고', '역과 손상'을 사망원인으로 기재할 수 있다.

<table>
<tr><td>(가)</td><td>직접 사인</td><td>보행자 교통사고</td><td rowspan="4">발병부터<br>사망까지의<br>기간</td><td>1시간</td></tr>
<tr><td>(나)</td><td>(가)의 원인</td><td>역과 손상</td><td>2시간</td></tr>
<tr><td>(다)</td><td>(나)의 원인</td><td></td><td></td></tr>
<tr><td>(라)</td><td>(다)의 원인</td><td></td><td></td></tr>
</table>

사망의 종류는 자연사·외인사로 우선 구분한다. 자연사는 법률적 병사로 보기에 내인성 질병에 의한 사망은 모두 자연사이다. 그러나 미생물 감염이 아닌 환경적 원인이 짧은 시기에 작용하면 외인사이다. 외인사는 다시 자살·타살·사고사로 분류한다. 그 외 자연사와 외인사로 분류가 되지 않으면 '불상'으로 기재한다. 그러므로 주변 여건상 자살이라는 심증이 있어도 의학적으로 타당하다는 확신이 없으면 '불상'으로 기재하는 것이 합리적이다. 만약 타살의 경우 굳이 충분한 정보가 확보되지 않는다면 기재할 필요는 없다.

유성호 교수에 의하면 특히 외상과 질병이 병합한 경우 대개 외상을 질병보다 먼저 고려해야 하는데 이에 대한 주요 사항으로 사고사에서 피해자가 가진 요인은 선행사인 또는 원사인으로 볼 수 없다는 것과 병사에 대한 일시적·일상적 유발 요인은 선행사인 또는 원사인으로 보기 곤란하므로 직접 사인이 질병이라도 위법한 외인이 유발했으면 외인사로 봐야 한다고 하였다. 또한 외상으로 합병증이 생겨 치료과정에서 경쾌 또는 외상에 의한 병태의 안정 과정이 없었다면 시일과 상관없이 외상을 선행사인과 원사인으로 보는 것이 합리적이다.

외상의 합병증으로 질병이 발생하여 사망하였다면 사망의 종류는 외인사라고 기재해야 한다. 이때 외인사의 사항을 반드시 기재해야 한다. 평소 가지고 있던 질병 외에 다른 외부요인이 없다고 의학적인 판단이 서면 병사로 기재해야 한다.

**7일전 전신화상으로 치료 중 2일전 패혈증이 합병되어 사망한 경우 기재 방법**

<table>
<tr><td>(가)</td><td>직접 사인</td><td>패혈증</td><td rowspan="4">발병부터<br>사망까지의<br>기간</td><td>2일</td></tr>
<tr><td>(나)</td><td>(가)의 원인</td><td>전신화상</td><td>7일</td></tr>
<tr><td>(다)</td><td>(나)의 원인</td><td></td><td></td></tr>
<tr><td>(라)</td><td>(다)의 원인</td><td></td><td></td></tr>
</table>

<table>
<tr><td colspan="2">⑪사망의<br>종류</td><td colspan="4">[ ] 병사 [✓] 외인사 [ ] 기타 및 불상</td></tr>
<tr><td rowspan="4">⑫<br>외인사<br>사항</td><td>사고<br>종류</td><td colspan="2">[ ] 운수(교통) [ ] 중독 [ ] 추락<br>[ ] 익사 [✓] 화재 [ ] 기타( )</td><td>의도성<br>여 부</td><td>[✓] 비의도적 사고 [ ] 자살<br>[ ] 타살 [ ] 미상</td></tr>
<tr><td>사고<br>발생<br>일시</td><td colspan="4">0000년 00월 00일 00시 00분(24시간제에 따름)</td></tr>
<tr><td rowspan="2">사고<br>발생<br>장소</td><td>주<br>소</td><td colspan="3">정확히 기재</td></tr>
<tr><td>장<br>소</td><td colspan="3">[✓] 주택 [ ]의료기관 [ ] 사회복지시설(양로원, 고아원 등)<br>[ ] 공공시설(학교, 운동장 등) [ ] 도로<br>[ ] 상업 서비스시설(상점, 호텔 등) [ ] 산업장<br>[ ] 농장(논밭, 축사, 양식장 등) [ ] 기타( )</td></tr>
</table>

사망진단서를 작성 시 용어 선택이 중요한데 포괄적인 용어를 사용하기보다는 구체적인 용어를 사용해야 하고 의미의 혼돈을 가져오는 약어 사용은 금하며 한글명으로

기재해야 한다. 종양의 경우에는 악성, 양성 등 행동양식 및 원발 부위 정보를 기재해 주어야 하고 심장질환, 폐질환 등 포괄적인 용어보다는 심근경색증이나 만성폐쇄성폐질환 등 구체적인 용어로 기재한다.

| 포괄적 용어(WHO 선정) | |
|---|---|
| 교통사고 | 보행자교통사고, 탑승자교통시고, 자전거 탑승자 손상 등 사고 상황을 구체적으로 밝힌다. |
| 알코올(약물)중독 | 급성-만성 여부를 밝힌다. |
| 수술 합병증 | 수술을 받은 상병을 밝힌다. |
| 치매 | 알츠하이머병, 혈관성, 노인성 등을 구별한다. |
| 간염 | 병인, 급성-만성, 알코올 관련, 타입(A, B, C, ...) 등을 밝힌다. |
| 경색증 | 경색의 부위(심장, 뇌, ...), 원인(동맥경화, 혈전, 색전증, ...)을 밝힌다. |
| 감염 | 감염 부위, 원인(세균, 바이러스 등), 원발성-이차성 여부(이차성이면 원발 부위)를 밝힌다. |
| 백혈병 | 급성-아급성-만성, 림프구성-골수성-단핵구성 등을 밝힌다. |
| 폐렴 | 세균성-바이러스성-흡입성 등을 구별한다. |
| 폐색전증 | 원인을 밝힌다. 수술 후 안정 때문에 생긴 것이라면 수술한 상병명과 수술 이름을 밝힌다. |
| 신부전증 | 급성-만성 여부, 원인 등을 밝힌다. |
| 혈전증 | 동맥-정맥 여부, 구체적인 혈관 이름, 수술 후에 생긴 것이라면 상병과 수술 이름을 밝힌다. |
| 종양 | 악성-양성, 발생 부위, 원발성-전이성, 조직학적 분류 등을 밝힌다. |
| 요로감염 | 구체적인 부위(콩팥, 요로, 방광, 요도 등), 원인 미생물, 원인 질환 등을 밝힌다. |

이처럼 사망진단서는 급여·사망통계·정책에 중요한 영향을 미치며 사회적·법적 책임이 발생하는 문서라는 점을 자각할 필요가 있고 사망진단서는 환자에 대한 마지막 의료행위이므로 살아있는 환자에게 들이는 헌신·정성과 같은 수준의 의학적 합리성을 기반으로 한 전문성이 투영돼야 한다.

## ※ 사인별 사례(출처: 통계청 대한의사협회, 의사의 마지막 배려 사망진단서, 2018)

자살 사례: 사망 4일전 집에서 자신의 몸에 인화물질을 뿌려 3도의 전신화상을 입고 병원에서 치료 중 2일째 패혈증 증상으로 집중 치료 1일 만에 사망한 경우(아동과 동반자살시 아동은 타살로 기재)

| | | | | |
|---|---|---|---|---|
| (가) | 직접 사인 | 패혈성쇼크 | 발병부터 사망까지의 기간 | 1일 |
| (나) | (가)의 원인 | 패혈증 | | 3일 |
| (다) | (나)의 원인 | 전신3화상(90%) | | 4일 |
| (라) | (다)의 원인 | | | |

| | |
|---|---|
| ⑪ 사망의 종류 | [ ] 병사 [✓] 외인사 [ ] 기타 및 불상 |

| | | | |
|---|---|---|---|
| 사고 종류 | [ ] 운수(교통) [ ] 중독 [ ] 추락<br>[ ] 익사 [✓] 화재 [ ] 기타( ) | 의도성 여 부 | [ ] 비의도적 사고 [✓] 자살<br>[ ] 타살 [ ] 미상 |

교통사고 사례: 1년 2개월 전 버스에 치여 두개골 골절 후 식물인간 상태로 중환자실에서 치료 중 사망 4일전부터 전신상태가 악화되면서 폐렴증상이 발생하여 치료 중 사망한 경우

| | | | | |
|---|---|---|---|---|
| (가) | 직접 사인 | 폐렴 | 발병부터 사망까지의 기간 | 4일 |
| (나) | (가)의 원인 | 두개골 골절 | | 1년 2개월 |
| (다) | (나)의 원인 | 교통사고 | | 1년 2개월 |
| (라) | (다)의 원인 | | | |

| | |
|---|---|
| ⑪ 사망의 종류 | [ ] 병사 [✓] 외인사 [ ] 기타 및 불상 |

| 사고 종류 | [✓] 운수(교통) [ ] 중독 [ ] 추락<br>[ ] 익사 [ ] 화재 [ ] 기타( ) | 의도성 여 부 | [✓] 비의도적 사고 [ ] 자살<br>[ ] 타살 [ ] 미상 |
|---|---|---|---|

뇌혈관질환 사례: 9년 전부터 고혈압 약을 복용하고 5년 전 뇌경색으로 오른쪽 편마비가 있던 72세 여자가 4일 전 객담 배출이 어려워 호흡곤란 증세로 흡인성 폐렴이 생겨 입원 5일째 사망한 경우

| (가) | 직접 사인 | 흡인성폐렴 | 발병부터 사망까지의 기간 | 5일 |
|---|---|---|---|---|
| (나) | (가)의 원인 | 오른쪽 편마비 | | 5년 |
| (다) | (나)의 원인 | 뇌경색 | | 5년 |
| (라) | (다)의 원인 | 고혈압 | | 9년 |

| ⑪ 사망의 종류 | [✓] 병사 [ ] 외인사 [ ] 기타 및 불상 |
|---|---|

| 사고 종류 | [ ] 운수(교통) [ ] 중독 [ ] 추락<br>[ ] 익사 [ ] 화재 [ ] 기타( ) | 의도성 여 부 | [ ] 비의도적 사고 [ ] 자살<br>[ ] 타살 [ ] 미상 |
|---|---|---|---|

뇌혈관질환은 발병 후 후유증이 나타나는 경우가 많으므로 중간 단계의 질병이나 손상이 뇌혈관질환의 후유증으로 인한 것인지 판단할 수 있도록 발병부터 사망까지 기간을 반드시 기재해야 한다.

당뇨병 사례: 10년간 당뇨병(II형) 치료 중 합병증으로 5년 전에는 신부전, 4년 전에는 이차성고혈압을 진단 받아 치료 중이었으며, 1년 전에는 조기 위암 진단을 받아 위 절제술을 받았다. 2일 전 의식이 혼탁한 상태의 60세 남자가 응급실로 이송되어 검사하여 뇌출혈로 확인되어 입원 치료 중 2일 만에 사망한 경우

| (가) | 직접 사인 | 뇌출혈 | 발병부터 사망까지의 기간 | 2일 |
|---|---|---|---|---|
| (나) | (가)의 원인 | 이차성고혈압 | | 4년 |
| (다) | (나)의 원인 | 신부전 | | 5년 |
| (라) | (다)의 원인 | II형당뇨병 | | 10년 |

| ⑪ 사망의 종류 | [✓] 병사 [ ] 외인사 [ ] 기타 및 불상 |
|---|---|

| 사고 종류 | [ ] 운수(교통) [ ] 중독 [ ] 추락<br>[ ] 익사 [ ] 화재 [ ] 기타( ) | 의도성 여 부 | [ ] 비의도적 사고 [ ] 자살<br>[ ] 타살 [ ] 미상 |
|---|---|---|---|

당뇨병은 유형을 구체적으로 기재해야 한다. 사인과 직접적인 관계가 없지만 사망에 기여한 위암은 그 밖의 신체 상황에 기재할 수 있다. 단 사망과 아무 관련이 없는 것은 기재하지 않는다.

암 사례: 40년 흡연을 한 63세 남자로 약 6개월 전 기침과 호흡곤란 및 급격한 체중 감소로 내원하여 비소세포 폐암을 진단받아 치료 중 1개월 전에 암이 간으로 전이되어 호스피스 치료 중 3일 만에 간성혼수로 응급실에 이송된 지 1시간 후 사망한 경우

| (가) | 직접 사인 | 간성혼수 | 발병부터 사망까지의 기간 | 1시간 |
|---|---|---|---|---|
| (나) | (가)의 원인 | 폐암의 간 전이 | | 1개월 |
| (다) | (나)의 원인 | 비소세포폐암 | | 6개월 |
| (라) | (다)의 원인 | | | |

| ⑪ 사망의 종류 | [✓] 병사 [ ] 외인사 [ ] 기타 및 불상 |
|---|---|

| 사고 종류 | [ ] 운수(교통) [ ] 중독 [ ] 추락<br>[ ] 익사 [ ] 화재 [ ] 기타( ) | 의도성 여 부 | [ ] 비의도적 사고 [ ] 자살<br>[ ] 타살 [ ] 미상 |
|---|---|---|---|

암은 최초 발병 부위, 전이된 부위를 명확히 기재한다(전이성 암이라는 표현보다는 폐에

서 전이된 간암 또는 원발성 폐암, 속발성 폐암 등 구체적으로 기재한다).

만성 B형간염 사례: 48세 남자로 2~3일 전부터 복통과 구토, 황달 등의 증상이 있었고, 입원 당일 다량의 피를 토하여 응급실을 통해 내원하였다. 20년 전 B형간염을 진단받았고, 5년 전 간경변을 진단받았으며 후유증으로 식도정맥류 출혈이 확인되었고, 다량 출혈로 인한 저산소성 뇌손상으로 입원 5일 만에 사망한 경우

| (가) | 직접 사인 | 식도정맥류출혈 | 발병부터 사망까지의 기간 | 5일 |
|---|---|---|---|---|
| (나) | (가)의 원인 | 간경변 | | 5년 |
| (다) | (나)의 원인 | 만성B형간염 | | 20년 |
| (라) | (다)의 원인 | | | |

| ⑪ 사망의 종류 | [✓] 병사 [ ] 외인사 [ ] 기타 및 불상 |
|---|---|

| 사고 종류 | [ ] 운수(교통) [ ] 중독 [ ] 추락<br>[ ] 익사 [ ] 화재 [ ] 기타( ) | 의도성 여부 | [ ] 비의도적 사고 [ ] 자살<br>[ ] 타살 [ ] 미상 |
|---|---|---|---|

식도정맥류출혈로 인해 발생하는 증상 및 징후는 진단서에 기재하지 않아도 된다(예: 혈액감소성쇼크, 저산소성뇌손상, 다장기부전 등).

만성폐쇄성폐질환 사례: 4년 전부터 만성폐쇄성폐질환(COPD)을 앓던 72세 남자 환자가 오후 3시경 급성호흡곤란으로 응급실을 통해 내원하여 폐렴으로 진단되어 치료 중 내원 2일째부터는 고열을 동반한 패혈증으로 중환자실에서 치료 받던 중 내원 5일째 새벽에 사망한 경우

| | | | | |
|---|---|---|---|---|
| (가) | 직접 사인 | 패혈증 | 발병부터 사망까지의 기간 | 4일 |
| (나) | (가)의 원인 | 폐렴 | | 5일 |
| (다) | (나)의 원인 | 만성폐쇄성폐질환 | | 4년 |
| (라) | (다)의 원인 | | | |

| | |
|---|---|
| ⑪ 사망의 종류 | [✓] 병사 [ ] 외인사 [ ] 기타 및 불상 |

| | | | |
|---|---|---|---|
| 사고<br>종류 | [ ] 운수(교통) [ ] 중독 [ ] 추락<br>[ ] 익사 [ ] 화재 [ ] 기타( ) | 의도성<br>여 부 | [ ] 비의도적 사고 [ ] 자살<br>[ ] 타살 [ ] 미상 |

COPD 같은 약어는 진단서에 기재하지 않으며, 병명은 한글로 기재해야 한다.

2달 전 신생아호흡관란증후군: 임신 34주에 태아호흡곤란증으로 응급제왕절개술을 하여 체중 2.12kg의 미숙아(남)를 분만하여 신생아중환자실에서 치료받던 중 한 달 전부터 기관지폐이형성증으로 진행되어 치료 중 호전이 안 되고 있다가 2일전 발생한 폐렴증상으로 사망한 경우

| | | | | |
|---|---|---|---|---|
| (가) | 직접 사인 | 폐렴 | 발병부터 사망까지의 기간 | 2일 |
| (나) | (가)의 원인 | 기관지폐이형성증 | | 1개월 |
| (다) | (나)의 원인 | 신생아호흡곤란증후군 | | 2개월 |
| (라) | (다)의 원인 | | | |

| | |
|---|---|
| ⑪ 사망의 종류 | [✓] 병사 [ ] 외인사 [ ] 기타 및 불상 |

| | | | |
|---|---|---|---|
| 사고<br>종류 | [ ] 운수(교통) [ ] 중독 [ ] 추락<br>[ ] 익사 [ ] 화재 [ ] 기타( ) | 의도성<br>여 부 | [ ] 비의도적 사고 [ ] 자살<br>[ ] 타살 [ ] 미상 |

심부전, 질식, 무산소증, 미숙아 등의 불특정 진단명보다는 태아나 영아의 주된 질병이나 병태 같은 구체적인 질병명을 기재한다.

# 06. 사망진단서

■ 의료법 시행규칙 [별지 제6호서식] 〈개정 2018. 9. 27.〉

## 사망진단서(시체검안서)

※ [ ]에는 해당되는 곳에 "√"표시를 합니다.

| 등록번호 | | 연번호 | | 원본 대조필인 | |
|---|---|---|---|---|---|
| ① 성 명 | | | | ② 성 별 | [ ]남 [ ]여 |
| ③ 주민등록번호 | – | ④ 실 제 생년월일 | 년 월 일 | ⑤ 직 업 | |
| ⑥ 주 소 | | | | | |
| ⑦ 발 병 일 시 | 년 월 일 시 분(24시간제에 따름) | | | | |
| ⑧ 사 망 일 시 | 년 월 일 시 분(24시간제에 따름) | | | | |

| ⑨ 사 망 장 소 | | |
|---|---|---|
| | 주소 | |
| | 장소 | [ ] 주택 [ ]의료기관 [ ] 사회복지시설(양로원, 고아원 등)<br>[ ] 공공시설(학교, 운동장 등) [ ] 도로<br>[ ] 상업 서비스시설(상점, 호텔 등) [ ] 산업장<br>[ ] 농장(논밭, 축사, 양식장 등) [ ] 병원 이송 중 사망[ ] 기타( ) |

| ⑩ 사망의 원인<br>※(나)(다)(라)에는 (가)와 직접 의학적 인과관계가 명확한 것만을 적습니다. | | | | | |
|---|---|---|---|---|---|
| | (가) | 직접 사인 | | 발병부터 사망까지의 기간 | |
| | (나) | (가)의 원인 | | | |
| | (다) | (나)의 원인 | | | |
| | (라) | (다)의 원인 | | | |
| | (가)부터 (라)까지와 관계없는 그 밖의 신체상황 | | | | |
| | 수술의사의 주요소견 | | | 수술 연월일 | 년 월 일 |
| | 해부의사의 주요소견 | | | | |
| ⑪ 사망의 종류 | [ ] 병사 [ ] 외인사 [ ] 기타 및 불상 | | | | |

| ⑫외인사 사항 | | | | | |
|---|---|---|---|---|---|
| | 사고 종류 | | [ ] 운수(교통) [ ] 중독 [ ] 추락<br>[ ] 익사 [ ] 화재 [ ] 기타( ) | 의도성 여부 | [ ] 비의도적 사고 [ ] 자살<br>[ ] 타살 [ ] 미상 |
| | 사고 발생 일시 | | 년 월 일 시 분(24시간제에 따름) | | |
| | 사고 발생 장소 | 주소 | | | |
| | | 장소 | [ ] 주택 [ ]의료기관 [ ] 사회복지시설(양로원, 고아원 등)<br>[ ] 공공시설(학교, 운동장 등) [ ] 도로<br>[ ] 상업 서비스시설(상점, 호텔 등) [ ] 산업장<br>[ ] 농장(논밭, 축사, 양식장 등) [ ] 기타( ) | | |

「의료법」 제17조 및 같은 법 시행규칙 제10조에 따라 위와 같이 진단(검안)합니다.

년 월 일

의료기관 명칭 :
주소 :

의사, 치과의사, 한의사 면허번호 제 호
성 명: (서명 또는 인)

**유 의 사 항**

사망신고는 1개월 이내에 관할 구청·시청 또는 읍·면·동사무소에 신고하여야 하며, 지연 신고 및 미신고 시 과태료가 부과됩니다.

210㎜×297㎜[백상지 80g/㎡(재활용품)]

# 07. 의사윤리지침

제정 2001.04.19.

개정 2006.04.22.

개정 2017.04.23.

## 총강

제1조(목적) 이 〈의사윤리지침〉은 대한의사협회가 제정, 공포한 〈의사윤리강령〉의 기본 정신을 구체적으로 규정하여 의사가 신뢰와 존경을 받으면서 학문에 기초하여 양심과 전문적 판단에 따라 환자를 진료하며 윤리적인 의료를 펼칠 수 있도록 함으로써 인류의 생명과 건강을 보호하고 인권을 신장하는데 기여함을 목적으로 한다.

제2조(지침에 대한 의무) 대한의사협회 및 회원은 의사윤리지침을 준수하여야 한다.

## 제1장 의사의 일반적 윤리

제3조(의사의 사명과 본분) 의사는 고귀한 사람의 생명과 건강을 보전하고 증진하는 숭고한 사명의 수행을 삶의 본분으로 삼아, 모든 의학 지식과 기술을 인류의 복리 증진을 위하여 사용하여야 한다.

제4조(최선의 의료행위 및 교육이수) ① 의사는 주어진 상황에서 최선의 의료를 시행하도록 노력하여야 한다.

② 의사는 새로운 의학 지식과 기술을 끊임없이 습득하고 연마하며, 그에 따르는 사회적, 윤리적 문제를 이해하고, 그 해결을 위하여 노력하여야 한다.

제5조(공정한 의료 제공) ① 의사는 의료가 모든 사람에게 공정하게 제공될 수 있도록 최선의 노력을 기울여야 한다.

② 의사는 환자의 인종과 민족, 나이와 성별, 직업과 직위, 경제상태, 사상과 종교,

사회적 평판 등을 이유로 의료에 차별을 두어서는 안 된다.

③ 의사는 진료 순위를 결정하거나 의료자원을 배분할 때 의학적 기준 이외에 정치적·경제적·사회적 조건 등을 고려하여서는 안 된다.

第6조(품위 유지) ① 의사는 의사윤리지침을 준수하고, 사회 상규를 지키며, 의료의 전문성을 지키는 등 의료인으로서 품위를 유지하여야 한다.

② 의사는 의료 행위 뿐 아니라, 인터넷, 소셜 미디어, 저서, 방송 활동 등을 통한 언행에 있어 품위를 유지하여야 한다.

第7조 (진료에 임하는 의사의 정신적, 육체적 상태) ① 의사는 마약, 음주, 약물 등으로 인하여 환자의 생명과 신체에 위해를 가져올 수 있는 상태에서 진료를 하여서는 안 된다.

② 의사는 자신의 정신적 또는 육체적 질병으로 인하여 환자의 생명과 신체에 위해를 가져올 수 있는 상태에서 진료를 하여서는 안 된다.

第8조 (의사의 사회적 책무) 의사는 인간의 생명, 건강, 삶의 질 향상을 위하여 노력하여야 하며, 법과 제도를 개선하여 바람직한 의료환경과 사회체계를 확립하는데 이바지 한다.

第9조 (의무기록 등의 정확한 기록) ① 의사는 의무기록과 진단서를 정확하고 성실하게 작성하여야 한다.

② 의사는 환자가 요청하는 경우, 환자의 진료를 위하여 불가피한 경우 이외에는 의무기록을 확인할 수 있게 하여야 한다.

③ 의사는 환자의 동의나 법률적 근거 없이 제3자에게 환자의 진료에 관한 사항을 알게 하여서는 안 된다.

④ 의사는 의무기록을 고의로 위조, 변조, 누락, 추가 등 사실과 다르게 기재하여서는 안 된다.

第10조(의료인 양성의 의무) 의사는 후학들의 교육 및 임상능력 증진과 전문적 덕성 함양을 위하여 노력하여야 한다.

## 제2장 환자에 대한 윤리

제11조(의사와 환자의 상호 신뢰) ① 의사는 환자와 서로 신뢰하고 존중하는 관계가 유지되도록 노력하여야 한다.

② 의사는 환자의 자율적인 의사를 최대한 존중하고, 환자의 권익이 보장될 수 있도록 최선의 노력을 다하여야 한다.

③ 의사는 환자가 본인의 의사를 표명하기 어려운 심각한 정신질환이나 의식불명의 상태인 경우, 가족 등 환자 대리인의 의사와 판단을 존중하되, 환자의 평소 의사와 이익이 최대한 존중되고 보장되도록 노력하여야 한다.

④ 의사는 환자가 미성년자인 경우 환자 본인 및 환자 대리인의 의사를 확인하여, 환자의 이익이 최대한 존중되고 보장되도록 노력하여야 한다.

⑤ 의사는 환자의 의사와 이익을 최대한 존중·보장하기 위하여 삶과 죽음에 대한 환자의 가치관과 태도를 미리 알고자 하는 노력을 하여야 한다.

제12조(환자의 인격과 사생활 존중) ① 의사는 환자를 단순히 치료의 대상으로 여기는 것이 아니라 인격을 가진 존재로 대우하여야 한다.

② 의사는 환자의 사생활을 존중하여야 하며, 치료목적 이외에 불필요하게 침해해서는 안 된다.

③ 의사는 성적으로 수치심을 느낄 수 있는 신체 부위를 진찰할 때 환자가 원하는 경우 제3자를 입회시켜야 한다.

④ 의사는 진료 관계가 종료되기 이전에는 환자의 자유의사에 의한 경우라 할지라도 환자와 성적 접촉을 비롯하여 애정 관계를 가져서는 안 된다.

제13조(환자의 선택권 존중 등) ① 의사는 자신의 환자를 기망하여 다른 의사에게 진료를 맡겨서는 안 된다.

② 의사는 진료의 일부를 다른 의사에게 맡길 경우에는 그 필요성과 해당 의사의 전문 분야, 경력 등에 관하여 환자에게 설명해줘야 한다.

제14조(진료의 거부금지 등) ① 의사는 진료의 요구를 받은 때에는 이를 거부해서는 안

된다. 다만, 진료에 지속적으로 협조하지 않거나 의학적 원칙에 위배되는 행위를 요구하는 등 정당한 사유가 있을 경우에는 그러하지 아니하다.

② 의사는 환자의 진료에 필수적인 인력, 시설 등을 갖추지 못한 경우 환자를 타 의료기관으로 전원해야 한다.

③ 의사는 환자를 진료하기 위하여 상당한 시간이 지체될 것으로 예상되는 경우에는 환자 또는 보호자에게 충분한 설명을 한 후 타 의료기관으로 전원을 권유할 수 있다.

第15조(환자의 알 권리와 의사의 설명 의무) ① 의사는 긴급한 경우나 환자에게 기타 특별한 상황이 없는 한, 진료를 시행함에 있어서 질병상태, 예후, 치료의 필요성, 의료행위의 내용, 효과, 위험성 및 후유증 등에 대하여 설명하여야 한다.

② 의사는 환자 진료 중에 예상하지 못한 문제나 결과가 발생하였을 경우 이에 대해 환자나 보호자에게 설명하여야 한다.

③ 의사는 환자가 결정하기 어려운 경우에는 제1항의 내용을 가족 등 환자의 대리인에게 설명하여야 한다.

④ 의사가 제1항의 설명을 환자에게 하는 것으로 인하여 환자의 불안감을 가중하는 등의 정서적 문제를 일으킬 수 있고, 이로 인하여 향후 치료 진행이나, 건강 회복에 나쁜 영향이 미칠 수 있다고 판단되는 경우에는 가족 등 대리인에게 설명할 수 있다.

第16조(회복 불능 환자의 진료 중단) ① 의사는 의학적으로 회생의 가능성이 없는 환자의 경우라도 생명유지치료를 비롯한 진료의 중단이나 퇴원을 결정하는 데 신중하여야 한다.

② 의학적으로 회생의 가능성이 없는 환자나, 가족 등 환자의 대리인이 생명유지치료를 비롯한 진료의 중단이나 퇴원을 명시적으로 요구하는 경우, 의사가 의학적으로 무익하거나 무용하다고 판단하는 생명유지치료에 대하여 그러한 요구를 받아들이는 것은 허용된다. 그러나 통증 완화를 위한 의료행위와 영양분 공급, 물 공급,

산소의 단순 공급은 시행하지 않거나 중단되어서는 안 된다.

③ 의사의 충분한 설명과 설득 이후에도 환자, 또는 가족 등 환자 대리인이 회생의 가능성이 없는 환자에 대하여 의학적으로 무익하거나 무용한 진료를 요구하는 경우, 의사는 그것을 받아들이지 않을 수 있다.

제17조(환자 비밀의 보호) ① 의사는 그 직무상 알게 된 환자의 비밀을 보호하여야 한다.

② 의사가 환부 촬영 등 의무기록상 필요한 사항 이외의 진료장면을 촬영하는 경우에는 사전에 환자의 동의를 받아야 한다.

③ 의사는 미성년 환자의 진료에 필요하다고 판단하는 경우 부모나 이에 준하는 보호자에게 진료에 관한 사항을 알릴 수 있다.

④ 의사는 환자가 자신이나 다른 사람에게 심각한 위해를 가할 명백한 의도를 가지고 있고, 그 계획이 구체적인 경우 위해를 방지하기 위하여 불가피하다고 판단되는 경우에는 환자의 비밀을 제3자에게 알릴 수 있다.

⑤ 의사는 의학적 조사 및 연구 등을 수행함에 있어 환자의 개인정보를 보호하여야 한다.

제18조(응급의료 및 이송) 의사는 응급환자에 대하여 자신의 능력 범위 내에서 필요한 최선의 의료를 시행하여야 한다. 다만, 자신의 능력과 시설로는 그 환자에 대하여 적정한 응급의료를 행할 수 없다고 판단한 때에는 지체 없이 그 환자를 치료가 가능한 다른 의료기관으로 이송하여야 한다.

## 제3장 동료 보건의료인에 대한 윤리

제19조(동료 의료인 등의 존중) ① 의사는 환자에 대한 최선의 진료를 위해 의료 현장에 함께 일하는 모든 사람을 존중하고 신뢰하여야 한다.

② 의사는 동료 의료인이 수행하는 직무의 가치와 내용을 이해하여야 하며, 상호간에 협력적인 직무관계를 이루도록 노력을 다하여야 한다.

제20조(정당한 지시·조언 존중) 의사는 의료행위와 관련하여 상급자와 동료의 정당한 지

시나 조언을 존중하여야 한다.

제21조(근무환경 개선) 의사는 환자와 의료진의 안전을 위하여 의료현장의 근무환경과 근로조건을 적절히 유지하고 개선하는데 노력하여야 한다.

제22조(불공정 경쟁금지 등) ① 의사는 영리를 목적으로, 다른 의료기관을 이용하려는 환자를 자신의 의료기관으로 유인하거나 대가를 지급하고 제3자로부터 소개·알선을 받는 행위를 하여서는 안 된다.

② 의사 및 의료기관은 환자를 유치할 목적으로 차량 운행, 진료비 할인 등 진료와 직접적인 관계가 없는 편의 제공과 같은 불공정한 행위를 하여서는 안 된다.

제23조(동료 의사의 잘못에 대한 대응) ① 의사는 동료 의사가 의학적으로 인정되지 않는 의료행위를 시행하거나 이 지침에서 금지하고 있는 행위를 하는 경우 그것을 바로잡도록 노력하여야 한다.

② 전 항의 노력에는 의료기관, 의사회, 전문학회 등의 윤리위원회나 대한의사협회 윤리위원회에 알리는 것이 포함된다.

③ 대한의사협회 등은 제보자가 불이익을 받지 않도록 보호하여야 한다.

## 제4장 의사의 사회적 역할과 의무

제24조(의사의 사회적 책무) ① 의사는 지역사회, 국가, 인류사회와 그 구성원들의 생명보전, 건강 증진, 삶의 질 향상을 위하여 최선의 노력을 다하여야 한다.

② 의사는 의료 자원의 편성과 배분에 능동적으로 참여하여 보건의료체계를 유지·발전시키는데 기여하여야 하며, 사회의 안녕을 증진하고 미래 의료변화에 대응해야 한다.

제25조(보건의료 위기 상황 시 구호활동) ① 의사는 대규모의 감염병이나 천재지변과 재난 등으로 다수의 환자가 발생하는 경우 개인적 또는 집단적으로 환자의 구호를 위해 가능한 자원을 동원하여 적극적인 활동을 벌여야 한다.

② 의사는 공중보건 위기 상황이 발생하였을 때 지역사회 구성원 및 이해관계자를

대상으로 적절하게 소통하고 상호 협력할 수 있어야 한다.

第26条(인권 보호 의무) 의사는 진료 시 고문, 아동학대, 가정폭력, 성폭력 등 인간의 신체와 정신을 침해하는 행위를 알게 된 경우 피해자의 인권을 보호하기 위한 조치를 취하여야 한다.

第27条(의료자원의 적절한 사용) 의사는 보건의료분야에 적정한 자원이 투입되도록 하여야 하며, 투입된 의료 자원이 불필요하게 소모되지 않도록 노력하여야 한다.

第28条(부당 이득 추구 금지) ① 의사는 자신이나 자신이 소속한 의료기관의 부당한 영리 추구를 목적으로 의료행위를 하여서는 안 된다.

② 의사는 진료비 이외의 금품 등을 부당하게 요구하거나 받아서는 안 된다.

③ 의사는 어떤 이유에서든지 비의료인에게 고용되어 환자의 이익보다 사적인 이익을 추구하는 목적으로 하는 진료행위에 가담하여서는 안 된다.

第29条(이해상충의 관리) ① 의사는 제약회사나 의료기기회사 등으로부터 진료약제와 의료기기 등의 채택 및 사용과 관련하여 금품과 향응 등 부당한 이득을 취해서는 안 된다.

② 의사는 제약회사나 의료기기회사 등으로부터 연구비나 국내외 학술대회와 관련된 후원을 받을 때 그 방법과 절차가 공정하고 공개적이어야 한다.

③ 의사는 자신이 직접 운영하거나, 운영에 관여하는 회사에서 생산하는 물품(의약품, 건강식품, 진료재료, 장비 등), 혹은 자신의 고안이나 특허를 이용하여 생산되는 물품을 자신의 진료에 사용하거나 광고할 경우, 자신이 이러한 행위를 통해서 이익을 얻고 있음을 공개해야 한다.

第30条(과잉·부당진료 금지) ① 의사는 경제적 이득을 위하여 환자에게 의학적으로 불필요한 진료를 하여서는 안 된다.

② 의사는 환자나 진료비 지급기관에 허위 또는 과다한 진료비를 청구하여서는 안 된다.

第31条(허위·과대광고 등 금지) ① 의사는 법령이 허용하는 한도에서 신문, 방송, 유인물,

통신, 인터넷 등과 같은 대중 매체를 이용하여 의료정보를 제공할 수 있다.

② 의사는 허위·과대광고, 다른 의사를 비방·비하하는 광고, 의사와 의료의 품위를 훼손하는 저속한 광고를 하여서는 안 된다.

③ 의사는 의료정보를 제공하는 목적으로 의료광고를 하는 경우 의학계에서 인정하지 않는 시술 명칭이나 진단 명칭 등을 사용하여서는 안 된다.

④ 의사는 의사 또는 의사 아닌 사람이나 단체가 국민의 건강을 해치는 허위·과장 정보를 전파하거나 광고할 경우 이를 지적하고 바로 잡을 수 있도록 노력하여야 한다.

第32조(대중매체의 부당한 이용 금지) ① 의사는 방송 등 대중매체 참여 과정에서 그 목적, 내용 등을 신중하게 고려하여 전문가의 품위를 유지할 수 있도록 해야 한다.

② 의사는 의학적 지식을 정확하고 객관적으로 전달해야 하며, 의학적으로 검증되지 않은 의료행위를 안내해서는 안 된다.

③ 의사는 방송 등 대중매체 참여를 영리 목적으로 이용하거나 광고 수단으로 이용해서는 안 된다.

④ 의사는 방송 등 대중매체 참여의 대가로 금품 등을 주어서는 안 된다.

## 제5장 개별 의료 분야 윤리: 출산과 임종, 장기이식, 의학연구 등

第33조(태아 관련 윤리) ① 의사는 태아의 생명 보전과 건강 증진에 최선을 다하여야 한다.

② 의사는 의학적으로 적절하고 합당한 경우라도 인공임신중절수술을 시행하는데 신중하여야 하며, 산모의 건강과 태아의 생명권에 특별한 주의를 기울여야 한다.

第34조(보조생식술 관련) ① 의사는 의학적으로 질병을 회피하기 위한 경우와 같은 특별한 사유가 있는 경우를 제외하고 적극적 유전 선택을 하면 안 된다.

② 의사는 정자와 난자의 매매행위에 관여하여서는 안 된다.

③ 의사는 정자 또는 난자를 제공하는 사람의 신원을 누설하거나 공개하여서는 안 된다.

제35조(연명의료) ① 의사는 죽음을 앞둔 환자의 신체적, 정신적 고통을 줄이고 삶의 질을 향상시키는데 최선의 노력을 다하여야 한다.

② 의사는 말기환자가 품위있는 죽음을 맞이할 수 있도록 노력하여야 한다.

③ 의사는 말기환자의 의사를 존중하여 치료가 이루어지도록 노력하여야 하며, 적절한 시기에 환자 및 가족과 함께 연명의료결정 및 호스피스·완화의료 등에 관한 논의를 하도록 노력하여야 한다.

제36조(안락사 등 금지) ① 의사는 감내할 수 없고 치료와 조절이 불가능한 고통을 겪는 환자에게 사망을 목적으로 물질을 투여하는 등 인위적, 적극적인 방법으로 자연적인 경과보다 앞서 환자가 사망에 이르게 하는 행위를 하여서는 안 된다.

② 의사는 환자가 자신의 생명을 끊는데 필요한 수단을 제공함으로써 환자의 자살을 도와주는 행위를 하여서는 안 된다.

제37조(뇌사의 판정) 의사는 뇌사를 판정하는 경우 그 환자의 보호자에게 충분한 설명을 하고, 적법한 절차를 거쳐 신중하게 하여야 한다.

제38조(장기이식술과 공여자의 권리 보호) ① 의사는 자발적인 장기 및 신체조직 기증을 권장하는 노력을 해야 한다.

② 의사는 잠재적 장기 기증자로부터 장기 및 조직을 적출하고자 하는 경우 동의 여부를 확인하고, 유가족 등 기증 결정자가 경제적, 사회적 유인으로부터 자유롭게 의사결정을 할 수 있도록 보호해야 한다.

③ 의사는 정당한 의료행위의 대가 외에는 장기기증 및 이식에 따른 경제적 이득을 취해서는 안 된다.

④ 의사는 기증장기의 수혜자를 선택함에 있어서 의학적인 적합성과 시급성에 기초해야 하며, 어떠한 사회, 경제, 종교, 인종적 배경이 개입해서는 안 된다.

제39조(장기 등 매매 금지) ① 의사는 장기 등 매매에 관여하거나 이를 교사·방조하여서

는 안 된다.

② 의사는 진료 시 장기 등의 매매 행위를 알게 된 경우 그러한 사실을 묵인하거나 은폐해서는 안 된다.

제40조(의학연구) ① 의사는 사람을 대상으로 연구를 함에 있어서, 연구참여자의 권리, 안전, 복지를 최우선으로 고려하여야 한다.

② 의사는 사회경제적 약자들의 취약점을 이용하여 의학연구의 대상으로 삼아서는 안 된다.

③ 의사는 기관생명윤리위원회에서 연구계획을 승인을 받은 후에 연구를 수행해야 하고, 연구 과정에서 위원회와 지속적인 협조 관계를 유지하여야 한다.

④ 의사는 제약회사나 의료기기회사 등의 지원으로 연구하는 경우, 연구결과와 이의 발표에 대한 간섭을 허용해서는 아니 되며 정당한 보상 이외에 연구결과와 관련하여 보상을 받아서는 안된다. 연구결과를 발표할 때에는 연구비 지원기관을 공개하여야 한다.

제41조(연구의 진실성) 의사는 연구할 때에 정확하고 검증된 연구자료에 의거하여 연구를 수행하고 진실에 부합하는 연구결과를 도출하여 발표하여야 하며, 위조, 변조, 표절, 부당한 중복게재 등의 행위를 해서는 안 된다.

제42조(연구결과의 발표) 의사는 관련 학계에서 충분히 검증되지 않은 연구결과를 학술 발표 이외의 방법으로 대중에게 광고하거나 환자의 진료에 사용하여서는 안 된다.

## 제6장 윤리위원회

제43조(윤리위원회 설치) ① 의료기관, 의사회, 전문학회 등은 각각의 소임에 걸맞은 윤리위원회를 두도록 한다.

② 윤리위원회는 상호간에 유기적이고 협조적인 관계를 유지하여야 한다.

③ 윤리위원회의 구성 등에 관한 사항은 대한의사협회 정관에 규정한다.

제44조(윤리위원회 역할) ① 윤리위원회의 역할은 의사들에 대한 징계보다 의료윤리의

제고에 역점을 두며, 나아가 국민의 건강권과 의사들의 진료권 신장에 이바지하여야 한다.

② 윤리위원회는 변화하는 의료환경에 대응하기 위하여 의사윤리강령 및 지침 등을 지속적으로 연구하고, 적절한 제안을 하여야 한다.

③ 윤리위원회는 회원의 윤리의식 제고를 위해 의료윤리교육 계획을 수립하여 정기적으로 교육하여야 한다.

④ 윤리위원회는 회원에 대한 자격심사 및 징계에 관한 사항을 심의한다.

제45조(징계) ① 의사윤리 지침에서 금지하는 행위를 한 의사는 대한의사협회 정관 및 징계규정에 따라 징계할 수 있다.

② 본 지침에 기술되지 아니한 내용에 대하여는, 의료계 전반에 걸친 합의와 건전한 논의에 기초한 일반적 가치 판단 기준을 적용할 수 있다.

③ 윤리위원회에서 징계를 하는 경우 해당 의사에게 충분한 소명의 기회를 주어야 한다.

④ 윤리위원회는 징계 결정이 내려질 때까지 해당 의사의 신원을 비밀로 하여야 한다.

⑤ 윤리위원 등은 징계 심의과정에서 취득한 모든 정보에 대해 비밀유지의 의무를 진다.

# 08. 생명윤리 및 안전에 관한 법률(약칭: 생명윤리법)

[시행 2017.12.12.] [법률 제15188호, 2017.12.12., 일부개정] 공포법령보기

보건복지부(생명윤리정책과－총괄, 유전자, 배아), 044－202－2947

보건복지부(생명윤리정책과－인체유래물), 044－202－2944

## 제1장 총칙

제1조(목적) 이 법은 인간과 인체유래물 등을 연구하거나, 배아나 유전자 등을 취급할 때 인간의 존엄과 가치를 침해하거나 인체에 위해(危害)를 끼치는 것을 방지함으로써 생명윤리 및 안전을 확보하고 국민의 건강과 삶의 질 향상에 이바지함을 목적으로 한다.

제2조(정의) 이 법에서 사용하는 용어의 뜻은 다음과 같다. 〈개정 2015.12.29.〉

1. "인간대상연구"란 사람을 대상으로 물리적으로 개입하거나 의사소통, 대인 접촉 등의 상호작용을 통하여 수행하는 연구 또는 개인을 식별할 수 있는 정보를 이용하는 연구로서 보건복지부령으로 정하는 연구를 말한다.
2. "연구대상자"란 인간대상연구의 대상이 되는 사람을 말한다.
3. "배아"(胚芽)란 인간의 수정란 및 수정된 때부터 발생학적(發生學的)으로 모든 기관(器官)이 형성되기 전까지의 분열된 세포군(細胞群)을 말한다.
4. "잔여배아"란 체외수정(體外受精)으로 생성된 배아 중 임신의 목적으로 이용하고 남은 배아를 말한다.
5. "잔여난자"란 체외수정에 이용하고 남은 인간의 난자를 말한다.
6. "체세포핵이식행위"란 핵이 제거된 인간의 난자에 인간의 체세포 핵을 이식하는 것을 말한다.

7. “단성생식행위”란 인간의 난자가 수정 과정 없이 세포분열하여 발생하도록 하는 것을 말한다.

8. “체세포복제배아”(體細胞複製胚芽)란 체세포핵이식행위에 의하여 생성된 세포군을 말한다.

9. “단성생식배아”(單性生殖胚芽)란 단성생식행위에 의하여 생성된 세포군을 말한다.

10. “배아줄기세포주”(Embryonic stem cell lines)란 배아, 체세포복제배아, 단성생식배아 등으로부터 유래한 것으로서, 배양 가능한 조건에서 지속적으로 증식(增殖)할 수 있고 다양한 세포로 분화(分化)할 수 있는 세포주(細胞株)를 말한다.

11. “인체유래물”(人體由來物)이란 인체로부터 수집하거나 채취한 조직·세포·혈액·체액 등 인체 구성물 또는 이들로부터 분리된 혈청, 혈장, 염색체, DNA(Deoxyribonucleic acid), RNA(Ribonucleic acid), 단백질 등을 말한다.

12. “인체유래물연구”란 인체유래물을 직접 조사·분석하는 연구를 말한다.

13. “인체유래물은행”이란 인체유래물 또는 유전정보와 그에 관련된 역학정보(疫學情報), 임상정보 등을 수집·보존하여 이를 직접 이용하거나 타인에게 제공하는 기관을 말한다.

14. “유전정보”란 인체유래물을 분석하여 얻은 개인의 유전적 특징에 관한 정보를 말한다.

15. “유전자검사”란 인체유래물로부터 유전정보를 얻는 행위로서 개인의 식별 또는 질병의 예방·진단·치료 등을 위하여 하는 검사를 말한다.

16. “유전자치료”란 질병의 예방 또는 치료를 목적으로 인체 내에서 유전적 변이를 일으키거나, 유전물질 또는 유전물질이 도입된 세포를 인체로 전달하는 일련의 행위를 말한다.

17. “개인식별정보”란 연구대상자와 배아·난자·정자 또는 인체유래물의 기증자(이하 “연구대상자등”이라 한다)의 성명·주민등록번호 등 개인을 식별할 수 있는 정보를

말한다.

18. "개인정보"란 개인식별정보, 유전정보 또는 건강에 관한 정보 등 개인에 관한 정보를 말한다.

19. "익명화"(匿名化)란 개인식별정보를 영구적으로 삭제하거나, 개인식별정보의 전부 또는 일부를 해당 기관의 고유식별기호로 대체하는 것을 말한다.

제3조(기본 원칙) ① 이 법에서 규율하는 행위들은 인간의 존엄과 가치를 침해하는 방식으로 하여서는 아니 되며, 연구대상자등의 인권과 복지는 우선적으로 고려되어야 한다.

② 연구대상자등의 자율성은 존중되어야 하며, 연구대상자등의 자발적인 동의는 충분한 정보에 근거하여야 한다.

③ 연구대상자등의 사생활은 보호되어야 하며, 사생활을 침해할 수 있는 개인정보는 당사자가 동의하거나 법률에 특별한 규정이 있는 경우를 제외하고는 비밀로서 보호되어야 한다.

④ 연구대상자등의 안전은 충분히 고려되어야 하며, 위험은 최소화되어야 한다.

⑤ 취약한 환경에 있는 개인이나 집단은 특별히 보호되어야 한다.

⑥ 생명윤리와 안전을 확보하기 위하여 필요한 국제 협력을 모색하여야 하고, 보편적인 국제기준을 수용하기 위하여 노력하여야 한다.

제4조(적용 범위) ① 생명윤리 및 안전에 관하여는 다른 법률에 특별한 규정이 있는 경우를 제외하고는 이 법에 따른다.

② 생명윤리 및 안전에 관한 내용을 담은 다른 법률을 제정하거나 개정할 경우에는 이 법에 부합하도록 하여야 한다.

제5조(국가와 지방자치단체의 책무) ① 국가와 지방자치단체는 생명윤리 및 안전에 관한 문제에 효율적으로 대처할 수 있도록 필요한 시책을 마련하여야 한다.

② 국가와 지방자치단체는 생명윤리 및 안전 관련 연구와 활동에 대한 행정적·재정적 지원방안을 마련하여야 한다.

③ 국가와 지방자치단체는 각급 교육기관 등에서 생명윤리 및 안전에 대한 교육을 할 수 있도록 하여야 하고, 교육 프로그램을 개발하는 등 교육 여건이 조성되도록 지원하여야 한다.

第6조(생명윤리정책연구센터의 지정) ① 보건복지부장관은 생명윤리정책에 관한 전문적인 조사, 연구 및 교육 등을 실시하기 위하여 해당 업무를 수행할 능력이 있다고 인정하는 기관·단체 또는 시설을 생명윤리정책연구센터로 지정할 수 있다.

② 제1항에 따른 생명윤리정책연구센터의 지정 및 운영 등에 필요한 사항은 보건복지부령으로 정한다.

## 제2장 국가생명윤리심의위원회 및 기관생명윤리위원회 등

### 제1절 국가생명윤리심의위원회

第7조(국가생명윤리심의위원회의 설치 및 기능) ① 생명윤리 및 안전에 관한 다음 각 호의 사항을 심의하기 위하여 대통령 소속으로 국가생명윤리심의위원회(이하 "국가위원회"라 한다)를 둔다.

1.국가의 생명윤리 및 안전에 관한 기본 정책의 수립에 관한 사항

2. 제12조제1항제3호에 따른 공용기관생명윤리위원회의 업무에 관한 사항

3. 제15조제2항에 따른 인간대상연구의 심의 면제에 관한 사항

4. 제19조제3항에 따른 기록·보관 및 정보 공개에 관한 사항

5. 제29조제1항제3호에 따른 잔여배아를 이용할 수 있는 연구에 관한 사항

6. 제31조제2항에 따른 연구의 종류·대상 및 범위에 관한 사항

7. 제35조제1항제3호에 따른 배아줄기세포주를 이용할 수 있는 연구에 관한 사항

8. 제36조제2항에 따른 인체유래물연구의 심의 면제에 관한 사항

9. 제50조제1항에 따른 유전자검사의 제한에 관한 사항

10. 그 밖에 생명윤리 및 안전에 관하여 사회적으로 심각한 영향을 미칠 수 있다고 판단하여 국가위원회의 위원장이 회의에 부치는 사항

② 국가위원회의 위원장은 제1항제1호부터 제9호까지의 규정에 해당하는 사항으로서 재적위원 3분의 1 이상의 위원이 발의한 사항에 관하여는 국가위원회의 회의에 부쳐야 한다.

제8조(국가위원회의 구성) ① 국가위원회는 위원장 1명, 부위원장 1명을 포함한 16명 이상 20명 이하의 위원으로 구성한다. 〈개정 2013.3.23.〉

② 위원장은 위원 중에서 대통령이 임명하거나 위촉하고, 부위원장은 위원 중에서 호선(互選)한다.

③ 국가위원회의 위원은 다음 각 호의 사람이 된다. 〈개정 2013.3.23., 2014.11.19., 2017.7.26.〉

1. 교육부장관, 과학기술정보통신부장관, 법무부장관, 산업통상자원부장관, 보건복지부장관, 여성가족부장관

2. 생명과학·의과학(醫科學·사회과학 등의 연구 분야에 대한 전문지식과 경험이 풍부한 사람 중에서 대통령이 위촉하는 7명 이내의 사람

3. 종교계·윤리학계·법조계·시민단체(「비영리민간단체 지원법」 제2조에 따른 비영리민간단체를 말한다) 또는 여성계를 대표하는 사람 중에서 대통령이 위촉하는 7명 이내의 사람

④ 제3항제2호 및 제3호에 따른 위원의 임기는 3년으로 하되, 연임할 수 있다. 다만, 위원의 자리가 비게 된 경우에 새로 위촉된 위원의 임기는 전임자 임기의 남은 기간으로 한다.

⑤ 국가위원회에 간사위원 2명을 두되, 간사위원은 과학기술정보통신부장관과 보건복지부장관으로 하며, 수석 간사위원은 보건복지부장관으로 한다. 〈개정 2013.3.23., 2017.7.26.〉

⑥ 보건복지부장관은 국가위원회의 사무 처리 등 업무를 지원하기 위하여 보건복지부령으로 정하는 바에 따라 생명윤리 및 안전에 관련한 전문기관 중 하나를 지정하여 그 전문기관으로 하여금 사무국의 기능을 수행하게 할 수 있다. 〈신설

2014.3.18.〉

제9조(국가위원회의 운영) ① 국가위원회의 효율적인 운영을 위하여 국가위원회에 분야별 전문위원회를 둘 수 있다.

② 국가위원회의 사무는 수석 간사위원이 처리한다.

③ 국가위원회의 회의 등 활동은 독립적이어야 하고, 공개를 원칙으로 한다.

④ 국가위원회는 필요한 경우에 관련 당사자의 출석, 의견 진술 및 자료 제출 등을 요구할 수 있다. 이 경우 해당 요구를 받은 자는 타당한 사유가 없으면 요구에 따라야 한다.

⑤ 이 법에서 정한 사항 외에 국가위원회 및 전문위원회의 구성·운영, 그 밖에 필요한 사항은 대통령령으로 정한다.

## 제2절 기관생명윤리위원회

제10조(기관생명윤리위원회의 설치 및 기능) ① 생명윤리 및 안전을 확보하기 위하여 다음 각 호의 기관은 기관생명윤리위원회(이하 "기관위원회"라 한다)를 설치하여야 한다.

1. 인간대상연구를 수행하는 자(이하 "인간대상연구자"라 한다)가 소속된 교육·연구 기관 또는 병원 등
2. 인체유래물연구를 수행하는 자(이하 "인체유래물연구자"라 한다)가 소속된 교육·연구 기관 또는 병원 등
3. 제22조제1항에 따라 지정된 배아생성의료기관
4. 제29조제2항에 따라 등록한 배아연구기관
5. 제31조제3항에 따라 등록한 체세포복제배아등의 연구기관
6. 제41조제1항에 따라 보건복지부장관의 허가를 받은 인체유래물은행
7. 그 밖에 생명윤리 및 안전에 관하여 사회적으로 심각한 영향을 미칠 수 있는 기관으로서 보건복지부령으로 정하는 기관

② 제1항에도 불구하고 보건복지부령으로 정하는 바에 따라 다른 기관의 기관위

원회 또는 제12조제1항에 따른 공용기관생명윤리위원회와 제3항 및 제11조제4항에서 정한 기관위원회 업무의 수행을 위탁하기로 협약을 맺은 기관은 기관위원회를 설치한 것으로 본다.

③ 기관위원회는 다음 각 호의 업무를 수행한다.

1. 다음 각 목에 해당하는 사항의 심의

가. 연구계획서의 윤리적·과학적 타당성

나. 연구대상자등으로부터 적법한 절차에 따라 동의를 받았는지 여부

다. 연구대상자등의 안전에 관한 사항

라. 연구대상자등의 개인정보 보호 대책

마. 그 밖에 기관에서의 생명윤리 및 안전에 관한 사항

2. 해당 기관에서 수행 중인 연구의 진행과정 및 결과에 대한 조사·감독

3. 그 밖에 생명윤리 및 안전을 위한 다음 각 목의 활동

가. 해당 기관의 연구자 및 종사자 교육

나. 취약한 연구대상자등의 보호 대책 수립

다. 연구자를 위한 윤리지침 마련

④ 제1항에 따라 기관위원회를 설치한 기관은 보건복지부장관에게 그 기관위원회를 등록하여야 한다.

⑤ 제3항 및 제4항에 따른 기관위원회의 기능 및 등록 등에 필요한 사항은 보건복지부령으로 정한다.

제11조(기관위원회의 구성 및 운영 등) ① 기관위원회는 위원장 1명을 포함하여 5명 이상의 위원으로 구성하되, 하나의 성(性)으로만 구성할 수 없으며, 사회적·윤리적 타당성을 평가할 수 있는 경험과 지식을 갖춘 사람 1명 이상과 그 기관에 종사하지 아니하는 사람 1명 이상이 포함되어야 한다.

② 기관위원회의 위원은 제10조제1항 각 호의 기관의 장이 위촉하며, 위원장은 위원 중에서 호선한다.

③ 기관위원회의 심의대상인 연구·개발 또는 이용에 관여하는 위원은 해당 연구·개발 또는 이용과 관련된 심의에 참여하여서는 아니 된다.

④ 제10조제1항 각 호의 기관의 장은 해당 기관에서 수행하는 연구 등에서 생명윤리 또는 안전에 중대한 위해가 발생하거나 발생할 우려가 있는 경우에는 지체 없이 기관위원회를 소집하여 이를 심의하도록 하고, 그 결과를 보건복지부장관에게 보고하여야 한다.

⑤ 제10조제1항 각 호의 기관의 장은 기관위원회가 독립성을 유지할 수 있도록 하여야 하며, 행정적·재정적 지원을 하여야 한다.

⑥ 제10조제1항에 따라 둘 이상의 기관위원회를 설치한 기관은 보건복지부령으로 정하는 바에 따라 해당 기관위원회를 통합하여 운영할 수 있다.

⑦ 제1항부터 제6항까지에서 규정한 사항 외에 기관위원회의 구성 및 운영에 필요한 사항은 보건복지부령으로 정한다.

제12조(공용기관생명윤리위원회의 지정 및 기관위원회의 공동 운영) ① 보건복지부장관은 다음 각 호의 업무를 하게 하기 위하여 제10조제1항에 따라 설치된 기관위원회 중에서 기관 또는 연구자가 공동으로 이용할 수 있는 공용기관생명윤리위원회(이하 "공용위원회"라 한다)를 지정할 수 있다.

1. 제10조제2항에 따라 공용위원회와 협약을 맺은 기관이 위탁한 업무
2. 교육·연구 기관 또는 병원 등에 소속되지 아니한 인간대상연구자 또는 인체유래물연구자가 신청한 업무
3. 그 밖에 국가위원회의 심의를 거쳐 보건복지부령으로 정하는 업무

② 둘 이상의 기관이 공동으로 수행하는 연구로서 각각의 기관위원회에서 해당 연구를 심의하는 것이 적절하지 아니하는 경우에 수행 기관은 각각의 소관 기관위원회 중 하나의 기관위원회를 선정하여 해당 연구를 심의하게 할 수 있다.

③ 제1항 및 제2항에 따른 공용위원회의 지정, 기능, 운영 및 기관위원회의 공동 운영 등에 필요한 사항은 보건복지부령으로 정한다.

제13조(기관위원회의 지원 등) ① 보건복지부장관은 기관위원회의 운영을 적절하게 감독·지원하기 위하여 다음 각 호의 업무를 수행한다.

1. 기관위원회의 조사
2. 기관위원회 위원의 교육
3. 그 밖에 기관위원회의 감독 및 지원에 필요한 업무로서 보건복지부령으로 정하는 업무

② 기관위원회의 조사 및 교육 지원 등에 필요한 사항은 보건복지부령으로 정한다.

제14조(기관위원회의 평가 및 인증) ① 보건복지부장관은 기관위원회의 구성 및 운영실적 등을 정기적으로 평가하여 인증할 수 있다.

② 보건복지부장관은 제1항에 따라 인증을 받은 기관위원회의 인증 결과를 인터넷 홈페이지 등에 공표할 수 있다.

③ 중앙행정기관의 장은 제1항에 따른 인증 결과에 따라 그 기관에 예산 지원 및 국가 연구비 지원 제한 등의 조치를 할 수 있다.

④ 보건복지부장관은 제1항에 따라 인증을 받은 기관위원회가 다음 각 호의 어느 하나에 해당하면 그 인증을 취소할 수 있다. 다만, 제1호에 해당하는 경우에는 그 인증을 취소하여야 한다.

1. 거짓이나 부정한 방법으로 인증을 받은 경우
2. 기관위원회의 구성 및 운영에 중요한 변동사항이 발생하여 제5항에 따른 인증기준에 맞지 아니하는 경우

⑤ 제1항에 따른 인증의 기준 및 유효기간 등에 관하여 필요한 사항은 대통령령으로 정한다.

## 제3장 인간대상연구 및 연구대상자 보호

제15조(인간대상연구의 심의) ① 인간대상연구를 하려는 자는 인간대상연구를 하기 전에 연구계획서를 작성하여 기관위원회의 심의를 받아야 한다.

② 제1항에도 불구하고 연구대상자 및 공공에 미치는 위험이 미미한 경우로서 국가위원회의 심의를 거쳐 보건복지부령으로 정한 기준에 맞는 연구는 기관위원회의 심의를 면제할 수 있다.

제16조(인간대상연구의 동의) ① 인간대상연구자는 인간대상연구를 하기 전에 연구대상자로부터 다음 각 호의 사항이 포함된 서면동의(전자문서를 포함한다. 이하 같다)를 받아야 한다.

1. 인간대상연구의 목적
2. 연구대상자의 참여 기간, 절차 및 방법
3. 연구대상자에게 예상되는 위험 및 이득
4. 개인정보 보호에 관한 사항
5. 연구 참여에 따른 손실에 대한 보상
6. 개인정보 제공에 관한 사항
7. 동의의 철회에 관한 사항
8. 그 밖에 기관위원회가 필요하다고 인정하는 사항

② 제1항에도 불구하고 동의 능력이 없거나 불완전한 사람으로서 보건복지부령으로 정하는 연구대상자가 참여하는 연구의 경우에는 다음 각 호에서 정한 대리인의 서면동의를 받아야 한다. 이 경우 대리인의 동의는 연구대상자의 의사에 어긋나서는 아니 된다.

1. 법정대리인
2. 법정대리인이 없는 경우 배우자, 직계존속, 직계비속의 순으로 하되, 직계존속 또는 직계비속이 여러 사람일 경우 협의하여 정하고, 협의가 되지 아니하면 연장자가 대리인이 된다.

③ 제1항에도 불구하고 다음 각 호의 요건을 모두 갖춘 경우에는 기관위원회의 승인을 받아 연구대상자의 서면동의를 면제할 수 있다. 이 경우 제2항에 따른 대리인의 서면동의는 면제하지 아니한다.

1. 연구대상자의 동의를 받는 것이 연구 진행과정에서 현실적으로 불가능하거나 연구의 타당성에 심각한 영향을 미친다고 판단되는 경우

2. 연구대상자의 동의 거부를 추정할 만한 사유가 없고, 동의를 면제하여도 연구대상자에게 미치는 위험이 극히 낮은 경우

④ 인간대상연구자는 제1항 및 제2항에 따른 서면동의를 받기 전에 동의권자에게 제1항 각 호의 사항에 대하여 충분히 설명하여야 한다.

第17조(연구대상자에 대한 안전대책) ① 인간대상연구자는 사전에 연구 및 연구환경이 연구대상자에게 미칠 신체적·정신적 영향을 평가하고 안전대책을 마련하여야 하며, 수행 중인 연구가 개인 및 사회에 중대한 해악(害惡)을 초래할 가능성이 있을 때에는 이를 즉시 소속 기관의 장에게 보고하고 적절한 조치를 하여야 한다.

② 인간대상연구자는 질병의 진단이나 치료, 예방과 관련된 연구에서 연구대상자에게 의학적으로 필요한 치료를 지연하거나 진단 및 예방의 기회를 박탈하여서는 아니 된다.

第18조(개인정보의 제공) ① 인간대상연구자는 제16조제1항에 따라 연구대상자로부터 개인정보를 제공하는 것에 대하여 서면동의를 받은 경우에는 기관위원회의 심의를 거쳐 개인정보를 제3자에게 제공할 수 있다.

② 인간대상연구자가 제1항에 따라 개인정보를 제3자에게 제공하는 경우에는 익명화하여야 한다. 다만, 연구대상자가 개인식별정보를 포함하는 것에 동의한 경우에는 그러하지 아니하다.

第19조(기록의 유지와 정보의 공개) ① 인간대상연구자는 인간대상연구와 관련한 사항을 기록·보관하여야 한다.

② 연구대상자는 자신에 관한 정보의 공개를 청구할 수 있으며, 그 청구를 받은 인간대상연구자는 특별한 사유가 없으면 정보를 공개하여야 한다.

③ 제1항 및 제2항에 따른 기록·보관 및 정보 공개에 관한 구체적인 사항은 국가위원회의 심의를 거쳐 보건복지부령으로 정한다.

## 제4장 배아 등의 생성과 연구

### 제1절 인간 존엄과 정체성 보호

제20조(인간복제의 금지) ① 누구든지 체세포복제배아 및 단성생식배아(이하 "체세포복제배아등"이라 한다)를 인간 또는 동물의 자궁에 착상시켜서는 아니 되며, 착상된 상태를 유지하거나 출산하여서는 아니 된다.

② 누구든지 제1항에 따른 행위를 유인하거나 알선하여서는 아니 된다.

제21조(이종 간의 착상 등의 금지) ① 누구든지 인간의 배아를 동물의 자궁에 착상시키거나 동물의 배아를 인간의 자궁에 착상시키는 행위를 하여서는 아니 된다.

② 누구든지 다음 각 호의 행위를 하여서는 아니 된다.

1. 인간의 난자를 동물의 정자로 수정시키거나 동물의 난자를 인간의 정자로 수정시키는 행위. 다만, 의학적으로 인간의 정자의 활동성을 시험하기 위한 경우는 제외한다.
2. 핵이 제거된 인간의 난자에 동물의 체세포 핵을 이식하거나 핵이 제거된 동물의 난자에 인간의 체세포 핵을 이식하는 행위
3. 인간의 배아와 동물의 배아를 융합하는 행위
4. 다른 유전정보를 가진 인간의 배아를 융합하는 행위

③ 누구든지 제2항 각 호의 어느 하나에 해당하는 행위로부터 생성된 것을 인간 또는 동물의 자궁에 착상시키는 행위를 하여서는 아니 된다.

### 제2절 배아생성의료기관

제22조(배아생성의료기관의 지정 등) ① 체외수정을 위하여 난자 또는 정자를 채취·보존하거나 이를 수정시켜 배아를 생성하려는 의료기관은 보건복지부장관으로부터 배아생성의료기관으로 지정받아야 한다.

② 배아생성의료기관으로 지정받으려는 의료기관은 보건복지부령으로 정하는 시설 및 인력 등을 갖추어야 한다.

③ 배아생성의료기관의 지정 기준 및 절차 등에 관하여 필요한 사항은 보건복지부

령으로 정한다.

④ 제1항에 따라 지정을 받은 배아생성의료기관(이하 "배아생성의료기관"이라 한다)이 보건복지부령으로 정하는 중요한 사항을 변경할 경우에는 보건복지부장관에게 그 변경사항을 신고하여야 한다.

⑤ 배아생성의료기관의 장은 휴업하거나 폐업하는 경우에는 보건복지부령으로 정하는 바에 따라 보건복지부장관에게 신고하여야 한다.

⑥ 배아생성의료기관의 장은 휴업하거나 폐업할 때에 보건복지부령으로 정하는 바에 따라 보관 중인 배아, 생식세포 및 관련 서류를 질병관리본부 또는 다른 배아생성의료기관으로 이관하여야 한다.

第23조(배아의 생성에 관한 준수사항) ① 누구든지 임신 외의 목적으로 배아를 생성하여서는 아니 된다.

② 누구든지 배아를 생성할 때 다음 각 호의 어느 하나에 해당하는 행위를 하여서는 아니 된다.

1. 특정의 성을 선택할 목적으로 난자와 정자를 선별하여 수정시키는 행위
2. 사망한 사람의 난자 또는 정자로 수정하는 행위
3. 미성년자의 난자 또는 정자로 수정하는 행위. 다만, 혼인한 미성년자가 그 자녀를 얻기 위하여 수정하는 경우는 제외한다.

③ 누구든지 금전, 재산상의 이익 또는 그 밖의 반대급부(反對給付)를 조건으로 배아나 난자 또는 정자를 제공 또는 이용하거나 이를 유인하거나 알선하여서는 아니 된다.

第24조(배아의 생성 등에 관한 동의) ① 배아생성의료기관은 배아를 생성하기 위하여 난자 또는 정자를 채취할 때에는 다음 각 호의 사항에 대하여 난자 기증자, 정자 기증자, 체외수정 시술대상자 및 해당 기증자·시술대상자의 배우자가 있는 경우 그 배우자(이하 "동의권자"라 한다)의 서면동의를 받아야 한다. 다만, 장애인의 경우는 그 특성에 맞게 동의를 구하여야 한다.

1. 배아생성의 목적에 관한 사항
2. 배아·난자·정자의 보존기간 및 그 밖에 보존에 관한 사항
3. 배아·난자·정자의 폐기에 관한 사항
4. 잔여배아 및 잔여난자를 연구 목적으로 이용하는 것에 관한 사항
5. 동의의 변경 및 철회에 관한 사항
6. 동의권자의 권리 및 정보 보호, 그 밖에 보건복지부령으로 정하는 사항

② 배아생성의료기관은 제1항에 따른 서면동의를 받기 전에 동의권자에게 제1항 각 호의 사항에 대하여 충분히 설명하여야 한다.

③ 제1항에 따른 서면동의를 위한 동의서의 서식 및 보관 등에 필요한 사항은 보건복지부령으로 정한다.

第25조(배아의 보존 및 폐기) ① 배아의 보존기간은 5년으로 한다. 다만, 동의권자가 보존기간을 5년 미만으로 정한 경우에는 이를 보존기간으로 한다.

② 제1항에도 불구하고 항암치료 등 보건복지부령으로 정하는 경우에는 동의권자가 보존기간을 5년 이상으로 정할 수 있다.

③ 배아생성의료기관은 제1항 또는 제2항에 따른 보존기간이 끝난 배아 중 제29조에 따른 연구의 목적으로 이용하지 아니할 배아는 폐기하여야 한다.

④ 배아생성의료기관은 배아의 폐기에 관한 사항을 기록·보관하여야 한다.

⑤ 제3항 및 제4항에 따른 배아의 폐기 절차 및 방법, 배아의 폐기에 관한 사항의 기록·보관에 필요한 사항은 보건복지부령으로 정한다.

第26조(잔여배아 및 잔여난자의 제공) ① 배아생성의료기관은 연구에 필요한 잔여배아를 제30조제1항에 따라 배아연구계획서의 승인을 받은 배아연구기관에 제공하거나 잔여난자를 제31조제4항에 따라 체세포복제배아등 연구계획서의 승인을 받은 체세포복제배아등의 연구기관에 제공하는 경우에는 무상으로 하여야 한다. 다만, 배아생성의료기관은 잔여배아 및 잔여난자의 보존 및 제공에 든 경비의 경우에는 보건복지부령으로 정하는 바에 따라 제공받는 연구기관에 대하여 경비지급을 요구

할 수 있다.

② 제1항에 따른 잔여배아 및 잔여난자의 제공 절차, 경비의 산출, 그 밖에 필요한 사항은 보건복지부령으로 정한다.

③ 배아생성의료기관은 잔여배아 및 잔여난자의 보존 및 제공 등에 관한 사항을 보건복지부령으로 정하는 바에 따라 보건복지부장관에게 보고하여야 한다.

第27조(난자 기증자의 보호 등) ① 배아생성의료기관은 보건복지부령으로 정하는 바에 따라 난자를 채취하기 전에 난자 기증자에 대하여 건강검진을 하여야 한다.

② 배아생성의료기관은 보건복지부령으로 정하는 건강 기준에 미치지 못하는 사람으로부터 난자를 채취하여서는 아니 된다.

③ 배아생성의료기관은 동일한 난자 기증자로부터 대통령령으로 정하는 빈도 이상으로 난자를 채취하여서는 아니 된다.

④ 배아생성의료기관은 난자 기증에 필요한 시술 및 회복에 걸리는 시간에 따른 보상금 및 교통비 등 보건복지부령으로 정하는 항목에 관하여 보건복지부령으로 정하는 금액을 난자 기증자에게 지급할 수 있다.

第28조(배아생성의료기관의 준수사항 등) ① 배아생성의료기관은 다음 각 호의 사항을 준수하여야 한다. 〈개정 2015.12.29.〉

1. 제24조에 따른 동의서에 적힌 내용대로 배아·난자 및 정자를 취급할 것

2. 보건복지부령으로 정하는 바에 따라 잔여배아 및 잔여난자의 보존·취급 및 폐기 등의 관리를 철저히 할 것

3. 그 밖에 생명윤리 및 안전의 확보를 위하여 필요하다고 인정하여 보건복지부령으로 정하는 사항

② 보건복지부장관은 배아의 생성 등에 관한 동의 등을 적절하게 관리하기 위하여 배아생성의료기관에 관한 표준운영지침을 정하고 배아생성의료기관에게 그 준수를 권장하여야 한다. 〈신설 2015.12.29.〉 [제목개정 2015.12.29.]

제3절 잔여배아 연구 등

제29조(잔여배아 연구) ① 제25조에 따른 배아의 보존기간이 지난 잔여배아는 발생학적으로 원시선(原始線)이 나타나기 전까지만 체외에서 다음 각 호의 연구 목적으로 이용할 수 있다.

1. 난임치료법 및 피임기술의 개발을 위한 연구

2. 근이영양증(筋異營養症), 그 밖에 대통령령으로 정하는 희귀·난치병의 치료를 위한 연구

3. 그 밖에 국가위원회의 심의를 거쳐 대통령령으로 정하는 연구

② 제1항에 따라 잔여배아를 연구하려는 자는 보건복지부령으로 정하는 시설·인력 등을 갖추고 보건복지부장관에게 배아연구기관으로 등록하여야 한다.

③ 제2항에 따라 등록한 배아연구기관(이하 "배아연구기관"이라 한다)이 보건복지부령으로 정하는 중요한 사항을 변경하거나 폐업할 경우에는 보건복지부장관에게 신고하여야 한다.

제30조(배아연구계획서의 승인) ① 배아연구기관은 잔여배아의 연구를 하려면 미리 보건복지부장관에게 배아연구계획서를 제출하여 승인을 받아야 한다. 배아연구계획서의 내용 중 대통령령으로 정하는 중요한 사항을 변경하는 경우에도 또한 같다.

② 제1항에 따른 배아연구계획서에는 기관위원회의 심의 결과에 관한 서류가 첨부되어야 한다.

③ 보건복지부장관은 다른 중앙행정기관의 장이 연구비를 지원하는 배아연구기관으로부터 배아연구계획서를 제출받았을 때에는 승인 여부를 결정하기 전에 그 중앙행정기관의 장과 협의하여야 한다.

④ 배아연구계획서의 승인 기준 및 절차, 제출서류, 그 밖에 필요한 사항은 보건복지부령으로 정한다.

제31조(체세포복제배아등의 연구) ① 누구든지 제29조제1항제2호에 따른 희귀·난치병의 치료를 위한 연구 목적 외에는 체세포핵이식행위 또는 단성생식행위를 하여서는 아니 된다.

② 제1항에 따른 연구의 종류·대상 및 범위는 국가위원회의 심의를 거쳐 대통령령으로 정한다.

③ 체세포복제배아등을 생성하거나 연구하려는 자는 보건복지부령으로 정하는 시설 및 인력 등을 갖추고 보건복지부장관에게 등록하여야 한다.

④ 제3항에 따라 등록한 기관(이하 "체세포복제배아등의 연구기관"이라 한다)은 체세포복제배아등을 생성하거나 연구하려면 보건복지부령으로 정하는 바에 따라 미리 보건복지부장관에게 연구계획서(이하 "체세포복제배아등 연구계획서"라 한다)를 제출하여 승인을 받아야 한다.

⑤ 체세포복제배아등 연구계획서의 승인에 관하여는 제30조를 준용한다. 이 경우 "잔여배아"는 "체세포복제배아등"으로, "배아연구계획서"는 "체세포복제배아등 연구계획서"로 각각 본다.

제32조(배아연구기관 등의 준수사항) ① 배아연구기관 및 체세포복제배아등의 연구기관은 해당 기관에서 수행하는 연구로 인하여 생명윤리 또는 안전에 중대한 위해가 발생하거나 발생할 우려가 있는 경우에는 연구 중단 등 적절한 조치를 하여야 한다.

② 배아연구기관 및 체세포복제배아등의 연구기관이 잔여배아 및 잔여난자를 제공받은 후 이를 연구의 목적으로 이용하지 아니하려는 경우에는 제25조제3항부터 제5항까지의 규정을 준용한다. 이 경우 "배아"는 "잔여배아 및 잔여난자"로 본다.

③ 배아연구기관이 잔여배아를 관리하는 경우 및 체세포복제배아등의 연구기관이 잔여난자, 체세포복제배아등을 관리하는 경우에는 제28조를 준용한다.

제4절 배아줄기세포주

제33조(배아줄기세포주의 등록) ① 배아줄기세포주를 수립하거나 수입한 자는 그 배아줄기세포주를 제34조에 따라 제공하거나 제35조에 따라 이용하기 전에 보건복지부령으로 정하는 바에 따라 그 배아줄기세포주를 보건복지부장관에게 등록하여야

한다.

② 보건복지부장관은 배아줄기세포주의 등록을 신청한 자가 다른 중앙행정기관의 장으로부터 과학적 검증을 받은 경우에는 제1항에 따른 등록을 하는 데에 그 검증자료를 활용하여야 한다.

③ 보건복지부장관은 제1항에 따라 배아줄기세포주를 등록한 자에게 배아줄기세포주의 검증 등에 든 비용의 전부 또는 일부를 지원할 수 있다.

제34조(배아줄기세포주의 제공) ① 배아줄기세포주를 수립한 자가 그 배아줄기세포주를 타인에게 제공하려면 보건복지부령으로 정하는 바에 따라 기관위원회의 심의를 거쳐야 한다.

② 제1항에 따라 배아줄기세포주를 제공한 자는 보건복지부령으로 정하는 바에 따라 보건복지부장관에게 배아줄기세포주의 제공현황을 보고하여야 한다.

③ 제1항에 따라 배아줄기세포주를 제공하는 경우에는 무상으로 하여야 한다. 다만, 배아줄기세포주를 제공하는 자는 배아줄기세포주의 보존 및 제공에 든 경비의 경우에는 보건복지부령으로 정하는 바에 따라 이를 제공받는 자에 대하여 경비지급을 요구할 수 있다.

④ 제1항부터 제3항까지의 규정에 따른 배아줄기세포주의 제공 및 보고, 경비의 산출 방법 등에 관하여 필요한 사항은 보건복지부령으로 정한다.

제35조(배아줄기세포주의 이용) ① 제33조제1항에 따라 등록된 배아줄기세포주는 체외에서 다음 각 호의 연구 목적으로만 이용할 수 있다.

1. 질병의 진단·예방 또는 치료를 위한 연구
2. 줄기세포의 특성 및 분화에 관한 기초연구
3. 그 밖에 국가위원회의 심의를 거쳐 대통령령으로 정하는 연구

② 제1항에 따라 배아줄기세포주를 이용하려는 자는 해당 연구계획서에 대하여 보건복지부령으로 정하는 바에 따라 기관위원회의 심의를 거쳐 해당 기관의 장의 승인을 받아야 한다. 승인을 받은 연구계획서의 내용 중 대통령령으로 정하는 중

요한 사항을 변경하는 경우에도 또한 같다.

③ 제2항에 따라 승인 또는 변경승인을 받은 자는 보건복지부령으로 정하는 바에 따라 그 사실을 보건복지부장관에게 보고하여야 한다.

④ 제2항에 따라 승인을 받은 자는 배아줄기세포주를 제공한 자에게 제공받은 배아줄기세포주의 이용계획서를 작성하여 제출하여야 한다.

⑤ 제2항에 따라 연구를 승인한 기관의 장은 연구를 하는 자가 연구계획에 적합하게 연구를 하도록 감독하여야 한다.

## 제5장 인체유래물연구 및 인체유래물은행

### 제1절 인체유래물연구

제36조(인체유래물연구의 심의) ① 인체유래물연구를 하려는 자는 인체유래물연구를 하기 전에 연구계획서에 대하여 기관위원회의 심의를 받아야 한다.

② 제1항에도 불구하고 인체유래물 기증자 및 공공에 미치는 위험이 미미한 경우로서 국가위원회의 심의를 거쳐 보건복지부령으로 정한 기준에 맞는 연구는 기관위원회의 심의를 면제할 수 있다.

제37조(인체유래물연구의 동의) ① 인체유래물연구자는 인체유래물연구를 하기 전에 인체유래물 기증자로부터 다음 각 호의 사항이 포함된 서면동의를 받아야 한다.

1. 인체유래물연구의 목적
2. 개인정보의 보호 및 처리에 관한 사항
3. 인체유래물의 보존 및 폐기 등에 관한 사항
4. 인체유래물과 그로부터 얻은 유전정보(이하 "인체유래물등"이라 한다)의 제공에 관한 사항
5. 동의의 철회, 동의 철회 시 인체유래물등의 처리, 인체유래물 기증자의 권리, 연구 목적의 변경, 그 밖에 보건복지부령으로 정하는 사항

② 제1항에도 불구하고 인체유래물연구자가 아닌 인체유래물 채취자로부터 인체

유래물을 제공받아 연구를 하는 인체유래물연구자의 경우에 그 인체유래물 채취자가 인체유래물 기증자로부터 제1항 각 호의 사항이 포함된 서면동의를 받았을 때에는 제1항에 따른 서면동의를 받은 것으로 본다.

③ 인체유래물연구의 서면동의 면제에 관하여는 제16조제3항을 준용한다. 이 경우 “연구대상자”는 “인체유래물 기증자”로 본다.

④ 인체유래물연구자는 제1항에 따른 서면동의를 받기 전에 인체유래물 기증자에게 제1항 각 호의 사항에 대하여 충분히 설명하여야 한다.

⑤ 제1항에 따른 서면동의를 위한 동의서의 서식 등에 관하여 필요한 사항은 보건복지부령으로 정한다.

제38조(인체유래물등의 제공) ① 인체유래물연구자는 제37조제1항에 따라 인체유래물 기증자로부터 인체유래물등을 제공하는 것에 대하여 서면동의를 받은 경우에는 기관위원회의 심의를 거쳐 인체유래물등을 인체유래물은행이나 다른 연구자에게 제공할 수 있다.

② 인체유래물연구자가 제1항에 따라 인체유래물등을 다른 연구자에게 제공하는 경우에는 익명화하여야 한다. 다만, 인체유래물 기증자가 개인식별정보를 포함하는 것에 동의한 경우에는 그러하지 아니하다.

③ 제1항에 따라 인체유래물등을 제공할 경우 무상으로 하여야 한다. 다만, 인체유래물연구자가 소속된 기관은 인체유래물등의 보존 및 제공에 든 경비의 경우에는 보건복지부령으로 정하는 바에 따라 인체유래물등을 제공받아 연구하는 자에게 경비지급을 요구할 수 있다.

④ 인체유래물연구자는 제1항에 따라 인체유래물등을 제공하거나 제공받았을 때에는 보건복지부령으로 정하는 바에 따라 인체유래물등의 제공에 관한 기록을 작성·보관하여야 한다.

⑤ 인체유래물등의 제공 방법 및 절차, 경비의 산출, 그 밖에 필요한 사항은 보건복지부령으로 정한다.

제39조(인체유래물등의 보존 및 폐기) ① 인체유래물연구자는 동의서에 정한 기간이 지난 인체유래물등을 폐기하여야 한다. 다만, 인체유래물등을 보존하는 중에 인체유래물 기증자가 보존기간의 변경이나 폐기를 요청하는 경우에는 요청에 따라야 한다.

② 인체유래물연구자는 제1항에 따른 인체유래물등의 폐기에 관한 사항을 보건복지부령으로 정하는 바에 따라 기록·보관하여야 한다.

③ 인체유래물연구자가 부득이한 사정으로 인하여 인체유래물등을 보존할 수 없는 경우에는 기관위원회의 심의를 거쳐 인체유래물등을 처리하거나 이관하여야 한다.

④ 인체유래물등의 보존, 폐기, 처리 또는 이관 등에 필요한 사항은 보건복지부령으로 정한다.

제40조(인체유래물연구자의 준수사항) 인체유래물연구자의 인체유래물 기증자에 대한 안전대책 및 기록의 유지와 정보 공개에 관하여는 제17조 및 제19조를 각각 준용한다. 이 경우 "인간대상연구"는 "인체유래물연구"로, "연구대상자"는 "인체유래물 기증자"로 각각 본다.

제2절 인체유래물은행

제41조(인체유래물은행의 허가 및 신고) ① 인체유래물은행을 개설하려는 자는 대통령령으로 정하는 바에 따라 보건복지부장관의 허가를 받아야 한다. 다만, 국가기관이 직접 인체유래물은행을 개설하고자 하는 경우는 제외한다.

② 제1항에도 불구하고 다른 법령에 따라 중앙행정기관의 장으로부터 연구비 지원의 승인을 받아 인체유래물은행을 개설하려는 경우에는 그 중앙행정기관의 장으로부터 연구비 지원의 승인을 받은 후 보건복지부장관에게 신고하면 제1항에 따른 허가를 받은 것으로 본다. 이 경우 그 중앙행정기관의 장은 미리 보건복지부장관과 협의하여야 한다.

③ 제1항 및 제2항에 따라 개설된 인체유래물은행이 대통령령으로 정하는 중요한 사항을 변경하거나 휴업 또는 폐업하려는 경우에는 보건복지부장관에게 신고하여

야 한다.

④ 인체유래물은행의 시설·장비 기준 및 허가·신고 절차, 그 밖에 필요한 사항은 대통령령으로 정한다.

第42조(인체유래물 채취 시의 동의) ① 인체유래물은행은 인체유래물연구에 쓰일 인체유래물을 직접 채취하거나 채취를 의뢰할 때에는 인체유래물을 채취하기 전에 인체유래물 기증자로부터 다음 각 호의 사항이 포함된 서면동의를 받아야 한다.

1. 인체유래물연구의 목적(인체유래물은행이 인체유래물연구를 직접 수행하는 경우만 해당한다)

2. 개인정보의 보호 및 처리에 관한 사항

3. 인체유래물등이 제공되는 연구자 및 기관의 범위에 관한 사항

4. 인체유래물등의 보존, 관리 및 폐기에 관한 사항

5. 동의의 철회, 동의의 철회 시 인체유래물등의 처리, 인체유래물 기증자의 권리나 그 밖에 보건복지부령으로 정하는 사항

② 인체유래물은행은 제1항에 따른 서면동의를 받기 전에 인체유래물 기증자에게 제1항 각 호의 사항에 대하여 충분히 설명하여야 한다.

③ 제1항에 따른 서면동의를 위한 동의서의 서식 등에 관하여 필요한 사항은 보건복지부령으로 정한다.

第43조(인체유래물등의 제공) ① 인체유래물은행의 장은 인체유래물등을 제공받으려는 자로부터 이용계획서를 제출받아 그 내용을 검토하여 제공 여부를 결정하여야 한다.

② 인체유래물은행의 장은 인체유래물등을 타인에게 제공하는 경우에는 익명화하여야 한다. 다만, 인체유래물 기증자가 개인식별정보를 포함하는 것에 동의한 경우에는 그러하지 아니하다.

③ 인체유래물은행의 장은 인체유래물등을 타인에게 제공하는 경우에는 무상으로 하여야 한다. 다만, 인체유래물등의 보존 및 제공에 든 경비를 보건복지부령으

로 정하는 바에 따라 인체유래물등을 제공받는 자에게 요구할 수 있다.

④ 기관위원회는 인체유래물등의 제공에 필요한 지침을 마련하고, 지침에 따라 적정하게 제공되고 있는지 정기적으로 심의하여야 한다.

⑤ 인체유래물등 이용계획서의 기재내용·제출절차, 제공에 필요한 지침, 기관위원회의 심의, 그 밖에 인체유래물등의 제공 및 관리에 필요한 사항은 보건복지부령으로 정한다.

제44조(인체유래물은행의 준수사항) ① 인체유래물은행의 장 또는 그 종사자는 보존 중인 인체유래물등을 타당한 사유 없이 사용, 폐기, 손상하여서는 아니 된다.

② 인체유래물은행이 제38조제1항 및 제53조제1항에 따라 인체유래물등을 제공받은 경우에는 익명화하여야 한다.

③ 인체유래물은행의 인체유래물등의 보존 및 폐기에 관하여는 제39조를 준용한다.

④ 인체유래물은행의 장은 보건복지부령으로 정하는 바에 따라 인체유래물등의 익명화 방안이 포함된 개인정보 보호 지침을 마련하고, 개인정보 관리 및 보안을 담당하는 책임자를 지정하여야 한다.

제45조(인체유래물은행에 대한 지원) 국가나 지방자치단체는 예산의 범위에서 인체유래물은행의 운영에 필요한 비용을 지원할 수 있다.

## 제6장 유전자치료 및 검사 등

제46조(유전정보에 의한 차별 금지 등) ① 누구든지 유전정보를 이유로 교육·고용·승진·보험 등 사회활동에서 다른 사람을 차별하여서는 아니 된다.

② 다른 법률에 특별한 규정이 있는 경우를 제외하고는 누구든지 타인에게 유전자검사를 받도록 강요하거나 유전자검사의 결과를 제출하도록 강요하여서는 아니 된다.

③ 의료기관은 「의료법」 제21조제3항에 따라 환자 외의 자에게 제공하는 의무기

록 및 진료기록 등에 유전정보를 포함시켜서는 아니 된다. 다만, 해당 환자와 동일한 질병의 진단 및 치료를 목적으로 다른 의료기관의 요청이 있고 개인정보 보호에 관한 조치를 한 경우에는 그러하지 아니하다. 〈개정 2016.12.20.〉

제47조(유전자치료) ① 인체 내에서 유전적 변이를 일으키는 일련의 행위에 해당하는 유전자 치료에 관한 연구는 다음 각 호의 모두에 해당하는 경우에만 할 수 있다. 〈개정 2015.12.29.〉

1. 유전질환, 암, 후천성면역결핍증, 그 밖에 생명을 위협하거나 심각한 장애를 불러일으키는 질병의 치료를 위한 연구
2. 현재 이용 가능한 치료법이 없거나 유전자치료의 효과가 다른 치료법과 비교하여 현저히 우수할 것으로 예측되는 치료를 위한 연구

② 유전물질 또는 유전물질이 도입된 세포를 인체로 전달하는 일련의 행위에 해당하는 유전자치료에 관한 연구는 제1항제1호 또는 제2호 중 어느 하나에 해당하는 경우에만 할 수 있다. 〈신설 2015.12.29.〉

③ 유전자치료는 배아, 난자, 정자 및 태아에 대하여 시행하여서는 아니 된다. 〈개정 2015.12.29.〉

제48조(유전자치료기관) ① 유전자치료를 하고자 하는 의료기관은 보건복지부장관에게 신고하여야 한다. 대통령령으로 정하는 중요한 사항을 변경하는 경우에도 또한 같다.

② 제1항에 따라 보건복지부장관에게 신고한 의료기관(이하 "유전자치료기관"이라 한다)은 유전자치료를 하고자 하는 환자에 대하여 다음 각 호의 사항에 관하여 미리 설명한 후 서면동의를 받아야 한다.

1. 치료의 목적
2. 예측되는 치료 결과 및 그 부작용
3. 그 밖에 보건복지부령으로 정하는 사항

③ 유전자치료기관의 신고 요건 및 절차, 동의서의 서식, 그 밖에 필요한 사항은 보

건복지부령으로 정한다.

제49조(유전자검사기관) ① 유전자검사를 하려는 자는 유전자검사항목에 따라 보건복지부령으로 정하는 시설 및 인력 등을 갖추고 보건복지부장관에게 신고하여야 한다. 다만, 국가기관이 유전자검사를 하는 경우에는 그러하지 아니하다.

② 제1항에 따라 신고한 사항 중 대통령령으로 정하는 중요한 사항을 변경하는 경우에도 신고하여야 한다.

③ 보건복지부장관은 제1항에 따라 신고한 유전자검사기관(이하 "유전자검사기관"이라 한다)으로 하여금 보건복지부령으로 정하는 바에 따라 유전자검사의 정확도 평가를 받게 할 수 있고, 그 결과를 공개할 수 있다.

④ 유전자검사기관은 유전자검사의 업무를 휴업하거나 폐업하려는 경우에는 보건복지부령으로 정하는 바에 따라 보건복지부장관에게 신고하여야 한다.

⑤ 보건복지부장관은 유전자검사기관이 「부가가치세법」 제8조에 따라 관할 세무서장에게 폐업신고를 하거나 관할 세무서장이 사업자등록을 말소한 경우에는 신고 사항을 직권으로 말소할 수 있다. 〈개정 2017.12.12.〉

⑥ 보건복지부장관은 제5항의 직권말소를 위하여 필요한 경우 관할 세무서장에게 유전자검사기관의 폐업여부에 대한 정보 제공을 요청할 수 있다. 이 경우 요청을 받은 관할 세무서장은 「전자정부법」 제36조제1항에 따라 유전자검사기관의 폐업여부에 대한 정보를 제공하여야 한다. 〈신설 2017.12.12.〉

제50조(유전자검사의 제한 등) ① 유전자검사기관은 과학적 증명이 불확실하여 검사대상자를 오도(誤導)할 우려가 있는 신체 외관이나 성격에 관한 유전자검사 또는 그 밖에 국가위원회의 심의를 거쳐 대통령령으로 정하는 유전자검사를 하여서는 아니된다.

② 유전자검사기관은 근이영양증이나 그 밖에 대통령령으로 정하는 유전질환을 진단하기 위한 목적으로만 배아 또는 태아를 대상으로 유전자검사를 할 수 있다.

③ 의료기관이 아닌 유전자검사기관에서는 다음 각 호를 제외한 경우에는 질병의

예방, 진단 및 치료와 관련한 유전자검사를 할 수 없다. 〈개정 2015.12.29.〉

1. 의료기관의 의뢰를 받은 경우

2. 질병의 예방과 관련된 유전자검사로 보건복지부장관이 필요하다고 인정하는 경우

④ 유전자검사기관은 유전자검사에 관하여 거짓표시 또는 과대광고를 하여서는 아니 된다. 이 경우 거짓표시 또는 과대광고의 판정 기준 및 절차, 그 밖에 필요한 사항은 보건복지부령으로 정한다.

제51조(유전자검사의 동의) ① 유전자검사기관이 유전자검사에 쓰일 검사대상물을 직접 채취하거나 채취를 의뢰할 때에는 검사대상물을 채취하기 전에 검사대상자로부터 다음 각 호의 사항에 대하여 서면동의를 받아야 한다. 다만, 장애인의 경우는 그 특성에 맞게 동의를 구하여야 한다.

1. 유전자검사의 목적

2. 검사대상물의 관리에 관한 사항

3. 동의의 철회, 검사대상자의 권리 및 정보보호, 그 밖에 보건복지부령으로 정하는 사항

② 유전자검사기관이 검사대상물을 인체유래물연구자나 인체유래물은행에 제공하기 위하여는 검사대상자로부터 다음 각 호의 사항이 포함된 서면동의를 제1항에 따른 동의와 별도로 받아야 한다.

1. 개인정보의 보호 및 처리에 대한 사항

2. 검사대상물의 보존, 관리 및 폐기에 관한 사항

3. 검사대상물의 제공에 관한 사항

4. 동의의 철회, 동의 철회 시 검사대상물의 처리, 검사대상자의 권리, 그 밖에 보건복지부령으로 정하는 사항

③ 유전자검사기관 외의 자가 검사대상물을 채취하여 유전자검사기관에 유전자검사를 의뢰하는 경우에는 제1항에 따라 검사대상자로부터 서면동의를 받아 첨부하

여야 하며, 보건복지부령으로 정하는 바에 따라 개인정보를 보호하기 위한 조치를 하여야 한다.

④ 검사대상자가 동의 능력이 없거나 불완전한 경우의 대리인 동의에 관하여는 제16조제2항을 준용한다. 이 경우 "연구대상자"는 "검사대상자"로, "연구"는 "검사"로 각각 본다.

⑤ 다음 각 호의 어느 하나에 해당하는 경우에는 동의 없이 유전자검사를 할 수 있다.

1. 시체 또는 의식불명인 사람이 누구인지 식별하여야 할 긴급한 필요가 있거나 특별한 사유가 있는 경우

2. 다른 법률에 규정이 있는 경우

⑥ 제1항부터 제4항까지의 규정에 따라 서면동의를 받고자 하는 자는 미리 검사대상자 또는 법정대리인에게 유전자검사의 목적과 방법, 예측되는 유전자검사의 결과와 의미 등에 대하여 충분히 설명하여야 한다.

⑦ 유전자검사의 동의 방식, 동의 면제 사항, 그 밖에 필요한 사항은 보건복지부령으로 정한다.

第52조(기록 보관 및 정보의 공개) ① 유전자검사기관은 다음 각 호의 서류를 보건복지부령으로 정하는 바에 따라 기록·보관하여야 한다.

1. 제51조에 따른 동의서

2. 유전자검사 결과

3. 제53조제2항에 따른 검사대상물의 제공에 관한 기록

② 유전자검사기관은 검사대상자나 그의 법정대리인이 제1항에 따른 기록의 열람 또는 사본의 발급을 요청하는 경우에는 그 요청에 따라야 한다.

③ 제2항에 따른 기록의 열람 또는 사본의 발급에 관한 신청 절차 및 서식 등에 관하여 필요한 사항은 보건복지부령으로 정한다.

第53조(검사대상물의 제공과 폐기 등) ① 유전자검사기관은 제51조제2항에 따라 검사대

상자로부터 검사대상물의 제공에 대한 서면동의를 받은 경우에는 인체유래물연구자나 인체유래물은행에 검사대상물을 제공할 수 있다.

② 제1항에 따른 검사대상물의 제공에 관하여는 제38조제2항부터 제5항까지의 규정을 준용한다. 이 경우 "인체유래물등"은 "검사대상물"로, "인체유래물 기증자"는 "검사대상자"로 각각 본다.

③ 유전자검사기관은 제1항에 따라 검사대상물을 제공하는 경우 외에는 검사대상물을 유전자검사 결과 획득 후 즉시 폐기하여야 한다.

④ 유전자검사기관은 검사대상물의 폐기에 관한 사항을 기록·보관하여야 한다.

⑤ 유전자검사기관은 휴업 또는 폐업이나 그 밖에 부득이한 사정으로 인하여 검사대상물을 보존할 수 없는 경우에는 보건복지부령으로 정하는 바에 따라 검사대상물을 처리하거나 이관하여야 한다.

⑥ 검사대상물의 폐기, 폐기에 관한 기록·보관 및 검사대상물의 처리 또는 이관에 필요한 사항은 보건복지부령으로 정한다.

## 제7장 감독

제54조(보고와 조사) ① 보건복지부장관은 생명윤리 및 안전의 확보와 관련하여 필요하다고 인정할 때에는 제10조제1항 각 호의 기관과 유전자검사기관(이하 "감독대상기관"이라 한다) 및 그 종사자에 대하여 보건복지부령으로 정하는 바에 따라 이 법의 시행에 필요한 보고 또는 자료의 제출을 명할 수 있고, 생명윤리 또는 안전에 중대한 위해가 발생하거나 발생할 우려가 있을 때에는 그 연구 및 연구 성과 이용의 중단을 명하거나 그 밖에 필요한 조치를 할 수 있다.

② 보건복지부장관은 이 법에서 정하고 있는 사항의 이행 또는 위반 여부의 확인을 위하여 필요하다고 인정할 때에는 관계 공무원으로 하여금 감독대상기관 또는 그 사무소 등에 출입하여 그 시설 또는 장비, 관계 장부나 서류, 그 밖의 물건을 검사하게 하거나 관계인에게 질문하게 할 수 있으며, 시험에 필요한 시료(試料)를 최

소분량으로 수거하게 할 수 있다. 이 경우 관계 공무원은 그 권한을 표시하는 증표를 지니고 이를 관계인에게 보여주어야 한다.

③ 감독대상기관 또는 그 종사자는 제1항 및 제2항에 따른 명령·검사·질문 등에 대하여 타당한 사유가 없으면 응하여야 한다.

第55조(폐기 및 개선 명령) ① 보건복지부장관은 감독대상기관 또는 그 종사자와 제33조부터 제35조까지의 규정에 따라 배아줄기세포주를 등록·제공 또는 이용한 자에게 다음 각 호의 대상물을 폐기할 것을 명할 수 있다. 이 경우 폐기의 절차 및 방법에 관하여는 제25조제5항, 제39조제4항, 제53조제6항을 각각 준용한다.

1. 제22조제1항부터 제3항까지, 제23조, 제24조제1항, 제25조제3항(제32조제2항에서 준용하는 경우를 포함한다), 제26조제1항, 제27조제1항부터 제3항까지, 제29조제1항·제2항, 제30조제1항부터 제3항까지, 제31조제1항·제3항·제4항, 제33조제1항, 제34조제1항·제3항, 제35조제2항을 위반하여 채취·생성·보존·연구 또는 제공된 배아·체세포복제배아등 배아줄기세포주 또는 난자

2. 제39조제1항, 제41조제1항, 제43조제2항, 제49조제1항, 제50조제1항부터 제3항까지, 제51조제1항·제2항·제4항, 제53조제1항부터 제3항까지의 규정을 위반하여 채취·보존 또는 제공된 검사대상물 및 인체유래물

② 보건복지부장관은 감독대상기관의 시설·인력 등이 제22조제2항, 제29조제2항, 제31조제3항 또는 제41조제4항에서 정하는 기준 등에 맞지 아니하여 연구·채취·보존 또는 배아의 생성 등을 하는 경우에 생명윤리나 안전에 중대한 위해가 발생하거나 발생할 우려가 있다고 인정할 때에는 감독대상기관에 대하여 그 시설의 개선을 명하거나 그 시설의 전부 또는 일부의 사용을 금지할 것을 명할 수 있다.

第56조(등록 등의 취소와 업무의 정지) ① 보건복지부장관은 감독대상기관이 다음 각 호의 어느 하나에 해당할 때에는 그 지정·등록 또는 허가를 취소하거나 1년 이내의 기간을 정하여 그 업무의 전부 또는 일부의 정지를 명할 수 있다.

1. 제10조제1항(같은 항 제1호 및 제2호에 해당하는 기관의 경우는 제외한다), 제20조, 제

21조, 제22조제1항부터 제3항까지, 제23조, 제24조제1항·제2항, 제25조제3항·제4항(제32조제2항에서 준용하는 경우를 포함한다), 제26조제1항·제3항, 제27조제1항부터 제3항까지, 제28조(제32조제3항에서 준용하는 경우를 포함한다), 제29조제2항, 제30조제1항, 제31조제1항, 제32조제1항, 제43조제2항, 제44조제1항, 제48조제1항 후단, 제48조제2항, 제50조, 제51조제1항부터 제4항까지, 제52조제1항·제2항 및 제53조제2항부터 제5항까지의 규정을 위반하였을 때

2. 제54조제1항 및 제55조에 따른 명령을 이행하지 아니하였을 때

3. 제54조제2항에 따른 검사·질문·수거에 응하지 아니하였을 때

② 제1항에 따른 행정처분의 세부 기준은 그 위반행위의 유형과 위반 정도 등을 고려하여 보건복지부령으로 정한다.

제57조(청문) 보건복지부장관은 제56조에 따라 기관의 지정·등록 또는 허가를 취소하려는 경우에는 청문을 하여야 한다.

제58조(과징금) ① 보건복지부장관은 감독대상기관이 다음 각 호의 어느 하나에 해당하여 업무정지처분을 하여야 할 경우로서 그 업무정지가 해당 사업의 이용자에게 심한 불편을 주거나 그 밖에 공익을 해칠 우려가 있을 때에는 대통령령으로 정하는 바에 따라 그 업무정지처분을 갈음하여 2억원 이하의 과징금을 부과할 수 있다.

1. 제22조제1항부터 제3항까지, 제24조제1항·제2항, 제25조제3항·제4항(제32조제2항에서 준용하는 경우를 포함한다) 및 제27조제1항부터 제3항까지의 규정을 위반하였을 때

2. 제28조(제32조제3항에서 준용하는 경우를 포함한다) 및 제32조제1항에 따른 준수사항을 위반하였을 때

3. 제54조제1항 및 제55조에 따른 명령을 이행하지 아니하였을 때

4. 제54조제2항에 따른 검사·질문·수거에 응하지 아니하였을 때

② 제1항에 따라 과징금을 부과하는 위반행위의 종류와 위반 정도 등에 따른 과징

금의 금액이나 그 밖에 필요한 사항은 보건복지부령으로 정한다.

③ 보건복지부장관은 제1항에 따른 과징금을 내야 할 자가 납부기한까지 내지 아니하였을 때에는 국세 체납처분의 예에 따라 징수한다.

제59조(수수료) 보건복지부장관은 이 법의 규정에 따라 지정·허가·등록·승인을 받으려 하거나 신고를 하는 자 또는 그 내용을 변경하려는 자로 하여금 보건복지부령으로 정하는 바에 따라 수수료를 내게 할 수 있다.

## 제8장 보칙

제60조(국고 보조) 보건복지부장관은 이 법에 따른 생명윤리 및 안전의 확보에 이바지할 수 있는 연구사업 및 교육을 육성·지원하기 위하여 대통령령으로 정하는 바에 따라 해당 단체·기관 또는 종사자에게 필요한 비용의 전부 또는 일부를 지원할 수 있다.

제61조(위임 및 위탁 등) ① 보건복지부장관은 이 법에 따른 권한의 일부를 대통령령으로 정하는 바에 따라 소속 기관의 장에게 위임할 수 있다.

② 보건복지부장관은 대통령령으로 정하는 바에 따라 다음 각 호의 어느 하나에 해당하는 업무의 일부를 관계 전문기관 또는 단체에 위탁할 수 있다.

1. 제13조제1항제2호에 따른 기관위원회 위원의 교육에 관한 업무
2. 제14조에 따른 기관위원회의 평가·인증에 관한 업무
3. 제49조제3항에 따른 유전자검사의 정확도 평가에 관한 업무

③ 보건복지부장관은 제2항에 따라 관계 전문기관 또는 단체에 업무를 위탁한 경우에는 필요한 예산을 보조할 수 있다.

④ 제2항에 따른 관계 전문기관 또는 단체에 대한 예산 보조, 보조금 환수(還收), 지원 금지 등에 필요한 사항은 대통령령으로 정한다.

제62조(벌칙 적용 시의 공무원 의제) 보건복지부장관이 제61조에 따라 위탁한 업무에 종사하는 기관, 단체의 임직원은 「형법」 제129조부터 제132조까지의 규정을 적용할

때에는 공무원으로 본다.

제63조(비밀 누설 등의 금지) 감독대상기관 또는 그 종사자나 업무에 종사하였던 사람은 직무상 알게 된 개인정보 등의 비밀을 누설하거나 도용하여서는 아니 된다.

## 제9장 벌칙

제64조(벌칙) ① 제20소제1항을 위반하여 체세포복제배아등을 자궁에 착상시키거나 착상된 상태를 유지하거나 출산한 사람은 10년 이하의 징역에 처한다.

② 제1항의 경우 미수범도 처벌한다.

제65조(벌칙) ① 제21조제1항을 위반하여 인간의 배아를 동물의 자궁에 착상시키거나 동물의 배아를 인간의 자궁에 착상시킨 사람 또는 같은 조 제3항을 위반하여 같은 조 제2항 각 호의 어느 하나에 해당하는 행위로부터 생성된 것을 인간 또는 동물의 자궁에 착상시킨 사람은 5년 이하의 징역에 처한다.

② 제1항의 경우 미수범도 처벌한다.

제66조(벌칙) ① 다음 각 호의 어느 하나에 해당하는 사람은 3년 이하의 징역에 처한다.

1. 제20조제2항을 위반하여 체세포복제배아등을 자궁에 착상시키거나 착상된 상태를 유지 또는 출산하도록 유인하거나 알선한 사람
2. 제21조제2항 각 호의 어느 하나에 해당하는 행위를 한 사람
3. 제23조제1항을 위반하여 임신 외의 목적으로 배아를 생성한 사람
4. 제23조제3항을 위반하여 금전, 재산상의 이익 또는 그 밖의 반대급부를 조건으로 배아나 난자 또는 정자를 제공 또는 이용하거나 이를 유인하거나 알선한 사람
5. 제31조제1항을 위반하여 희귀·난치병의 치료를 위한 연구 목적 외의 용도로 체세포핵이식행위 또는 단성생식행위를 한 사람
6. 제63조를 위반하여 비밀을 누설하거나 도용한 사람

② 제29조제1항을 위반하여 잔여배아를 이용한 자는 3년 이하의 징역 또는 5천만

원 이하의 벌금에 처한다.

③ 제1항제1호 및 제2호의 경우 미수범도 처벌한다.

第67조(벌칙) ① 다음 각 호의 어느 하나에 해당하는 자는 2년 이하의 징역 또는 3천만 원 이하의 벌금에 처한다. 〈개정 2015.12.29.〉

1. 배아를 생성할 때 제23조제2항 각 호의 어느 하나에 해당하는 행위를 한 자
2. 제24조제1항을 위반하여 서면동의 없이 난자 또는 정자를 채취한 자
3. 제27조제1항을 위반하여 난자 기증자에 대하여 건강검진을 하지 아니한 자 또는 같은 조 제2항이나 제3항을 위반하여 난자를 채취한 자
4. 제46조제1항부터 제3항까지의 규정을 위반하여 유전정보를 이유로 다른 사람을 차별한 자, 유전자검사를 받도록 강요하거나 유전자검사 결과를 제출하도록 강요한 자 또는 환자 외의 자에게 제공하는 기록 등에 유전정보를 포함시킨 자
5. 제47조제1항부터 제3항까지를 위반하여 유전자치료에 관한 연구를 하거나 유전자치료를 시행한 자
6. 제50조제1항부터 제3항까지의 규정을 위반하여 유전자검사를 한 자
7. 제55조에 따른 폐기명령 또는 개선명령을 이행하지 아니한 자

② 제22조제6항을 위반하여 배아, 생식세포를 이관하지 아니한 자는 2년 이하의 징역 또는 1천만원 이하의 벌금에 처한다.

第68조(벌칙) 다음 각 호의 어느 하나에 해당하는 자는 1년 이하의 징역 또는 2천만원 이하의 벌금에 처한다.

1. 제22조제1항부터 제3항까지의 규정을 위반하여 배아생성의료기관으로 지정받지 아니하고 인간의 난자 또는 정자를 채취·보존하거나 이를 수정시켜 배아를 생성한 자
2. 제25조제3항(제32조제2항에서 준용하는 경우를 포함한다)을 위반하여 배아를 폐기하지 아니한 자
3. 제26조제1항을 위반하여 유상(有償)으로 잔여배아 및 잔여난자를 제공한 자

4. 제26조제3항을 위반하여 보건복지부장관에게 보고하지 아니한 자
5. 제29조제2항을 위반하여 배아연구기관으로 등록하지 아니하고 잔여배아를 연구한 자
6. 제30조제1항을 위반하여(제31조제5항에서 준용하는 경우를 포함한다) 배아연구계획서의 승인을 받지 아니하고 배아연구를 한 자
7. 제31조제3항을 위반하여 보건복지부장관에게 등록하지 아니하고 체세포복제배아등을 생성하거나 연구한 자
8. 제41조제1항을 위반하여 허가를 받지 아니하고 인체유래물은행을 개설한 자
9. 제42조제1항을 위반하여 서면동의 없이 인체유래물을 직접 채취하거나 채취를 의뢰한 자
10. 제50조제4항을 위반하여 유전자검사에 관하여 거짓표시 또는 과대광고를 한 자
11. 제51조제1항·제2항·제4항을 위반하여 유전자검사에 관한 서면동의를 받지 아니하고 검사대상물을 채취한 자 또는 같은 조 제3항을 위반하여 서면동의서를 첨부하지 아니하거나 개인정보를 보호하기 위한 조치를 하지 아니하고 유전자검사를 의뢰한 자

제69조(양벌규정) ① 법인의 대표자나 법인 또는 개인의 대리인, 사용인, 그 밖의 종업원이 그 법인 또는 개인의 업무에 관하여 제64조부터 제66조까지의 어느 하나에 해당하는 위반행위를 하면 그 행위자를 벌하는 외에 그 법인 또는 개인을 5천만원 이하의 벌금에 처한다. 다만, 법인 또는 개인이 그 위반행위를 방지하기 위하여 해당 업무에 관하여 상당한 주의와 감독을 게을리하지 아니한 경우에는 그러하지 아니하다.

② 법인의 대표자나 법인 또는 개인의 대리인, 사용인, 그 밖의 종업원이 그 법인 또는 개인의 업무에 관하여 제67조 또는 제68조의 위반행위를 하면 그 행위자를 벌하는 외에 그 법인 또는 개인에게도 해당 조문의 벌금형을 과(科)한다. 다만, 법

인 또는 개인이 그 위반행위를 방지하기 위하여 해당 업무에 관하여 상당한 주의와 감독을 게을리하지 아니한 경우에는 그러하지 아니하다.

제70조(과태료) ① 다음 각 호의 어느 하나에 해당하는 자에게는 500만원 이하의 과태료를 부과한다.

1. 제10조제1항을 위반하여 기관위원회를 설치하지 아니한 자
2. 제33조제1항을 위반하여 등록하지 아니하고 해당 배아줄기세포주를 제공하거나 이용한 자
3. 제35조제1항을 위반하여 배아줄기세포주를 이용한 자
4. 제38조제2항을 위반하여 인체유래물등을 익명화하지 아니하고 다른 연구자에게 제공한 자
5. 제39조제1항 본문 또는 제3항(제44조제3항에서 준용하는 경우를 포함한다)에 따라 인체유래물을 폐기, 처리하거나 이관하지 아니한 자
6. 제41조제2항에 따른 신고를 하지 아니한 자
7. 제44조제4항을 위반하여 인체유래물등의 익명화 방안이 포함된 개인정보 보호지침을 마련하지 아니하거나 개인정보 관리 및 보안을 담당하는 책임자를 두지 아니한 자
8. 제48조제1항을 위반하여 신고하지 아니하고 유전자치료를 한 자
9. 제49조제1항 본문에 따른 신고를 하지 아니한 자
10. 제54조제3항을 위반하여 보건복지부장관의 명령·검사·질문 등에 대하여 타당한 사유 없이 응하지 아니한 감독대상기관 또는 그 종사자

② 다음 각 호의 어느 하나에 해당하는 자에게는 300만원 이하의 과태료를 부과한다.

1. 제22조제4항 또는 제5항, 제29조제3항을 위반하여 보건복지부장관에게 신고하지 아니한 자
2. 제22조제6항을 위반하여 관련 서류를 이관하지 아니한 자

③ 다음 각 호의 어느 하나에 해당하는 자에게는 200만원 이하의 과태료를 부과한다.

1. 제10조제4항을 위반하여 보건복지부장관에게 등록하지 아니한 자
2. 제11조제4항을 위반하여 보건복지부장관에게 보고하지 아니한 자
3. 제34조제3항을 위반하여 유상으로 배아줄기세포주를 제공한 자
4. 제38조제3항을 위반하여 유상으로 인체유래물등을 제공한 자
5. 제41조제3항에 따른 신고를 하지 아니한 자
6. 제49조제2항 또는 제4항에 따른 신고를 하지 아니한 자

④ 제1항부터 제3항까지에 따른 과태료는 대통령령으로 정하는 바에 따라 보건복지부장관이 부과·징수한다.

## 부칙 〈법률 제11250호, 2012.2.1.〉

**제1조**(시행일) **이 법은 공포 후 1년이 경과한 날부터 시행한다.**

제2조(인체유래물연구의 동의에 관한 경과조치) 이 법 시행 전에 유전자연구 외의 인체유래물연구에서 이미 사용되고 있는 인체유래물에 대하여는 제37조제1항에 따른 서면동의 없이 계속 연구에 사용할 수 있다. 다만, 이를 타인에게 제공할 경우에는 그러하지 아니하다.

제3조(인체유래물은행의 허가에 관한 경과조치) 이 법 시행 전에 종전의 규정에 따라 허가를 받은 유전자은행은 이 법에 따라 허가를 받은 인체유래물은행으로 본다.

제4조(행정처분에 관한 경과조치) 이 법 시행 전의 위반행위에 대한 행정처분(과징금 부과처분을 포함한다)에 관하여는 종전의 규정에 따른다.

제5조(과태료에 관한 경과조치) 이 법 시행 전의 행위에 대하여 과태료를 적용할 때에는 종전의 규정에 따른다.

제6조(다른 법률의 개정) ① 6·25 전사자유해의 발굴 등에 관한 법률 일부를 다음과 같이 개정한다.

제11조제2항 중 "「생명윤리 및 안전에 관한 법률」 제29조"를 "「생명윤리 및 안전에 관한 법률」 제52조"로 한다.

② 첨단의료복합단지 지정 및 지원에 관한 특별법 일부를 다음과 같이 개정한다.

제25조제3항 중 "「생명윤리 및 안전에 관한 법률」 제9조"를 "「생명윤리 및 안전에 관한 법률」 제10조"로, "기관생명윤리심의위원회"를 "기관생명윤리위원회"로 하고, 같은 조 제4항 중 "기관생명윤리심의위원회"를 "기관생명윤리위원회"로 한다.

제7조(다른 법령과의 관계) 이 법 시행 당시 다른 법령에서 종전의 「생명윤리 및 안전에 관한 법률」의 규정을 인용하고 있는 경우에 이 법 중 그에 해당하는 규정이 있으면 종전의 규정을 갈음하여 이 법의 해당 규정을 인용한 것으로 본다.

## 부칙 〈법률 제11690호, 2013.3.23.〉 (정부조직법)

**제1조(시행일) ① 이 법은 공포한 날부터 시행한다.**

② 생략

제2조부터 제5조까지 생략

제6조(다른 법률의 개정) ①부터 〈468〉까지 생략

〈469〉 생명윤리 및 안전에 관한 법률 일부를 다음과 같이 개정한다.

제8조제1항 중 "15명 이상 19명"을 "16명 이상 20명"으로 한다.

제8조제3항제1호 중 "교육과학기술부장관, 법무부장관, 지식경제부장관"을 "미래창조과학부장관, 교육부장관, 법무부장관, 산업통상자원부장관"으로 한다.

제8조제5항 중 "교육과학기술부장관"을 "미래창조과학부장관"으로 한다.

〈470〉부터 〈710〉까지 생략

제7조 생략

## 부칙 〈법률 제12447호, 2014.3.18.〉

이 법은 공포 후 3개월이 경과한 날부터 시행한다.

**부칙 〈법률 제12844호, 2014.11.19.〉** (정부조직법)

**제1조(시행일) 이 법은 공포한 날부터 시행한다. 다만, 부칙 제6조에 따라 개정되는 법률 중 이 법 시행 전에 공포되었으나 시행일이 도래하지 아니한 법률을 개정한 부분은 각각 해당 법률의 시행일부터 시행한다.**

제2조부터 제5조까지 생략

제6조(다른 법률의 개정) ①부터 〈193〉까지 생략

〈194〉 생명윤리 및 안전에 관한 법률 일부를 다음과 같이 개정한다.

제8조제3항제1호 중 "미래창조과학부장관, 교육부장관"을 "교육부장관, 미래창조과학부장관"으로 한다.

〈195〉부터 〈258〉까지 생략

제7조 생략

**부칙 〈법률 제13651호, 2015.12.29.〉**

이 법은 공포한 날부터 시행한다. 다만, 제28조제2항 및 제50조제3항제2호의 개정규정은 공포 후 6개월이 경과한 날부터 시행한다.

**부칙 〈법률 제14438호, 2016.12.20.〉** (의료법)

제1조(시행일) 이 법은 공포한 날부터 시행한다. 〈단서 생략〉

제2조부터 제4조까지 생략

제5조(다른 법률의 개정) ① 생략

② 생명윤리 및 안전에 관한 법률 일부를 다음과 같이 개정한다.

제46조제3항 본문 중 "「의료법」 제21조제2항"을 "「의료법」 제21조제3항"으로 한다.

**부칙 〈법률 제14839호, 2017.7.26.〉** (정부조직법)

**제1조(시행일) ① 이 법은 공포한 날부터 시행한다. 다만, 부칙 제5조에 따라 개정되는 법률 중 이 법 시행 전에 공포되었으나 시행일이 도래하지 아니한 법률을 개정한 부분은 각각 해당 법률의 시행일부터 시행한다.**

제2조부터 제4조까지 생략

제5조(다른 법률의 개정) ①부터 〈379〉까지 생략

〈380〉 생명윤리 및 안전에 관한 법률 일부를 다음과 같이 개정한다.

제8조제3항제1호 및 같은 조 제5항 중 "미래창조과학부장관"을 각각 "과학기술정보통신부장관"으로 한다.

〈381〉 및 〈382〉 생략

제6조 생략

## 부칙 〈법률 제15188호, 2017.12.12.〉

이 법은 공포한 날부터 시행한다.

# 09. 장기등 이식에 관한 법률(약칭: 장기이식법)

[시행 2018.4.25.] [법률 제14928호, 2017.10.24., 일부개정] 공포법령보기

보건복지부(생명윤리정책과), 044-202-2945

## 제1장 총칙

제1조(목적) 이 법은 장기등의 기증에 관한 사항과 사람의 장기등을 다른 사람의 장기등의 기능회복을 위하여 적출(摘出)하고 이식(移植)하는 데에 필요한 사항을 규정하여 장기등의 적출 및 이식을 적정하게 하고 국민보건을 향상시키는 데에 이바지하는 것을 목적으로 한다.

제2조(기본이념) ① 장기등의 적출 및 이식은 인도적 정신에 따라 이루어져야 한다.

② 장기등을 기증하려는 사람이 자신의 장기등의 기증에 관하여 표시한 의사는 존중되어야 한다. 이 경우 장기등을 기증하려는 사람의 의사는 자발적인 것이어야 한다.

③ 장기등을 이식받을 기회는 장기등의 이식이 필요한 모든 사람에게 공평하게 주어져야 한다.

④ 장기등의 적출 및 이식은 윤리적으로 타당하고 의학적으로 인정된 방법으로 이루어져야 한다.

제3조(장기등기증자의 존중) ① 장기등기증자의 이웃 사랑과 희생정신은 언제나 존중되어야 한다.

② 누구든지 장기등 기증을 이유로 장기등기증자를 차별대우하여서는 아니 된다.

③ 국가 또는 지방자치단체는 제2항을 위반하여 장기등기증자에게 불이익을 주거나 차별대우를 한 것으로 인정되는 자에 대하여 시정을 요구할 수 있다.

제4조(정의) 이 법에서 사용하는 용어의 뜻은 다음과 같다.

1. "장기등"이란 사람의 내장이나 그 밖에 손상되거나 정지된 기능을 회복하기 위하여 이식이 필요한 조직으로서 다음 각 목의 어느 하나에 해당하는 것을 말한다.

가. 신장·간장·췌장·심장·폐

나. 골수·안구

다. 그 밖에 사람의 내장 또는 조직 중 기능회복을 위하여 적출·이식할 수 있는 것으로서 대통령령으로 정하는 것

2. "장기등기증자"란 다른 사람의 장기등의 기능회복을 위하여 대가 없이 자신의 특정한 장기등을 제공하는 사람으로서 제14조에 따라 등록한 사람을 말한다.

3. "장기등기증희망자"란 본인이 장래에 뇌사 또는 사망할 때 장기등을 기증하겠다는 의사표시를 한 사람으로서 제15조에 따라 등록한 사람을 말한다.

4. "장기등이식대기자"란 자신의 장기등의 기능회복을 목적으로 다른 사람의 장기등을 이식받기 위하여 제14조에 따라 등록한 사람을 말한다.

5. "살아있는 사람"이란 사람 중에서 뇌사자를 제외한 사람을 말하고, "뇌사자"란 이 법에 따른 뇌사판정기준 및 뇌사판정절차에 따라 뇌 전체의 기능이 되살아날 수 없는 상태로 정지되었다고 판정된 사람을 말한다.

6. "가족" 또는 "유족"이란 살아있는 사람·뇌사자 또는 사망한 자의 다음 각 목의 어느 하나에 해당하는 사람을 말한다. 다만, 14세 미만인 사람은 제외한다.

가. 배우자

나. 직계비속

다. 직계존속

라. 형제자매

마. 가목부터 라목까지에 해당하는 가족 또는 유족이 없는 경우에는 4촌 이내의 친족

제5조(적용범위) 이 법은 다른 사람의 장기등의 기능회복을 위하여 이식할 목적으로 살

아있는 사람 등으로부터 적출·이식되는 장기등에 적용한다.

제6조(국가 및 지방자치단체의 의무) ① 국가와 지방자치단체는 장기등의 이식이 필요한 모든 사람에게 이식받을 기회를 공평하게 보장하여야 하고, 장기등의 적출·이식이 적정하게 이루어지도록 하여야 한다.

② 국가와 지방자치단체는 장기등의 기증·이식을 활성화하기 위하여 예산의 범위에서 다음 각 호의 사업을 하여야 한다. 〈개정 2013.7.30.〉

1. 운전면허증 등 국가와 지방자치단체가 발행하는 증명서에 장기등기증희망자임을 표시(제15조에 따라 장기등기증희망자로 등록한 사람 중 원하는 사람에 한정한다)
2. 장기등의 기증 및 이식에 대한 각종 홍보 및 홍보사업에 대한 지원
3. 장기등기증자에 대한 지원정책의 마련 및 추진
4. 의료인 및 의료기관 종사자를 대상으로 한 장기등의 기증·이식 관련 교육

제6조의2(생명나눔 주간 지정 및 공원 조성 등) ① 장기등기증자의 이웃사랑과 희생정신을 기리고, 생명나눔문화를 확산하기 위하여 매년 9월 중 두 번째 월요일부터 1주간을 생명나눔 주간으로 한다.

② 국가와 지방자치단체는 생명나눔 주간의 취지에 적합한 기념행사를 실시할 수 있다.

③ 국가와 지방자치단체는 장기등기증자의 이웃사랑과 희생정신을 기리고, 생명나눔문화 확산을 위한 교육의 장으로 활용하기 위하여 공원을 조성하거나 조형물을 건립할 수 있다.

[본조신설 2017.10.24.]

제7조(장기등의 매매행위 등 금지) ① 누구든지 금전 또는 재산상의 이익, 그 밖의 반대급부를 주고 받거나 주고 받을 것을 약속하고 다음 각 호의 어느 하나에 해당하는 행위를 하여서는 아니 된다.

1. 다른 사람의 장기등을 제3자에게 주거나 제3자에게 주기 위하여 받는 행위 또는 이를 약속하는 행위

2. 자신의 장기등을 다른 사람에게 주거나 다른 사람의 장기등을 자신에게 이식하기 위하여 받는 행위 또는 이를 약속하는 행위

3. 제1호 또는 제2호의 행위를 교사·알선·방조하는 행위

② 누구든지 제1항제1호 또는 제2호의 행위를 교사·알선·방조하여서는 아니 된다.

③ 누구든지 제1항 또는 제2항을 위반하는 행위가 있음을 알게 된 경우에는 그 행위와 관련되는 장기등을 적출하거나 이식하여서는 아니 된다.

## 제2장 장기등이식윤리위원회 및 장기이식관리기관

제8조(장기등이식윤리위원회) ① 장기등의 적출 및 이식과 뇌사판정 등에 관한 보건복지부장관의 자문에 응하게 하기 위하여 보건복지부에 장기등이식윤리위원회(이하 "위원회"라 한다)를 둔다.

② 위원회는 다음 각 호의 사항을 심의한다.

1. 뇌사판정 기준에 관한 사항

2. 장기등을 이식받을 사람(이하 "이식대상자"라 한다)의 선정기준에 관한 사항

3. 제13조제1항에 따른 장기이식등록기관, 제19조제1항에 따른 뇌사판정대상자관리전문기관, 제20조제1항에 따른 장기구득기관 및 제25조제1항에 따른 장기이식의료기관의 지정기준에 관한 사항

4. 그 밖에 장기등의 적출 및 이식 등에 관하여 보건복지부장관이 회의에 부치는 사항

제9조(위원회의 구성과 운영) ① 위원회는 위원장을 포함한 15명 이상 20명 이하의 위원으로 구성하고, 위원은 의사 또는 변호사 자격을 가진 사람, 판사, 검사, 공무원, 그 밖에 학식과 사회적 덕망이 풍부한 사람 중에서 보건복지부장관이 임명하거나 위촉한다.

② 위원장은 위원 중에서 호선한다.

③ 위원회는 위원회를 효율적으로 운영하기 위하여 분야별로 전문위원회를 둘 수 있다.

④ 위원회와 전문위원회의 구성 및 운영 등에 관하여 필요한 사항은 대통령령으로 정한다.

제10조(국립장기이식관리기관) ① 장기등의 이식에 관한 사항을 적정하게 관리하기 위하여 장기이식관리기관(이하 "국립장기이식관리기관"이라 한다)을 두되, 국립장기이식관리기관은 보건복지부 소속 기관 중에서 보건복지부령으로 정하는 기관으로 한다.

② 국립장기이식관리기관의 업무는 다음 각 호와 같다.

1. 이식대상자의 선정

2. 장기등기증희망자의 등록 및 관리, 장기등기증자 및 장기등이식대기자의 인적사항과 신체검사결과에 관한 자료의 관리

3. 제13조에 따른 장기이식등록기관, 제16조에 따른 뇌사판정기관, 제19조에 따른 뇌사판정대상자관리전문기관, 제20조에 따른 장기구득기관 및 제25조에 따른 장기이식의료기관에 대한 지도·감독

4. 장기등의 적출 및 이식에 관한 조사·연구, 정보·통계의 관리 및 홍보

5. 그 밖에 장기등의 적출 및 이식에 관하여 대통령령으로 정하는 업무

③ 국립장기이식관리기관의 운영 등에 필요한 사항은 대통령령으로 정한다.

## 제3장 장기등의 적출 및 이식 등

### 제1절 통칙

제11조(장기등의 적출·이식의 금지 등) ① 다음 각 호의 어느 하나에 해당하는 장기등은 이를 적출하거나 이식하여서는 아니 된다.

1. 장기등을 이식하기에 적합하지 아니한 감염성병원체에 감염된 장기등

2. 암세포가 침범한 장기등

3. 그 밖에 이식대상자의 생명·신체에 위해를 가할 우려가 있는 것으로서 대통령령

령으로 정하는 장기등

② 이식대상자가 정하여지지 아니한 경우에는 장기등을 적출하여서는 아니 된다. 다만, 안구 등 상당한 기간이 지난 후에도 이식이 가능한 장기등으로서 대통령령으로 정하는 장기등의 경우에는 그러하지 아니하다.

③ 살아있는 사람으로서 다음 각 호의 어느 하나에 해당하는 사람의 장기등은 적출하여서는 아니 된다. 다만, 제1호에 해당하는 사람의 경우에는 골수에 한정하여 적출할 수 있다. 〈개정 2011.8.4.〉

1. 16세 미만인 사람

2. 임신한 여성 또는 해산한 날부터 3개월이 지나지 아니한 사람

3. 정신질환자·지적(知的)장애인. 다만, 정신건강의학과전문의가 본인 동의 능력을 갖춘 것으로 인정하는 사람은 그러하지 아니하다.

4. 마약·대마 또는 향정신성 의약품에 중독된 사람

④ 살아있는 사람으로서 16세 이상인 미성년자의 장기등(골수는 제외한다)은 배우자·직계존비속·형제자매 또는 4촌 이내의 친족에게 이식하는 경우가 아니면 적출할 수 없다.

⑤ 살아있는 사람으로부터 적출할 수 있는 장기등은 다음 각 호의 것에 한정한다.

1. 신장은 정상인 것 2개 중 1개

2. 간장·골수 및 대통령령으로 정하는 장기등은 의학적으로 인정되는 범위에서 그 일부

제12조(장기등의 기증에 관한 동의) ① 이 법에 따른 장기등기증자·장기등기증희망자 본인 및 가족·유족의 장기등의 기증에 관한 동의는 다음 각 호에 따른 것이어야 한다.

1. 본인의 동의: 본인이 서명한 문서에 의한 동의 또는 「민법」의 유언에 관한 규정에 따른 유언의 방식으로 한 동의

2. 가족 또는 유족의 동의: 제4조제6호 각 목에 따른 가족 또는 유족의 순서에 따

른 선순위자 1명의 서면 동의. 다만, 선순위자 1명이 미성년자이면 그 미성년자와 미성년자가 아닌 다음 순서의 가족 또는 유족 1명이 함께 동의한 것이어야 하고, 선순위자가 행방불명이거나 그 밖에 대통령령으로 정하는 부득이한 사유로 동의를 할 수 없으면 그 다음 순위자가 동의할 수 있다.

② 제22조제3항제1호 단서에 따른 뇌사자 또는 사망한 자의 장기등의 적출에 관한 그 가족 또는 유족의 거부의 의사표시는 제4조제6호 각 목에 따른 가족 또는 유족의 순위에 따른 선순위자 1명이 하여야 한다.

③ 제1항제2호 및 제2항에 따른 선순위자 1명을 확정할 때 선순위자에 포함되는 사람이 2명 이상이면 그중 촌수·연장자순(촌수가 우선한다)에 따른 1명으로 한다.

제2절 장기등기증희망자·장기등기증자 및 장기등이식대기자의 등록

제13조(장기이식등록기관) ① 장기등기증자, 장기등기증희망자, 장기등이식대기자의 등록에 관한 업무를 수행하려는 자는 대통령령으로 정하는 시설·인력 등을 갖추고 보건복지부장관으로부터 장기이식등록기관(이하 "등록기관"이라 한다)으로 지정받아야 한다. 이 경우 보건복지부장관은 대통령령으로 정하는 바에 따라 해당 등록기관이 등록받을 수 있는 장기등의 종류를 정하여 지정할 수 있다.

② 등록기관으로 지정받을 수 있는 자는 다음 각 호와 같다.

1. 국가 또는 지방자치단체
2. 「대한적십자사 조직법」에 따라 설립된 대한적십자사
3. 「의료법」 제3조에 따른 의료기관(이하 "의료기관"이라 한다)
4. 장기등의 기증 및 이식에 관련된 사업을 주된 목적으로 설립한 비영리법인
5. 「공공기관의 운영에 관한 법률」 제4조에 따른 공공기관(이하 "공공기관"이라 한다)

③ 등록기관의 업무는 다음 각 호와 같다. 다만, 장기등이식대기자의 등록에 관한 업무는 제25조에 따른 이식의료기관에서 수행한다. 〈개정 2017.10.24.〉

1. 장기등기증희망자·장기등기증자 또는 장기등이식대기자의 접수 및 등록에 관한 업무

2. 장기등기증자 또는 장기등이식대기자로 등록하려는 사람의 신체검사에 관한 업무

3. 장기등기증희망자·장기등기증자 또는 장기등이식대기자의 접수·등록 결과를 국립장기이식관리기관에 통보하는 업무

4. 장기등의 기증 활성화를 위한 홍보 및 상담

5. 그 밖에 제1항에 따른 접수·등록에 관하여 대통령령으로 정하는 업무

④ 등록에 관한 서식 및 보존에 관한 사항은 보건복지부령으로 정한다.

제14조(장기등기증자 등의 등록) ① 장기등기증자 또는 장기등이식대기자로 등록하려는 사람은 보건복지부령으로 정하는 바에 따라 등록기관에 등록을 신청하여야 한다. 다만, 장기등기증자가 뇌사자 또는 사망한 자의 경우에는 그 가족 또는 유족 중 1명이 등록을 신청할 수 있다.

② 등록기관의 장은 제1항에 따른 신청을 받으면 다음 각 호의 기준에 따라 등록 여부를 결정하여야 한다.

1. 장기등기증자의 경우: 제12조 및 제22조에 따른 본인이나 가족 또는 유족의 동의 여부와 등록기관의 장이 실시하는 신체검사(등록기관이 의료기관이 아닌 경우에는 등록기관의 장이 지정하는 의료기관에서 실시하는 신체검사를 말한다. 이하 같다) 결과 장기등기증자로 적합한지 여부. 다만, 장기등기증자로 적합한지 확인할 수 있는 신체검사 결과가 있으면 신체검사를 생략할 수 있다.

2. 장기등이식대기자의 경우: 등록기관의 장이 실시하는 신체검사 결과 장기등이식대기자로 적합한지 여부

③ 등록기관의 장은 제2항에 따라 등록을 결정하면 그 등록을 하고, 지체 없이 그 결과를 신청인 및 국립장기이식관리기관의 장에게 알려야 한다.

④ 제2항에 따른 신체검사의 항목 및 방법, 그 밖에 신체검사의 실시에 관하여 필요한 사항은 국립장기이식관리기관의 장이 보건복지부장관의 승인을 받아 정한다.

⑤ 등록기관의 장은 등록한 사람이 장기등의 기증 등에 관한 의사표시를 철회하면

즉시 그 등록을 말소하여야 한다.

제15조(장기등기증희망자의 등록) ① 본인이 뇌사 또는 사망할 때 장기등을 기증하려는 사람은 보건복지부령으로 정하는 바에 따라 등록기관에 장기등기증희망등록신청을 할 수 있다.

② 등록기관의 장은 제1항에 따라 장기등기증희망등록신청을 받은 경우에는 본인 동의 여부를 확인한 후 그 등록을 하고 지체 없이 그 결과를 신청인 및 국립장기이식관리기관의 장에게 알려야 한다.

③ 등록기관 중 국가, 지방자치단체 또는 공공기관은 보건복지부령으로 정하는 바에 따라 장기등기증희망자 등록에 관한 신청만을 접수하고, 그 밖의 장기등기증희망자 등록 및 사후관리 등에 관한 업무는 국립장기이식관리기관의 장이 수행하도록 할 수 있다.

④ 제3항에 따라 국립장기이식관리기관의 장이 장기등기증희망자의 등록 및 사후관리 등에 관한 업무를 수행하도록 하려는 경우 국가, 지방자치단체 및 공공기관은 신청 접수 결과를 보건복지부령으로 정하는 바에 따라 국립장기이식관리기관의 장에게 알려야 한다.

⑤ 국립장기이식관리기관의 장은 제4항에 따라 접수 결과를 통보받고 그 등록을 한 경우에는 지체 없이 등록 결과를 신청인에게 알려야 한다.

⑥ 등록기관 또는 국립장기이식관리기관의 장은 제2항 및 제5항에 따라 등록한 사람이 장기등기증희망등록에 관한 의사표시를 철회하면 즉시 그 등록을 말소하여야 한다.

제3절 뇌사의 판정

제16조(뇌사판정의료기관 및 뇌사판정위원회) ① 장기등의 적출 및 이식을 위한 뇌사판정 업무를 하려는 의료기관은 보건복지부령으로 정하는 바에 따라 국립장기이식관리기관의 장에게 알려야 한다.

② 뇌사판정업무를 하려는 의료기관은 제1항에 따른 통보 전까지 보건복지부령으

로 정하는 시설·장비·인력 등을 갖추고, 해당 의료기관에 뇌사판정위원회를 설치하여야 한다.

③ 제2항에 따른 뇌사판정위원회는 대통령령으로 정하는 바에 따라 전문의사 2명 이상과 「의료법」 제2조제1항에 따른 의료인(이하 "의료인"이라 한다)이 아닌 위원 1명 이상을 포함한 4명 이상 6명 이하의 위원으로 구성한다.

④ 제1항에 따라 통보한 의료기관(이하 "뇌사판정기관"이라 한다)이 아니면 장기등의 적출 및 이식을 위한 뇌사판정업무를 할 수 없다. 다만, 뇌사판정기관이 아닌 의료기관에서 뇌사판정을 수행하고자 할 때는 제2항에 따른 뇌사판정위원회를 활용하여 업무를 수행할 수 있다.

⑤ 제4항 단서에 따라 뇌사판정기관이 아닌 의료기관에서 뇌사판정을 수행하기 위하여 제2항에 따른 뇌사판정위원회를 활용하는 경우 뇌사조사서 작성 및 뇌사판정서, 회의록 제출 등 뇌사판정 절차에 관한 구체적 사항은 대통령령으로 정한다.

⑥ 뇌사판정위원회의 운영 등에 관하여 필요한 사항은 대통령령으로 정한다.

제17조(뇌사추정자의 신고 및 뇌사판정의 신청) ① 뇌사로 추정되는 사람(이하 "뇌사추정자"라 한다)을 진료한 의료기관의 장은 제20조에 따른 장기구득기관의 장에게 알려야 하고, 통보를 받은 장기구득기관의 장은 국립장기이식관리기관의 장에게 그 사실을 신고하여야 한다.

② 뇌사추정자의 장기등을 기증하기 위하여 뇌사판정을 받으려는 사람은 보건복지부령으로 정하는 바에 따라 뇌사추정자의 검사기록 및 진료담당의사의 소견서를 첨부하여 뇌사판정기관의 장에게 뇌사판정 신청을 하여야 한다.

③ 제2항에 따라 뇌사판정을 신청할 수 있는 사람은 다음 각 호의 어느 하나에 해당하는 사람으로 한다.

1. 뇌사추정자의 가족

2. 뇌사추정자의 가족이 없는 경우에는 법정대리인 또는 진료담당의사. 이 경우 뇌

사추정자가 제15조의 장기등기증희망자인 경우로 한정한다.

④ 제1항에 따라 통보하여야 하는 뇌사추정자의 기준 및 장기구득기관의 장이 국립장기이식관리기관의 장에게 신고하는 데 필요한 절차 및 방법 등은 보건복지부령으로 정한다.

제18조(뇌사판정 등) ① 뇌사판정기관의 장은 제17조제2항에 따른 뇌사판정 신청을 받으면 지체 없이 현장에 출동하여 뇌사판정 신청이 된 뇌사추정자(이하 "뇌사판정대상자"라 한다)의 상태를 파악한 후 보건복지부령으로 정하는 바에 따라 전문의사 2명 이상과 진료담당의사가 함께 작성한 뇌사조사서를 첨부하여 뇌사판정위원회에 뇌사판정을 요청하여야 한다.

② 제1항에 따라 뇌사판정의 요청을 받은 뇌사판정위원회는 전문의사인 위원 2명 이상과 의료인이 아닌 위원 1명 이상을 포함한 과반수의 출석과 출석위원 전원의 찬성으로 뇌사판정을 한다. 이 경우 뇌사판정의 기준은 대통령령으로 정한다.

③ 뇌사판정위원회는 뇌사판정을 위하여 필요하다고 인정하면 뇌사조사서를 작성한 전문의사와 진료담당의사를 뇌사판정위원회에 출석시켜 의견을 진술하게 할 수 있다.

④ 뇌사판정위원회는 제2항에 따라 뇌사판정을 한 경우에는 대통령령으로 정하는 바에 따라 출석위원 전원이 서명하거나 기명날인한 뇌사판정서 및 회의록을 작성하여 뇌사판정기관의 장에게 제출하여야 한다.

⑤ 뇌사판정기관의 장은 제4항에 따라 뇌사판정서 및 회의록을 제출받으면 그 사본과 보건복지부령으로 정하는 자료를 국립장기이식관리기관의 장에게 보내야 하고, 뇌사판정 신청자에게는 뇌사판정서 사본을 보내야 한다.

제19조(뇌사판정대상자관리전문기관) ① 국립장기이식관리기관의 장은 뇌사판정대상자에 대하여 장기등 기증, 뇌사판정, 장기등 적출·이식 등에 관한 일련의 업무를 통합하여 수행할 수 있는 뇌사판정대상자관리전문기관을 지정할 수 있다.

② 제1항에 따라 뇌사판정대상자관리전문기관으로 지정될 수 있는 기관은 다음

각 호의 요건을 모두 갖추어야 한다.

1. 제13조제1항에 따라 지정된 등록기관일 것

2. 제16조에 따라 통보된 뇌사판정기관일 것

3. 제25조에 따라 지정된 장기이식의료기관일 것

4. 보건복지부령으로 정하는 시설·장비 및 인력 등을 갖출 것

③ 뇌사판정대상자관리전문기관의 지정 절차·업무, 그 밖에 필요한 사항은 보건복지부령으로 정한다.

제20조(장기구득기관) ① 보건복지부장관은 뇌사추정자 및 뇌사판정대상자의 파악과 관리, 뇌사판정 및 장기 적출 절차의 진행 지원, 장기등 기증 설득 및 장기등기증자에 대한 지원 등의 업무를 수행하는 장기구득기관을 지정할 수 있다.

② 장기구득기관으로 지정받을 수 있는 기관은 다음 각 호와 같다.

1. 의료기관

2. 장기등의 기증 및 이식에 관련된 사업을 주된 목적으로 설립된 비영리법인

③ 장기구득기관은 다음 각 호의 사항을 준수하여야 한다.

1. 뇌사추정자 통보를 받으면 신속하게 현장에 출동하는 등 장기구득을 위한 적절한 조치를 취할 것

2. 장기등 기증을 유도하기 위하여 뇌사자의 가족에게 거짓된 사실을 알리거나 장기등 기증을 강요하지 아니할 것

3. 그 밖에 보건복지부령으로 정하는 사항

④ 장기구득기관은 관할 지역이 설정되어야 하고, 해당 관할 지역의 뇌사판정기관과 잠재 뇌사자를 발굴하기 위하여 협약을 맺어야 한다. 이 경우 장기구득기관의 관할 지역은 보건복지부령으로 정한다.

⑤ 장기구득기관은 뇌사판정대상자를 관리할 수 있는 장기구득 전문 의료인을 두어야 한다. 이 경우 장기구득 전문 의료인의 자격 등에 관한 내용은 대통령령으로 정한다.

⑥ 제5항에 따른 장기구득 전문 의료인은 제17조제1항에 따라 통보받은 뇌사추정자 및 뇌사판정대상자에 한하여 의무기록을 열람하고 대통령령으로 정하는 검사와 처치 업무를 수행할 수 있다.

⑦ 장기구득기관으로 지정받으려는 자는 대통령령으로 정하는 시설·장비 및 인력 등을 갖추어야 한다.

⑧ 장기구득기관의 지정 절차, 업무, 그 밖에 필요한 사항은 보건복지부령으로 정한다.

제21조(뇌사자의 사망원인 및 사망시각) ① 뇌사자가 이 법에 따른 장기등의 적출로 사망한 경우에는 뇌사의 원인이 된 질병 또는 행위로 인하여 사망한 것으로 본다.

② 뇌사자의 사망시각은 뇌사판정위원회가 제18조제2항에 따라 뇌사판정을 한 시각으로 한다.

제4절 장기등의 적출 및 이식

제22조(장기등의 적출 요건) ① 살아있는 사람의 장기등은 본인이 동의한 경우에만 적출할 수 있다. 다만, 16세 이상인 미성년자의 장기등과 16세 미만인 미성년자의 골수를 적출하려는 경우에는 본인과 그 부모(부모가 없고 형제자매에게 골수를 이식하기 위하여 적출하려는 경우에는 법정대리인)의 동의를 함께 받아야 한다.

② 제1항 단서의 경우 부모 중 1명이 행방불명, 그 밖에 대통령령으로 정하는 부득이한 사유로 동의할 수 없으면 부모 중 나머지 1명과 제4조제6호 각 목에 따른 가족 또는 유족의 순서에 따른 선순위자 1명의 동의를 받아야 한다.

③ 뇌사자와 사망한 자의 장기등은 다음 각 호의 어느 하나에 해당하는 경우에만 적출할 수 있다.

1. 본인이 뇌사 또는 사망하기 전에 장기등의 적출에 동의한 경우. 다만, 그 가족 또는 유족이 장기등의 적출을 명시적으로 거부하는 경우는 제외한다.

2. 본인이 뇌사 또는 사망하기 전에 장기등의 적출에 동의하거나 반대한 사실이 확인되지 아니한 경우로서 그 가족 또는 유족이 장기등의 적출에 동의한 경우. 다만,

본인이 16세 미만의 미성년자인 경우에는 그 부모(부모 중 1명이 사망·행방불명, 그 밖에 대통령령으로 정하는 부득이한 사유로 동의할 수 없으면 부모 중 나머지 1명)가 장기등의 적출에 동의한 경우로 한정한다.

④ 제1항부터 제3항까지에 따라 동의한 사람은 장기등을 적출하기 위한 수술이 시작되기 전까지는 언제든지 장기등의 적출에 관한 동의의 의사표시를 철회할 수 있다.

第23조(장기등의 적출 시 준수사항) 장기등을 적출하려는 의사는 다음 각 호의 사항을 준수하여야 한다.

1. 제22조에 따른 동의 및 제26조제3항 후단에 따른 승인 사실을 확인할 것
2. 장기등기증자가 살아있는 사람인 경우에는 본인 여부를 확인하고 본인과 그 가족에게 다음 각 목의 사항을 충분히 설명할 것

가. 장기등기증자의 건강상태

나. 장기등 적출수술의 내용과 건강에 미치는 영향

다. 장기등을 적출한 후의 치료계획

라. 그 밖에 장기등기증자가 장기등의 적출과 관련하여 미리 알아야 할 사항

第24조(해부 또는 검시의 우선) 「형사소송법」 또는 「검역법」에 따라 해부 또는 검시를 하여야 하는 경우에는 그 해부 또는 검시를 하기 전에는 이식을 위하여 장기등을 적출할 수 없다. 다만, 진료담당의사가 적출할 장기등이 사망원인과 상관관계가 없고 해부 또는 검시가 끝날 때까지 기다리면 적출 시기를 놓칠 우려가 있다고 판단하는 경우에는 관할 지방검찰청 또는 지방검찰청지청의 검사, 관할 검역소장의 승인과 유족의 동의를 받아 장기등을 적출할 수 있다.

第25조(장기이식의료기관) ① 장기등의 이식을 위하여 장기등을 적출하거나 이식하려는 의료기관은 보건복지부장관으로부터 장기이식의료기관(이하 "이식의료기관"이라 한다)으로 지정받아야 한다.

② 이식의료기관으로 지정받으려는 의료기관은 대통령령으로 정하는 시설·장비·

인력 등을 갖추어야 한다.

③ 이식의료기관이 아니면 장기등의 이식을 위하여 장기등을 적출하거나 이식할 수 없다. 다만, 이식의료기관이 아닌 의료기관에서도 보건복지부령으로 정하는 시설·인력·장비 등을 갖춘 경우에는 장기등을 적출할 수 있다.

第26조(이식대상자 선정 등) ① 국립장기이식관리기관의 장은 제14조제3항에 따라 장기등기증자의 등록결과를 통보받으면 대통령령으로 정하는 장기등 이식대상자의 선정기준에 따라 장기등이식대기자 중에서 이식대상자를 선정하여야 한다. 이 경우 국립장기이식관리기관의 장은 이를 장기등기증자 또는 이식대상자가 등록된 등록기관의 장에게 알려야 하고 등록기관의 장은 선정사실을 등록된 장기등기증자 또는 이식대상자와 그 가족·유족에게 즉시 알려야 한다.

② 제1항에도 불구하고 안구의 경우와 이식대상자의 선정을 기다리면 이식 시기를 놓칠 현저한 우려가 있는 경우 등 대통령령으로 정하는 부득이한 사유가 있으면 이식의료기관의 장이 이식대상자를 선정할 수 있다. 이 경우 이식의료기관의 장은 선정한 사유 및 선정결과를 국립장기이식관리기관의 장에게 알리고, 등록기관의 장·장기등기증자·이식대상자와 그 가족·유족에게 선정결과를 알려야 한다.

③ 제1항에도 불구하고 살아있는 사람으로서 제11조제4항에 따른 16세 이상의 장기등기증자와 20세 미만인 사람 중 골수를 기증하려는 사람은 자신의 장기등의 이식대상자를 선정할 수 있다. 이 경우 본인 또는 배우자의 가족에게 골수를 기증하려는 경우 외에는 보건복지부령으로 정하는 기준과 절차에 따라 미리 국립장기이식관리기관의 장의 승인을 받아야 한다.

④ 이식대상자 선정은 제2항 및 제3항과 제11조제4항에 해당되는 경우 외에는 제1항에 따라 국립장기이식관리기관의 이식대상자 선정절차를 거쳐야 한다.

第27조(뇌사판정 의사의 장기등의 적출 등 금지) 다음 각 호의 어느 하나에 해당하는 자는 해당 뇌사자의 장기등을 적출하거나 이식하는 수술에 참여하여서는 아니 된다.

1. 해당 뇌사자의 뇌사조사서를 작성한 전문의사와 진료담당의사

2. 해당 뇌사자에 대하여 뇌사판정을 한 뇌사판정위원회에 출석한 위원인 의사

제5절 기록의 작성 및 열람 등

제28조(기록의 작성 및 장기등의 적출사실 통보 등) ① 장기등을 적출하거나 이식한 의사는 보건복지부령으로 정하는 바에 따라 적출·이식 및 장기등을 이식받은 사람의 사후 경과에 관한 기록을 작성하여 해당 장기등을 적출하거나 이식한 의료기관의 장에게 제출하여야 한다.

② 제1항에 따라 기록을 제출받은 의료기관의 장은 보건복지부령으로 정하는 바에 따라 그 내용을 이식 후 1년이 경과하기 전에는 6개월마다, 1년이 경과한 후에는 매년 국립장기이식관리기관의 장에게 제출하여야 한다. 다만, 진료 거부 등 기록 작성 및 제출이 어려운 경우로서 보건복지부령으로 정하는 경우에는 그러하지 아니하다.

③ 뇌사자의 장기등을 적출한 의료기관의 장은 그 사실을 지체 없이 관할 지방검찰청 또는 지방검찰청지청의 장에게 서면으로 알려야 한다.

제29조(기록의 보존) ① 뇌사판정기관의 장은 제18조제4항에 따른 뇌사판정서 및 회의록, 그 밖에 보건복지부령으로 정하는 뇌사판정에 관련된 자료를 15년 동안 보존하여야 한다.

② 의료기관의 장은 제28조제1항에 따른 장기등의 적출·이식 및 장기등을 이식받은 사람의 사후 경과에 관한 기록을 보건복지부령으로 정하는 바에 따라 보존하여야 한다.

③ 국립장기이식관리기관의 장은 데이터베이스를 구축하여 제28조제2항에 따라 제출받은 기록을 체계적으로 관리하여야 한다.

제30조(기록의 열람 등) 의료기관의 장은 다음 각 호의 어느 하나에 해당하는 경우에는 장기등의 적출 또는 이식에 관한 기록을 열람하게 하거나 사본을 내주어야 한다. 다만, 진료담당의사가 장기등을 기증하거나 이식받은 사람 본인이 그 기록의 내용을 알게 되면 그의 치료 또는 회복에 현저한 지장을 초래할 우려가 있다고 판단하

는 경우에는 이를 거부할 수 있다.

1. 장기등을 기증한 사람 또는 그 가족·유족이 해당 장기등의 적출에 관한 기록의 열람 또는 사본의 제공을 요구하는 경우

2. 장기등을 이식받은 사람 또는 그 가족이 해당 장기등의 이식에 관한 기록의 열람 또는 사본의 제공을 요구하는 경우

第31조(비밀의 유지) ① 국립장기이식관리기관·등록기관·뇌사판정기관(제16조제5항에 따른 의료기관을 포함한다) 이식의료기관(제25조제3항 단서에 따른 의료기관을 포함한다)·뇌사판정대상자관리전문기관·장기구득기관에 종사하는 사람으로서 대통령령으로 정하는 사람은 이 법에서 특별히 규정한 경우 외에는 해당 장기등기증자등의 등록, 뇌사판정대상자 관리, 장기구득 또는 장기등의 적출·이식과 관련된 업무를 담당하는 사람 외의 사람에게 다음 각 호의 어느 하나에 해당하는 행위를 하여서는 아니 된다.

1. 장기등기증자와 적출한 장기등에 관한 사항을 알려주는 행위

2. 이식대상자와 이식한 장기등에 관한 사항을 알려주는 행위

3. 장기등기증희망자 및 장기등이식대기자에 관한 사항을 알려주는 행위

② 다음 각 호의 어느 하나에 해당하는 경우에는 제1항을 적용하지 아니한다.

1. 범죄수사를 위하여 수사기관이 장기등의 적출 또는 이식에 관련된 자료를 요청한 경우

2. 재판과 관련하여 법관이 장기등의 적출 또는 이식과 관련된 자료의 제출명령을 한 경우

3. 제6조제2항제1호에 따라 장기등기증희망자임을 표시하기 위하여 해당 증명서의 발급기관에 장기등기증희망자의 명단을 제공하는 경우

4. 장기기증 홍보사업 등 공익 목적을 위하여 장기등기증자 또는 장기등이식대기자 본인이 정보제공에 동의한 경우

## 제4장 장기등기증자 등에 대한 지원

제32조(장기등기증자 등에 대한 지원 등) ① 국가는 다음 각 호의 어느 하나에 해당하는 자에게 예산의 범위에서 장제비·진료비 등을 지급할 수 있다. 〈개정 2017.10.24.〉

1. 장기등기증자
2. 장기등기증자의 가족 또는 유족
3. 장기등기증자인 근로자(「근로기준법」 제2조제1항제1호에 따른 근로자를 말한다. 이하 이 조에서 같다)의 사용자

② 근로자인 장기등기증자가 장기등을 기증하기 위한 신체검사 또는 적출 등에 필요한 입원기간에 대하여는 공무원인 근로자의 소속 기관의 장은 그 기간을 병가로 처리하고, 공무원 외의 근로자의 사용자는 그 기간을 유급휴가로 처리하여야 한다. 〈개정 2013.7.30.〉

③ 국가는 장기등기증자 및 그 유족에 대한 추모 및 예우 사업을 실시할 수 있다. 〈신설 2017.10.24.〉

④ 제1항에 따른 지급의 범위 및 절차, 제3항에 따른 사업의 내용 등에 관하여 필요한 사항은 보건복지부령으로 정한다. 〈개정 2017.10.24.〉

제33조(국립장기이식관리기관 등에 대한 지원) 국가나 지방자치단체는 국립장기이식관리기관·등록기관·뇌사판정기관·뇌사판정대상자관리전문기관·장기구득기관 및 이식의료기관에 대하여 필요한 예산 등을 지원할 수 있다.

## 제5장 감독

제34조(보고·조사 등) ① 보건복지부장관 또는 국립장기이식관리기관의 장은 장기등의 기증·적출 또는 이식 등과 관련하여 필요하다고 인정하면 등록기관·뇌사판정기관·뇌사판정대상자관리전문기관·장기구득기관 또는 이식의료기관의 장 및 그 종사자에게 그 업무에 관하여 필요한 명령을 하거나, 보고 또는 관계 서류의 제출을 명할 수 있다.

② 보건복지부장관 또는 국립장기이식관리기관의 장은 제1항에 따라 등록기관 등의 관계 서류 등을 관계 공무원에게 조사하게 할 수 있다. 이 경우 조사를 담당하는 관계 공무원은 그 권한을 표시하는 증표를 지니고 이를 내보여야 한다.

③ 제1항 및 제2항의 경우에 등록기관·뇌사판정기관·뇌사판정대상자관리전문기관·장기구득기관 또는 이식의료기관의 장 및 그 종사자는 정당한 사유가 없으면 이에 따라야 한다.

第35조(시정명령) 보건복지부장관 또는 국립장기이식관리기관의 장은 등록기관·뇌사판정기관·뇌사판정대상자관리전문기관·장기구득기관 또는 이식의료기관의 장 및 그 종사자가 다음 각 호의 어느 하나에 해당하면 일정한 기간을 정하여 해당기관의 장에게 위반된 사항을 시정할 것을 명할 수 있다.

1. 제14조제3항에 따라 장기등기증자 등의 등록결과를 알리지 아니한 경우
2. 제15조제2항 및 제4항에 따라 장기등기증희망자 등록 및 접수 결과를 알리지 아니한 경우
3. 제18조제1항에 따라 지체 없이 현장에 출동하여 뇌사판정대상자의 상태를 파악하지 아니한 경우
4. 제18조제5항에 따라 뇌사판정서 및 회의록의 사본 등을 국립장기이식관리기관의 장에게 보내지 아니한 경우
5. 제20조제3항에 따른 준수사항을 지키지 아니한 경우
6. 제28조제1항에 따라 장기등의 적출·이식 및 장기등을 이식받은 사람의 사후 경과에 관한 기록을 작성하지 아니한 경우
7. 제28조제2항 또는 제3항에 따른 통보를 하지 아니한 경우

第36조(지정취소 등) ① 보건복지부장관은 등록기관, 장기구득기관 또는 이식의료기관이 다음 각 호의 어느 하나에 해당하면 그 지정을 취소하거나 1년 이내의 기간을 정하여 장기등기증자·장기등기증희망자 등의 등록업무, 장기구득에 관한 업무, 장기등의 적출 또는 이식에 관한 업무의 정지를 명할 수 있다.

1. 제13조제1항 전단, 제20조제7항 또는 제25조제2항에 따른 시설·장비·인력 등을 갖추지 아니한 경우

2. 제13조제1항 후단에 따라 등록받을 수 있는 장기등이 아닌 장기등에 대한 등록업무를 한 경우

3. 제34조제1항에 따른 명령을 이행하지 아니하거나 같은 조 제2항에 따른 조사에 응하지 아니한 경우

② 국립장기이식관리기관의 장은 뇌사판정기관이 다음 각 호의 어느 하나에 해당하면 3년 이내의 기간을 정하여 뇌사판정업무의 정지를 명할 수 있다.

1. 제16조제2항에 따른 시설·장비·인력 등을 갖추지 아니한 경우

2. 제16조제2항에 따른 뇌사판정위원회를 설치하지 아니한 경우

3. 제18조를 위반하여 뇌사판정업무를 한 경우

4. 제34조제1항에 따른 명령을 이행하지 아니하거나 같은 조 제2항에 따른 조사에 응하지 아니한 경우

5. 제35조에 따른 시정명령을 이행하지 아니한 경우

6. 제37조제2항에 따른 뇌사판정업무 종료 신고를 하지 아니한 경우

7. 그 밖에 이 법 또는 이 법에 따른 명령을 위반한 경우

③ 국립장기이식관리기관의 장은 뇌사판정대상자관리전문기관이 다음 각 호의 어느 하나에 해당하면 그 지정을 취소하거나 1년 이내의 기간을 정하여 뇌사판정대상자 관리업무의 정지를 명할 수 있다.

1. 제19조제2항에 따른 요건을 갖추지 못한 경우

2. 제34조제1항에 따른 명령을 이행하지 아니하거나 같은 조 제2항에 따른 조사에 응하지 아니한 경우

3. 제35조에 따른 시정명령을 이행하지 아니한 경우

4. 제37조제1항에 따른 폐업신고 또는 업무종료 신고를 하지 아니한 경우

④ 보건복지부장관 또는 국립장기이식관리기관의 장은 등록기관·뇌사판정대상자

관리전문기관·장기구득기관 또는 이식의료기관이 제1항 또는 제3항에 따른 업무정지명령을 위반하여 업무를 하면 그 지정을 취소할 수 있다.

⑤ 제1항·제3항 및 제4항에 따라 지정이 취소된 등록기관·뇌사판정대상자관리전문기관·장기구득기관 또는 이식의료기관은 그 지정이 취소된 날부터 1년 이내에 등록기관·뇌사판정대상자관리전문기관·장기구득기관 또는 이식의료기관으로 지정받을 수 없다.

제37조(폐업 등의 신고·통보 및 자료이관) ① 등록기관·뇌사판정대상자관리전문기관·장기구득기관 또는 이식의료기관이 폐업하려 하거나 장기등기증자·장기등기증희망자 등의 등록업무, 뇌사판정대상자 관리업무, 장기구득에 관한 업무 또는 장기등의 적출·이식 업무를 끝내려고 하는 경우에는 보건복지부령으로 정하는 바에 따라 보건복지부장관 또는 국립장기이식관리기관의 장에게 신고하여야 한다.

② 뇌사판정기관이 뇌사판정업무를 끝내려면 그 사실을 국립장기이식관리기관의 장에게 알려야 한다.

③ 제1항 및 제2항에 따라 폐업하거나 업무를 끝내려는 등록기관·뇌사판정기관·뇌사판정대상자관리전문기관·장기구득기관 또는 이식의료기관의 장, 제36조에 따라 업무정지명령을 받거나 지정이 취소된 등록기관·뇌사판정기관·뇌사판정대상자관리전문기관·장기구득기관의 장은 대통령령으로 정하는 바에 따라 관련 자료를 국립장기이식관리기관의 장에게 이관하여야 한다.

## 제6장 보칙

제38조(협조의무) 보건복지부장관 또는 국립장기이식관리기관의 장은 장기등을 안전하고 신속하게 적출·운반하거나 이식하기 위하여 필요한 조치를 관계 기관의 장에게 요청할 수 있다. 이 경우 관계 기관의 장은 정당한 사유가 없으면 요청에 따라야 한다.

제39조(국립장기이식관리기관 등의 명칭 사용금지) 이 법에 따른 국립장기이식관리기관, 등

록기관, 뇌사판정기관, 뇌사판정대상자관리전문기관, 장기구득기관 또는 이식의료기관이 아니면 각각 해당 명칭을 사용하지 못한다.

제40조(권한의 위임) 이 법에 따른 보건복지부장관의 권한은 그 일부를 대통령령으로 정하는 바에 따라 소속 기관의 장이나 특별시장·광역시장·도지사·특별자치도지사 또는 시장·군수·구청장(자치구의 구청장을 말한다. 이하 같다)에게 위임할 수 있다.

제41조(청문) 보건복지부장관 또는 국립장기이식관리기관의 장은 제36조제1항·제3항 및 제4항에 따른 취소처분을 하려면 청문을 하여야 한다.

제42조(장기등의 적출·이식 비용의 부담 등) ① 장기등의 적출 및 이식에 드는 비용은 해당 장기등을 이식받은 사람이 부담한다. 다만, 이식받은 사람이 부담하는 비용에 대하여 다른 법령에서 따로 정하는 경우에는 해당 법령에서 정하는 바에 따른다.

② 제1항에 따른 비용은 「국민건강보험법」에서 정하는 바에 따라 산출한다. 다만, 「국민건강보험법」에서 규정하지 아니한 비용은 보건복지부령으로 정하는 바에 따라 산출한다.

제43조(수수료) ① 장기등이식대기자로 등록하려는 사람은 등록기관의 장에게 수수료를 내야 한다.

② 제1항에 따른 수수료의 금액 등에 관하여 필요한 사항은 보건복지부령으로 정한다.

## 제7장 벌칙

제44조(벌칙) ① 다음 각 호의 어느 하나에 해당하는 자는 무기징역 또는 2년 이상의 유기징역에 처한다.

1. 제11조제1항을 위반하여 감염성병원체에 감염된 장기등, 암세포가 침범한 장기등 또는 이식대상자의 생명·신체에 위해를 줄 우려가 있는 장기등을 적출하거나 이식한 자

2. 제11조제2항을 위반하여 이식대상자가 정하여지지 아니한 장기등을 적출한 자

3. 제11조제3항을 위반하여 같은 항 각 호의 어느 하나에 해당하는 사람으로부터 장기등을 적출한 자

4. 제11조제4항을 위반하여 16세 이상인 미성년자의 장기등을 적출한 자

5. 제11조제5항을 위반하여 살아있는 사람으로부터 적출할 수 없는 장기등을 적출한 자

6. 제18조에 따른 뇌사판정을 받지 아니한 뇌사추정자의 장기등을 적출한 자

7. 제18조제2항을 위반하여 뇌사판정을 한 자

8. 제22조제1항 또는 제2항을 위반하여 본인 등의 동의를 받지 아니하고 장기등을 적출한 자

9. 제22조제3항을 위반하여 뇌사자로부터 장기등을 적출한 자

② 제1항 각 호의 어느 하나를 위반하여 사람을 사망에 이르게 한 자는 사형·무기징역 또는 5년 이상의 유기징역에 처한다.

제45조(벌칙) ① 제7조제1항제1호 또는 제3호를 위반하여 장기등을 주고 받거나 주고 받을 것을 약속하거나, 이를 교사·알선·방조하는 자 또는 같은 조 제3항을 위반하여 장기등을 적출하거나 이식한 자는 2년 이상의 유기징역에 처한다.

② 제7조제1항제2호를 위반하여 장기등을 주고 받거나 주고 받을 것을 약속하거나, 같은 조 제2항을 위반하여 같은 조 제1항제1호 및 제2호의 행위를 교사·알선·방조하는 자는 10년 이하의 징역 또는 1억원 이하의 벌금에 처한다. 이 경우 징역과 벌금은 병과(倂科)할 수 있다. 〈개정 2017.10.24.〉

③ 제26조제1항부터 제3항까지의 규정에 따른 이식대상자의 선정 또는 선정 승인과 관련하여 금전, 재산상의 이익, 그 밖의 대가적 급부를 받은 자는 7년 이하의 징역 또는 7천만원 이하의 벌금에 처한다. 이 경우 징역과 벌금은 병과할 수 있다. 〈개정 2017.10.24.〉

④ 제1항부터 제3항까지의 죄를 범하여 얻은 금전이나 재산상의 이익은 몰수한다. 다만, 몰수할 수 없으면 그 가액(價額)을 추징한다.

제46조(벌칙) ① 제18조제1항에 따른 전문의사 또는 진료담당의사가 뇌사조사서를 거짓으로 작성하여 뇌사자가 아닌 사람에게 뇌사판정을 하게 한 경우에는 1년 이상의 유기징역에 처한다.

② 제1항의 죄를 범하여 사람을 상해(傷害)에 이르게 한 경우에는 2년 이상의 유기징역에 처한다.

③ 제1항의 죄를 범하여 사람을 사망에 이르게 한 경우에는 사형·무기징역 또는 5년 이상의 유기징역에 처한다.

제47조(벌칙) ① 제18조제1항에 따른 전문의사 또는 진료담당의사가 업무상 과실로 뇌사조사서를 사실과 다르게 작성하여 뇌사자가 아닌 사람에게 뇌사판정을 하게 한 경우에는 5년 이하의 금고 또는 5천만원 이하의 벌금에 처한다. 〈개정 2017.10.24.〉

② 제1항의 죄를 범하여 사람을 상해에 이르게 한 경우에는 7년 이하의 금고 또는 7천만원 이하의 벌금에 처한다. 〈개정 2017.10.24.〉

③ 제1항의 죄를 범하여 사람을 사망에 이르게 한 경우에는 10년 이하의 금고 또는 1억원 이하의 벌금에 처한다. 〈개정 2017.10.24.〉

제48조(벌칙) 다음 각 호의 어느 하나에 해당하는 자는 5년 이하의 징역 또는 5천만원 이하의 벌금에 처한다. 〈개정 2017.10.24.〉

1. 제16조제1항을 위반하여 국립장기이식관리기관의 장에게 알리지 아니하고 뇌사판정업무를 하거나 제36조제2항에 따른 뇌사판정업무의 정지기간 중에 뇌사판정업무를 한 의료기관의 장
2. 제16조제2항 및 제3항에 따른 시설·장비·인력 등을 갖추지 아니하거나 뇌사판정위원회를 설치하지 아니하고 뇌사판정업무를 한 의료기관의 장. 다만, 뇌사판정기관에 설치된 뇌사판정위원회가 제16조제4항 단서에 따라 뇌사판정업무를 하는 경우는 제외한다.
3. 제22조제3항을 위반하여 사망한 자로부터 장기등을 적출한 자
4. 제25조제3항을 위반하여 장기등을 적출하거나 이식한 자

5. 제26조제1항 전단을 위반하여 이식대상자의 선정기준에 따르지 아니하고 이식대상자를 선정한 자

6. 제26조제4항을 위반하여 이식대상자를 선정하거나 그 장기등을 이식한 자

7. 제27조를 위반하여 뇌사자의 장기등의 적출 또는 이식수술에 참여한 자

제49조(벌칙) 다음 각 호의 어느 하나에 해당하는 자는 3년 이하의 징역 또는 3천만원 이하의 벌금에 처한다. 〈개정 2017.10.24.〉

1. 제26조제2항 후단을 위반하여 이식대상자를 선정한 사유 및 선정결과를 국립장기이식관리기관의 장에게 알리지 아니한 자

2. 제28조제3항을 위반하여 뇌사자의 장기등을 적출한 사실을 관할 지방검찰청 또는 지방검찰청지청의 장에게 서면으로 알리지 아니한 자

3. 제31조를 위반하여 같은 조 제1항 각 호의 어느 하나에 해당하는 행위를 한 자

제50조(벌칙) 다음 각 호의 어느 하나에 해당하는 자는 2년 이하의 징역 또는 2천만원 이하의 벌금에 처한다. 〈개정 2017.10.24.〉

1. 업무상 과실로 제11조제1항을 위반하여 감염성병원체에 감염된 장기등, 암세포가 침범한 장기등 또는 이식에 적합하지 아니한 장기등을 적출하거나 이식한 자

2. 제13조제1항을 위반하여 등록기관으로 지정받지 아니하고 장기등기증자 등의 등록업무를 수행한 자

3. 제18조제5항을 위반하여 뇌사판정서 및 회의록의 사본과 해당 자료를 국립장기이식관리기관의 장에게 보내지 아니한 자

4. 제24조를 위반하여 장기등을 적출한 자

5. 제26조제3항을 위반하여 국립장기이식관리기관의 장의 승인을 받지 아니하고 이식대상자를 선정하여 장기등을 기증한 자

6. 제28조제1항을 위반하여 장기등의 적출·이식에 관한 기록을 작성하지 아니하거나 거짓으로 작성한 자

7. 제29조제1항을 위반하여 뇌사판정서 등 뇌사판정에 관련된 자료를 15년 동안

보존하지 아니한 자

8. 제29조제2항을 위반하여 장기등의 적출·이식에 관한 기록을 보존하지 아니한 자

제51조(자격정지의 병과) 이 법을 위반한 자를 유기징역에 처할 경우에는 10년 이하의 자격정지를 병과할 수 있다.

제52조(양벌규정) 법인의 대표자나 법인 또는 개인의 대리인, 사용인, 그 밖의 종업원이 그 법인 또는 개인의 업무에 관하여 제45조제2항·제3항, 제47조부터 제50조까지의 어느 하나에 해당하는 위반행위를 하면 그 행위자를 벌하는 외에 그 법인 또는 개인에게도 해당 조문의 벌금형을 과(科)한다. 다만, 법인 또는 개인이 그 위반행위를 방지하기 위하여 해당 업무에 관하여 상당한 주의와 감독을 게을리하지 아니한 경우에는 그러하지 아니하다.

제53조(과태료) ① 다음 각 호의 어느 하나에 해당하는 자에게는 500만원 이하의 과태료를 부과한다.

1. 제3조제3항을 위반하여 시정요구를 따르지 아니한 자
2. 제28조제1항을 위반하여 사후 경과에 관한 기록을 작성하지 아니하거나 거짓으로 작성한 자
3. 제29조제2항을 위반하여 사후 경과에 관한 기록을 보존하지 아니한 자

② 다음 각 호의 어느 하나에 해당하는 자에게는 300만원 이하의 과태료를 부과한다.

1. 제14조제3항, 제15조제2항을 위반하여 등록결과를 국립장기이식관리기관의 장에게 알리지 아니한 자
2. 제17조제1항을 위반하여 뇌사추정자를 알리지 아니하거나 신고하지 아니한 자
3. 제23조를 위반하여 동의 및 승인 사실 또는 본인 여부를 확인하지 아니하거나 필요한 설명을 하지 아니한 자
4. 제26조제1항 후단 또는 제2항 후단을 위반하여 이식대상자의 선정사실을 장기

등기증자, 이식대상자와 그 가족·유족에게 알리지 아니한 자

5. 제37조제3항을 위반하여 국립장기이식관리기관의 장에게 관련 자료를 이관하지 아니한 자

③ 다음 각 호의 어느 하나에 해당하는 자에게는 200만원 이하의 과태료를 부과한다.

1. 제34조제1항에 따른 명령을 이행하지 아니하거나 같은 조 제2항에 따른 조사를 거부·방해 또는 기피한 자

2. 제39조를 위반하여 국립장기이식관리기관·등록기관·뇌사판정기관·뇌사판정대상자관리전문기관·장기구득기관 또는 이식의료기관이라는 명칭을 사용한 자

④ 다음 각 호의 어느 하나에 해당하는 자에게는 100만원 이하의 과태료를 부과한다.

1. 제14조제5항 또는 제15조제6항을 위반하여 등록을 말소하지 아니한 자

2. 제30조를 위반하여 기록의 열람 또는 사본의 제공 요구에 따르지 아니한 자

3. 제37조제1항 또는 제2항에 따른 신고 또는 통보를 하지 아니한 자

제54조(과태료의 부과·징수절차) 제53조에 따른 과태료는 대통령령으로 정하는 바에 따라 보건복지부장관 또는 그 소속 기관의 장이 부과·징수한다.

## 부칙 〈법률 제10334호, 2010.5.31.〉

**①(시행일) 이 법은 공포 후 1년이 경과한 날부터 시행한다.**

②(다른 법령과의 관계) 이 법 시행 당시 다른 법령에서 종전의 「장기등 이식에 관한 법률」의 규정을 인용한 경우에 이 법 가운데 그에 해당하는 규정이 있으면 종전의 규정을 갈음하여 이 법의 해당 규정을 인용한 것으로 본다.

## 부칙 〈법률 제11005호, 2011.8.4.〉 (의료법)

제1조(시행일) 이 법은 공포 후 1년이 경과한 날부터 시행한다. 다만, 〈생략〉 부칙 제4조

는 공포한 날부터 시행하고, 〈생략〉 시행한다.

제2조 및 제3조 생략

제4조(다른 법률의 개정) ①부터 ⑧까지 생략

⑨ 장기등 이식에 관한 법률 일부를 다음과 같이 개정한다.

제11조제3항제3호 단서 중 "정신과전문의"를 "정신건강의학과전문의"로 한다.

⑩부터 ⑭까지 생략

## 부칙 부칙 〈법률 제11976호, 2013.7.30.〉

이 법은 공포 후 6개월이 경과한 날부터 시행한다.

## 부칙 부칙 〈법률 제14928호, 2017.10.24.〉

이 법은 공포 후 6개월이 경과한 날부터 시행한다.

# 참고문헌

**• 국내**

가스펠서브. 『라이프 성경사전』. 생명의 말씀사. 2006.

강기희. 『대반열반경』. 민족사. 2000.

강신주. 『동양의 고전을 읽는다 2 - 사상』. 휴머니스트. 2006.

건양대학교 웰다잉 융합연구쇠. 『지혜로운 삶을 위한 웰다잉』. 구름서재. 2016.

고익진. 『한글 아함경』. 담마아카데미. 2014.

『구약 개역개정*Holybible*』. 말씀보존학회. 2013.

구영모. 『생명의료윤리』. 동녘. 2010.

구인회. 『죽음에 관한 철학적 고찰』. 한길사. 2015.

권율상. 『최신 노인복지론』. 유풍출판사. 2000.

그로프, 스타니슬라프. 장석민 역. 『DEATH 죽음이란』. 평단. 2013.

그뤼벨, 모니카. 강명구 역. 『유대교: 한눈에 보는 유대교의 세계』. 예경. 2007.

김건열 · 정현채 · 유은실. 『의사들 죽음을 말하다』. 허원북스. 2016.

김경재. 『영생을 위한 삶의 방식』. 한국종교학회 편. 도서출판 窓. 1990.

김달수. 『죽음학 스케치』. 인간사랑. 2018.

김문영 · 이숭덕. "사망진단서 개선을 위한 제언." J Korean Med Assoc. 2018.

김분한. 『호스피스와 간호(2판)』. 포널스출판사. 2018.

김열규 외. 『民俗과 민간신앙에 비친 죽음』. 서당. 1989.

김열규 · 김석수 · 박선경 · 허용호. 『한국인의 죽음과 삶』. 철학과 현실사. 2001.

김요한. 『서양 고대 그리스철학』. 서광사. 2012.

김용표. "불교에서 본 죽음과 종교교육." 『종교교육학연구』 제19권. 2004.

김장한. 『생명윤리 및 안전에 관한 법률』. 울산대학교출판부. 2005.

김정위. 『이슬람사상사』. 민음사. 1987.

김춘동. 『한국민속대관 1–상례–』. 고려대학교 민족문화연구소. 1980.

노인정신의학회. 『노인정신의학』. 중앙문화사. 2004.

노재환. 『생명의 윤리 이론과 실제』. 한국기술경영연구원. 2015.

뉴턴, 마이클. 김도희·김지원 역. 『영혼들의 여행』. 나무생각. 2011.

다치바나 다카시. 윤대석 역. 『임사체험 상.하』. 청어람미디어. 2003.

대한가정의학회. 가정의학 제4판 개정증보판. 2015.

대한내과학회편. 『해리슨 내과학 19판』. MIP. 2017.

대한노인병학회. 『노인병학 개정3판』. 법문에듀케이션. 2015.

대한노인정신의학회. 『노인정신의학 개정2판』. 엘엠커뮤니케이션. 2015.

대한신경정신의학회 편. 『신경정신의학 (3판)』. 아이엠이즈컴퍼니. 2017.

대한예방의학회. 『의사의 직업윤리와 규범』. 계축문화사. 2016.

대한임상노인의학회. 『노인의학 개정 2판』. 닥터스북. 2018.

디켄, 알폰스(Alfons Deeken). 전성곤 역. 『인문학으로서의 죽음교육』. 인간사랑. 2008.

퀴블러 로스, 엘리자베스. 김진욱 역. 『죽음의 순간』. 자유문학사. 2000.

퀴블러 로스, 엘리자베스. 최준식 역. 『사후생 : 죽음 이후의 삶의 이야기』. 대화문화아카데미. 2009.

Rosenthal, Sara. M.. 김환·이경희·이훈진·남기숙·황성훈 역. 『약 없이 우울증과 싸우는 50가지 방법』. 학지사. 2007.

롱, 제프리·페리, 폴. 한상석 역. 『죽음. 그 후』. 에이미팩토리. 2010.

류성태. 『장자철학의 지혜』. 서울학고방(학고방). 2011.

리쩌허우. 정병석 역. 『중국고대사상사론』. 한길사. 2005.

마르샤두, 알랭. 고봉선 역. 『성서에 나타난 죽음과 삶』. 가톨릭출판사.1991.

몰, 랍(rob Moll). 『죽음을 배우다』. 이지혜. IVP. 2014.

무디 주니어, 레이먼드 A.. 주진국 역. 『다시 산다는 것(사후 생존이라는 현상에 관한 보고)』. 행간. 2007.

미국정신분석학회. 이재훈 역. 『정신분석용어사전Psychoanalytic terms & concepts』. 한국심리치료연구소. 2002

민성길. 『최신정신의학 6판』. 일조각. 2015.

박삼수 역. 『장자』. 문예출판사. 2018.

박소연·권복규 외. "전문직으로서의 의사 직업윤리: 사회적 직관주의 이론을 바탕으로 한 일개대학 의학전문대학원생과 부속병원 전공의 간 비교."(Korean J Med Ethics. 2014).

박일영. 『한국 무교의 이해』. 분도출판사. 1999.

배재욱. 『초기 유대교와 신약성경의 중생』. 대한기독교서회. 2008.

베르거, 요하네스 할쉬. 강성휘 역. 『서양철학사(상) 고대와 중세』. 이문출판사. 2015.

베르거, 요하네스 할쉬. 강성휘 역. 『서양철학사(하) 근세와 현대』. 이문출판사. 2015.

Beauchamp, Tom L. Childress, James F.. 박찬구 외 역. 『생명의료윤리의 원칙들』. 이화여자대학교 생명의료법연구소. 2014.

불교생명윤리정립연구위원회. 『현대사회와 불교생명윤리』. 조계종출판사. 2006.

사하키안, W. S.. 박종대 역. 『윤리학-그 이론과 문제에 관한 개론』. 서강대학교출판부. 2001.

서혜경. 『노인죽음학개론』. 경춘사. 2009.

셔머, 마이클. 김성훈 역. 『천국의 발명Heavens on Earth』. arte. 2019.

송선희 외 11인. 『노인교육론』. 신정. 2011.

송향룡·길희성 외. 『풍류와 한국인의 삶』. 철학과현실사. 1999.

시르베크, 군나르·길리에, 닐슨. 윤형식 역. 『서양철학사 1』. 이학사. 2016.

시르베크, 군나르·길리에, 닐슨. 윤형식 역. 『서양철학사 2』. 이학사. 2016.

『신약 개역개정*Holybible*』. 말씀보존학회. 2013.

신찬균. 『만가와 죽음의 세계』. 한국정신문화연구원 엮음. 1995.

아리에스, 필립. 유선자 역. 『죽음 앞에 선 인간 상·하』. 서울: 동문선. 2006.

아리에스, 필립. 이종민 역. 『죽음의 역사』. 서울: 동문선. 1998.

안양규. "붓다의 입멸 자세. 장소 그리고 초후의 가르침." 서울대학교 종교문제연구소 『종교와 문화』 제8집. 2002.

안옥선. 『불교윤리의 현대적 이해』. 불교시대사. 2002.

알렉산더, 이븐. 고미라 역. 『나는 천국을 보았다』. 김영사. 2013.

야마가타 겐지. 김수호·김의호 역. 『인간답게 죽는다는 것 – 호스피스 의료현장에서』. 군자출판사. 2015.

에를리히, 칼. 최창모 역. 『유대교: 유랑민족의 지팡이』. 유토피아. 2008.

우성호. "사망원인과 사망의 종류 결정." J Korean Med Assoc. Aug 2018.

원석조. 『노인복지론 3판』. 공동체. 2018.

유동청. "신화에 나타난 중국인의 죽음관과 타계관." 『고황논문집』 38권. 경희대학교.

2006.
유양숙 외. "호스피스 팀원들의 영적 돌봄 수행도 측정 도구개발." 한국호스피스. 『완화의료 학회지』 제9권 2호 2006.
윤진. 『성인 노인 심리학』. 중앙적성출판사. 1989.
이규철. "이슬람교의 기본 개념과 이에서 본 죽음과 영생의 문제." 『比較文化硏究(Journal of Cross-Cultural Studies)』. Vol. 15. 2003.
이능화. 『조선무속고』. 창비. 2008.
이명진. 『이명진 원장의 의료와 윤리』. 광연재. 2013.
이병윤 외 공저. 『현대정신의학 각론 II』. 일조각. 1984.
이욱·김미영·김시덕·권삼문. 『조상제사 어떻게 지낼 것인가』. 한국국학진흥원 국학연구실 기획. 민속원. 2012.
이은봉. 『여러 종교에서 보는 죽음관』. 가톨릭출판사. 1995.
이을상. 『죽음과 윤리』. 백산서당. 2006
이이정. 『죽음학 총론』. 서울: 학지사. 2011.
이인경. "문학 감상에서의 주체와 타자-혼쥐 설화의 문학치료학적 감상과 교육적 가치." 『국문학연구』 16. 국문학회. 2007.
이장호·김영경. 『노인상담』. 시그마프레스. 2013.
이철구. "노화기전 최신 연구동향." 『BioINpro』 18호. 2015.
이현지. 『동양사상과 탈현대의 발견』. 한국학술정보. 2009.
임동윤. 『호스피스 임종환자를 위한 목회적 돌봄』. 말씀과 만남. 1993.
임병식·신경원. 『죽음교육 지도자를 위한 죽음교육교본』. 가리온. 2017.
임진석 외 21인. 『철학사전』. 중원문화. 2009.
장철수. "전통적 관혼상제의 연구." 『한국의 사회와 문화 2』. 한국정신문화연구원. 1980.
전세일·김근하·임병식. 『품위 있는 마무리』. 가리온. 2014.
전재성. 『숫타니파타-붓다의 말씀』. 한국빠알리성전협회. 2015.
정도영. 『그리스로마철학(탈레스에서 플로티노스까지)』. 이경. 2011.
정명진. 『칼 융의 말』. 부글북스. 2017.
정병석. 『주역 (상/하)』. 을유문화사. 2010.
정진홍. 『종교문화의 이해』. 청년사. 1995.

조계화·이윤주·이현지. 『죽음학 서설』. 학지사. 2014.

조두영. 『임상행동과학-종합병원 정신의학』. 일조각. 2000.

조셉, 스테판(Stepen Joseph). 김지영·임선영 역. 『외상 후 성장의 과학』. 학지사. 2018.

조수동. "인격의 지속과 아뢰아식." 한국동서철학회. 『동서철학연구』 제50호. 2008.

조현. 『호스피스·완화의료』. 계측문화사. 2017.

주호노. 『장기등이식에 관한 법률』. 육법사. 2000.

차용준. 『한철학—한민족의 정신적 뿌리』. 성문사. 1998.

최재목 역. 『노자老子』. 을유문화사. 2006.

최준식. 『너무 늦기 전에 들어야 할 임종학 강의』. 서울: 김영사. 2018.

최준식. 『최준식의 한국 종교사 바로 보기』. 한울아카데미. 2009.

카스트, 베레나(Verena Kast). 『애도』. 채기화. 궁리. 2015.

케슬러, 데이비드 . 유은실 역. 『생이 끝나갈 때 준비해야 할 것들 존엄한 죽음을 위한 안내서』. 21세기북스. 2017.

코르방, 앙리. 김정위 역. 『이슬람철학사』. 대광문화사. 1986.

탕전강정. 윤덕미 역. 『통증클리닉 진단 치료 지침』. 군자출판사. 2000.

통계청 대한의사협회. "의사의 마지막 배려 사망진단서." 2018.

Parkes. Colin Murray.. Relf. Marilyn and Couldrick. Ann. 임승희·신성만·고수진 역. 『호스피스 상담 말기돌봄과 사별을 위한 상담』. 시그마프레스. 2011.

Parkes. Colin Murray·Relf, Marilyn. 임승희. 신성만. 고수진 역. 『호스피스 상담』. 시그마프레스. 2011.

포르, 베르나르(Bernard Faure). 김주경 역. 『동양종교와 죽음(La Mort Dans Les Religions D'Asie)』. 영림카디널. 1997.

퓌상, 막스. 한국 순교복자 수녀원. 『연옥실화 (LE)PURGATOIRE』. 가톨릭출판사. 2007.

何顯明. 『죽음 앞에서 곡한 공자와 노래한 장자』. 예문서원 1999.

한국문학평론가협회. 『문학비평용어사전. 상—하』. 국학자료원. 2006.

한국의료윤리교육학회. 『의료윤리학』. 정담미디어. 2015.

한국정신문화연구원. 『한국구비문학대계.1—4』. 1980.

한국종교사회연구소 편저. 『한국종교연감』. 고려한림원. 1997.

한국호스피스·완화의료학회. 『호스피스·완화의료』. 군자출판사. 2018.

한동윤. 『호스피스: 임종환자를 위한 목회적 돌봄』. 말씀과 만남. 1993.

한림대학교 생사학연구소 역음. 『죽음의 풍경을 그리다(한국적 생사학을 위하여)』. 모시는 사람들. 2015.

한정란. 『노인교육의 이해』. 학지사. 2006.

현외성 외 9인. 『노인케어론』. 양서원. 2003.

히구치 가츠히코. 이원호 역. 『죽음에의 대비교육』. 민음사. 2002.

히넬스, 존 엮음. 장영길 역. 『세계종교사전』. 까치(까치글방). 1999.

히라가타 마코트(泙方眞). 최덕주 역. 『임종의료의 기술–능숙한 Wel–Dying 도우미 기법』. 도서출판 정다외. 2017.

• **외국**

Aries, P. *Western attitudes toward death: From the middles ages to the present*. Johns Hopkins University Press. 1974.

Atkinson, David William(EDT). *The English Ars Moriendi*(Hardcover). Peter Lang Pub Inc. 1992.

Atwater, P. M. H., Morgan, David H.. *The Complete Idiot's Guide to Near-death Experiences.* Alpha Books. 2000.

Baile, W. F., Buckman, R., Lenzi, R. et al.. "SPIKES – a six–step protocol for delivering bad news: application to the patient with cancer." *Oncologist*. 2000;5:302–311.

Chon, Yongho, "The Expansion of the Korean Welfare State and Its Results - Focusing on Long–term Care Insurance for the Elderly." *Social Policy & Administration*, 48(6): 704–720(SSCI). 2014.

Chon, Yongho. "An exploratory qualitative study on relationships between older people and home care workers in South Korea: the view from family carers and service providers." *Ageing and Society*. DOI: 10.1017/S0144686X13000950(SSCI). 2014.

Eliade, Mircea, Ricketts, M.. *Journal IV, 1979-1985.* Univ of Chicago Press. 1989.

Feifel, H.. "Introduction." In *The meaning of death.* McGraw–Hill. 1959.

Gross, D. M.. "Defending the humanities with Charles Darwin's The Expression of the Emotions in Man and Animals(1872)." In *The Secret History of Emotion: from Aris-*

*totle's Rhetoric to Modern Brain Science.* University of Chicago Press. 2007.

Hobgood, C., Woodyard, J., Sawning, S., Savage, K.. "Delivering the news with compassion: the GRIEVING death notification protocol. MedEdPORTAL." 2010;6:8210.

Kim SH., Choi YS., Lee YM., Kim DG., Kim JA.. "Teaching 'Breaking Bad News' Based on SPIKES Protocol during Family Medicine Clerkship." *Korean Journal of Medical Education* 18권 1호. 55–64, 2006.

Kubler–Ross, Elisabeth., Kessler, David. *On Grief and Grieving Finding the Meaning of Grief Through the Five Stages of Loss*. Scribner Book Company. 2007.

Leming, Michael R., Dickinson, George E.. *Understanding Dying, Death, and Bereavement* 6/E. Thomson. 2006.

Morse, Melvin., Perry, Paul. *Where God Lives: Paranormal Science and How Our Brains Are Connected to the Universe.* HarperCollins. 2001.

Nagy, M. H.. "The child's view of death." In *The meaning of death*. McGraw–Hill. 1959.

Parnia, Sam. *What Happens When We Die?: A Groundbreaking Study Into the Nature of Life and Death*. Hay House Inc. 2007.

Pattison, E. M.. "Helping the dying process." In *American handbook of psychiatry*. Basic Book. 1974.

Raymond A. Moody Jr.. *Vida despues de la vida/Life After Life*. Edaf Antillas. 2018.

Riely, J. Jr.. "What people think about death." In *The dying patient*. Brim O. G.. 1970.

Ring, Kenneth. *Mindsight: Near-Death and Out-Of-Body Experiences in the Blind.* Iuniverse Inc.. 2008.

Sanders, Sarah. "The GRIEVING MNEMONIC: A Simple Approach To Death Notification."

Suicide, https://en.wikipedia.org/wiki/Suicide.

Weisman, A. D., Hackeett, T.. *Predilection to death: death and dying as a psychiatric problem*. Psychosom. med.. 1961.

• **기타**

국가건강정보포털 의학정보 http://health.cdc.go.kr/health/Main.do.

국가통계포털 www.kosis.kr.

대한의사협회.

마이크로데이터 www.mdis.kostat.go.kr.

사망진단서 서식 출처 www.law.go.kr.

사망진단서 작성 관련 국제지침 WHO ICD-10 volume 2, Fifth edition, 2016.

생명윤리 및 안전에 관한 법률 (약칭: 생명윤리법).

이상빈 석사논문 설문지(sbin21@hanmail.net).

장기등 이식에 관한 법률 (약칭: 장기이식법).

통계청 장래인구특별추계: 2017-2067년.

http://bioethics.catholic.ac.kr/file/download?file_name=141120_174833_board.hwp&orig_name=%EC%9D%98%EC%82%AC%EC%9C%A4%EB%A6%AC%EC%A7%80%EC%B9%A8.hwp&path=board&mid=76.

http://webcache.googleusercontent.com/search?q=cache:t0mVqcT-PTkJ:bioethics.catholic.ac.kr/file/download%3Ffile_name%3D141120_174833_board.hwp%26orig_name%3D%25EC%259D%2598%25EC%2582%25AC%25EC%259C%25A4%25EB%25A6%25AC%25EC%25A7%2580%25EC%25B9%25A8.hwp%26path%3Dboard%26mid%3D76+&cd=7&hl=ko&ct=clnk&gl=kr.

http://www.law.go.kr/lsInfoP.do?lsiSeq=199534&efYd=20171212#0000.

http://www.law.go.kr/lsSc.do?tabMenuId=tab18&p1=&subMenu=1&nwYn=1&section=&tabNo=&query=%EC%9E%A5%EA%B8%B0%EB%93%B1%20%EC%9D%B4%EC%8B%9D%EC%97%90%20%EA%B4%80%ED%95%9C%20%EB%B2%95%EB%A5%A0#undefined.

# 찾아보기

## ㅈ

**죽음학과 임종의학개론**

**발행일** 1쇄 2020년 9월 10일
**지은이** 김달수
한국죽음준비교육학회
**펴낸이** 여국동

**펴낸곳** 도서출판 인간사랑
**출판등록** 1983. 1. 26. 제일 - 3호
**주소** 경기도 고양시 일산동구 백석로 108번길 60 - 5 2층
**물류센타** 경기도 고양시 일산동구 문원길 13 - 34(문봉동)
**전화** 031)901 - 8144(대표) | 031)907 - 2003(영업부)
**팩스** 031)905 - 5815
**전자우편** igsr@naver.com
**페이스북** http://www.facebook.com/igsrpub
**블로그** http://blog.naver.com/igsr
**인쇄** 하정인쇄 **출력** 현대미디어 **종이** 세원지업사

**ISBN** 978 - 89 - 7418 - 831 - 3 93330



이 도서의 국립중앙도서관 출판시도서목록(CIP)은 서지정보유통지원시스템 홈페이지(http://seoji.nl.go.kr)와 국가자료공동목록시스템(http://www.nl.go.kr/kolisnet)에서 이용하실 수 있습니다.(CIP제어번호: CIP2020034274)